北京市陆学艺社会学发展基金会 编

陆学艺全集

第 5 卷

社会科学文献出版社

SOCIAL SCIENCES ACADEMIC PRESS (CHINA)

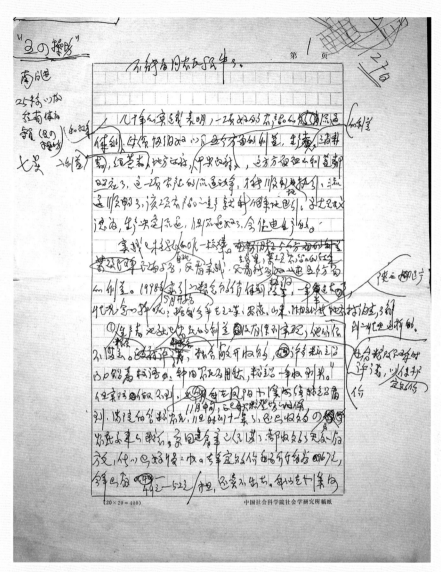

《不能再同农民顶牛了》原稿第一页

《增加农民收入的一方一计》原稿第一页

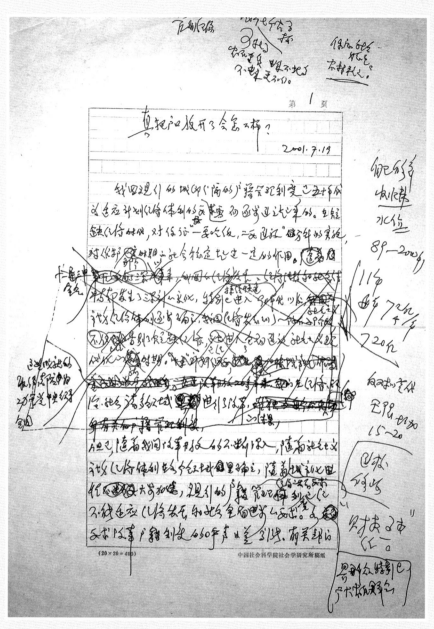

《真把户口放开了会怎么样？》原稿第一页

第 5 卷 "三农" 新论

(1999 ~ 2004)

本卷收录了陆学艺在 1999～2004 年撰写和发表的关于"三农"问题研究的学术论文、调研报告、演讲、发言摘要和书序。自 20 世纪 90 年代末开始，陆学艺将其数十年"三农"问题研究的成果上升到一种一般的分析框架的高度，以此作为分析国内"三农"问题和进行国际比较的方法论，从而形成了他的"三农"理论。代表作有：《"三农理论"是中国学术界的一项理论创新》《中国"三农"问题的由来、发展和前景》等。这一时期，他还积极探索破除城乡二元分割的体制、解决农民工问题的出路，积极呼吁和研究户籍制度改革与农村土地制度改革，提出农村土地"永佃制"的设想。这一时期这些方面的代表作有：《走出"城乡分治 一国两策"的困境》《调整城乡关系，解决好农村、农民问题》《农民工问题要从根本上治理》《真把户口放开了会怎么样?》《永佃制是最好的形式》，等等。

本卷目录

农村改革

中国农村改革的成就与中国农村改革的深入 ·············· 3

要总结实施第二次农村包围城市战略的经验 ·············· 11

中国农村的改革和发展 ·············· 16

坚持市场取向，继续深化改革 ·············· 29

包产到户是温州模式的源头 ·············· 38

关于改革农村义务教育投入体制问题 ·············· 42

现在农村的主要问题是体制问题 ·············· 44

探寻乡镇改革之路 ·············· 48

资源问题是社会问题 ·············· 51

农民进城，土地怎么办？ ·············· 53

执行规划比编制规划难 ·············· 54

把权力交给农民 ·············· 55

永佃制是最好的形式 ·············· 57

农村也存在产权问题 ·············· 60

须明晰农村土地产权 ·············· 61

农业形势与农村现代化

历史转折关头的重大决策
　　——学习党的十五届三中全会文件精神的体会 ·············· 65

新的历史时期农村工作的新任务 ……………………………… 73

农业 50 年 …………………………………………………… 76

中国农村的新形势和新任务 ………………………………… 81

中国农村状况及存在问题的原因 …………………………… 86

目前农村发展中的问题和任务 ……………………………… 93

两岸农业合作关系展望 ……………………………………… 100

当前中国的农村问题 ………………………………………… 102

农村现代化的发展道路 ……………………………………… 113

用信息化推动农村的现代化 ………………………………… 117

农民与农民工

不能再同农民顶牛了 ………………………………………… 121

中国农村社会结构变化与原因分析 ………………………… 125

农民减负后巨大财政缺口谁来补 …………………………… 132

减轻农民负担，已到了不解决不行的时候了 ……………… 135

中国农村社会结构的过去、现在和未来 …………………… 138

增加农民收入的一方一计 …………………………………… 176

中国农民的过去、现在和未来 ……………………………… 181

农村要进行第二次改革，把农民从计划经济体制的束缚中解放出来 …… 212

把解决农民问题放在第一位 ………………………………… 224

民工潮：卷起千堆雪 ………………………………………… 233

中国社会现代化就是中国农民的现代化和中国农村的现代化 …… 235

如何看待农民工进城 ………………………………………… 239

农民工是中国特有的一种社会现象 ………………………… 242

农民工问题要从根本上治理 ………………………………… 253

把"以人为本"的理念具体落实到"以农民工为本"的工作中 …… 266

一亿农民工上了半个台阶 …………………………………… 268

城乡关系与户籍制度改革

走出"城乡分治 一国两策"的困境 ……………………… 273

农业问题答案在农业之外 …………………………………… 280

调整城乡结构扩大内需　促进经济健康发展 ………………………… 283

应该重新确立中国城市化的方针 …………………………………… 287

城乡分治之弊 ………………………………………………………… 289

中国要实现现代化，最后要实现城乡一体化 ……………………… 291

统筹城乡经济社会发展，推进城乡一体化 ………………………… 298

统筹城乡发展　破解"三农"难题 ………………………………… 312

统筹城乡经济社会协调发展具有重大的理论和现实意义 ………… 315

实现城乡协调发展必须进行体制改革 ……………………………… 317

调整城乡关系，解决好农村、农民问题 …………………………… 321

加快改革现行的户籍管理制度 ……………………………………… 334

陆学艺谈改革户籍制度：让部分农民进城来 ……………………… 337

应加快户籍制度改革 ………………………………………………… 338

真把户口放开了会怎么样？ ………………………………………… 339

户籍制度改革为城市化提速 ………………………………………… 349

"公安30条"未触及户籍根基 ……………………………………… 351

户籍制度改革越早越好 ……………………………………………… 353

县域经济与乡村治理

晋江的实践证明了：群众是创造历史的英雄 ……………………… 365

当前县乡财政体制需要重新调整 …………………………………… 367

为农村乡镇干部说几句话 …………………………………………… 369

从调整社会结构角度来促进县域经济的发展 ……………………… 376

乡村民主的作用及其有限性 ………………………………………… 380

乡镇企业与小城镇建设

调整社会结构，推进农村发展 ……………………………………… 385

农村发展新阶段的新形势和新任务
　　——关于开展以发展小城镇为中心的建设社会主义
　　　新农村运动的建议 …………………………………………… 389

加快小城镇建设是农村发展新阶段重要任务 ……………………… 405

中小企业情况的分析 ………………………………………………… 411

小城镇战略与城乡关系……………………………………………… 416

小城镇：新的经济增长点…………………………………………… 419

农村调查

从中观层次的百县市调查到微观层次的百村调查………………… 423

写好"中国百县市经济社会调查"的续篇 ……………………… 430

"三农"问题总论

关于中国农民、农业、农村现状的几点思考……………………… 437

"三农理论"是中国学术界的一项理论创新……………………… 451

关于召开一次中央全会讨论"三农"问题的建议 ……………… 457

全面建设小康社会　优先解决"三农"问题……………………… 465

解决"三农"问题的十条建议 …………………………………… 469

中国"三农"问题的由来、发展和前景 ………………………… 472

关于解决当前农业、农村、农民问题的几点意见………………… 494

文学要积极关注"三农"问题……………………………………… 502

"三农"问题说到底是个体制问题 ……………………………… 503

用体制改革解决"三农"问题 …………………………………… 506

"三农"问题是影响社会稳定的关键 …………………………… 509

农村改革

中国农村改革的成就与中国农村改革的深入 [*]

中国农村改革已经进行了 20 年，取得了巨大的成就，在中国整个改革中起了重大的带头和推动作用，受到国内外的普遍关注。回顾总结中国农村改革的历程和改革的经验和教训，探讨面临的问题，有利于农村改革的进一步深化，对于加快建设有中国特色的社会主义现代化事业是很有必要的。

一　中国农村改革的历程和主要内容

中国是一个人口众多、农民占绝大多数的大国，而且人多地少，人均耕地只有 0.12 公顷。农业和农村经济的发展，直接影响到整个国家经济社会的稳定和发展。所以，历届中国政府都十分重视农业和农村经济问题。中华人民共和国建立不久，在 20 世纪 50 年代初期，就在全国进行了土地改革，彻底消灭了封建土地所有制，使耕者有其地，调动了广大农民的生产积极性，发展了农业生产。随后不久，中国学习苏联集体农庄的模式，在 20 世纪 50 年代中期实现了农业合作化，1958 年又实现了人民公社化。把全国 5 亿多农民，组织在 5 万多个人民公社里，实行"三级所有，队为基础"的体制，生产资料集体所有，统一经营，集体劳动，统一分配。

20 多年的实践证明，人民公社这套生产关系，不适应中国农村生产力发展的要求，严重压抑了广大农民的生产积极性，使农业和农村经济长期

---

*　本文源自《"三农论"——当代中国农业、农村、农民研究》（陆学艺著，北京：社会科学文献出版社，2002 年 11 月），第 204～213 页。该文系作者 1999 年 10 月出席莫斯科"中俄经济学家学术研讨会"提交的论文。——编者注

徘徊不前。到 1978 年，农民人均年收入只有 134 元（只合 89 美元），有 2.5 亿农民生活在绝对贫困线以下，年收入在 50 元以下，连温饱都不能维持，挣扎在饥饿线上。1978 年，全国 9.6 亿人口，有 7.9 亿从事农业生产，但饭还不够吃，要靠进口弥补。人民公社这种体制实在不能再维持下去了。

党和政府不能容忍这种低效率的农业、农村体制，所以在 1978 年底召开的中共十一届三中全会通过了要进行农村改革的重要文件，提出了 25 条农村改革和发展的政策措施。农民尤其不能容忍这种束缚他们手脚、置他们于饥饿的人民公社体制，他们强烈要求改革。早在党的十一届三中全会召开之前，农民就在下面进行诸如包产到户一类的改革试验和实践。中国政府的高明之处在于，尊重农民群众的实践，积极支持和引导这些改革，一步一步地把农村改革引向深入，取得了比预期还要好的成就。20 年来，中国农村主要进行了以下几项改革。

1. 实行家庭联产承包责任制

在人民公社体制下，集体经济实行统一经营、集体劳动、统一分配，这压抑了农民的生产积极性，束缚了农业生产力的发展。农民首先要求冲破这种体制，实行家庭联产承包责任制，把土地等重要生产资料的使用权按人口或人劳比例分到家庭，由农民自主经营，农民成为独立自主的小商品生产者；集体经济组织仍拥有土地的所有权，对水利设施、大型农机具等实行统一经营。这种统分结合、双层经营的体制既保持了集体经济的优越性，也充分发挥了农民家庭的生产积极性，又保持了农村社会的稳定。从 1980 年开始有组织的试验，到 1983 年底，全国已有 99% 的农村实行了这种体制。1985 年，全国解散了人民公社。实行家庭联产承包责任制，对中国农民是一次解放，极大地调动了农民的积极性，中国的许多重要变化，都是由此产生出来的。

2. 改革农产品流通体制，发展农村商品经济

中国自 1953 年开始，在全国实行粮、棉、油等主要农产品的统购统销制度，以后又陆续对烟、麻、糖、果、茶、茧等农产品实行统一收购。实行这种制度后，切断了农民同市场的关系，也切断了生产与消费之间的直接联系，农产品价格冻结，不反映市场的供求关系，直接的结果是严重打击了农业生产，也使市场日益萎缩，形成短缺经济。1985 年首先取消了粮食、棉花的统购制度，实行合同定购制，之后又逐步放开水果、水产品等各种农产品的购销管制，20 世纪 90 年代中期各省区又陆续取消粮食统销体制。现在，除了对粮食还实行一部分定额定价收购外，其余各种农产品都

已放开，实行市场经济体制。

3. 发展乡镇企业，实现农村工业化

农村实行家庭联产承包责任制以后，农民生产积极性很高，在大量农产品生产出来的同时，大量的农村剩余劳动力也涌现出来了。因为人均只有 0.12 公顷耕地，容纳不了这众多的劳动力。农民要致富，就要寻找新的出路。而在 20 世纪 80 年代中期，城市和第二、第三产业体制的改革还刚刚起步，而且城镇本身有 2000 多万劳动力需要安置就业，吸纳不了农村的剩余劳动力。于是，农民就自筹资金，自置设备，自造厂房，自学经营管理，在农村创办了各种工厂和运销企业，名之为"乡镇企业"。政府因势利导，支持农民创业，在贷款、税收等方面给予优惠，鼓励乡镇企业的发展。

到 1997 年，全国已有各类乡镇企业 2015 万个，就业职工 13050 万人（其中在乡镇工业和建筑业就业的有 10377 万人）。1997 年乡镇企业创造增加值 20740 亿元，占国内生产总值的 28.2%，乡镇企业生产的工业产值占全国工业产值的 46%，出口产值的 38%，乡镇企业上交的税收占全国税收的 25%。乡镇企业现在已是中国农村经济的重要支柱，有半数以上的工业品是乡镇企业生产出来的。乡镇企业的发展使许多农村工业化了，也大大加快了中国工业化的步伐。

4. 发展小城镇，实现有中国特色的城市化

1978 年，中国 96259 万总人口，城镇人口只有 17245 万人，占 17.9%，82.1% 的人口在农村里。1978 年只有 193 个城市和 2780 个镇。那时已形成了城乡分割的二元社会结构，城乡差别很大。10 多年来，农民依靠乡镇企业发展形成的经济实力，大规模地建设了小城镇，已经有 1 亿多农民，转移到了小城镇。1997 年 668 个市的建制镇已发展到 16660 多个。这些小城镇多数建在东南沿海经济比较发达的地区，正随着乡镇企业的发展向中部、西部推进。发展的趋势是"工业向工业小区集中，人口向小城镇集中，耕地向种田大户集中"。经过这些年的建设，很多小城镇，特别是县级政府所在地的镇，依靠本地和农民的力量，已经建设得颇具规模（有的已集中十多万人口），并相当现代化了。中国农民正在创造性地走出一条有中国特色的实现城市化的道路。

5. 实行村民自治，推进农村政治民主化

在人民公社时期，实行政社合一，广大农民的生产生活，靠行政指令运行。1985 年，人民公社解体后，农村建立了 7 万多个乡（镇）人民政府、90 多万个村民委员会。1987 年，全国人民代表大会常务委员会通过了《村

民委员会组织法（试行）》，该法规定，"村民委员会是村民自我管理、自我教育、自我服务的基层群众性自治组织"，村民自治的基本内容是村民的自我管理、自我教育和自我服务。经过 10 多年的实践和贯彻，现在全国农村的村民委员会的干部，已经都能按时由村民进行直接选举，农村的重要事项实行民主决策、民主管理，并实行村务公开、民主监督。1998 年，全国人民代表大会常务委员会对《村民委员会组织法》又进行了修订，使之更加完善、规范和法制化。

农村基层实行村民自治，农民直接选举自己的基层领导，进行民主管理，这是保证亿万农民直接行使当家作主的权利，也是社会主义民主在农村有效的实现形式，实践的效果很好。

二 中国农村改革取得的主要成就

中国农村改革经过了 20 年，道路很不平坦，好像一艘巨大的航船，依靠众多船员们的共同努力，依靠指挥员始终把持正确的航向，一步一步地驶向目标。实践证明，中国农村的改革是成功的，取得了巨大的成就，总结起来，主要有如下几点。

1. 转换了农村经济体制，使之从原来的计划经济体制，逐步转变到社会主义市场经济体制

废除人民公社，实行家庭联产承包责任制，改革了原来以统购统销为特征的农产品流通体制，农村市场得到了全面发展，绝大多数农产品价格已经放开，由市场定价，农民为市场而生产。农村各种生产要素市场得到发育，市场成为配置资源和各种要素组合的主要手段，促进了农村市场经济的大发展。

2. 粮食和各种农产品大幅度增产，保证了 12 亿人民和国民经济发展的需要，由长期短缺到总量基本平衡，丰年有余

1996 年，粮食总产 50454 万吨，棉花总产 420 万吨，至今已连续三年丰收，粮食等农产品仓盈库满，销售困难，价格普遍下跌，成为买方市场。

3. 农民收入大幅度增长，农民生活水平普遍提高

1978 年，农民人均年收入为 134 元，1997 年增长到 2090 元，扣除物价因素，按可比价格计算，年均递增 7.3%。农民生活普遍改善，吃、穿、用、住的水平，都有了提高。1978 年，人均住房面积只有 8.1 平方米，1997 年提高到 22.45 平方米。1978 年，农民家庭都没有电视机，1997 年，平均每百

户已有92.4台（主要是黑白电视机），多数农户已过上小康生活，有少数农民已经率先富裕起来。广大农民是农村改革的直接受益者，农村改革每前进一步，农民积极性就提高一步，农村生产就增长一步，农民的收入就提高一步。所以，农民是积极拥护改革的，农村实现了改革、发展和再改革、再发展的良性循环。

4. 乡镇企业的发展，带动了农村产业结构和就业结构的变革，形成中国农村第一、第二、第三产业齐发展的特有的经济结构，对整个国民经济做出了越来越多的重要贡献

据中国社科院农村发展研究所专家分析，1997年全国74772亿元国内生产总值（GDP）中，由农村第二产业创造的增加值为15627亿元，占20.9%，由农村第三产业创造的增加值为8449亿元，占11.3%，加上农业创造的13683亿元，占18.3%。3项合计，1997年农村创造的增加值，占GDP的50.5%。

5. 中国改革从农村开始，农村改革的成就，为全国改革、发展、稳定做出了重要贡献

农村首先改革，取得成功，农村生产发展了，农民收入增加了，农村社会安定了，城市的工业、商业和其他的经济活动就有了广阔的市场，奠定了大发展的物质基础。农村改革的成功，极大地鼓舞了城市改革的勇气，增强了进行城市改革的信心，而且农村改革的许多经验，也直接给城市改革提供了借鉴，如实行家庭联产承包责任制、实行所有权与经营权分离……农村率先改革起到了极好的榜样和带动作用。所以，有专家说：中国的这场改革，实际也像武装夺取政权一样，走的是农村包围城市的路线，并且再一次取得了成功。

三　中国农村面临的问题和农村改革的深化

中国是个发展中国家，目前还处于社会主义初级阶段，要建成社会主义现代化国家，农村改革和发展的任务还非常艰巨，过去20年农村改革和发展所取得的成就，只是开了个好头，找到了一条实现农村社会主义现代化的道路，今后要走的路还很漫长。就目前来说，面临着很多需要解决的问题。

1. 众多的农业人口和农业劳动力的出路问题

1997年，我国农村总人口为86637万人，农村总劳动力为49393万人。

在农业就业劳动力有 34730 万人。1997 年我国的总耕地只有 9497 万公顷，每个劳动力平均只耕种 0.27 公顷，显然劳动力多田少，田是不够种的，劳动力不能够充分就业。据专家测算，按照现在中国农业劳动生产力水平，1 个劳动力至少可以种好 1 公顷耕地。那么，全国只要有 1 亿劳动力从事农业生产就够了，那还有 2 亿多农业剩余劳动力去做什么呢？出路何在呢？

2. 农民收入增长趋缓问题

1996 年，全国农业特大丰收，加之政府提高了粮食、棉花等农产品的收购价格，当年农民年人均纯收入 1926 元，比上年实际增长 9%。但自 1996 年以后，粮棉等主要农产品销售不畅，价格回落，农民收入增长趋缓，1997 年增长 4.6%，1998 年增长 4%。今年①农业生产有望继续增长，但自年初以来，各种农产品销售困难，市场疲软，价格继续下跌，加上乡镇企业正在改制、调整，效益下降，进城打工的农民继续回流，工资性收入减少，1999 年农民收入增长将在 3% 以下。这种状况近期很难扭转。

3. 农产品的加工流通渠道不顺，还未形成市场化的经营体系

在改革以前，农业生产处于自给半自给状态，靠国营粮食、商业部门统购统销，供应城市，流通渠道单一。改革以后，农产品的价格和经营放开了，但加工、储存、运输、经营、销售等市场体系还未完全建立起来，所以买难、卖难的状况交替发生。农民的生产规模小，又未相应建立合作社一类的中介组织，单枪匹马同大市场交往，处于很不利的地位。农产品在加工、运输、营销等环节的利益农民都得不到，这也是农民收入增加不多、不快的原因。

4. 经济发展不平衡，城乡之间、地区之间的差别扩大

在改革初期，我们提出了让一部分地区、一部分人先富起来的政策，这对克服平均主义吃"大锅饭"，鼓励人们努力劳动、工作，刺激经济增长，是起了重要作用的。但经过 20 年的实践，随着经济的全面增长，人民的收入普遍提高，城乡之间、地区之间、行业之间、单位之间、人与人之间的差别扩大了，有些方面已扩大到了相当高的程度，由此产生了不少社会问题。就城乡居民的收入差距来说，1978 年，城乡居民的收入差距为 2.3∶1；到 1984 年，城乡居民收入差距缩小为 1.7∶1；但自 1985 年以后，分配政策向城市倾斜，城乡差距再度扩大，到 1997 年城乡居民收入差距为 2.47∶1。如果加上城市居民多数都有住房、医疗、教育、社会保障等方面的隐性收入，

---

① 此处指 1999 年。——编者注

据专家测算，现在城乡的实际差距为 3.9：1。

在农村内部，不同地区之间，经济发展水平和农民收入的差距也在迅速扩大。总的趋势是，东部沿海地区，经济发展快，农民收入增加快，中部地区次之，西部地区则更差。1985 年，东部、中部、西部的农民人均农村社会总产值依次为 2.32：1.27：1，到 1995 年差距扩大为 4.9：2.21：1。1985 年东部、中部、西部的农民人均纯收入依次为 1.50：1.16：1，到 1995 年差距扩大为 2.14：1.35：1。从目前的发展势头看，还有继续扩大的趋势。

农村面临的上述几个问题，只是当前迫切需要解决的问题，事实上，深层次的问题还很多。因为一个传统的农业社会，又实行了多年人民公社和计划经济体制，要转成社会主义市场经济体制，实现向现代社会的转变，是一个庞大的系统工程，只有继续深化农村改革，加快农村经济社会事业发展，才能一步步达到既定目标。

第一，要从全局出发，加快城市改革的步伐，使农村改革和城市改革互相配合，互相促进，协调发展。中国的改革是从农村开始的，城市改革则相对滞后，特别是国有大中型企业的改革滞后，至今效益低下，亏损严重，发展迟缓，还没有转到社会主义市场经济体制的轨道上。城市无力吸纳农村的剩余劳动力，更没有财力反哺农业，增加对农业的投入。所以，有专家指出：目前中国农村的问题在城市，农业的问题在农业外部，要靠加快第二、第三产业的改革和发展来解决。国内外的历史都证明，就农村抓农村，就农业抓农业，有许多问题是解决不了的。

第二，要调整城乡社会结构，加快城镇化步伐，推动经济发展。1997 年，在中国 GDP 中，第二产业已占 49.2%，第三产业占 32.1%，第一产业只占 18.7%，但由于城乡分割的户籍制度限制，1997 年的城镇化率只有 29.9%，70.1% 还是农村人口。城镇化严重滞后于工业化，这是中国目前最大的社会结构失衡。目前中国的诸多问题，如农产品和日用消费品销售困难，市场疲软，第三产业严重落后，农村剩余劳动力转移受阻，都是由此产生的。要进行社会结构的调整，进行户籍制度的改革，加快发展小城镇，用几年工夫，使中国的城镇化水平达到目前世界人口城镇化 45.5% 的平均水平，打开城门、镇门，让约 1.9 亿农民到小城镇来安家落户，务工经商。诚能做到这点，1.9 亿农民到城镇里来，改变了生产生活方式，许多消费品就有了市场，建筑业、房地产业就会繁荣起来，第三产业就会兴旺起来，农产品市场也会扩大。而且，农村减少了这 1.9 亿人口，农业生产并不会减少，实际上也就使得留在农村的农民增加了收入，正所谓"只有减少农民，才能富裕农民"。所以，加快城市化步伐是一项一石数鸟的重大政策。

第三，要坚持深化以市场为取向的农村改革。确立农民家庭自主经营的市场主体地位，鼓励和帮助农民面向市场发展商品生产，支持农民进入农产品的加工流通领域，继续深化农产品流通体制改革，主要由市场形成价格，在国家宏观调控下发挥市场对资源配置的基础性作用。加快实现农村由计划经济体制向社会主义市场经济体制的根本性转变。

第四，要继续完善 20 年来在农村行之有效的各项改革，使之规范化、制度化、法制化。发展以公有制为主体的多种所有制经济，鼓励发展各种个体私营经济，探索和完善农村公有制的多种有效实现形式，使生产关系适应生产力发展的要求。稳定和完善土地集体所有农民家庭承包经营、使用权和所有权分离、统分结合双层经营的体制，这是农村最基本的生产关系。这个体制稳定了，农村社会就稳定了，各项经济社会事业就能稳步发展，这是大局，不能动摇。家庭承包经营、乡镇企业、村民自治都是共产党领导下中国农民的伟大创造，要尊重农民的首创精神，依靠群众推进改革和发展的伟大实践。今后的农村改革还要坚持这条"从群众中来，到群众中去"的根本工作路线，把农村改革和发展不断引向深入，为建设有中国特色的社会主义现代化事业做出新贡献。

要总结实施第二次农村包围城市战略的经验[*]

　　自 1919 年"五四"运动以来,中国人民做了两件大事:一是用革命战争的方式,统一了国家,建立了中华人民共和国;二是进行了以工业化为中心的现代经济建设。这两件大事,开始我们都是以苏联为榜样,进行中国的革命和建设。但中国人民有个优点,比较重视实践,在学习别国和别的民族经验的过程中,比较注意同本国的实际情况相结合,不照搬教条,能从本国的国情出发,实事求是,把中国的事情办好,走出一条有中国特色的道路来。

　　毛泽东在领导中国革命的时候,总结了革命初期学习苏联、靠发动工人在中心城市起义而失败的教训,根据中国农民占 90% 以上的基本国情,提出了先在农村建立革命根据地,武装农民,实行以农村包围城市的战略,经过 22 年的武装斗争,终于取得了革命的胜利,统一了全中国。这一历史经验已被写进了我国的各种典籍里,也为世人所公认。

　　中华人民共和国成立以后,20 世纪 50 年代进行大规模的经济建设,开始,也是以苏联为榜样,建立了一套计划经济体制,用行政集权的计划经济指令的办法,进行工业、农业、科技、教育、文化等方面的建设。在城市,建立了国有和集体所有的各种企业、事业单位,实行单位制;在农村,仿效集体农庄的办法,建立了农业合作社和以后的人民公社,实行集体所有、集体劳动,统一经营、统一分配。在城乡完全消灭了私有制,完全排除了市场经济的成分。

---

　　* 本文源自《"三农论"——当代中国农业、农村、农民研究》(陆学艺著,北京:社会科学文献出版社,2002 年 11 月),第 546～551 页。原稿写于 2000 年 5 月,系陆学艺为《进入21 世纪的中国农村》(熊景明主编,北京:光明日报出版社,2000 年 8 月)一书撰写的序言。本文采用《"三农论"——当代中国农业、农村、农民研究》文集收录文的标题。——编者注

客观地说，这套计划经济体制在中国经济建设史上，还是起过作用的，在较短的时期内，建成了一大批工业、交通工程项目，奠定了我国现代工业经济体系的基础，极大地提高了我国的综合国力。但是我们为此付出了高昂的代价。实践已经证明，这套计划经济体制，依靠行政权力，过于僵化，缺乏激励机制，严重压抑工人、农民和知识分子的积极性，阻碍科学技术的进步，阻碍生产力的发展。

在中国特有的国情下，实行计划经济体制的结果，还形成了城乡分割的二元社会结构。工人、干部、知识分子有非农业户口，住在城里，从事工业、商业、服务业；农民住在农村，只有农业户口，只能从事农业。法令规定严格限制农业户口转为非农业户口。我国 1953 年开始实施第一个五年计划，当年有农民 50970 万人，占总人口的 86.69%。到 1978 年，农民增加到 79014 万人，占总人口的 82.08%。搞了 25 年工业化建设，农民反而增加 2.8044 亿人，平均每年增加 1121 万农民，这岂非怪事？把近 8 亿农民束缚在 5 万多个人民公社里，吃"大锅饭"，搞平均主义，农民只有消极怠工，结果是 9 亿多人口，8 亿农民搞饭吃，饭还不够吃，还要靠进口粮、棉弥补。农业不能对城市保证供给粮食、工业原料，加上城市也是吃"大锅饭"的计划经济体制，工业生产也不好，形成了短缺经济。那时城乡居民的生产生活都很困苦，买什么都要排队，用各种票证，限制消费。农民更惨，到 1978 年，有 2.5 亿农民处于赤贫状态，年收入在 70 元以下，连温饱也难以维持。

从 1949 年到 1978 年，我国经济文化建设的实践表明，计划经济体制有严重的缺陷，尤其不适合农民占绝大多数的中国的基本国情，中国广大农民在计划经济体制下吃尽了苦头。1978 年 12 月，中国共产党召开十一届三中全会，确定拨乱反正、改革开放、实行以经济建设为中心的基本路线。20 年来，我国在政治、经济、科技、文化等各个方面都取得了巨大的成就，整个国家都发生了历史性的变化，举世为之瞩目。对此，国内外各界人士做了多方面的总结。

从一个侧面来总结，中国自 1978 年改革开放以来所取得的成功，是以邓小平同志为核心的第二代领导集体，总结了 1978 年前的经验教训，从中国农民占绝对多数这个基本国情出发，改革先从农村开始，得到了农民的拥护，调动了 8 亿农民改革和发展的积极性，由此取得了以后的一系列伟大成就，所以，也可以说，我国实行了第二次农村包围城市的战略，使中国以经济建设为中心的社会主义现代化事业取得了比预料要好的成功。

这又一次农村包围城市战略的成功，可以从以下几个方面说明。

第一，改革先从农村开始，实行家庭联产承包责任制，把土地的使用权交给农民，解散人民公社，使农民重新得到了土地，得到了人身自由，成为独立的商品生产者，这实际上是农民的又一次解放，所以改革首先得到了亿万农民的拥护，调动了亿万农民改革和发展的积极性。中国改革以后取得的许多成就，都是由此滥觞的。

第二，20 世纪 80 年代中期以后，农民创办了乡镇企业，农民自筹资金、自建厂房、自置设备、自学技术、自己经营，生产了大量工业产品。邓小平同志对此做了高度评价：“农村改革中，我们完全没有预料到的最大的收获，就是乡镇企业发展起来了，突然冒出了搞多种行业，搞商品经济，搞多种小型企业，异军突起。”[1] 乡镇企业在 20 世纪 90 年代以后又有了大的发展，到 1998 年，全国乡镇企业发展到 2003.9 万家，职工人数达12536.5 万，当年创造增加值 22186.5 亿元，实交各种税金 866.2 亿元，利润 2835.5 亿元。[2] 现在我们市场上工业产品如此丰富，近一半的工业产品，是靠乡镇企业生产的。

第三，随着乡镇企业的发展，各地的小城镇也建设起来了。因为城乡分割的户籍制度的限制，农民不能自由地向城市转移，农民办了乡镇企业，有相当一部分就转到小城镇，小城镇也由此繁荣起来。1978 年全国只有建制镇 2780 个，1998 年发展到 16660 个，多数小城镇建设得很好，特别是有的东部沿海的小城镇已相当现代化，有近亿农民以各种形式迁移到这些小城镇居住。

中国农民以这种特有的方式在进行着工业化、城市化的事业，推动着整个中国的经济社会变迁。可以说，改革开放 20 年来，中国的经济能够持续稳定地快速发展，与中国农民的积极参与、创造了一个又一个新的形式是分不开的。这同西方一些现代化国家已经走过的工业化、城市化的道路是不一样的，也同苏联和东欧诸国急速向市场经济转变的方式是不一样的。研究和总结中国在改革开放以后，实行这条有中国特色的工业化、城市化、现代化的道路并取得成功的经验和教训，是很有意义的，不仅对中国今后漫长的现代化建设有意义，而且对发展中国家实行工业化、城市化、现代

---

① 《邓小平文选》第三卷，北京：人民出版社，1993 年 10 月，第 238 页。

② 国家统计局编《中国统计年鉴·1999》，北京：中国统计出版社，1999 年 9 月，第 410 ~ 413 页。

化战略有重要的借鉴意义。

就中国来说，今后现代化的道路还相当漫长。按照邓小平"三步走"的设想，第一步解决温饱，第二步实现小康，这两步我们已经顺利实现了，有了今天中国的大好局面。以后要走第三步，用30～50年时间，达到中等发达国家的水平，实现现代化目标。这第三步任务要比前两步艰巨得多。首先，原来的计划经济体制盘根错节，已深入国家和社会的方方面面，要改成社会主义市场经济体制，十分困难，现在还只能说建立了社会主义市场经济体制的基本框架，离完善的市场经济体制还有很多工作要做，而且越到后面，改革的难度越大；其次，基于计划经济体制形成的二元社会结构依然存在，城乡分割的户籍制度还基本没有改革，城乡分治的格局未变，城乡差别很大，在有些方面差别还在继续扩大；再次，改革开放20年来，农民在总人口中的比例已由1978年的82.1%，下降到1998年的69.6%，相对数下降了，但农民绝对数却由1978年的79014万人增加到1998年的86868万人，20年纯增加了7855万人，平均每年增加392.7万人。① 在工业化、城市化、现代化过程中，农民人数反而越来越多，这在工业化国家中是绝无仅有的。

在中国改革过程中，根据中国人口中农民占绝大多数的基本国情，根据计划经济体制在农村最薄弱这个特点，改革首先在农村取得突破，把亿万农民的生产积极性调动起来，实施农村包围城市的战略，并取得了巨大的成功，这是中国改革开放的优点。但是，如此众多的农民，分散在广阔的土地上，发展水平又非常不平衡，要实现工业化、城市化、现代化，使大部分农民转变为工人、职员，实现城乡一体化，共同富裕，这是件非常困难的事，这也是中国现代化的难点。所以，有学者指出，中国现代化事业的希望在农村，中国现代化事业的难点也在农村。这是很有道理的。

香港中文大学中国研究服务中心的熊景明教授，有鉴于中国农村、农民、农业问题在中国现代化事业中的极端重要性，为了向中国大陆以外的学界、政界，介绍中国农村的基本情况，从而使他们能更深刻地了解中国，从1997年秋季开始，着手主编《进入21世纪的中国农村》，她不辞辛劳，精心选题目，形成框架，多处访求，约请最合适的作者撰文。全书19章，一共24位作者，其中多数是我认识和熟悉的。她选的这19个方面的问题都很重要，对认识中国农村的过去、现在和将来是必不可少的。她选的这20

① 国家统计局编《中国统计年鉴·1999》，北京：中国统计出版社，1999年9月，第111页。

多位作者都是本课题方面的专家，足见熊景明教授对中国农村的情况、对研究农村的专家情况都很熟悉，她在选题和选人方面都很有功力，她是下了一番苦功的。

熊景明教授自己写了《进入 21 世纪的中国农村》的导言，一开始就对本书的编著意图做了说明，从乡镇及村级组织，土地、乡村建设、环境，粮食生产、营销、农用物资，教育、医疗，婚姻家庭、计划生育、家族，金融、农村技术推广六个方面，对全书做了概述，提纲挈领，既系统又深刻，勾画了全书的轮廓，从而使读者对中国大陆农村这些年的变迁和现状，对已经取得的成就和存在的弊端，以及未来的走向，有一个清晰的了解，所以这是本书的导读。

《进入 21 世纪的中国农村》是多人合著的，是集体创作，但因为全书的框架是精心设计的，写作内容和要求是统一的，并经过了统稿会议的集体讨论、评审，会后作者们又做了增删和修正，使全书成为一个统一的有机结合的整体，做到了从描绘最具代表性的各个侧面入手，达到向读者全面介绍中国农村基本情况的目的。所以，本书是一本既有科学性又有可读性的学术著作，也是设计者和写作者们两年多辛勤劳作的结晶，是对中外学术界做出的一个贡献。

中国农村的改革和发展[*]

20 世纪 50 年代以来，农业、农村问题一直是中国共产党与人民政府重视和关注的重大问题，尤其是改革开放以来，历次党的重要会议都把农村、农业的改革和发展放在重要的议事日程，几乎每次全国人民代表大会的政府工作报告，都把农业问题放在首位来论述。这对一个正在大规模进行工业化、城市化、现代化建设的发展中国家，可以说是仅有的。这是为什么呢？

第一，中国至今仍是农民占人口大多数的国家。12 亿多人口，9 亿是农民，这是我国的基本国情。现在，城市居民中的大部分人离开农村也不过三代，与农村仍有千丝万缕的联系。农村、农业的状况如何，对全国政治经济社会形势有决定性的影响。所以有人说，不了解中国农村，就不了解中国；认识中国的农村、农民是认识中国的一把钥匙。

第二，中国的历次政治运动、经济变革都源自农村，或者与农村有直接或间接的关系。中国的改革，首先是从农村开始和突破的，取得了始料不及的成功，为城市、工业的改革奠定了物质基础，并且提供了改革成功的榜样，在政治上增强了信心，也提供了改革的经验和操作方法。如在目前正在全国大中城市进行的社区建设中，社区委员会的建设就是仿照村民委员会的办法。

第三，中国正处在社会主义初级阶段，还处在工业化、城市化、现代化的发展阶段，农业仍是国民经济的基础。农业生产的丰歉，农村经济的兴衰，直接关系着全国居民的生活，关系着整个国民经济的健康发展。近

---

* 本文源自《"三农论"——当代中国农业、农村、农民研究》（陆学艺著，北京：社会科学文献出版社，2002 年 11 月），第 243 ~ 258 页。该文原稿写于 2001 年 4 月 23 日，系作者 2001 年 5 月参加新加坡大学学术会议时提交的论文。曾发表于《北京工业大学学报》（社会科学版）2001 年第 2 期，发表时间为 2001 年 6 月 30 日。——编者注

五年来，农业连续丰收，给城市、工业提供了充足和廉价的粮食与农产品，这对支持城市国有企业改革、保持社会稳定起了重要的作用。

第四，1996 年，中国农业取得了改革开放以来第三次特大丰收，粮食生产第一次超过 5 亿吨，棉花 420 万吨，肉类 5915 万吨。① 从此，中国农产品供给实现了由长期短缺到总量基本平衡、丰年有余的历史性转变，由卖方市场转变为买方市场。1996～2000 年整个"九五"期间，农业生产连续丰收，农产品供给是历史上最好的，农民这五年做出了很大贡献，但在这五年里，农民收入增幅逐年减缓（1996 年为 9%，1997 年为 4.8%，1998 年为 4.6%，1999 年为 3.8%，2000 年为 2.1%），② 这还是就农民全部收入平均而言的。占农户大多数的主要靠农业收入的纯农户，这些年的收入是逐年下降的。这些年农业增产、农民减收引发了许多社会问题，所以，农业、农村、农民问题再次成为社会关注的热点。2001 年 3 月，全国第九届人民代表大会第四次会议期间，两会代表和委员的发言，以及各种报刊和媒体的报道，约有 1/3 是关于农村、农业、农民问题的，可见问题的尖锐。但政界和学界至今也未说清楚：为什么我国的财政收入每年大幅增长，但农村中小学教员、农村基层干部的工资已经多年不能按时足额发放？我们一面在提倡城乡要协调发展，一面城乡差别反而在扩大？1997 年，朱镕基总理就提出要开拓农村市场，这四年不但没有扩大，农村市场反而是萎缩的，占总人口 70% 的农民，只购买 39% 的商品。这正是中国市场疲软、屡振不起的根本原因。

中国的农村到底发生了什么事？为什么是这样的？农村问题为什么重新成为国内外关注的焦点？事实上，这也就是中国经济发展又到了一个新阶段，而几年来还没有找到有效的向前突进的办法的症结所在。我个人认为，正是因为农村又出了问题。还是那句老话：要认识当代中国，还必须先读懂当代中国农村这部大书。

20 世纪 80 年代后期，中国学者在总结社会主义现代化建设经验教训的过程中，依据中国特有的国情，把农村问题分解为农业、农村和农民问题，作为认识实际、分析问题的理论框架。应该说，这是一项理论创新，是重要的社会科学研究成果。经过十多年来的实践，现在已成为政界、学界的

① 国家统计局编《中国统计年鉴·1997》，北京：中国统计出版社，1997 年 9 月，第 383、384、390 页。

② 国家统计局编《中国统计摘要·2001》，北京：中国统计出版社，2001 年 5 月，第 91 页。

共识。1998 年，中共中央党校专门成立了"三农"问题研究中心，出版了《三农研究参考》，近期的政府文件、报刊书籍，谈"三农"问题，讲的就是农业、农村、农民问题。

现在我们就用"三农"的理论框架，来认识中国当前现代化建设中农村改革和发展的问题。

一　农业问题

中国从 20 世纪 50 年代实行计划经济体制，在农村搞农业合作化，也就是集体化以后，农业长期徘徊。80% 多的人搞饭吃，饭还不够吃。自 1961 年以后，中国成为粮食纯进口国，年年进口粮食。1978 年纯进口粮食 695 万吨，进口棉花 51 万吨。当年农民人均口粮只有 496 斤，有 2.5 亿贫困人口挣扎在饥饿线上。

1978 年实行改革开放。改革为什么首先从农村开始？因为农产品供给长期不足，难以为继，不改革就没有出路，也因为农村是计划经济体制最薄弱的环节，改革的阻力小。所以，不久就在全国农村实行了家庭联产承包责任制，把土地等生产资料的使用权分给了农民，使农民自主生产、自主经营、自负盈亏，使农民成为独立的生产经营者。由此，调动了亿万农民的生产积极性，农业生产很快就发展起来。到 1984 年，粮食超过了 4 亿吨（1978 年只有 30477 万吨），棉花 626 万吨，[①] 初步解决了温饱问题。

1982 年，邓小平提出："农业的发展一靠政策，二靠科学。"[②] 政策是指生产关系，也指农产品的价格和流通等农业政策。实践证明，这个方针很正确，20 多年来，土地承包等基本政策没有变。实行家庭联产承包责任制后，农民满意，就怕政策有变，国家在 1983 年做出了 15 年不变的决定。1993 年再次决定农村实行家庭联产承包责任制，土地承包 30 年不变。1998 年又申明家庭联产承包责任制是农村的基本经济制度，长期稳定不变。这是农业长期稳定发展的保证，也是农村社会长期稳定的基础。20 多年的实践证明，中国政府尊重农民的选择，在农村实行家庭联产承包责任制，把土地等生产资料的使用权交还给农民自主经营，并由此解散了实行 20 多年的人民公社。这可说是在农村冲破苏联计划经济模式的一项革命，既保持

---

① 国家统计局编《中国统计年鉴·1985》，北京：中国统计出版社，1985 年 10 月，第 255 页。

② 《邓小平文选》第三卷，北京：人民出版社，1993 年 10 月，第 17 页。

了集体所有制的名义，又解放了农村生产力，使农民和国家都得到了实惠。所以说，实行家庭联产承包责任制，是在中国共产党领导下中国农民的一项伟大创造。

邓小平在1988年指出："将来农业问题的出路，最终要由生物工程来解决，要靠尖端技术。"[1] 后来又说，农业问题"最终可能是科学解决问题"[2]。农业发展靠科学，表现在两方面。一是中国的农业科学研究。可以说，中国的农业科研是搞得很好的，国家有农业科学院和农业大学等院所，各地也都有农科院和农业大学，有一支很强的农业科研队伍。他们在育种、植保、耕种技术等方面都有重大的发明和创造，如杂交水稻等，……在全国还建有农业科技推广系统，把先进农业科学技术推广到农业生产中去。二是改革后的农民。在市场经济的推动下，农民有学技术用技术的内在动力，不仅接受本国农业科技院所的技术和指导，有些农民还直接从国外购买优良的种子和学习先进的技术。20年来，中国的粮食、棉花等主要农作物的品种，已整体换过好几代了。蔬菜、水果、花卉等新品种和栽培技术在不断引进来，如荷兰豆、西兰花、西芹、提子、红富士苹果等。开始，这些新品种都是进口的，不久就普及到千家万户。这就是20年来中国农业大发展的重要原因。

中国的农业靠政策、靠科学发展起来了。中国从一个粮食等主要农产品长期短缺的国家，1996年以后，变成了一个农产品自给有余的国家。1997年以后，中国成为农产品纯出口国家，现在每年顺差都在50亿美元左右。如果我国的农产品进出口体制改革得好一点，中国的农产品出口还有很大的余地。因为直到今年[3]，我国的粮食等多种农产品的库存还过大，苦于销不出去。1994年，美国世界观察所的所长布朗曾经发出警世预言："2030年，谁来养活中国？"他预测，到那时，中国要缺粮三亿多吨，而世界一年的贸易粮只有两亿吨。这个预言，在1994、1995两年，着实惊动了国内外不少人。但自1996年特大丰收之后，连续几年粮食仓盈库满，这种议论也就平息了。

当然，中国的农业发展还是有隐忧的。诸如人口在继续增加，耕地还在逐年减少，水资源紧缺，水利等基础设施老化、失修，沙漠化在扩大，

---

① 《邓小平文选》第三卷，北京：人民出版社，1993年10月，第275页。
② 《邓小平文选》第三卷，北京：人民出版社，1993年10月，第313页。
③ 此处指2001年。——编者注

环境在恶化，这些都是农业发展面临的问题。但只要坚持"一靠政策，二靠科学"的方针不动摇，加上市场经济体制的完善，中国农业发展的前景会是很好的。

二　农民问题

从国际上已经实现了现代化的国家发展的历史看，开始都是从农村搞原始积累，为了发展工业，通过各种形式把大量的资金、粮食和农产品工业原料弄进城镇，办工厂、办企业，实现工业化。与此同时，大量的农村劳动力也进了工厂成为工人，进了城镇成为居民，城市化也就发展起来了。所以，在他们那里，工业化、城市化是同步的，是同一个过程。工业化实现了、财富积累了，再反哺农业，用农业机械、化肥、农药、优良品种武装农业、支援农业，改造小农经济的经营方式，使农业实现现代化，在农村进行道路、电力、电讯、上下水道等基础设施建设，使农村也现代化。最后实现工农一体化、城乡一体化。从这些发达国家的历史看，工业化、城市化、现代化是同一个过程。所以，他们在实现现代化过程中，农业问题解决了，农村和农民问题也就解决了，并没有出现中国这样的"三农"问题。

中国不同。中国在 20 世纪 50 年代学苏联，实行了计划经济体制。后来又建立了把公民分成非农业户口和农业户口，实行城乡分治的户籍制度。特别是在 20 世纪 50 年代末 60 年代初遇到三年经济困难，为了度荒，严格限制农业户口转为非农业户口，之后又是长达 10 年的"文化大革命"，一些不得已而为之的临时措施长期实行的结果，是成为僵化的惯例和制度。例如，严格限制"农转非"，本来是应对粮食危机的应急措施，但几十年来成了一种很重要的制度。40 多年来，中国实行工业化把农村大量的资金、粮食和农产品弄进城，但农村劳动力却不许"农转非"，不许进城。1952年，中国有 57482 万人，农业人口 50139 万人，占 87.2%；1958 年，全国有 65994 万人，农业人口 55273 万人，占 83.8%。[1] 这一段时间实行的是第一个五年计划，工业化和城市化是同步的。可是，随后就不同了。

1978 年，全国人口 96259 万人，农村人口 79014 万人，占 82.08%。[2]

① 国家统计局编《中国统计年鉴·1983》，北京：中国统计出版社，1983 年 10 月，第 103 页。
② 国家统计局编《中国统计年鉴·1983》，北京：中国统计出版社，1983 年 10 月，第 103 页。

1958～1978 年，中国的 GDP 中第一产业从 34.1% 下降到 28.1%，第二产业从 37% 上升到 48.2%，[①] 但农民占总人口的比重并没有减少，只下降了 0.72 个百分点，20 年间城市化率没有提高，农民的绝对数却增加了 24310 万人，平均每年增加 1215.5 万人。这一阶段，城市化已经和工业化不同步，是严重滞后了。

1978～1998 年，这 20 年，中国实行改革开放，经济发展很快，经济结构发生了很大变化，而社会结构却没有相应改变。这是因为经济结构变了，而城乡分割的户籍制度没有根本性的改革，农民仍被大量地限制在农村里。1998 年，中国人口达到 124810 万人，而农村人口仍有 86868 万人，占 69.6%。1978～1998 年这 20 年，中国的城市化率由 17.9% 上升到 30.4%，[②] 提高了 12.5 个百分点，平均每年提高 0.625 个百分点。因为农村人口自然增长很快，农民总人口绝对量还是增加 7854 万人，平均每年增加 392 万人。在世界工业化历史上，中国这种一面是工业化高速发展，一面是农民人数逐年大量增加，可以说是世界少有的社会现象。

中国的农业问题基本解决了，但占人口 70% 的农民问题没有解决。八亿多农民约有五亿劳动力，这是中国巨大的劳动力资源和人才资源的宝库，运用开发得好，将是中国现代化事业的强大动力，而如果引导处置不当，则是中国社会潜藏着的巨大问题，将引发诸多的社会矛盾。

从发达国家实现现代化的历史经验看，在现代化国家的经济社会结构中，农业增加值，一般占 GDP 的 15% 左右，在农业中就业的劳动者占 20% 左右，而且一般农户都实现了产业化经营，成为现代农业企业的经营者。法国的社会学家孟德拉斯曾写过一本名曰《农民的终结》的书，他认为，在现代化社会中传统的小农已经消失了，代之而起的是现代农业经营者。他们是现代社会结构中的一个阶层，在经济、政治、社会等方面的地位同其他阶层没有什么不同。

八亿农民怎么办？这是中国社会主义现代化事业要解决的最大的经济社会问题。

现在中国还是继续实行"城乡分治，一国两策"的体制，即对城市、城镇居民实行一种政策，对农村、农民实行另一种政策。这是从 1978 年以前的体制延续下来的。但现在已经实行社会主义市场经济体制了，各种生

---

① 国家统计局编《中国统计年鉴·2000》，北京：中国统计出版社，2000 年 9 月，第 54 页。
② 国家统计局编《中国统计年鉴·1999》，北京：中国统计出版社，1999 年 9 月，第 111 页。

产要素都在按照市场经济的要求进行配置，而唯独劳动力、人才这些最重要的生产要素仍受到户籍制度等的束缚而得不到合理配置，所以在实践中引出了很多矛盾，产生了诸多社会问题。

1992 年以后，社会主义市场经济体制在逐步建立和完善，城乡差距在扩大。这些年，特大城市、大中城市的建设加快了，城市都相当繁荣，而农村包括一部分集镇却没有相应的发展。城乡居民的收入差距扩大了。1978 年农民和城镇居民的收入比为 1：2.57，1985 年为 1：1.86，1990 年为 1：2.2，1996 年为 1：2.51；1999 年为 1：2.65，2000 年扩大为 1：2.79，① 如果加上城市居民还有医疗、住房、社会保障等方面的隐性收入，城乡居民的收入差距约 3.4 倍。城乡差距如此之大，这在世界上是少有的。

20 世纪 80 年代中期以后，随着国家大规模的经济建设，客观上城镇很需要大量的劳动力；而农村又有大量的剩余劳动力，这一拉一推，使大量的青壮年农民进城务工（有的也经商），最多时，每年以千万人的速度递增。十年多过去了，现在离乡在城镇打工的农民约有 7000 万～8000 万人，他们被称为"农民工"，有的已打工十多年了。他们春天出来，过年回去，过着候鸟式的生活。他们为输入地创造了大量财富，为输入地的繁荣做了极大的贡献（广东省吸纳了约有 1500 万个民工，一跃成为全国最富的省份），但他们始终得不到当地的正式户口，也融入不了当地的社会，形成了城镇里的二元社会结构。两种身份的人混居，各种待遇截然不同，这也是产生各种社会问题的原因，加上每年过春节来回的民工潮，给公安、交通、民政、劳动部门带来很大压力和负担。

能外出打工的，虽然他们在外面吃了很多苦，但他们在农村里都是比较拔尖的，他们还是幸运的，因为毕竟每年能挣一些辛苦钱，年终能带回几千元钱，所谓"一人打工，全家脱贫"。留在农村里，光靠种田，生活就困难了。据农业部农研中心的调查，1984 年全国平均每个农户耕种 8.35 亩地。现在已不到 7.5 亩，人均不足 2 亩。这几年农产品价格下降，而农业生产资料价格并未下降，农民负担名降实增，所以，完全靠农业或主要靠农业收入为生的农民（占全部农民的 62%），1997 年以来的收入是下降的。

增加农民收入，减轻农民负担，成了 20 世纪 90 年代中期以来中国政界和学术界探讨的最重要议题。各种方案都议过、实践过（诸如提高农产品价格、调整农业结构、实行农业产业化、制止乱摊派乱集资乱收费、合并

---

① 国家统计局编《中国统计摘要·2001》，北京：中国统计出版社，2001 年 5 月，第 91 页。

乡镇、精简机构、减少乡镇干部等），但执行中或是遇到困难行不通，或是实行了也并不见效。

近几年，中国的政界和学术界逐渐形成共识，认为"只有减少农民，才能富裕农民"。一个最基本事实是，2000年中国的国内生产总值（GDP）中，农业（第一产业）只占15.9%，而在农业就业的劳动力却占总就业劳动力的50.1%，农业人口占总人口的69.4%。[①] 农业、农村不需要也容纳不了这么多的劳动力，这是农民苦、农村穷的根本原因。随着工业化的进一步发展，农业在GDP中的比重还会进一步减少，在农业就业的劳动力就必然要越来越少，这是各现代化国家都经历过的事实。中国也不能例外。中国现在面对的，实际是一方面现代化经济飞速发展，另一方面农民越来越多，长此以往，能行吗？一方面是全球化、信息化、市场化繁荣富裕的城市社会；另一方面是农民越来越多，越来越（相对）贫困，市场越来越萎缩的农村社会。这样下去，社会主义市场经济体制能确立和完善吗？

在民主革命时期，农民问题的重点是要解决土地问题，现在这个问题中国基本解决了。现在中国农民问题的重点是要解决就业问题。人均不到两亩地，农民不能充分就业（据学者和农业部调查，现在农业劳动力在农业上每年只要工作80~90天就够了），1999年，农村从业的各种劳动力为49572万人，除去在乡镇企业、个体私营企业和常年外出打工的人员，从事农业的劳动力有35364万人，占全国就业劳动力的50.1%，占农村总劳动力的71.3%。[②] 现在实有1.3亿公顷耕地，按现有的生产力水平，1个劳动力，耕种1公顷耕地，可保持目前农业生产水平。所以现在的农村，有两亿多个农业剩余劳动力。通过各种形式和途径把这两亿多个农业剩余劳动力，逐步转移到第二、三产业和城镇去，这是中国现代化建设要解决的大问题。

解决这个大问题的出路只有一个，必须改革现在还在实行的计划经济时期形成的城乡分割的户籍制度，打开城门、市门、镇门，还农民以迁徙的自由，让农民按照市场经济的要求，自己开动脑筋，利用自身的各种社会资本，创造条件，到城镇去就业。政府也应该创造各种环境，支持、帮助农民到第二、三产业去就业，这样双管、多管齐下，使农村剩余多年的劳动力转移出去，使农业劳动力得到充分发挥的就业空间，使农民逐年减

---

① 参见国家统计局编《中国统计年鉴·2001》，北京：中国统计出版社，2001年9月，第50、108页。

② 国家统计局编《中国统计摘要·2000》，北京：中国统计出版社，2000年5月，第37~38页。

少，从而改变中国的城市化严重滞后于工业化的局面，使城乡协调发展。如果改革和发展顺利，到 2025 年左右，中国的城市化率达到 60%，那中国的农民问题可以说就基本解决了。

三　农村问题

清代以前，历朝中央政府只管到县，向县派出行政长官，乡镇不是一级行政政权。到民国以后，提倡乡村自治，在一部分省区、在县以下成立区公所、乡公所，由县政府任命区长、乡长。中华人民共和国成立之后，开始是承旧制，在县以下设区、乡，1954 年宪法实施以后，乡是一级政权，建立乡人民委员会。但不久就搞合作化，1958 年建立人民公社，实行政社合一，乡政府被取消，职能由公社委员会施行。有些省、市、自治区，县直接管人民公社，有些省、市、自治区，县以下设若干个区，由区政府管辖若干个人民公社。人民公社实行"三级所有，队为基础"的体制，人民公社下设生产大队，生产大队下设生产队。公社、大队、生产队既是集体经济组织，也是行政组织。

20 世纪 50 年代中期以后，中国实行城乡分治的户口制度，把居民划分为非农业户口和农业户口。农业户口绝大多数居住在农村，非农业人口住在城市里，住在集镇上的有一部分是非农业户口也有一部分是农业户口。在人民公社时期，生产大队以下，都属农业人口，住在农村；公社委员会的所在地一般都在集镇上，有公社干部，有粮站、供销社、银行等单位的职工，中小学教员，卫生院的医生护士，他们多数是非农业户口，此外，也有一些农业户口。

1978 年，农村进行改革，在农村普遍推行家庭联产承包责任制，农户成为独立的商品生产者，集体经济组织的职能变了。国家在 1984 年，撤销人民公社，把人民公社改为乡或镇，生产大队改为村民委员会，生产队改为村民小组。

表 1　农村行政组织变动状况

年份	乡镇（1982 年前为人民公社）（个）	村民委员会（1982 年前为生产大队）（个）	生产队（万个）	农户（万个）	农村人口（万人）
1978	52781	690000	481.6	17347	80320
1982	54352	719000	597.7	18279	82799

年份	乡镇（1982年前为人民公社）（个）	村民委员会（1982年前为生产大队）（个）	生产队（万个）	农户（万个）	农村人口（万人）
1984	91171	926439	—	18792.6	84300.5
1985	83182（镇7956）	940617	—	19076.5	84419.7
1990	55838（镇11392）	743278	—	22237.2	89590.3
1995	47136（镇17282）	740150	—	23282.0	91674.6
1999	44741（镇19184）	737429	—	23810.5	92216.3

注：这里的农村人口也包括了一部分在农村居住的非农居民。

资料来源：国家统计局编《中国统计年鉴·1983》，北京：中国统计出版社，1983年，第147页；国家统计局编《中国统计年鉴·1985》，北京：中国统计出版社，1985年，第237页；国家统计局编《中国统计年鉴·1991》，北京：中国统计出版社，1991年，第311页；国家统计局编《中国统计年鉴·2000》，北京：中国统计出版社，2000年，第371页。

从表1中可以看到，20多年来，农村的基层行政组织在不断发生变动。1984年人民公社改为乡或镇人民政府，生产大队改为村民委员会，生产队改为村民小组时，只是名称改变，行政区划并没有改变。1985年后，乡和村民委员会的总数在逐年减少，但镇在逐年增加。村民委员会下面有5～10个自然村，1984年时全国共有365万个自然村。1999年以后，有些省在撤并乡镇和村民委员会，现在乡镇总数只有4万个左右，村民委员会只有70万个左右，但365万个自然村并没有变动。

农村基层组织的不断变动，一方面反映了农村的生产力正在发展，农村的经济结构正在发生大的变化；另一方面，也反映了我们对今后的农村怎样发展、怎样管理还没有一个基本方略，目前还处在各自发展的阶段。因为现在乡（镇）的设置、撤并、改变名称的权限在省、市、自治区，所以各地的做法并不同。目前农村的问题有以下一些。

第一，改革开放以来，乡（镇）以下农村的发展，各省、市、自治区有很大的不同。因为全国的城乡分治的户籍制度没有改变，所以，中国80%的人（其中包括一部分非农业人口）都生活在乡镇以下的农村里。由于市场经济的运作，再加上原来计划经济条件下实行的"一国两策"还在继续起作用，所以城乡差别在扩大，许多大中城市，在经济建设、基础设施建设、公共事业、生活福利等方面都发展得很快很好，像上海、北京、深圳、广州等大城市，已经相当现代化了，而农村的发展，则相对滞后，有的还停留在20世纪80年代中期阶段，反差特别明显。

第二，整个农村发展也是不平衡的。东部沿海诸省区，加上各地大中城市周边的农村，因为发展了乡镇企业，非农产业发展起来了，就富裕得比较快，小城镇也建设起来了，有的还相当繁荣，而中、西部农村，虽然农业生产已有很大发展，但非农产业却很不发达，所以地区之间乡镇的差别就很大了。

表 2　1999 年中国东、中、西部地区和贵州省、北京市的乡镇平均指标

类别	户数（户）	人口（人）	劳力（个）	农村经济总收入（万元）	财政收入（万元）	粮食总产量（万吨）	人均粮食（公斤）	占全国乡镇总数（％）	占全国乡镇企业总数（％）	占全国乡镇企业人员总数（％）	平均每个乡镇的乡镇企业从业人员（人）
全国平均	5560	21345	10825	20828	424	11852	555	100	100	100	5277
东部	7657	27690	14322	48155	1018	14124	510	22	27.3	39.7	3445
中部	5842	22828	11264	18607	333	14857	650	40	50.5	42.9	1909
西部	4052	16102	8347	7593	183	7286	453	38	22.2	17.5	—
北京	5436	15844	6865	44407	1211	8513	537	—	—	—	—
贵州	5032	21133	11775	6556	171	8005	378	—	—	—	—

資料来源：国家统计局农村社会经济调查总队编《中国农村乡镇统计概要》，北京：中国统计出版社，2000 年，第 4～5、6～8 页。

从表 2 中可以看出，就农业来说，东、中、西部的差别并不大，中部人均产粮 650 公斤，而东部只有 510 公斤，西部为 453 公斤。但因为乡镇企业的不同，所以经济总收入和财政收入的差别就很大。1999 年，全国每个乡镇的人均总收入为 9758 元，东部为 17391 元，中部为 8150 元，西部为 4716 元，只有东部的 1/3。财政收入的差别更大，1999 年全国农村人均 199 元，东部为 368 元，中部为 146 元，西部为 114 元。西部只有东部的 31%。北京农村人均年财政收入 764 元，贵州人均只有 81 元，只有北京的 11%（这里需要说明的是，乡镇财政收入是指中央和地方税费收了以后的乡镇本级的财税收入）。

第三，1994 年财政税收体制改革，实行中央地方分税制。七年来，执行的结果，就全国来说，提高了财政收入占 GDP 的比重，提高了中央级财政收入在全国财政收入中的比重，这对中央进行宏观经济调控、进行大规模基本建设和抵御像亚洲金融风暴等经济危机方面是有效的，所以说改革是成功的。但这次改革对农村，对中西部经济欠发达、不发达地区的乡镇，却是不利的。因为主要税源都上收了，而负担却逐级下移。如上述西部的

一个乡镇平均 1.6 万多人，一年的财政收入才 183 万元，人均 114 元，要给 200 多人的中小学教师和近百人的干部发工资，还要维持一个乡镇办公、运转的日常开支，这 183 万元财政收入无论如何是不够的。所以这些年，全国有 2/3 的乡镇不能按月正常给教员和干部发工资，大多数的乡镇都不得不借债勉强维持。据农业部 1998 年对七个中西部省区的调查显示，乡镇政府普遍欠债，平均一个乡镇负债 400 多万元，平均一个行政村欠债 20 万元。这两年乡镇的债务又逐年增加了。农村乡镇的这种财政状况，已经好几年了，由此引发很多社会问题。

第四，现在的财政体制，已经有了财政转移支付的做法，但并不普遍，也不规范。国家财政收入 1.3 万亿元，但要办的事太多，钱总不够花，所以多数的乡镇得不到转移支付，只好靠自己。有些乡镇就不得不向农民收取各种名目的税费，增加了农民负担。前面说过，这几年中西部以务农为主的农民收入是减少的，所以乡村干部向农民收费很不容易，于是产生了种种矛盾，有的甚至发生冲突，发生恶性事件。这几年农村干群关系紧张，上访、集体上访、群体事件大量增加。

农村财政状况拮据已经多年了，使农村基层工作不能正常运转，现在的乡村干部是两头为难，对上级来说，他们不能完成各种交办的任务，下面群众埋怨他们只是收粮收款，舆论界也批评他们。所以有些乡镇干部只好消极应付等待，有的甚至辞职不干了。农村乡镇政府是我国最基层的政权组织，农村的一切工作都是通过乡镇政府去做的。当前乡镇干部的工作遇到了困难，"对上顶不住，对下压不住"，而且长期得不到解决。如果说县一级是城乡结合部，那么乡镇一级就是城乡结合的点。现在乡镇穷了，基层空虚了。这就是为什么现在农村社会矛盾增多，社会治安状况不好，社会不安定的原因。正如江泽民同志所指出的那样："基础不牢，地动山摇啊！"①

目前中国农村面临的重大问题，需要解决的有以下三个方面。

第一，如何深化改革，采取切实有效的措施，解决目前乡（镇）和村存在的问题，使乡和村的工作能正常运转起来？这是当务之急。

第二，中国农村今后将怎样发展？现在的二元社会结构将怎样转变为

---

① 参见《有些激情难以冷却——采访江泽民总书记在广东提出"三个代表"重要思想的前前后后》，载南方日报报业集团编《南方之光：南方日报创刊 55 周年纪念文集》，广州：南方日报出版社，2004 年 10 月，第 271 页。——编者注

现代化的一元社会，八亿农民将怎样逐步转到第二、三产业就业并转化为居民，现行的户口制度将如何改革？中国农村发展思路和发展战略，要明确地制定出来，这是近期要解决的问题。

第三，中国到 21 世纪中叶要建成中等发达的现代化国家。现在，城市特别是特大城市和大城市发展得很快，建设得很好，有的是相当超前，都在向国际最发达的城市看齐，搞所谓的国际接轨，但多数县以下农村的发展和建设则相当滞后，反差越来越大。这是不能持久的。何时把建设的重点逐步向农村转移，把农村的基础设施如道路、电力、电讯、上下水道和教育、医疗、文化等公共设施都建设起来，使城乡融合，并逐步实现城乡一体化，城乡都实现现代化。这是我们要完成的中长期任务。

经过改革开放以来 20 多年的努力，中国基本解决了农业问题，解决了人多地少条件下的农产品供给问题，这是非常了不起的伟大成就。但中国的农民和农村问题仍然很大，需要我们按照市场经济和历史规律一步一步地逐渐解决。只有妥善解决好了中国的农村、农民问题，中国的社会主义现代化事业才有希望，才有可能建成中等发达的现代化国家。

坚持市场取向，继续深化改革[*]

我国的改革是从农村开始的，取得了巨大成就。但自 20 世纪 80 年代中期起，农业、农村、农民问题此起彼伏，时阴时晴。1996 年农业特大丰收以后，农产品销售困难，农民收入增长缓慢，农民负担屡降不下，农村社会不安。问题的根源主要不在农业、农村本身，而在农业、农村之外。所以，我们不应该就农业论农业，而应该按照建立和完善社会主义市场经济体制的方向，继续深化改革，改变"城乡分治，一国两策"的格局，合理调整城乡经济社会结构，解决农业、农村、农民问题，建立城乡一体的社会主义市场经济体制，把建设有中国特色的社会主义现代化事业推向新的高潮。

一 "城乡分治，一国两策"和二元社会结构的由来

1953 年党中央提出了"逐步实现国家的社会主义工业化，并逐步实现国家对农业、对手工业和对资本主义工商业改造"的过渡时期总路线，开始第一个五年计划的建设。在农村，1953 年冬实行粮食统购统销，1955 年实行农业合作化，1958 年建立人民公社。也就在 1958 年，按照计划经济体制的要求，国家推出了户籍管理制度，把公民分成农业户口和非农业户口，实行城乡分治。1959 年以后，粮食等农产品大减产，国家陷入三年经济困难，为了度过严重困难时期，在城市实行严格的粮食等生活消费品定量供

* 本文源自《"三农"新论——当前中国农业、农村、农民问题研究》（陆学艺著，北京：社会科学文献出版社，2005 年 5 月），第 82～93 页，原稿写于 2001 年 12 月 24 日，题目为《坚持市场趋向、继续深化改革，改变"城乡分治、一国两策"的格局，解决农业、农村、农民问题》。该文为作者 2001 年 12 月 25 日在江泽民同志召开的"三农"问题座谈会上的发言稿，曾摘要发表于《中国经济快讯》2002 年第 29 期，发表时间为 2002 年 7 月 26 日。——编者注

应制度，实行严格限制农业户口转为非农业户口的制度。这本来是应对暂时困难而不得已采取的临时性措施，但后来因为不久就爆发"文化大革命"等政治运动，严格限制"农转非"等做法，就一直沿用了下来。

实行计划经济体制及其相应的户口制度以后，中国的工业化建设，就和农村发展割裂了。一方面是大量的粮食、工业原料和其他农产品源源不断地进城，支持城市的工业化建设；另一方面，大量的农村劳动力、农业人口被户口制度阻挡在城镇之外。城镇和农村各自发展，实际形成两个社会。1958 年，全国 66179 万人，有城镇人口 10721 万人，占 16.2%，农业人口 55458 万人，占 83.8%，经过 20 年的工业化建设，到 1978 年工业总产值已占到国民生产总值的 38.2%，第三产业占 23.7%，农业总产值只占 28.1%，而农业人口在总人口中的比重，仍占 82.1%（只下降 1.7 个百分点），农民的绝对数反而增加到 79014 万人，比 1958 年增加 23741 万人，平均每年增加 1187 万人。在这 20 年中，一面是工业化建设，一面是农民大量增加，这在世界工业化历史上，是绝无仅有的。

从 1953 年到 1978 年，中国的二元社会结构形成了。这一方面是学习苏联，实行计划经济体制的结果，另一方面也是我国实行特有的经济社会政策的结果。如户口制度，苏联并不是这样的。所以我国的二元社会结构要比苏联牢固、严重得多。

在二元社会结构框架下，实行的是"城乡分治，一国两策"。对城市、对城市居民实行一种政策，对农村、对农民实行的是另一种政策。

在经济层面，城市实行生产资料全民所有制，还有少量的城市大集体所有制（指 1978 年及以前），农村则实行人民公社"三级所有，队为基础"的集体所有制。干部、职员实行工资制，工人实行八级工资制，按月发工资；农民则实行工分制，年终按工分分实物和一点现金。对城市居民，平价供应粮食、油、副食品和棉布、燃料等，还提供低房租的住房；对农民除发给布票外，没有任何供应，住房也要自己造。

在社会层面，城市居民、干部和职工都有较好的社会保障，老了有退休金，病了有公费医疗，农民则要靠子女养老，几乎没有什么社会保障，只参加合作医疗。在就业方面，政府在 1980 年以前对城市劳力都包揽下来安排工作，农民在农村有田耕就算自然就业。国家的劳动部门只管城市居民就业和社会保障，不管农民的就业和社会保障，城市青年参军复员了，政府会安排就业，农村青年参军复员了，还是回乡务农。

在公共产品和公共设施方面，城市居民子女，在公办学校就学，只交少量学杂费；农民子女在农村上学，校舍设施要集体集资建设、购置，教员多数是民办教师（也是农民）。城市的道路、电力设施、自来水都由政府出资建设，供居民共享。农村的道路要本村本乡修，电力和自来水等公用设施都由集体向农民集资建设。

"城乡分治，一国两策"，实行了20多年，城乡各自发展，城乡差别越来越大，城乡之间已形成一道鸿沟，实际形成了两个社会。最后连城乡青年通婚都成了问题，属于城市居民的男子，各方面条件差一些的，在城市找不到老婆，就降格到农村找，但结婚后，妻子不能随丈夫进城，形成两地分居。而且户籍制度还规定，子女要随母亲申报户口，所以还是农民。长期实行"一国两策"的结果，形成城市居民的孩子永远是城市居民，农民的子女永远是农民的格局。

实行"城乡分治，一国两策"的二元社会结构是在计划经济体制下逐步形成的。当时要集中力量进行国家工业化建设，应对国际国内的政治、经济形势，是不得已而为之。适应当时的短缺经济，前提是牺牲农民利益，把农民限制在农村、固定在农业上，后果是严重压抑了农民的积极性，使农业生产长期徘徊，"八亿农民搞饭吃，饭还不够吃"。结果，短缺经济更加短缺，越短缺就越加强"城乡分治，一国两策"的二元社会结构体制，形成恶性循环。

二 二元社会结构根深蒂固，至今还没有得到根本性改革，由此引发了新的经济、社会问题

改革开放以后，农村率先改革，实行家庭联产承包责任制，解散人民公社，把土地的使用权、经营权还给农民，国家又提高了农产品收购价格，使农民得到了自主和实惠，调动了亿万农民的积极性。农业连年丰收，粮食等主要农产品已经由长期短缺变为丰年有余，解决了多年未解决的农产品的供给问题。乡镇企业异军突起，农村办工业，改变了农村的经济结构，一部分地区的小城镇恢复生机，蓬勃兴起，欣欣向荣，农民的生活也有了极大改善。一时间，全国上下称颂农民的伟大创造，大家对农村形势颇为乐观，以为已经找到了农村实现社会主义现代化的道路。

自20世纪90年代以来，农业、农村、农民问题频发。先是1991年、1992年农民负担问题凸显，农村干群关系紧张。1993年、1994年粮食供给不足，粮价猛涨，引发全国性的通货膨胀。大量农村剩余劳力涌入城市，

民工潮来势凶猛，朝野为之不安。1995 年、1996 年乡镇企业开始滑坡，吸纳劳力、经济效益等指标都徘徊不前。在国家大幅提高粮食收购价格等政策的推动下，1996 年农业获得特大丰收，当年粮食总产超过 10000 亿斤，1995、1996 两年共增产粮食 1188 亿斤，其他主要农产品也全面增产。从此，我国的农业生产进入了一个新阶段，主要农产品由长期供给不足转变为"总量大体平衡，丰年有余"，由卖方市场转变为买方市场。1996 年，农业增产，农产品价格提高，农民年均纯收入增加 9%，这是 1985 年以来最好的一年。

1996 年冬以来，农村出现下述值得注意的问题。

——农民收入上不去。从 1996 年 11 月到 2000 年 4 月，农产品总体价格连续 42 个月低迷（2000 年与 1996 年相比，小麦、玉米三种粮食的均价从每公斤 1.45 元降到 0.97 元，下降 33.6%），引起农民收入增长困难。据国家统计局统计，1997 年农民人均纯收入增长 6.4%，1998 年为 4.7%，1999 年为 3.3%，2000 年为 2.1%。这是就全国农民的平均纯收入而言，其中包括了非农业收入，而占 62% 的纯农户这四年实际是持续减收的。这是改革开放以来的第一次，由此引发了一系列经济问题和社会问题。

——农民负担下不来。1992 年以后，中央三令五申减轻农民负担，年年讲、会会讲，就是减不下来。因为乡村的教育经费、计划生育、拥军优属、民兵训练、干部工资、日常办公等开支是刚性的，有增无减。就是农业各税，也是年年增加的。1996 年，农业各税为 369.46 亿元，2000 年增到 465.31 亿元，增加 21%，平均年递增 7.1%，超过农业生产和农民收入的增幅。

——乡村两级债务严重。乡级财政普设之后，因为事权和财权不相称，建立不久，乡（镇）财政就债台高筑，一年一年增加。据农业部等六部委 1998 年对 14 个省区的调查，每个乡（镇）平均负债 400 万元，村平均负债 20 万元。2000 年财政部财政研究所调查，全国乡（镇）负债 1740 亿元，村级负债 1420 亿元。有些学者通过典型调查推算，估计乡村两级负债 5000 亿元以上。这些债务中，有相当一部分是借的高利贷，真不知这些债务将来怎么归还。

——农村基础设施毁坏严重。水利工程失修，乡路村道毁损，坑洼难行。黑龙江、吉林等省的农机站有不少已机坏、人散、院空。这几年，国家投资进行农村电网改造，农村电力供应大有改善，电费也下降了，这是一项德政。

——农村中小学不能坚持正常教学。因为相当多的乡（镇）长期拖欠教员工资，有的几个月、有的长年不发工资，教员迫于生计，有的请长假，有的外出打工，有的到大中城市当保姆、当陪读，挣钱糊口。有不少乡镇的卫生院解散了，有的连院址也卖了。

——农村基层政权不能正常运转，基层干部工作困难。因为乡镇财政困难，不能维持日常工作，有的交不起电话费，办公电话被停了，有的债主讨不到债，告上法院，法院把乡政府大院（或办公楼）封了。有一些乡镇主要干部处于借债、躲债、还债的漩涡之中。乡镇干部自己也是几个月、甚至长年领不到工资。更有甚者，他们还要受到上级的责备、百姓的诅咒。有副对联：急事、难事、窝囊事，事事缠身；骂声、叫声、责怪声，声声入耳！横批：干部难当。在这样的背景下，大多数基层干部，还是在第一线坚守着岗位，他们工作的艰难是可以想见的。我到农村调查，常常听到基层干部反映："这几年工作太难干了！"当然，在这几百万乡镇干部中也有一些败类，他们作威作福、鱼肉百姓，但这毕竟还是少数。

——农村社会不安宁。农业收入下降，乡镇企业不景气，不少乡企的职工下岗，外出打工受阻，有很多农民，特别是青年无所事事，农村治安状况恶化。乡镇财政困难，向上要不来（很多县财政也很难），只有向农民要，用各种名目收费。有的甚至出动公安、小分队到各家各户上门收费，和农民直接发生冲突，引发恶性事件，上访上告，聚众行动，大量增加，有的还把乡镇政府砸了，也有冲击县市党政机关的。2000年，农民上访上告和聚众行动事件超过了城市居民，这是新中国成立以来的第一次。

三 靠着市场化改革，农业问题基本解决了，但农民问题、农村问题还没有解决

当前我国农村已经进入了一个新的发展阶段。在新的发展阶段，农业问题解决了，或者说已基本解决了，但是农民问题、农村问题还没有解决。

农业问题之所以解决了，靠的是市场经济，靠的是冲破了二元社会结构的束缚。农村改革开始就实行了家庭联产承包责任制，把农业生产的自主权、经营权，还给了农民，所以，一开始就是市场经济导向的。以后取消了"统购"，1990年又取消了"统销"，实行城乡同价、一个市场。粮食和农产品的价格，已由市场供求决定，不再由政府定价。在农业问题上，农民可以自主生产、自主经营、自负盈亏。改革开放20多年来，农业虽然

也有起伏，但市场化是逐步增加的，所以发展得比较好。特别是水产品、水果、蔬菜等方面，放得比较早，放得比较彻底，实行完全的市场化，所以这几大类农产品，一直是持续快速地发展，满足了城乡居民的需求，经济效益也好。

农民问题、农村问题，至今成难题。根本原因在于仍然在二元社会结构束缚之中，仍然实行着"城乡分治，一国两策"。

改革开放以来，我们在改革经济体制、调整经济结构等方面做了很多工作，党的十四大正式提出要实行社会主义市场经济体制。经过十年努力，经济持续、快速发展，成绩卓著，举世为之瞩目。但在社会体制改革、社会政策调整等方面，则没有相应的大举措。例如户籍管理制度，略有松动还没有根本性的改变；劳动就业还是两种制度；教育、医疗、社会保障等体制，仍然是城市一种政策、农村一种政策。

实行社会主义市场经济体制，这是大势所趋，符合经济规律，但现在只实行了一半，还基本没有进入社会体制领域。在计划经济体制下形成的二元社会结构保留的时间太长了。由此引出了以下一系列问题。

一是阻碍了社会主义市场经济健康发展要求的社会流动，使城镇化严重滞后于工业化。我国现在已到了工业化的中期阶段，但城镇化还处在初期阶段，2000 年我国的城镇化率只有 36%，而全世界的城市化率平均已超过 48%。

二是城乡差别不是缩小，而是扩大了。1978 年我国城乡居民收入的差距为 2.34：1，1984 年缩小到 1.7：1，1986 年以后反弹，到 1999 年扩大到 2.79：1。如果加上城市还有社会保障和隐性收入等方面的因素，城乡差距应在 3.5：1。现在我们的不少大中城市，已经相当现代化了，但中西部广大农村还处在仅解决了温饱的阶段。有医生反映，现在城乡居民得的常见病都不同。城市居民得的是高血压、高血脂、心脏病、糖尿病，多数是富贵病，而农民得的是肺结核、肝炎、疟疾等，多数是贫穷病。在经济高速增长的背景下，城乡差别扩大如此之快，这是诸多社会问题的根源。

三是阻碍了经济的持续、健康发展。我国是 12 亿多人口的大国，现在全世界都在盯着这个大市场。2000 年，国内生产总值 88190 亿元，刚过 10000 亿美元，人均 842 美元。人均工农业产品并不多，还称不上物质极大丰富。但自 1997 年以后，全国 610 种主要商品，有 1/3 供求平衡，2/3 供过于求，几乎是什么商品销售都困难，由卖方市场转为买方市场。有人说，中国的买方市场早熟了（一般要在人均 3000 美元以后才出现这种状况）。为什么？

因为二元社会结构，因为农民太多、太穷。占总人口64%的农民，现在只购买38%的商品。7万多亿元的居民存款中农民只占19%，三个农民才抵得上一个市民的购买力。国务院领导早在1996年就提出要扩大内需、开拓农村市场。但五年过去了，就是拓而不动，农村的购买力反而萎缩了。不是农民不需要这些商品，而是没有钱。农村消费品水平，大约比城市落后10～15年。所以，从经济发展的全局看，从工业品要找市场看，这种城市分割的二元化社会结构，也到了应该改革的时候了。

四是阻碍了社会主义市场经济体制的发展和成熟。到2000年我国社会主义市场经济体制的基本框架已经建立，但离这个体制的成熟和完善还有很大距离。从市场经济体制的建设看，发展快的主要是商品市场。以农产品为例，改革前100%的农产品价格都由国家定价，现在85%左右已经放开，各种产品的价格基本由市场供求调节。可以说商品市场已经形成，这是巨大的进步，辉煌的成绩。但是其他要素市场，诸如劳动力市场、土地市场、资金市场、技术市场，等等，市场化的进展还比较缓慢。原因当然是多方面的，但"城乡分治、一国两策"和二元社会结构至今还未有相应的改变，则是主要障碍。

四　农村和农民问题的解决，也要靠市场化取向的深化改革

1996年农业特大丰收，解决了我们数十年来为之奋斗、梦寐以求的要解决农产品供给的问题，理应迎来农村的大好形势。那么，为什么农村、农民问题反而凸显出来了呢？前面已经说过，这是因为在计划经济体制条件下形成的"城乡分治，一国两策"和二元社会结构还没有相应的改革，还在继续阻碍农民的流动，束缚农村的健康发展。所以，我们不能就农业谈农业，不能就农村谈农村，不能就农民谈农民，而应该继续坚持市场取向，不断深化改革，建立和完善全国城乡统一的社会主义市场经济体制，改变"城乡分治，一国两策"的格局，改革城乡社会二元结构，这才能从根本上解决农村、农民问题。

当前，有以下几个问题需要解决。

第一，改革早已不合时宜的户籍管理制度。这个户籍管理制度是适应计划经济体制的要求而建立的，是实行"城乡分治，一国两策"和城乡社会二元结构的制度性条件，与社会主义市场经济体制格格不入。它在阻碍

社会主义市场经济的成长和发展，亿万农民早已引颈盼望解除束缚他们的桎梏。应尽早抓紧改革。近年来，广东、石家庄、宁波等地已经出台了本地区改革的政策。但人口管理制度涉及人口迁移人口流动的全局，必须由国家来决定。公安部已经拟定了几个户籍管理制度改革方案，希望能早下决心，早日出台。

第二，加快城镇化步伐，调整城乡社会结构，这已是社会共识。但是我国的城镇化到底走什么样的道路？是发展大城市好、发展中等城市好，还是发展小城镇好？至今还有争论。1998 年，党的十五届三中全会提出"小城镇、大战略"，"十五"计划把城镇化列为重大发展战略。但这几年，农民进城镇落户并不像预计的那样踊跃。1978～1999 年，21 年中我国城镇化水平平均每年提高 0.62 个百分点，而 1996～1999 年 3 年间平均每年只提高 0.46 个百分点。看来，加速城镇化这件大事，仅仅提个方针、口头上讲讲还不行，还必须有专门的讨论，要解决许多必须解决的问题，要做必须做的工作，要按市场经济的规律办事，这才能走出一条大、中、小城市和小城镇协调发展的有中国特色的城镇化道路。

第三，进行教育体制改革，实现城乡一体的教育制度。目前仍在对城市实行一种政策，对乡镇以下的农村实行另一种政策，城市中小学的教育经费由国家财政负担，农村中小学的教育经费由乡村、农民自筹解决，这种体制必须改变。这种体制是在人民公社体制下形成的，既不公正，也不合理。农村中小学的教学设施简陋，学龄儿童辍学流失，教师工资长期拖欠，这些问题屡解不了，也是"一国两策"的恶果。我们现在已经有财力来解决这类问题了，应该抓紧改革。"文化扶贫"的口号已经提出来了，办好农村中小学，这是最重要的基础性的扶贫，也是从根本上及从长远解决农村、农民问题的一项重大的体制性改革。

第四，改革财政体制。现行的财政体制财权和事权不相称。县乡两级干部反映，现在凡是财源好的项目都逐级上收了，而把要开支的项目（如农村小学教育经费等）都当作包袱逐级下放到基层。财政体制总的状况是向上倾斜，向城市倾斜，向东部富裕地区倾斜。现在有 50% 的县、60% 的乡镇的中小学教员工资不能正常发放，约有 2/3 的乡镇（和村）严重负债，借高利贷运转，就是这种不合理倾斜政策的恶果，也是城乡差别急剧扩大的一个重要原因。几百万农村中小学教员不能按时足额领到工资，几万个乡镇基层政府没有正常办公运转的经费，农村怎么能发展？怎么能安定？这种"头重脚轻"的财政体制不改不行了。

第五，应该建立中央农村政策研究机构。解决好"三农"问题，这是我们党和国家一项极其重要的战略任务。既要解决目前亟待解决的现实问题，又要制订今后长远发展的规划，政策研究任务艰巨。所以，建立农研中心，作为中央研究、解决"三农"问题的参谋，很有必要。中国要建设社会主义现代化，解决好八亿农民问题是先决条件。中国的国情特殊，千差万别，非常复杂，要解决好这个问题，确非三年五载的事，需要做大量的工作，把问题一个一个解决。中央已经建立了金融工委，建立了大企业工委，建立农村工作机构是尤为迫切的需要。主要任务是调查研究，摸准摸清"三农"的情况，拟定解决"三农"问题的规划和政策，供中央决策，这是完全必要的。

包产到户是温州模式的源头[*]

　　包产到户是改革开放以来家喻户晓的，温州模式也是近 20 年来大家所熟知的。但是说，温州模式的源头是包产到户、根在包产到户，许多人不会理解。而当你读了这本《燎原火种——1956 年永嘉包产到户始末》之后，就会明白：这是历史事实。

　　从一般意义上说，包产到户原来是农业生产责任制的一种形式，是解决农业生产发展问题的，后来成为农村改革的起点。温州模式是农村发展第二、三产业的一种形式。农业是国民经济的基础，农业问题基本解决了，在此基础上发展第二、三产业。所以说，包产到户是温州模式的源头，是顺理成章的。

　　从温州地区数十年发展的历程看，因为探索、试验实行包产到户得早，才有改革开放以后，温州人创办家庭工业早、农民经商早、专业市场早、民间集资早等一系列的创造。所以说，温州模式的源头是包产到户、根在包产到户，这是符合历史发展的事实。

　　戴洁天同志的这本《燎原火种——1956 年永嘉包产到户始末》，前一部分是中国农业合作化高潮时期，温州地区永嘉县试验实行包产到户的第一手资料和个人回忆。在合作化初期，进行包产到户试点的还有四川的江津、广东的中山和顺德、山西的榆次等地县，但在历经磨难后，仍能保留这么多历史文献和资料，可以反映历史原貌的，只有温州地区的这一份。所以是十分难得的，历史越久远，这份资料就越珍贵。

　　文集的第二部分，既是关于温州模式的形成和发展的阐述，也是作者

----

　　* 　本文源自《燎原火种——1956 年永嘉包产到户始末》（戴洁天著，北京：新华出版社，2002
　　　 年 5 月）序五，第 11～15 页。原稿写于 2002 年元旦，系陆学艺为该书撰写的序言，现标题
　　　 为本书编者根据序言内容所拟定。该文还收录于《"三农"新论——当前中国农业、农村、
　　　 农民问题研究》（陆学艺著，北京：社会科学文献出版社，2005 年 5 月）。——编者注

对亲身经历的感受和思考。有些是当时的论述，也有些是事后的追忆。戴洁天同志长期在农村第一线工作，经历了农村合作化以来的风风雨雨。早在初级社时期，他就在农村基层总结了小段包工等的经验，1956年5月，他奉永嘉县委的派遣，以县委农工部干部的身份到三溪区燎原生产合作社（以下简称燎原社）蹲点，总结包产责任制的试验经验。四个月后由他执笔写出了"燎原社包产到户总结"，他们把这一经验叫做包产到户管理责任制。正是这个总结，在我国第一次明确概括出了"包产到户"这个重要的科学概念，并且总结出了一套在集体经济条件下实行包产到户责任制的具体做法。正是燎原社的这个试点、这个包产到户总结，后来遭到了有关方面的打击，戴洁天同志也由此受到了长达20多年的迫害。十分可贵的是，戴洁天同志虽身处逆境，但对党的事业、对农民群众疾苦的关注、为共产主义事业奋斗的信念矢志不移，顽强地坚持了下来，体现了一个共产主义战士的高尚品格。

难能可贵的是，在这段"左"祸猖獗的时期里，他和全家都受到磨难，几乎什么都丢了，但恰把燎原社包产到户试点的许多原始资料保存了下来。戴洁天夫人陈小梅同志告诉我，本书第一部分中的多数资料，是这对患难与共的夫妻冒着极大的危险，千方百计保存下来的，直到改革开放的春风吹遍了大地，才从地下挖出，重见天日。现在刊印出来，很有意义。这是研究中国农业发展史、研究中国农业合作化史、研究中国改革开放史的极其重要的史料，十分珍贵。

我认识戴洁天同志是1983年。那时，我正在研究中国农村在实行了包产到户以后向何处去的问题（那时包产到户和包干到户已在全国普及，并已定名为家庭联产承包责任制），正在为撰写"联产承包责任制研究"一书调查研究。为了弄清"去脉"，必先弄清"来龙"。我在北京得知温州是最早试验包产到户的几个地区之一，就按图索骥，于1983年4月到了温州。先是找到了当时还在温州水利局工作的李云河同志，然后又认识了戴洁天同志。记得他那时还在永嘉县农村基层工作，专程到温州来见我。大家都是为农村改革和发展而工作的同志，所以一见如故，常常长谈至深夜。他向我详细介绍了1956年燎原社包产到户试点的前前后后，也向我介绍了当时温州和永嘉正在办各种形式的家庭工业的成绩和困难。他既全面系统地介绍了燎原社包产到户和温州正在兴办第二、三产业方方面面的情况，也从理论上分析了这些现象背后的体制、观念方面的原因，讲得条理分明、清清楚楚，使我受益匪浅，很快就弄明白了温州包产到户的来龙去脉。

　　从此，我们成了好朋友，自 1983 年以后，不断有书信往来。我回北京后不久，就收到了戴洁天同志为我收集的许多关于温州包产到户的历史资料。他还专门写了一封长信，对这些资料做了注释和说明。1996 年冬，为了考察乡镇企业的改革和发展情况，我第二次到了温州。时任浙江省农村政策研究室副主任的李云河同志也在温州。当时戴洁天同志已经离休，三个老朋友再次见面，分外亲热。他们向我介绍了温州改革开放以来发生历史巨变的曲折过程，并且阐明了发生这些变迁的深刻的经济社会原因，使我对温州模式有了进一步的认识。戴洁天和李云河同志都是我的良师益友。实在说，我对中国的农业、农村、农民问题有点认识，全是靠这些良师益友不断谆谆教诲。他们还专门陪我到了燎原社参观访问，见到了当年实践包产到户试验的几位农民。燎原社任桥村已经由穷变富了，已经成了家家制鞋的工业村。燎原社本身就是由包产到户到温州模式的典型。

　　现在，由燎原社包产到户试验点燃的星星之火，已经在神州大地真的"燎原"了。改革开放以后，农村率先改革，普遍实行了由包产到户演变而成的家庭联产承包责任制。靠着这种由农民创造的有中国特色的经济形式，调动了亿万农民的生产积极性，农业连年丰收。从 1996 年以后，中国的粮食和其他主要农产品已经由长期供给不足，转变为"总量基本平衡，丰年有余"，解决了多年未解决的农产品的供给问题。可以说，从此中国的农业进入了一个新的发展阶段，中国的农业问题基本解决了，但是农村问题、农民问题还没有解决。

　　温州人是先进的。温州农民在 1956 年创造了包产到户，改革开放以后，又创造了温州模式。温州模式从本质上说，是在由长期实行"城乡分治，一国两策"而形成的二元社会结构条件下，农村发展第二、三产业（乡镇企业）的一种经济形式。靠着温州模式，温州办起了家庭工业，办起了专业市场，办起了民间信贷；靠着温州模式，温州人走向全国，走向世界；靠着温州模式，温州由一个温饱都难以解决的贫困地区，转变为工商业繁荣发达的富裕先进地区；靠着温州模式，温州大多数农民已经由穷变富了，温州的多数乡镇建设起来了，温州的农村问题、农民问题基本得到了解决。创造温州模式的温州人又走在了中国的前面。

　　解决中国的农业、农村、农民问题，是中国社会主义现代化事业要完成的最重要、最困难的任务。党的十五届三中全会通过的《中共中央关于农业和农村工作若干重大问题的决定》说："没有农村的稳定就没有全国的稳定，没有农民的小康就没有全国人民的小康，没有农业的现代化就没有整个国民经济的现代化。"① 解决农业、农村、农民问题，全国各地已经创造了并且还在继续创造各种模式。温州模式已经被证明是一种行之有效的模式。当然，现在社会上对温州模式还有一些讨论，这是可以理解的。实践是检验真理的唯一标准，最终还是要由实践来解决问题。中国的农业、农村、农民问题要靠共产党领导下的中国亿万农民的创造和实践来解决。温州人创造了包产到户，又创造了温州模式，为解决中国的"三农"问题走出了一条道路。现在，温州人还在继续探索，继续前进，温州模式本身也在不断发展，不断完善。我相信，有着敢为天下先的创新精神，有着革命和建设都走在前列的光荣传统的温州人，在解决中国的"三农"问题、在中国建设社会主义现代化的伟大事业中，一定会做出更大的贡献。

现在戴洁天同志的《燎原火种——1956年永嘉包产到户始末》出版了。这本文集记载了一个温州人用了毕生的心血参与、探索、实践从包产到户到温州模式的全部历史过程，从中可以窥见历史的原貌。温故而知新。今天来研读这些珍贵的历史资料，是为了更好、更全面地认识包产到户、认识温州模式，更是为了探索温州模式的完善和发展，为了最终解决好中国的农业、农村、农民问题，为了在中国实现社会主义现代化的伟大事业。这也是戴洁天同志年近八十仍不辞辛劳、孜孜不倦收集整理、出版这本文集的初衷。是为序。

---

① 《中共中央关于农业和农村工作若干重大问题的决定学习辅导讲座》，北京：人民出版社、经济科学出版社，1998年10月，第1页。

关于改革农村义务教育投入体制问题[*]

　　基础教育是关系国家民族前途命运的大事，是教育工作中的重中之重。改革开放以来，我国的基础教育已经取得了巨大的成绩。值得注意的是，我国的基础教育发展还很不平衡。表现在东部地区和中西部地区不平衡，城市和农村不平衡，富裕地区与落后地区不平衡。至今还有相当多的乡村教师不能按月足额领到工资，约15%的地区没有普及九年义务教育，已普及的地区水平低、水分大，约有30%的初中生辍学。农村教育经费严重不足，设施简陋，有的连粉笔都买不起，还有相当一批校舍无力维修，学童在危房中上课。2001年召开了基础教育工作会议，解决了一批问题，进一步完善了农村义务教育体制，这比原来实际实行的农村义务教育以乡镇为主是进了一步。但据我们了解，实行在国务院领导下，由地方政府负责，分级管理，以县为主的体制，有相当一部分县财政十分困难，无力承担实施农村义务教育的经费，所以，至今还是有大量的农村中小学教师工资不能按月足额发放，办学经费无法落实。

　　要把农村的义务教育进一步办好，必须改革现行的城乡不同的教育投入体制，要改变农村教育由农村、农民自己办的格局。据有关部门调查，2000年的义务教育投入中，中央占2%，省地占11%，县占9%，乡镇占78%。这在经济发达的东部地区乡镇还可以承担，对大部分经济欠发达的中西部地区，乡镇的财力是负担不起的，所以出现了上述严峻的状况。

　　从现代化国家实施义务教育的经验看，多数国家的义务教育大部分经费是由中央政府负担，地方政府负担的也主要是由省市级财政负担，很少

　　*　本文源自《"三农"新论——当前中国农业、农村、农民问题研究》（陆学艺著，北京：社会科学文献出版社，2005年5月），第94~95页。该文系2002年3月作者在第九届全国人民代表大会第五次会议期间的提案。——编者注

有以县为主或以乡镇为主的。世界上没有以乡镇为主办义务教育的。

所以，要解决多年来未解决的农村义务教育中的问题，进一步把农村的义务教育办好，就必须改革现行的义务教育投入体制，实行以国家为主或以省市为主的义务教育投入体制。东部地区以省市为主，中西部地区应以中央和省为主。要改革现行的城乡不同的义务教育投入体制。

现在农村的主要问题是体制问题[*]

一、"三农"问题，党和政府历来十分重视，从改革开放以来，历次党代会每届 6~7 次的中央全会有 12 次专门讨论"三农"问题，每年的政府工作报告，都把农村农业工作放在第一位，这在国际工业化现代化历史上，是我们国家仅有的。因而，我们这 23 年农业农村工作的成绩是巨大的，我们在邓小平同志关于发展农业"一靠政策，二靠科学"的方针指引下，农业生产持续增产，使粮食和主要农产品长期短缺问题在 1996 年以后得到了基本解决，做到了"保证供给，丰年有余"，使 8 亿农民解决了温饱进入全面建设小康的阶段，使 2.5 亿贫困人口绝大多数脱了贫，用占世界 8% 的耕地供养了世界 21% 的人口。这些巨大的成绩怎么估计也是不过分的。但是，正是在 1996 年农业夺得第三次特大丰收，农业进入了一个新的发展阶段以后，农民收入问题、农村问题突出了。

党中央提出要千方百计增加农民收入，千方百计减轻农民负担，实现农村社会稳定。五六年过去了，农民收入就是不上去。统计局说，这几年农民收入增长速度减缓，占农民收入 60% 的实际务农收入是下降的（根据陈锡文的计算，1997~2000 年减少了 131 元，去年增加 30 元，5 年减少 101 元）。负担下不来，各地报的都在 5% 以下，实际调查都超过这个数。经济是基础，农村社会并不安宁。

"三农"问题解决不了，花了很大力量，想了很多办法，总不见效，成为每届两会的热点问题，成了党中央的一块心病。每年讲每月讲逢会都讲，什么原因呢？我这些年做过多次调查研究，也写过一些文章。近几年我做了反思，从历史的经验教训中去寻找。我发现，就"三农"论"三农"不

---

* 本文源自作者手稿。该文稿系陆学艺于 2002 年 9 月 20 日参加农村工作座谈会的发言提纲。原稿无题，现标题为本书编者根据发言提纲内容所拟定。——编者注

行，问题在于计划经济体制留下来的诸如户口制度、就业制度、教育体制等方面还在束缚着农民，已经同社会主义经济体制发生了尖锐的矛盾，阻碍了农村生产力的发展，影响着农村社会的稳定。

二、从以往的经验看，凡是农村某一个社会经济问题，不是一地一县存在，而是比较普遍地发生；不是一年两年，而是连续多年屡治不愈。那就不是工作问题，而是体制、制度性安排、政策问题。这靠就事论事，就一般讲提高认识，加强领导，改进工作，那解决不了问题。必经从体制上、结构上、制度上、政策上解决。以农产品短缺问题为例，合作化以后不久，就出现了粮食和农产品短缺问题，开始认为是劳力不够，大批劳力从城市里搬回，二千万人回乡，要人心向农。干部问题，反"五风"，搞"四清"，对农民进行社会主义教育，学大寨，各种办法，都没有解决问题，而改革开放一个包产到户就解决了。

三、现在农村的主要问题是体制问题。1996 年以后进入了一个新的阶段，做一个基本判断是：农业供给问题基本解决了，但农村问题、农民问题没有解决。根本原因不是工作问题，而是计划经济体制对农民的政策上的束缚还没有解除，需要从社会主义市场经济体制上加以改革。

现在农村的问题，说到底就是计划经济体制的一套套制度体系的束缚造成的。就农村来说，土地经营承包只是冲破了传统的土地经营问题，把农民的生产力解放了，生产发展起来了，但其他方面还束缚着农民的手脚。其他诸多方面，改得都不大行。有的改了（如流通领域）；有的改改停停，裹足不前（如户口制度）；有的则屡有反复（如粮食体制）；有的则基本未改（如信用社、医疗体制……）；有的改了也不成功（如信用社，农村科技推广）；有的放开了，又顶不住了（如就业体制问题，出现了农民工，农民工不是自发产生的）。

我们这些年干的，实际实行的是计划为体、市场为用的那一套，所以行不通。从这里可以看出，不从城乡一体的角度来进行改革，就农村改农村的问题是改不好的，也改不了。

四、要实行城乡一体。在计划经济体制条件下，农民历来是被排除在体制之外的。实行了城乡分治的户口制度之后，就实行"一国两策"，对城市，对工人、干部、城镇居民实行一种政策；对农村，对农民实行另一种政策。城乡分治的政策实行了 40 多年，不少方面一直沿袭到今天。党的十四大已经决定实行社会主义市场经济体制，1996 年中央明确提出"九五"计划要实现从计划经济体制向社会主义市场经济体制的转变。这个转变非常困难。就全国来说，有些方面转变得比较好，市场化率达 90% 以上了（如商品流通），但就其他生产要素，如劳力、土地、资金、技术等，还不能由市场来配置。有关部门估算现在综合的市场率只有 60% 多一点，农村则更低。

实行社会主义市场经济体制，一个基本前提是把全国公民都视为同一的市场主体，在市场效率上起点是公平的，机会也应该是公平的。在国家向社会提供的公共产品方面，对所有公民应是一视同仁的。

现在城市改革一年年在深入，特别是加入 WTO 以后，市场化进程就更快了。而农村在市场化改革方面却鲜有进展。城乡居民收入差距在扩大，城乡差距在急剧扩大。这里顺便说一句，不少大中城市靠着利用农村农民的计划经济体制而发展。如上海，通过行政、计划经济体制的那套机制，无偿、少偿地从农民那里征用土地，然后拍卖，10 年通过批租土地取得了 100 多亿美元和 100 多亿人民币的收入。深圳同样如此。还有一招是大量使用农民工。根据第五次人口普查数据，深圳 700.8 万人口中有户籍的只有 134 万，这 500 多万农民工，付出了超时超量的劳动，但平均月工资只有 588 元（比 20 世纪 80 年代中期还低）。深圳主要靠着这两条，繁荣发展起来了。

五、所以农村要进行第二步改革，要改革计划经济体制渗透到经济、社会、文化、管理等方面的体制，进一步解除计划体制对农民的束缚，诸如户口制度、就业制度、教育制度、医疗制度、社保制度、财经制度等。就农业论农业，就农村论农村不行，一则改不动，二则改了还会反弹。

例如，税费改革。中央下了决心，要减轻农民负担，2000 年安庆改了，效果很好，农民负担是减轻了，但后来又取消了。因为带来了几个问题：一是乡镇干部不能收费了，乡镇干部的工资、办公经费严重短缺，怎么运行？所以干部是不赞成的。二是教育，农村义务教育经费怎么办？三是水利建设还搞不搞？谁建谁维修，水利部一年要动用 70 万民工。四是公路建成了，谁给民工钱？交通部门有意见。这都是原来计划体制定下的，习以为常了。

但从市场经济体制的观点看，乡镇是基层政权，干部是国家公务员。他们的工资、办公经费，理应由地方财政支付。没有哪个国家的地方公务员工资要自收自支。义务教育也理应由中央、地方政府负担，没有哪个国家义务教育经费是由农民自己负担的。2001 年以前，78% 的义务教育经费是由乡镇政府筹集的，乡镇政府怎么负担得了？怎能不背债？怎么能正常发工资？如果是过去，国家财政困难，这样做可以理解。现在国家财政每年收入 1.6 万亿元了，地方财政开支每年 8000 亿～9000 亿元，乡镇干部工资、办公经费，充其量是 300 多亿元，小学教师工资和经费 300 亿～400 亿元，应该说是能够解决了。

这两项如果真的由地级以上财政负担了，体制上改变了，那么经费改革就成功了，农民负担就真的减轻了，至少减 1/2 到 1/3。

六、改革的难度会很大。一是传统计划思想的束缚；二是旧体制形成了一套制度和运行机制；三是有相应的既得利益群体。如户口，如果放开了，城里的居民、职工就有意见了，现在还有人下岗。现在还下岗？殊不知城市化了，城市人口增加了，第二、三产业发展起来，问题就解决了。无论有多大困难，只要中央下了决心，精心组织、精心策划，一步步地实施，是能够做好的。

七、改革的几个重点：认识问题，户口问题，土地问题，教育体制，财政体制，就业体制（农民工问题）。不要一次解决所有问题，全面铺开，可以总体设计，逐步推进。

探寻乡镇改革之路[*]

开场白：农民减负增收难，乡镇政府冗员裁减难，乡村债务沉重缓解难，是"三农"中的突出问题。这些症结集中体现在乡镇机构的职能定位与改革上。今天我们邀请大家来，就乡镇机构存在的问题，应该怎么看待、如何改革等话题，畅所欲言。

造成乡镇机构各种困难和问题的病根在哪儿？

主持人：造成乡镇各种困难与问题的深层次原因是什么？

陆学艺（中国社会学会会长、研究员）：我赞同"农村的问题不能光靠农村来解决"的观点。1994 年我国实行了财政体制改革，一是提高了国家财政收入在 GDP 中的比例，二是提高了中央财政在国家财政总盘子中的比例。现在看来，没有这两个比例的提高，我国很难扛过亚洲金融风暴的冲击，许多大工程也不可能开工，比如，青藏铁路、南水北调、三峡大坝等。但也应看到，在财政体制改革过程中，并没有把事权统筹兼顾得很周到。比如，需要大投入的公共服务事业如农村义务教育、农村社会保障、农村医疗卫生保障体系建设等，由地市、县、乡级政府来办，而这些难办的事，又恰恰是我国经济相对落后的农村地区，尤其是中西部地区没有能力和条件承担的。因此，乡镇机构改革要成功，就要理顺上下级政府之间"财权"和"事权"的关系，把乡镇不该管或管不了的事收归省级政府，为乡镇政府和基层干部卸掉包袱。同时，搞好财政体制的配套改

---

* 本文源自《时事报告》2003 年第 9 期，第 14～23 页《探寻乡镇改革之路》一文，发表时间：2003 年 9 月 8 日。该文系该刊记者采访陆学艺、陈友华、吴永亮三人的访谈摘要，本文仅收录陆学艺的发言摘要。——编者注

革，重新探讨财政收入分配比例，为乡镇"增收"。乡镇有了钱，事情才好办。

跳出乡镇看改革

陆学艺：对农民和农村一定要"多予少取"。只有农村农民富了，农村的各项改革才能搞好。

从1958年开始，我国学习苏联斯大林搞计划经济的那一套，为了实现国家的工业化，完成资本的原始积累，就从农民那里拿，通过对农牧业产品搞统购统销，通过工业产品和农业产品的价格剪刀差，让农业支持工业，向工业"输血"。后来，又通过国家财政、金融政策对工业的倾斜来实现。这样的做法本无可厚非，从当时的情况来看，对国家建设也是有益的，主要考虑是先让农业支持国家的工业化建设，等国家工业化实现后，再让工业反哺农业。国外也不乏这样的先例，比如二战后的日本，农民就很苦，支持城里人搞工业。但几十年来，某些国有工业企业像个永远也养不大的孩子，不但反哺不了农业，还拖累了整个国家经济的良性发展。据我了解，某些行业国有企业享受的国家贷款扶持，比我国乡镇一级所欠的债务总和还多！

此外，实行多年的户籍制度，农业户口和非农业户口等一些城乡分割政策，人为限制了生产要素和社会资源的合理流动，也使社会财富的平均享受出现了不公。这种状况也是导致我国农村长期贫弱的一个重要因素。

陆学艺：对农民制度性的索取是农村问题出现的总根子。我认为，包括乡镇机构改革在内的农村各项改革若要成功，就要从根上解决，必须从统筹城乡经济这一角度考虑。比如，我们应调整国家的财政、金融政策对国有企业的过分倾向。把国家的钱投到公共事业上，如教育、科技、卫生等领域。这是一个现代国家政府的真正职责。有人说，那国有企业怎么办？从世界范围来看，企业发展所需资金，主要靠金融市场来融资，比如说靠股票、靠集资，也就是说要靠民间、靠社会，而不是简单地靠国家财政的持续投入。国有企业的发展最终要靠建立现代企业制度。

现在，正在进行城乡经济社会统筹发展的改革。据了解，今年①国家财政开支中文教卫生的增加部分统统给农村，这就是好事嘛。这还不够，

---

① 此处指2003年。——编者注

以后要逐步把那些"以乡养城"的种种不合理做法改革掉，还要改革户籍制度等一些与时代发展不相符的条条框框，给农民平等的生存权和发展权。

所以，要想解决农村问题，取得包括乡镇机构改革在内的农村各项改革的成功，必须从统筹城乡经济社会发展这一大角度着眼。国家的大环境顺了，农村的各项改革才会水到渠成。

资源问题是社会问题[*]

社会学家、中国社会科学院社会学所原所长、研究员陆学艺说："这两年随着土地资源与人口、环境被并列为三大基本国策，人们耕地保护意识越来越强烈。这次中央把资源问题与人口、环境问题并列，对增强全国人民的资源保护意识，将是一个很大的促进。"

陆学艺认为，当前几个最热点的经济问题，如扩大内需、国企改革等，都与资源问题有着密不可分的联系。去年^①国内市场疲软，但居民存款总量却直线上升，说明人们潜在购买力仍很大。因此，今年^②内需扩大后，企业的原料需求也会相应地大量增加。据有关资料，我国80%的工业原料来自矿产资源。随着改革的深化，国有企业适应市场变化，生产适销对路的产品，对矿产资源的需求量也大了。所以我们说，资源问题不是一个单纯的问题，它与许多社会问题、经济问题都是分不开的。

陆学艺说，人口、资源和环境问题，现在已被作为一个有关可持续发展的大问题来看待，这反映了我们看资源问题的全局观念在不断增强。苏南地区经过20年的发展，对三者的关系有了深刻的理解，他们提出的口号是：发展工业，不能以牺牲农业为代价；发展经济，不能以牺牲环境为代价；发展经济，不能以牺牲精神文明为代价。这都是全面认识资源的表现。

陆学艺指出，资源问题，看起来是个经济问题，实际上还是个社会问题。资源利用过程中不保护生态环境，会影响人类的生存和发展；对资源

---

* 本文源自《领导决策信息》1999年第14期，在"新理论 新观点 新问题"栏目发表的一组专家观点摘编，发表时间：1999年4月7日。本文仅收录陆学艺观点的摘编，该部分原标题为《社科院研究员陆学艺认为：资源问题是社会问题》，现标题为本书编者根据观点摘编的内容所修改。——编者注

① 此处指1998年。——编者注

② 此处指1999年。——编者注

光利用不保护，如果真的用光了，也必将动摇整个社会的生存基础！

从社会学角度看，从全局把握资源问题，也有利于资源的集约利用。比如中国的城市化问题，就与此有关。国外工业化和城市化是同步的，但我国眼下还远未达到这个水平。我国现在的工业化程度已达到了世界工业化的中期水平，但城市人口仅占总人口的 29.9%，将来城市人口增加了，如果管理得好，腾出的农村宅基地均可复垦，农地面积就会扩大。

所以，资源问题，既是当前的热点经济问题，也是眼下的热点社会问题。

农民进城，土地怎么办？[*]

小城镇发展中存在着一系列土地问题，现在要制订相应的策略来解决。其中主要涉及以下三个问题：

一是小城镇建设占地过多的问题；

二是农民进城后，户口怎么办；

三是乡镇企业 70%～80% 在村里，土地如何置换。

最近我到苏锡常地区做过一次调查，发现许多被占的土地没有被充分利用，许多工程搞得过大，有的建制镇占地 2.5 平方公里。一些城镇人口比几年前增加 1 倍，占地量却扩大了 5 倍。

农民进镇后，宅基地还存在着四种情况：一是户口进城，宅基地保留；二是户口进城，宅基地被收回；三是户口进城，宅基地没人管；四是户口进城，宅基地被算进土地中被股份化了。

我认为，从当前情况来看，农民进城，土地使用权还应该留给他自己，不要采取收回办法。农民假如在城里打工失败，回农村还有地种，这也不存在占有两份生产资料的问题。土地作为财产或财产权，为什么人一迁，土地就要收回？法律上如何解释？因此，我觉得应该是耕地、宅基地与户籍无关，特别是宅基地还是不要收回为好。

---

[*] 本文源自《中国国土资源报》1999 年 4 月 19 日第 3 版。该文为"合理规划 节约用地——小城镇发展中的土地问题"研讨会上陆学艺发言的摘要。——编者注

执行规划比编制规划难[*]

执行土地利用规划比编制规划更难。因此一定要扩大宣传，不仅是要让土地管理人员，而且要让全社会都知道。

要执行好规划，就要注意制定一些具体政策。现在大的政策如土地承包30年不变，对保护耕地非常有利，调动了农民的积极性，使他们懂得了自己的权利，掌握了法规政策，能对一些乡镇政府违法占地及时举报，农民成为保护耕地的主要力量。在土地开发复垦方面，我们不仅要规定谁破坏谁复垦，而且要有谁复垦谁受益的政策。有了具体政策，规划就能得到很好的实施。

现在是市场经济时代，要注意运用和发挥市场手段的作用。目前中央、国土资源管理部门非常重视土地管理，但一些地方土地浪费闲置，基层政府乱占滥用仍屡禁不止，因此应借鉴国外一些有效的做法，比如采取加大土地占用的税费收缴这类政策，以经济手段遏制土地的随意占用。

---

* 本文源自《国土资源报》1999年4月23日第2版。该文系作者在"贯彻《全国土地利用总体规划纲要》座谈会"上发言的摘要。——编者注

把权力交给农民[*]

人多地少是我国的基本国情，保护耕地是我国的基本国策。

1986年国家设立国家土地管理局的一项基本任务就是保护好现有的耕地。15年来，原国家土地局（现国土资源部）在这方面做了大量的工作，很有成效，这是应该充分肯定的。但不可回避的现实是，乱占滥用耕地的事还是层出不穷、屡禁不止，耕地还是每年以百万亩计的速度在流失。

历史经验表明，凡是某个成了问题的问题，不是一时一地发生，而是比较普遍并且经常发生，那就不是某些干部的个人行为或某个单位管理不当的问题，而是这方面的管理体制和政策有问题，需要通过体制改革和重新制定合理的政策来解决。

现在保护耕地难的原因有两个：第一是把耕地转为非农用地代价太小、利益太大。按现行政策，占用一亩耕地的补偿费，最多只给被占用方6~10倍的年亩收入，约合几千元代价，而一旦转为非农用地，就值几万、几十万元。所以，不光是房地产商、工矿企业，就是当地政府有关部门的干部，也在千方百计地占用耕地，瓜分这块肥而又肥的"唐僧肉"。仅靠一个国土局是管不住的。

第二，耕地是农民的命根子，农民靠着耕地养家活口，在现阶段，耕地还是农民的社会保障。爱惜耕地、保护耕地是农民的天性。但现在农民对于自己的耕地却既无权也无力来保护。

---

* 本文原载《中国国土资源报》2001年12月10日第4版。原手稿写于2001年1月，题为《把保护耕地的权力交给农民》，发表时改为本题。该文还以《把保护耕地的权力交给农民》为题收录于《"三农"新论——当前中国农业、农村、农民问题研究》（陆学艺著，北京：社会科学文献出版社，2005年5月）。作者在《中国土地资源报》2008年6月23日第2版还发表过1篇题为《把保护耕地的权力交给农民》的文章，但内容和时间不同。作者在本文中建议通过立法保护农民的土地权益，而在2008年文中则进一步建议从改革土地制度、财政制度等方面通过试点方式探索解决农民土地权益丧失问题的办法。——编者注

合作化、人民公社化时期，把农民的耕地所有权、使用权无偿地收归集体。改革开放，实行家庭联产承包责任制，把耕地的使用权交还给了农民，但所有权还应在集体。现在多数农村，集体经济组织已经名存实亡。村党支部和村民委员会实际成了耕地的所有者，行使着耕地发包和实际处置、出卖耕地的权力，所以常常出现村党支部、村委会的干部把耕地卖掉了，农民还不知道的怪事。出卖耕地所得，也主要归党支部和村委会，农民只得到很小的一部分。这种不合理的征地用地办法，使农民受到双重损害，土地使用权被剥夺了，出让土地的所得也被侵吞了。

1998 年 10 月，党的十五届三中全会《决定》指出："土地是农业最基本的生产要素，又是农民最基本的生活保障。稳定土地承包关系，才能引导农民珍惜土地，增加投入，培肥地力，逐步提高产出率；才能解除农民的后顾之忧，保持农村稳定。这是党的农村政策的基石，决不能动摇。"《决定》还宣布了"土地承包期再延长三十年"和"赋予农民长期而有保障的土地使用权"的政策。① 现阶段，党在土地方面的政策已经明确了，道理也讲透了。但是三年过去了，有的地区至今还未落实土地承包再延长 30 年的政策；有的虽与农民签订了合同，但仍以各种借口"调整"农民的耕地；更有甚者，一些乡镇政府和村委会在各种利益驱动下，还在无偿、少偿征用、占用农民的耕地。

农民失去耕地，也就等于失去了职业，失去了生活保障，农民当然是不干的。这是当前农村土地纠纷大量发生的原因，也是产生农村诸多经济、社会问题的重要根源。但从各地的多数案例来看，按现行的体制，乡镇政府、村委会实际履行土地所有权和管制土地使用权的权力过大，农民处于无权无援的状态，所以农民还是保护不住自己的耕地。2000 年全国耕地净减少近 300 万亩（不含生态退耕数），其中大部分是国家建设需要、合理征用，但也有相当一部分则是不应该占用的。

要贯彻保护耕地的基本国策，落实党的十五届三中全会关于"赋予农民长期而有保障的土地使用权"的决定，就必须制定新的法律、法规，把保护耕地的权力交给农民，使农民真正成为集体耕地的主人，任何人不得侵害，使耕地的主人有保护自己权益的法律武器，加上其他配套政策的实行，才能使我国宝贵而又稀缺的耕地得到真正保护。诚如此，则亿万农民幸甚！国家幸甚！

---

① 《中共中央关于农业和农村工作若干重大问题的决定》，载中共中央文献研究室编《十五大以来重要文献选编》（上），北京：人民出版社，2000 年 6 月，第 562 页。

永佃制是最好的形式[*]

8 月 15 日，在中国社会科学院院部，陆学艺教授还没有听完记者的采访意图，就反问记者："你们的家在农村吗？你们了解农村吗？"

我们回答说，我们都是农村的孩子，生在农村，长在农村。

陆学艺教授笑了。

他解释说，他只是不愿意和不了解农村的人谈农村问题。"因为我们的口号太多，但是真正关心农民的人太少了。"

城市的改革实际上都是用的农民的钱

话匣子一打开，陆学艺就滔滔不绝。

"现在这些富起来的人很大程度上是靠农民的地发财的，"陆学艺说，"这绝不是危言耸听。"

据他介绍，1979～1997 年，农民向国家至少献出了 16 万平方公里的好地。

"这是什么意思呢？就是 2.4 亿亩，平均每年在 1000 万亩以上。1992 年至 1993 年期间，一年甚至在 1400 万～1500 万亩。特别这几年，有些镇都是扩大了好几倍，扩大的城镇面积超过了 100 年来用地的总和，而且都是好地。如果说农民对国家有两大贡献的话，这是第一大贡献。"

所以陆学艺说，他的一个观点就是："这些年我们城市的改革实际上都是用的农民的钱。"

"国有企业赚了什么钱？创造了什么财富？每年几千亿（元）往里投，

---

* 本文原载《新财经》2001 年第 9 期，发表时间：2001 年 9 月 1 日。该文系该刊记者专访陆学艺的访谈录。——编者注

有几个赚钱的？现在粮食挂账有多少？数千亿元，这是什么概念？债转股是多少？一万多亿元。"

他越说越激动："而这 2 亿多亩土地是什么概念？农民拿到的连 10% 都不到，每亩平均 2 万元都不到。我们高速公路用地补偿现在每亩只有 4000元。但是北京当时批给李嘉诚的地却是 4 万块钱一平方米啊！667 平方米一亩，你算一算是多少钱？"

"2.4 亿亩，按照平均 10 万元一亩，24 万亿元。现在讲这个财富，那个财富，相当大一部分是农民的钱，那么多房地产商，一个个腰缠万贯，哪里来的那么多钱？一是靠农民的地，二是靠农民工。现在统计的农民工是8000 万人左右。农民工在北京最便宜的是每个月 200 ~ 300 元。而且每月能够拿到 200 元的还不错。所以你看哪个地方繁荣，哪个地方农民工就多。这不是第二大贡献吗？"

土地"包给农民"应改成把土地"还给农民"

现行的土地制度为什么会给圈地留下了如此大的空间？陆学艺的观点是，"因为农村的土地到现在为止还是集体所有制"。

一个基本事实摆在那里。新中国成立前 70% ~ 80% 的土地是地主的，归地主所有。新中国成立后，土地回到了农民的手里，土地变成农民个人所有了，土地的所有权、经营权都是农民的。但是后来农民的土地渐渐成为集体所有了。到人民公社的时候，甚至宅基地也变成集体所有了。

陆学艺提醒说，其实，现在说把土地"包给农民"应该改成把土地"还给农民"。

"1978 ~ 1980 年土地大包干时，是以村民小组为单位分地。现在没了，以行政村为单位分地，土地实际上变成了行政村所有。所以农村现在矛盾很多，所有者可以胡来，村主任或者村支部书记把土地卖了，农民还不知道；就是知道地被卖了，钱是怎么花的，你没有办法知道。"

农村土地应实行"国有""永佃"

对于如何解决这个问题？陆学艺有两句话。

第一是把所有权统统收归国家。

"现在我一直在考虑这样一个问题，再宝贵的资源、再宝贵的财富，只要交给靠不住的人，都会完蛋。农村干部都是农民，很多人素质不是很高，但是又有这么大的权力，你想，能够保证他们看好管好地吗？"

第二是实行永佃制。

"从现在开始，你现在种的地就是你的，生不增、死不减。"陆学艺认为，"不停地调整土地是没有道理的。"

陆学艺举了一个例子："现在有人说，我原来是1个人，只有10亩地，现在娶了1个老婆，又生了1个儿子，成3个人了。如果3个人还是那10亩地的话，那我怎么活？很多地方不停地调地就是根据这个理论。我现在可以对你说，任何一个市场经济的国家，都没有这样一个情况：你娶了1个老婆，国家就非要给你一份嫁妆，划给你一块地！"

"现在真是胡来了，迁个户口也要划一块地，而且还要把所有的地打乱重新调整。能够这样吗？不能！土地是财富，是很值钱的！你娶个老婆我给你一块地，你生个孩子我再给你一块地，所以现在就生生不息，而中国的人口是越来越多。"

他说："现在一些地方搞'返租倒包'，搞什么'流转'，那都是后面的问题，不把永佃的问题解决了，没有什么实质意义。现在讲产权明晰什么的，其实只要搞好这两点，即'国有'和'永佃'就行了。譬如实行了'永佃制'，干部要再调整我土地的话，那对不起。你要说个'一二三'才行。"

"宅基地也成了集体所有，简直一点道理都没有"

不过还有让陆学艺更感到不可理喻的事情。

他说："特别是现在宅基地也成了集体所有，简直一点道理都没有。过去我们剥夺了城市房产主的房子，现在也已经还给他们了，他不仅可以随便卖，国家要拆迁还要补偿他钱，而农民的土地却糊里糊涂地变成了集体所有。农民要卖房就不允许，因为地是集体的，所以你的房子怎么能够卖呢？而且，还有一个问题就是农民的房子不能作为抵押，不让他用房子抵押，就剩几件破衣服能值什么钱？只有几间房子值钱，又不是他的。像宅基地，我祖宗八代都在这里居住，怎么会变成集体所有，还讲不讲道理？"

农村也存在产权问题*

我看"三农"问题中一个很重要的问题就是农村土地产权不明晰问题。现在我们简单地说，我国农民的土地，集体土地是 19 亿亩，而问题是现在土地到底是谁的？按一般的说法，土地是集体所有，有的是土地国有。农村土地的实际所有者、体现者应该是村民委员会。但现实却是很多地方的县、乡领导把土地卖了农民还不知道。农民的权益得不到保障。全国搞了几千个工业园区，圈占了大量农民土地。现在农村一个很大问题就是失地以后，农民的就业问题没有得到解决。占全国人口 70％ 的农村人口安定不下来，城市也就安定不下来。

当前令人担忧的现象还有，一些地方为了搞开发，毁农民的庄稼，拆农民的房子，挖农民的祖坟，占农民的耕地。出现这些现象的根源就在于农村土地制度非常落后。现代产权制度应该包括土地制度。现在城里的房子都有产权，而农民住了几百年的房子、宅基地却没有产权。我国有 9 亿农民，占全国房屋面积 75％ 的农民的房子是 50 亿到 60 亿平方米。由于我们不承认农民的房子有产权，所以这些房子也不能抵押，其他权益也无法实现。人家住了几百年的房子没有产权，这没有道理。所以我说农村土地也应纳入建立现代产权制度的范围。

---

* 本文源自《中国改革报》2004 年 1 月 17 日第 2 版《现代产权制度的理论与实践论坛发言摘要》一文，该文系论坛上各位专家的发言摘编，本文仅收录陆学艺的发言摘要。——编者注

须明晰农村土地产权[*]

建立现代产权制度应该包括完善农村的土地制度。现在"三农"问题不好解决，一个很重要的原因就是农村土地产权不明晰。我们现在有16万亿的国有资产，集体土地是19亿亩，而恰恰就是这个产权最不明晰。现在的问题是，土地到底是谁的？土地是集体所有，还有的是国有？现在的说法是，我们的土地是国家的^①，所以土地实际的所有者应该是村民委员会，而现在有很多地方的村党支部书记把土地卖了，农民还不知道。农村现在最大的问题就是，"圈地"以后农民的就业问题。土地产权不明晰、责权不清，导致了很多问题。第一是毁庄稼、占耕地。县委书记要搞开发区，庄稼就遭殃。第二是拆农民的房子。开发区都是成片成片的。明晰农村土地产权制度，还必须正视农民宅基地的产权归属问题。9亿农民拥有的房子总面积大概是50亿~60亿平方米，占全国房屋面积的75%。人家已经住了几百年，却不承认这个房子可以抵押。

---

* 本文源自《农村工作通讯》2004年第3期（2004年3月15日）。该文原载《中国经济时报》2004年2月9日第A01版。——编者注

① 原文似有误，此处应为"我们的土地是村民集体的"。——编者注

农业形势与农村现代化

历史转折关头的重大决策[*]

——学习党的十五届三中全会文件精神的体会

一 党的十五届三中全会决定是集体智慧的结晶

在 1998 年年初，中央就考虑要召开十五届三中全会。经中央政治局常委讨论，决定将农业作为全会的主题。

4 月下旬，我们 25 人组成的文件起草小组集中。5 月 4 日，江泽民同志召集文件起草小组讲话，主要是关于文件的基本精神和内容的。然后我们开始具体工作，首先讨论文件的框架。有关农业农村的问题很多，最初大概列出了二十几个问题，经过讨论、浓缩，集中到了 10 个问题，大家再分成若干个小组分头写作。6 月底写出初稿，经集体讨论后，在 7 月下旬产生一个送呈稿，提交政治局常委会。

8 月 11 日，常委开会对送呈稿提出修改意见，根据这些意见我们对送呈稿进行修改。17 日又将修改后的稿件提交政治局，由政治局委员们提意见。再次修改后，形成了征求意见稿，由中央办公厅发到各省部级单位征求意见。各个部委、省、市、自治区根据自己的实际情况提出了不同的意见，经合并整理后有 1000 多条。起草小组的成员再根据这些意见分组进行讨论修改。到 10 月 11 日，全会正式召开的前一天晚上，将修改稿送到各位中央委员和候补委员手里。在全会上，委员们分成 10 个组进行讨论、提意

---

* 本文原载《政策》1999 年第 4 期，发表日期为 1999 年 4 月 5 日，系陆学艺于 1998 年 11 月在中国社会科学院研究生院的演讲（敖毅编辑整理）。该文被《人大复印报刊资料·中国共产党》1999 年第 7 期、《人大复印报刊资料·农业经济》1999 年第 7 期转载，并收录于陆学艺《"三农论"——当代中国农业、农村、农民研究》（北京：社会科学文献出版社，2002 年）、陆学艺《陆学艺文集》（上海：上海辞书出版社，2005 年）中。——编者注

见。我们这 20 多个人就分到各小组去听，晚上再根据提出的意见修改，一直到 10 月 14 号，会议闭幕式的那一天中午 12 点才最后定稿。

党的十五届三中全会决定是集体智慧的结晶。文件形成的过程就充分说明了这一点。起草中真是"字斟句酌"。如果从起草小组开始集中算起，到文件定稿时一共是 175 天。这份文件总共不超过 13000 字，我们计算了一下，20 来人每天写不到 80 个字。

二　农村的稳定，有利于整个大局的稳定

世纪之交，在新的历史条件下，党中央把农业、农村问题作为十五届三中全会的议题，并形成了一个农业和农村工作的决定，具有以下四个方面的原因。

第一，农业和农村问题解决得好不好，是我们能否实现十五大提出的跨世纪战略目标的一个关键。历史经验证明：农村的稳定是整个社会稳定的基础，农业丰收是整个国民经济稳定高速发展的前提。远的不说，近 20 年来如果经济出现问题，往往都是经济过热，工业搞得过快，基本建设规模过大，农业承担不起，最后粮食不够，农产品涨价。这次经济能够"软着陆"，保持高增长、低通胀，主要也是靠农业的丰收。

第二，1998 年是十一届三中全会召开 20 周年。历史证明：20 年来的农村改革是成功的，有许多成功的经验。全面总结这些经验，对于我们学习党的基本路线、学习邓小平理论、提高大家对改革开放的认识都是很有帮助的。

第三，由于受亚洲金融危机和经济全球化浪潮的影响，国内市场出现了销售不畅、经济疲软的情况，启动农村市场、扩大内需成为一项紧迫任务。这不仅对解决当前经济问题有好处，而且对今后国民经济健康稳定地发展有好处。

第四，当前农村在经济和社会发展方面也出现了许多新问题，亟待解决。

当前关系全局的有两大问题：一是国有企业问题；二是农村改革和发展的问题。国有企业的问题还有待于进一步实践和探讨，而农村问题经验总结已经比较成熟。同时，农村稳定了，有利于整个大局的稳定。

三　当前我国的改革和发展正处在
一个非常关键的时期

中央党校副校长、著名党史专家龚育之同志写了一篇文章，叫《三个三中全会》，列出了自 1949 年新中国成立以来，在历史转折关头召开的解决农村问题的三个三中全会：七届三中全会、十一届三中全会和十五届三中全会。其中七届三中全会是 1949 年新中国成立后召开的第一次中央全会，会议研究制定了《中华人民共和国土地改革法》，经政治协商会议批准后，全国的土地改革运动就轰轰烈烈地开展起来了。它消灭了地主阶级，消灭了剥削，调动了农民的生产积极性，使生产关系得到了调整，生产力得到极大的解放。第二个三中全会即 1978 年召开的十一届三中全会。在这两个三中全会后，中国农村出现了两个黄金时期。龚育之同志将十五届三中全会与之相提并论，是有其理由的。十五届三中全会的公报中有这样一句话："全会指出，当前我国的改革和发展正处在一个非常关键的时期。"①

为什么这么说？有些数字可以说明问题。现在看来，1996 年和 1997 年这两年是一个"坎"，文件里面说"关键时期"，用老百姓的话来说就是"坎"。这是个什么"坎"呢？

第一，我们已经告别了"短缺经济"，很多商品供过于求，由"卖方市场"向"买方市场"转变。1998 年下半年，国家国内贸易局商业信息中心对 610 种主要商品排了一个队，其中供求基本平衡的有 403 种，占 66.1%，供过于求的 206 种，占 33.8%，也就是说，99.9% 的商品不存在短缺的问题。

第二，我们正在由全面实现工业化向城市化、现代化转变。1997 年，我国有 69600 万就业劳动力，其中从事第一产业的占 49.9%，从事第二产业的占 23.7%，从事第三产业的占 26.4%，第二、第三产业劳动力加起来是 50.1%。② 这就是说，按国际上工业化的通行标准，我国于 1957 年实现了工业总产值超过农业总产值；1997 年，在第二、第三产业就业的劳动力超过了在农业就业的劳动力，所以说这也是个"坎"。当然，工业化还有第三个要求，即城乡居民比例中城镇居民要超过 50%，这一点我们还没

---

① 《〈中共中央关于农业和农村工作若干重大问题的决定〉学习辅导讲座》，北京：人民出版社，1998 年，第 35 页。

② 国家统计局编《中国统计年鉴·1998》，北京：中国统计出版社，1998 年，第 128 页。

有做到。

第三，我国社会主义市场经济的基本框架已经形成。国家计委经济研究所在 1997 年做了一个测算，我国农产品的总体市场化程度达到 77.2%，工业品的市场化程度为 68.3%，服务产品的市场化程度为 41.1%，1997 年工农业产品和服务总体市场化程度是 61.7%。但由于我们的资本、劳动力和土地等生产要素市场化程度还比较低，所以市场化的总体程度要低一些，但也达到了 50% 左右，这表明社会主义市场经济的基本框架已经形成。

可以说，我们确实已经到了这么一个"坎"，一个转折的关头。这个"坎"就是：我们已经走出了短缺经济，以往那一套管理短缺经济的办法已经行不通了。

四　解决我国当前经济中面临的问题，不仅需要调整经济结构，而且需要进行社会结构的调整

用这样的观点，我们可以来分析许多经济社会现象。比如，经济学家对当前的经济形势有许多看法，究竟是不是出现了"买方市场""产品过剩"呢？现在我国的人均消费水平，无论从农产品、工业品还是从服务产品上看，都是很低的，与发达国家的差距还很大。举个例子，我国现有居民家庭 34000 万户，其中农民家庭有 23040 万户，而 1997 年我国生产的彩电只有 2643 万台、冰箱 968 万台、洗衣机 1257 万台，[1] 这对于 34000 万户来说实在不算什么。目前城市里家电普及率较高，达到了 75%，而农村平均每百户只有 27.3 台彩电、8.5 台冰箱、21.9 台洗衣机，不到 20%。[2] 如果他们都买了，不是就不存在过剩了吗？

对这种现象怎么解释呢？可能有两个原因：第一，我们正处于经济调整的后期，或者说谷底，需要一个调整的过程，这一点不少经济学家已经论述过了。但我认为这不是主要原因，还有另一个更为重要的原因。在我看来，目前的问题仅靠经济结构的调整是无法解决的。就说调整产品结构吧，现在我们的农产品市场化程度相当高了，农民是搞市场经济的，粮食

---

① 国家统计局编《中国统计摘要·1998》，北京：中国统计出版社，1998 年，第 104 页。
② 国家统计局编《中国统计摘要·1998》，北京：中国统计出版社，1998 年，第 85 页。

卖不出去就种蔬菜，蔬菜卖不出去就种水果，但现在问题是什么都不好卖。1998 年北京的西瓜是近 20 年最便宜的。我去年①到日本，那里的西瓜大概折合人民币 10 元钱一斤。工业品也是一样，大多数商品都不是供应不足而是需求不足的问题。生活资料多了，生产资料也多了，煤、电也卖不动。其实，这些现象都说明了一个问题，就是仅靠经济结构调整已经不能解决问题。换句话说，要解决当前的问题，必须依靠社会结构的调整。

我国长期实行的计划经济体制、户籍制度造成了城乡二元结构分化。虽然我们现在通过承包制和乡镇企业把农村的经济和工业化搞上去了，但 1997 年农业产值在 GDP 中所占比重只有 18%，不到 1/5。有学者认为，我国现已达到工业化的中期阶段；但是，城乡二元结构造成的城乡分割仍然严重。到 1997 年，我国城镇人口仅占总人口的 29.9%，农村人口占了 70.1%。②毛病就在这里：我们的经济水平已经达到或超过了世界平均水平，但城乡人口比例却远远低于世界平均水平。1996 年全世界平均城乡人口比例为 45.5：54.5，发达国家的城镇人口更是占到 70% ~ 80%。即使按我国 1997 年的数字与 1996 年的世界平均水平比较，城乡人口比也要低 15.6 个百分点。这是我国从 1958 年后实行限制"农转非"政策造成的不良后果。

可以设想，如果我们在城乡人口比例上达到世界平均水平，将有 1.8 亿农村人口转化为城镇居民。农民进了城，布鞋就要换皮鞋了，要穿西装、打领带了；城里有电，要买冰箱了；有自来水，要买洗衣机了；进城还要建房，要买建筑材料。现在总在讲要"扩大内需"，就这一项能增加多少需求？现代工业化生产的产品主要不是为农民生产的，而是为城市居民生产的。农民不进城，这些产品谁来买？由此可见，当前农村和整个社会经济发展的一个关键问题，就是加快城市化进程。十五届三中全会文件强调："发展小城镇是带动农村经济社会发展的一个大战略。"过去费孝通教授提过"小城镇，大问题"，现在强调的是"小城镇，大战略"，这就是新说法了。农村人口涌向大城市是不行的，办法是开放县以下的城镇，"要进一步改革小城镇的户籍制度"，小城镇的户口要放开。

总的来说，现在我们已经到了这个"坎"上，原来是解决吃饭问题，现在要解决小康问题，解决现代化问题，而要解决这些问题，必须依靠社

---

① 本文中指 1997 年。——编者注

② 国家统计局编《中国统计年鉴·1998》，北京：中国统计出版社，1998 年，第 28、105 页。

会结构的调整，即依靠城市化的发展。必须逐步提高城镇人口比例，否则现代化难以实现。江泽民同志在安徽农村调研时指出：现在农业的问题仅靠农业解决不了，农村的问题仅靠农村解决不了，必须靠城乡一体、城乡统一市场来解决这个问题。学术界也有一个说法，叫只有减少农民，才能富裕农民。简单地说，如果从农村走出这 1.8 亿人，这就减少了 20% 的农民。那么，现有农业经济的收入不用增加什么，剩下的农民收入就能增加 20%。

五　当前我国农村仍然处于不发达阶段

十五届三中全会文件反复强调的一个问题，就是十一届三中全会后，农村虽有了很大变化，但仍处于不发达阶段。文件的第二部分用几百字勾画出了农村当前的面貌，从几个方面说明为什么农村还不发达：生产力落后、靠手工劳动、市场化程度低、就业压力大、文盲半文盲多、几千万人尚未解决吃饭问题、城乡差别大等。怎么解决这个问题？只有一个办法，就是要坚持以经济建设为中心，不能动摇，这是在文件中反复强调的。这些年的经验证明，只有经济发展了，其他的建设才能跟得上。就说 1998 年的水灾吧，江苏受的损失小，就因为它经济发展搞得好，水利工程修得好。要改变农村的贫困面貌，关键还是要靠经济发展。

六　家庭联产承包责任制不能变，土地承包关系不能变

这次会议的基本精神是"稳定"，因为这 20 年改革是成功的。我们现有的政策就是要保持稳定。既然强调要"稳定"，就说明存在着不稳定的因素。对于家庭联产承包责任制一直有争议，相当一部分同志认为将来发展起来，还是要搞集体经营的。这次文件里没有提"两个飞跃"，"规模经营"也提得少，而将家庭承包经营列为集体经济的一个基础部分，这都是很重要的变化。现在手工劳动是这样，将来机械化水平提高了，家庭经营的方式还是不变。同时，土地承包关系也不能变。所谓"30 年不变"，就是指的这两个方面。

在稳定这个问题上，中央和绝大多数农民的利益是一致的，想法也是一样的。但是，也有一些人想变。现在有一些村干部利用土地重新调整的时机为自己谋利。农民中也有一部分人，比如说原来的单身汉成家了，一

口变成了三口或四口，他们就要求重新分地。这实际上是一个观念问题。家庭人口总是在不断变动的，如果总是根据人口变化来重新调整土地，这个制度能稳定吗？农业部做过一个调查，发现有的地方 15 年来土地重新分配达七次之多，两年就要调整一次，农民说这是"年年搞'土改'"，这对于农业发展、农村稳定都是很不利的。那么有人要问，那些单身汉结婚后，没有土地怎么办？他们应该主要从第二、第三产业去找出路。大家可以这样想一想，现在土地的所有权是集体的、经营权是农户的，那么经营权就是一种财产。世界上有哪一个国家规定个人结婚了就有权从国家和集体分到一份财产？这还是计划经济观念在作怪，结婚了，生孩子了，城里人要分房子，农村人要分地。如果从市场经济的观念来看，这是荒唐的。

七　家庭联产承包责任制是中国农民的伟大创造，
乡镇企业是中国农民的伟大创造，
村民自治也是中国农民的伟大创造

三个"伟大创造"，有两个是以前讲过的：家庭联产承包责任制是中国农民的伟大创造，这是 1983 年讲的；后来加了一个，乡镇企业是农民的伟大创造。这次又加进了一个，就是村民自治。这些创造在共产党的历史上，在马克思主义的历史上，都是很大的事情。

首先看家庭联产承包责任制，这确实是一项体现中国农民智慧的伟大创造。历史上社会主义国家的农业体制都是按斯大林模式搞的集体农庄制，我们的人民公社实际上也是这样。凡是这样搞的，最后都没有饭吃。俄罗斯原来是欧洲的粮仓，20 世纪 30 年代后开始进口粮食，一直到现在。我们国家在 1958 年前也是出口粮食的，1959 年后粮食大减产，1961 年开始大量进口粮食，一直到 1983 年人民公社摘牌子。苏联模式搞不下去，怎么办？目前，世界上有三种方式：一种是朝鲜，坚持老办法，结果是粮食不够；第二种办法是俄罗斯、波兰，解散集体农庄，搞私有化，粮食还是不够；第三种办法就是我们的搞法，搞包产到户，现在越南也在学。这个包产到户可是不简单，确实是一个伟大的创造。现在影响农业发展的问题不在农村，而在于工业，在城市。

第二个伟大创造是乡镇企业，这个创造也很了不得。现在理论界对乡镇企业依然给不出一个准确的定义。这么多年，国家没有投资一分钱，靠农民自己搞起来，现在比国有企业数量还多，就业人数超过国有企业。去年创造财富 18000 亿元（增加值），占农民净收入的 1/3、财政收入的 26%、工业增加值的 46%。这些成就都是在国家不投资，只有一些信贷和税收优惠的基础上取得的。当然近年来也遇到了困难，但仍然在前进。这也是一个伟大创造。

第三个伟大创造就是村民自治。对这一点，我们的理论界总结不够，倒是国外对这件事更为看重。这件事也是非同小可的。现在我们城市里的居民委员会都没有"自治"两个字，所以那些居委会的老太太还是委派的。村民自治是完全选举的，而且不是间接选举，是直接选举。有的地方现在连候选人都是农民推举的。这件事发展起来可真是了不起。

总之，这次十五届三中全会是在历史的转折关头召开的，它的意义在今后若干年中会逐渐显现出来。

新的历史时期农村工作的新任务[*]

今天很高兴来参加山东省县经济研究会召开的城郊型经济发展的研讨会。老朋友了，12次会议，我参加的可能已经是第5次。齐河有十多年没来了，我对德州有特殊的感情。昨天听了陈通国书记的报告，看了工厂、农村，总的感到这几年农村变化很大，齐河变化很大。齐河的党和人民这20年做出了很大的成绩。看了令人欣慰。

讲几点意见。

一　农村发展到了历史发展的新阶段

温家宝去年在农村工作会议上讲了一段，他说：党的十五届三中全会公报指出，"当前我国改革和发展正处在一个非常关键的时期"①。现在农村总的形势是很好的。但是近几年来，农产品销售不畅，市场疲软，价格下降，农民收入增长速度较慢，这不是因为农村政策有了什么问题，而是农村经济发展到了一个新的阶段的表现。怎么来认识这个新阶段的新特点？怎么在这个历史条件下做好工作？

新阶段的新特点主要是：（1）我们已经告别了短缺经济，很多商品供过于求；（2）我国社会主义市场经济的基本框架已经形成，正在告别计划经济，向市场经济社会转变；（3）我国正在由工业化向城市化转化，正在由传统农业国变为工业国。

在这样一个新的历史时期，我们怎么来做好我们一个县的工作？县级

---

* 本文源自作者手稿，该文稿系陆学艺于1999年6月6日在山东德州齐河县的演讲稿。——编者注

① 《中国共产党第十五届中央委员会第三次全体会议公报》，参见人民网 http://cpc.people.com.cn/GB/64162/64168/64568/65402/4429278.html，1998年10月14日。——编者注

工作是重要的基础。

第一，我们要转变观念，告别计划经济，要以社会主义市场经济观念来总揽经济工作的全局。改什么？主要改革对象是计划经济那一套体制和办法。（1）不能埋头生产、抓生产，而是要面向市场，既抓生产，又抓流通；既抓增产，又抓效益。（2）要从单纯抓数量、抓增产，转到抓质量、抓品种。

齐河看到了这个，提出了发展城市型经济，而且制定了一个好的规划。但有两点，一是要盯住济南，又要面向周围城市（天津、北京、东北……）。周围还有好几个县，还在外围，还不是济南市属的。要调查济南，调查各种各样的需要，到底需要什么？需要什么样的服务？机关要什么？市民要什么？市场已经分化了。二是要调查农村，农村的内需，农民的需要。要面向两个市场。农业要盯城市，工业产品要盯农村。

第二，要培养市场主体。看到了市场的需求，谁建组织？谁来经营？原来的国有、集体两个主体，已经不够了。要按照社会主义原则，要培养一批市场主体，培养个体、私营、股份合作制的各类企业。一个企业，就是一个生长点。一个老总、一个老板，就能办好一个企业。一个人才，专业人才、经营人才，是办好一个行业、一个企业的关键。

晨鸣、昆华、途达电子，鲁西有几十个集团，抓住这些企业，这个县就抓住了增长点。要培养几百个、上千个老板、老总，几千个小企业。我们各个部门，要着力为培养新的市场主体而努力，而不是卡他们，要培养他们、支持他们。港溪这两个头都是政府支持过的。在市委、市政府的统一领导下，发现人才，组织部、人事局不能只考察党政干部，也要发现经济人才、经营人才。要执行国家、集体、个人一起上的方针。不管什么所有制，还是要有人才（许焕新说）。要发现，要引进，要请进来，派出去。

第三，要调整城乡结构，抓小城镇建设，促进经济发展。现在仅仅调整产业结构、经济结构不行了，还要调整社会结构。全国城市化滞后带来了一系列问题。这一点中央政策已经有变化了，山东、德州、齐河要抓，要得风气之先。不能就经济抓经济，城乡人口 30% 与 70% 的结构要变。只有减少农民，才能富裕农民。要研究 60 万人，在你齐河 21 个乡镇，1411平方千米上怎么摆。把县城先建起来，建成济南卫星城。一个县城，5 个中心镇。县城能在几年内发展到 10 万 ~12 万人，每个中心镇 1 万 ~2 万人。

要制定政策，制定社会政策。（1）让先富的农民先进来，来买房、租房、建房。不管本地、外地的，甚至可吸收济南的。每平方米 800 元是有吸引力的。单元房，要有配套的小区，只建几栋楼不行。花园别墅不要搞了（经济上有销路的也未尝不可）。齐河能安排30万以上居民，你齐河就腾飞了。（2）制定土地政策。农民进城不收地，不收宅基地。城镇人口真能达到50%，你的经济就起来了。（3）统一子女入学政策。进得来就一视同仁。

第四，抓经济社会协调发展、可持续发展，重点抓教育和环境。计划经济，渗透在经济、社会的方方面面。经济改革成功了，但我们的政治、社会体制改革滞后了，至少落后5~8年。社会政策包括教育、科技、文化、医疗、福利、养老、社会保障、环境保护等各个方面，都要现代化，都要实行市场经济体制（现在还不是）。

讲一讲教育、环境两点。"十年树木，百年树人。"我们的教育改革落后了，教育领域是计划经济的最后一个堡垒。我国的基础教育还可以，但也有不少问题。主要是技术职业教育和高等教育，不让发展，限制发展，而且限制高中发展。现在还是1000所大学、300多万学生，比印度差，比美国、日本差10倍。中国有重教尊师的传统。都要子女上学，上大学，但无学可上。北京最难的是上高中，16万初中毕业生，只能有5.5万上高中，大部分要上职业中学，群众不认。

教育产业化。教育是一种产业，高中、大学非义务教育是产业。现在大约每年有近十万人出国上大学（留学），按每人每年8000~10000美元计，就是10亿美元。

在齐河，这件事也要抓。经济发展了，城市发展了，搞对外贸易，要用外语，要专业人才；经济发展了，要经营管理人才。抓两头：抓基础教育，同时多办职业中学，多办高中。办电大，办成人教育，办分校——农大、师大的分校，请老师来……

最后一件事是环境。发展工业、城市，带来空气污染、水污染、垃圾污染。现在就要有治理措施，为子孙后代着想（要吸取苏南教训）。

要种树种草，使齐河绿起来、美起来，到齐河来的人，来玩的人就多了，齐河就富起来了，晏婴的老家就再度辉煌了。

不要以为搞社会发展、搞教育医疗、搞环境改造只是花钱的，弄好了，按市场经济办法搞，是赚钱的，是相辅相成的。搞农业产业化，也搞社会事业产业化，是十足的好事。不光要办成，而且要能赚钱。要动员社会力量办社会事业。人民城市人民建（不是摊派），而是主动来申请、要求办社会事业，来交钱，你就成功了。

农业 50 年[*]

新中国成立 50 年来，我国的农业取得了举世瞩目的成就，具有中国特色的农业现代化之路初具形态，越走越宽广。

一　50 年农业的回顾

50 年来，我国农村经济的发展经历了几个发展阶段。

第一，1949～1958 年，我国农业生产经过了长期的战乱、动荡以后得以恢复，半殖民地、半封建的旧式经济结束了。土地改革使 3 亿无地农民得到了约 7 亿亩土地和其他生产资料，国家倡导个体农民之间的劳动互助。国家还从减轻税负、发放农贷、疏导供销、推广技术、奖励丰产等方面，鼓励农民发展生产。这些举措使广大农民的生产积极性极大地调动了起来，国家财政还拨出大笔资金进行大规模水利建设，使农业生产的物质基础得到了极大的加强。但生产关系的频繁过快变革，冒进倾向的抬头，为以后农业的曲折发展埋下了伏笔。

第二，1959～1966 年，农村经济走上曲折发展之路。1958 年下半年开始，"有必要在生产战线上来一个大的跃进"成为全党、全国人民的指导方针。农业贯彻以粮为纲，要求五年三年以致一两年内达到《十二年农业发展纲要》规定的粮食产量指标，确定第二个五年计划的奋斗目标是粮食产量要达到 7000 亿斤。农业生产上的高指标、浮夸风，推动农业生产关系不断地向更高级的形式过渡。片面地认为，农业合作社的规模越大，公有化程度越高，越能促进农业生产力的发展。人民公社成为我国农村的主要组织形式，大办人民公社，否定商品生产，否定按劳分配原则，损害了广大

　＊　本文源自作者修改的传真稿，该稿写于 1999 年 8 月。——编者注

农民的利益，挫伤了农民的生产积极性，加上自然灾害，农业连续三个大减产，全国出现了三年经济困难。1962年中央提出了"调整、巩固、充实、提高"的方针，到1966年全国大多数地区的农业生产恢复到或超过了1957年的水平。

第三，1967～1977年。文化大革命动乱波及农村，大批"三自一包"，搞穷过渡，革资本主义尾巴，没收自留地，限制家庭副业，关闭农贸市场，农村经济、农业生产长期徘徊不前，农村呈现一片萧条景象。

第四，1978年到现在。农村实行改革，农业得到巨大发展，党的十一届三中全会制定了《中共中央关于加快农业发展若干问题的决定》（草案），开始清算农村工作中"左"的错误，提出了农村改革和发展的25条政策，明确指出加强劳动组织，建立严格的生产责任制，并肯定了包工到组、联产计酬等形式；提出要增加农业投资，进行农业基本建设，提倡农民搞家庭副业，发展多种经营，开放集市贸易，提高农副产品的收购价格，调整工农关系，改革集体经营管理形式，加上其他一系列有利于加快农村经济发展的措施，极大地调动了8亿农民的生产积极性，推动了农业生产和农村经济的全面发展，我国农村发生了历史性的变化。

1980～1984年，以包产到户、包干到户为主要形式的家庭联产承包责任制，在全国农村普遍实行。到1984年冬，全国569万个生产队，有563.6万个实行了包干到户，占99.1%，全国18792.5万户农户，有18145.5万户实行了包干到户，占96.6%。至此，农村第一步改革在我国农村推行成功。大包干、家庭联产承包责任制的实行，根本改革了农村经济的经营管理体制，调整了农村生产关系，使农民得到了自主权，得到了实惠，极大地调动了农民的生产积极性，这种生产积极性同多年积累起来的农业生产潜力相结合，推动了农业生产的迅速发展。1979年开始，农业生产连年大幅度地、全面地增产。1984年，粮食增加到4073亿公斤，比1977年的2827亿公斤，增长44%，平均每年递增5.4%；棉花总产从4098万担增加到12516万担，增长2.05倍，平均每年递增17.3%。[①]农业总产值由1253亿元增加到3214亿元[②]，扣除物价因素，增长69%，平均每年递增7.8%。

1985年中央决定改革实行了32年的粮食统购派购制度，国家不再对农村下达指令性计划，实行国家通过商业粮食部门同农民签订合同，按合同

① 国家统计局编《中国统计年鉴·1985》，北京：中国统计出版社，1985年10月，第255页。
② 国家统计局编《中国统计提要·1992》，第206页。

收购粮食、棉花、油料，合同收购以外，农产品可以到市场自由出售，农业税也由过去向农民征收实物改为征收现金。

同时，中央明确提出，调整农村产业结构、积极发展多种经营的方针。至此，农村的乡镇企业在各地发展得更快。1987 年乡镇企业的总产值超过农业总产值，成为农村重要的经济支柱，乡镇企业的突起为农村剩余劳动力找到了出路，促进了农村商品经济的发展，但是由于城乡经济都向工业倾斜，某些措施失当，1985 年粮棉减产后，农业出现了新的徘徊。

20 世纪 90 年代以后，由于政策调整，农业得到应有重视，农民种粮积极性得到极大提高，农业连续多年丰收，特别是到 1996 年，农业获得特大丰收，粮食总产超过 1 万亿斤。[1] 农产品的供给大大改善，长期以来农产品短缺的局面得到根本性的改变，农产品开始相对过剩，这是一个历史性的转折，标志着我国农业生产进入了新的发展阶段。

50 年来，虽然我国农业发展经历了比较曲折的发展道路，但在党和人民政府领导下，依靠社会主义制度的优越性，依靠广大农村干部和全体农民群众的艰苦奋斗，我国的农业还是取得了巨大的成就，成绩斐然，举世瞩目。

经过 50 年的艰辛探索和努力，中国人民用自己的双手用占世界近 1/10 的耕地养活了占世界 21% 的人口，这是一项了不起的巨大成就。现在农产品短缺的历史结束了，这是以前无法办到的，亿万中国人民摆脱了贫穷，开始过上了温饱有余的小康生活，实现了几千年的梦想。可以说，我国已经找到了一个符合中国实际的农业发展道路，我国农业现代化的路子大致已经走出来了。

二　今后农业发展的建议

第一，稳定和完善家庭承包经营。家庭承包经营作为农村生产关系的调整、集体经济经营管理体制的重大改革，是我国首创的、特有的。从近 20 年的实践来看，这种生产方式符合我国农业的现实，并显示出强大的生命力，我们应当长期坚持和不断完善这种体制，坚持就是要稳定家庭承包这个基本做法，搞好土地的发包和承包合同，坚持土地承包长期不变，给人民以政策稳定的承诺，使农民有加强对土地投入的积极性。增强农民生

---

[1]　国家统计局编《中国统计年鉴·1997》，北京：中国统计出版社，1997 年 9 月，第 383 页。

产经营的自主权，充分发挥家庭经营的积极性、灵活性，并不断壮大集体经济实力增强集体统一经营的能力，更好地做好农业的产前、产中、产后服务。所谓"完善"，就是要改革县乡两级对农业的管理体制、流通体制、科技体制，有关农业的相应政策要协调配套，还要建立健全土地的流转制度。在完善家庭承包土地经营的同时，要允许农民自愿出让土地经营权，允许农民自愿接纳土地，扩大土地经营规模，从而不断提高土地生产率。

第二，制定农村发展的长期战略。中国农业、农村的战略地位，决定了我们必须对农村进行战略性的考虑，即数以亿计的农民如何转化？城乡二元结构怎么改变？面广量大的农民的素质怎么提高？农村市场如何开发？农村的计划生育怎么做好？农村的居民点如何规划？等等。这些问题都不是一般的、短期的问题，而是相当长时期都存在的问题，是长时期内我们国家面临的最基本问题，因而要通盘考虑。制定一个比较完整的农村发展的长期战略，也就是制定一个农村实现现代化的基本战略，并将短期举措与长期发展战略有机结合起来。

第三，考虑农业、农村问题视野的改变。过去我们考虑农业、农村问题是就事论事多，立足于农业、农村想问题多。现在这样的思路应当切实改变，要扩大思路，要立足于整个城市和乡村，面对全国、面对整个国民经济的全局考虑农业、农村、农民问题。比如，解决亿万农业剩余劳动力的出路，根本之举不在农业本身能容纳多少劳动力，不在农村内部能开发多少就业岗位，而在于整个城乡非农产业的发展，在于城镇如何不断扩大对农村劳动力的吸纳能力。又如，如何增加农民的收入，在农业、农村内部挖潜余地也不大，而是主要应将目光放在农业、农村以外。随着城乡交流的日益频繁，全国统一市场的逐步建立，农村已被纳入整个国民经济的全局之中，成为全国一盘棋中的一个不可忽略的棋子，并起着牵一发而动全身的作用，这就要求我们改变过去考虑"三农"问题的思维定势。

第四，重视研究和治理农村社会问题。过去若干年，我们的目标是一个，就是要解决人民的温饱问题，这既是经济目标，也是社会目标，现在这个目标已经基本实现了。下一个目标就是到本世纪末，使国民生产总值再增长一倍，人民生活达到小康水平，在此基础上再向更高的目标迈进。小康水平的经济目标是使人均国民生产总值达到 800～1000 美元。小康水平的社会目标，应该是社会安定团结、政治清明、民主进步、党风民风正、精神面貌好，整个社会应该是奋发向上的、朝气蓬勃地去实现第三个目标。

从世界各发达国家发展的历史经验看，由人均 400 美元增长到 1000 美元的时期，却又是社会变动快，社会矛盾多，各种社会问题大量出现，社会动荡不安，可能出现社会发展失控、离轨现象的时期，严重的甚至会影响经济和社会的正常发展。目前我国大多数农村正处于这样的发展阶段，经过改革，经济发展比较快，人民生活都有了很大改善，但新的社会矛盾出现了，城乡之间，经济发达地区和不发达地区之间，先富起来的农民和还不富裕的农民之间，干部群众之间，务农的农民和务工的农民之间，都产生了一些新的矛盾。

当前农村中，农民群众意见最多的是以下的几个问题：农用生产资料价格暴涨，农民卖粮难，种田获利少，党风不正，官风不正，有些干部只敛钱、不办事，以权谋私，贪污受贿，等等。这些矛盾和问题，如果不能得到克服、缓解和解决，就可能激化为社会冲突。这些孕育着的不安定因素，我们不能等闲视之。农村的改革，既要进行经济方面的改革，同时要进行社会方面的改革，在致力于经济发展的同时，还要注意社会发展，以使农村经济社会健康地、协调地发展。我们应在农村还不太富裕的条件下，把农村社会组织得更好些，使人民群众的生活安定、和睦、民主、进步、幸福，充分发挥人民群众在建设中的作用，以加速整个农村发展的历史进程。

中国农村的新形势和新任务[*]

一 新形势

改革开放以来，中国农村发生了翻天覆地的变化。农村包产到户，把土地交给农民经营，仅仅几年时间就解决了农产品供给问题。城市经济体制改革，放开市场搞活，办三资企业、乡镇企业，工业化步伐加快，国内供应丰裕。据国家国内贸易局统计，1998 年下半年，全国 610 种商品中有 403 种供求平衡，有 206 种商品供过于求，占三分之一，供不应求的只有一种。据 1999 年统计数据显示，供过于求的品种 484 种，占 79.3%。

这表明，我国的工农业生产发展到了一个新阶段，就是从原来追求产量已转到要提高质量的阶段。这个新阶段的到来预示着：我们已经告别了长期困扰我们的短缺经济，转到相当部分商品供过于求，多数商品已经由卖方市场转为买方市场的新阶段；农村市场已开始由粗放经营转到注重质量、追求新品种的新阶段。这个阶段大致有三个特点。

（一）社会主义市场经济体制在农村正在确立。回想改革开放 20 年，一开始就是走市场化道路，包产到户就是解放农民，搞市场经济，发展乡镇企业就是突破计划经济体制，向市场化方向发展。邓小平同志早在 1979 年就讲要搞市场经济，由于考虑到一部分同志思想认识有个过程，一直到 1992 年视察南方谈话时才公开申明社会主义也可以搞市场经济。20 年过去了，据测算，1997 年，我国农产品的市场化程度为 79.2%，工业品的市场化程度为 68.3%，服务产品的市场化程度为 45.1%，一、二、三产业的市

---

* 本文原载《政策》2000 年第 3 期，第 7~9 页，发表时间为 2000 年 3 月 5 日。文中小标题为本书编者根据内容所拟定。——编者注

场化总体水平为 61.7%，同时资本市场化程度为 17.2%，土地市场化程度为 22.5%，劳动力市场化程度为 70%。所以，可以说至今我国社会主义市场经济的基本框架已经基本建立。

（二）城市化在我国农村成为一个注目的新亮点。1978 年，我国近 10 亿人口中有 8 亿人在农村，城市化率只有 19%。改革开放以后，农村出现了很多乡镇企业，也出现了中国特有的农民工、农民企业家和农业技术员等，随着改革的深入，到现在为止，城市化率已提高到 30.4%（即城市人口占 30.4%，农村人口占 69.6%），尽管由于诸多原因限制了城市化水平的提高，但它已成为现代农村不可逆转的新趋势。

（三）农民正在由基本实现小康向富裕型小康转化。邓小平同志在 20 世纪 80 年代就提出了三步走实现工业化的发展战略。第一步实现温饱，解决吃穿问题，第二步到 2000 年实现小康，第三步再用几十年时间达到中等发达国家水平。第一步我们在 20 世纪 80 年代中期就实现了。20 世纪 90 年代初，国家统计局等有关单位提出了一个实现小康社会的 16 个指标，经过这十几年的奋斗，全国平均水平已基本实现了。其中 1 个重要指标即农民人均纯收入达到 1100 元（按 1990 年价格），到 1998 年，全国农民人均纯收入已达 2162 元，约为 1990 年价格（1061 元）的 2 倍，其他大多数指标也达到了。

党的十五届三中全会前，江泽民同志到南方视察，提出沿海地区农村要率先实现工业化的任务，这是很及时的。看来，这个发展是梯度型的，先在东部沿海，再中部，再西部。就全国而言，2000 年实现小康是没有问题的，下一步就是向现代富裕型社会转变了。

中国的变化尤其是中国农村的巨大变化是有目共睹的。我们在一年一年向前发展，按目前的发展态势，即使按 7% ~ 8% 的速度，我们在 2010 年可以再翻一番，2020 年再翻一番，这是可以预计到的。现在，到苏南、杭嘉湖、闽南、珠江三角洲农村去看一看，那些现代化的城市和农村已经连成一体了。

二　新问题

在这个新阶段，中国农村出现了很多令人欣喜的特点，但同时要看到中国农村还存在不少困难和问题，这是不容忽视的。特别是近几年来农村经济发展速度趋缓，农产品市场疲软，农民增产不增收，等等。具体说来有如下几点。

（一）中国农村经济发展遇到了一些新的问题。特别是 1997 年以来，农产品市场疲软，销售困难，又加上亚洲金融风暴，出口受阻，市场普遍不景气。许多乡镇企业停产、半停产，农民工人下岗失业。1998 年以来，生产资料已连续 23 个月下跌，生活资料指数也在下降，国家七次降息，鼓励消费和投资，至今未见大效。国家拨款 1000 多亿元，大搞基本建设，以支撑经济，但这一切收效并不很理想，尤其对中国农村经济的刺激作用不太明显。

（二）农民增产不增收的问题愈来愈突出。中央这几年一直把增加农民收入作为农村工作的重点，但 1996 年以来，农村遇到了新问题，农民收入增长困难，增幅逐年减缓。据统计，1996 年为 9%，1997 年为 4.6%，1998 年为 4%，1999 年更困难。比如，1996 年粮食大丰收了，但当年粮价就降，农民实际收入并没有增长。1997～1999 年，农产品总产量并没有增加，但粮价降了 30%，棉价降了 46%，猪肉、水果、蔬菜、鸡蛋的价格都降了。乡镇企业近几年遇到极大困难，产品销不出去，不少企业关门或改制了，农民工的收入和企业利润减少了。城市也不景气，大量辞退农民工，农民工大批回乡，"民工潮"潮不起来，民工从城镇获得的收入大量减少。

从上述几方面看，农民这几年不是增收，而是减收的，所以农民没有多少钱花。1997 年国家就提出要扩大内需，开拓农村市场，至今见效甚微，原因是这几年的农民收入减少了，所以农村市场兴旺不起来。中国农村人口占全国人口的 70%，只购买 39% 的商品，70% 的人口只有 19.8% 的储蓄。农村经济不景气，反过来更加剧了城镇的市场萎缩、萧条，东西卖不出去，这是目前经济问题的主要症结。

（三）改革开放 20 年来，我们已经由单一的按劳分配、收入十分平均转变为收入分配多元化、收入差距拉大，尤其是城乡之间的收入差距日益扩大。从日本、韩国和我国台湾的经验看，经济高速增长阶段，收入分配是逐渐均衡的，而我们的却在逐年扩大。原因在于：一是过去太平均；二是我们有些政策出台慢了。据银行部门统计，占储蓄户总数的 43.7% 的人只拥有金融资产总数的 3%，这些人中大多数是农民。

（四）传统的户籍制度限制了人口流动，限制了农转非，限制了大城市的发展，制约着中国城市化率的提高。改革开放 20 年来，我国的经济发展很快，二、三产业发展很快。1998 年，在 GDP 中，第一产业占 18%，第二产业占 48%，第三产业占 34%，基本上达到了工业化的中期阶段。但我国农民仍占绝大多数，城市人口只占 30.4%，农民占 69.6%。

这就是说，我国的经济结构已经发生了变化，而社会结构没有相应的变化，城市化严重滞后，带来了一系列的问题。

农民想进城，户籍制度不允许，即使在城里打了 10 多年工，还是农民工，由此引发种种社会问题。城市不发展，第三产业没有载体，所以也发展不起来，从而影响产业结构、经济结构进一步现代化。

这几年这个问题更明显了，首先是消费品卖不出去，市场疲软。我国现在城乡差别很大，三个农民加起来才拥有一个城镇居民的购买力。按统计，我国的消费品不是太多，1997 年，人均不过 400 公斤粮、35 公斤肉、17 米布、80 公斤油、1 吨煤，还未达到世界的平均水平，距离发达和中等发达国家差距就更大。1997 年，生产电视机 3513 万台（其中彩电 2642 万台）、电冰箱 986 万台、洗衣机 1257 万台，面对 3.4 亿个家庭（其中农民 23402 万户）这是不够卖的。1997 年城镇居民三大件拥有率在 73% 以上，而农民三大件的拥有率分别为彩电 27.3%、冰箱 8.5%、洗衣机 21.9%。可见家电的市场还很大，企业怎么会卖不出去呢？

现在的工业消费品生产主要是为现代城镇居民服务的。农民地里有菜，仓里有粮，栏里有羊有猪，用什么冰箱？没有自来水，用什么洗衣机？电费又这么贵，买电器就不合算。要下地，穿什么皮鞋？打什么领带？所以，要发展城市化，让农民进城来，生产方式、生活方式一变，许多东西就卖出去了。这说明加快城市化发展是中国农村当务之急。

中国农村经济中出现的这些问题严重制约着农村经济的进一步发展，在新形势下，我们要认真分析原因，采取良策，对症下药。只有解决好这些问题、处理好各方面的关系，才能促进中国农村经济的发展，实现农村现代化的战略目标。

三　新任务

解决好中国农村新形势下出现的新问题，是我们面临的新任务。具体说来要抓好以下几方面的工作。

（一）调整农业生产结构势在必行。要按照适应市场、因地制宜、突出特色、发挥优势的原则，制定好规划，并通过政策引导、信息服务、技术示范等手段，加强对结构调整的指导。目前要抓好三个环节：第一，全面优化农作物品种，努力提高农产品质量；第二，积极发展畜牧水产业，优化农业的产业结构；第三，调整农业生产布局，发挥区域比较优势。按照中共中央、国务院2000年农业和农村工作的意见，要切实搞好农业生产结构调整工作。粮食是农业的基础，也是结构调整的基础。在结构调整中，一是要注意保护粮食生产能力，二是要切实保护基本农田，严禁乱占耕地。在当前粮食库存量大、粮价持续下跌的情况下，必须更好地贯彻粮食流通体制改革的各项政策。按保护价敞开收购农民余粮是保护农民利益、稳定农业基础的重大政策，也是扩大内需、开拓农村市场的重大措施，要认真执行优质优价政策，促进粮食品种结构调整。

（二）采取切实可行的办法保证农业增效、农民增收。发展农产品深加工、实现转化增值，对于提高农业的综合效益和市场竞争力具有重要意义。目前，我国农产品加工，尤其是食品加工是比较落后的，进一步发展的潜力还很大。以公司带农户为主要形式的农业产业化经营，是促进加工转化增值的有效途径。

（三）积极发展小城镇和乡镇企业，努力提高城市化率。发展小城镇和乡镇企业，不仅有利于转移农村富余劳动力，解决农村发展中的一系列深层次矛盾，而且有利于带动投资和消费需求增长，拓宽城乡市场，优化国民经济整体结构。发展小城镇要充分考虑小城镇的发展水平、区位优势和资源条件以及发展潜力，选择已经形成一定规模、基础较好的小城镇予以重点支持。乡镇企业要加快调整产业和产品结构，积极发展高新技术产业和名特优新产品。结合小城镇建设，积极发展第三产业。

（四）加快科技兴农步伐，支持农业结构调整。农业科技工作要以市场为导向，以提高农业效益、改善生态环境为主要目标，重点发展优质高产高效技术，农产品精深加工及综合利用技术，农产品贮藏、保鲜、包装技术，以及以节水灌溉为重点的降耗增效技术，以生物措施为重点的生态环境建设技术。要切实推进科研机构的成果转化，建立农业技术创新体系，实现科技成果产业化。要切实抓好先进技术的引进工作。

（五）农村经济结构调整的同时，社会结构应该作相应的调整，使之相协调。要下大决心改变这种计划经济体制时的户籍管理制度。这也是提高城市化水平的重要步骤。

中国农村状况及存在问题的原因[*]

一 农民、农业、农村的现状

20 世纪 80 年代初，农村实行家庭联产承包责任制，农业连年丰收，解决了农民的温饱问题。自 20 世纪 80 年代中期以后，一部分地区发展乡镇企业，农民收入继续提高，但大部分仍以农业生产为主、特别是以粮棉生产为主的地区，农民收入增长减缓、停滞。1979 ~ 1984 年，农民人均纯收入年均提高 15.1%，1985 ~ 1988 年增长幅度下降为 5.1%，1989 ~ 1991 年只有 1.7%；1992 ~ 1996 年因国家大幅度提高农产品收购价格，收入增长又有提高。自 1997 年后农产品总量基本稳定，但市场价格这四年下降了 30% 以上，所以，以务农为主的中西部农民实际收入是下降的。

1985 年以后，农民负担逐渐加重。虽然中央三令五申减轻农民负担，从报表上看，各地农民负担都在纯收入的 5% 以下，而实际远远超过这个比例。1997 年以后，农民纯收入非但未增反而减少，而负担却越减越重。这几年农村干群矛盾紧张，社会冲突上升，上访、集体上访、越级上访大量增加。有些地方农民私下办起了上访培训班。有的地区《上访须知》《上访手册》广为流传。从农村消费来看，1997 年以后，国家一再提出要扩大内需，开拓农村市场。实际是扩而不动，70% 的农民只购买 39% 的商品。在城乡居民存款中，70% 的农民只占 19% 的份额。

---

[*] 本文原载《2001 年：中国社会形势分析与预测》（汝信、陆学艺、单天伦主编，北京：社会科学文献出版社，2001 年 1 月），第 159 ~ 166 页。本文涉及的相关省市农村经济社会数据源自作者调查过程中获得的资料。——编者注

农村乡（镇）村两级都普遍在负债运行，现在中西部地区和以农业为主要收入来源的地区，有的基层甚至要靠借高利贷维持。乡镇干部的工资不能按时发，乡镇中小学教师的工资也不能按月发，一欠就是几个月、几年。

二　二元社会结构体制束缚了农村生产力的发展，束缚了农民致富

20 世纪 50 年代后期逐步形成的"城乡分割、一国两策"的基本格局目前并没有改变。在诸多方面，对城市、对市民是一种政策，对农村、对农民是另一种政策。同是公民，政治、经济、社会、文化待遇却不一样。

1993 年 6 月，国家进行新一轮经济调整，控制经济过热。1994 年政府出台金融、财政、税收、外汇和外贸体制的改革。1996 年全国经济实现"软着陆"，经济过热、通货膨胀被控制住，仍保持经济增长 9.6% 的速度。接着是亚洲金融危机爆发，为保证国家的经济安全，继续实行"双紧"政策。1998 年进行粮食流通体制改革，实行粮食敞开收购，顺价销售、封闭运行和粮食企业改革。这项改革难度很大，执行中遇到很多问题。

1998 年出现全国性的通货紧缩，2/3 的工农业产品供过于求，由卖方市场转为买方市场，物价下跌，销售困难，经济疲软，许多城市出台了限制用农民工的政策，清退农民工回乡。1998、1999 两年约有 2000 万民工转回农村，而此时乡镇企业也受到很大冲击，产品销售困难，效益下降，有相当多的集体企业转制、倒闭，大批"离土不离乡"的农民工被迫返回农业。1997 年全国第一产业的从业人员首次下降到占全部从业人员的 49.9%，1999 年因农民工向农业回流又恢复到 50.1%。

20 世纪 90 年代中期以后，在整个经济波动中，农民受到双重压力：一是农产品价格大幅度下降，农业收入大幅减少；二是在非农产业中就业的农民工受到排斥，打工收入和非农经营收入减少。这些年，农业税收逐年增加，1993 年全国农业各税为 125.74 亿元，1998 年增加到 398.8 亿元[①]，平均每年增加 54.6 亿元。正税之外，农村的各项收费负担增加更多。

---

① 国家统计局农村社会经济调查总队编《中国农村统计年鉴·1999》，北京：中国统计出版社，1999 年 11 月，第 33 页。

三 "城乡分治、一国两策"是造成农村
问题严重的重要原因

综观实行"城乡分治、一国两策"以来 40 多年的历史,在国民经济正常运行条件下,农民和农村要向城市做出像统购一类的常规贡献;当国民经济运行出现波动、遇到困难时,国家通过财政、税收、价格、金融、信贷等的政策倾斜,保证城市和国家工业的发展。农民和农村在这种条件下,就要做出更大的贡献。1988 年国家进行宏观经济调整,经济天平还是向城市倾斜,使 1989 年的农民人均纯收入减少,第一次出现改革开放以来农民纯收入实际增长为负数 (−1.6%)。20 世纪 90 年代中期以来的这一次国家宏观经济调整,保持了社会安定的状态,但农民却为此付出很大的代价,做出了比前几次大得多的贡献。

社会指标体系中的痛苦指数包括两项内容,即一个国家或地区的失业率和通货膨胀率。各国的实践表明:如果这两项指数相加超过 18%,这个国家或地区的社会安定就会出问题。20 世纪 90 年代中期,国家实行宏观经济调控,进行国有企业改革,先后有上千万的国有企业职工下岗、失业,登记失业率也每年上升,有些老工业基地下岗失业人员超过 10%,就业形势相当严峻。由于物价特别是粮食等产品的价格,自 1996 年以后是逐年下降的,大米每斤从 2 元降到 1 元以下,鸡蛋从 3.5 元/斤降到 1.8 元/斤,蔬菜瓜果等的价格也是下跌的,所以职工虽然下岗后发的津贴费很少,但因为物价下降,基本生活还能过得去,所以社会保持了基本稳定。然而从农村方面看,因为粮食等农产品价格大幅下跌,农民为此付出了很大的代价。1996 年,粮食总产 10090 亿斤,1997 年为 9883 亿斤,1998 年为 10246 亿斤,1999 年为 10167 亿斤[①]。平均以 1 万亿斤计,1996 年 11 月,大米、小麦、玉米三种粮食的平均市场价格为 1.0355 元/斤,当年农民粮食所得为 10355 亿元。1999 年 11 月,这三种粮食的平均市场价格为每斤 0.7075 元,农民粮食所得为 7075 亿元,比 1996 年减少 3280 亿元。因为粮食的商品率只有 30% 左右,农民自食自用部分占大头,所以,农民的现金收入没有减少这么多。但 8 亿多农民的年收入中,粮食收入部分减少了 3280 亿,则是

---

① 国家统计局农村社会经济调查总队编《中国农村统计年鉴·2000》,北京:中国统计出版社,2000 年 9 月,第 128 页。

事实。

除粮食以外，其他农副产品的价格这四年也是大幅下跌的。初步估算，1999 年与 1996 年相比，农民从农业生产获得的收入，要减少约 4000 亿元。2000 年农业减产又减收，农民从农业获得的收入将比 1996 年减少 4000 亿元以上。1997～2000 年的四年中，农民收入减少了 16000 亿元以上。这就是农民在这次国家宏观调整中所做的牺牲和贡献。这个贡献主要是中西部地区、以农业生产为主要收入地区的农民做出的。这个巨大的贡献，保证了国家宏观经济调整顺利地实现，保证了这一阶段全国社会的基本稳定。

四 乡镇负债严重是农村穷的一个重要原因

1994 年，国家进行财政、税收体制的重大改革，把地方财政包干制改为在合理划分中央与地方事权基础上的分税制。实践证明，这项改革提高了财政收入在国民生产总值中的比重，提高了中央在财政收入中的比例，有利于增强中央对宏观经济调控的能力，在抗御亚洲金融危机中发挥了重大作用。全国财政收入大幅增加，各省、市、自治区和地（市）两级的本级财政收入的比重也是增加的。

困难的是县乡（镇）两级财政。特别是在中西部地区、以农业生产为主的地区和二、三产业不发达的地区，税基税源很少，财政收入很难增加，而开支却大都落到县乡两级财政身上。如实施九年制义务教育是地方政府的事权，义务教育开支落到地方政府开支，最后是在乡（镇）的初中和小学的教师工资及相应的教育开支由乡（镇）财政负担。

分税制执行 6 年的结果，地方的干部总结了反映现在财政体制的四句话："中央财政很好过，省级财政也好过，地（市）级财政可以过，县乡两级真难过。"地方干部还反映，这几年凡是收入较好、较稳定的企业和部门，都一级一级收上去了，而凡是困难的企业和要开支的事业单位都放下来了（如中小学、卫生院等）。

1998 年，农业部对 10 个省区调查，乡、村两级高额负债是普遍的，乡级平均负债 400 万元，村级平均负债 20 万元。笔者这几年在各省区调查，看到的省会城市都建设得非常好，豪华、超豪华的宾馆和办公大楼、写字楼，都在向国际大都市看齐，同国际接轨。地（市）级城市建设得也很漂亮，都建了四星级宾馆、旋转餐厅、高级娱乐场馆。在中西部地区的县城就差了，特别是乡（镇），不少乡政府在平房办公。有的乡政府因欠债还不起，办公房被法院封门抵债。这种财税体制把农业基础掏空了，是不可持续的，必须继续深化改革。

五　农民贫苦的原因还来自农村内部的压力

自20世纪80年代中期以后，仅十多年工夫，乡镇干部几倍、几十倍地增加，在人民公社时期一般只有二三十个干部，现在的乡镇，国家规定的正式编制只有20~30多人，但实际上各类工作人员，已经有200~300多人。村一级的干部也大量增加，原来生产大队只有几个干部，现在有的村委会、党支部有几十人。

经济发达地区的乡镇这样做，经济欠发达、不发达地区，以及仍以农业生产为主的乡（镇）村也竞相仿效，于是农村干部迅速膨胀。他们凭借对土地、山村和水利等基础设施拥有的支配权力及行政职能，形成了农村的一种势力。而且，绝大多数乡镇干部和工作人员，以及村以下干部的工资福利开支，要乡村两级自筹。这是农民负担屡减不下的重要原因。

六　解决"三农"问题的政策建议

农村基础动摇到该解决的时候了，我们必须从巩固工农联盟的高度认识和解决农业、农村、农民问题。

1. 从战略上调整城乡关系，改变"城乡分治、一国两策"的格局。过去我们从发展国民经济的大局出发，要求农村保证农产品的供给。现在农产品供给问题基本解决了，但还有9亿农民怎么办的问题。农民不富，农村市场开拓不了，国民经济也发展不好。我们要建设的是12.7亿人口的统一大市场，而不能继续搞城乡分割的两个市场，把9亿农民堵在城外。改革现行户籍制度，打开城门、镇门，广开农民的就业门路，再一次解放农民，改变"城乡分治、一国两策"的格局已到时候了。这样的大改变，需要一系列配套政策出台，逐步推行。

2. 深化1994年以来的财政体制改革，改变目前省、地（市）、县、乡四级财权和事权不相称的状况。1994年财政体制改革以后，实现了中央调控经济的宏观目标，但有两个问题要进一步解决好。

一是省、地（市）、县、乡（镇）这四级之间的财权和事权关系要处理好，改变目前财政收入向上倾斜，而支出向下推卸的不合理状况。据《中国财政年鉴》统计，1993 年，全国县乡两级财政收支赤字为 42.21 亿元，1994 年扩大为 726.28 亿元，1995 年扩大为 827.7 亿元。这几年县乡两级的赤字更大。1995 年，山西、河南、广西、四川、贵州、西藏 6 个省区赤字县超过 60%，云南、新疆、青海赤字县超过 80%。1997 年，陕西省的赤字县为 79%，新疆为 93%。现在全国约有 60% 的县不能按时给干部发工资，约有 2/3 的乡镇不能给干部和中小学教师发工资。

二是东部发达地区和中西部地区财政收支差距越来越大，已定的转移支付制度还没有得到具体实施。1994 年财政体制改革后到 1998 年，仅 5 年时间，以上海和贵州相比，人均地方财政收入从原来的 11.5 倍扩大到 15 倍，人均地方财政支出从原来的 5 倍扩大到 9.5 倍。上海主要是城市经济，贵州主要是农村经济，但可以反映出目前城乡之间和地区之间的差距过大的问题。现行的财政体制过于向上倾斜，过于向城市倾斜，过于向富裕地区倾斜，需要进一步改革和完善。不改革现行的头重脚轻的财政体制，不改变县乡两级财政普遍困难的状况，这么多公务员和教育、卫生等事业单位的人员要县、乡两级财政开支，又不实行应有的转移支付，农民负担重的问题是解决不了的。

3. 坚定积极地推进农村税费改革，是从体制上解决农民负担重的治本举措，是建立社会主义市场经济体制的重要方面，也是规范农村社会秩序，规范农村干部和农民的关系，促进农村经济社会协调稳定持续发展的大政策。

费改税的问题已经酝酿多年。2000 年安徽省带头试点，已取得初步成效，农民负担明显减轻。按安徽省实施方案初步统计，改革后全省农民负担比改革前将减少 13.93 亿元，减轻负担约 1/4 左右。据调查，对这项改革，农民的满意度高达 98%。问题是费改税后，这 10 多亿财政缺口由谁来补。东部沿海诸省市经济发达，财力较强，理应不成问题。问题是中西部诸省区，特别是以农业为主的诸地（市）县、乡（镇）费改税后，留下的财政缺口怎么办？要有妥善的解决办法。否则费改成税后，税是法定的，农民必须交。但县乡财政还困难，有些开支是刚性的，在不得已的情况下，又会重新向农民伸手，造成农民的双重负担。所以关键的问题是深化财政体制改革，对困难的县、乡（镇）实行恰当的转移支付，这样才能顺利推进费改税这项重大改革。推行农村费改税这项重大改革，事关改善国家同农民的关系，调整干部同农民的关系，稳定农村社会的大局，财政上花一点代价是值得的。

4. 强调农业的重要性，把加强农业放在国民经济发展的首位，这是中

国的特殊国情决定的

中国农业生产是很脆弱的。2000 年粮食大减产，夏粮减产 230 亿斤，秋粮估计要减 600 亿～700 亿斤，全年将减产 800 亿～900 亿斤，从绝对数讲，这是新中国成立以后减产粮食最多的一年。这固然是因为 20 个省、市、区遭受严重干旱，但这并不是唯一原因。所以减这么多，也与近几年粮价低迷，农民卖粮难，种粮亏本，因而种粮积极性下降，疏于生产管理，放松抗旱抗灾，有关部门干部也不积极领导、支持等有直接关系。好在前几年粮食库存充盈，农民家中也有存粮。减这么多粮，市场粮价至今还基本稳定。如果 2001 年再旱，粮食继续减产，我们的库存还顶得住吗？历史上连续几年大旱是屡见不鲜的，我们应有所准备。2000 年受旱的灾区面比较大，在华北和西北有不少地区是绝收的，这些灾区农民的生活受到严重影响。2000 年冬和 2001 年春，要采取必要的救济和帮助措施，安排好他们的生产生活，否则将影响这些地区 2001 年农业生产的恢复和发展。

目前农村发展中的问题和任务[*]

中国社会科学院社会学所研究员、著名社会学家陆学艺就农村发展新阶段出现的新问题、新的目标和任务进行了多方面的研究。记者日前就此对陆研究员进行了采访。

记者： 您多年从事中国社会结构转型的研究，并在近期的研究中，提出"农村发展新阶段出现的新问题需要采取新的方式来解决"的思路，这一"农村发展新阶段"的"新问题"主要是指什么？

陆学艺： "农村发展新阶段"的前提是中国农民已基本解决温饱问题，正在向小康社会发展。20 世纪 80 年代初，我们采取的基本政策是在诸多矛盾中，先解决农村问题，率先在农村进行改革。在财政困难的条件下，大幅度提高农产品收购价格，把占人口 70% 的农民的生产积极性调动起来，使农业连年丰收，几年就解决了吃饭问题。农民先富一步，购买力大增，农村经济活跃，带动了城市经济的繁荣，推动了整个国民经济的大发展。而在目前"农村发展的新阶段"，农业增产不增收，农产品销售困难，进城民工回流，乡镇企业发展受阻，农村市场不旺，城乡关系严重失衡等问题，成为农村发展新阶段的另一种问题的标志。

具体说来，第一个方面，自 1996 年以来，农业连年丰收，农民收入下降，农村市场难以启动。到 1999 年夏季后，不仅是粮棉，几乎所有的主要农产品都出现了销售困难，市场疲软，价格连续下跌，由短缺变为过剩，由卖方市场变为买方市场。与此同时，农产品价格全面连续地大幅度下跌，使农民收入成了问题。农民年人均纯收入中的粮食收入部分在 1999 年要比 1996 年下降 300 多元，尽管 1999 年棉花总产与 1996 年持平，但农民从棉花

---

[*] 本文原载《江苏行政学院学报》2001 第 1 期，第 75～78 页。发表时间：2001 年 2 月 15 日。该文系该刊记者专访陆学艺访谈录。——编者注

得到的收入只有 319. 428 亿元，比 1996 年减少 268.99 亿元，人均棉花收入 36.68 元，每人减少 31. 39 元，下降 46.1% 。

这几年，在国内市场竞争压力和亚洲金融危机的冲击下，乡镇企业吸纳劳动力能力减弱，速度回落，效益下降，亏损面已超过 15%，约 40% 的乡镇企业处于停产半停产状态。乡镇企业困难，使整个农村经济发展受到阻碍，导致农民的经营性收入和工资性收入大量减少。

由于城里国家机构改革，国企改革，减员增效，大量辞退外地民工，有些城市还制定了不少限制外地民工就业的政策，许多已在城里工作多年的农民不得不又回到农村。据有关部门测算，民工最多的年份为 1995 年，为 8000 多万人，1999 年估算只有约 5000 万人。以平均每个农民工在城里净赚 2000 元计，农村要减少 600 多亿元的收入。

从以上情况看，农民特别是以农业收入为主的中西部地区的农民，这三年实际收入不是增加，而是减少了。改革开放以来，这样的状况还是第一次出现。政府从 1997 年就提出要开拓农村市场，但两年过去了，农村市场并没有扩大。据各部门多方调查，最重要的原因就是广大农民没有钱，不是农民不需要这些商品。

从另一方面来看，20 年来，我国进行了大规模的工业化建设，工业化进入快速发展阶段，本应伴有大量农民进城，农民人数大量减少，结果却不然。1978 年我国有农业人口 79014 万人，到 1998 年增为 86868 万人。20 年增加 7854 万人，平均每年净增 392.7 万人[①]。就经济结构说，我国已是工业化国家，而从就业结构说，还是农业社会。城市化严重滞后于工业化，职业结构与经济结构不协调，城乡失衡，是目前很多经济社会问题产生的重要原因。

记者：您在一些研究报告中强调了农村发展新阶段的新任务。这种新任务主要是指什么？

陆学艺：农村发展新阶段的"新任务"是通过深化改革，进一步把农民从计划经济体制的束缚中解放出来，改变城乡二元社会结构，大力推进城镇化，形成城乡一体的社会主义市场经济体制，促进二、三产业发展，使更多的农业剩余劳动力到城镇就业，使农民更加富裕起来。

记者：您能对目前农村的新任务做些具体说明？

陆学艺：这种新任务大致包括如下几方面的具体内容。第一，改变城

---

① 　国家统计局编《中国统计年鉴·1999》，北京：中国统计出版社，1999 年，第 111 页。

乡二元社会结构。20多年来，我们实行改革开放，取得了巨大成功，但在计划经济体制下形成的城乡二元社会结构几乎很少改革。由此带来的两个问题：一是阻碍了社会流动，使城市化严重滞后于工业化，经济结构和社会结构不协调；二是阻碍了社会主义市场经济体制的形成。现有的城乡分割的二元社会结构，使城乡间的生产要素，如劳动力、土地、资金和多种资源不能按市场经济的要求流动，妨碍了资源的合理配置，不利于生产力的发展。

按我国现有的农业生产水平，有1.5亿劳动力就可以保证农产品的生产和供给，满足国民经济发展和全社会的需求。办乡镇企业转移了1亿多劳动力，但长期搞亦工亦农不利于专业化，不利于工人队伍素质的提高。乡镇企业主要是二、三产业，发展到一定阶段就要向小城镇乃至城市集中。

打开城门让农民进来，这是经济发展的必然要求。现在的农村不仅农产品全面过剩，而且农业劳动力大量过剩，在农村范围内调整经济结构、产品结构，怎么调整也不行。要跳出农村、农业的领域，进行战略性的社会结构调整，让相当多的农民转变为市民，转变为二、三产业的职工，改变目前我国农村社会（农民占绝对多数）的现状。这样的调整已为各国的实践所证明，是符合历史规律的。

第二，要逐步解决在中国经济生活中困扰我们的两个非良性循环。一是工农业主要商品普遍过剩，销售困难，市场疲软，企业投资积极性下降，不敢再上新的项目，加上银行惜贷，国内总投资减少；企业不景气，开工率不足，工资性支出减少，一部分企业不得不裁减职工甚至关厂停业，使大量职工下岗，最终导致居民购买力下降，消费减少。二是城乡互动出现了非良性循环。先是城市经济不景气，商品积压，企业压缩生产，工人下岗，当地政府排斥外地民工；而农村中农业增产不增收，乡镇企业滑坡，外出农民工回流，税负加重，使农村经济陷入困境。农民没有钱购买生产资料和生活用品，购买力下降，农村市场萎缩，农民无钱进城购物消费，使城市经济不景气状况更加严重，出现了城乡关系的非良性循环。这两个非良性循环是互相联系的，本质上可归纳为一个，就是在经济发展新阶段，出现了农业和工业的生产能力相对过剩，而城乡的投资需求和居民消费需求不足，形成了恶性循环的状况。

如何打破这两个非良性循环，走出目前的经济困境？20世纪80年代初期解决经济困难、打开新局面的经验值得借鉴。不过，那时面临的问题，是如何加快发展生产力，解决农业、工业产品全面短缺的问题；现在又遇到了城乡市场都不景气的问题，我们要解决如何扩大需求，解决工农产品过剩的问题。可以运用先启动农村市场的经验，通过适当的政策把占人口70%的农民的积极性调动起来，大大提高广大农民的消费和投资能力，让农村市场先活跃和繁荣起来，这样做投入的启动成本并不大。农村是个潜力极大的市场，但需要潜心培养和开发，一要有适当的政策，二要有启动性的投入。

第三，要改变"城乡分治，一国两策"的局面，逐渐形成全国统一的城乡一体的社会主义市场经济体系。20 世纪 50 年代，我国在逐步建立计划经济体制的时候，学习苏联的做法，采用"城乡分治，一国两策"。实行的理论基础是：城市以全民所有制为主，农村以集体所有制为主，所以在诸多方面，对城市是一种政策，对农村又是另一种政策。几十年来，逐渐固定化，加上以户籍、身份作为划分标准，就形成了"一国两策"的格局。在经济层面的所有制及其流通交换方式、分配方式、就业方式、税赋等方面，对城市居民和农民的政策是不同的；在社会层面的教育、医疗、劳动保护、社会保障、养老、福利等方面，对城市居民和农民的政策也是不同的。电力、公路、供水、邮政、电话、通信等都是全民所有制性质，由国家有关部门直接管理，但也是实行城乡两种政策。如电力，行政村以下的供电线路、设施要由村里集资架设，把电引到农民家，农民还要自己出钱。城市和农村是两种管理方式，同电不同价，农民花钱引来了电，电价却比城里贵好几倍，有的农民用不起，只好再点油灯。电价问题已引起了有关领导的重视，近几年国家正在进行大规模农村电网改造。其实在用水、公路交通、邮政、电话等方面，都是实行城乡不同的"一国两策"，一方面农民多花钱，吃了苦头，另一方面也限制了这些事业的发展。

"城乡分治，一国两策"，是在实行集权的计划经济体制下逐步形成的，当时要集中力量进行国家工业化建设，不得已而为之，适应了当时的短缺经济。改革开放以后，农村率先改革，调动了农民生产的积极性，促进了农业生产大发展，解决了农产品的供给问题。但后来改革深入到城乡利益关系，就困难重重了。有学者指出，现在的农业问题，在农业以外；现在的农村问题，在城市。要解决目前的农村农业问题，必须跳出农村农业的圈子，必须改革"城乡分治，一国两策"的格局。

记者：您在研究报告中提出"在全国开展以发展小城镇为中心的建设新农村运动"主要依据是什么？

陆学艺：在全国开展以发展小城镇为中心的建设社会主义新农村的运

动，是扩大内需，使过剩的产品、过剩的劳动力找到用武之地，走出当前经济困境的一步活棋。有了20多年经济建设的积累，无论是在物质财富还是在组织经验方面，都有了开展全国性的大规模以发展小城镇为中心的建设社会主义新农村运动的可能。20多年来，我们已具备了相当实力，也有了靠各类小城镇吸纳安排农村人口的经验，各地区特别是经济发达地区都有一些乡镇企业发达、经济繁荣、对国家贡献很大又带动了周边农业和农村发展的小城镇的成功典型。只要政策正确，领导得法，开展这样一场全国性的新农村建设运动是有条件的。

从现代化国家解决城乡关系问题的成功实践看，日本、韩国以及我国的台湾地区，在工业化、城市化达到一定水平以后，都开展过全国规模的新农村建设运动。国家或地区从人力、物力和政策上向农村倾斜，城市支持农村进行农村的基础设施建设，缩小城乡差距，协调城乡关系，取得了很大成功。例如韩国，经过10多年的工业高速增长，在20世纪70年代由中央政府发动，投入大量财力，开展了新农村建设运动，每个村（里）由政府无偿拨给330袋水泥等物资，进行水利、道路、供水、公共建筑等基础设施建设，起到了推动农村经济文化事业发展，促进社会安定、城乡共同繁荣的效果。

我们进行工业化建设近50年，改革开放以后加速工业化建设也已超20年，鉴于目前我国城乡二元社会结构，"城乡分治，一国两策"的状况依然存在，而且自1985年以后城乡差别仍在扩大，可以确认，近几年农村积累的经济社会问题，比城市还要严重。因此，在近期开展全国规模的以发展小城镇为中心的社会主义新农村建设运动是应该的，也是及时的。

在现阶段，开展全国性的建设社会主义新农村运动的首要目标，是要调整已经阻碍生产力发展的二元社会结构，改变目前"城乡分治，一国两策"的格局，建立城乡一体的全国统一的社会主义大市场。所以必须先进行改革，对城乡关系进行战略性调整，以改革的精神来统率和开展社会主义新农村建设运动。在思路上可以从以下几方面着手。

第一，要按照社会主义市场经济的要求，通过改革，使农民成为独立的商品生产者，真正拥有生产、经营、交换、流通等方面的自主权。继续深化改革农村的流通体制，使粮食、棉麻等流通系统的行政和经营职能分开，鼓励和支持农民及其合作组织进入流通流域，加快城乡交流，形成城乡统一的大市场。

第二，逐步改革在电力、公路、邮政、电话、通信、自来水等方面实际存在的"一国两策"的格局，实现城乡同等待遇，城乡同价，目标是城乡一体化管理。通过全国性的电网改造，实行城乡统一管理，同电同价，现已初战告捷。1999 年，全国农村电价平均每度降低 0.1 元，使全国农民减少 230 亿元的支出，受到农民普遍欢迎，认为这是一项富民的德政。

第三，通过改革，逐步建立城乡统一的教育、卫生、文化、图书等社会事业体制。实现九年制义务教育的难点在农村，原因不在于国力达不到，而在于现行的城乡分治的教育体制不合理。

第四，开展全国范围内的以小城镇建设为中心的社会主义新农村运动要有一定的人力、物力和财力的投入。党的十五届三中全会提出"小城镇，大战略"的方针，目的之一是要"更大规模地转移农业富余劳动力"。现在第一步是要把小城镇建设起来，吸引广大农民到小城镇来办企业、务工经商，转变为城镇居民。如果经过 5~10 年的改革和发展，能使现有[①]的 2126 个县城和县级市平均达到 5 万人的规模，使 16934 个建制镇平均达到 1 万人的规模，使 26402 个乡政府所在地的集镇平均达到 0.5 万人的规模，再加上全国 231 个地级城市的城市人口，则将有 6 亿多城镇居民，[②] 约占 2010 年总人口的 45%，相当于 1995 年世界城市化的平均水平。现在我国的城镇人口是 3.8 亿人，今后每年如能增加 2200 万城镇人口，比 20 世纪 90 年代每年增加 969 万城镇人口，要快一倍多。这只有在贯彻"小城镇，大战略"的方针下才能变为现实。

社会主义新农村运动要以小城镇建设为中心的原因概出于此。我们先通过改革和规划把小城镇发展起来，把 1.5 亿~2 亿农民转移到城镇从事二、三产业，仅此一项，就能使留在农村的农民收入增加 20%~30%，这盘棋就活了。

开展以小城镇建设为中心的新农村运动，主要依靠改革和政策调动广大农民的积极性，依靠农民自身的力量来进行小城镇和新农村的建设。当然，政府也应给予必要的启动资金，从财政和信贷方面加以支持，对于经济欠发达和不发达地区的乡镇，尤为重要。

当然，我们必须看到，这项运动涉及调整城乡关系，改革原来计划经济体制下形成的农产品流通体系，电力、交通、邮政、电话、通信的管理体制，教育、卫生、文化事业体制以及财政体制等方方面面，既是一场重

---

① 指 1998 年。——编者注

② 参见国家统计局编《中国统计年鉴·1999》，北京：中国统计出版社，1999 年，第 3、377 页。

大的改革运动，又是大规模的建设运动，事关改革、发展和稳定的大局，需要自上而下和自下而上相结合，有组织、有领导、有步骤地进行，需要精心策划、精心组织。如此用 5~10 年的时间，实现这一改革和建设运动的目标是可能的。

两岸农业合作关系展望[*]

海峡两岸农业方面的互补性很强，十多年来已经开展了多方面的合作，对双方都有益处，加入 WTO 以后，各方面条件都将改善，合作交流的范围将会更加宽广。

第一，大陆方面，改革开放以后，在"一靠政策，二靠科学"的方针指导下，农业产量连年大幅增长，自 1996 年特大丰收之后，粮食、棉花、水果、蔬菜、畜产品、水产品等都极大丰富，由卖方市场转为买方市场，许多农产品都供过于求。而且农村劳动力众多，土地等资源丰富，回旋余地很大。但农业技术相对落后，农村资金短缺，农产品的流通渠道不畅通。台湾方面正好相反，每年需要进口大量的农产品，农业劳力短缺，人工费用高，但农业科学技术水平高，资金雄厚，已经有比较好的农产品流通系统。如双方开展进一步合作交流，可以在现有的基础上成倍、几倍地增加农产品的交易量，对两岸都大有裨益。

第二，台湾方面的农业科学技术研究的基础好，例如粮食、蔬菜、水果等都有好的优良品种和技术，而这些是大陆好几个省都需要的。当然，大陆的农业科研这些年也有了很大的进步，也有很多好的品种和技术。进行更深入的合作交流，可以促进双方农业科研水平的提高和进步。

第三，大陆的各种农产品都很丰富，但农产品加工业相对落后，已有的还很粗放。台湾在这方面已经有了一定的基础，有技术有资金，且有这方面的经营管理人才。近几年已有不少台湾人士到大陆办农产品加工运销企业，并做出了好的成绩。但还远远不够，而且这些企业多数是中小企业，加工产品多数是销往台湾的。这方面合作的潜力很大，如能合作办成若干

———————————

* 本文源自作者手稿。该文稿系陆学艺于 2001 年 2 月 28 日在北京台湾研究所的发言稿。——编者注

个大的企业，引进更高更先进的加工技术，加工产品不仅面向全国，而且面向世界，则前途非常广阔。

第四，2000 年 10 月，我考察过台湾桃园县芦竹乡农会，农会办有供销、信用、农产品加工等企业，办得很成功，盈利用以支持农业科技推广。这方面的一些经验，是值得大陆一些经济发展水平类似的乡镇参考借鉴的。所以，我想，两岸双方不仅在经济方面、科技方面可以开展合作交流，而且在流通体制、农业社会组织、农村社会工作等方面都有取长补短、互相学习借鉴的内容。进一步加深双方的合作交流，会产生好的经济、社会的效果。

当前中国的农村问题[*]

今天主要讲三个问题：第一个问题，"统筹城乡经济社会发展"是新发展观的重要组成部分；第二个问题，"统筹城乡经济社会发展"是解决"三农"问题的重要出路；第三个问题，"统筹城乡经济社会发展"的目标是城乡一体化，改变现在的二元城乡社会结构。

一 "统筹城乡经济社会发展"是
新发展观的重要组成部分

为解决好"三农"问题，党的十六大报告提出了一个方针，即"统筹城乡经济社会发展"。多年以来，"三农"问题一直是中国社会的一个重大问题。但是现在形势发展了，解决"三农"问题的着力点并不在农村、农业和农民本身。解决"三农"问题要靠城市的发展、工业的发展和现代化的发展。也就是解决"三农"问题，要在"三农"问题之外做文章。这也就是十六大提出的要"统筹城乡经济社会发展"。

"统筹"这个词并不是一个新词，也不是第一次提出。我们仔细地思考一下，这句话的言外之意，那就是在过去相当长的一个时期里没有统筹兼顾城乡的发展，只顾城市的发展，没有顾及农村的发展；只重视经济的发展，没有重视社会的全面发展。现在中国的大城市像北京、上海、深圳等地方都非常的发达了。有人就说中国的大城市像欧美，可是农村看起来像非洲，这虽是戏言，但也有一定的道理。

"非典"给我们中国的社会带来了很大影响。"非典"过后，我们的政

---

* 本文源自作者修改的录音整理稿传真件，时间：2003 年 11 月 21 日。该稿系陆学艺在某次会议上的讲话稿，录音整理人：尉建文。——编者注

府总结经验教训，提出四个协调发展：城乡要协调发展，经济社会要协调发展、地区之间要协调发展、人和自然要协调发展。党的十六届三中全会又增加了一点，国内工作和对外开放要协调发展。反思"非典"，为什么这个小小的病毒，给中国社会带来了这么大的损失，政府认识到发展不能一条腿长、一条腿短。今年①8月，胡锦涛同志在江西视察的时候，提出今后我们的发展要"全面、协调、可持续地发展"。这是以前的文件中所没有的，是首次提出的。这说明我们的政府要实现一种新的发展观。

（一）新的发展观是改革开放和借鉴国外经验的总结

党的十六大报告说过，我们已经达到了小康社会，但还是低水平的、不全面的、很不平衡的小康社会。问题提出来了，可是如何解决呢？十六大对农村问题，提出了要"统筹城乡经济社会发展"的方针。一年后，特别是经过"非典"的考验以后，政府正式提出要全面、协调、可持续地发展。由此可以看出，十六届三中全会是按照十六大的精神在不断前进的。

新发展观的建立总结了改革开放25年来的经验教训，也总结了世界上经济与社会发展的经验。二战以后，很多殖民地都纷纷独立，新建的国家开始都是抓经济的发展，一般都是片面地追求 GDP 的快速增长。结果是有的国家干脆经济都没有发展起来，有的国家尽管经济发展起来了，可是环境、资源受到很大的破坏，出现了犯罪率上升、社会不稳定、贫富差距拉大等一系列的问题。20 世纪 70 年代以后，美国学者布朗等人提出了"可持续发展"的概念，提出经济与社会、城乡等都要协调发展。

2003 年的"非典"教育了很多中国人。我一直都在说，我们的国运很不错，"非典"在北京暴发。北京的医生最多、科研人员最多、设备也最好，人们的受教育水平最高。因此，中央政府采取措施以后，在短时间内就把"非典"控制住了。我们现在回过头来看，这本身可以说是一个奇迹。如果"非典"在其他的地方暴发，特别是在农村暴发，那后果就不堪设想了。改革开放 20 多年来，中国社会在很多方面都取得了很大的成就。但在农村地区发展比较缓慢，甚至在某些方面还出现了一些倒退。比方在改革前，农村还有合作医疗的制度，还有很多的赤脚医生在为农民服务，现在这些都没有了。如果"非典"要在农村暴发的话，到现在能否控制得住还是一个问题。

---

① 本文中指 2003 年。——编者注

"非典"给我们敲响了警钟。胡锦涛同志就说，新的发展观是 20 多年改革开放实践的总结，也是战胜"非典"疫情给我们的重要启示，是全面建设小康社会的迫切要求。

（二）　中国社会的四大问题

现在中国社会发展中有很多问题是很难说清楚的，也是很难解决的。有一次，福建省委党校邀请我去讲课时，我提出了四个问题。

第一个问题，我们国家从改革开放到现在 25 年，GDP 的年平均增长速度为 9.5%。这在世界上的大国中是从来没有过的事情。经济发展很快，但是我们的财政却一直相当的困难，特别是到了基层却没有钱。县、乡的基层干部和中小学的教员不能按时足额发放工资。经济发展带来的效益，哪里去了？即使在"文革"时期，每年的财政收入只有 200 多亿元的情况下，小学教员都可以发上工资，现在一年的财政收入超过 2 万亿元，但中西部很多乡镇财政很困难，很多基层干部和中小学教员还是领不上工资。这到底是什么原因？

现在，中西部约 1/2 的乡镇实际是在借债运转，有的一个乡镇欠债几百万元，也有上千万元的。我前两年在山东某个地区调研的时候，得知他们还在发 1992 年的工资。1992 年的工资是什么意思？不是说只发到 1992 年，而是说他们的工资标准还是 1992 年的。尽管 10 多年来工资涨了很多，可就是不能兑现。尽管他们的档案工资很高，可是当地的政府就是没有钱来兑现。当地人戏称工资的调整为"空调"。这是一个需要经济学家来回答的问题。

第二个问题，是一个需要我们社会学家来回答的问题。改革开放以来，可以说 95% 以上的人生活都得到了改善，生活质量也提高了。尽管生活水平提高了，可是社会各个阶层都有意见。有人概括说："生活从来没有这么好过，牢骚和不满也从来没有这么多过。"老干部有意见，年轻干部有意见；有钱的有意见，没有钱的也有意见，等等。在我主持的社会分层的研究中，十个阶层没有一个阶层没有意见的。

第三个问题，在研究国外社会的时候，我们就发现这样一个问题：西方大国在搞工业化、现代化的时候，没有一个国家是把农业放在第一位的。中国社会不同，改革开放以来，20 多年了，每年的政府工作报告都强调，政府的第一个任务就是要把农业搞好。尽管把农业放在第一位，可是"三农"问题还是解决不了。现在又提解决"三农"问题是党和政府工作的重中之重。

第四个问题是一个法学家要回答的问题。在过去有人说，中国社会的主要问题是穷。现在我们的国民生产总值翻了两番，比过去有钱多了。但是，犯罪率随之也上来了。为什么经济越发展犯罪率越高？这个问题也非常难以回答。

简言之，过去我们走的发展道路，片面地追求经济增长、重工业增长和城市的增长。因此，虽然取得了很大的成绩，但是也出现了这么多的问题。党的十六届三中全会提出要确立全面、协调、可持续的新的发展观，是对我们过去的经验和教训的总结，也是对国际经验的总结。

二 "统筹城乡经济社会发展"是解决 "三农"问题的重要出路

"三农"问题，即农村、农业、农民问题的简称。"三农"问题是一个新词，在1995年以前，尽管有农业、农村和农民问题，但都是分开来讲的，当时还没有"三农"问题这个说法。在国外，尽管也存在着农业、农村和农民问题，但是也没有这个说法。1996年以后，中国慢慢开始有了这么一种叫法，这应该是中国社会科学界的一个重要成果。这种说法对于发展中国家是很有意义的。在解决农业问题的时候，同时要解决农村和农民问题。这三个方面要统筹解决，单纯解决某一个方面存在着很大的缺陷。

（一）农业问题

日本基本上走的是欧美国家的工业化道路。首先，从农村得到原始积累，通过高额税收，或者通过剪刀差把农村的钱聚拢起来。然后，圈地来建工厂。工厂建设好以后，从农村吸收了大量的劳动力。因此，在工业化完成的时候，城市化也完成了。也就是说，它们的工业化、城市化和现代化是同步的。英国、法国、美国、日本还有韩国都是如此。

而中国的情况则不是这样的。在1958年以前，我们也是走的这条路。一方面大量的粮食、工业原料进入城市，另一方面大量的农民进城变成了工人。当时，城市化率每年大约提高1个百分点。1958年以后，特别是三年困难时期，全国粮食紧缺，政府大量遣散新工人回家。接着建立了城乡隔离户口制度。这个制度1958年开始制定，1960年正式施行。在城市搞工业化，大量地吸取农村的资金、粮食和原料，但是拒绝农民进城，不许农

业户口转为非农业户口。

而欧美的发达国家不是这样的。他们在工业化的过程中，大量的农民进城变成了技术工人。它们的工业化和城市化是同步的。而在中国，这个过程是完全脱节的。在日本，工业化结束以后，工业有钱以后，反哺农业，提高农产品的价格。然后政府出钱支持农业，从政策上用先进的农业机械、化肥、农药武装，支持农业现代化。在日本，农民的收入基本上和城里的工人持平，有的甚至还高一些。所以日本把农民问题解决了。到了 20 世纪 80 年代的后期，日本的工业更有钱了，他们对农村进行大量的基础设施建设，修高速公路、修煤气管道、修上下水系统等。因此，它们的工业是在反哺农业，城市反哺农村。在很多地方，城乡都变成一体了。因此，农村问题也基本解决了。

日本在 20 世纪 60 年代，工业发展起来以后，大量出口工业产品。迫于大国的压力，日本开始进口农产品。日本的气候，很多地区一年完全可以两季甚至三季，但是为了进口国外的农产品，除了水稻，其他的农产品基本上都不种了。到现在，日本 50% 以上的食品和全部农产工业原料都是进口的。因此，用我们的"三农"理论来描述日本，可以这样总结：日本的农村问题解决了，农民问题解决了，但是农业问题还没有解决。

中国的情况恰恰相反。农业问题在 1996 年大丰收后基本解决了，但是农村和农民问题都没有解决。用一句话来概括"三农"问题：农业问题基本解决，农业和农村问题还相当的严重。过去我们经常说，我们用占全世界 7% 的土地养活了占世界 22% 的人口。这个说法不是很准确，我给大家纠正一下，应该说我们用占世界 10% 的土地养活了占世界 21% 的人口。因为我们说占全世界 7% 的土地的时候，是因为统计局公布的耕地数字是 14 亿亩。通过国家土地局近十年来的详查，我国的耕地面积是 19 亿亩。说我们人口占全世界人口的 22%，这个数字也不是很准确，现在中国的人口占世界总人口的 21.3%，这是 2001 年的数据。再过几年，就会降到 21%。现在中国的农业完全可以满足全国人民的供给，可以满足经济发展的需要，还可以出口一部分。1998 年以后，我们出口的农产品总额要比进口的总额多 50 亿美元。从以上可以看出，农业问题基本解决，用官方的术语就是农业能基本满足供给，丰年有余。

（二）农民问题

接下来讲农民问题，可以概括为三句话。第一句话：农民人多。农民多的意思是什么呢？不是说中国的人口多，农民相应地就应该多。凡是现代化国家，在工业化过程中，农民大量进城，农民的数量在逐渐地减少。而我们中国从1958年以后不是这样的。我们一方面在搞工业化和城市化，另一方面农民却越来越多。在过去我们大约是5亿农民，现在大约有9亿农民。工业化越发展，农民越多。1949年农民是4.84亿，占总人口的89.4%；1958年，农民人口5.47亿，占总人口的82.8%；1978年，农业人口7.9亿，占总人口的80.8%；1998年，农民人口8.68亿，占总人口的69.6%；2001年，农村人口7.65亿，占总人口的62.3%。

2001年，中国的城市化率为37.7%，2002年为39%。现在大家都说中国的城市化严重滞后于工业化。这几年中国的城市化率大大加快，而且我们在统计标准上也做了很大的调整。1999年，中国的城市化率是30.8%，到了2000年，中国的城市化率变成了36.4%。对于这个数字，国外的很多研究中国的专家都迷惑了。按照世界的规律，城市化率每年增加1个或1个多百分点。中国在一年之内，怎么会突然增长5个多百分点呢？原因是我们的统计口径发生了变化。按照新的统计标准，凡是在城市中居住超过半年的人口，在统计上就被列为城市人口，因此，中国的城市化率就迅速提高了。但是，实际上他们的身份还是农民，他们还是拥有农业户口。因此，如以农业户口计算，中国的农民的总数应该在9亿左右，占总人数的75%，而不是62.3%。中国的真正城市化率也没有统计上的那么高，大约也就是25%。所以，中国的工业化越发展，农民的数量越多。

后面的两句话：农民太穷，农民太苦。现在农民的人口这么多，可是在GDP中，农业产值的比重不到15%。75%的人口在分享15%的产值，那收入自然就不会高。如果农民的人口减不下来，提高农民的收入现在是非常困难的。尽管农民的生活的确比过去有所提高，但是与我们的经济发展相比，与我们建设小康社会的要求相比，他们的水平还是差得很远。最近，我做了一个计算，如果不扣除物价因素，单纯从数量上来说，2001年与1978年相比较，城市人口的可支配收入增长了23倍；如果扣除物价因素大概增长了5~6倍。但农民的人均纯收入在数量上增长了16倍，扣除物价因素大约增长了4倍。所以，农民相对于城市居民来说，收入的提高还是比较慢，水平还是比较低的。特别是中西部地区的农村，情况更为糟糕。

现在农村还面临着很多的问题。其中一个很严重的问题，学者们把它称为"新的圈地运动"，在很多的地方都在搞开发区和大学城。在所有的现代化国家，城市必然要扩大，必然要占用一些土地。但是他们占地遵循着两个原则，一是自愿，二是按照市场等价交换的原则。而中国社会的情况不是这样的。在买农民的土地的时候，还是按照计划经济方式来办理。对农民的补偿还是政府的行为，政府根据相关规定给农民一些补偿而不是按照市场价格。现在叫法不是"买地"而是"征地"。"征地"在国外也有，如果要建立一些公共的设施需要征地，因为是服务于公众，价格可以低一些，不过也是要按照市场的价格来购买的。如果是商业的用途，那就要按照市场的价格等价交换。

而中国的情况不是这样的。在很多地方甚至都提出了"经营城市"的说法。如何经营？很大程度上就是在占用农民的土地。"以地生财，以财建市，以市招商，招商发财"。这句话的意思就是说，用征地拿来的钱来建设城市。通过建设城市，来吸引资金，以此达到发财的目的。《人民日报》报道说，今年上半年，根据几个部委的统计，24 个省市共有 3000 多个开发区。省里搞开发区，县里搞开发区，甚至在一些乡镇也有开发区。《人民日报》的评论说：开发区多如牛毛。

根据一些调查，在征用土地的过程中，如果土地的价值是 10 万元，可是真正到了农民手里也就是 1 万 ~ 1.5 万元。政府大约抽取 3 万元左右，其余的都是开发商的利润。根据《福布斯》的调查，中国 100 个亿万富翁里边，有 40 多个是搞房地产的。他们相当大的利润都来自农民的土地。

这样就造成了很严重的后果，大量占用农民的土地带来了很多的问题。可以总结为几句话："毁农民的庄稼，拆农民的房子，挖农民的祖坟，占农民的土地。"这样的后果就是农民没有地种，没有房子住，没有归宿感。3000 多个开发区，现在已经占了 36000 平方公里的土地。这就相当于 5400 万亩地，大约牵涉 4000 万人。主要分布在珠江三角洲、长江三角洲和大中城市的郊区，土地比较肥沃的地方，当地的农民也都是中国最富裕的农民。现在大量占地，农民失去了土地也就等于失业，失业了就失去了生活的来源。现在这一部分人就成了"三无"人员，即"种田无地，就业无岗，低保无费"。他们现在既不是工人也不是农民，变成了游民。这 4000 万人是过去中国最富、最有文化、最见过世面的农民，如果他们的问题处理不好，会是一个很大的社会问题，后患无穷。

（三）农村问题

下面开始讲农村问题。"三农"问题中，农民问题是核心，农业是农民的职业，农村是农民生活和生产的居住地。农村问题的范围比较大。在过去，中国社会的管理只是到县一级，县以下主要靠乡绅，或者也可以说是自治。这种状况一直延续到1910年。北洋政府在一些省份，在县以下设立区，县长可以任命区长。但是，工作人员是非常少的。新中国成立以后，开始的时候，情况也大概如此。一个乡政府也就是3～4个人（到人民公社时，政社合一，也只有几十个人），一个县政府70～80人。到1978年还是如此，一个乡镇有8大员，也就是8个助理，到现在每个助理都变成了一个站或者一个所，工作人员数量急剧上升，一个乡镇政府有100多人，还有多达几百人的。

在东部经济发达地区，乡镇基层政府的开支可以自我支付。可是，在中西部一些地区，他们的开支就成了一个非常大的问题。1994年，财税体制改革，分税制以后，乡镇这一级财政就面临着很大的问题。在中西部地区的很多乡镇都是负债。现在主要的问题，就是收入不够支出。他们的收入与责任不相符，他们承担了更多的责任。以义务教育为例，在2001年以前，农村义务教育的费用，中央只负担2%，省地两级承担11%，县一级负担9%，乡镇财政要负担78%。这样做就很不合理。世界上大多数的国家，义务教育费用至少应该由省一级的政府来承担。2001年以后，小学教员的工资由县里来负责。根据我们的观察，大约有一半的问题解决了，但是到了中西部的很多地区还是没有解决。由于现在基层的政府的事权和财权不统一，他们根本不能负担那么多的开支。据有关方面的调查，中西部地区的乡镇平均负债400万元。很多乡镇的财政都是非常困难的。这些问题，不是哪个乡镇干部的事情，它是一个制度性的问题。

总结起来讲，农村问题主要表现在基层机构庞大，债务严重，干群矛盾紧张。用李昌平的话说就是"农民真苦，农村真穷，农业真危险"。关于"三农"问题，那就是农业问题基本解决了，农民和农村问题远远没有解决，任务还非常重。

三 "统筹城乡经济社会发展"的目标是实现城乡一体化

为什么会出现上面说的这些问题？一句话来说，都是计划经济体制惹的祸。我们改革开放以来逐步建立社会主义市场经济，一些问题已经得到了解决。但是毕竟搞了20多年，计划经济体制根深蒂固，还有很多的影响。现在哪个地区、哪个行业、哪个个人首先冲破了计划经济的牢笼，他们就会多多地获益。

（一）存在问题

从新中国成立到现在，有 12 年的时间，农民的日子是最好过的。一段时间是 1949 年到 1955 年，另一段时间是 1978 年到 1984 年，这两段时间农民的日子最安定、干群关系最好。1985 年以来，农民一直还在计划经济的控制之下，户口没有改变，土地没有动，就业和教育制度都没有动，城乡差距越来越大。农民到了城市叫作农民工，当了企业家叫作农民企业家，做了老师叫作民办教师（现在民办教师问题解决了，又出现了代课老师问题），等等。计划经济体制限制了农民，让他们很难流动和发展。

以深圳为例，2000 年人口普查时，深圳的总人口为 700.8 万，实际上的人口还要多。有一位博士就这样写道，深圳的繁荣实际上是 500 万农民工用自己的血汗建立起来的。农民工进城以后，他们从事了工人的工作，但是没有得到工人的身份。政治上、经济和文化上都没有得到认同。很多城市的人均 GDP 都已经非常高了，但是很大一部分是靠农民工贡献才完成的。尽管农民工做了很大的贡献，但是在城市计算人均 GDP 的时候，他们又被排除在外。以上海为例，上海的农民工 400 万。在计算总产值的时候，他们的贡献被算在内了，但是在计算人均的时候，他们又被排除在外。所以上海的人均 GDP 已达到 4500 美元，如果把 400 万农民工加进去，实际没有这么多。所以，我总结农民工的状况是"同工不同酬"，尽管做的工作都是一样的，但是他们的工资大约只有当地人的一半。尽管计时的工资是一样的，但是农民工没有住房、没有医疗、没有劳保。"同工不同时"，正式的员工一天 8 小时，可是农民工就不仅仅是 8 小时。深圳农民工的日平均工作时间是 11 个小时。我们有节假日，他们很少有。"同工不同权"，他们无论干多长时间也没有任何的权利。农民工总是做最累、最苦、最危险的活，但是拿到的报酬却很低，而且这么多年没有提高。2001 年，据我们在深圳的调查，农民工的月平均工资仅为 588 元，一年 7000 多元。深圳的农民工已经有 20 多年的历史了，现在应该算是第二代的农民工，可是他们的工资还是维持在刚开始的水平，甚至有的还有些降低。

据国家统计局的数字，现在第二产业的工人中，农民工已经成了主体，大约占 57%。如果第二、三产业一起算的话，大约有 46%。由此可见，农民工已经成为工人重要的组成部分。尽管很多人都说农民工是工人阶级的一部分，但是他们真正属于工人了吗？他们有社会保障、医疗保障、住房补助吗？他们都没有，他们仍然是低人一等。现在，农民工不仅仅是工资的问题，更重要的是制度的问题。城乡二元社会结构被搬到城市中来了，搬到工厂里来了。在一个工厂里边，对农民工是一套制度，对正式工人是另外一套制度。这种制度是很有问题的。如果我们站在国家发展的立场上，就更可以看到这个问题的严重性。

现在中国工人阶级的队伍，存在着一个很大的问题，那就是缺乏高级技术工人。在国际上，发达国家工人的结构构成是这样的：高级工（6～8级工）大约占总人数的30%～35%；中级工（3～5级工）大约占50%；初级工（1～2级工）大约占15%～20%。由于长期实行计划经济体制和这种农民工制度，目前中国工人阶级队伍的状况是怎样的呢？其中技术高级工（6～8级工）大约占不到总人数的5%；中级工（3～5级工）大约占35%；初级工（1～2级工）大约占60%。中国要想成为制造大国，如果工人的技术构成是这个样子，那就很成问题。

任何一个发达的地方的繁荣，都离不开土地和廉价的农民工。一个农民工平均每年创造的2.5万元产值，除去他们的收入平均一年8000元，一个农民工一年平均会为城市创造1.7万元的价值。可是农民工老了、病了都要回到农村去，在城市中得不到任何的保障。

（二）对策

如何改变这种现象，要从体制上进行改革，主要从以下几个方面进行。

户籍制度的改革。户籍制度是造成城乡隔离、城乡差距的主要制度，它是为计划经济体制服务的，这个制度一定要改，要改成户口登记制度。

土地制度的改革。家庭联产承包责任制在当时是进步的，但是现在已存在很多的问题。土地归根到底是农民的。土地不可以随意买卖，土地要收归国有而不是集体所有，再永远承包给农民，从某一时间点起，就不再变了。还有，宅基地应该还给农民，不应该归集体所有。

财政体制的改革。现在的财政制度是向中央倾斜、向城市倾斜、向发达地区倾斜的，必须改革，才能使财政体制变得能为全面、协调、可持续发展服务。

就业制度的改革。就业是民生之本，应该城乡一体，平等对待，不能歧视。现行的就业制度不改革，就限制了人才的流动，不利于市场经济的发展。

国民经济收入分配格局的改革。现在教育、科研、文化等的分配格局都是向城市倾斜的。城市人口占不到 40%，却得到了国民收入分配的绝大部分，这当然是不合理的，也是造成农村贫苦的重要原因。因此，必须要逐步改变这种格局，应该向农村地区倾斜。

总之，"三农"问题涉及将近 9 亿人口，要解决这个世纪性的难题，不是一日之功，需要漫长的过程。现在党中央提出要从体制上进行改革，要统筹城乡经济社会发展，提出了全面、协调、可持续的发展，只要按照这个思路下去，我相信"三农"问题会得到很好的解决。

农村现代化的发展道路[*]

今年①65岁的陆学艺教授，是我国著名的农业农村问题的专家，他提出的我国农业农村发展的一些重要观点曾得到邓小平同志的重视和采纳，这一点在《邓小平文选》第三卷中有所记载。前不久，他又参加了党的十五届三中全会重要文献的起草工作。

近年来，陆教授虽然肩负社会学研究的重任，但仍对占中国社会80%人口的农村十分关注，对中国农村社会主义现代化发展道路做了大量调查和研究。日前趁他来苏讲学之机，记者就此问题对他做了专题采访。

一　目标十分明确　差距还很明显

中国是在1964年周恩来总理首先正式提出了"四个现代化"，而真正搞现代化则应是1978年开始的。作为社会学家的陆学艺说，现代化就是从传统的农业社会转变为有现代化水平的社会的过程。要实现这个转变，得有许多方面相应的转变，陆教授认为，可以概括为以下五个转变。

一是从农业社会向工业社会转变，二是从农村社会向城市社会转变，三是由封闭半封闭社会向开放性社会转变，四是从单一社会向多元化社会转变，五是由法制不健全社会向法制社会转变。其中，基本上是两条：工业化和城市化。

国际上最早提出现代化指标的是美国斯坦福大学的一位教授。他提出的10条包括经济、文化教育、健康和社会结构等方面的具体指标已为世人

＊　本文原载《苏州日报》1999年4月7日第5版，该文为该报记者整理的专访陆学艺的访谈录。本文涉及的相关省份农村经济社会数据源自作者调查过程中获得的资料。——编者注
①　此处指1999年。——编者注

所接受。其中关键的是 3 条：人均 GDP 在 3000 美元以上；非农业劳动力占总劳动力的 70% 以上；城市人口占总人口的 50% 以上。1997 年，中国的人均 GDP 为 700 多美元，[①] 而农村人口则占总人口的 80% 以上。[②] 苏州市人均 GDP 刚达 3000 美元，而与发达国家相比差距仍然很大，比如美国为 30540 美元。而城市化的指标尚未达到。

二　四个发展步骤　一个制约症结

陆学艺说，发达国家的工业化与城市化是一致的，因此他们没有农村现代化之说。计划经济导致了我国的二元经济结构，将城市与农村分割开了。中国的农民是伟大而有创造性的，为了发展经济，在迈向现代化目标的实践中，做出了令人钦佩的创造，中央总结推广了这些成功的经验，形成了实现中国特色的农村社会主义现代化的四个步骤。一是创造并迅速推广全国的家庭联产承包责任制，提高了农业效率，为发展二、三产业提供了劳力保障。二是发展了乡镇企业，推动工业化、城市化进程。过去前者总结得多，后者总结得少。三是搞小城镇，不单对发展经济有利，而且有社会功能，促进了文化、教育、三产等的发展。四是城乡一体化，区域现代化。

自 1992 年前社科院将太仓定为调查研究点以来，陆学艺多次到太仓及苏锡常地区调研。他认为太仓乃至苏州已进入第三个步骤的中后期阶段，正开始迈向第四个最为关键的步骤。他认为城乡一体化应体现在城乡经济结构必须一体化，合理分工、互相依赖；人口与职业的一体化；基础设施、信息交流的一体化；教育科技卫生的一体化；社会保障的一体化；生活方式的一体化。最终实现区域现代化（不可能一个村一个乡镇和一个县市率先实现现代化，而是一个紧密相连的区域同时实现现代化）。他认为，只有人流、物流、信息流等发展经济的诸要素是畅通无阻的，才能有效地实现财富的创造和城市化的推进。而中国的计划经济造成了农村和城市的分割，现有的户籍制度限制了小城镇的发展，影响城乡一体化的推进，这个问题必须突破和解决。

---

① 国家统计局编《中国统计年鉴·1998》，北京：中国统计出版社，1998 年，第 55、620 页。
② 国家统计局编《中国统计年鉴·1998》，北京：中国统计出版社，1998 年，第 29～30 页。

三 调整社会结构 促进经济发展

为了证实这个观点，陆教授分析了当时中国的情况。

已从短缺经济转到很多商品供过于求，由卖方市场转到买方市场。据1998年8月的调查，全国日常用的610种商品中，有403种平衡，206种供过于求。

已建立了社会主义市场经济的基本框架，已实现市场经济的运转。1997年全国经济总体市场化率为50%，其中农产品为77.2%，工业品为68.3%，服务行业为41.1%，资本、土地、劳动力等市场化水平较低。

劳动力就业结构发生了质的变化。1997年全国二、三产业劳力比重超过50%，首次超过农业劳力比重（49%）。[1]

据世界银行统计，1998年我国GNP达10290亿美元，占世界第7位，人均846美元，[2] 已进入中等收入国家行列。

正如前所述，即便如此，我国与发达国家相比，差距还很大。就拿消费水平来看，1997年我国的棉花、水果、钢材、粮食、煤等人均分别为3.74公斤、41.37公斤、88.57公斤、401.74公斤和1120公斤，[3] 而1996年美国人均分别为15.31公斤、113公斤、356.9公斤、1253.5公斤和4006.6公斤[4]。而我国不但农副产品滞销，很多工业品也卖不出去。原因不是生产发展太快了，而是消费水平太低了，也就是城市化率低，1997年中国的城市化率为29.9%，世界平均水平为45.5%，发达国家则高达80%～90%，甚至更高。因为农民和城镇居民的消费水平是大为不同的。

"所以，光用经济的办法解决经济问题不行了。"陆学艺深有感触地说。他认为，农村尤其是苏南农村在深化改革，依靠科技进步，进一步搞好乡镇企业、农业产业化的同时，还必须在调整社会结构、实现城市化方面上多做些文章。在这方面还要发扬过去的开拓精神，从自身的实际出发，探索出一条新路来。苏州农民的文化程度高，高中普及率80%以上，美国也不过86%；离上海近；各种基础设施好；干部素质也高，所以历来出经验。

---

[1] 国家统计局编《中国统计年鉴·1998》，北京：中国统计出版社，1998年9月，第127页。

[2] 参见世界银行网站，http://data.worldbank.org.cn/country/china? view = chast。

[3] 国家统计局编《中国统计年鉴·1998》，北京：中国统计出版社，1998年9月，第37页。

[4] 刘洪主编《国际统计年鉴·1998》，北京：中国统计出版社，1998年，第325页。——编者注

以前如此，今后也一定会创造出好的办法来的。当然，前些年苏南也有值得吸取的教训，比如，基础设施的步子迈得太大，档次太高，仅仅几年时间，据不完全统计，苏锡常地区用于基础设施建设的资金超过 1500 亿元，有一部分还用于非生产建设，比如过分高级的办公楼与过多的宾馆，这些钱国家不会给，银行越来越紧，天上也掉不下来，最大的来源只能是乡镇企业的积累，因而影响了技改。如果每年从中拿出 100 亿元用于技改，那么当前苏南的乡镇企业就不是目前这样困难的状况了。另外，商业流通、私营企业、农民致富等方面还不如一些先进地区。

离苏前，记者陪同陆教授考察了太仓、吴县市的一些乡镇，他欣喜地发现，这些地方的乡镇领导正在总结这方面的经验教训，坚持正确的，改进不足的，开拓新路，积极进取。他高兴地说：苏州到底"明白人"多啊。他坚信，苏州一定是我国率先实现农村现代化的区域之一。

用信息化推动农村的现代化[*]

警惕城乡差距再度拉大

在信息化过程中，我们不能把目光单单投向 3.5 亿城市居民，而遗忘了 8.7 亿农村居民，我们不能把城乡在这方面的差距拉得更大。

乡镇文化阵地的后起之秀

乡村信息馆不要搞成单一模式，乡镇学校、文化系统、共青团系统、"三辰影库"连锁租赁店系统等多种建馆主体，都可尝试。要培养一支懂文化、懂经营、事业心强的队伍，将献身精神与利益驱动结合起来。不少乡镇文化站、技术推广站被"断奶"，却没有倒闭，就是因为有两三个，甚至一个这样的人才在支撑。

---

* 本文源自《人民日报》2000 年 10 月 13 日第 8 版，该文系《人民日报》为中国青少年基金会推出"乡村电子信息馆"项目举办的专家座谈会发言摘编，本文仅收录陆学艺的发言摘要，现标题为原文副标题。——编者注

农民与农民工

不能再同农民顶牛了[*]

几十年的实践表明，一项好的农产品的流通体制和政策，必须协调好以下 5 个方面的利益，生产者的利益、经营者的利益、消费者的利益、地方政府的利益、中央政府的利益。这方方面面的利益都照应了，这一项农产品的流通政策，才能顺利地执行。流通顺畅了，该项农产品的生产，就能健康地进行。马克思主义认为，生产决定流通，但流通好了会促进生产的。

实践是检验真理的唯一标准。在这里，各项农产品的政策正确与否，要看实践，要看能否协调好上述 5 个方面的利益。1998 年 5 月开始实行的粮食购销体制改革，一年半过去了，情况怎么样呢？据我今年[①]在江苏、安徽、山东、湖北、陕西、辽宁等地农村调查，了解到的情况是这样的。

1. 粮食生产者，也就是农民的利益没有得到实现。他们很不满意，出台粮改政策时许诺以定购价、保护价粮食敞开收购，许多粮站门口贴着标语，"种田农民不用愁，粮站一年收到头"。但实际做不到，10 月中旬，正是秋粮登场的时候，我在凤阳小溪河镇粮站看到满院的售粮农民，但都到 11 点了，还只收购 4 户农民交来的粮食，原因是仓库已经满了，都收购了无处存放，所以只好慢慢收。去年定购价每百斤稻谷 67 元，今年只有 49～52 元，还卖不出去，我们在小溪河镇的小岗村看到，家家户户的稻谷，都用蛇皮袋装着，堆得满屋都是，他们说："辛辛苦苦的一年下来，生产这么多秋谷，现在价格这么低，又卖不出去，变不了现钱，怎么办呢？"

2. 经营者，也就是粮食系统、粮改开始的时候，他们取得了独家收购的地位，他们原想打一场翻身仗，把过去亏损的钱挣回来，也改善自身的生活。一年下来，他们的希望落空了，第一，他们根本没有能力独家收购

---

* 本文源自作者手稿，该稿写于 1999 年 11 月。——编者注
① 本文中指 1999 年。——编者注

经营粮食，既垄断不了，也敞开收购不了千家万户的粮食。就拿小溪河粮站为例，他们只有 600 万仓库容量，今年夏季就收了 1100 万斤小麦，有 500 万斤就只好放在院子的露天粮屯里，秋粮还要收 500 多万斤，院子里做露天粮屯的地方都没有了，所以只好慢慢收。第二，顺价销售卖不出去，因为收购垄断不了，农民通过各种形式，把粮食卖到了市场去，市场粮价一跌再跌，谁来买粮站的。小溪河粮站夏天小麦以平均价每百斤 60.5 元收购的，加上费用和利息要 65 元卖出，才有微利，才算顺价，但外地客商来买，只出 57 元一担的价，他们为了腾仓库，想卖掉一些，但农发行（农业发展银行）不同意，说这违反顺价销售的政策。所以今年小溪河粮站还没卖出一斤粮。他们说，收购粮食的资金不成问题，农发行保证贷款，他们欠账已经很多了，这不要紧。问题是粮站其他的费用（保管费，合作露天仓库的场地和材料费等）却无来源。他们的粮食只进不出，没有经营收入，他们已有几个月没发工资了。

经营者还有一方是专门为收购农产品设立的农业发展银行，他们的任务是保证收购粮食，棉花的资金供应，监督执行顺价销售的政策，由于国家宏观调控得当，收购现金保证足额发放，这一点是做到了，执行资金和库存挂钩，他们有权干预粮食系统的销售价格，不是顺价不能销售，粮站也执行了。但是把销的一头又卡死了，粮站自己也没有完整的经营权，销什么价，销多少，自己不能决策，而且销出去的款，马上还给农发行，实行资金的封闭运行。粮站收了粮食自己无权经营，现在粮价又不断降低，不卖不亏损，一卖就亏损，亏损了谁来补还没有说清楚。所以粮站也没有销粮的积极性，坐门等客，粮食又怎么销得出去呢？于是粮库就大量积压，到处是仓满库盈，账面上并没有亏损，实际因为市场粮价已下跌 30% 以上，每斤都下降了 0.20 元左右。如此全国库存 5000 亿斤计，则有 1000 亿元以上的亏损。

农业发展银行是个政策性银行，只有贷出，没有或很少回收，账面挂账是有数千亿元了，别的银行都赚钱，他们反而不算账，如要核算，亏空是一定的。

经营者中间还有一部分人，这就是开放集市贸易后，特别是从 1985 年取消统购后逐渐形成的个体，即私营和集体部门经营粮食的人员，这支队伍总数也在百万以上。他们从农民，从集市购买，或从粮食系统批发粮食，然后通过门市或走家串户，销售到千家万户居民手中。1998 年实行粮食流通制改革以后，政策禁止他们向农民直接收购粮食，他们要维持门市销售经营，只能向粮食部门批发，很多人由此就退出粮食行业，转业走了，但还有一部分人则转入地下、上门收购农民的粮食，再转运到城镇或外地销售，但常常遭到工商和粮食部门的查禁和处罚，叫苦不迭。另有一部分粮食私商，他们同粮站职工串通，从中渔利，以低价收购农民的粮食，再以定购价、保护价来卖给粮站。

3. 消费者，主要是城镇居民和已不种粮或少种粮的农民，他们从这几年市场粮价下跌是得到好处的，可以说，他们是满意的，特别是对这几年里市场疲软，体制改革而下岗的那部分职工，他们收入减少了，恰逢粮食下跌，蔬菜和水果等农产品便宜，这对城里的贫困居民，不无小补，反而没有出现前几年有学者提出要防止的，即一面是下岗失业，一面是粮价飞涨两头来的局面。但是对于绝大部分城镇居民来说，他们对于这样的实惠几乎并未感觉，所以也没有感恩。因为1980年时，粮食支出在全部支出中要占到17%，到了1995年粮价最高时，也是只占全部支出的5%。因为这些年实际收入增加很快，所以这几年粮价再跌，收入又增加了，所以只占4%。这样的小惠一般人是感觉不到的。

这次粮改的政策设计原来是鉴于城镇居民这些年收入增加很多了，有了一定的支付能力，设想让粮食涨点价，让他们多掏些钱，以减轻财政的困难，以支援粮食生产者，使后者的收入有所增加。但市场经济这头野牛，很不驯服，很不听话，实行的结果，让该多出些钱的城镇居民反而有所得了，使该受到贴补的粮农反而又有所失了。

4. 地方政府的利益，就粮食问题来说可以划分粮食产区（调出）的利益和粮食销区（调入）的利益两种。在粮食产区，近几年粮食连年丰收，库存大量增加，市场粮价不断下跌，销售不畅，占用了大量资金，粮农也还有大量粮食卖不出，收入减少，整个粮区经济状况不好，地方政府还要负担分摊粮食风险基金，而且逐年增多。据我们在凤阳了解的情况，该县1998年要分摊负担410万元，1999年为510万元，约占本县可支配财力的7%~8%，成了这些地方经济发展的包袱。在某些以粮食为主产的县市，粮食行业是带动其他许多行业的主业，这几年粮食流通渠道一不畅通，关联行业也不行了。这些县市整个经济就受到严重挫折，当然这是指比较坚定执行粮改政策的县市情况是这样，而在那些并不认真执行粮改政策，对粮食流通采取睁一眼闭一眼的放任做法的，则受损失要小一些。

销区的利益不同。因为近几年粮食相对过剩，形成了粮食买方市场。市场粮价下跌，不仅使销区的居民得到实惠，政府也减少了开支，因为估计到粮食供给充足，不愁粮源，他们一般也少存，甚至不按国家规定存粮，吃粮用粮标准还是随要随买，把仓库放在粮食产区，这样既节省了粮款利息和保管费用，也不担粮食保管的风险。就全国来说，多数要调进粮食的销区，主要是大中城市和经济发达的地区，他们的经济发展快，财政状况好，原来设想让这些市和区多出些钱以支援经济不发达的粮食产区，但粮食流通体制改革的结果，使该出钱也能出钱的粮食销区反而得到实惠，而该保护支持的粮食产区反而遭受了损失。

5. 中央政府的利益。这次粮食流通体制改革的原则是，实行政企分开，中央与地方责任分开，储备与经营分开，新老财务账目分开。完善粮食价格机制，要改变原来的中央拿资金，地方管企业，敞开口花钱，吃"大锅饭"的体制。而这两年实行的结果"四分开一完善"的新体制经过大力推行，正在逐渐形成，但老体制的惯性还未完全克服，就大局来说，保证了全国的粮食供给，稳定了粮食生产，安定了社会，这是最大的贡献。

中国农村社会结构变化与原因分析[*]

中国农民是个庞大的社会群体，改革开放以来，由于人民公社的解体，农村生产关系的变革，经济的发展，正在发生着前所未有的结构性变化。占中国人口绝大多数的农民群体的分化，关系着农业和农村各项事业的发展，关系着中国经济社会宏观形势的安定与否，许多社会现象的因和果，都与农民群体分化的状况有关联。所以，在现阶段研究农村阶层结构分化这个课题有很重要的意义。

中国正在经历着由传统的农业、农村社会向现代的工业化、城市化社会转型的过程，但由于中国在 20 世纪 50 年代中期学习苏联，实行了计划经济体制，所以同时还在经历着由计划经济体制向社会主义市场经济体制转轨的过程。这两种转变交织着同时进行，大大增加了转变的困难和复杂程度，产生了种种中国特有的社会现象。中国农村社会的结构分化正是在这种历史背景下进行的，所以出现了很多中国特有的分化过程和分化现象，产生了一些中国特有的社会阶层，其中有些是暂时的、过渡性的，有些则会成长为新的社会阶层，形成中国特有的社会结构，很值得我们去研究和认识。

1978 年，中国有 96259 万人，其中农村人口 79014 万人，占 81.1%。[①] 这 7.9 亿人被组织在 5 万多个人民公社里，[②] 实行集体所有、集体劳动、统

---

* 本文源自《"三农论"——当代中国农业、农村、农民研究》（陆学艺著，北京：社会科学文献出版社，2002 年 11 月），第 530~537 页。该文系作者 2000 年 1 月参加香港中文大学"变迁中的华人社会"学术研讨会提交的论文，原题为《中国大陆的农村社会结构变化与原因分析》，刊载于会议论文集《市场、阶级与政治：变迁中的华人社会》（刘兆佳等编，香港：香港中文大学香港亚太研究所，2000 年 5 月）。本文涉及的相关地区农村经济社会发展数据源自作者调查过程中获得的资料。——编者注

① 国家统计局编《中国统计年鉴·1999》，北京：中国统计出版社，1999 年 9 月，第 111 页。
② 国家统计局编《中国统计年鉴·1981》，北京：中国统计出版社，1982 年 8 月，第 131 页。

一经营、平均分配，身份都是人民公社社员。改革开放 20 年来，中国经济高速发展，国内生产总值年均增长 9.8%，正在进行着一个工业化过程，按一般市场经济国家的发展规律，这也是一个农民大量减少、大量进城、同时进行着城市化的过程。但因为中国在计划经济体制下实行城乡分割的户籍管理制度，农民不能自由流动，户籍不能轻易改变，所以出现了一个中国特有的现象：一方面是快速工业化；另一方面是农民的绝对量还在逐年增加。到 1998 年，农村人口增加到 86868 万人，[①] 比 1978 年增加 7854 万人，平均每年递增 392.7 万人。20 年中只有两年例外：1984 年比上年减少 394 万人，1992 年比上年减少 481 万人，都是因为这两年第二、第三产业超高速增长，国家户口政策有所松动的结果。

历史规律的作用是不可抗拒的。从 1978 年到 1998 年，20 年间，全国人口从 96259 万人，增加到 124810 万人，纯增 28551 万人，其中城市人口纯增 20697 万人，平均每年城市人口纯增 1034.9 万人。[②] 有一小部分是城市人口自然增长，大部分则是农民以各种形式进入城镇，成为城镇居民。如通过考入大中专学校、参军转干、赤脚医生和民办教师转正、讲师以上知识分子家属随迁、特殊工矿区招工转正、城区扩大土地被征地农民就地转为城镇居民等。20 年间，共有 15601 万农民进入城镇，平均每年有 780 万农民转为城镇居民。所以，到 1998 年，中国的城市化率已由 1978 年的 17.9%，提高到 30.4%，平均每年提高 0.62 个百分点。[③] 当然，如果不是计划经济体制形成的户籍制度的限制，中国现在的城市化率还会高得多。1998 年，中国的国内生产总值为 79395.7 亿元，其中第一产业占 18.4%，第二产业占 48.7%，第三产业占 32.9%。[④] 这已是一个中等工业化阶段的经济结构，但城市化率只有 30.4%，出现了城市化严重滞后于工业化的局面，这种状况已经影响到经济的健康发展，影响到社会的全面进步。近几年市场疲软，许多商品在人均产量并不高的情况下销售困难，这与城市化滞后是有关系的。1998 年 10 月的中共十五届三中全会文件提出："发展小城镇，是带动农村经济和社会发展的一个大战略"，准备要"进一步改革小城镇户

① 国家统计局编《中国统计年鉴·1999》，北京：中国统计出版社，1999 年 9 月，第 111 页。
② 国家统计局编《中国统计年鉴·1999》，北京：中国统计出版社，1999 年 9 月，第 111 页。
③ 国家统计局编《中国统计年鉴·1999》，北京：中国统计出版社，1999 年 9 月，第 111 页。
④ 国家统计局编《中国统计年鉴·1999》，北京：中国统计出版社，1999 年 9 月，第 55~56 页。

籍管理制度"，① 鼓励有条件的农民到小城镇落户，以加快城市化的步伐。一年过去了，关于改革小城镇户籍管理制度的政策还未正式出台，东部沿海诸省市的小城镇建设热情继续高涨，中西部则反应平淡，而农民进小城镇的劲头倒不如 1992、1993 年那样踊跃。可见，企图通过发展小城镇来加快城市化步伐这步棋能否走得通，还得看几年。

中国的改革首先在农村突破，并取得成功。20 世纪 80 年代初期，农村普遍实行家庭联产承包责任制，废除人民公社，农民得到了土地的使用权和生产的经营权，农民成为相对独立的商品生产者，得到了自主和实惠，生产积极性空前高涨。这带来两个结果：一是农业连年丰收，很快解决了温饱问题；二是农业的剩余劳动力大量涌出，原来在人民公社体制下，大家不好好干，田种不好，一分到户，人均 1.5 亩田就不够种了。农民要致富，就要找门路。这时城市和工业改革还刚起步，本身还有许多富余职工和人员要安置，所以城门对农民是关着的。于是农民就依托或依照人民公社时期办社队工业的基础和经验，自找门路，自置设备，自己办厂，自学技术，自主经营，办起了乡镇企业。1985 年以后，中国的乡镇企业迅猛发展。1984 年，全国乡镇企业只有 606 万个，职工 5208 万人，② 1995 年，发展到 2202 万个，职工 12862 万人，乡镇企业创造了全国约四分之一的财富，成为国民经济的重要组成部分，成为农村经济的主要支柱。③ 乡镇企业受到社会广泛的关注。随着乡镇企业的产生和发展，农村出现了两个新的社会阶层：一个是农民工阶层，他们主要从事第二、三产业劳动，收入主要从第二、三产业取得，但户口在农村，还承包着集体的耕地，农忙季节还要从事农业生产，其中大多数人是"离土不离乡"，仍居住在农村，不享有城市居民的各种补贴和劳保待遇；另一个，是乡镇企业管理者阶层，他们是乡镇企业的经理、厂长、会计、主要科室的领导和供销业务人员，他们对企业的人、财、物和产、供、销有决策权，与农民工的关系是管理者与被管理者的关系，他们在集体企业里没有所有权，但有经营决策权，他们的收入较高，但户口在农村，也承包有集体的耕地，身份还是农民。

① 《中共中央关于农业和农村工作若干重大问题的决定》，《人民日报》1998 年 10 月 19 日，第 1~2 版。

② 农业部乡镇企业司编《中国乡镇企业统计摘要·1991》，北京：改革出版社，1991 年，第 7、9 页。

③ 国家统计局编《中国统计年鉴·1997》，北京：中国统计出版社，1997 年 9 月，第 399~400 页。

农民工和乡镇企业管理者这两个新的社会阶层,自 20 世纪 80 年代中后期,一直到 90 年代中期在全国有很大的发展,特别是在东南沿海经济发达地区,如苏南、浙北等长江三角洲和珠江三角洲等地区,乡镇企业成为当地经济发展的龙头,涌现了一大批农民企业家和大群的农民工人。但目前的乡镇企业正在发生着结构性的变化。1996 年乡镇企业发展到了顶峰,当年,乡镇企业达到 2336.3 万个,职工人数 13508.3 万人,其中乡办企业40.6 万个,职工 2958.8 万人,村办企业 114.3 万个,职工 2994 万人。[①] 由于受宏观经济形势的影响,受国家财政、金融、信贷和产业等政策的调控,加上近些年国有企业市场化改革,个体私营企业迅猛发展,乡镇企业,主要是乡办、村办的集体所有制企业面临了空前未有的严峻的外部环境,集体的乡镇企业这几年进行了全面的改制,以求摆脱困境,求得新的发展。这场以产权制度改革为核心的乡镇企业改制,大致是从 1995 年秋冬开始,到 1998 年底基本实现,前后三年多,因为涉及认识差异和意识形态的问题,所以实际是在市县以下静悄悄进行的。以苏南模式的发祥地苏南为例:"目前,苏、锡、常地区 80% 以上的乡村两级企业已完成改制。根据苏州市1999 年初的统计,全市进行产权制度改革的乡镇企业共 11301 家,涉及总资产 435.4 亿元,占全市乡镇企业总数的 81.6%,占资产总额的 64.6%。大致的做法是:大批小(型)、微(利)、亏(损)企业,经公开竞价拍卖为私有企业;一般中型企业改制为经营者控股的有限责任公司;一些规模大、效益好的企业改制为集体参股或控股的股份有限公司。经过这次改制,苏南乡镇企业的资产结构中,集体资产的比重已下降到 40% 以上(主要是土地等不动产)。"改制后,企业清理了债权债务,加强了管理,企业经营状况普遍好转。"1998 年,苏州市全市乡镇企业完成营业收入 1362 亿元,比上年增长 9.6%,完成工业增加值 365 亿元,比上年增长 13.3%,实现利润 44.6 亿元,比上年增长 11.2%。"[②] 无锡市 1999 年年初乡镇企业开工率达到 99% 以上。可以说,乡镇企业的这次改制是初步实现了,而且也已初见成效。

农村这次乡镇企业改制,是以产权制度改革为核心的。改制以后,原来属于集体所有的乡镇企业,绝大多数改变为个体或私营企业,如苏州市

---

① 国家统计局编《中国统计年鉴·1997》,北京:中国统计出版社,1997 年 9 月,第 399 ~
400 页。

② 顾建平、钱晓红:《苏南乡镇企业改制:启示、问题与趋势》,《中国农村观察》1999 年第
5 期。

的吴县市，1998年农村有内资企业3135个，改制2924个，改制为个体、私营企业的2438个，占83.4%。经过这次改革，农村的社会结构发生了很大的变动。有些阶层迅速增加，有些阶层大量减少，阶层间的关系也发生了新的变化。

1989年，经过社会调查，笔者依据当时农村社会分化的状况，提出农民已分化为八个阶层：农业劳动者、农民工、雇工、农民知识分子、个体劳动者与个体工商户、私营企业主、乡镇企业管理者、农村管理者。乡镇企业的产生和发展，是农村社会分化的原因。1989年，在乡镇企业中，虽然乡办、村办的集体企业个数只占总数1868.6万个中的6%，但集体企业的职工却占全部乡镇企业职工的50.4%，总产值占全部乡镇企业总产值的65.4%。集体企业在全部乡镇企业中具有举足轻重的地位。在当时农村社会结构中，笔者列出了五个与乡镇企业有关的阶层：乡镇企业管理者阶层、个体劳动者与个体工商户阶层、私营企业主阶层、农民工阶层、雇工阶层。这些阶层的产生与发展，都与乡镇企业的兴衰有直接关联。现在乡镇企业一改制，产权所有制变了，上述五个阶层和整个农村社会阶层结构也就跟着一起变化。乡镇企业改制了，原有的厂名、生产过程、生产的产品以及经营内容都没有变化，但企业内部的人的经济地位和人际关系等都变化了。

第一，多数乡镇企业管理者将转为私营企业主，使乡镇企业管理者阶层大量减少，而私营企业主阶层大量增加。在这次乡镇企业改制中，有大约70%～80%的集体企业以各种形式拍卖、转让了。购买者多数为原来企业的厂长、经理、供销科长或其他中层以上干部，也有一部分是本乡或农村的干部及其亲属，例外的极少。这些人购得该乡办或村办的集体企业后，原来的职务名称未变，厂长还是厂长，经理还是经理，但他们的经济地位却变了，拥有了该企业的所有权、处置权和经营决策权，就成了该企业的老板（有的要经过几年经营，把购买该企业的价款还清），成了名副其实的私营企业主。因为统计系统的统计口径未变，所以还是把这部分企业统计在集体企业的改制企业里。如果按实有状况统计，那么，现在全国的私营企业主这个阶层，人数还要增加60万～80万个，将超过1998年统计的农村私营企业主的总数。

第二，农民工和雇工这两个社会阶层也发生了很大的变化。1989年，笔者根据当时的状况，把这两个阶层做了区分，虽然他们都是农村第二、三产业的劳动者，都主要从第二、三产业取得收入，但农民工是受雇于集体企业，为集体劳动，他们在名义上至少和乡镇企业管理者是平等的，同是集体企业所有者的一分子，也确有参与民主管理的机会，少数人甚至有成为厂长、经理的可能。雇工是指受雇于私营企业主或个体工商户，是雇主的伙计，社会地位是不同的。现在乡镇企业一改制，相当多数的集体企业转变为私有企业，这些集体企业里的农民工也就多数转变为雇工了。1989年，全国私营企业雇工才142.6万人，个体工商户雇工约为694万人，两者共为836.6万人①，而当年乡办和村办集体所有的乡镇企业职工共为4720.2万人①，雇工和农民工两者之比为1∶5.64。到1997年，个体工商户和私营企业共有雇工3736万人，而乡办和村办集体所有企业的职工为5326万人，雇工和农民工两者之比为1∶1.43。这是笔者前面讲的，是统计系统按原有统计口径统计的，实际在乡办、村办的集体企业，已有70%～80%以上转制为个体、私营企业了，这里的乡镇企业职工（农民工）也就变为雇工了。如把这部分已转制的农民工统计到雇工类里，那么，现在农村的雇工总数已大大超过农民工总数。

第三，在集体所有的乡镇企业改制初期，为了平稳过渡，企业一般都保持了原有的职工就业关系，即使有的企业辞退了一部分职工，也主要是辞退外地来就业的工人（因为辞退外来工阻力最小），但是，集体企业改制后一两年，各方面关系稳定了，企业主为了提高劳动生产率，提高经济效益，也为了更加便于管理，在坚决执行中央关于减员增效方针的口号下，多数企业大批裁减本乡本村籍的职工，有的甚至超过了企业的实际需要。不少转制企业在裁减本地籍职工之后，重新招雇外来工。外来工更听话，更便于管理，工资福利待遇更低。据笔者在苏南等地调查，现在在原来集体所有的乡镇企业比较发达的农村地区，出现了一大批下岗的乡镇企业职工，这些职工有的在集体企业里已干了十多年，一旦下岗，多数一时还找不到新的就业门路，干农活是不习惯了，收入大幅下降，生活水平下降，由此引发了一些新的农村社会问题。

从全国来看，农村集体所有的乡镇企业改制只是初步实现了。今后，随着整个国家社会主义市场经济体制逐步形成和完善，随着经济结构的调整和经济发展，农村各种所有制形式的乡镇企业还会有新的发展和变化，农村社会结构还会继续发生变化，目前的这种现象和状况，是一种过渡状态。就中国八亿多农民这个庞大的群体来说，随着小城镇的建设，城市化进程的加快和发展，会有相当一部分农民进入小城镇、进入大中城市，从

① 国家统计局编《中国统计年鉴·1990》，北京：中国统计出版社，1990年9月，第394页。

而转化为城镇居民，不过这是很漫长的过程。在今后相当长的一个历史阶段，中国农村的社会结构还将保持中国独有的特点，还将存在诸如农民工、乡镇企业管理者、个体工商户、私营企业主、农村知识分子等中国特有的农村社会阶层，他们都是从农民这个母体中分化出来的，他们从事各种第二、三产业的劳动和经营，有的是兼业，有的是全力从事并取得全部收入，在职业上已经"农转非"了，但因为户籍制度未变，他们的身份还是农民。从各地的实践看，某一个地区的经济愈发达，农村的第二、三产业愈发展，上述这几个阶层的人数就愈多；反之，在经济相对不发达的地区，农业劳动者阶层就占绝大多数，上述这几个阶层就少。近几年，集体所有的乡镇企业改制引起了农村几个社会阶层的变化，从这里我们可以看到，除了生产力的发展是推动农村社会分化和社会结构变迁的根本原因外，社会主义市场经济体制的形成和发展，国家一些重大经济社会政策的变化和实施，也是农村社会各阶层变动的重要原因，对此，我们应有充分的认识。

农民减负后巨大财政缺口谁来补[*]

记者：中央要求对农民负担（三提五统）征收比例不应超出上年农民年均收入的5%，到目前为止，各地执行的情况怎么样？

陆学艺：总体说，各地对中央的要求执行情况不完全一样。凡是以农业为主的那些省、市（区）、县、乡，当地的农民负担就重，一般都超过5%；凡是二、三产业发达，集体经济发达的省份，农民负担相应就轻，或者说农民负担很少。据我了解，近些年农民的收入，特别是在以农业为主的地区，农民收入不仅没有增长，还有所减少，农民负担是加重的。在统计上，人均收入是一个重要指标，如果实际收入是1800元，上报收入为2200元，这400元的差距按5%计算，就相差20元。从报表上看，各地上报数据都没有问题，实际上问题都很大，因为干部有一个政绩问题，数字出干部，干部出数字，而且这些数据是以乡为单位按人头摊或按亩数摊，如果一个村有一户农民收入30万元，那么平摊到每户身上就会增加几百块钱。因此，现在这种办法很不合理，不合理的东西当然需要改革。

记者：国外一些发达国家是否也存在农民负担过重的问题？

陆学艺：从一些发达国家的历史来看，一般说，在工业化初级阶段的时候，都是农民提供积累，因为工业化在开始时也需要资金和原材料作为原始积累。问题是，一般情况下，工业化发展20～30年之后，就会反哺农业，比如日本，农村基础设施建设国家要补贴，农村的干部，也基本上都是国家养着，这就叫转移支付。可是，我国计划经济搞了50年之后，我们的国有企业到现在为止还没有彻底改好，二、三产业特别是工业还创造不

---

* 本文源自《中国经济快讯》2000年第36期，发表时间：2000年9月22日。该文系该刊记者组编的专家访谈稿《减轻农民负担的决定性跨越》之一，本文仅收录其中第二篇《农民减负后巨大财政缺口谁来补——中国社会科学院研究员陆学艺答本刊记者问》。——编者注

出足够的财富，现在还得靠农村积累。很多应该由国家负担的，比如优抚和农村学校教员的工资，也是由农民负担，农民怎么会不感到压力重呢？因此，我认为其根源是国家对城市和农村实行"两种政策"，即对城市居民实行一种政策，对农民实行另一种政策。比如，城市的孩子上学交点书费就可以了，而农村的孩子除此之外，还有教育费附加，这是很不公平的。

记者：为什么不断提出农民减负，却一直没能减下来？

陆学艺：农民负担一直没能减下来，我认为有两方面的原因。一是制度、体制上的原因。我们千万不要理解为这只是干部跟农民的关系问题，不要认为不能减负源自干部的认识。如果减轻农民负担年年减，年年嚷，最终仍解决不了问题，那就只能是政策、体制上有问题。按理说，到了现在这个阶段，国家对以农业为主的地区的乡级财政应该有转移支付。当然，也不能否认各地有各地的具体情况，在一些乡镇企业，二、三产业没有发展起来的乡村，农民负担相对会比较重，而在苏南、广东等发达地区，农民负担就比较轻，所以，负担轻重还跟各地经济发展状况有关。

二是乡村干部队伍过度膨胀，也是造成农民负担过重的客观事实。以前，乡干部只有五六人，到了人民公社政社合一时期也只有二十多人。现在你如果到乡里走一走，每个乡都有百儿八十人。这些人的费用从何而来，也只有向农民摊派，因此，干部队伍臃肿也是农民负担重的原因。

记者：为减轻农民负担，中央正在安徽进行费改税试点。您对这个决定如何看？

陆学艺：我非常拥护中央这个决定。费的任意性太大，乡政府及村委会做个决定就可以向农民收费；现在改为税，至少是县级以上政府部门才能定，这样就能够减轻农民负担，特别是在一些收费比较混乱的地方。

记者：费改税的难点在哪里？

陆学艺：费改税之后，相当程度上减轻了农民负担，据我所知，整个安徽省费改税之后与原来统计上来的数字相比，农民负担减轻约10亿元，这个缺口是由中央或还是财政负担仍是一个问题。因为在农村，军烈属需要照顾，农村学校教员的工资还要照常发放，钱不够该怎么办？而且越穷的地方农民负担越重。现在我担心的是，如果上级财政不拨款，乡政府也无米下锅怎么办？到时产生矛盾仍在所难免。因此，费改税之后的缺口问题应该解决好。

记者：您认为费改税之后这10亿元的缺口应如何解决？

陆学艺：这个问题要从体制上加以解决。首先，最关键的是改造国有大中型企业，使这些国有大中型企业的效益提高，这样产生的财富总比从农民那里收 30 元、50 元要强；其次，要加快计划经济向市场经济的转变。比如加快城市住房制度的改革，城市医疗体制的改革以及干部乘车制度的改革等。从这些方面省出钱来才能支持农村税费改革。

记者： 费改税的真正意义是什么？

陆学艺： 从本质上说，费改税是一件好事。它的真正意义在于调整了国家跟农民的关系，干部跟农民的关系，国家跟干部的关系，或者说调整了党和群众的关系、党和农民的关系。

减轻农民负担，已到了不解决不行的时候了[*]

一 农民负担过重，不光是乡镇干部的原因，他们是两头为难

减轻农民负担，党中央、国务院已经是三令五申，几乎是年年讲，月月讲，但就是减不下来。近几年因为粮食等农产品价格下降，以农业为主要收入的农民实际收入减少，但农村乡镇的人员工资和日常开支只升不降，所以农民的实际负担是加重的，这已经影响到农民群众的生产、生活，也影响到农村基层组织的正常运转，引起农村干群关系紧张，矛盾日益增长，已经影响到一部分以农业生产为主的地区的经济发展和社会稳定。

伍小峰同志①对于江西乐平的调查，用严峻的事实再次说明了减轻负担的必要性和紧迫性。两位农民兄弟姐妹的死，应该唤起我们的警觉。彭佃妹今年②种田亏本，还要强迫她交费，她走投无路，喝了农药，"她是穷死的！"洪昌国只是交不出24.7元钱，挨了打，两天后死的。死了，还欠着村里148元钱？！

这两个案子看起来，直接原因都是乡镇干部上门收钱，引起矛盾出的事，这几个乡镇干部作风也确实粗暴，他们受到了刑拘和逮捕处理。但凡事要看两面。农民这一头说："谁知道我们的苦？种田种得再好也赶不上负担重，这是我们最大的心病。"另一头乡镇基层干部也有苦衷。他们说：

---

* 本文源自《"三农论"——当代中国农业、农村、农民研究》（陆学艺著，北京：社会科学文献出版社，2002年11月），第472~475页。该文原稿写于2000年10月9日。——编者注

① 《南方周末》记者。

② 本文中指2000年。——编者注

"上面财税任务压得紧!""这统筹提留少收行吗?""这些钱收不上来,镇政府和下面的村委会就瘫痪了。"原来这个接渡镇有 200 多个各类干部,去年机构消肿,还有 100 多人,一年光发工资吃饭是 50 万元。镇里还要承担 340 多名教师奖金和工资的 30%（引者按:有些省区是 100%）,要 60 来万元,一年的开支共计 120 万。"然而乐平市给接渡镇所有的经费才 28.8 万元。该镇乡镇企业弱,一年收不到 10 万元的税。约 80 万 ~ 90 万元就要从农民那里一家一户地收。这位镇党委书记讲的也是大实话,他们也难啊!接渡镇的难处,在全国中西部省区以农业生产为主的乡镇,具有相当的普遍性。今年 8 月 24 日《南方周末》发表的湖北省监利县棋盘乡党委书记李昌平给国务院领导的信中讲也是这种两难的情况。

这种"农民苦,农村穷"的现实,是我国农村发展进入新阶段后遇到的一个突出矛盾。根本的原因是原来在计划经济条件下形成的"城乡分治,一国两策"的格局至今没有改变造成的。我国的经济发展已经到了工业化中期,社会主义市场经济体系基本框架也已建立起来。但至今仍然实行着对城市、对居民一种政策,对农村、对农民是另一种政策。例如在编的乡镇干部是国家公务员,七所八站是上级政府部门下设的机构,理应由政府财政支付,却要农民供养;再如义务教育的经费,应该是政府财政统筹解决,现在却都下卸给乡镇财政,成了"镇里最大的负担",最后只能向农民摊派。

这些年,城里的干部、群众,包括相当一部分新闻媒体,以为农村穷苦,农民负担重的问题,是因为农村基层干部不好,乱收费、乱集资、乱摊派、乱罚款,强迫命令,作风粗暴,胡吃滥喝,贪污腐败等,这是不公正的。农民负担重,主要原因是上述多种原因形成的,绝大多数农村基层干部在农村第一线勤勤恳恳地工作,为推进农村改革、发展、稳定做出了重大贡献,没有他们在第一线辛勤操劳,农村经济发展和社会基本稳定的局面是很难维持的。他们现在的工作是更艰难了,他们处于两难的境地。

二　农村税费改革,是解决农民负担问题的治本措施,必须积极推行

几十年的实践证明,凡是一种经济或社会问题,不是某一乡、某一县、某一省的,而是普遍化了;不是一年、两年,而是长时间解决不了。这就不是一般的工作问题,也不是加强领导等能解决的问题,而是这方面的政

策有问题，这方面的体制有问题，必须通过改革来解决。要减轻农民负担，必须深化改革，从制度上解决问题。农村税费改革就是要从分配上理顺国家、集体、农民三者的利益关系，靠制度来规范农村的分配关系，从体制和政策层面来根本解决农民负担过重的问题。今年安徽省税费改革试点是成功的。据安徽省实施方案统计，改革后全省农民负担比改革前减少 13.93 亿元，农民负担减轻约 1/4，98% 的农民表示满意。正如伍小峰同志在安徽怀远县调查的那样，农民负担减轻了，干群关系好了，上访的农民大幅减少了，干部也喜出望外。

问题是费改税后，这 10 多亿财政缺口由谁来补？否则，政府的正常运转就要有问题。东部沿海诸省市，二、三产业发达的地县，财力较强，理应不成问题。但中西部诸省区，特别是以农业为主的诸地县、乡镇费改税后，留下的财政缺口怎么办？要有个妥善的解决办法，否则就可能出现费改成税了，税是法定的，农民必须交，但县、乡财政还困难，有些开支是刚性的，在不得已的情况下，又重新向农民伸手，变成农民的双重负担。这就是伍小峰同志在安徽省蒙城县调查时说到的"税费改革后的不和谐音"。农民交了税，不应该再有其他负担了，但不久要交各种杂费的条子又来了。

农村税费改革是我国农村继土地改革、实行家庭联产承包责任制后的又一次重大改革，事关调整国家同农民的关系，调整农村干部和农民的关系，事关调动农民的生产积极性，发展农业生产，稳定农村社会的大局，所以就不仅是农村内部的改革。必须从战略上调整城乡关系，从体制上改变目前财政体制过于向上倾斜，过于向城市倾斜，过于向富裕地区倾斜的问题，对费改税后的县和乡（镇），在财政上确有困难的，国家和省级财政要实行适当的转移支付，以保证这项重大改革的顺利进行。财政上花这一点代价是值得的，何况我们的财政已经有这个实力。农村税费改革已到了真下决心推行的时候了，不能再犹豫不决了！

中国农村社会结构的过去、现在和未来[*]

　　中国是个农民占绝对多数的国家，要了解中国，首先必须了解中国的农村和农民。"不了解中国农民，就不了解中国"，至今仍是至理名言。因为直到今天，12亿人民，9亿是农民，这是中国的基本国情。

　　20世纪的中国，发生了几次翻天覆地的大变化，都与农村、农民有直接的关系。毛泽东领导的新民主主义革命统一了全国，建立了中华人民共和国，以及1978年邓小平倡导和实行的改革开放，首先是从农村改革开始的，同样都是实行了农村包围城市的战略。早在1950年，毛泽东就说过，"革命靠了农民的援助才取得了胜利，国家工业化又要靠农民的援助才能成功"。^① 如何解决农村和农民的发展问题，仍将决定中国今后现代化建设之走势。

　　从社会发展的视角看，现代化就是一个从传统的农业、农村社会向工业化、城市化社会转变的过程，当前中国社会发生的一切变化都可以说是这种社会变迁的表现。这也是世界各国现代化的一个基本规律。从世界发达国家实现现代化的进程看，一个国家的工业化、城市化、现代化的进程是三位一体的，是一个过程。从一个传统的农业国家，逐步发展转变为工业化、城市化、现代化的国家，先要发展工业，通常要从农村取得资金，取得粮食和农产品原材料，要搞原始积累，同时从农村招引大量的劳动力。工业建设起来，农民也大量进厂、进城了，商业、服务业等第三产业逐渐发展起来，城市也就建起来逐步现代化了。随着工业化、城市化发展，国

---

　　* 本文源自《"三农论"——当代中国农业、农村、农民研究》（陆学艺著，北京：社会科学文献出版社，2002年11月），第326～373页。该文系作者2001年2月9日在香港理工大学的演讲稿，原稿题为《中国农村社会结构变迁》，收录于《"三农论"——当代中国农业农村农民研究》时作者对题目和内容有修改和补充。——编者注

　　① 《毛泽东选集》第五卷，北京：人民出版社，1977年4月，第26页。

家积累了资金，又有能力反哺农业和农村，用农业机械、化肥、科学技术武装农业，使农业现代化，并且在农村进行道路、电力、通信、教育、文化等基础设施建设，使农村也现代化，并逐步缩小和消除城乡差别，实现城乡一体化。欧洲的英、法、德三国是这样，美国也这样，后来的日本、韩国也是这样。但是，中国没有按照这样的步骤进行，由于特殊的政治、历史原因，中国现代化过程几经波折，显得特别艰难和复杂，正在走着一条有中国特色的社会主义现代化道路。所以，我们研究中国农村社会变迁，更要研究中国社会如何从一个传统的农业、农村社会向工业化、城市化的社会变化的过程。本项研究将从中国农村社会的过去、中国农村社会的现状和中国农村社会的未来，这三个方面来透视中国农村社会的变迁进程。

一　1949 年前的农村社会结构

中国真正独立自主地进行现代化建设，还是始于 1949 年新中国成立之后。1949 年以前，中国是一个半殖民地半封建的社会，连年不断的战争，根本没有条件进行现代化建设，所以到 1949 年，中国的工业化、城市化水平非常之低，其社会结构基本上表现为传统农业社会的特征。1949 年全国总人口为 54167 万人，其中农村人口为 48402 万人占 89.4%，城镇人口5765 万人占 10.6%。1949 年中国的工农业总产值 466 亿元，其中农业总产值 326 亿元，占 70%，工业总产值 140 亿元，占 30%。[1] 在工业总产值中很大部分是小手工业的产值。所以，毛泽东在 1949 年 3 月时说过："中国还有百分之九十左右的分散的个体的农业经济和手工业经济，这是落后的，这是和古代没有多大区别的，我们还有百分之九十左右的经济生活停留在古代。"[2] 与此相应的是，中国社会是一个以农民、手工业者为主的社会结构。尽管当时没有人进行有关调查，但我们从当时政务院和各地有关阶级划分的文件中可对此窥见一二。

1950 年中国在进行土地改革的时候，政务院发布过《关于划分农村阶级成分的决定》。这个文件把农村人口划分为 13 个阶级和阶层：

（1）地主：恶霸、军阀、官僚、土豪、劣绅、破产地主、管公堂；

---

① 国家统计局编《中国统计年鉴·1981》，北京：中国统计出版社，1982 年 8 月，第 17、89 页。

② 《在中国共产党第七届中央委员会第二次全体会议上的报告》，载《毛泽东选集》第四卷，北京：人民出版社，1991 年 6 月第 2 版，第 1430 页。

（2）资本家：手工业资本家、商业资本家；

（3）开明士绅；

（4）富农：反动富农；

（5）中农：富裕中农；

（6）知识分子；

（7）自由职业者；

（8）宗教职业者；

（9）小手工业者；

（10）小商小贩；

（11）贫农；

（12）工人、手工工人；

（13）贫民、游民。

做这样 13 类阶级阶层的划分，目的是在当时农村进行土地改革划成分时用。实际上也包括了城镇居民的成分，如资本家和工人等，但也没有完全囊括全部人口，如革命干部、革命军人这两个阶层就没有被列进去。当时做了这样的划分，后来农村土改据此进行了划分。但到土地改革结束，国家并没有公布过各个阶层阶级的具体数字。

浙江省曾公布过一个土改时各阶级的数字：全省地主占农村总户数的 2.8%，而占有土地总量的 20.67%；富农占总户数的 2.01%，占有土地总量的 6.7%；中农占总户数的 30%，占有土地总量的 32.43%；贫农占总户数的 53.16%，占有土地总量的 17.7%；小土地出租者，工商资本家和工人等其他阶层占总户数的 12.03%，占有土地总量的 22.41%。①

也有的学者做过估算，指出土改前地主占总户数的 5%，富农占 3% ～ 5%，贫、雇、中农占 90%。

浙江在土改前对 64 个村的社会阶级阶层做了个调查，当时的社会结构是：地主占总人口的 3.4%；富农占 4%；中农占 30.7%；贫农占 45.3%；雇农占 7.5%；其他占 9.1%。

河北省定县 1947 年实行土改，全县 86556 户，人口 472919 人，其中：

地主 1643 户，占 1.9%，人口 14233 人，占 3.01%；

富农 3834 户，占 4.43%，人口 33439 人，占 7.07%；

---

① 转引自陈吉元等编《中国农村社会经济变迁 1949—1989》，太原：山西经济出版社，1993年9月，第 6 页。

中农 35055 户,占 40.5%,人口 253882 人,占 53.68%;

贫雇农 44515 户,占 51.4%,人口 65654 人,占 35.03%。

浙江省绍兴市(包括绍兴县、诸暨市、上虞县、嵊县、新昌县)1950年 9 月~1951 年 5 月实行土地改革,各阶层划分见表 1。

表 1　绍兴市土地改革时各阶层统计

类别	户数 (户)	占比 (%)	人口 (人)	占比 (%)	户均占地 (亩)	土改后均户占地 (亩)
地主	14636	2.47	70968	2.97	35.62	4.82
半地主富农	751	0.12	4334	0.18	37.77	18.19
富农	4633	0.78	36545	1.53	27.14	20.21
大佃农	277	0.04	1704	0.07	5.46	8.113
中农	166590	28.1	773178	32.35	4.84	7.77
贫农	285242	48.11	1104005	46.19	1.35	5.13
雇农	27691	4.67	71731	3	0.5	3.78
小土地出租者	23809	4.02	79143	3.31	6.41	4.71
工商业资本家	3425	0.58	17425	0.73	599	0.99
工人	12461	2.1	44884	1.88	0.58	1.6
其他	53426	9.01	1186188	7.79	0.90	1.73
总计	592941		2390106		4.73	

资料来源:《绍兴市志》。

定县是老解放区,是 1947 年土改的,划定的地主富农多一些;浙江是新解放区,是在 1949 年新中国成立后、1950 年以后土改的,划定的地主富农比例要少。其他地方的社会结构基本上跟以上两个地方差不多。需要注意的是,当时基本上还是按照与生产资料所有的关系来划分阶级的,而且许多地方把划分的标准定得比较低,扩大了地主、富农的比例。如果从社会分工的角度来看,当时的中国,绝大部分人口从事的是农业劳动,非农职业非常不发达,而且许多非农职业还是属于手工业这样的传统生产领域。

二　土改后的农村社会结构

由于 1949 年前中国是一个传统的农业社会,土地是最重要的资源,如何分配土地资源,成为一个最为重要的社会乃至政治问题。孙中山先生在其革命中就看出这一点，于晚年提出了"耕者有其田"的设想。他说"农民问题真要完全解决，是要'耕者有其田'，那才算是我们对于农民问题的最终结果"。① 中国共产党人在建党后不久就提出："世界上土地应该归农民使用。"李大钊在1925年就提出了"耕地农有"的主张②。1927年4月的中共第五次代表大会上做出了关于土地总问题的议决案，提出"无代价地没收地主租与农民的土地，经过土地委员会，将此等土地交诸耕种的农民"。③ 因此中国共产党在新民主主义革命期间一直把解决农村土地合理分配问题作为一个重要的革命问题来对待。

1949年全国解放后，1950年6月30日人民政府颁布了《中华人民共和国土地改革法》，自此，土地改革在全国普遍实行。到1953年春，除中央决定的一些少数民族地区暂不实行土地改革以外（共约700万人口），全国土改已基本完成，7亿多亩土地被无偿分给了约3亿无地或少地的农民，使他们免除了每年700多亿斤的地租。

土地改革以后，消灭了封建制度，农民分得了土地，农民的生产积极性普遍高涨，农业生产恢复和发展得很快，1949年全国粮食总产才2950亿斤，1952年达到3278亿斤，④ 已经大致恢复到二战前1936年的最高生产水平。当时5亿农民是小块土地的所有者，是小商品生产者，也就是小农经济，但那时市场经济的发展势头很好。

土改以后，农村社会结构出现了两个变迁趋势。一是由于农民获得了土地，生产关系调整了，农业生产发展了，但此时全国刚统一，百废俱兴，市场迅速恢复，对农产品的需求很大，农民的收入普遍有了较大的提高。原来的中农、富裕中农生产生活水平继续提高，原来的贫雇农因为无偿地获得了土地，他们的生产生活水平有了根本的改善，在政治上是共产党在农村的依靠力量。这两者约占农村农户的85%～90%，出现了所谓中农化的趋势。应该说当时这种形势是很好的，是一种良性的社会结构变迁。

另一个变迁趋势是，因为客观上农业生产力水平还很低，分散的农户

① 孙中山：《三民主义》，载《孙中山全集》第九卷，北京：中华书局，1986年4月，第399页。

② 李大钊：《土地与农民》，载于建嵘主编《中国农民问题研究资料汇编》第一卷（下册），北京：中国农业出版社，2007年12月，第704页。——编者注

③ 参见于建嵘主编《中国农民问题研究资料汇编》第一卷（下册），北京：中国农业出版社，2007年12月，第525页。——编者注

④ 国家统计局编《中国统计年鉴·1981》，北京：中国统计出版社，1982年8月，第143页。

在市场经济条件下，要抵制自然灾害和市场波动还有困难，所以很快出现了社会分化。一小部分农户因天灾或家庭有病人，或经营不善而不得不出卖土地或借债，生产生活陷入了困难。另一部分农民因经营得法，很快富裕起来，从而买进了土地，之后雇工生产，扩大经营规模。

这本来是社会生产发展的必然，政府加以正确的引导和调节，是会发展很好的。据有关部门估计，到1953、1954年，当时的社会构成见表2。

表2　中国土改以后社会构成

单位：%

类别	贫雇农	中农	富农	地主
土改前	70	20	6	4
土改后	30	60	6	4

但是，我们当时对这种正常的农村社会分化，不能正确地认识和对待，认为农村已出现了"两极分化"。中央按照列宁指出的自发的小农经济是每时每刻都生长资本主义的逻辑，认为这与社会主义目标不相符合，所以想改变状况，做出了反应过当的决定，即做出了加快农业"合作化"步伐的决定。

三　合作化公社化时期的农村社会结构

土地改革以后，农村社会结构出现了中农化和所谓的"两极分化"的变迁趋势。如何对待这样的变迁趋势，中国农村向何处去，农民以后走什么样的道路，在政治上引起了一场争论，当时在中国共产党高层领导内部就出现了两种不同的主张。

一种是以刘少奇、中共华北局、中央农村工作部为首的同志主张在新民主主义阶段，要执行新民主主义的政策，要执行共同纲领确立的路线，从有利于农村生产力发展出发，提出了他们的主张。刘少奇认为在农村个体经济的基础上，农村资本主义的一定限度的发展是不可避免的。他说东北土改后农村经济向上发展了，有三匹马一副犁一挂大车的农民不是富农而是中农。现在这种农户不超过10%，应该使这种有三马一犁一车的富裕农民，在几年之后发展到80%，其中有10%的富农。有了这样的基础，将来才好搞集体农庄。在现阶段要允许土地买卖，允许雇工甚至允许党员雇工。在新民主主义时期，党的政策要保护私有，促进生产的发展。农业合

143

作化要以城市大工业为农业能提供大型机械设备为前提。农业合作化要与农业生产力的发展相适应。

一种是以毛泽东同志和当时的东北局、山西省委为首的一批同志，他们主张要趁热打铁，就是在土改后农民的个体私有制经济基础还未牢固的时候，就逐步动摇它，削弱它，以致否定它，抓紧时机把农民引上合作化的道路。

这场争论实际在 1951 年春就开始了。1951 年 4 月 17 日山西省委向中央写了上述的报告。刘少奇在 1951 年 7 月 3 日批评了山西省委的报告，认为"这是一种错误的、危险的、空想农业社会主义思想"[①]。但是毛泽东在这时就明确表示不支持刘少奇、薄一波、刘澜涛等人的意见。

在毛泽东的提议下，1951 年 9 月，中央召开了第一次全国互助合作会议，通过了《中共中央关于农业生产互助合作的决议草案》。决议草案明确指出，提倡"组织起来"支持农民劳动互助的积极性。这种劳动互助是建立在个体经济基础上的集体劳动，其发展前途就是农业集体化或社会主义化。决议草案对各地已出现的互助合作形式做了概括：第一种是临时互助组，第二种是常年互助组，第三种是以土地入股为特点的农业生产合作社。这个决议在内部发布后，推动了各地的互助合作运动发展。到 1952 年底，全国 11368.3 万农户，已有互助组 802 万个，4536.4 万户参加；初级社 3634 个，571188 户参加；高级农业生产合作社 10 个，1840 户参加；全国已有 39.95% 的农户参加了互助合作组织。

1953 年，党中央、毛泽东同志提出党在过渡时期的总路线和总任务，是要在 10～15 年或者更多的一些时间内，基本上完成国家工业化和对农业、手工业、资本主义工商业的社会主义改造。

据刘少奇解释，这个总路线的重要内容是工业化和三个改造并列起来，要同时进行。在此以前，一般都是讲这三个社会主义改造，要在实现工业化以后遥远的将来去进行。现在把三大改造提前了。根据后来的实践，中国对农业、手工业、资本主义工商业的社会主义改造，比这个同时进行的说法还要快得多。

为什么后来放弃了这个用 10～15 年或者更多一些时间基本上完成"一化三改"的计划，而大大提前了呢？改变了原来三大改造要在实现工业化

---

① 中共中央文献研究室编《建国以来重要文献选编》第二册，北京：中央文献出版社，1992 年 6 月，第 350 页。

之后，而实际是在工业化之前就先实现了三大改造呢？原因是多方面的。其中一个重要原因，是从 1953 年开始以苏联援建的 156 个大工业建设项目为中心的第一个五年计划实行的需要。这是中国有史以来最大规模的工业化建设，每年要投入百亿元计的资金、几百万个劳动力，对粮食工业原料等农产品提出了巨大的需求。1953 年是这种大规模建设的第一年，到下半年，粮食、棉花、蔬菜、食油和副食品等的供给就出现了困难，工业化发展的需要与落后农业之间的矛盾显现出来了。

当时主持中央财经工作的陈云，在 1953 年提出了实行粮食统购统销的政策，得到了毛泽东、周恩来等的支持，政务院于 1953 年 11 月正式颁布了《关于实行粮食的计划收购和计划供应的命令》。从此，统购统销就在全国实施（不久又扩大到棉花和食油）。统购统销的实行，头两年确实多收购了一些粮食，增加了供应，暂时缓和了供求的矛盾。但这是从流通领域来解决问题而没有从增加生产、增加供给等方面来解决问题，所以实际问题并没有得到解决。特别是粮食统购，侵犯了农民的利益，限制了农民销售粮棉等农产品的自由，抑制了农民生产的积极性，遭到农民的强烈反抗。国家要直接与 1.2 亿个农户打交道，不得不成立庞大的自上而下的粮食系统，成本很高，这也是中央加快合作化步伐的一个重要原因。毛泽东等人当时的想法是，认为个体小农经济解决不了粮食等农产品的供给问题。毛泽东在中央讨论统购统销问题的会议上说，过渡时期社会主义体系构成的两个分支部门：一翼是国家资本主义（改造私人资本）；另一翼是农村的互助合作和粮食征购制。

实现了合作化，使小农经济小生产改变为集体劳动、统一经营，当时被认为就是社会化大生产，可以促进农业生产（当时他们不了解苏联集体化之后，粮食实际上并没有增产，后来反而由粮食出口国变为粮食进口国）。同时，国家也就不必从 1.2 亿个农户手中统购，而可以直接从几十万个农业生产合作社的干部手中购调。当时中央认为这就是社会主义的农业生产。

1953 年 6 月毛泽东提出过渡时期总路线时，是设想用三个五年计划完成对个体农业的改造。1955 年 7 月，毛泽东在《关于农业合作化问题》中批评邓子恢右倾时，还是计划到 1958 年春季实现 2.5 亿人口加入半社会主义性质的合作社，到 1960 年基本完成初级农业合作社化，1960 年以后再发展高级合作社。[①] 但到 1955 年 12 月，毛泽东在给《中国农村的社会主义高

---

①　参见《毛泽东选集》第五卷，北京：人民出版社，1977 年 4 月，第 188 页。

潮》一书作序时，就说，再有 3 年到 4 年，即 1959 年或者 1960 年就可以基本上完成合作社由半社会主义到社会主义的转变。①

实践比毛泽东的预期还快。在反右倾思想的催动下，各级党政机构层层加码，实际上到 1956 年 9 月（中共第八次代表大会召开），全国就基本实现高级合作化了。1956 年 9 月底全国已组建高级合作社 38 万个，参加农户占总农户的比重为 72.7%。到 1956 年底，全国农户为 12152 万户，建立了高级社 54 万个，入社农户 11893 万户，占总农户的 96.3%。至此准备用 10 ~ 15 年完成的合作化，实际只用了不到一年半时间就完成了。

5 亿农民在经过了合作化这样大的社会变动之后，理应有一个调整适应巩固的时期，事实上也确实有一部分地区因为农业合作社办得不好，干部与群众之间的矛盾非常尖锐，出现了农民拉牛退社等风潮。就在这时，在国内外政治环境的影响下，1958 年 5 月，中央又提出了鼓足干劲，力争上游，多快好省地建设社会主义的总路线。准备用 15 年时间赶超英国，在全国发动了大跃进运动。

在农村大办水利过程中，不少地方又开始把原来较小的合作社合并为大合作社。1958 年 3 月 20 日，中央下发了《中共中央关于把小型的农业合作社适当地合并为大社的意见》，各地开始大规模并社。河南省 1957 年底原有 49757 个合作社，到 1958 年夏收合并成 3 万多个大社，并在遂平县嵖岈山办起了第一个人民公社。1958 年毛泽东视察了河北、河南、山东农村，亲自提出"还是办人民公社好"，它的好处是："可以把工、农、商、学、兵合在一起，便于领导。"从此人民公社就在全国办起来了。到 1958 年 11 月初，全国占农总户的 99.1% 的 12690 万农户组成 26500 个人民公社，平均每个公社 4756 户。

从 1955 年下半年到 1958 年 8 月，仅两三年工夫，中国 1.2 亿农户，5 亿多农民，在合作化、公社化的口号下，农民先是丧失了一家一户生产的经营自主权，丧失了产品的支配权，成为集体经济、生产队的社员。在人民公社期间，有一段时间连自留地也归公了，家庭副业也不准搞了，最后进了公共食堂，真的吃起大锅饭，连生活消费的自主权也没有了，只剩下一双筷子两只手。面对这样的折腾，农民只有一个办法，就是消极怠工。1958 年本来是好年景，但丰产并没有丰收，许多粮食都烂在地里了，没有好的收获。到年底家底就吃空了，出现了全国性的饥荒。办公社的第二年，

① 参见《毛泽东选集》第五卷，北京：人民出版社，1977 年 4 月，第 222 ~ 223 页。

1959 年上半年，毛泽东等对公社化的后果有所察觉，所以采取了一些纠"左"的措施。但 1959 年夏天，在庐山会议上中央高层领导发生了分歧，毛泽东批评彭德怀等，在全国又开展批判右倾机会主义运动，使农村问题变本加厉。1959 年秋收，全国粮食大减产。从 4000 亿斤降到 3400 亿斤，减产 15%，1960 年继续减产粮食，只有 2870 亿斤。[①] 于是出现了全国性的粮食危机，农村饿死的人以千万计。

1960 年夏天，中央开始纠正"五风"，在农村搞社会主义教育运动，提出农业为基础的理论，号召全党大办农业，大办粮食。

1962 年正式提出人民公社条例，即人民公社 60 条，实行"三级所有，队为基础"的体制。生产队的规模各地不同。中央确定以生产队为基本核算单位，这大致相当于当年初级社的规模。生产队少则十多户，多则几十户，上百户已是很特殊的。这是在农村的基本经营单位，农民在生产队长等的领导下实行集体劳动，秋后统一收获、统一分配。

以生产队为基本核算单位的体制，从 1962 年确立之后，长期稳定下来。最多时，全国有约近 600 万个生产队，一直到 80 年代实行包产到户、家庭联产承包责任制，逐渐消亡为止，前后有 20 年历史。

1962 年，经过整顿，人民公社实行"三级所有，队为基础"之后，以生产队为基本核算单位的体制，因生产队规模较小，逐渐为农民所接受，农民也逐渐适应这种集体劳动的生产、生活方式，勉强稳定下来，农业生产逐渐恢复、发展。但 1966 年又发动"文化大革命"，破四旧，农业学大寨，割资本主义尾巴、没收自留地，不准搞家庭副业，关闭农贸市场，又折腾了几年。但 1970 年召开了北方农村工作会议，重申了人民公社 60 条，重申了"三级所有，队为基础"和按劳分配等基本政策，相比（城市）而言，农村还是稳定的，农业生产还是逐年发展的，但发展很缓慢。直到 1978 年，全国粮食总产 6095 亿斤，当时全国人口已达 96259 万人，其中农业人口 79014 万人，占 82.08%，人均占有粮食 633 斤，而 1955 年人均占有粮食 599 斤，1962 年 476 斤，1966 年为 574 斤。[②]

1978 年，即打倒"四人帮"后的第二年，全国经济特别是农村经济已有所恢复，但农村还是普遍贫穷的。据党的十一届四中全会的文件说："一九七八年全国平均每人占有的粮食大体上相当于一九五七年，全国农业人

①　国家统计局编《中国统计年鉴·1992》，北京：中国统计出版社，1992 年 8 月，第 358 页。
②　国家统计局编《中国统计年鉴·1992》，北京：中国统计出版社，1992 年 8 月，第 77、358 页。

口平均每人全年的收入只有七十多元，有近四分之一的生产队社员收入在五十元以下，平均每个生产大队的集体积累不到一万元，有的地方甚至不能维持简单再生产。"① 这里讲的人均收入 70 多元是指集体经分配给社员的收入，同后来统计讲的农民人均年纯收入不是一个概念。1978 年农民的集体分配收入 72.5 元，加上家庭副业收入和其他收入，合计起来的年纯收入为 133.57 元②，每人每天的收入才 0.365 元。即使当时的物价低，也只能说是在温饱线上挣扎。其中 "1/4 的生产队社员年收入在 50 元以下"，应属于赤贫阶层，连温饱也不能维持。

从 1955 年到 1978 年，经过 23 年的合作化、公社化运动之后，中国农村社会结构发生以下变化。

第一，普遍贫困化。农业生产长期停滞萎缩，8 亿农民耕种 14.925 亿亩耕地，执行 "以粮为纲" 的方针，当年只生产 6095 亿斤粮食，4334 万担棉花（比 1966 年的 4674 万担还低）。农业总产值为 1459 亿元，③ 其中还包括一部分是国营农垦农场和国营农场、牧场、林场的产值。全国人民公社的总收入为 1107.42 亿元，扣除生产费用、国家税收和集体提留等项后，当年农民（社员）实际分配的实物和现金共为 582.36 亿元，④ 人均集体分配收入为 72.5 元。加上农民自己的家庭副业收入，在外人口寄回的现金和实物折价，再加上国家救济、民工补助、抚恤金等收入，总共为 133.57 元，平均每天为 0.365 元。1978 年平均每人从集体分配得到的粮食为 443 斤，加上自留地得的 54 斤，全年消费为 496 斤（原粮），其中细粮为 245 斤，只占 49.6%，每年人均消费食油 4 斤，肉类 11.5 斤，食糖 1.5 斤，酒 2.4 斤，棉布 16.9 尺。⑤ 8 亿农民实际上都在温饱线上挣扎，当年全国城乡存款 215 亿元，农村社员储蓄 55.7 亿元，人均 6.93 元。

第二，经济上 "绝对" 平等化。在人民公社内部，实行 "三级所有，队为基础"。1978 年全国有 52781 个人民公社，69 万个生产大队，481.6 万个生产队，共有 17347 万个农户，80320 万农民。⑥ 平均每个生产队里，有

---

① 《中共中央关于加快农业发展若干问题的决定》，载中共中央文献研究室编《三中全会以来重要文献选编》（上），北京：人民出版社，1982 年 8 月，第 178 页。

② 国家统计局编《中国统计年鉴·1981》，北京：中国统计出版社，1982 年 8 月，第 431 页。

③ 国家统计局编《中国统计年鉴·1981》，北京：中国统计出版社，1982 年 8 月，第 17、143 ~ 144 页。

④ 国家统计局编《中国统计年鉴·1981》，北京：中国统计出版社，1982 年 8 月，第 195 页。

⑤ 国家统计局编《中国统计年鉴·1981》，北京：中国统计出版社，1982 年 8 月，第 434 页。

⑥ 国家统计局编《中国统计年鉴·1981》，北京：中国统计出版社，1982 年 8 月，第 131 页。

农户 36 家，167 人。全国共耕种 149250 万亩耕地，平均每个生产队耕种 310 亩地，每人只种 1.86 亩。

经过合作化、公社化之后，土地、水利设施、牲口、大中型农机具等主要生产资料都是集体所有的。社员家庭只有小型农具，如锄头、铁锹、镰刀、扁担等生产工具是私有的。所以在生产资料所有制上，名义上是集体所有，社员家庭、个人都没有支配权，是平等的。在生产队里，实行集体经济，集体劳动、统一经营、统一分配，社员（劳动力）每天在生产队长、副队长的率领下，像工厂一样按时出工、按时下工，根据男女劳动力和强弱不同，评工记分。到年终时统一结算，按工分分配（实物、现金）。名义上说，是实行按劳分配，农户和农户之间是不同的，有劳动力多的户，有劳动力少的户，劳动力还有强弱，强的挣的工分多，弱的工分少。但实际上，因生产力低下，生产队主要生产粮食，粮食再多，首先要卖公粮，剩下只够口粮、种子和饲料。所以到年终一结算，口粮是按人头分的（要保证最低限度的活命，所以只能按人口平均分，极少数有按劳工分）。现金本来就少，也是按工分分配，一些人少劳动力多劳动力强的户，应该分进一些现金，但人多劳动力少劳动力弱的户，一年劳动结算下来，分回了口粮、柴草，还要欠生产队一笔钱，他们哪来钱交给生产队，只好欠生产队。生产队收不到劳动力少人多户的现金，当然也就不能对劳动力多人少户兑现，形成了生产队的三角债。所以一年下来，劳动力少劳动力弱人多的户，只能分到一些粮食、柴草和其他实物之后，两手空空，名义上还欠生产队一笔钱；而劳动力多劳动力强的农户，分到一些粮食、柴草和其他实物之后，也是两手空空，名义上在生产队有一点现金存着，但不能兑现，生产队也是空的，所以说连简单再生产也不能维持。

在 1978 年前人民公社时期的农村，农户与农户之间，社员与社员之间，经济上可说是几乎没有什么差别。据国家统计局后来测算，1978 年中国农村的基尼系数为 0.22。经过公社化、办公共食堂、刮共产风，又经过"文化大革命"破四旧，等等，农村里一些原来比较富裕，或有些家底的农户，也都弄空了。所以到"文化大革命"后期，在一个生产队以致一个生产大队里，几百人、几千人，基本上都是住同一类房子，穿大致相同的衣服（连颜色都只有灰色、黑色和军绿色等几种），吃一样的粮食，数量也大致相同。所以，当时的中国，几亿农民实际上成了一个阶层，都可以称作社员，人民公社的社员。

第三，当时农村的一些主要社会差别存在于地区之间。就全国来说，

1978 年农民人均分配收入为 72.5 元，而上海、北京、天津三个直辖市的农村，因为得到城市的经济辐射，对农村的经济支持较多，负担相对轻，而且菜农收入高一些，所以这三市的农民分配收入要比全国农民的平均分配收入高出一倍以上。辽宁、吉林、黑龙江三省的人均耕地多，产出多，所以这三省农民的分配收入要比全国平均高 50% 以上。浙江、江苏、湖北、湖南等南方水稻地区，鱼米之乡，耕作技术高，农民收入要比全国平均高 20% 左右。山东、安徽、河南、河北、山西这些传统的农业区都在平均数以下，但低不了多少。而陕、甘、宁、云、贵、川这些西北西南诸省区自然条件差，农民收入要比全国平均数低 30% ~ 40%。贵州最低，只有全国平均水平的一半。

每个省里不平衡，每个县里也不平衡，但越往下，在同一县里、同一公社里，差距就越来越小，到生产大队、生产队，如前所述就基本拉平了。

第四，1978 年前，农民阶层在经济上是非常平均的，可以说很难分出什么阶层。但在政治上却是有阶级区分的，而且阶级阵线分明，每个人的家庭都是有阶级成分的。在 1978 年前，无论升学、参军、招工、出任干部以及各种原因登记履历表时，都有一栏要填写，叫做家庭出身。这个家庭出身，就是你家在土地改革时，被划定的成分。

划定阶级身份，这是土地改革中的一项基础工作。划定了阶级，就决定了对这个家的土地和财产的处置政策。如是地主，则被没收全部土地及财产；如是富农，则被征收一部分土地；中农则基本不动；贫雇农则分进土地。当时国家的农村政策是"依靠贫农，巩固地团结中农，消灭地主阶级和旧式富农的封建和半封建的剥削制度"。

但在以后的农村工作中，因为全国都执行了以阶级斗争为纲的路线，在农村的历次运动和工作中，上述阶级路线，一直执行到改革开放以前。在合作化、公社化中，选任干部，一般都要选拔贫农、雇农出身的干部，在合作化运动中又从中农中划出了个下中农阶层，也成了依靠对象，所以后来在"四清运动"中就明确提出要依靠贫下中农。中农是团结对象，富裕中农则被认为有资本主义倾向，政治上受到歧视，一般不能当干部。在合作化初期，地主、富农入社开始只能当候补社员。

从土地改革到 1978 年，前后 28 年（老区超过 30 年），中国农村就实行了这样一条政治上很不平等的阶级路线。土改时规定，地主分子被没收土地后，分得一份相当于平均数的土地，参加劳动、自食其力，三年后可以改变身份。实际上，这条政策，1978 年以前一直没有实行。不仅地主富农分子本人的阶级身份没有改变，还殃及子女，被称为地富子女，被打入另册，无论在参军、升学、招工等方面都受到限制和歧视。

1957年毛泽东提出正确处理人民内部矛盾问题，在社会内部分两类矛盾：一类是人民内部矛盾；一类是敌我矛盾。在农村，把贫农、下中农、中农、富裕中农与小土地出租者及其子女列为人民内部。把地主、富农分子列为阶级敌人，后来又把反革命分子、坏分子和下放农村的右派分子也视为阶级敌人。政治上剥夺了他们一切权利，连选举权也是没有的，在政治运动中受到批判斗争和各种打击，只能老老实实地劳动，不许乱说乱动。好在人民公社内部，还是准许他们参加集体劳动，他们也参加记工分，可分得一份基本的生活资料。因为多数生产队能分配的实物和现金实在太少，所以，这些所谓的地富反坏右分子在经济上同贫下中农的差别也是很小的。

第五，在人民公社内部，干部和社员是有差别的。干部可以说是管理阶层，社员可以说是劳动者阶层。但多数干部和社员可以互相转化，干部是从社员中选拔出来的，有些干部当一年或当几年后又回去当社员了。

人民公社的干部分两类：一类是脱产干部，他们非农业户口，吃商品粮，属国家干部编制，有干部级别，由政府财政发工资，多数不是本县本公社人，是由政府党委派遣调来的。他们是本公社的公社党委书记、社长、武装部长、农林助理、文教助理、公安特派员等等，主持全公社的政治、经济、文化等方面工作，是各方面的领导者、决策者。这类干部很少，一个公社只20多人。另一类是不脱产干部，这是大量的。他们同农民社员一样是农业户口，没有商品粮，都是从社员中选拔出来的。在公社机关里，他们是各办公室的办事员，有的担任秘书等。视公社大小，有十多人的，也有几十人的。在生产大队一级，有支部书记、大队长、副大队长、会计、妇女主任、团支部书记、民兵连长，等等，一个大队有7~8个人到10多个人。支部书记、大队长由公社党委指定、任命，其余的干部由本大队党支部决定。在生产队，有队长一人、副队长若干名，会计，计工员，保管员，等等；一个100~200人的生产队，有干部5~6人到7~8人。为主的是队长和会计2人。队长由大队党支部指定。

不脱产干部本身是社员，同农民身份是一样的。他们在名义上也要参加集体劳动，也靠挣工分分得口粮和现金。在生产资料集体所有制面前，他们也同社员一样的，是集体经济的一个成员。但他们一旦当了支部书记，当了生产队长，就是这个大队或这个生产队的集体经济的管理者，经营者，就拥有了很大的权力，可以调配、支配、处理本大队或本队的土地、牛马、农机具、水利设施等资源，以致有调配劳动力的权力。

在人民公社条例和文件规定上，干部是为人民服务的，不享有政治上经济上的特权。他们的工分、实物、现金所得，同生产队的中等劳力相同或一般取平均所得。从人民公社几十年的历史看，无论是公社的不脱产干部还是生产大队、生产队干部，在经济上同当地的社员差别是很小的，几乎没有因为当干部而先富起来的。这一方面是因为解放初期，党风民风社会风气都比较好，干部都能奉公守法，廉洁自律，为人民服务；另一方面也因为那 20 多年中，不断整风整社，政治运动不断，反"五风"，"四清"运动，"文化大革命"、整走资本主义道路当权派，都是主要针对干部的，对干部管得严，干部稍有毛病、问题，轻则检讨、受批判，重则撤职，甚至有法办的。干部撤换得比较多，很少有几十年一直当主要干部的。干部下台了，也就同社员一样了。当然，从另一个侧面看，这样大规模的一个集体经济组织，领导管理决策层长期不稳定，干部像走马灯似的换，管理、决策经验积累不起来，这也是集体经济普遍都搞不好的一个原因。像江苏江阴华西大队支部书记吴仁宝，北京窦店村支部书记仇振亮，河南新乡刘庄支部书记史来贺等干部一直工作到现在，那确是凤毛麟角，是万里挑一的仅存硕果。就全国看，在公社化时期农村干部在农民中的比重，大约占农民总数的 5% ~6%。

合作化、人民公社运动乃至"文化大革命"，在农村内部铸就了一个经济上平均、政治上以身份为阶级划分标准的社会结构，而在城乡之间建起了一道歧视农村和农民的制度鸿沟，阻滞了中国实现从传统农业社会向工业化、城市化社会转变的过程。

在 20 世纪 50 年代初期，我国的工业化和城市化是同步进行的，还比较正常。1952 年全国工业总产值占国民生产总值的 20.9%，城市人口占总人口的 12.5%。到 1953 年开始进行大规模的经济建设，工业发展加快，1952 ~1958 年，工业总产值每年递增 18%，到 1958 年，工业总产值在国民生产总值中已占 37%。① 同期，每年有数百万农民到城市就业。1952 年市镇总人口为 7163 万人，到 1958 年市镇人口为 10721 万人，占全国总人口的

----

① 国家统计局编《中国统计年鉴·1999》，北京：中国统计出版社，2001 年 9 月，第 56、111 页。

16.2%。① 市镇人口每年增加 593 万人，城市化率每年增加 0.62 个百分点。但是到 1958 年，按照计划经济体制的要求，国家推出了城乡分治的户口管理制度，把居民分成农业户口和非农业户口，也就是这个文件，提出了要限制农民盲目流入城市，"盲流"这个词就是从这里出来的。前面说过，1959 年以后，粮食连续两年大幅减产，我国陷入三年经济困难。为了应付和渡过这个困难，在城市实行严格的粮食定量供应制度，粮票油票等各种票证从此就通行起来。与此同时，国家在各地实行十分严格的限制农业户口转为非农业户口的制度，那时国家给各地方政府的"农转非"指标，每年只占本地区城市人口的千分之一点五。这本来是应对暂时经济困难的不得已的临时性措施，但后来因为不久就爆发"文化大革命"等政治运动，严格限制"农转非"的做法一直沿用了下来。直到 1978 年，工业总产值已占到国内生产总值的 48.2%，农业总产值占 28.1%，当年全国总人口达到 96259 万人，而城市人口只有 17245 万人，占总人口的 17.9%。② 城市化滞后于工业化的格局已经形成了。

从实行计划经济体制和城乡分治的户口制度以后，中国的工业化建设和城市化进程就分开发展了。一方面农村大量的粮食、工业原料与其他农产品运进城市，还有相当一部分资金也转到城市，支持城市的工业建设；另一方面，大量的农村劳动力、农业人口却被户口制度严格阻挡在城镇之外。1958 年，我国有农民 55273 万人，进行了 20 年工业化建设，到 1978 年，我国已经初步建成了工业门类齐全的、工业已占主导地位的国民经济体系，而农民反而增加到 79014 万人③。20 年间农民不仅没减少，反而增加了 24228 万人，每年增加 1231 万农民。这在世界工业化、现代化历史上可说是绝无仅有的。

从 20 世纪 50 年代实行计划经济体制以后，到 1978 年，20 多年的时间，我国实行的是"城乡分治，一国两策"。对城市对城镇居民实行一种政策，对农村对农民实行的是另一种政策，逐渐形成了中国特有的二元经济社会结构。

在经济层面，城市实行生产资料全民所有制，还有少量的城市大集体所有制（指 1978 年及以前），农村则实行人民公社，"三级所有，队为基础"的集体所有制。干部、职员实行工资制，工人实行八级工资制，按月

---

① 国家统计局编《中国统计年鉴·1983》，北京：中国统计出版社，1983 年 10 月，第 103~104 页。

② 国家统计局编《中国统计年鉴·1999》，北京：中国统计出版社，2001 年 9 月，第 56、111 页。

③ 国家统计局编《中国统计年鉴·1983》，北京：中国统计出版社，1983 年 10 月，第 103 页。

发工资；农民则实行工分制，年终按工分分实物和一点现金。对城市居民，平价供应粮食、油、副食品和棉布、燃料等，还提供低房租的住房；对农民除了发给布票外，没有任何供应，住房也要自己造。

在社会层面，城市居民、干部和职工都有较好的社会保障，老了有退休金，病了有公费医疗，农民则要靠子女养老，几乎没有什么社会保障，只参加合作医疗。在就业方面，政府在 80 年代前对城市劳力都包揽下来安排工作，农民在农村有田耕就算自然就业。国家的劳动部只管城市居民就业和社会保障，至今也不管农民的就业和社会保障。

在公共产品和公共设施方面，城市居民之子女，在公办学校上学，只交少量学杂费；农民子女在农村上学，校舍设施要集体集资建设、购置，教员多数是民办教师（也是农民）。城市的道路、电力设施和自来水都由政府出资建设，供居民共享。农村的道路要本村本队修，电力和自来水等公用设施都由集体向农民集资建设。

"城乡分治、一国两策"实行了 20 多年，时间长了，城乡各自发展，城乡差别越来越大，城乡之间已形成了鸿沟，实际形成了两个社会，最后连城乡青年通婚都成了问题。城市居民中的男性，各方面条件差一些的，在城市找不到老婆，就降格到农村找，但结婚后，妻子不能随丈夫进城，形成两地分居，而且户籍制还规定，子女要随母亲申报户口，所以还是农民。长期实行"一国两策"的结果，形成城镇居民的孩子永远是城镇居民，农民的子女永远是农民。

四　改革开放以后的农村社会结构

中国的改革是从农村开始的，而农村改革是从在生产队实行包产到户——后来称之为"家庭联产承包责任制"上真正突破的。1978 年秋天安徽开始包产到户试点，到 1983 年底，全国农村 589 万个基本核算单位，已有 99.5% 实行家庭联产承包责任制。[①] 1983 年 10 月中共中央国务院下发了《关于实行政社分开建立乡政府的通知》，到 1984 年冬，全国 65000 多个人民公社，改建成了 92000 多个乡（镇）人民政府和 92.64 万个村民委员会。至此，办了 25 年的人民公社寿终正寝了。

---

① 黄道霞等主编《建国以来农业合作化史料汇编》，北京：中共党史出版社，1992 年 3 月，第 1390 页。

农村实行家庭联产承包责任制，解散人民公社，农民无异是获得了又一次解放。第一，农民获得了土地的使用权和经营权，农民成为独立的商品生产者。第二，农民获得了可以自由选择职业的自主权，可以自主流动，可以从事农业，也可以从事其他产业（以前只能在生产队参加农业生产集体劳动）。第三，农民获得了参与市场竞争的权利。从此，农民（也就是上述几乎无差别的社员）就开始分化了，但是由于把城乡分割成二元社会结构的户籍制度还没有改革，农民不能自由迁徙。所以这些年8亿多农民的分化总是带有中国特色的烙印，同市场经济国家的农民分化不同。

1989年，我在《重新认识农民问题》一文中，根据当时农民已经发生分化的状况作过一个分析，认为农民阶级已分化为八个阶层。[①]

1. 农业劳动者阶层

他们承包集体耕地，从事种植业、养殖业劳动，全部或大部分依靠农业取得收入作为生活来源。目前是我国大部分农村的主体劳动者。这一阶层大体可分成四部分：（1）农业专业户或承包大户。（2）比较富裕的农业劳动者。（3）温饱型农业劳动者。（4）贫困农户。

2. 农民工阶层

常年或大部分时间从事第二、三产业劳动，但户籍在农村，有承包田，身份还是农民。不享受城镇居民的各种补贴，不享受公费医疗等劳保待遇。这一阶层大体分为两类：（1）离土离乡的农民工。他们在城市的厂矿、机关、商业、服务行业劳动。（2）离土不离乡的农民工。他们在本乡本村的乡镇企业或在附近城镇的工厂、商店、机关劳动，住在农村的家里。

农民工的人数仅次于农业劳动者。据1987年统计，全国有乡镇企业职工8776万人，除少数经理、厂长等管理人员外都是农民工。其中离土离乡的约有2000万人。

3. 雇工阶层

这是现阶段农村的工人阶级，他们受雇于私营企业或个体工商户。与在资本主义制度下受雇于资本家的工人不同，他们在农村拥有足以谋生的承包土地和其他生产资料。他们愿意受雇于私人，主要是因为收入比种田高。据统计，1987年受雇于私营企业的雇工有360万人，加上受雇于个体工商户的雇工，全国雇工约有700万～800万人。

---

① 参见陆学艺《重新认识农民问题——十年来中国农民的变化》，《社会学研究》1989年第6期。

4. 农民知识分子阶层

在农村从事教育、科技、医药、文化、艺术等智力型职业的知识分子。主要有两类。一类是非农业户口，属于国家全民所有制或集体所有制的干部和职工。另一类是农业户口，其身份是农民，如民办教师、乡村医生、农民技术员和乡文化馆的文化艺术工作者，等等。据统计，1988 年从事农村文化教育事业的农民知识分子有 309.3 万人，从事卫生、福利事业的有 129.1 万人，从事农村科学技术事业的有 17 万人。[①]

5. 个体劳动者和个体工商户阶层

在农村拥有某项专门技术或经营能力，自有生产资料或资金，从事某项专业劳动或经营小型的工、商、服务业机构的劳动者和经营者。这类人大多是农村的能工巧匠。个体工商户 1981 年有 100 万户，1986 年有 920 万户，1988 年为 1070 万户。一部分木匠、瓦匠、裁缝等个体劳动者如果不搞经营活动，一般不申请个体工商业户执照。因此，实际人数远远超过上述数字。个体劳动者和个体工商户还有区别：前者一般散居在农村，后者多集中在集镇和公路、道口、码头等适于营业的地方；前者主要靠自己劳动，后者除了自己参加劳动经营外，还雇有不超过 7 个人的帮工。

6. 私营企业主阶层

企业的生产资料私有，自主经营，以营利为目标，且雇工在 8 人以上的企业主。据 1987 年统计，全国私营企业为 22.5 万家。其中大部分在农村，按 80% 计，则农村私营企业有 18 万家。私营企业有三种类型：独资经营、联户经营和合股经营。按上述 18 万家计，私营企业主有 20 多万人。这些人有很强的商品经济经营意识，有冒险创业精神，有较强的组织管理能力。他们在各自有利的条件和机遇下办好了企业，几年就积聚了数十万、数百万乃至上千万元的财富，雇佣数十数百人乃至超过千人。为了巩固已取得的经济地位并获得进一步发展，他们也在向政治方面发展。

7. 乡镇企业管理者阶层

乡村集体所有制企业的经理、厂长以及主要科室领导和供销人员。他们有集体企业的经营权、决策权，是乡镇企业的管理者。

乡镇企业管理者因企业经营方式不同可分为两类：一类乡镇企业采取传统的经营方式，直接隶属于乡或村的行政领导，其管理者直接接受乡村干部的领导和指挥，他们的工资水平只略高于本企业的职工；另一类乡镇企业采

---

① 国家统计局编《中国统计年鉴·1989》，北京：中国统计出版社，1989 年 9 月，第 120 页。

取租赁、承包方式，其管理者有较大的自主权、决策权，所担负的责任和风险大，经济收入也多，他们在当地的经济、政治上很有地位，很有影响。随着农村乡镇企业的继续发展，这个阶层的人数和势力正在迅速发展之中。

8. 农村管理者阶层

乡（镇）村两级的农村基层干部，是农村政治、经济、社会生活的组织者、管理者。1988 年全国有 20859.4 万农户，86725 万农业人口，组成了56002 个乡（镇），740375 个村。① 这样庞大的社会群体的政治安定、经济发展、社会秩序和治安维护，靠着这几十万农村基层党政组织、几百万农村干部的工作。农村干部主要分为四类。（1）脱产干部。即乡镇党政机构里的主要领导和专业干部。这部分干部很少，大约是当地农民总数的 1%。（2）半脱产干部。即乡镇党政机构里的业务干部和工作人员，他们是农业户口，身份是农民，由乡镇政府参照干部工资和本地的经济发展情况发给补助工资。这类干部人数大致相当于第一类干部。（3）享受常年固定补贴的干部。即村党支部书记、村民委员会正副主任、会计等村级组织的主要领导干部。他们不脱产，本人身份是农民，家里承包有土地。按规定，村级主要干部一般 3 ~ 4 人，大村和经济发达的村为 5 ~ 6 人。（4）村里享受误工补贴的干部。即村团支部书记、妇联主任、民兵连长、治保和调解委员会主任以及村民小组长等村干部。其人数不固定。

根据我们的典型调查和有关统计资料推算，上述 8 个阶层在农民总数中所占的比例大约为：农业劳动者占 55% ~ 57%，农民工占 24%，雇工占4%，农民知识分子占 1.5% ~ 2%，个体劳动者和个体工商户占 5%，私营企业主占 0.1% ~ 0.2%，乡镇企业管理者占 3%，农村管理者占 6%。

这项对农民的分层研究因为提出得比较早，在学术界和实际工作部门产生了比较大的影响，引用和转载率比较高。约有数百部著作引用，多数农村社会学著作和教材作为一家之言在讲授。1993 年农业部农村发展研究中心采用这个分析框架，对全国农村进行较大规模的调查，初步摸清了农民分化和流动的状况，成为制订农村政策的重要依据。

如前所述，中国目前正处在从传统的农业社会向工业化、城市化的现代社会转变，由计划经济体制向社会主义市场经济体制转变，在这个大的历史背景下，农民这个庞大的社会群体必然逐步分化，逐步缩小。具体地说，会在市场化、工业化、城市化这样三股大潮流下，采取各种形式发生

---

① 国家统计局编《中国统计年鉴·1989》，北京：中国统计出版社，1989 年 9 月，第 161 页。

转变。所以农村的社会结构是处在不断变动中的。不断会有一些新的阶层产生，有的阶层会发展得很快，有的阶层会逐渐缩小，阶层之间的关系也会发生变化。这种社会结构的变动还与国家的政策转变有直接和间接的关系。

20 世纪 90 年代以后，特别是 1992 年以后由于明确提出了国家将由计划经济体制向社会主义市场经济体制转变的方针，1997 年中共十五大又进一步提出"公有制为主体、多种所有制经济共同发展，是我国社会主义初级阶段的一项基本经济制度"①。1999 年 3 月第九届全国人民代表大会第二次会议对《宪法》做了修订，把原《宪法》第十一条"在法律现定范围内的城乡劳动者个体经济，是社会主义公有制的补充。……私营经济是社会主义公有制经济的补充。……"修改为"在法律法规范围内的个体经济、私营经济等非公有制经济，是社会主义市场经济的重要组成部分"②。

这些都标志着国家经济社会政策的重大转变，对农村社会分化产生重大影响。特别是中国在 1993 年 6 月以后，对经济进行宏观经济调控，推出了多项财政、税收、金融、信贷、外汇的政策措施，使农村的乡镇企业特别是集体所有的乡镇企业面临了空前困难的外部环境，市场紧缩、信贷困难等，再加上 1997 年的亚洲金融风暴的影响，迫使乡、村两级集体所有的乡镇企业不得不进行以产权转制为主的改革和调整，从 1995 年下半年开始到 1999 年，全国乡、村两级集体所有的乡镇企业，约有 80% ~90% 改为股份制、股份合作制或私人所有的企业（如江苏的吴县市，1998 年农村有内资企业3135 个，改制 2924 个，改为个体、私营企业的 2438 个，占 83.4%）。

而恰恰是这十年（1990 ~1999 年），个体、私营企业有了极大的发展（见表 3 和表 4）。

表 3　1990 ~1999 年全国个体工商户统计

年份	户数 （户）	从业人员 （万人）	农村个体户 （万户）	从业人员 （万人）
1990	1328.3	2092.8	934	1149
1999	31600615	6241	1968	3935

资料来源：中华全国工商业联合会、中国民（私）营经济研究会编《中国私营经济年鉴·2000》，北京：华文出版社，2000 年 12 月，第 405 页；张厚义、明立志主编《中国私营企业发展报告》（1999），北京：社会科学文献出版社，2000 年 3 月，第 59 页。

---

① 《中国共产党第十五次全国代表大会文件汇编》，北京：人民出版社，1997 年 9 月，第 21 页。
② 《中华人民共和国宪法》，北京：法律出版社，2000 年 11 月第 2 版，第 94 ~95 页。

表4　1990～1999年全国私营企业统计

年份	户数（户）	投资人数	雇工人员（万人）	农村私企（户）	雇佣人员（万人）
1990	98141	—	170		
1999	1508857	—	2022	614877	—

资料来源：中华全国工商业联合会、中国民（私）营经济研究会编《中国私营经济年鉴·2000》，北京：华文出版社，2000年12月，第402～403页；中华全国工商业联合会、香港经济导报社、中国民（私）营经济研究会编《中国私营经济年鉴》（1978～1993），香港：香港经济导报社，1994年8月，第323页。

　　个体工商业者和私营企业主这两个阶层人数近十年有了很大的发展，上列两表的数字，说明了这种状况。还要特别指出的是，目前在城镇中有相当一部分国有和大集体所有的小企业，农村中的占80%～90%的乡村两级集体所有的乡镇企业，近5年大多已经变为私营企业或个体工商企业，但由于国家统计口径还没有相应变过来，这些企业多数仍统计为公有企业，所以现在实有的私营企业、个体工商企业还要比上述两表的数字要多。

　　尽管有了这些大的变化，但是城乡分割的户口制度至今没有变化，农村的家庭联产承包责任制的基本土地制度没有变化，工业化、城镇化、市场化还是在继续进行，所以农村社会结构的基本格局并没有根本性的变化。我在1989年文章中提出的依照农民所从事的职业、使用生产资料的方式和对所使用生产资料的权力这样几个因素对农村人口进行分层研究，在现阶段还是适合的。但是经过这十多年的变化，不仅各个阶层的数量有了很大的变化，而且有些阶层政治、经济地位也有了很大的变化。如私营企业主。在20世纪90年代前，私营企业主虽然在经济上有较高的收入，但政治社会地位不高，名声也不好。1992年以后，特别是1997年以后，私营企业大发展，经济实力更加雄厚，有的县的私营企业交的税占财政收入的60%～70%，财大气粗，这些私营企业老板不仅经济上有力量，政治上也有地位了，社会声望也高了。1989年选出的第九届全国人大代表中私营企业主代表有48名，占2979名代表的1.6%，第九届政协委员中，也有私营企业主委员46名。私营企业主代表在省、地、县、乡四级人大代表和三级政协委员中已有相当的比例，有的已被选成正副乡镇长等实权干部，被选为村民自治委员会主任的则更不少了。

　　随着乡村两级集体所有制的乡镇企业改制，乡镇企业大多数变为私营企业和个体工商户，所以原来的乡镇企业管理者阶层人员就大幅减少了。但留下来的则都是有了很大经济实力的，如江苏的阳光集团，华西村集团公司……因为集体所有制乡镇企业的改制，乡镇企业里工人的地位也变了。我在 1989 年，把这部分工人称为离土离乡的农民工，而把受雇于个体工商户、私营企业和三资企业的工人称为雇工。1999 年雇工只有 700 万 ~ 800 万人，农民工为 8776 万人。现在农村里离土离乡和离土不离乡的农民工约有 1.5 亿人，而受雇于私营企业主、个体工商户和三资企业的雇工超过了 7000 万人，在集体所有制企业工作的大约还有 3000 万人，其余的则为外出进城镇打工的。

对于当前农村社会结构分析，现在有几种分析框架。

第一种是国家统计局在 1996 年主持的第一次全国农业普查中采用的分析方法。他们调查的结果是：1996 年 12 月 31 日全国有农村住户 21383 万户，其中农业住户 19309 万户，占 90.3%，另有 2074 万非农业住户，占 9.7%。在农业户中，纯农业户 12672 万户，占 65.6%，农业兼业户 3901 万户，占 20.2%，非农兼业户 2736 万户，占 14.2%。[①]

第二种是仍沿用我在 1989 年的农村社会分层框架，农民按实际从事的职业来分类，还可分为 8 个阶层，但如前所述，经过这 11 年的发展分化，各个阶层的数量和经济政治社会地位都有所变化（见表 5）。

表 5　1989 ~ 1999 年全国农村社会各阶层的变动状况

农村社会阶层	1989 年占比（%）	1999 年占比（%）
农业劳动者	55 ~ 57	48 ~ 50
农民工	24	16 ~ 18
雇工	4	16 ~ 17
农村知识分子	1.5 ~ 2	2.5
个体劳动者、个体工商户	5	6 ~ 7
私营企业主	0.1 ~ 0.2	0.4 ~ 0.6
乡镇企业管理者	3	1.5
农村管理者	6	7
合计	98.6 ~ 101.6	97.4 ~ 103.6

资料来源：据统计资料推算。

（1）农业劳动者阶层。主要是靠承包集体耕地，以农业收入为其全部

[①]　全国农业普查办公室编《中国第一次农业普查资料综合提要》，北京：中国统计出版社，1998 年 9 月，第 23 页。

或大部分生活来源的农民。这是农村的最大群体，1989年时我估算约占整个农民群体的55%～57%。这些年还在继续分化转化出去，但比较缓慢，特别是中西部广大地区，因为非农产业仍很不发达，所以分化得很慢。到1999年，现在全国仍约有48%～50%。1999年，我们中国社会科学院社会学研究所"社会结构变迁研究"课题组在湖北汉川市调查，农业劳动者阶层占47.57%；在贵州镇宁调查，农业劳动者阶层占62%。汉川市属中等发展水平，镇宁县属国家级的贫困县，而在南方经济较发达的苏南等市县，农业劳动者则都在30%以下。

（2）农民工阶层。这个阶层是农民户籍，承包有集体耕地，但主要职业和取得收入的主要来源是从事第二、三产业劳动的农民。他们又分为两类，一类是离土不离乡的；另一类是离土又离乡的。农民工阶层这11年有了很大的发展。据《中国统计摘要·2000》：1999年全国在农村的从业人员有49572万人，其中在乡镇企业就业的有12704万人，在私营企业就业的有969万人，在个体工商户就业的有3827万人，即共17500万人从事非农产业，占农村总劳力的35.3%。① 但其中有私营企业主和个体工商户主共2078万人，农民工应为15422万人，这里的农民工应包括三部分人。一是在乡（镇）、村、组集体所有的乡镇企业工作的。这类集体所有的乡镇企业近几年都大部分改制为私营企业和个体工商户，但留下的都是规模大的经济实力很强的企业，再加上还有一部分在农村国有的粮库或公有的供销社等企事业单位工作的，现在在公有制企事业单位工作的农民工还有3000多万人。二是离开本土到外乡、外县、外省工作的农民工，这类农民工数量很大，最高峰时达8000万人，但自1996年以后就逐渐减少。1996年底国家统计局农业普查时，统计的农村从业人员为55952.9万人，在本乡从业的有48789.8万人，占87.2%。在外乡从业的有7163万人，占12.8%。② 近几年，因为宏观经济调整，国有企业改制，城市清退了很多外来民工，现在全国约有农民工5000万人。三是受雇于私营企业、个体工商企业及三资企业的，1989年我称之为雇工阶层的。前两类共计约有8000万人，约占农民总数的16%～18%。

（3）雇工阶层。他们受雇于私营企业主、个体工商业主和三资企业，

---

① 国家统计局编《中国统计摘要·2000》，北京：中国统计出版社，2000年9月，第37页。

② 全国农业普查办公室编《中国第一次农业普查资料综合提要》，北京：中国统计出版社，1998年9月，第80页。

他们的身份也是农民工，经济上同上述农民工没有差别，有的还略好，但政治上、社会上是雇工。这类农民工，由于私企、个体工商户、三资企业这十多年发展很快，加上集体企业转制，所以雇工阶层人数增长很快，1989年只占 4%，现在约为 16%～17%。

（4）农村知识分子阶层。这是指在农村长期从事教育、科技、医疗、文化、艺术等智力型劳动的知识分子。主要有两类：一类有城镇居民非农业户口；一类是农业户口。这些年，因城乡二元社会结构没有改变，他们在政治、经济、专业上的发展遇到的困难很多，有不少人都转到城市或其他行业去了。所以农村的教育、科技、医疗、文化艺术等事业比城市发展迟缓，这个阶层的人数也增长不多。据《中国农村统计年鉴·2000》统计，1999 年农村有各类学校的教职员工 635.55 万人（其中小学教职工 406.8 万人），医护人员 116 万人，文化站、农村剧团、文化专业户等约 100 万人，另外还有农业科技人员约 300 万人，总数约占农村人口的 2.5%。① 这些年，民办教师已都转为公办教师，所以这些人中，多数是有非农业户口，只是他们在农村工作，在农村有特殊的政治和经济地位。

（5）个体劳动者与个体工商户阶层。这个阶层这 11 年发展很快，1978年只有 15 万人，1988 年已达 1070 万户，1999 年全国有 3160 万户，6241 万人，其中在农村的有 1968 万户，从业人员 3935 万人，② 这些是在工商部门登记了，事实上农村还有相当一部分从事第二、三产业劳动个体经营的人员因各种原因而未登记在册的，或以一个登记执照，由多人经营的，所以这 1968 万户，实际从业的户主，有 3000 多万人。这个阶层现在约占总数的6%～7%，当然各地的分布是不同的。

（6）私营企业主阶层。这个阶层在经济、政治、社会地位上上升得都很快。1987 年统计有 22.5 万家，约有 18 万家在农村。1989 年政治风波后，这个阶层一度受到非议，到 1990 年统计只有 98141 家，这并不是都关闭停业了，而是采取各种办法变换了生存方式，或是"七不上八下"（雇工 8 人以上的解雇到只剩七人以下，成为个体工商户了），更多的则是挂靠、依附到集体企业，叫做"戴红帽子"。但自 1992 年，邓小平南方谈话以后，私营企业就又大发展起来，1996 年发展到 819252 户，从业人员 1171 万人，

---

① 国家统计局农村社会经济调查总队编《中国农村统计年鉴·2000》，北京：中国统计出版社，2000 年 9 月，第 281～283 页。

② 中华全国工商业联合会、中国民（私）营经济研究会编《中国私营经济年鉴·2000》，北京：华文出版社，2000 年 12 月，第 405 页。

1999 年 1508857 户，从业人员 2022 万人。注册资金 10287 亿元，平均每户 68 万元，当年产值 7686 亿元，上交工商税收 255 亿元，占全国工商税收总额的 2.6%。① 这几项数值，每年都以 20%～30% 的速度递增。如果再加上城市中的国有企业和集体所有的乡镇企业转制过来的那些私营企业主的户数和人数，经济实力还要大一些。

第一家私营企业是在农村创办的，也是在农村初步发展起来的，所以到 1987 年时，80% 的私营企业在农村。但 1992 年以后，形势有利于私营企业的发展，不少规模大一些的私营企业都向城市转移，以求更好的发展，这些私营企业主的户籍也都转为城市居民户籍了（也有一部分不转的）。所以到 1999 年，全国 1508857 家私营企业，在农村的只有 614877 家，占 40.75%，这 61 万多家农村私营企业的投资者有 100 万人，再加上集体乡镇企业转制的原厂长、经理也有近百万人。现在私营企业主这个阶层约占 0.4%～0.6%。

（7）乡镇企业管理者阶层。这个阶层，20 世纪 80 年代中后期及 90 年代初期曾经在社会上红过一阵，那时乡镇企业每年以 30%～40% 的增长速度发展，1987 年乡镇企业的总产值在农村社会总产值中超过了农业总产值，乡镇企业被誉为中国农民的又一个伟大创造。一些乡镇企业的厂长、经理，被称为农民企业家。他们在农村里是一些无论在经济上还是政治上都很有地位的人。1995 年下半年以后，乡村两级集体所有的乡镇企业遇到很大困难，被迫进行以产权制度改革为核心的改制，到 1998 年已有多数集体所有的乡镇企业转制为私营企业或个体工商企业了。不过一些规模较大、经济实力雄厚的乡镇企业还仍然留着，多数乡镇还都有几个。他们在乡镇的经济和收入等方面的作用举足轻重，所以乡镇企业管理者仍还是一个重要的社会阶层，不过人数比以前要少了。

据 1998 年的统计年鉴，1997 年全国有 2014.9 万个乡镇企业，其中乡办 34.2 万个，只占总个数的 1.7%，有职工 2647.3 万人，占总人数的 20.3%；村办企业 95 万个，占总个数的 4.7%，有职工 2679.2 万人，占总人数的 20.5%。乡村两级的乡镇企业数量并不多，只占总数的 6.4%，而职工人数却占总数的 40.8%（1993 年集体乡镇企业最盛时，有职工 5767.7 万

---

① 中华全国工商业联合会、中国民（私）营经济研究会编《中国私营经济年鉴·2000》，北京：华文出版社，2000 年 12 月，第 402 页。

人，占总数的 46.7%)，其创造的产值和利税，也都在 40% 以上。① 1999 年以后的统计年鉴就没有乡镇企业这些统计数据。

1993 年集体所有的乡办企业共有 168.5 万个，改制后逐年减少，1997 年只有 115.3 万个，2000 年还有约 40 万个。每个集体乡镇企业有厂长、副厂长等领导干部，加上供销经理、办公室主任等一批中层干部。现在的乡镇企业管理者约有 600 万人，占总人口的 1.5% 左右。

（8）农村管理者阶层。农村干部自 80 年代中期以来，各类干部在人数上都增加很多，权力也扩大了。乡镇的党委书记、副书记、委员、镇长、副镇长，后来又加了人大常委会主席、副主席，有些还增设了政协联络处，这些乡镇级的干部就有 10 多个。原来的财政、文教、民政、计划生育等助理员，都升格为财政所、文教、民政、计生办公室等。设立了派出所、税务所，统称"七所八站"，人民公社改为乡镇政府时只有 30 ~ 40 人，现在一般都在 70 ~ 80 人，有的多达一百几十人。当然，真正在编的国家脱产干部只有 30 多人，大多数是农业户口的半脱产干部。村级干部中，国家规定享受固定补贴的大村 5 ~ 6 人，小村 3 ~ 4 人，现在也普遍增加。有些大村，党支部、村委会主要干部多达 10 多人，安徽省最近有项调查，每个村的主要干部平均 6.8 人。享受误工补贴的村副主任、团支书、妇联主任、民兵连长，以及村民组长、计划生育员、调解委员等还有 10 多人，有多达 20 ~ 30 人。乡村两级各类干部，现在约占农户的 7%。

乡村两级干部是国家和农民之间的桥梁和纽带，对下代表政府行使国家的权力和完成各项任务，执行党和国家的政策和法令，对上代表农民群众，反映民意和保护农民的利益。近些年，特别是 1996 年以后，农村经济发展出现波折，农产品价格连续几年下挫，乡镇企业发展受阻，乡村两级财政普遍困难，多数乡村财政入不敷出。中西部地区、以农业为主的地区的多数乡镇不能按时给干部发工资。有些就设立各种名目向农民乱摊派乱收费，加重农民负担，引起农民不满。所以近几年在一部分地区干群关系比较紧张。多数地区现在已进行精官简政的改革，也有些在采取合并乡镇、合并行政村的措施。其中的重要原因之一就是为了减少干部人数。

---

① 国家统计局编《中国统计年鉴·1998》，北京：中国统计出版社，1998 年 9 月，第 419、421 ~ 423 页；国家统计局编《中国统计提要·1998》，北京：中国统计出版社，1998 年，第 160 ~ 161、165 页。

五 农村现代化与农村社会结构的变迁趋势

20多年来，中国农村社会结构出现的分化是改革以后农村工业化、城市化、市场化发展的结果。在1993年，我根据长江三角洲、珠江三角洲与沿海发达地区，在20世纪80年代以后发展乡镇企业取得巨大成功的实践，提出过以后中国农村将经历四个阶段走向现代化的设想。农村社会分化就是伴随着这样四个阶段进行的。当时，我对乡镇企业的实践做了比较乐观的估计，认为通过乡镇企业，中国农村将走出一条有中国特色的社会主义现代化的道路。但是现在农村的发展条件（特别是乡镇企业发展）发生了很大变化，从而也会对农村今后的社会分化产生影响。我当时提出的四阶段设想是这样的。

第一步，农村普遍实行家庭联产承包责任制。农民挣脱人民公社"三级所有，队为基础"的体制束缚，成为独立的商品生产者，农业生产大发展，既解决了农产品对国民经济的供给问题，也解决了农民的温饱问题，并且使一部分农民先富裕起来。

第二步，发展乡镇企业。既然农民一时不能进城，那就通过办乡镇企业，实现农村工业化，使一部分农民先改变职业，由农业转到第二、三产业劳动就业，使乡镇企业成为国家工业化的另一翼。事实上，到20世纪90年代初中期，国家的建筑材料业、纺织服装业、采矿业、机械业、化工业、食品加工业等门类的工业产品，很多都由乡镇企业来提供了。农村经过乡镇企业积累了资金，支持农村的基本建设，支持农业现代化，乡镇企业的职工得到了工资，逐步富裕起来，也实现了职业的转变。

第三步，发展小城镇。乡镇企业发展到一定阶段，要求继续发展，必然要逐步集中到小城镇上来，乡镇企业的职工及其家属也迁到小城镇居住，乡镇企业积累了资金，也支持小城镇基础设施建设，使小城镇兴旺繁荣起来。苏南的群众总结说，苏南农民这几十年走过的道路是"70年代造田，80年代建厂，90年代建镇"。上海市政府提出农村现代化的发展方针是："乡镇企业向工业小区集中，人口向小城镇集中，土地向种田大户集中。"浙江温州的农民，在政府主持下，在苍南县鳌江边上，就造成了一个龙港镇，使原来只有几百人的小渔村，仅用10年工夫，就发展为有14万人口的工商业为主的城镇，被誉为"农民城"。20世纪80年代初，全国5万多个乡镇中，只有2800多个镇。到1993年，乡镇的总数还略有减少（因为合并等原因），但建制镇却发展到 14000 多个（1999 年为 19184 个）①。镇区总人口达到 6000 多万。农民一时因户口制度未改，退而求其次，能进入小城镇也是进了一步，从而改变了身份。东部沿海诸省，因乡镇企业发展，经济繁荣，小城镇建设得很好，也是高楼林立，宾馆酒店、学校医院、交通邮电都很方便，有了现代化的气势。

第四步，区域现代化，城乡一体化。中国地域辽阔，人口众多，各地区发展很不平衡，不可能同时实现现代化，将逐步实现从东部、到中部、到西部的梯度发展。首先将在若干大的区域里面，以一个或几个大城市为中心，以中小城市为纽带，带动周边的大量的小城镇发展，多数农民逐步转移到大、中、小城市，特别是小城镇里就业，农村中只留下少量的专业大户从事规模经营的农业。经过若干年的改革和发展，城乡的主要差别逐步消除，城乡逐步融合，实现城乡一体化。②

这个关于农村发展的四个阶段发展的设想，一时曾经为学术界和部分实际工作部门的同志所接受，他们在制定一些地区和县的发展战略时，曾参考过这个设想。

但是，1995～1996 年，由于国内国际宏观经济形势变化，乡镇企业发展的社会背景和外部环境变了，乡镇企业发展遇到了结构性困难。因为经济自此进入了新的发展阶段，告别了短缺经济，由卖方市场转入买方市场。工农业产品普遍过剩，市场疲软，销售困难。现在一般的工业产品大部分都过剩了，现有的乡镇企业连维持都有困难，更遑论还要发展新的乡镇企业。而且现在发展起来的乡镇企业大多集中在东部沿海，占了天时、地利、人和的优势，现在能站住脚的也是东部已经发展起来的乡镇企业，中西部已经办起来的乡镇企业相当多数办不下去，更不要说以后像东部地区那样再大规模地发展了。

我当时关于农村四步发展的设想是从东部发展乡镇企业成功的基础上总结出来的，没有周全地考虑到中西部以后发展乡镇企业的环境和条件，以为将来中西部也可走东部沿海诸省发展乡镇企业并带动城镇发展成功的道路。

这四个阶段发展的农村现代化道路在东部一部分地区是走成功了。条件是他们这些地区抓住了发展乡镇企业的机遇，把农业上剩余的劳动力，

① 国家统计局编《中国统计年鉴·2000》，北京：中国统计出版社，2000 年 9 月，第 369 页。
② 参见陆学艺主编《中国社会主义道路与农村现代化》，南昌：江西人民出版社，1994 年 6 月。

转移到第二、三产业，积累了资金，建设小城镇，也就实现了农民变工人、职员，农民变居民，实现了自我农转非。但后来中西部农村的乡镇企业生长发展的条件改变了，市场已经被城市工业和东部乡镇企业占领，而且创办乡镇企业的条件也苛刻了，当年国家鼓励发展乡镇企业的优惠贷款、免税减税等政策都改变了，中西部农村再发展乡镇企业就困难重重了（当然不是一个也办不起来）。通过办乡镇企业这个关键性的步骤不行了，所以今后中西部农村就不能再按四步发展道路走。此路不通，只好另辟蹊径。

乡镇企业的发展不可能在中西部全面推开，中国农村现代化四个阶段发展的道路的设想也就失去了基础。那么，中国农村现代化今后将可能走什么样的道路呢？这自然会影响到中国农村社会结构分化趋势。

事情还要回到中国整个现代化事业的发展道路上来反思。离开整体的发展，作为整体一个部分的农村现代化不可能独立地发展。虽然，我们常说，"没有农村的稳定就没有全国的稳定，没有农民的小康就没有全国人民的小康，没有农业的现代化就没有整个国民经济的现代化"①。实际上应该是先要说，没有国家的现代化，也就没有农村的现代化。

一个传统的农业国家，要建成现代化国家，必须要进行工业化、城市化，而且这两化是同步的，是一个过程。这可以说是一个具有规律性的普遍经验。中国自实行改革开放以后，进行了经济体制改革，加速了现代化的进程，却没有进行户口制度的改革，"城乡分治，一国两策"的格局没有改革，二元社会结构依然存在。城市和农村是两个营垒，各自分别发展。因为政治、经济、社会、文化的优势都在城市，各方面都向城市倾斜，城市现代化进展很快，而农村发展缓慢，城乡差距扩大，农民不是越来越少，而是越来越多。1999 年比 1978 年还增加 8003 万农民。② 20 年的实践证明，背离规律的发展是不行的，这不能叫有中国特色的发展。我国现代化事业当前面临的许多困难和矛盾，都与这个背离有关系。

中国是个 12 亿多人口的大国，全世界都在盯着这个大市场。1999 年全国国内生产总值是 82054 亿元，不到 1 万亿美元，③ 人均工农业产品并不多，还称不上物质的极大丰富。但自 1997 年以后，全国 610 种工农业主要商品，有 2/3 供过于求，几乎什么都销售困难，由卖方市场转为买方市场。

① 中共中央文献研究室编《十五大以来重要文献选编》（上），北京：人民出版社，2000 年 6 月，第 554 页。

② 国家统计局编《中国统计摘要·2000》，北京：中国统计出版社，2000 年 5 月，第 34 页。

③ 国家统计局编《中国统计摘要·2000》，北京：中国统计出版社，2000 年 5 月，第 14 页。

有人说中国的买方市场早熟了,为什么?因为农民多而穷,占总人口 70% 的农民,只购买 39% 的商品,6 万多亿元存款中,农民存款只占 19%。朱镕基总理早在 1996 年就提出要开拓农村市场,但 5 年过去,就是开而拓不动,农村购买力反而萎缩了。不是农民不需要这些产品,而是农民没有钱。所以从国民经济发展的全局,工业品要有市场,这种城乡分割的格局也该改革了。

1999 年,我国的 GDP 中,第一产业占 17.3%,第二产业占 49.7%,第三产业占 32.9%,我国已经是一个工业化发展到中等水平的国家,但当年的城市化率为 30.9%,[①] 城市化严重滞后于工业化(1996 年世界的城市化率为 46%)[②]。由此引起了一系列经济、社会问题,阻滞了经济、社会的健康、协调发展,这是国内学者和实际工作部门管理层的共识。因为城市化滞后,严重地阻碍了第三产业的发展。第三产业也即商业和服务业,是降低交易成本,改善环境,增加人民生产生活便利,提高生活质量和提高人的素质的产业。二战以后,世界各国的第三产业都有了极大的发展,在经济生活中已是唱重头戏的主角。发达国家的第三产业已占 60%～70%,中等发达国家也超过 50%。我国的第三产业在新中国成立初期就占 30% 左右,1953 年为 30.8%。因为搞了计划经济,二元社会结构,城乡分割,城市化倒退,到 1979 年第三产业降到 21.4%,20 世纪 80 年代以后才缓慢回升,1992 年为 34.3%,1999 年为 32.9%。[③] 为什么我国的第三产业如此徘徊难增长,主要原因是城市化滞后。第三产业要以城市作载体,农村居住分散,服务行业发展不起来。国民经济要协调发展,提高经济效益,增加就业,提高生活质量,增加居民的满意度,要大力发展第三产业,也该改变现行的城乡分割的格局,加快城市化步伐了。

日本靠着工业创造的财富,反哺农村、农业,大力支持农村各方面的建设,使日本农村现代化了,实现城乡一体化了;大力补贴农业,使农民富裕起来了,消除了城乡的主要差别,消除城市居民和农民收入的差别;可以说农村问题、农民问题基本解决了。但是农业问题没有解决,40% 以上的食品要靠进口。作为一个大国,从长远讲,这总是一个问题。我们中国,邓小平实行改革开放,对农业发展提出"一靠政策、二靠科学"的方针。

---

① 国家统计局编《中国统计摘要·2000》,北京:中国统计出版社,2000 年 5 月,第 16、33 页。
② 刘洪主编《国际统计年鉴:1998》,北京:中国统计出版社,1998 年 12 月,第 72 页。
③ 国家统计局编《中国统计年鉴·2000》,北京:中国统计出版社,2000 年 9 月,第 54 页。

经过 20 年的努力，现在可以说农业问题基本解决了。不仅是吃饭问题解决了，几乎所有的农产品都已供过于求。我们的耕地只占世界总量的 7%，除满足了占世界总人口 21% 多的供给外，现在还是农产品的纯出口国。但是，因为我国的工业效益还不好，至今还不能反哺农村，还要靠农村、农业来继续支持工业发展。我们的不少城市，建设得已相当现代化了，有一部分城市居民也相当富裕了，过上了现代化的生活。但是，我们的农村，特别是中西部的农村，还相当落后，无论是交通、邮电、医疗卫生、科技教育、文化娱乐还是生活环境都与城市相差很远，要落后十几年、几十年。我们的农民收入还很低，城镇居民和农民的收入差距，这十多年不但没有缩小，反而是扩大的。1978 年是 2.36：1，1984 年缩小到 1.7：1，1999 年扩大到 2.65：1（5854 元：2210 元）。① 加上城镇居民有住房、医疗、社会保障等隐性收入，农民则基本没有，所以实际差距还要大一些。我国的农业问题基本解决了，而农村问题、农民问题还没有解决，与日本正好相反。

1996 年，中国农业获得特大丰收，粮食总产首次超过 1 万亿斤②，其他农产品也大多是超历史的增产。从此，粮食和其他主要农产品就出现了供过于求的局面，销售困难，市场疲软，价格下降，一直持续到现在（奇怪的是，工业方面的重要产品，也几乎是同时出现了供过于求。所以农村的乡镇企业由于产品销售不出去，库存严重，价格下跌，也遇到了极大的困难。为什么会这样同步，是巧合，还是另有原因，经济学家至今还没有做出解释）。按照原来计划经济体制的要求，从保证供给的角度看，农业问题可说是解决了。但是因为农产品销售困难，价格下跌，农民收入就成了问题。据国家统计局统计，1996 年农民平均年纯收入比上年增长 22%，1997 年为 8.5%，1998 年为 3.4%，1999 年为 2.2%，增幅是逐年减小的。③ 这是指全体农民，包括东部农民的大量第二、三产业收入都在内的。我国农户总量中有 62.4% 属纯农户（收入的 90% 以上来自农业），这几年，"绝大多数纯农户的收入已经陷入了负增长"，"至今有半数以上的农户，自 1998 年以来实际上已处于收入绝对减少的困境"。④

农民连续几年收入增长减缓乃至减少，这是改革开放以来仅有的，而

① 国家统计局编《中国统计年鉴·1985》，北京：中国统计出版社，1985 年 10 月，第 551 页；国家统计局编《中国统计年鉴·2000》，北京：中国统计出版社，2000 年 9 月，第 312 页。
② 国家统计局编《中国统计年鉴·2000》，北京：中国统计出版社，2000 年 9 月，第 386 页。
③ 国家统计局编《中国统计年鉴·2000》，北京：中国统计出版社，2000 年 9 月，第 312 页。
④ 陈锡文：《巩固农业基础地位 努力增加农民收入》，《上海农村经济》2001 年第 1 期。

农民负担却有增无减，农民的日常开支也是增加的，这就必然要引起社会矛盾。近几年政府把增加农民收入、减轻农民负担作为农村工作的头等大事，年年开会，发文件，可谓千方百计，开了许多药方，但是总不见效。这两年，许多学者和领导人逐渐明白了，农村、农业的问题不在农村、农业本身，根本的问题是城市化滞后了，农业上容纳不了也不需要容纳这么多人。过去常讲，农民的问题是土地问题，这个问题已经基本解决了。现在农民的问题是就业问题。靠一家种 8 亩田农民不能充分就业，是富裕不起来的。现在"是要打开城门，让农村中剩余的劳动力，到第二、三产业中去就业"，"只有减少农民，才能富裕农民"①。农业中就业的农民减少了，就能扩大经营规模，才能提高生产力，第二、三产业的人多了，城镇居民多了，农产品也才有了市场。过去毛泽东说过，农村是广阔的天地，青年们到农村去，是大有作为的。时代不同了，现在应该说，城镇是广阔的天地，农民们到城镇去，是大有作为的。假如使滞后的第三产业发展起来，就可容纳上亿计的劳动力。所以，从发展农业本身，从提高农民收入的角度，也要打开城门镇门，加快城市化的进程。

现在的中国，一方面经济发展很快，各方面成就巨大；另一方面各种矛盾很多，困难很大，城乡矛盾，地区差距扩大的矛盾，贫富差别悬殊的矛盾，改革发展与社会稳定的矛盾，等等。但城乡结构不合理，城市化严重滞后于工业化则是当前经济社会发展失衡的主要矛盾。如果我们能因势利导，抓住时机，下决心改革已经过时、已经在束缚经济社会协调发展、已经在阻碍生产力发展、已经很不得民心（特别是占人口 70% 农民的心）的户籍制度，打开城门镇门，让农民进来，加快城市化的步伐，解决这个主要矛盾，那么，许多矛盾就可以得到解决或缓解了。

9 亿农民用重拳敲打城门多年了，我们为什么愣是闭耳不闻，关门死守呢？古人云，许多事情是"水到渠成"，现在水已经到了，渠也看得见了（发达国家的城市化的经验），为什么不肯开闸呢？这个闸就是计划经济体制条件下形成的户籍制度。现在计划经济体制已经改革，正在向社会主义市场经济体制转变，为什么这个户籍制度就不能改呢？

有人说，改掉了户口制度，相当多的农民转成了城市居民户口，将来再来个 1960 年，没有那么多粮食供应，岂不要酿成大灾难吗？1960 年的大饥荒，是人民公社大跃进、瞎指挥搞出来的。我们以后按经济规律办事，

---

① 陈锡文：《巩固农业基础地位 努力增加农民收入》，《上海农村经济》2001 年第 1 期。

是再不会出这种灾难了。而且我们要相信科学，相信农业生产力的发展，中国的耕地，中国的农民，是能够养活中国人的。1952 年，土改结束，我国有 16 亿亩耕地，1.1 亿农户，49191 万农民，户均耕地 14.5 亩，劳动力人均 5.7 亩。1983 年，实行大包干，按当年国家统计局的统计为 14.8 亿亩耕地，按后来国家土地局公布的详查数为 19.5 亿亩，有 1.85 亿农户，84206 万农民，3.3 亿个农村劳动力，户均耕地 10.5 亩，劳均 5.9 亩。[1] 1999 年，有 2.4 亿农户，87017 万农民，49572 万个农村劳动力，仍按 19.5 亿亩耕地计，户均耕地 8.1 亩，劳均 3.9 亩。[2] 半个世纪过去了，我们的农业机械化、现代化水平已经提高很多，但户均耕地规模反而下降 44%，劳动力人均耕地下降 32%。这表明我们农村剩余的劳动力实在太多了。所以加速城市化步伐，让农业剩余劳动力转移出去，是不会减少农业生产产量的。

有人担心，让这么多农民进城，将来出现墨西哥、孟买、加尔各答那样的大片大片的贫民窟怎么办？中国农民的传统是安土重迁，他们如果在城市找不到比农村好的生产、生活的条件，是不会轻易离家的。印度有大批贫民窟的人，是因为他们在农村没有土地，贫无立锥之地，不如就流浪到城市讨生活。中国的农民在农村有足以维持温饱的承包地，这是他们的根，也是他们的社会保障，他们不会轻易放弃的。所以这几年，城市里经济调整，工作不好找，清退了许多农民工，有 2000 万～3000 万农民工不是都有序地回到农村去了吗？并没有因此就滞留在城市而形成贫民窟。另外，我们也应该有信心，党和政府有条件、有能力会办好城市化这件大事，也会管好大城市和特大城市的。

调整城乡社会结构，加快城市化的步伐，改变城市化严重滞后于工业化的状况，应是当务之急。1984 年，著名经济学家张五常先生预言过："假若中国要在 20 年后有足以炫耀的经济表现，以我个人的保守估计，在这 20 年间必须要有三四亿人口从农村迁徙到城里去。"他把这件事称为"大搬迁"。他还说："假若这个大搬迁不出现，经济现代化就难有大成，若要农村内大量增加农产品以外的工商业产品，就会因费用奇高而难以办到。"

---

[1]　国家统计局国民经济综合统计司编《新中国五十年统计资料汇编》，北京：中国统计出版社，1999 年 11 月，第 1、32 页；国家统计局编《中国统计年鉴·1984》，北京：中国统计出版社，1984 年 8 月，第 109、131 页；国家统计局编《中国统计年鉴·2000》，北京：中国统计出版社，2000 年 9 月，第 373 页。

[2]　国家统计局编《中国统计年鉴·2000》，北京：中国统计出版社，2000 年 9 月，第 373 页；国家统计局编《中国统计提要·2000》，北京：中国统计出版社，2000 年，第 52、54、113 页。

"要实现大搬迁，惟一可行的办法，就是改变制度，让大搬迁由市场自动调节，由人民自己开动脑筋，自由选择，顺其自然地进行。一个骤然看起来差不多无法办到的大搬迁，只要制度一改，对症下药，其发展的顺利及神速，是会超出一般人所能想象的。中国的希望，是要靠大搬迁的压力大显神威。"①

我很赞成张五常教授的预言。现在这个"大搬迁"终于要动了。虽然晚了十多年，吃了很多的亏。前些年几种方案都试过了，花了很多学费。还是要城市化，客观规律是不能违背的，违背了就要吃苦头。

1999 年，我国的城市化率是 30.9%。② 按照发达国家的经验，这正是城市化加速发展的时期。只要户口制度一改，城市化就会显现"发展的顺利及神速"。乐观的估计（条件是近期就一定要改革户籍制度），今后的城市化水平每年提高 1.2 个百分点，那么 20 年后，我国的城市化率就能达到 60% 左右（因为统计口径的原因，我国现在的城市化率实际应为 35% 左右。因为现在已流入市镇务工经商的约 5000 多万农民工和商贩及其家属是没有统计在城市人口中的）。

如果到 2020 年，我国城市化率达到 60% 左右，也就是实现城市化、现代化了。多位经济专家计算过，到 2020 年我国的 GDP 将再翻两番，人均4000 美元左右。那时我国的总人口将接近 15 亿，全国国内生产总值达 6 万亿美元，经济也就现代化了。

户口制度改革了，"城乡分治，一国两策"改变，城市化将由市场自动调节，城乡之间的壁垒拆除，全国社会是一个社会主义市场经济的体系。那么，中国的社会结构就会是一个体系，而不再是现在城乡分别统计、分别研究和分析的两个体系。现在我们研究的农村社会结构也就没有必要独立出来进行分析。我对户口制度一定要改革，"一国两策"也一定会改变，是有信心的、乐观的。所以，我认为我前面提出的农村现存的 8 个社会阶层在全国统一的市场经济推动下，都会各自发生新的变化。

（1）私营企业主阶层。前面说过，这个阶层最早是产生在农村的。1991 年以前，80% 在农村，城市是少数。1992 年以后，政治、经济环境变了。城市的私营企业大批量发展起来，农村的私营企业有些规模大的，也迁往城镇，现在已是 60% 在城镇、40% 在农村。城乡打通之后，私营企业

---

① 张五常：《中国的前途》，香港：香港信报有限公司，1991 年第 12 版，第 33、38 页。

② 国家统计局编《中国统计年鉴·2000》，北京：中国统计出版社，2000 年 9 月，第 95 页。

为了求得更好的发展，大多都会向城镇转移。私营企业主就都会变成城市居民身份，以后私营企业主阶层将融为一体，不再有城乡之分。

（2）个体劳动者和个体工商户阶层。所谓个体工商户，实质上就是小的私营企业。20世纪80年代初，政策规定雇工8人以上的为私营企业，雇工7人以下或不雇工的称个体工商户。今后这个政策将会改变，统称为私营工商户。其中规模稍大的大部分也会转到城镇去。小型的会留下，成为自营业者。如果收入来源全部靠第二、三产业，他们也就不再是农民。即使还居住在农村，也只是农村住户，而不是农民阶层的一员。

个体劳动者，原指农村的五匠：木匠、瓦匠、铁匠、石匠、裁缝、理发（剃头）匠等。他们是农村的手工业者的一部分，这在农村是有传统的。一般都是兼业的，既种田、也从事手工业，他们是兼业农户。

（3）农民工阶层。前面说过，现在有约5000万农民离土离乡，在各地城镇打工。有的已做了十多年，但因为户口原因，成不了正式工人和当地居民。年年春去冬回，过着候鸟式的生活。户口制度一改，他们绝大部分会成为城镇的工人，跟当地居民融为一体，其中多数人也会把老婆孩子带去。仅此一项，城市人口就会增加一亿，就可使现在的30.9%的城市化率增加8个百分点。还有3000多万在乡办、村办集体所有制乡镇企业里工作的离土不离乡的农民工。户口制度改革之后，他们中的大部分也都会迁到当地的小城镇居住。一些村办集体企业规模大了，这个村本身就建成为小城镇了，如江苏的华西村、深圳的万丰村、北京的韩村河村等，都比一般小城镇建设得还好。户口一改变，这3000多万离土不离乡的农民工多数也都变成工人了。

（4）雇工阶层。这部分人是在三资企业、私营企业、个体工商企业中从事第二、三产业劳动的农民工。户口制度一改革，他们就都成为工人和职员了，不过他们是在非公有制企业里工作的。当然，他们就不再是农民了。

（5）农村知识分子阶层。他们是在农村工作的教员、医生、护士、文化艺术工作者、农业科技工作者等。过去，因为户口制度的原因，被称为民办教师、赤脚医生、农民技术员等。前些年，政府已经把民办教师等转为非农业户口了。今后这些知识分子还将长期在农村工作，不过，他们不再是农民，他们同城镇工作的同行将是同一个阶层，只是工作地点不同而已。

（6）乡镇企业管理者阶层。乡办、村办的集体所有制乡镇企业今后还会继续转制分化，一部分会变成股份制的现代企业，一部分会转成股份合作制，还有一部分会转成私营企业。所以这个乡镇企业管理者阶层今后会转变为企业家、经理、专业技术工作者，还有一部分会回到乡镇政府或村委会成为农村干部。以后，随着户口制度改变，农民工、农民企业家、农村知识分子、民办教师等一类特有名称将逐步消失。

（7）农业劳动者阶层。随着城市化的发展，户口制度的改革，这个阶层将逐年减少。前面讲过，到 2020 年，我国城市化率将达到 60% 左右。农村居民将只有 40% 左右，而且在 2020 年后还会继续减少。

（8）农村管理者阶层。农村干部无论是乡（镇）一级还是村一级，这 20 多年都增加了很多，有的增了一倍还多，农民实在负担不起。这是合作化、人民公社、集体经济时期遗留下来的包袱，政经、政企不分，农村干部要完成的任务太多，管的事太宽，权也太大，这都是计划经济体制条件下形成的。设这么多官，管这么多事，给这么大的权力，既不合理，也无必要。实行社会主义市场经济体制之后，乡镇一级成为基层政权的行政机构，把管辖区域范围内的政治、行政、财政、税收、社会保障、教育、科技、文化、公共设施建设等事务担当起来，干部由国家法定的公务员担任，多少视本乡镇的大小，人口多少，发展水平来额定，经济活动交还给社会，由企业、公民去经营。村一级干部减少到最低限度，只给被选出的村民自治委员会的主任和一两个副主任由政府发放的象征性的津贴。经济合作组织、民间群众组织、社团组织都由公民自愿参加，各组织的领导民主选举产生，多为荣誉和尽义务的，不能像现在那样，有个事就要安个干部，是个干部就要拿补贴，开个会就要吃喝。从制度上改变原来人民公社时期留下来的不良传统（那时连开个会都要记工分、拿补贴的），从根本上解决好干部同农民的关系。农民、居民在户口制度改革以后都是公民，公民除了依法纳税外，有权拒绝各种摊派、集资，彻底解决长期困扰的"农民负担"问题。

实现了工业化、城市化、现代化、城乡一体化以后的农村将可能是怎样的呢？从一些发达国家的农村看，一类像美国、丹麦、澳大利亚等，地多人少的国家，70% ~80% 以上的人口集中在城市，家庭农场主、农业工人很少，大约为 5% ~10%。农场规模很大，几千亩、甚至几万亩，一家一个大农场，孤零零地在田间。农户之间相距几公里、十几公里，他们互相之间的交往靠汽车、电话、计算机，聚会是在小集镇内。日本、韩国等人多地少的国家，实现工业化、城市化、现代化之后，大量的青年农民都进城从事第二、三产业了。但农村的格局还未变，一家一户的房子还在村落、还原封未动。只是人少了，有些全家搬走了，房子还空着。政府用工业反哺农业、农村的水利、道路、电力、通信设施，上下水道都修好了，生产、生活也都现代化了。住在农村里的人，纯农户是少数，多为兼业农户。在靠近大中城市的农村里，还有相当一部分人完全不从事农业，在城里工作，上下班靠汽车。也有一部分农户是一家两制，中老年的父母还种田务农，年轻的子女在城里上班挣工资，但住在农村里。

中国是个人多地少的国家，今后三四十年，也会像日本、韩国的农村那样，农村这个社区会长期存在。农村里的居民将是：（1）纯农户（日本称专业农户），主要靠农业收入生活；（2）农业兼业户，收入大部分靠农业，小部分靠非农业；（3）非农业兼业户，收入来源大部分靠第二、三产业，小部分靠农业；（4）住户，住在农村里但不从事农业的家庭。四类家庭随着国家现代化的发展，不同的地区、不同的时间，各自的比例是不同的。现代化水平越高，离大中城市越近，第一、二类农村居民的比例就越小，后两类就越多。第一、二类居民还可称为农民；后两类，特别是第四类已不是农民了。

这些是我对未来中国农村和农村社会结构的一些设想和预测，也是我的希望。实现的条件是近期中国在经济体制改革基础上要进行相应的政治、社会体制的改革，以及社会主义市场经济体制的成熟。对中国农村的发展来说，最关键的是要进行户口制度的改革，实现"城乡分治，一国两策"的改变。如果近期没有这几项重大改革，那么目前的状况还将继续，农村的社会结构还将在现有框架中缓慢变化。当然，即使进行了上述必要改革，农村的这些社会阶层也还要存在相当一个阶段而逐渐淡出。

增加农民收入的一方一计[*]

朱镕基总理关于"十五"计划的报告，总结了"九五"时期的伟大成就和基本经验，展示了今后五年的奋斗目标、指导方针和实施要点，总共16500字，言简意赅，高屋建瓴，内容丰富，很有新意，很有水平，我表示赞成。

朱总理把"加强农业基础地位，努力增加农民收入"放在实施"十五"计划的第一位。他说："农业、农村和农民问题是关系改革开放和现代化建设全局的重大问题。'十五'期间要把全面贯彻党在农村的基本政策，加强农业基础地位和增加农民收入，作为经济工作的首位。"这是完全正确和必要的。改革开放以来，我们在邓小平同志关于"一靠政策，二靠科学"的方针指导下，农村率先改革，进行了实行家庭联产承包责任制、发展乡镇企业等一系列改革。经过20年的努力，农村发生了历史性的伟大变化，特别是在1996年第三次特大丰收以后，解决了多年来困扰我们的粮食和主要农产品的供给问题，由卖方市场转变为买方市场，解决了吃饭问题，支持了国民经济的健康稳定快速发展，这是历史性的伟大转变。成绩极其伟大。

不可回避的是，1996年冬以后，由于市场容量有限，农产品价格持续下跌，农产品销售困难。这几年农民收入增长减缓，在一些务农为主的地区，农民收入是减少的。

农民收入减少，负担却降不下来，农村干群矛盾增大，农村社会安定也成了问题，而且因为农民收入上不去，农民购买力萎缩下降，使许多工业品滞销。朱总理在1997年就讲要开拓农村市场，就是拓而不开，不是农

---

    * 本文源自《"三农"新论——当前中国农业、农村、农民问题研究》（陆学艺著，北京：社会科学文献出版社，2005年5月），第2~7页。该文系陆学艺2001年3月7日在第九届全国人民代表大会第四次会议江苏代表团全体会议上的发言。——编者注

民不需要这些产品，而是农民没有钱。这样也就限制了工业的发展，所以如何增加农民收入就成了整个经济发展的关键性大问题。

《"十五"计划纲要》指出，"要把不断增加农民收入放在经济工作的突出位置，千方百计促进农民收入较快增长"，"要千方百计增加农民收入"这句话，这几年在农村工作会议上都是讲的。但真正务农的农民这几年的收入就是上不去。据陈锡文同志说，我国现在还有62%的农民是靠农业为主要收入来源，而这几年以务农为主的农民收入是减少的，而不是增幅减缓的问题。

回良玉同志说，"江苏省2000年农民纯收入增加2.9%，这个增长并不是靠多数农民的收入增长拉动的"，"2000年江苏农民减收户达60%，平收、增收的只占1/3强"。所以说，"平均数代表不了大多数"。江苏省作为全国较好的省尚且如此，中西部农村的问题就可见了。

在北京的一个学术会议上，有同志向起草中央农村工作文件的笔者提出，你不要老说千方百计增加农民收入，你讲"一方一计"行不行？

去年①8月21日，《南方周末》刊登了湖北省监利县棋盘乡党委书记李昌平向朱镕基总理写的一封长信，说"现在的农民真苦，农村真穷，农业真危险"。朱总理派人私访，证实了这位书记讲的是真话，为此他动情地作了长篇批示。我看了这些材料，夜不能眠，写了"农民真苦，农村真穷"一篇文章，登在今年②《读书》杂志第一期上。

真正务农的农民已经连续四年减收了（农产品总量未变，但价格降了1/3），这在改革开放以来是第一次。乡、村两级自1994年以后普遍负债，平均每个乡镇负债400万元，每个村负债20万元，中西部各省区有60%～70%的乡镇不能正常发工资。现在乡镇工作的几百万干部是两头受气，一面是上级和区县里干部批评他们没有完成财税收入任务，一面是农民也埋怨他们加重负担。然而他们自己也经常是几个月都拿不到工资。

这几年城乡差距是拉大了。据医学界的朋友说，城市的病是心脏病、脑血管病、高血压、糖尿病、肥胖病，都是富贵病，而农村则是肺结核、肝炎、疟疾和营养不良，都是贫穷病。

我想了"一方一计"。

我认为这几年乡镇财政普遍困难，出现了普遍负债运转的情况，问题

---

① 此处指2000年。——编者注
② 本文中指2001年。——编者注

是很严重的。这个问题普遍出现在1994年以后。1994年实行财政体制的重大改革，这项重大改革是成功的，完全必要的。由此增强了国家宏观经济调控能力，实践证明，这是正确的。这几年把整个经济调整过来了，保持了经济稳定健康快速增长，抵御了亚洲金融风暴。但是国家在处理好中央和省级财政关系之后，还没有同时处理安排好省和地（市）、地（市）和县、县和乡镇的财政关系。这几年执行的结果是，凡是财源好的多的是上面拿走了，而凡是包袱和负担则都往下推了，造成事权和财权不相称。下面干部总结：现在的财政体制是"中央财政很好过，省级财政亦好过，地级财政可以过，县乡两级真难过"。安徽的干部总结说：现在是"中央财政蒸蒸日上，省级财政搭车沾光，地级财政只能喝汤，县级财政两手空空，乡级财政都是窟窿"。一个乡镇30000～40000人，要发300～400名教师的工资、100多名乡镇干部的工资，没有500万～600万元过不去。没有乡镇企业或办不好二、三产业的乡镇，只好向农民摊派，于是农民负担就加重了。这就是为什么60%～70%的乡镇发不出干部和教员的工资，并且普遍负债的原因。这怎么能长此以往呢？有位乡镇干部春节给我打电话说，过年发了三个月的工资，只发到2000年9月份，还欠四个月。他问，今年国家增收了2000多亿财政，为什么我们的几千元就发不了呢？在这里，我要为农村基层干部说句话：形成农民负担重等农村问题，主要责任不是他们。要是没有他们在前面任劳任怨地工作着，我们没有这样安定。

要改变现在财政向上倾斜、向富裕地区倾斜、向城市倾斜的现状。调整财政的收支安排。这是"一方"。

怎么解决农民收入增长问题，我的"一计"是：加速改革现行的户籍制度，加快城镇化步伐。我国正在进行社会主义现代化建设。国际上现代化国家的经验是一个国家要现代化，必须实现工业化，而工业化、城市化、现代化是三位一体的。搞工业化时，先要从农村积累资金，要农产品，要工业原料，办工厂。与此同时，农民也进城当工人了，工厂办起来了，"三产"服务办起来了，城市繁荣起来了，工业赚了钱，就反哺农村、农业，使农村、农业现代化。

我国20世纪50年代也是如此，但60年代以后，资金、粮食、工业原料都往城里调，但劳动力不能农转非，有个户口制度卡着。

1978年以后，农业包产到户，粮食多了，工业也发展了，但农民还不能进城，于是只好办乡镇企业，后来又有了民工进城打工，形成"民工潮"。

这些年我国工业发展很快，已达到中等发展水平，但因为不能农转非，形成了城市化严重落后于工业化的局面。截至 2000 年我国 GDP 达 1 万亿美元,人均 848 美元,已达到下中等收入国家水平。经济总量和工农产品达到世界平均水平。但是到 2000 年我国的城市化率只有 31%,而 1996 年全世界城市化率为 46%。

因为不能农转非,农村滞留了数亿劳动力不能自由转移出来,造成工农业产品大量积压,2/3 的商品供过于求。按说,这些产品还并没有达到极大丰富,人均量都不到世界平均水平。如 2000 年生产彩电 3935 万台,电冰箱 1278 万台,洗衣机 1442 万台,我国有 3.4 亿个家庭,不应该卖不出去,但现在就是卖不出去。原因是农民占 70%,有 2.3 亿户,他们没有钱,就是有钱也没有电,没有自来水等基础设施,所以农民也就不买。

如果我们改变户口制度,几年内使城市化率达到 46% 的世界平均水平,则可以有 1.8 亿农民进城,这些工农产品就不够卖的。9 亿农民挤在农村里,是农民穷的主要根源。

因为户口制度未改,我们工业化时期,农民的相对数虽然从 1978 年的 82% 降到现在的 69%,但绝对量都是增加的,1978 年只有 80320 万人,1999 年为 92216 万人,这 21 年纯增 11896 万人,这在世界工业化历史上是绝无仅有的。

这 9.2 亿农民只耕种 19.5 亿亩耕地,占 70% 的人口,只创造 16.9% 的 GDP,这是农民穷的根本原因。这么多农民在农村,劳动力一年劳动时间只有 100 多天,所以就不能充分就业(有人说过去人民公社时期是农民被捆起来受穷,现在则是圈起来受穷)。所以,现在的农村问题在城市,农业问题在农业之外。只有减少农民才能富裕农民,这是各界的共识。

民主革命时期,农民问题是土地问题。现在的农民问题是就业问题。改革现行的户籍制度让农民到城市、城镇去,这是解决"三农"问题的出路。

有人说:(1)再来个 1960 年怎么办?(2)城里人都不能充分就业,农民再进城不是更不行吗?(3)农民进城就不了业,出现贫民窟怎么办?(4)现在城市的房子,路、电、水等基础设施都不够,进来了不是更不行吗?(5)社会保障现在就保不起,农民进来更不好保了。农民应该有保障,农民进来是创造财富的、发展经济的,经济发展了,何能保不起。

这些问题,有些是用计划经济的眼光来处理对待今天的事,有些是想象中的,有些则是既得利益者的借口,就好像坐在公共车里的人怕人多挤着自己而反对拥在车门口的人上来一样,而这些问题是可以解决的。

所以当前的矛盾是城乡矛盾，打开城门、镇门让农民进来，许多问题就解决了。世界的大国没有一个市长不是欢迎人们去工作、去居住、去经商的，可以纳税，许多事就可以办了。

当然还有一系列问题要解决。

中国农民的过去、现在和未来[*]

中国是一个农民仍占多数的国家，直到今天，十二亿多人口，九亿是农民，这是中国的基本国情。农民不论在历史上还是在今天，都具有举足轻重的作用。但是要看到的是，与过去相比，当前中国的社会、经济格局已经发生巨大的变化，农民内部也发生了深刻的变化，因此有必要重新来审视和研究当前的中国农民和农民占多数的中国，这也是中国现代化建设的需要。

1949 年以来，中国农村的社会阶级阶层结构经历了巨大的历史性的变化。大致说来，我们可以把这一伟大历史时期的农村社会阶层结构变迁划分为四个阶段，即农村土地改革前后、计划经济时代、改革开放前期（1978 年至 20 世纪 90 年代中期）和改革开放后期（20 世纪 90 年代中期至今），每一个阶段都形成了独特的社会阶层结构。本报告将根据这一历史线索，在有关文献资料和我们的实地调查的基础上，描述各个历史阶段的农村社会阶层结构状况和特征，进而就农村社会阶层结构的未来发展趋势提出我们的初步预测和设想。

一 土地改革前后的中国农村社会阶层结构

在这里，我们把中国农村社会阶层结构变迁的这一阶段的起迄时间界定为农村土地改革前夕到人民公社化完成之前。尽管各地农村的土地改革

---

* 本文源自《当代中国社会阶层研究报告》（陆学艺主编，北京：社会科学文献出版社，2002 年 1 月），第 160 ~ 198 页。该文系该书中的"专题研究报告之二"，陆学艺、王春光、陈光金执笔，成稿于 2001 年 12 月。——编者注

在时间上不尽一致，但到 20 世纪 50 年代初，全国除西藏和港、澳、台等地区外，已基本完成土地改革，并且由于土地改革的纲领与政策在全国实行土改的农村地区基本一致，所以，在土改基础上形成的农村社会阶层结构也大致相近。

1949 年以前，中国是一个半殖民地半封建的社会。1949 年全国总人口为 54167 万人，其中农村人口为 48402 万人，占 89.4%，城镇人口 5765 万人，占 10.6%。关于这一时期中国农村乃至整个中国社会的特征，毛泽东曾经做了这样的刻画："中国大约还有 90% 分散的个体的农业经济和手工业经济，这是落后的，这是和古代没有多大区别的，我们还有 90% 左右的经济生活停留在古代。"①

1950 年中国进行土地改革时，为了给当时农村进行的土地改革、划成分提供标准和依据，政务院发布《关于划分农村阶级成分的决定》。这个文件把当时的农村人口划分为 13 个阶级和阶层：(1) 地主，包括恶霸、军阀、官僚、土豪、劣绅、破产地主、管公堂；(2) 资本家，包括手工业资本家、商业资本家；(3) 开明士绅；(4) 富农，包括反动富农；(5) 中农，包括富裕中农；(6) 知识分子；(7) 自由职业者；(8) 宗教职业者；(9) 小手工业者；(10) 小商小贩；(11) 贫农；(12) 工人、手工工人；(13) 贫民、游民。农村各地在土改时便据此对农村居民的成分进行了划分。不过，到土地改革结束时，国家并没有公布过农村各阶层阶级的具体数字。有学者做过估算后指出，土改前地主占总户数的 5%，富农占 3% ~ 5%，贫、雇、中农合计占 90%。

浙江省在土改前对 64 个县的社会阶级阶层做了调查，发现当时这些地方的社会结构是，地主占总人口的 3.4%，富农占 4%，中农占 30.7%，贫农占 45.3%，雇农占 7.5%，其他占 9.1%。土改后，浙江省又公布了全省农村的阶级阶层结构："全省地主占农村总户数的 2.8%……；富农占户数的 2.01%……；中农占户数的 30%……；贫农占总户数的 53.16%，……；小土地出租者、工商资本家和工人等其他阶层占总户数的 12.03%……"。该省绍兴市（包括绍兴县、诸暨市、上虞县、嵊县、新昌县）1950 年 9 月 ~ 1951 年 5 月实行土地改革，当时该市农村各阶层的构成如表 1 所示。

---

① 《毛泽东选集》第四卷，北京：人民出版社，1991 年 6 月第 2 版，第 1430 页。

表1　绍兴市土改时期农村阶级阶层结构

单位：户，人，%

	户数	比例	人口	比例
地主	14636	2.47	70968	2.97
半地主富农	751	0.12	4334	0.12
富农	4633	0.78	36545	1.53
大佃农	277	0.04	1704	0.07
中农	16650	28.10	773178	32.35
贫农	285242	48.11	1104005	46.19
雇农	27691	4.67	71731	3.00
小土地出租者	23809	4.02	79143	3.31
工商业资本家	3425	0.58	17425	0.73
工人	12461	2.10	44884	1.88
其他	53426	9.01	1186188	7.79
总计	592941	100.0	2390106	100.0

资料来源：绍兴市地方志编纂委员会编《绍兴市志》第二册，杭州：浙江人民出版社，1996年，第637页。

河北省定县1947年实行土改，全县86556户，人口472919人，其中地主1643户，占总户数的1.9%，14233人，占总人口的3.01%；富农3834户，占4.43%，人口33439人，占7.07%；中农35055户，占40.5%，人口253882人，占53.68%；贫雇农44515户，占51.4%，人口65654人，占35.03%。[①]定县是老解放区，是1947年土改的，划定的地主多一些；浙江是新解放区，是在1950年以后搞土改的，划定的地主富农比例小一些。

土改以后，农村出现了两个趋势，一是由于农民获得了土地，生产关系调整了，农业生产发展了，市场恢复了，对农产品需求很大，农民的收入普遍有了较大的提高。原来的中农、富裕中农生产生活继续提高，原来的贫雇农因为无偿获得了土地，生产生活也有了根本的改善，而且政治上是共产党在农村的依靠力量。这两者约占农村农户的85%～90%，出现了所谓中农化的趋势。二是因为客观上农业生产力水平还很低，在市场经济条件下，分散的农户要抵制自然灾害和市场波动还有困难，所以很快出现

① 参见定州市情调查组《中国国情丛书——百县市经济社会调查·定州卷》，北京：中国大百科全书出版社，1991年，第34页。

了社会分化。一小部分农户因天灾或家庭有病人或经营不善而不得不出卖土地，或者借债，生产生活陷入了困难。另一部分农民因经营得法，而很快富裕起来，买进了土地，甚至雇起工来，扩大经营规模。由于这两种趋势的影响，土改后不久，农村社会阶级阶层结构发生了新的变化。据有关部门估计，到 1953 年前后，中国农村的社会结构如表 2 所示。

表 2　1953 年前后中国农村社会结构

单位：%

阶段	贫雇农	中农	富农	地主
土改前	70	20	6	4
土改后	30	60	6	4

但是，当时不能正确地认识和对待农村的这种正常社会分化，认为农村已经出现了"两极分化"。按照自发的小农经济每时每刻都在生长资本主义的逻辑，这种状况被认定是与社会主义目标不相符合的，所以要加以改变，为此做出决定，加快农业"合作化"的步伐。随着农业合作化步伐的加快，并且循着互助组、初级社、高级社到人民公社的步骤，到 1958 年，全国农村基本实现人民公社化。在人民公社体制、农产品统购统销制度与户籍制度的共同作用下，中国农村建成了计划经济体制，并形成了城乡分割的二元社会结构，对中国农村的社会阶层结构产生巨大的影响。

二　计划经济体制和户籍身份制下的中国农村社会阶层

在农村建成人民公社制度以后的相当长时期里，农民首先不是被当作一种职业，而是被当作一种与生俱来、难以改变的身份，这是中国独特的社会阶层现象。这在国外是不存在的，在西方国家，农民就是一个职业概念，指从事农业劳动的人们。这种身份特征，迄今还在影响着中国的社会分层。因此，我们先来看看身份制下的中国农民和农村社会结构。

改革前，中国实行的是身份分层，而不是其他分层，也就是说，中国社会阶层是根据身份不同进行划分的。有两种身份对中国农村社会结构产生很大的影响，或者说决定了中国农村社会分层，一种是政治身份，另一种是户籍身份。

（一）平均主义制度与经济上的"去阶层化"

直到改革开放前，农村社会在经济上基本不存在分层，或者说难以分层，因为当时的农村基本上处于普遍贫困化状态，而且实行的是"大锅饭"的平均主义制度。有人（White 和 Parish）认为当时中国社会结构存在着"去阶层化"（Destratification in China）现象，指的也就是经济上不能分层的情况。他们发现，从基尼系数上看，20 世纪 70 年代中国的收入不平等（为 0.20）比市场型的发展中国家（为 0.54）都低；他们通过对"文革"前和"文革"这两个时期人们获得教育、职业和收入三个重要社会地位的情况来观照当时中国的机会不平等程度，发现"'文化大革命'对中国社会分层结构进行了彻底的洗理，将中国从一个革命后比较平均的结构推向几乎是'非阶层化'的大平均主义的结构。"①

到 1978 年，8 亿农民只生产 6095 亿粮食，4224 万担棉花。当年农民（社员）实际分配的实物和现金共为 582.36 亿元，人均从集体分到的收入为 72.5 元。加上农民自己的家庭副业收入，在外人口寄回的现金和实物折价，加上国家救济、民工补助、抚恤金等收入，总共为 133.57 元，平均每天为 0.365 元。当年全国城乡存款 215 亿元，农村社员储蓄 55.7 亿元，人均 6.93 元。8 亿农民实际上都在温饱线上挣扎。

另外，经过合作化和公社化之后，土地、水利设施、牲口、大中型农机具等主要生产资料都是集体所有的。社员家庭只有小型私有农具，如锄头、铁锹、镰刀、扁担等。所以在生产资料所有制上，名义上是集体所有，社员家庭、个人都没有支配权、经营权。在生产队里，实行集体经济，集体劳动，统一经营，统一分配，社员（劳动力）每天在生产队长、副队长率领下，像工厂一样按时出工，按时下工，根据男女劳力和强弱不同，评工记分。名义上是实行按劳分配，但实际上，因为生产力低下，生产队主要生产粮食，粮食再多，首先要卖公粮，剩下只够口粮、种子和饲料。一年下来，劳少劳弱人多的户，只能分到一些粮食、柴草和其他实物，勉强吃完烧完用完之后便两手空空，甚至名义上还欠生产队一笔钱。劳多劳强的农户，在分到一些粮食、柴草和其他实物之后，也是两手空空，名义上在生产队有一点现金存着，但不能兑现，生产队也是空的，所以说连简单

① 边燕杰：《市场转型与社会分层》，载涂肇庆、林益民主编《改革开放与中国社会——西方社会学文献述评》，香港：牛津大学出版社，1999 年，第 75 页。

再生产也不能维持。

在 1978 年前人民公社时期的农村，农户与农户之间，社员与社员之间，经济上可说是几乎没有什么差别。据国家统计局后来测算，1978 年中国农村的基尼系数为 0.22。经过公社化、办公共食堂、刮共产风，又经过"文化大革命"、破四旧等，农村里一些原来比较富裕，或有些家底的农户，也都被弄空了。所以到"文化大革命"后期，在一个生产队里，在一个生产大队里，几百人、几千人，基本上都是住同一类的房子，穿大致相同的衣服（连颜色都只有灰色、黑色和军绿色等几种），吃一样的粮食，数量也大致相同。所以，当时的中国，几亿农民实际上成了一个阶层，都可以被称作社员，人民公社的社员。

（二）经济上的平均主义掩盖不了身份上的等级差别

人民公社内部虽然不存在明显的经济分层，但在政治上还是有阶层等级的，那就是身份等级，即政治身份和户籍身份等级。从土地改革年代开始，国家在农村开始划分阶级，这一划分在后来的 20 多年时间里就成了阶级斗争的依据。改革前，人们在政治上是有着明确的阶级区别的，每个人的家庭都有阶级成分，无论升学、参军、参加工作，招工，出任干部以及各种原因登记履历表时，都有一栏要填写，叫做家庭出身。这个家庭出身，就是在每个人的家庭土地改革时被划定的成分。不同阶级身份的人会受到不同的社会、政治和经济对待。在土改时期，如是地主，则被没收全部土地及财产，如是富农，则被征收一部分土地，中农则基本不动，贫雇农则分进土地。当时国家的农村政策是"依靠贫农，巩固地团结中农，消灭地主阶级和旧式富农的封建的和半封建的剥削制度"。后来一直到 1978 年，土改划分的阶级身份就被作为历次运动和工作的依据，比如，选任干部，一般都要选拔贫农、雇农出身的干部，在合作化运动中又从中农中划出了个下中农阶层，也成了依靠对象，所以后来在"四清运动"中就明确提出要依靠贫下中农。中农是团结对象，富裕中农则被认为有资本主义倾向，政治上受到歧视，一般不能当干部。在合作化初期，地主、富农入社开始只能当候补社员。实际上，从经济上看，这些地主、富农不仅没有比贫下中农好，而且还差，连他们的子女都受到牵累和歧视，基本上没有资格去参军、上学和被招工等。

另一个分层维度是基于农业、非农户口之上的户籍身份，在农村，享有非农户口的人在社会地位上明显高于其他人。在人民公社内部，干部与社员不同的是前者是管理者，但是干部也是有差别的，分两类干部，一类是脱产干部，他们有非农业户口，吃商品粮，属国家干部编制，有干部级别，由政府财政发工资，多数不是本县本公社的人，是由政府党委派遣调来的。他们是本公社的公社党委书记、社长、武装部长、农林助理、文教助理、公安特派员等等，主持全公社的政治、经济、文化等方面工作，是各方面的领导者，决策者。这类干部很少，一个公社只二十多人。他们实际上是农村中社会地位最高的阶层。

另一类是不脱产干部，这是大量的。他们同农民社员一样是农业户口，没有商品粮，都是从社员中选拔出来的。在公社机关里，他们是各办公室的办事员，有的担任秘书等。视公社大小，有十多人，也有几十人的。在生产大队一级，有支部书记、大队长、副大队长、会计、妇女主任、团支部书记、民兵连长等等，一个大队有七八个人到十多个人。支部书记、大队长由公社党委指定、任命，其余的干部则由本大队党支部决定。在生产队，有队长一人、副队长若干名，会计、记工员，保管员等等，一个一二百人的生产队，有干部五六人到七八人。为主的是队长和会计2人。队长由大队党支部指定。不脱产干部本身是社员，同农民身份是一样的。他们在名义上也要参加集体劳动，也靠挣工分，分得口粮和现金。在生产资料集体所有制面前，他们也同社员一样的，是集体经济的一个成员。但他们一旦当了支部书记，当了生产队长，就是这个大队这个生产队的集体经济的管理者，经营者，就拥有了很大的权力，可以调配、支配、处理本大队、本队的土地、牛马、农机具、水利设施等资源，以致有调配劳动力的权力。实际上，脱产干部属于城镇居民范畴，而非脱产干部则属于农村和农民范畴，户籍身份是把城镇居民与农村居民（主要是农民）划分为两个截然不同、相互很难转换和流动的阶层。

就这样，合作化、人民"公社运动"乃至"文化大革命"，在农村内部铸就了一个经济上平均、政治上以身份为阶级划分标准的社会结构，而在城乡之间建起了一道歧视农村和农民的户籍制度鸿沟，阻滞了中国实现从传统农业社会向工业化、城市化社会转变的过程。尽管政治身份在农村内部将农民划分为不同阶层，但是由于农村当时内部资源非常有限，所以各个政治阶层之间在资源享受上差别很小，但是户籍身份却使农民阶层不能享受同等的公民待遇，使他们处于最低的社会地位。在经济层面上，农民不能选择到城镇就业，只能在农村务农，即使在务农上也没有生产经营自主支配权和分配权，也没有自主出售粮食的权力，只能通过国家渠道，因此而被无偿地占有了大量收入（通过工农业产品价格剪刀差）。在社会层面，城市居民、干部和职工都有较好的社会保障，老了有退休金，病了有公费医疗；农民则要靠子女养老，几乎没有什么社会保障，只参加合作医疗。在公共产品和公共设施方面，城市居民之子女，在公办学校上学，只交少量学杂费；农民子女在农村上学，校舍设施要集体集资建设、购置，教员多数是民办教师（也是农民），他们的工资基本上由农民负担。城市的道路、电力设施、自来水都由政府出资建设，供居民共享；农村的道路要本村本队修，电力和自来水等公用设施都由集体向农民集资建设，等等。这是一种通过身份等级形成的"城乡分治、一国两策"现象，长期实行"一国两策"的结果便是，形成城镇居民的孩子永远是城镇居民、农民的子女永远是农民的世袭阶层体系。

三　改革开放前期的中国农村社会阶层结构

二十多年来，中国改革开放在农村的一个重要的社会学意义，就是对改革前形成的以身份为划分标准的世袭性阶层体系的冲击和变动，但没有彻底改变这个体系。这是我们分析农民阶层特征的一个前提性判断。为什么呢？一方面改革开放确实给农民自主选择职业的机会和权力，但是另一方面农民的身份制因素（特别是户籍身份）仍然在影响和制约着农民的社会流动。这里就对此进行详细的分析和论证。

（一）职业流动与身份制并存下的农村社会分化

中国改革从农村开始，而农村改革是从在生产队实行包产到户——后来称之为家庭联产承包责任制上真正突破的。家庭联产承包责任制的实行引起农村管理体制连锁反映，到 1984 年，导致了办了 25 年的人民公社寿终正寝。这对农民来说，无异是获得了又一次解放，解除了身份制对他们的行动造成的一些限制。第一，农民获得了土地的使用权和经营权，成为独立的商品生产者；第二，农民获得了可以自由选择职业的自主权，可以自主流动，可以从事农业，也可以从事其他产业；第三，农民获得了参与市场竞争的权利。

在这种情况下，农民开始另外一种分化：以市场为机制、以职业为基础的农民分化。由于农民有了职业选择自主权，由于把握市场机会的能力不同，农民获得的社会经济资源也大不相同，所以他们之间的社会和经济地位就有很大的差别。但是，由于把城乡分割成二元社会结构的户籍制度还没有改革，所以农民的分化仍然受到户籍身份制的影响，也就是说，农民即使有了职业选择和流动，他们的社会地位获得也仍然受到以户籍身份制为依据的评价标准影响。所以，这些年来，八亿多农民的分化总是带有中国特色的烙印，同市场经济国家的农民分化不同。当然，需要说明的是，由于户籍身份制仍然在影响中国社会分层，所以，这里所使用的农民概念与西方国家的农民不同，仍然是带有身份特征的概念，而不是一个纯粹的职业概念，但是我们觉得我们的分析应该逐渐地向职业概念转变，以便与国外研究接轨和对话。

（二）农村分化为八个社会阶层

早在 1989 年，笔者已经意识到，同样是农业户口的农民，在职业上已经出现明显的差异，这样的差异也影响到他们的社会和经济地位，所以当时笔者写了一篇题为《重新认识农民问题》的文章，指出农业户口的农民（更确切地说是农村人口）已经分化为八个阶层。

1. 农业劳动者阶层

他们承包集体耕地，从事种植业、养殖业劳动，全部或大部分依靠农业取得收入作为生活来源。他们是中国大部分农村的主体劳动者。这一阶层大体上包括两部分人：（1）农业专业户或承包大户；（2）比较富裕的农业劳动者；（3）温饱型农业劳动者；（4）贫困农户。

2. 农民工阶层

常年或大部分时间从事第二、三产业劳动，但户口仍然是农业户口，户籍在农村，有承包田，身份还是农民，不享受城镇居民的各种补贴，不享受公费医疗等劳保待遇。这一阶层大体可被分为两类：（1）离土离乡的农民工，他们在城市的厂矿、机关、商业、服务行业劳动；（2）离土不离乡的农民工，他们在本乡本村的乡镇企业或在附近城镇的工厂、商店、机关劳动，住在农村的家里。他们的人数仅次于农业劳动者。据 1987 年统计，全国有乡镇企业民工 8776 万人，除少数经理、厂长等管理人员外都是农民工。其中离土离乡的约有近 2000 万人。

3. 雇工阶层

这是现阶段农村的工人阶级，他们受雇于私营企业或个体工商户。与在资本主义制度下受雇于资本家的工人不同，他们在农村拥有足以谋生的承包土地和其他生产资料。他们愿意受雇于私营企业或个体工商户，主要是因为做雇工的收入比种田高。据统计，1987 年受雇于私营企业的雇工有 360 万人，加上受雇于个体工商户的雇工，全国雇工约有 700 万～800 万人。

4. 农民知识分子阶层

在农村从事教育、科技、医药、文化、艺术等智力型职业的知识分子。主要有两类：一类有非农业户口，属于国家全民所有制或集体所有制的干部和职工；另一类是农业户口，其身份是农民，如民办教师、乡村医生、农民技术员和乡文化馆的文化艺术工作者等。据统计，1988 年从事农村文化教育事业的农民知识分子有 309.3 万人，从事卫生、福利事业的有 129.1 万人，从事农村科学技术事业的有 171 万人。

5. 个体劳动者和个体工商户阶层

即农村里拥有某项专门技术或经营能力，自有生产资料或资金，从事某项专业劳动或经营小型的工、商、服务行业的劳动者和经营者。这类人大多是农村的能工巧匠。1981 年有个体工商户 100 万户，1986 年有 920 万户，1988 年有 1070 万户。一部分木匠、瓦匠、裁缝等个体劳动者，如果不搞经营活动，一般不申请个体工商户执照。因此，实际人数远远超过上述数字。个体劳动者和个体工商户还有区别：前者一般散居在农村，后者多集中在集镇和公路、道口、码头等适于营业的地方；前者主要靠自己劳动，后者除了自己参加劳动经营外，还雇有不超过 7 个人的帮工。

6. 私营企业主阶层

即企业的生产资料私有、自主经营、以营利为目标且雇工在 8 人以上的企业主。据 1987 年统计，全国私营企业为 22.5 万家，其中大部分在农村，按 80% 计，则农村私营企业有 18 万家。私营企业有三种类型：独资经营、联户经营和合股经营。按上述 18 万户计，私营企业主约有 20 多万人。这些人有很强的商品经济经营意识，有冒险创业精神，有较强的组织管理能力。他们在各自有利的条件和机遇下办好了企业，几年就积聚了数十万、数百万乃至上千万元的财富，雇佣数十数百人乃至超过千人。为了巩固已取得的经济地位并获得进一步发展，他们也在向政治方面发展。

7. 乡镇企业管理者阶层

即乡村集体所有制企业的经理、厂长以及主要科室领导和供销人员。他们有集体企业的经营权、决策权，是乡镇企业的管理者。

乡镇企业管理者因企业经营方式不同可分为两类。一类乡镇企业采取传统的经营方式，直接隶属于乡（镇）或村的行政领导，其管理者直接接受乡村干部的领导和指挥，他们的工资水平只略高于本企业的职工。另一类乡镇企业采取租赁、承包方式，其管理者有较大的自主权、决策权和灵活性，所担负的责任和风险也大，经济收入也多。他们在当地的经济、政治上很有地位，很有影响。随着农村乡镇企业的继续发展，这个阶层的人数和势力正在迅速发展之中。

8. 农村管理者阶层

即乡村两级的农村基层干部，是农村政治、经济、社会生活的组织者、管理者。1988 年全国有 20859.4 万户，86625 万农业人口，组成 56002 个乡镇，740375 个村。这样庞大的社会群体的政治安定、经济发展、社会秩序和治安维护，靠着这几十万农村基层党政组织、几百万农村干部的工作。农村干部主要可分为以下四类。

（1）脱产干部。即乡镇党政经机构里的主要领导和专业干部。这部分干部很少，大约是当地农民总数的 1% 左右。

（2）半脱产干部。即乡镇党政机构里的业务干部和工作人员，他们的户口是农业户口，身份是农民，由乡镇政府参照干部工资和本地的经济发展情况发给补助工资。这类干部人数大致相当于第一类干部。

（3）享受常年固定补贴的干部。即村党支部书记、村民委员会主任、会计等村级组织的主要领导干部。他们不脱产，本人身份是农民，家里承包有土地。按规定，村级主要干部一般有三四个人，大村和经济发达的村为五六个人。

（4）村里享受误工补贴的干部。即村团支部书记、妇联主任、民兵连长、治保和调解委员会主任，以及村民小组长等村干部。其人数不固定。

根据我们的典型调查和有关统计资料推算，上述 8 个阶层在农民总数中所占的比例分别约为：农业劳动者占 55% ～57%，农民工占 24%，雇工占 4%，农民知识分子占 1.5% ～2%，个体劳动者和个体工商户占 5%，私营企业主占 0.1% ～0.2%，乡镇企业管理者占 3%，农村管理者占 6%。①

这项农民分层研究结果因为提出得比较早，在学术界和实际工作部门产生了比较大的影响，引用和转载率比较高，约有数百部著作引用，多数农村社会学著作和教材作为一家之言在教授。1993 年，农业部农村发展研究中心采用这个分析框架，对全国农村进行较大规模的调查，初步摸清了农民分化和流动的状况，为制订农村政策提供了重要依据。

---

① 有关上述 8 个阶层的阐述，可参见陆学艺《重新认识农民问题——十年来中国农民的变化》，《社会学研究》1989 年第 6 期。

（三）市场经济与农村社会阶层的再次分化

在从 1989 年到现在的十多年时间里，中国社会经济又有了比以前更快的发展，在这个过程中，农村社会结构也出现很大的变化，与十年前有着明显的不同。从宏观社会经济体系来看，尽管 20 世纪 80 年代中国已经开始了市场化的改革，但完整、明确地提出市场化改革目标，是 1992 年以后的事。当时，国家提出，到 2000 年，要建立起社会主义市场经济体制的基本框架。

在市场经济体制改革目标指导下，国家加大了对计划经济体制及相关的社会体制的改革，出台了各种各样促进市场经济体制发育的社会经济政策和改革措施。比如，对国有企业进行现代企业制度改造，允许多种所有制经济共同发展。1999 年 3 月第九届全国人民代表大会第二次会议对《宪法》做了修改，把《宪法》第十一条"在法律规定范围内的城乡劳动者个体经济，是社会主义公有制的补充。……私营经济是社会主义公有制的补充"修改为"在法律规定范围内的个体经济、私营经济等非公有制经济，是社会主义市场经济的重要组成部分"。① 与此同时，国家还加快劳动力市场、金融市场、住房市场的建设和发展，改革以单位为基础的社会保障制度，促进其社会化，调整城市化发展战略，改革户籍制度，推进城市化发展。

国家经济社会政策的重大转变以及由此推动的市场化、工业化、城市化发展，对中国农村社会分化产生了重大影响。其中，对农民分化影响最大的是市场化进程。市场化一方面意味着竞争的公平性提高了，另一方面也意味着竞争越来越激烈。在市场化条件下，所有制的差别对个人的社会经济地位的影响在下降，个人更多的要靠自己的技能赢得市场竞争。同样，不同所有制企业也要通过市场来发展，只有符合市场规则、抢占市场先机的企业才能赢得竞争。

在这种情况下，不论在管理体制上还是在所提供的商品及其服务的质量上，中国农村的乡镇企业确实都面临着严峻的挑战。特别是在 1993 年 6 月以后，国家对经济进行宏观调控，推出了多项财政、税收、金融、信贷、外汇政策措施，使乡镇企业、特别是集体所有的乡镇企业面临着空前困难的外部环境，如市场紧缩，信贷困难等，再加上 1997 年的亚洲金融风暴的影响，迫使乡、村两级集体所有制企业进行以产权改革为主的改革和调整。

---

① 参见《中华人民共和国宪法修正案》（1999 年），载全国人大法工委编《中华人民共和国宪法》，北京：法律出版社，2000 年 11 月第 2 版，第 94 ~ 95 页。

经验表明，只有切断基层行政组织对企业的干预，明晰产权，改进企业治理结构，乡镇企业才能继续生存和进一步发展。

从 1995 年下半年起到 1999 年，在全国乡、村两级集体所有的乡镇企业中，约有 80%～90% 改为股份制、股份合作制或私人所有的企业，例如，到 1998 年，江苏省吴县市农村的 3135 个内资企业中，2924 个改制，其中改为个体、私营企业的 2438 个，占 83.4%。所以，在市场化和乡镇企业改制的双重作用下，大部分乡镇企业工人变成了雇工，许多乡镇企业管理者变成了私营企业主和管理者，还有少数乡镇企业工人返回农业，成为农业劳动者。

另外，20 世纪 90 年代以来，尽管城乡二元格局没有被彻底打破，但是城乡体制改革还是有了一定的进展，城市化过程也在不断推进。所有这些，也都对农民分化产生了一定的积极影响。特别是最近几年，国家把推进城市化作为拉动经济发展的一个重要战略，出台了户籍制度改革措施，一些省市也已经不同程度地放开了户籍控制，凡是进城能找到稳定职业的农村人口都可以落户城市，成为城市居民。

当然，政策上的规定并不一定能落实，这是两回事。况且，在现阶段，由于各种原因，农民对转变为城市居民的热情和兴趣，实际上并不很高。据中央电视台报道，石家庄市全面放开户籍控制后，前 4 个月内只有 700 多位农村人口去申请城市户口，相对于几十万名外来人口来说，这仅占非常小的比例。为什么会这样呢？为什么农民不像一些改革者所想像的那样踊跃地申请城市户口呢？这里面的原因很多，举其要者有二：一是户籍制度改革并没有改变与农民身份有关的相应制度，如用工制度、教育制度、财政制度和社会保障制度等没有根本性的改革；二是城市消费水平高，进城的农村人口承受不起，于是他们对移居城市望而却步。

但不管怎么样，户籍制度改革确实为农村人口迁移城市创造了机会，而且，这种改革还意味着降低了农民身份对阶层地位的影响，而职业的作用则越来越明显、越来越大。这在私营企业主阶层中表现得非常明显。20世纪 80 年代，农村私营企业主还受农民身份的影响，他们即使有迁移到城市的愿望，这愿望也因户口制度限制而难以实现。现在，对他们来说，在这方面已经不存在什么障碍了。我们在城市调查农村流动人口时发现，一些来自农村但在城市发迹的私营企业主不但在城市购买了住房，而且他们的生活水平远远高于城市普通居民，他们的孩子在城市最好的学校接受着教育，家庭购置了豪华的轿车和住宅。还有许多在农村发迹的私营企业主也开始向城镇迁移。另外，20 世纪 90 年代前，私营企业主虽然在经济上有较高的收入，但政治社会地位不高，名声也不好，但 20 世纪 90 年代以来，私营企业主的社会政治地位有了很大的提高：1992 年以后，特别是 1997 年以后，私营企业大发展，经济实力更加增加。在有些县市，私营企业所交纳的税占县市财政收入的 60% ~ 70%，这些县市也变得财大气粗。这些私营企业老板不仅经济上有力量，政治上也有地位了，社会声望也高了。1989 年选出的第九届全国人大代表中，有私营企业主代表 48 名，占 2979 名代表的 1.6%；在第九届政协委员中，也有私营企业主委员 46 名。在省、地、县、乡四级人大代表和三级政协委员中，私营企业主代表已占相当的比例，有的已被选成乡镇长或副乡镇长等实权干部，被选为村民自治委员会主任的就更多了。

总的说来，改革开放所促进的农村和农民分化，是一种积极的社会发展进程，20 世纪 90 年代以来，这一进程进一步加快，一部分农民身份的农村人口在 20 世纪 80 年代的分化的基础上再次分化，去掉农民身份，实现了彻底的职业和社会流动。可以说，在当代中国，只有农民的彻底分化和流动，才能体现出社会的进步和发展。中国农民阶层过于庞大，不利于构建现代化的社会阶层结构。只有当中国农民不再是一种身份群体，而是一种职业群体，并且在社会中的规模变得非常小时，中国才算真正实现了现代化。尽管 20 世纪 90 年代以来，中国有一部分农民实现了彻底的转移和分化，但是城乡分割的户籍制度至今没有彻底改变，特别是与农民身份相关的一些社会制度还在发挥很大的作用，农村家庭联产承包责任制的基本土地制度没有变化，工业化、城镇化、市场化还在继续进行中，农村社会结构的基本格局还没有根本性的变化。所以，我们在分析农民阶层时，还不能完全把职业标准作为唯一的依据。我在 1989 年的文章中提出，要依照农民所从事的职业、使用生产资料的方式和对所使用生产资料的权利这样几个因素，对农村人口进行分层研究，现在看来，这一主张在目前还是适合的。

四 20 世纪 90 年代中期以来中国农村社会阶层结构的变化

不过，正如上文指出过的，与 20 世纪 80 年代相比，20 世纪 90 年代以来，中国农村社会阶层结构在构成比例上已经发生很大变化。这种变化的表现，主要是各个阶层的比例的增减与经济社会地位的消长。

（一）20 世纪 90 年代中期以来中国农村社会阶层比例的增减

20 世纪 90 年代中期以来，规模有所缩小的农村阶层有农业劳动者、农民工与乡镇企业管理者，而规模在不断扩大的农村社会阶层则有雇工、个体劳动者和工商户、私营企业主、农村知识分子和农村管理者（见表 3）。

表 3　农村社会各阶层的变动状况

单位：%

阶层类别	1989 年	1999 年
农业劳动者	55 ~ 57	46 ~ 50
农民工	24	16 ~ 18
雇工	4	16 ~ 17
农村知识分子	1.5 ~ 2	2.5
个体劳动者、个体工商户	5	7 ~ 8
私营企业主	0.1 ~ 0.2	0.4 ~ 0.6
乡镇企业管理者	3	1.5
农村管理者	6	7

资料来源：据有关统计资料推算。

从表 3 可以看到，农业劳动者占农村就业人口的比例从 1989 年的 55% ~ 57% 降到了 1999 年的 46% ~ 50%，农民工的相应比例从 24% 下降到 16% ~ 18%，乡镇企业管理者从 3% 下降到 1.5%，实际上，这两个阶层的比例下降的幅度可能会更大些，因为乡镇企业改制后的农民工已经转变为雇工，相当部分的乡镇企业管理者转变为私营企业主和管理者，但仍然被有关部门按照乡镇企业口径加以统计。另外，最近几年城市把部分民工清退回农村，也减少了农民工的数量。

在规模不断扩大的农村社会阶层中，雇工人数增长最快，其次是私营企业主，而之所以出现这种情况，主要原因还是乡镇企业改制。总的来说，农村社会阶层结构比例变化的方向是合理的，体现了农村社会经济发展的趋势。比如，随着农村非农化水平的不断提高，农业劳动者继续减少；随着农村经济活力和实力的增大，私营企业主和雇工阶层规模也在扩大。但值得注意的是，农村知识分子阶层、个体劳动者和个体工商户阶层增长缓慢，而农村管理者却有增无减，不符合现代化发展的要求。

（二）农村各阶层的社会经济地位同时也发生了一定变化

农业劳动者主要是指靠承包集体耕地，以农业收入为其全部或大部分生活来源的农民。这是农村最大的社会阶层，在中国整个社会阶层结构中也是最大阶层。20 世纪 90 年代中期以来，这个阶层的经济地位不但没有得到改善，反而还有所下降，其收入与其他阶层的差距在拉大。这里的主要原因是农副产品价格从 20 世纪 90 年代中期开始不断下降，而农村负担不但没有下降，反而实际还在增加，而且这种负担主要由农业劳动者承担。就外出务工经商的人而言，不仅无法对他们的真实收入进行确切统计，而且，即使摊派到他们头上的负担，占其收入的比例也比较低。农业劳动者的情况则不然，他们不但收入低，而且由于农村负担基本上是"摊丁入亩"，他们种田越多，负担越重。例如，我们在湖北汉川和贵州镇宁的调查表明，农业劳动者阶层是收入最低的，他们的收入甚至比城市中无稳定职业者的收入还低。

值得指出的是，20 世纪 90 年代后期进行的农村粮食体制改革，在一定程度上限制了农民对粮食的支配权。按照粮食体制改革的要求，农民只能把粮食卖给国有粮店，但是许多国有粮店经常以各种方式压级压价，或者干脆拒绝收购，致使国家的粮食保护价政策得不到真正落实，从而在一定程度上损害了农业劳动者的利益。农业劳动者在各地农村人口中所占比例，与当地的农村经济发展程度有着直接的关系：越是落后的农村，农业劳动者所占比重越大；反之，越是富裕的农村，农业劳动者所占比重越小。在有些超级村庄，已基本上不存在农业劳动者阶层。中西部地区的农业劳动者所占比重远远离于东部地区。1999 年，中国社会结构变迁研究课题组在湖北汉川市（县级市）调查时发现，该市的农业劳动者阶层占 47.57%，而在贵州镇宁调查时则发现，该县农业劳动者阶层占 62%。汉川市属中等发展水平地区，镇宁县是国家级的贫困县，而在南方经济较发达的苏南和珠江三角洲等地区，农业劳动者所占比重都在 30% 以下。所以，在一定程度上，可以说，农业劳动者阶层的比重已经成为衡量国家或地区经济发展程度的一个重要标志。

农民工是农村人口最容易选择的职业，因为大部分农村人口没有多少经济资源和文化资源，有的是劳动力资源，但是他们不喜欢务农，特别是农村青年，视务农为没有出息的职业选择，所以他们纷纷外出打工。从 20 世纪 80 年代末开始，全国出现"民工潮"现象，进入 20 世纪 90 年代，民工潮一浪盖过一浪。据第五次人口普查，目前中国有 8800 万流动人口（实际人数可能更多），其中大部分是农民工。狭义地说，农民工是指在集体、国有单位工作的农村人口（或者有农业户口的人），广义上则还应包括雇工，但是为了考虑雇佣关系，所以把雇工分离出来，作为另一个阶层看待。20 世纪 90 年代中期以来，农村大部分集体乡镇企业纷纷改制，造成了农民工的减少；同时，城市国有企业和集体企业为了安置下岗工人，也清退了不少农民工，有一部分农民工因找不到其他非农工作而返回农村务农。2001 年上半年，我们在贵州黔东南农村调查时发现，有不少青壮年农民从广东、福建、浙江等地返回农村，原因是在外找不到工作，但在家里也没有事情可干。他们说，各地经济都不是很景气，另外，企业越来越多地需要脑力劳动者而不是体力劳动者，所以他们找不到工作。所以，近年来，农民工人数出现下降趋势。

在社会经济地位上，雇工阶层与农民工实际上没有什么差别，只不过他们受雇于私营企业、个体工商户和三资企业而已。雇工的身份也是农民工，经济上与上述农民工没有差别，有些雇工的经济状况还略好一些，但政治上、社会上是雇工。近十多年来，由于私营企业、个体工商户与三资企业发展很快，加上集体企业转制的作用，雇工阶层人数增长很快。该阶层在农村劳动人口中所占比例，1989 年时仅为 4%，现在则达到了 16% ~ 17%。

按理说，农民工和雇工都是工人，应该与城镇国有企业的工人没有什么不同，都属于工人阶层。但是，他们因为有农民身份，所以在政治上享受不到工人待遇。比如，工会不管他们的事情，碰到劳动纠纷、工伤事故等，往往也得不到很好的解决；在社会福利上，他们不享受国家给予城镇国有企业工人的待遇；在经济上，他们的状况虽然比农业劳动者好，但一直只能获得低工资。在最近的十多年里，有很大部分农民工和雇工的工资一直处在 400 ~ 500 元的水平，没有任何增加，尽管国家职工的工资在不断调高。所以，尽管许多农民因为务农实在无利可图而纷纷外出打工，但在城市里，在经济发达的农村地区，农民工和雇工却处于社会的最底层，其社会地位甚至比在自己家乡还低：他们不仅工作辛苦，而且居住环境恶劣，备受歧视。这在一定程度上影响了中国社会的公正性和合理性。

农村知识分子应该是农村的社会精英，分布在农村教育、医疗卫生、科技和文化艺术等领域。他们被一般农民说成是有文化的人，但是除了在发达农村地区外，他们所享有的社会经济待遇并不很理想。特别是在落后、贫困的农村，教师们往往不能按时足额地拿到工资。有些地方发不出工资已长达 1 年以上，这些地方的医务人员也因经济困难而改行，在一定程度上影响农村过去建立起来的三级医疗保健体系。农技人员的处境更糟糕，有些地方的农技推广站名存实亡。

总的来说，因为城乡二元社会结构没有改变，农村知识分子在政治、经济、专业上的发展遇到的困难很多，有不少人都转到城市或其他行业去了。农村出去的大中专毕业生也嫌农村条件差，千方百计地不回到农村工作，不像过去农村知识分子是一个农村人非常羡慕的职业（当然在一些农村还是有吸引力的），这在很大程度上影响到农村知识分子的来源。所以，20 世纪 90 年代以来，农村知识分子人数增长不多，导致农村的教育、科技、医疗、文化艺术等事业比城市发展迟缓。据《中国农村年鉴·2000》统计，1999 年农村有各类学校的教员职工 635.55 万人（其中小学教职工 406.8 万人），医护人员 116 万人，文化站、农村剧团、文化专业户等约 100 万人，另外还有农业科技人员约 300 万人，合计总数约 1153.5 万人，约占农村人口的 2.5%。近年来，民办教师都已转为公办教师，所以，在农村知识分子阶层中，多数人拥有非农业户口，只是他们在农村工作，在农村有特殊的政治和经济地位。

农村人口中去当个体劳动者与个体工商户的人数，在 20 世纪 90 年代以来，还是非常多的，因为不论在经济条件上还是在社会地位上，这都是一种向上的流动。一方面，只有经济条件较好或经营能力较强的人，才可能去当个体工商户和个体劳动者；另一方面，他们能自主地支配自己的劳动和成果，他们中有一些人还雇用他人劳动。另外，比起去当私营企业主，当个体工商户还是比较容易的，所以，进入这个阶层成为农村人口寻求向上流动的一种非常适宜的途径。改革开放以来，这个阶层一直保持着很快的发展速度：1978 年全国只有 15 万人，1988 年已达 1070 万户，1999 年全国有 3160 万户，从业人员 6241 万人，其中在农村的有 1968 万户，从业人员 3935 万人。这些人户是在工商部门登记了的，除此之外，农村还有相当一部分从事第二、三产业劳动的个体经营的人员，因各种原因而未登记在册，或者多人用一个登记执照从事经营。所以，农村实际从事个体工商经营的户主，约有 4000 多万人。当然，各地的分布是不同的。

私营企业主阶层虽然是改革后出现的一个新兴阶层，但它不仅发展很快，而且已经进入中国社会阶层结构中的上层，在农村尤其如此，至少农村的经济精英和社会精英（有的已经成为政治精英）是这样。20 世纪 90 年代中期以来，这个阶层的社会、经济和政治地位上升得非常快。第一家私

营企业是在农村创办的，也是在农村初步发展起来的，到 1987 年时，80%
的私营企业办在农村。但 1992 年以后，形势有利于私营企业发展，不少规
模大一些的私营企业都向城市转移，以寻求更好的发展环境和机遇。一部
分私营企业主的户籍已转为城市居民户籍。所以，到了 1999 年，全国
1508857 家私营企业中，办在农村的只有 614877 家，占 40.75%。这 61 万
多家农村私营企业共计有投资人约 100 万人。除此之外，20 世纪 90 年代中
期以来，相当一部分乡村集体企业改制为非集体企业（实际上就是私营企
业），这些改制企业的主要所有权人大都是原来的厂长、经理，总计也有近
100 万人。

在整个 20 世纪 80 年代，私营企业主的地位没有得到社会和政治的认
可，特别是 1989 年后，他们受到各种各样的非议，所以有不少私营企业主
投靠到集体甚至国有单位，戴上"红帽子"。但是进入 20 世纪 90 年代中期
后，私营企业主的地位逐渐得到政治和社会认可，一些私营企业主进入各
级政协和人大，一些私营企业主当上村民委员会主任或其他干部，甚至还
有一些私营企业主进入乡镇当干部，他们在农村的经济和社会影响力有了
很大的增强。

乡镇企业管理者可以说是中国农村的一个主导阶层，他们在 20 世纪 80
年代中后期和 90 年代初期曾经在社会上红过一阵。当时，乡镇企业每年以
30% ~40% 的增长速度发展，1987 年，在农村社会总产值构成中，乡镇企
业总产值超过了农业总产值。由于这种高速发展及其所起的重要作用，乡
镇企业被誉为中国农民的又一个伟大创造。一些乡镇企业的厂长、经理则
被称为农民企业家，在农村，他们无论在经济上还是在政治上都很有地位。

但是，1995 年下半年以后，乡村两级集体所有的乡镇企业遇到很大困
难，被迫进行以产权改革为核心的改制。到 1998 年，多数集体所有的乡镇
企业已经转制为私营企业或个体工商企业。不过，一些规模较大、经济实
力雄厚的乡镇企业还仍然被保留着，多数乡镇也都还有几个这样的企业，
它们在乡镇的经济和收入等方面的作用仍然举足轻重，所以乡镇企业管理
者也仍然是农村社会的一个重要社会阶层，只不过其人数比以前少了。

农村管理者是中国农村的政治精英，是国家与农民之间的桥梁和纽带。
他们对下代表政府行使国家的权力，执行党和国家的政策和法令，完成各
项任务；对上代表农民群众，反映民意和保护农民的利益。他们不但拥有
政治资源，而且还掌握着各种公共资源，特别是在集体经济发达的农村，
他们还兼任乡镇企业管理者，直接控制着企业的经营管理和分配。但是，

从 1996 年开始乡镇企业改制后，他们或者退出企业，或者成为改制后的企业老板。在一个村或一个乡（镇），经济能否发展，社会能否进步，与农村管理者阶层有很大的关系。

但是，目前的农村管理者与农村社会其他阶层的关系不是很好。在一些地方，农村干群关系比较紧张。这里的原因比较多，其中最主要的原因有三个：一是农村管理者的管理缺乏透明性和公开性，农民群众对社区决策和公共资源配置还没有建立应有的参与和监督机制；二是在执行国家政策时缺乏回旋余地，特别是许多政策没有给他们提供应有的回旋余地，所以容易招致群众对他们的不满；三是 1996 年以后，农村经济发展出现波折，农产品价格连续几年下挫，乡镇企业发展受阻，乡村两级财政普遍困难，多数乡村财政入不敷出。在中西部地区和以农业为主的地区，多数乡镇不能按时给干部发工资。有些乡镇就设立各种名目向农民摊派收费，加重农民负担，引起农民不满。所以，近几年来，一部分地区的干群关系比较紧张。多数地区现在正在采取精官简政的改革，也有些地方则采取撤乡并镇和合并行政村的措施，其目的之一也是为了减少干部人数。

五 农村现代化面临的社会结构问题

改革开放以来，中国农村社会结构的变化趋势是符合现代化要求的：身份制的作用在不断减弱，农村流动人口向非农产业和城镇转移，这既是工业化和城市化发展的结果，又能推进工业化和城市化的发展。只有更多的农村人口从农业转移到非农产业，更多的农村人口向城镇迁移，中国的农业才能得到发展，中国才能实现从农业大国向农业强国的转变，中国农村也才能更加富裕并实现现代化，从而最终实现国家现代化。

中国目前之所以还是发展中国家，一个关键原因就是农业劳动者太多，农村人口太多。发达国家之所以被认为已经实现了现代化，则是因为它们已经具备了现代化的社会结构：农业劳动者阶层规模非常小，只占全体劳动者的 10% 以下；农村人口占总人口的 5% ~ 25% 。相比之下，中国农业劳动者的比例虽然从 1978 年的 82% 下降到目前的 48% 左右，城市化率从 19% 上升到 36% 左右[①]，但其现有比例本身仍然过大，距现代化对社会结构的要求还有很大的距离。这里的关键问题就是，农村社会结构的变迁还是非常

---

① 国家统计局编《中国统计年鉴·2001》，北京：中国统计出版社，2001 年 9 月，第 91 页。

滞后，国家在推进农村社会结构的现代化变化上没有明晰的政策导向，也进一步影响了这种变迁进程。

（一）改革开放以来农村社会分化是一个自发的过程

尽管改革开放催动了中国农村社会趋向现代化的分化和变迁，但是这个过程基本上是农村社会内部的一种自发的选择过程。1993 年，笔者根据对这个自发过程的调查研究，曾经提出过中国农村现代化四阶段发展的设想，认为农村社会分化就是伴随着这样四个阶段进行的。这四个阶段就是家庭联产承包责任制改革、乡镇企业发展、小城镇建设、区域现代化和城乡一体化。但是，1993 年以后，中国农村发展变化以及我们的进一步调查研究表明，这一设想存在这样两个问题：一是笔者对乡镇企业的实践做了比较乐观的估计，认为通过乡镇企业，中国农村将走出一条有中国特色的社会主义现代化道路，但是现在农村的发展条件（特别是乡镇企业发展）发生了很大变化，这些变化将对农村今后的社会分化产生影响；二是四个阶段的设想忽略了农村发展与国家整体社会结构和现代化发展的联系，只局限于农村内部的发展变化。我们常说，"没有农业的现代化就没有整个国民经济的现代化"[1]。实际上，我们首先应该说，没有国家的现代化，也就没有农村的现代化。所以，讨论农村社会分化以及其社会结构的变迁，不能离开国家整体的社会结构现代化变化，因为农村内部的社会分化和发展变迁会受到国家整体现代化结构变迁的制约。用这个思路来反观中国农村社会结构变迁，我们可能更容易把握其现状、本质及趋势。

我们看到，农村发展乡镇企业，是农民在中国城乡二元格局下做出的一种非农化选择。既然农民一时不能进城，那就通过办乡镇企业，实现农村工业化，使一部分农民先改变职业，由农业转到第二、三产业劳动就业，使乡镇企业成为国家工业化的另一翼。但是，并非任何农村地区都能通过发展乡镇企业来实现非农化和工业化发展，特别是进入 20 世纪 90 年代后，中西部农村的乡镇企业生长发展的条件改变了，市场已经被城市工业和东部乡镇企业占领，而且创办乡镇企业的条件也严苛了，当年国家鼓励发展乡镇企业的优惠贷款、减免税等政策都已改变了。在这种情况下，中西部农村再要发展乡镇企业，就困难重重了（当然不是一个也办不起来）。

---

[1] 参见《中共中央关于农业和农村工作若干重大问题的决定》（1998 年 10 月 14 日通过），载《十五大以来重要文献选编》（上），北京：人民出版社，2000 年 6 月，第 554 页。

与此同时，从 20 世纪 90 年代中期开始，乡镇企业发展的社会背景和外部环境也改变了，乡镇企业发展遇到了结构性困难。一方面，整个国民经济进入了新的发展阶段，告别了短缺经济时代，由卖方市场转入买方市场。工农业产品普遍过剩，市场疲软，销售困难；另一方面，乡镇企业存在"二国营化"管理体制问题，产权不明晰。于是，乡镇企业纷纷开始改制，转变为私营经济和股份合作制经济，以适应市场化竞争的需要。

小城镇建设之所以一度勃兴，也是因为，在二元结构格局下，农村社会经济发展是一种自发过程。乡镇企业发展到一定阶段后，要继续发展，就必然逐步集中起来，可这时城市并不允许它们进来，于是它们只能到小城镇集中，乡镇企业的职工及其家属也随着企业的搬迁而迁居小城镇。从表面上看，小城镇发展是农村发展的内在要求，但实际上这是整个国家社会结构格局限制的结果。然而，这一本质问题往往被有关方面忽视，提出了"农村城镇化"的口号。按现代化的要求，城镇化是不够的，城市化才是合理的、必然的现代化选择。当然，与改革前不允许农民进城的局面相比，小城镇建设确实是一大进步，但是城市化是世界各国现代化的普遍规律，中国现代化是绕不开这一规律的。所以，从这个角度来看，中国农村要通过社会结构变迁实现现代化，一个很重要的制度性前提是，必须彻底打破城乡二元格局，消除身份制的影响，把农村人口的社会流动纳入到国家整体的社会流动，使农村人口的职业转移与居住变迁、社会地位变迁同步进行。

（二）当前中国农村社会阶层结构与现代化建设的要求不相适应

如果从国家的整体社会结构角度来看，尽管 20 世纪 90 年代后中国农村社会阶层的分化和变迁比 80 年代有更多的进步，但是由于农村经济发展（特别是工业化）没有发生新的突破性进展，也由于城乡二元体制没有得到实质性改变，所以，当前中国农村社会结构非常不适应于中国现代化建设的需要，在某些方面还出现与现代化发展方向相背离的趋势。

第一，尽管农村社会在进一步分化，但是农村人口却没有减少，反而在增加，越来越多。与 1978 年相比，1999 年还增加农民 8003 万人。[1] 20 年的实践证明，背离规律的发展是不行的，这不能叫"有中国特色"的发展。当前中国现代化事业面临的许多困难和矛盾，都与这个背离有关系。比如，

---

[1]　国家统计局编《中国统计摘要·2000》，北京：中国统计出版社，2000 年 5 月，第 34 页。

1999 年全国国内生产总值是 82054 亿元，不到 1 万亿美元，人均工农业产品并不多，还称不上物质的极大丰富。但自 1997 年以后，在全国 610 种工农业主要商品中，有 2/3 的商品供过于求，几乎什么产品都有销售困难，原来的卖方市场已转变为买方市场。有人说，中国的买方市场早熟了，为什么？因为农民多而穷，占总人口 70% 的农民，只购买 39% 的商品；在 6 万多亿元的存款中，农民存款只占 19%。朱镕基总理早在 1996 年就提出要开拓农村市场，但 5 年过去了，不仅农村市场未能真正被开拓出来，农村购买力反而萎缩了。不是农民不需要这些产品，而是农民没有钱。

第二，20 世纪 90 年代以来，农村社会分化存在着结构性不合理问题。农村管理者规模有增无减，在一定程度上进一步增大了农民的社会负担。这几年农民负担屡减不降，一方面与国家财政体制不合理有很大的关系，因为这种财政体制过多地拿走了地方的财政收入，使地方政府财政问题变得更加严重；另一方面也与地方政府机构不断膨胀密切相关。所以，精简农村管理机构，减少农村管理者人数，提高农村的管理效益以及公共服务水平，乃是解决农民负担的结构性举措。

第三，农民工人数大幅减少，在一定程度上阻止了农村人口的城市化和非农化进程。农民返回农村，显然会影响他们的经济收入和生活水平，也影响农村社会阶层结构的现代化。

第四，农村个体劳动者和个体工商户增加缓慢，从 1989 年到 1999 年，只增加了 2 个多百分点。个体劳动者和个体工商户是农村劳动者在分化过程中除了当工人外最容易选择的职业，在许多民营经济发达的农村，其发展过程是：早期不少人选择从事个体劳动和个体工商经营，接着从个体劳动者和个体工商户中分化出一批私营企业主。然而，在这十年间，一方面国家对个体工商户的政策比较苛刻，另一方面农村信贷不发达，农民自己没有多少资本，这一切都在一定程度上限制着农民从事个体劳动和小商小贩活动。

第五，农村一些社会阶层在经济上处于劣势，最近几年，他们的收入不但没有增加，反而有所下降，这种状况已经影响到社会的稳定。据国家统计局统计，1996 年，农村居民平均年纯收入比上年增长 9%，1997 年增长 4.6%，1998 年增长 3.4%，1999 年增长 2.2%，其增幅是逐年缩小的。这是就全体农村人口而言的。就农村不同阶层与不同地区来说，收入差别是比较大的。有关研究表明，"农村内部的收入差距仍在继续扩大，比如基尼系数由 1991 年的 0. 307 上升到 1995 年的 0. 34”。① 上述对 1996 年以来农民收入增长轨迹的分析，是把发达农村地区农民的大量第二、三产业收入包括在内了的。实际上，如果分别考察不同阶层农民的收入增长状况，那么，我们就会发现，农业劳动者是其中收入增长最慢的阶层，而其原因就是农产品价格的下降。在中国现有的全部农户中，纯农户（指收入的 90% 以上来自农业经营的农民家庭）占 62.4%。有关调查表明，这几年来，“绝大多数纯农户的收入已经陷入了负增长”，“至今有半数以上的农户，自 1998 年以来实际上已处于收入绝对减少的困境”②。与此同时，农民负担却有增无减，农民的日常开支也在增加，其中农业劳动者的负担最重，这不仅是因为他们的农业收入减少之故（这使农业劳动者的负担绝对加重），而且是因为，向农民摊派负担的根据是田亩或人头，而不是收入水平（这使农业劳动者的负担相对加重）。现在农业劳动者在农村的日子是最艰难的，已经引起不少社会矛盾和问题。

第六，农民工和雇工阶层的经济状况比农业劳动者稍好一点。但是，一方面，他们的收入不是很稳定，他们随时都有失去工作的可能，这几年国家经济景气相对不如前几年，情况更为严峻；另一方面，他们的工资收入一直没有增加多少，十多年来基本停留在 400～500 元的水平上，而他们的劳动强度却非常大，工作环境差，几乎没有任何保障，他们经常面临着人身不安全的问题，在经济和事故纠纷中大多是受害者。

第七，农村社会阶层结构存在着区域性不均衡问题。中国区域发展不平衡，不仅体现在经济水平上，而且还体现在社会分化水平上，特别是农村社会分化的水平。在一定程度上，可以说，农村社会分化水平的差别是区域发展不均衡的本质性特征。我们的调查表明，在发达农村地区，私营企业主、个体工商户、农民工和雇工的比例比落后农村地区高得多，在许多落后农村，甚至见不到任何一个私营企业主。比如，我们对贵州镇宁、湖北汉川和辽宁海城的调查结果表明，镇宁农村还很少有私营企业主，汉川已有不少，辽宁海城农村的私营企业主已经占有一定比例，而这三个地方的农村经济发展水平正好代表着中国东中西部不平衡的情况。

---

① 陈锡文：《巩固农业基础地位　努力增加农民收入》，《上海农村经济》2001 年第 1 期。
② 陈锡文：《巩固农业基础地位　努力增加农民收入》，《上海农村经济》2001 年第 1 期。

六 加快农村社会的合理分化，是新世纪实现
中国现代化的迫切要求

从国家的角度来看，基于中国农村社会阶层的分化现状以及所面临的社会、经济和制度环境，我们认为在政策上需要解决这样两个问题：一是如何改善农村各个阶层特别是农业劳动者、农民工和农业雇工的经济地位，二是如何使农村社会分化融入整个社会结构的调整和现代化过程之中，使职业分化与空间迁移同步进行。对此，我们提出如下一些政策性建议。

（一）加速农村社会的合理分化，需要国家在农村政策上做出有针对性的相应调整

如上所述，改革开放以来，农村社会不再是清一色的务农社员了，广大农民已经分化为职业、收入很不相同的8个社会阶层。因此，在农村，我们既能找到资产上百万、上千万的富翁，又能找到一贫如洗、连温饱都无法解决的穷人，他们从身份上看也许都是农民，或者更确切地说是被称作农民。国家在制定有关政策的时候也往往忽略了农村社会不同阶层之间的区别，结果是政策的执行碰到非常大的困难。比如，农民负担重是一个一直困扰着决策者的问题，可以说，20世纪90年代以来，中央年年都要讲减轻农民负担问题，并为此而三令五申，发布了不少文件，可是农民负担却是屡减不降，甚至在不断加重。那么，问题的症结究竟在哪里呢？

我们认为，现有的减负政策没有以农村已经分化了的社会阶层结构为依据，这是问题的关键所在。我们看到，1999年中国农村还有8.7亿多人口，如果中央要求每年减少每个农民100元的负担，那么各级政府的收入就要减少870多亿元，也就是说，国家要拿出870多亿元的财政收入来弥补减负后出现的政府财政支出缺口，但国家2000年的整个财政收入也就1.3万多亿元。显然，现有的减负政策实际上是不可行的。

那么，难道就没有减轻农民负担的办法了吗？当然有。减负，首先要看谁的负担重，谁的负担不重，笼统地提减轻农民负担，是不对的。根据我们对中国农村阶层的研究和分析，我们发现，有些农村阶层不但不需要减负，反而需要增负，比如农村的私营企业主、乡镇企业管理者，他们现在不仅负担不重，而且他们还没有给国家交足税额。据我们课题组汉川分组的研究，现在，在农村，越是收入高的人，税负越轻，出现税负累退现

象。另外，在沿海发达地区的农村，农民基本上没有什么负担。在这种情况下，需要减轻负担的不是这些阶层的人，而是其他阶层的人，其中最需要减负的是农业劳动者阶层。

我们在本文中曾指出过，现在的农业劳动者收入最低，他们无疑需要减负，特别是中西部落后农村地区的农业劳动者更需要减负，国家甚至应该免掉他们的负担。所以，在政策上，国家一方面要增加农村高收入阶层的负担，特别是加大向他们征收税款的力度，另一方面要加大转移支付的力度，用征收到的税收改善低收入阶层（主要是农业劳动者阶层）的经济地位。所以，我们认为，国家的农村减负政策应该改为减轻农村低收入阶层负担①的政策。不同阶层，不仅有着不同的收入，而且在实际生产生活过程中也会碰到不同的问题和困难，需要国家提供不同的政策和行政服务，在这种情况下，千篇一律的政策往往会碰到操作难、效果差等问题，甚至落入失效境地。要保持农村社会稳定，迫切需要国家调整目前的农村政策，有效地提高农村低收入阶层的经济地位。

（二）结合社会结构的分化与变迁，解决农村的结构性问题

农村的结构性问题，仅仅依靠农村力量，仅仅局限在农村内部，是无法解决的，需要借助于外部力量，需要与整个社会结合在一起，才能得到解决。尽管中国农村社会出现分化，形成了不同阶层，但是，这些阶层或者滞留在农村内部，或者即使进入城市（如民工），也仍然没有融入到城市社会体系中去。这是中国城市化滞后、城乡二元格局继续存在的结果。如果不彻底改变城乡二元格局，那么就无法解决农村目前存在的许多社会结构性问题，农村社会结构也就不能实现现代化变迁。

尽管中国已经是一个中等水平的工业化国家，1999 年第一产业在中国的 GDP 中只占 17.3%，但是中国城市化水平却低于世界平均水平（46%），只有 30.9%，严重滞后于工业化，由此引起了一系列经济、社会问题，阻滞了经济、社会的健康、协调发展。城市化滞后，严重地阻碍了第三产业的发展。第三产业不但是降低交易成本，改善环境，增加人民生产生活便利，提高生活质量和提高人的素质的产业，而且还是吸收大量劳动力的产

---

① 当然，农民负担的合理性和合法性问题是需要重新讨论的另一个问题。按权利与义务的关系，农民在交纳了各种税之后不应该承担什么负担了。但是，这里限于篇幅，不讨论这个问题。

业，是农民最容易进入的产业之一。当然，城市化对农村社会结构的影响是全方位的，是带动农村社会分化的最重要引擎。目前，由于城市化滞后，中国农村人口还不能实现大量的转移；另一方面由于城乡分割，导致农村社会分化不彻底，农民工尽管从事着工业、商业与服务业劳动，但没有真正融入到城市社会的工人、商业服务业员工阶层中去。

没有城市化的发展，农村、农业和农民的问题也不可能得到有效的解决。农村之所以穷，是因为人口太多，农业之所以不能实现产业化发展，也是因为人口太多。过去人们常讲，农民问题是土地问题，这个问题已经基本解决了。现在的农民问题是就业问题。靠一家种几亩田，农民便不能充分就业，因而也富裕不起来。现在，解决农民问题的关键是要打开城门，让农村的剩余劳动力到第二、三产业中去就业，"只有减少农民，才能富裕农民"。在农业中就业的农民减少了，留下的农民就能扩大经营规模，从而提高劳动生产力；在第二、三产业就业的人多了，城镇居民多了，农产品也便有了更大的市场。过去，毛泽东说，农村是广阔的天地，青年们到农村去，是大有作为的。时代不同了，现在应该说，城镇是广阔的天地，农民们到城镇去，是大有作为的。例如，使滞后的第三产业发展起来，就可容纳上亿的劳动力。

总之，调整城乡社会结构，加快城市化步伐，改变城市化严重滞后于工业化的状况，应是当务之急。16年前，著名经济学家张五常先生预言过："假若中国要在20年后有足以炫耀的经济表现，以我个人的保守估计，在这20年间必须要有三四亿人口从农村迁徙到城里去。"他把这件事称为"大搬迁"。他还说："假若这个大搬迁不出现，经济现代化就难有大成，若要农村内大量增加农产品以外的工商业产品，就会因费用奇高而难以办到。""要实现大搬迁，唯一可行的办法，就是改变制度，让大搬迁由市场自动调节，由人民自己开动脑筋，自由选择，顺其自然地进行。一个骤然看起来差不多无法办到的大变迁，只要制度一改，对症下药，其发展的顺利及神速，是会超出一般人所能想象的。中国的希望，是要靠大搬迁的压力大显神威。"①

（三）今后农村社会各阶层的可能变化趋势

城市化是任何国家在现代化建设过程中所无法违抗的普遍规律。中国

---

① 张五常：《中国的前途》（第12版），香港：香港信极有限公司，1991年，第33、38页。

目前已经处在城市化加速发展的时期。只要户口制度一改，城市化就会发展得顺利而神速。乐观地估计（条件是近期就一定要改革户籍制度），如果今后的城市化水平每年提高 1.2 个百分点，那么，20 年后，中国的城市化率就能达到 60% 左右。① 户籍制度改革一经启动，"城乡分治，一国两策"的局面会得到改变，城乡壁垒也会逐渐被拆除，城市化将由市场自动调节，全国形成一个统一的社会主义市场经济体系，社会结构也会是一个统一的体系，而不再是现在这种城乡分别统计、分别研究和分析的两个体系。如果朝这样的方向发展，那么，中国农村社会阶层格局将会与现在完全不同，前面提出的农村 8 个社会阶层各自都会发生新的变化，变化趋向是农村人口不断向城市转移，农村社会阶层趋于简单化，农业劳动者将成为农村的最主要阶层，且在中国社会阶层结构中所占的比重将会很小。只有这样，才表明中国现代化已经得到实现。实际上，目前，这样的一些新变化已经出现。

私营企业主阶层最早是产生在农村的。1991 年以前，80% 的私营企业主在农村，城市的私营企业主是少数。1992 年以后，城市的私营企业大批发展起来，农村有些规模大的私营企业也迁往城镇。现在，私营企业主阶层 60% 在城镇、40% 在农村。随着城乡二元体制的进一步改革，将会有更多农村私营企业主把企业搬到城市，不会有城乡之分。

个体工商户实质上就是小的私营企业。20 世纪 80 年代初，政策规定雇工 8 人及以上的为私营企业，雇工 7 人及以下或不雇工的称个体工商户。今后这个政策将会改变，统称之为私营工商户。其中大部分规模稍大的工商户也会转移到城镇，小型的会留下，成为自营业者。如果他们的收入来源全部是第二、三产业，那么他们就不再是农民，即使还居住在农村，也只是农村住户，而不是农民阶层的成员。

个体劳动者原指农村的各种匠人，如木匠、瓦匠、铁匠、石匠、裁缝、理发（剃头）匠等，他们是农村手工业者的一部分，在农村是有传统的。他们一般都是兼业的，既种田，也从事手工业。可以把他们视为兼业农户。

目前，约 5000 万个农民离土离乡，在城镇打工，有的已在城镇做工十多年，但因为户口原因，成不了正式工人和当地居民。户口制度一改，他们中的绝大部分会成为城镇的工人，与当地居民融为一体，其中多数人也

---

① 因为统计口径，中国现在的城市化率实际应为 35% 左右。因为现在已流入城镇务工经商的约 5000 多万民工和商贩及其家属是没有统计在城市人口中的。

会把老婆孩子带去。仅此一项，城市人口就会增加一亿，就可使现在的
30.9%的城市化率增加8个百分点。还有3000多万个在乡办、村办集体所
有制乡镇企业里工作的离土不离乡的农民工。户口制度改革之后，他们中
的大部分也都会迁到当地的小城镇居住。一些村办集体企业规模大了，这
个村本身就会被建成为小城镇，如江苏的华西村、深圳的万丰村、北京的
韩村河村等，建设得都比一般小城镇还好。户籍制度一旦改变，这3000多
万个离土不离乡的农民工多数也都将成为工人。我们这里所说的雇工，实
际上就是在三资企业、私营企业、个体工商企业中从事第二、三产业劳动
的农民工。户籍制度一旦改革，他们也都将成为工人和职员，迁居城镇，
而不再是农民。

在农村工作的教员、医生、护士、文化艺术工作者、农业科技工作者
等农村知识分子，过去因为户口制度的原因，被称为民办教师、赤脚医生、
农民技术员等。前些年，政府已经把民办教师等转为非农业户口了。但今
后这些知识分子还将长期在农村工作，不过，他们不再是农民，他们与在
城镇工作的同行一样，都属于同一个阶层，只是工作地点不同而已。

乡镇企业管理阶层已经随着集体乡镇企业改制而开始分化和衰落。由
于乡村集体企业一部分会变成股份制的现代企业，一部分会转成股份合作
制企业，还有一部分会转成私营企业，所以，乡镇企业管理者阶层今后会
转变为企业家、经理、专业技术工作者，还有一部分会回到乡镇政府或村
委会成为农村干部。以后，随着户籍制度改变，农民工、农民企业家、农
村知识分子、民办教师等一类的特有名称将逐步消失。

农业劳动者阶层将随着城市化的发展和户口制度的改革而逐年减少。
在现代化的社会结构中，农业劳动者是一个很小的阶层，一般只占全部就
业人口的5%~15%。今后，在农村居住的主要是农业劳动者。户籍制度彻
底改革后，过去的农民身份不再存在，农民纯粹是一个职业概念，等同于
我们所说的农业劳动者。据估计，到2020年，他们占全国就业人口的比例
将不到40%，以后还会继续减少。

农村管理者过多，是当前农民负担屡减不降的重要原因之一。改革二
十多年来，农村管理者增加了很多，有些地方增了一倍还多。这是合作化、
人民公社、集体经济时期遗留下来的包袱，政经、政企不分，农村干部要
完成的任务太多，管的事太宽，权力也太大，这些都是计划经济体制条件
下形成的体制弊端。设那么多的官，管那么的多事，给那么大的权，既不
合理，也无必要。

实行社会主义市场经济体制之后，乡镇一级成为基层政权的行政机构，把辖区范围内的政治、行政、财政、税收、社会保障、教育、科技、文化、公共设施建设等事务担当起来，干部由国家法定的公务员担任，人数多少视本乡镇的大小、人口多少、发展水平高低而定，而把经济活动交还给社会，由企业、公民去经营。村一级干部减少到最低限度，由政府给被选出的村民自治委员会的主任和一两个副主任发放象征性津贴。经济合作组织、民间群众组织、社团组织都由公民自愿参加，各组织的领导由民主选择产生，多为荣誉性和义务性职务，而不能像现在那样，有个事要安个干部，是个干部就要拿补贴，开个会就要吃喝。从制度上改变原来人民公社时期留下来的不良传统（那时连开个会都要记工分、拿补贴），从根本上解决好干部与农民的关系。农民、居民在户籍制度改革以后都是公民，公民除了依法纳税外，有权拒绝各种摊派、集资，彻底解决长期困扰的"农民负担"问题。

实现了工业化、城市化、现代化、城乡一体化以后的农村可能会是怎样的呢？从一些发达国家的农村看，大体有两类情形。一类像美国、丹麦、澳大利亚等地多人少的国家，70%～80%以上的人口集中在城市，家庭农场主、农业工人很少，大约为5%～10%。农场规模很大，占地几千亩甚至几万亩，一家一个大农场。农户之间相距几公里、十几公里，他们的相互交往靠汽车、电话、计算机，聚会在小集镇内进行。一类像日本、韩国等人多地少的国家，实现工业化、城市化、现代化之后，大量的青年农民都进城从事第二、三产业，但农村的格局还未变，一家一户的房子还留在村落，原封未动。只是人少了，有些全家搬走了，房子还空着。政府用工业反哺农业，农村的水利、道路、电力、通信设施、上下水道都修好了，生产、生活也都现代化了。住在农村里的人，纯农户是少数，多为兼业农户。在靠近大中城市的农村里，还有相当一部分人完全不从事农业，在城里工作，上下班靠汽车。也有一部分农户实行一家两制，中老年的父母还种田务农，年轻的子女在城里上班挣工资，但住在农村。

中国是个人多地少的国家，在今后三四十年里，也会像日本、韩国那样，农村这个社区会长期存在。农村居民将由四类人组成：一是纯农户（日本称专业农户），主要靠农业收入来源为生；二是农业兼业户，收入大部分靠农业，小部分靠非农业；三是非农业兼业户，收入来源大部分靠第二、三产业，小部分靠农业；四是住户，即住在农村但不从事农业的家庭。随着国家现代化的发展，这四种居民户在不同地区、不同时间的比例是不同的。现代化水平越高，离大中城市越近的农村地区，第一、二类农村居民的比例会越小，后两类居民越多。其中的第一、二类居民还可被称为农民，而后两类居民，特别是第四类居民，则不再是农民。

以上是笔者对未来中国农村和农村社会结构的一些设想和预测，也是笔者的希望。实现这些设想和预测的条件是，近期国家要在经济体制改革基础上进行相应的政治、社会体制改革。对中国农村的发展来说，社会主义市场经济体制成熟的最大关键，是要进行户籍制度改革，要改变"城乡分治，一国两策"的局面。如果近期没有这几项重大改革，那么，目前的状况还将继续延续下去，农村的社会结构还将在现有框架中缓慢变化。当然，即使进行了上述必要改革，农村各社会阶层也还要存在一个相当长的时期，才会逐渐淡出。

农村要进行第二次改革，把农民从计划经济体制的束缚中解放出来[*]

历史的经验表明，凡是农村的某个问题，不是一县一地，而是比较普遍地发生，不是一年二年，而是连续多年，屡治不愈，那就不是一般讲的干部问题、认识问题、执行问题、工作不到位的问题，而是体制性、制度性的问题。这样的问题，单靠加强领导、提高认识、改进工作是解决不了的，要靠改革，靠制定新的政策、调整原来的体制安排，才能从根本上解决这个问题。

一　农村发展和改革的历史回顾

农村在实行"政社合一""三级所有，队为基础"的人民公社体制以后，实行集体劳动，统一经营，平均分配的体制，这项安排不适合当时农村生产力的要求，不符合广大农民群众的意愿，严重挫伤、压抑了农民群众的积极性，所以农业生产长期停滞徘徊，粮食和农产品短缺，供不应求，不能满足国民经济发展的需要，阻碍了整个经济社会事业的发展。1960年

---

[*] 本文源自作者手稿，原稿写于 2002 年 8 月 25 日。该文以《农村要进行第二次改革　进一步破除计划经济体制对农民的束缚》为题首次刊载于中国管理科学研究院农业经济技术研究所内部资料《通讯》2002 年第 12 期（2002 年 12 月 15 日），首次公开发表于《中国农村经济》2003 年第 1 期（2003 年 1 月 25 日），并被人大复印报刊资料《社会主义经济理论与实践》2003 年第 4 期、《农业经济导刊》2003 年第 6 期等多家报刊转载、转摘。该文还收录于《"三农"新论——当前中国农业、农村、农民问题研究》（陆学艺著，北京：社会科学文献出版社，2005 年 5 月）、《陆学艺文集》（陆学艺著，上海：上海辞书出版社，2005 年 5 月），并以《农村要进行第二次改革》为题收录于《2003 年：中国社会形势分析与预测》（汝信、陆学艺、李培林主编，北京：社会科学文献出版社，2003 年 1 月）。该文发表时均有删节，本文根据作者手稿刊印，并根据发表文章进行少量文字校订和增补。——编者注

以后，党和国家在农业上投入了巨大的精力，提出农业是国民经济的基础，把农业放在一切经济工作的首位。整风整社，反"五风"，对农民进行社会主义教育，大搞"四清运动"，整党内走资本主义道路的当权派，号召农业学大寨，全国开展学大寨运动。毛泽东同志亲自提出，大寨能做到的，为什么别的农村做不到？一年不行，两年不行，三年四年总可以了吧！但是，这些政策总不见效。农业生产就是上不去，粮食严重短缺。直到 1978 年，全国人均占有粮食只有 637 斤，同 1956 年相比，只多了 17 斤。8 亿人搞饭吃，饭还不够吃，只好靠进口粮食来弥补。农民年人均纯收入只有 134 元，① 全国有近 1/3 的农民，也就是有约 2.5 亿人处在连温饱都解决不了的贫困境地。

党的十一届三中全会决定农村进行改革，在全国实行家庭联产承包责任制，从根本上改革了统一经营，集体劳动的人民公社体制。把土地等生产资料交给农民家庭自主经营，农民有了自主权，农民得到了实惠，调动了农民的生产积极性。农业生产连年丰收，到 1984 年，出现了历史上空前的"卖粮难"，就初步解决了吃饭问题。

对于这段历史，时任中共山东省荷泽地委书记的周振兴有个很妙的总结，他说："农业为什么上不去？农民为什么穷？农民是被绑穷的。当时的一套办法（指'三级所有，队为基础'，'统购统销'等体制）把农民的手脚都捆绑了起来。农民干不了，农业生产就上不去，越绑就越穷，越穷就越绑得紧，陷入了恶性循环。实行家庭联产承包责任制，就是松了农民身上的五花大绑，农民可以干活了，农业生产就上来了。"这是很有道理的。

1985 年改革实行了 20 多年的粮食统购统销政策，改统购为合同定购，保留对城市居民的统销。这本来是继续改革计划经济体制的大举措，但因配套政策不当，1985 年粮食减产 7%。为了保证对城市居民的平价粮食供应，1986 年把合同定购改为农民一定要完成的任务，实际又回到统购老路。加强基层干部的工作，使之成为完成定购等任务的行政力量。从此，农业生产进入了新的徘徊期，农村问题此起彼伏，时好时坏。对此，我们没有继续深化农村市场经济取向的改革，而是继续加强了行政控制。于是，为了解决农村问题，农村乡村两级干部队伍不断膨胀，国家又没有财政支持，反而还把农村义务教育等支出转嫁到农村，农民负担重了，干群矛盾突

---

① 国家统计局编《中国统计年鉴·1983》，北京：中国统计出版社，1983 年 10 月，第 184、483 页。

出了。

所幸的是，农村家庭联产承包责任制的基本经济制度未变，农业生产20世纪90年代以后还是持续发展的，到1996年获得特大丰收，粮食总产超过了1万亿斤。从此，农产品供给由卖方市场转为买方市场，农业发展进入了一个新阶段。目前农村的基本形势可以这样概括：农业问题基本解决了，但农村问题、农民问题还没有解决。

国家在1993年提出了要千方百计增加农民收入，千方百计减轻农民负担，实现农村社会的稳定。这是针对要解决农村、农民问题提出的新阶段要实现的任务。但10年过去了，农民收入就是上不去。1997年以后，纯农户（占全体农民的60%）的收入是逐年下降的。农民负担下不来，从各地的统计数看，农民负担都在年纯收入的5%以下，但实际在10%以上。经济问题解决不了，农村社会也就难以安定，各地农民上访上告和群体事件逐年增多。2000年，在全国上访上告和群体事件总数中，农村事件所占比重首次突破50%，超过了城区的总件数。

党和政府为解决"三农"问题做出了巨大的努力，一再强调要从全局和战略的高度，把"三农"问题作为重中之重来解决。近几年可以说是年年讲，月月讲，逢会必讲，也采取了一些具体解决的措施。2002年1月召开的中央农村工作会议，提出了"多予、少取、放活"的指导思想，会后各地都采取了一些落实的步骤。但据我2002年以来到江苏、湖北、河北、广东、甘肃等地的农村调查，总体说来，2002年气候好，雨水多，是个丰收的年景。但粮食和农产品市场仍然疲软，销售困难，价格稳中有降。2002年荔枝运到北京，只卖2元/斤，西瓜上市不久只卖0.4~0.5元/斤，肉蛋、蔬菜也便宜。农业增产了，农民没有增收，农民购买力萎缩，农村市场依然拓而不展，城乡差距继续扩大。东部沿海的乡镇企业经过改制蓬勃发展，而广大中西部地区的乡镇企业一蹶不振、鲜有起色，东西部差距继续扩大。一部分乡镇政府债台高筑，教师和干部的工资仍是数月不发，有的只好"放假"。不少乡镇政府处于瘫痪、半瘫痪状态。相当一部分地区的农村干群关系紧张，冲突不断，社会并不安宁。

二　"计划为体、市场为用"行不通

"三农"问题屡屡解决不了，那么问题到底出在哪里呢？在计划经济体制时期，对农村的要求是，为国家工业化提供粮食、副食、工业原料。经过 20 年的努力，这一点做到了，现在的农业已能满足国家对粮食、副食、工业原料的需要，能够做到保证供给，丰年有余。但是农业、农村、农民问题的核心是要解决农民问题，使农村逐步现代化，实现城乡一体化，使大部分农民转到第二、三产业，转到城市里去。只有减少农民，才有富裕农民。从发达国家的历史看，工业化、城市化、现代化是同步的。我国因特殊的国情，走了一条先工业化，后城市化、现代化的道路。现在工业化已到中期发展阶段，但城市化还处在初级阶段。靠着国家的宏观调控协调，工业化可说已经基本实现了，但城市化严重滞后于工业化。因此，必须调整社会结构，加快城市化的步伐，让大部分农民逐渐转到城镇的第二、三产业就业。所以有学者说，以前的农民问题是要解决土地问题，现在的农民问题是要解决农民的就业问题，这是有道理的。1998 年，党的十五届三中全会提出，加快小城镇建设，放开小城镇的户口，让农民进小城镇。4 年过去了，收效不大。1997 年全国劳动力在农业中就业的比重已经降到 49.9%，但这几年又反弹到 50% 以上。这就是说，仅仅放开小城镇的户口，而原来计划经济体制条件下形成的就业、住房、上学、医疗和社会保障等一系列体制不进行改革调整，还不能解决农民的就业问题，城市化也发展不起来。这几年城市化率从 1999 年的 34.8%，两年工夫就提高到 2001 年的 37.7%，[①] 这是因为改变了统计指标口径，把进城半年以上的农民工也统计为城镇户口的结果，如按原口径计算，不会超过 32%。按农业户口、非农业户口计，2001 年农业户口人数仍占 73%。[②]

邓小平同志说："革命是解放生产力，改革也是解放生产力。……社会主义基本制度确立以后，还要从根本上改变束缚生产力发展的经济体制，建立起充满生机和活力的社会主义经济体制，促进生产力的发展，这是改革，所以改革也是解放生产力。"[③]

党的十四届三中全会提出，要通过改革，实现从计划经济体制向社会主义市场经济体制转变。1996 年中央在制定国民经济和社会发展"九五"计划和 2010 年远景目标中，明确提出：要"积极推进经济体制和经济增长

①　国家统计局编《中国统计摘要·2002》，北京：中国统计出版社，2002 年 5 月，第 35、40 页。

②　参见国家统计局编《中国统计摘要·2003》，北京：中国统计出版社，2003 年 5 月，第 38 页。——编者注

③　邓小平：《在武昌、深圳、珠海、上海等地的谈话要点》，载《邓小平文选》第三卷，北京：人民出版社，1993 年 10 月，第 370 页。

方式的根本转变。从计划经济体制向社会主义市场经济体制转变，经济增长方式从粗放型向集约型转型，这是实现今后十五年奋斗目标的关键所在。"①② 国内外的实践表明：计划经济体制不是个好的经济体制，在特定的历史条件下，可以发挥一定的作用，但从长远看，是束缚生产力的经济体制，不符合生产力不断发展的要求。党的十一届三中全会以来，实行改革开放，在农村实行家庭联产承包责任制，就是采取了社会主义市场经济的取向。以后发展乡镇企业，办经济特区，进行国有企业改革等等，都是要从根本上改变束缚生产力发展的计划经济体制。20 多年来改革开放的经验和教训证明：哪个地区、哪个部门对计划经济体制那一套改得好，向社会主义市场经济体制转变得好，哪个地区、哪个部门的经济就发展得好，社会事业就进步得快；反之，经济就徘徊、上不去，社会发展就停滞不前。

计划经济体制，我们是向苏联学来的，误以为是先进的经济体制，从 20 世纪 50 年代初期搞第一个五年计划开始，从上到下，学得很认真，推行得很全面、很彻底，把它列为社会主义的本质特征之一，奉为圭臬，影响了整整一代人。不仅是经济体制，而且渗透到政治、军事、社会、文化等方方面面的体制中，实行了几十年，可谓盘根错节，根深蒂固。

中国的改革是从农村改革开始突破的，"搞农村家庭联产承包，废除人民公社制度"③。实际也就是对计划经济体制的突破。农民冲破了计划经济体制的束缚，引来了农村生产力的解放，农业生产的大幅度增长。但是废除人民公社体制只是冲破了计划经济在农村的一个方面（当然是很重要的一条），还有以统购派购（后来叫合同定购）为主的流通体制、土地制度、信贷制度，等等方面，特别是为适应计划经济体制要求而建立的城乡分治的户口制度、就业制度、教育制度、社会保障制度、医疗保健制度、民兵制度、义务工制度以及行政管理制度等等。这些经济的、政治的和社会的体制，好似把农民五花大绑了起来，使他们动弹不得。在农村实行家庭联产承包责任制，只是放开了农民的两只手，使之能搞农业生产了，但身子和双脚还是被计划经济体制绑住的，使他们不能直接进入社会主义市场，参与市场经济竞争，同城市居民在起点上就不平等。例如农业上容纳不下

---

① 中共中央文献研究室编《十四大以来重要文献选编》（中），北京：人民出版社，1997 年 12 月，第 1757 页。

② 以上楷体字部分内容根据《2003 年：中国社会形势分析与预测》（汝信、陆学艺、李培林主编，北京：社会科学文献出版社，2003 年 1 月）第 191 页增补。——编者注

③ 《邓小平文选》第三卷，北京：人民出版社，1993 年 10 月，第 374 页。

这么多劳动力了，农民要进城打工（原来的计划经济体制是不允许农民进城的），现在城里的发展和建设也需要这些劳动力。20 世纪 80 年代后期开始，农民工进城了。作为代价，农民离乡要办婚姻证、计生证、毕业证，要交"三提五统"保证金、计划生育季度妇检保证金等。到了城里，还要办暂住证、健康证，缴就业管理费、治安保护费等等。到企业上工，要先交押金。他们在企业干最苦、最累、最脏、最危险的活，受种种歧视、欺凌和盘剥不说，干三、五年，十年乃至十五年，还是农民工，还是登记在另册，还是城市里的边缘人。这里没有别的原因，就是计划经济体制还在起作用。现在农民工已有 8000 万了，中央领导和有关部门已经一再强调，农民工也是工人阶级的成员，但农民工实际还是农民，是二等公民，他们是体制外的人。体制内的是谁？体制内的就是计划经济体制内的正式工人和干部，体制内外的界限是很分明的。

多年来，农业、农村、农民问题之所以难以解决，主要的问题是没有找准"三农"问题的症结，没有对症下药。实践证明，现在的农业问题不在农业本身，农村的问题不在农村本身，所以花了很大力气搞经济结构调整，产品结构调整，推行股份合作制，兴办龙头企业，鼓励提倡"公司 + 农户"，推进农业产业化经营，改革农村机构，精简干部，减轻农民负担，推行税费改革，等等，花了很大力气，但收效甚微。农民的收入还是上不去，负担还是下不来，农村社会还不安宁。根本的原因是原来束缚农村生产力的计划经济体制还没有从根本上改革，还是继续在起着阻碍农村生产力发展的作用。

党的十四届三中全会做了决定，要实现从计划经济体制向社会主义市场经济转变。8 年过去了，回头来总结，就农村来说，这个转变还没有实现。有的改变了，如农产品的价格体制；有的则基本没有变，如劳动力、土地、资金、技术等生产要素的流动与配置，市场化率还很低；有的是改改停停，裹足不前，如户口制度；有的则屡有反复，如粮食流通体制改革、税费改革和农村信贷体制等。可以说，当前农村的问题主要可以归结为原来的计划经济体制还在阻碍农村生产力的发展，还在束缚着广大农民生产积极性的发挥。

从思想认识上来分析，有相当一部分同志，把计划经济体制渗透到经济、政治、社会方方面面所形成的一套体制和机制，误以为就是社会主义的体制，加上习惯成了自然，没有认识到这些正是形成今天"三农"问题难以解决的根源。有的进行改革了，但实际是用一种计划经济形式去改革原来的计划经济的做法；有的还没有认识到这一套计划经济体制的危害，所以也没有想到要进行这方面的改革。就这部分同志说，他们这些年的言行可以用一句话概括，就是在实践"计划为体，市场为用"的原则。在他们的思想深处，并不认为这套计划经济体制一定要改革，只是觉得市场经济有效率，可以用就是了。

前面说过，国内外的实践已经证明，计划经济体制不是个好的经济体制。当前要解决"三农"问题，必须要继续深化改革，要实现从计划经济体制向社会主义市场经济体制转变，从根本上对计划经济体制渗透到农村经济、政治、社会等方面形成的体制进行改革，才能建立起充满生机和活力的社会主义市场经济体制，真正从根本上解决好"三农"问题。

三　农村要进行第二次改革

党的十四届三中全会通过的《关于建立社会主义市场经济体制若干问题的决定》指出："经济体制改革是一场涉及经济基础和上层建筑许多领域的深刻革命，必须要改变旧体制固有的和体制转变过程中形成的各种不合理的利益格局，不可避免地会遇到这样或那样的困难和阻力。必须从总体上处理好改革、发展和稳定的关系。处理好各方面的利益关系，调动一切积极因素，为国民经济健康发展创造有利条件。当前，我国经济在高速增长过程中遇到的一些矛盾和问题，从根本上讲是由于旧体制的弊端没有完全克服，新体制还没有完全形成。"① 这个文件制定得好，许多问题在当时就预见到了，明确指出来了。当前的农业、农村、农民问题，从根本上讲就是由于旧体制的弊端没有完全克服，新体制还没有完全形成的结果。所以，真正要解决农业、农村、农民问题，就必须进行体制性的改革，要在原来实行家庭联产承包责任制和其他一些初步改革的基础上进行农村的第二次改革，完全克服计划经济体制的弊病，继续给农民松绑，建立和形成新的社会主义市场经济体制，只有这样，才能从根本上解决好事关我国社会主义现代化全局的农业、农村和农民问题。

当然，进行农村第二次改革，难度是很大的，正如文件所指出的，这是一场涉及经济基础和上层建筑许多领域的深刻革命，要改变原来各种不

---

① 中共中央文献研究室编《十四大以来重要文献选编》（上），北京：人民出版社，1997 年 12 月，第 547 页。

合理的利益格局，会遇到各种困难和阻力。但如果不进行这场改革，"三农"问题会越来越严重，以致积重难返，危及整个改革开放和社会主义现代化的大业。所以我们必须统一认识，下决心进行这场改革，只要依靠群众，周密部署，改革是一定能成功的，因为这场改革首先会得到占人口70%的广大农民的拥护（亿万农民早就在盼这场改革了）。

而且通过改革，把"三农"问题解决了，必定会推进城市的改革，使国民经济有一个新的飞跃，出现邓小平同志总结的20世纪80年代那种好形势。他说："首先是农村改革带来许多新的变化，农作物大幅度增产，农民收入大幅度增加，……广大农民购买力增加了……，又强有力地推动了工业的发展。……农业和工业，农村和城市，就是这样相互影响、相互促进，这是一个非常生动、非常有说服力的发展过程。"①

计划经济体制是一个体系，是一张网，是一个网络，背后关联着各种社会集团社会群体的利益。改革的难度很大。我们已经改了23年，据有关方面估算，现在市场化率还只有60%左右，农村则更低。农村要进行第二步改革，目标是实现从计划经济体制向社会主义市场经济体制转变，任务很艰巨，阻力会很大，需要我们较长时间的努力，我们应该周密规划，精心组织，逐步推进，逐步实现。以下几个方面，是比较关键的，需要及早改革。

1. 要从理论上确认农民在社会主义市场经济体制中也是市场主体的地位

从列宁开始，就认为农民是小生产者，小农经济是每时每刻都在产生资本主义的。斯大林则把农民列为社会主义体制外的人，只是工人阶级的同盟军，在社会主义建设过程中，把农民作为团结和改造的对象，实行农业集体化，通过"剪刀差"等方式，要农民向国家纳贡，搞原始积累。毛泽东在《论十大关系》一书中指出："苏联的办法把农民挖得很苦。他们采取所谓义务交售制等项办法，把农民生产的东西拿走太多，给的代价又极低。他们这样来积累资金，使农民的生产积极性受到极大的损害。"② 我们历来强调要处理好国家同农民的关系，但因为我们实行的也是计划经济体制，在这种体制下，广大农民也是被列为体制外的，是团结和改造的对象。特别是从20世纪50年代实行了合作化，后期又实行了城乡分治的户籍管理制度。40多年来，在政治、经济、社会领域，对城市里的工人、干部、居民实行一种政策，对农村、农民实行另一种政策，在就业、教育、医疗、

---

① 《邓小平文选》第三卷，北京：人民出版社，1993年10月，第376页。
② 《毛泽东选集》第五卷，北京：人民出版社，1977年4月，第274页。

住房、社会保障等方面都是实行"一国两策"，形成了"二元社会结构"。

"一国两策""二元社会结构"，这是计划经济体制的产物，是造成当前"三农"问题的根本原因，是同社会主义市场经济体制不相容的。要建立完善的社会主义市场经济体系，就必须改变目前事实上仍在实行的"一国两策"的状况，改变目前事实上已经形成的城乡两个市场同时运行的状况。要通过改革，逐步建立全国统一的城乡一体的社会主义市场经济体制。进行农村第二次改革的目的，首先是为了从根本上解决"三农"问题，而最终则是为了建立完善的社会主义市场经济体制。进行农村第二次改革的理论基础，是要确认农民在社会主义市场经济体制中，同工人、干部、知识分子、城市居民一样，也是市场主体的地位，要恢复农民在社会主义市场经济体系中的国民待遇。有的学者已经提出，要给农民以国民待遇，不对，不是给，而是恢复。农民本来就是市场经济的主体，本来就有国民待遇，是被计划经济体制剥夺了的，实行社会主义市场经济体制，就应该恢复农民的国民待遇，这是题中之义，这也是建立社会主义市场经济体制的前提。

2. 要抓紧改革户籍管理制度

目前仍在实行的户籍管理制度是20世纪50年代后期为适应计划经济体制的要求而建立起来的。把农业户口和非农业户口严格区分，城乡之间形成不可逾越的鸿沟，成为"城乡分治，一国两策"的制度性条件。农民成了身份制的人口，在就业、上学、医疗、迁移等方面受到诸多限制。这也是造成目前城市化严重滞后于工业化，产生诸多社会问题的制度性原因。这是同建立社会主义市场经济体制的目标相悖的，亿万农民早就盼望户口制度的改革了。近年来，广东、浙江、湖南、石家庄等地相继出台了本地区改革户籍制度的地方政策。但户口制度涉及到人口流动、迁移等的全局性的问题，必须由国家来决定。要进行农村第二步改革，户口制度的改革应是一个重要的方面。希望政府能早下决心，把户口制度改革早日提上议事日程，因为这项制度早已不合时宜了。

3. 要进一步改革农村土地制度

农村实行家庭联产承包责任制，把土地的使用权交给农民，解放了生产力，农民称之为第二次解放，这是20年来农村稳定、发展和农业形势好的基础。但是，这种承包责任制是建立在原来"三级所有，队为基础"的体制上的。土地归集体所有，这个所有者原来是小队（生产队）。1983年公社改为乡镇，生产大队改为村，生产队改为村民小组。现在绝大多数村民小组已不是集体经济单位，更不是基本核算单位，所以后来规定，土地的发包者是村民委员会，村委会实际成了集体土地所有者，这就潜伏着矛盾。

从对农村社会稳定和农业生产发展有利的角度看，农民承包的耕地应该长期稳定。所以早在 1983 年，国家就规定土地承包制 15 年不变。1993年国家提出土地承包再延长 30 年不变，得到了广大农民群众的拥护，但是，乡、村两级干部，从家族、家庭和个人或小集团利益出发，则要求发包的土地可以变动，实际上他们仗着是土地所有者的代表和行政权力，对承包土地自作主张，进行变动。据有关部门抽样调查统计，1983～1993 年的 10年间，承包土地常常是变动的。变动次数最多的一些村，10 年间土地调整了 7 次，平均变动了 2.7 次。1993 年，中央提出要同农民签订第二轮承包合同，土地承包再延长 30 年不变，但各地执行得很迟缓，受到乡村两级干部的抵制。直到 1998 年党的十五届三中全会，再次重申土地承包 30 年不变，要进行第二轮承包，在强大的工作推动下，第二轮承包工作才贯彻了下去。但问题并未解决。现在各地农村里，有的地方乡村干部背着农民把土地卖了，农民还不知道。由此引起土地纠纷，有的酿成较大的群体事件。据不少地方反映，现在农村里由土地问题引起的纠纷和案件已占一个很大的比例，土地问题已经成了农村不稳定的重要因素。调整土地，侵占、出卖土地，对农民是被损害、被剥夺，对干部是巨大利益所在，靠说服、教育是解决不了问题的。有同志说："现在国家最宝贵的资源——耕地，却交给最基层的、不拿工资的干部掌管着，怎么能保护得住？"土地制度是国家的根本制度之一，是长治久安的基础。对现阶段的广大农民来说，土地不仅是赖以生活的最重要的生产资料，也是社会保障。现行的家庭联产承包责任制，不能说就可以长此以往，一劳永逸了。一方面要保护稳定，另一方面也还要继续完善。这是大问题，需要从长计议，定出一个适应社会主义市场经济体制的土地制度来。我个人的意见是，把集体土地所有权收归国家，然后对农民实行永佃制，规定个时限（例如 2003 年），按现在的承包户实有承包的土地，通过法律宣布实行永佃，就不再动了，使农民对承包土地有永佃权（即江南农村以前的永久的田面权）。田面权的处置，根据社会主义市场经济体制的要求，由承包农户决定。可以耕种，可以子女继承，可以依法租赁，可以入股合作经营，也可以作价自由转让，按照"自愿、依法、有偿"的原则进行土地流转。[①]

[①] 以上楷体字部分内容根据《2003 年：中国社会形势分析与预测》（汝信、陆学艺、李培林主编，北京：社会科学文献出版社，2003 年 1 月）第 196 页增补。——编者注

农村还有个大问题是宅基地。多数农民是世代继承住用自家的老宅，也有少部分农民的宅基地是合作化以后由集体无偿、少偿给予的。但现行的政策，规定宅基地也都是属于集体的土地，所以农民要出卖房屋，有个集体所有权的问题，连拿房屋到银行贷款作抵押，也因宅基地不是自己的而不能作为抵押物。有人说："城市里连资本家、房产主、居民的私房，都落实政策，退还给他们了，他们贷款，可以用房屋做抵押品。为什么农民就不能呢？"宅基地问题也是农村社会纠纷多的问题之一，需要合理解决。

4. 改革教育体制，实现城乡一体的教育体制

20 世纪 60 年代初期以来，随着城乡分割的户籍制度的建立，逐渐形成了对城市中小学是一种政策，对乡镇以下的（特别是村的）中小学是另一种政策的体制。城市中小学教育经费由国家负担，农村中小学的教育经费由乡村、农民自筹解决。城市的中学（特别是地级以上城市的中学），对农民的子女关了门，这样实际上是阻断了广大农村青年的成才之路。造成了城乡青年发展机会起点不平等的格局。1960 年前，大学生的出身，城乡比例是 3∶7，那时全国城乡总人口的比例是 2∶8。现在城乡总人口的比例还是 3∶7，但大学生出身的城乡比例是 7∶3。这不仅对农村青年不公，而且也限制了国家选择培养人才的范围，对国家长远发展是很不利的。1992 年，党的十四大提出发展"教育是实现我国现代化的根本大计"，10 年来，我国的教育已有了极大的发展，但城乡不同的两种教育体制格局还没有根本改变。相当多的地区，特别是中西部地区农村中小学的教学设施简陋，教育经费严重短缺，教师工资长期拖欠，优秀教师流失，学龄儿童辍学，这些问题屡解不了，这也是实行"城乡分治，一国两策"的恶果。近些年，国家财政收入大幅增加，已经有财力来解决这些问题了，但现行的体制阻碍着这类问题的解决。例如，全国农村中小学教师的工资约为 400 多亿元，除去发达地区，中西部地区的农村中小学教师的工资约为 200 亿～300 亿元，不到国家财政支出的 2%，政府已经多次开会，发文件要解决这类问题，但至今仍没有得到根本性的解决，主要原因是存在体制性的障碍。

农村医疗卫生事业，同样也存在着严重的问题。农村的合作医疗体制已经瘫痪了，许多乡镇的卫生院名存实亡，在有些农村，农民缺医少药的状况比 1978 年前还严重。国家近些年在医疗卫生保健方面的开支很大，但占人口 70% 的农村得到的经费不到 15%，这种体制的弊病不改革，农村医疗卫生等公共事业就难以改善和发展。

5. 现行的财政体制对农村发展很不利，亟需改革

1994 年的财政体制改革是正确的，也是及时和必要的，但没有处理好省以下各级财力的合理分配和安排，造成事权和财权不相称。现在总的情况是财政收入向上倾斜，向城市倾斜，向发达地区倾斜，向东部地区倾斜。目前中西部地区的县乡两级财政很困难。约有 50% 的县、60% 的乡镇财政拮据，债台高筑，有不少乡镇是靠借高利贷在运转，干部和中小学教员的工资不能按时发放，公共事业难以为继，这是近些年城乡差距、东中西差距急剧扩大的重要原因，也是农民负担屡减不轻，干群矛盾突出，农村社会不安的重要原因。这种头重脚轻的财政体制已经到了应该改革和调整的时候了。

进行农村第二次改革，是一项大的系统工程。上列五条只是其中必须要先改的重点，还有方方面面的体制也需要改革。总的目标是要实现从计划经济体制向社会主义市场经济体制转变，这样才能从根本上解决农业、农村、农民问题，实现城乡一体，建立全国统一的社会主义市场经济体系，使我国社会主义现代化事业前进一大步。

把解决农民问题放在第一位[*]

"三农"问题是一个整体，核心是农民问题，因为农业是一个产业，是农民从事的职业；农村是农民聚居生产生活的社区。所以要解决"三农"问题，第一位的是要解决农民问题，只有把农民问题解决好，农业问题、农村问题才能顺利解决。

在计划经济体制下，我们不是把解决农民问题放在第一位，而是把解决农业问题放在第一位。1953年实施第一个五年计划，大规模工业化开始，不久就感到粮食和棉花等农产品供给不足，于是就搞统购统销，高指标，强征购，遭到了农民的强烈抵抗；征购要同很多农户直接打交道，成本很高，于是就学苏联农业集体化的做法，加快农业合作化的步伐。1958年全国实行公社化，把5亿多农民组织在人民公社中，"政社合一"，自然村改为生产队，行政村改为生产大队。城市、工业需要的粮食、棉花、油料等产品，政府直接向公社征购，作为国家任务向社队三级干部下达，限期足额完成。购粮的成本，确实是减少了，任务也勉强完成了，但是这种公社化体制把农民生产经营的自主权和农产品分配的自主权剥夺了，极大地挫伤了农民的生产积极性，农民只好消极抵抗，农业生产长期停滞徘徊，造成粮食和其他农产品长期短缺。中国原来是个农产品纯出口国，1961年以后成为粮食和棉花大量进口的国家。

1978年改革开放以后，农村率先改革，实行家庭联产承包责任制，把耕地等生产资料的经营权还给农民，农民也有了农产品的分配自主权，极

---

[*]　本文源自《"三农"新论——当前中国农业、农村、农民问题研究》（陆学艺著，北京：社会科学文献出版社，2005年5月），第1~11页。原稿写于2005年2月8日，系作者为该书撰写的前言。摘要曾发表于内部刊物中国社会科学院要报《领导参阅》2005年第9期（2005年3月25日）和《湘潭大学学报》（哲学社会科学版）2006年第1期（2006年1月30日）。《经济日报》2005年4月21日发表了同名的访谈稿，内容不尽相同。——编者注

大地调动了农民的生产积极性，农业生产连续较大幅度增产。但是计划经济时期留下来的把农业放在第一位的模式并没有改变。当粮食等农产品的供给遇到问题时，就采取惠农政策以调动农民的生产积极性，没有进行从根本上解决农民问题的改革；而当粮食和其他农产品供给情况好转时，就改变惠农政策。所以在1984年、1990年、1996年三次获得农业特大丰收后，都在第二年就减产，重又陷入徘徊停滞的局面。

1996年粮食总产量超过1万亿斤，棉花等主要农产品也都大丰收。对此，政界和学者认为中国的粮食和其他主要农产品的供给问题已经基本得到解决，实现了由长期供给不足到总量基本平衡、丰年有余的转变，由卖方市场转为买方市场，中国的农村、农业发展进入了一个新阶段。当时，我对"三农"问题有个基本判断：中国的农业问题基本解决了，但是农村问题、农民问题还没有解决。

实践证明，"三农"问题不首先解决好农民问题，农业问题解决了也还是要出现反复。1996年大丰收，秋后就出现卖粮难、粮价下降，1997年粮食就减产207亿斤。1998年大水（中国是个缺水的国家，丰水年一般是增产的），国家还以保护价收购粮食，粮食总产10246亿斤，达到历史最高水平。① 1999年以后，由于粮食库存大量增加，国家粮库爆满，粮食企业亏损严重，国家以保护价收购的政策实际上停止了，市场粮食价格一路下跌，1999年11月的粮价比1996年同期下降32%，损失最终落在农民头上。

1999～2003年，政府一直强调要增加农民收入，减轻农民负担。但是农民的收入就是上不去。1999年农民人均纯收入比上年增加2.2%，2000年增长1.9%，2001年为5.0%，2002年为4.6%，2003年为5.9%，这五年没有实现农民人均纯收入年均增加5%的目标。② 而且这些小幅的增加主要是靠非农业经营性收入和农民外出打工收入，种粮务农农民的收入实际上是下降的。所以农业生产再次陷入倒退停滞状态。对农业的这种严峻形势，李昌平同志在写给朱镕基同志的信里说"农民真苦、农村真穷、农业真危险！"这三句话对全局做了深刻的概括。李昌平在2000年春节时说，"农业真危险"还是一种推测，因为1999年粮食总产量还有10168亿斤，③仓库还有约5000亿斤的存粮，粮食和其他农产品的供给还没有问题。但是

① 国家统计局编《中国统计年鉴·1999》，北京：中国统计出版社，1999年，第395页。
② 国家统计局编《中国统计年鉴·2004》，北京：中国统计出版社，2004年，第357页。
③ 国家统计局编《中国统计年鉴·2000》，北京：中国统计出版社，2000年，第387页。

由于"农民真苦、农村真穷",种粮食无利可图,农民就没有了生产积极性,农民纷纷外出打工或另谋他业。1999 年以后粮食就连续减产。2000 年产粮 9244 亿斤,比 1999 年减少 924 亿斤,减产 9.1%;2001 年产粮 9053 亿斤,比 2000 年减少 191 亿斤,减产 2.1%;2002 年产粮 9141 亿斤,比 2001 年增加 88 亿斤;2003 年产粮 8614 亿斤,比 2002 年减产 527 亿斤,下降 5.8%。[①] 减产的头几年,因为库存粮食多,所以供给还没有问题,靠连年挖库存解决。2003 年大旱,进入秋季,粮食大减产已经成为定局,南方几个省区库存粮食告急,市场上粮食价格开始上涨,于是粮食供给问题再次惊动中央,成为经济安全问题。

2004 年国家实行宏观经济调控,把"三农"问题列为党和政府工作的重中之重,时隔 18 年之后,又一次以中共中央、国务院的名义发了一号文件,大力增加对农业的投入,第一次对种粮农民实行直接补贴,各级政府加强对农业的领导,再一次把农民的生产积极性调动起来。加上市场粮价上涨 30%,2004 年又风调雨顺,农业获得特大丰收,当年粮食总产达到 9389 亿斤,增产 775 亿斤,[②] 超过了原定计划 9100 亿斤的目标。

从改革开放 26 年来中国的农业生产经历了由低到高、起伏波折的四个周期性变化,以及与此相关的对农民政策的反复,我们可以得到以下几个规律性的认识。

第一,中国的农业问题。在现阶段主要是粮食和其他主要农产品的供给问题,是可以解决的,可以满足国民经济发展和现代化建设的需要。布朗关于"谁来养活中国"的说法,是外国人替中国人担忧,不了解中国的国情,不足为训。1996 ~ 1999 年四年间粮食平均年产 10097 亿斤。专家测算,2004 年全国粮食总需求为 9800 亿斤。2003 年粮食总产骤降到 8614 亿斤,[③] 又一次出现粮食的供给问题,这还是因为农民政策出了问题,谷贱伤农,种粮不合算,打击了农民的生产积极性。所以中国的农业问题的反复,说到底是中国农民问题的反应,是国家对农民政策反复的表现。只要国家的政策符合市场经济规律,符合农民的利益和愿望,农民有生产积极性,就现有的耕地、现有的生产能力是可以保证农业对社会供给的。只要把农民问题解决好了,农业不会成为问题。

---

① 国家统计局编《中国统计年鉴·2004》,北京:中国统计出版社,2004 年,第 491 页。
② 国家统计局编《中国统计年鉴·2005》,北京:中国统计出版社,2005 年,第 120 页。
③ 国家统计局编《中国统计年鉴·2004》,北京:中国统计出版社,2004 年,第 491 页。

第二，国家要把解决好农民问题放在第一位。我们党和国家历来高度重视农业、农村、农民工作。党的十六大提出全面建设小康社会的战略目标后，党中央把解决"三农"问题列为党和政府工作的重中之重。解决农业、农村、农民问题有两种做法。一种是把农业问题放在第一位，以满足城市和工业化发展的需要，把农民问题、农村问题推到以后去解决。进入社会主义经济建设阶段以后，包括改革开放以来，我们基本上是这样做的。新中国成立50多年来，重视的程度不可谓不够，投入的人力、物力、财力不可谓不多，我们也取得了一个又一个巨大成就，终于在1996年实现了农产品由长期供给不足到总量基本平衡、丰年有余的大好局面，但是农民问题和农村问题并没有解决，所以又出现了1997年以后的反复。

还有一种做法，在解决农业问题的同时，也解决农民、农村问题。发达国家的做法，一般是在工业化开始时，通过征收农业税、土地税等形式，从农民、农村那里取得原始积累，在城镇办工业，而在资金、粮食、工业原料进城的时候，农村劳动力也大量进城，成为工厂的工人，成为城市的市民。所以工业化与城市化是同步发展的，农民是随着工业化而逐渐减少的。待工业化、城市化发展起来有了积累后，就反哺农业，一般是通过提高农产品价格，给予农械、化肥等现代生产资料补贴，提高农民的收入，使农业现代化。待工业化、城市化有了更多的积累之后，就更大规模地支持农村的公共事业和基础设施（水利、道路、通信）建设，最后实现城乡一体化。

我国现在的问题是，农业问题已经基本解决了（虽然还不巩固），但农民、农村问题还很严重，而农民问题是"三农"问题的核心问题，这个核心问题没有解决好，农业问题就是解决了，也还会有反复。所以当今中国的"三农"工作，第一位的是要解决好农民问题。

在现阶段有哪些农民问题是急需解决的？

第一，农民人数太多，占总人口的比例太大。根据国际上工业化、现代化国家发展的一般规律，随着工业化的发展，农民的绝对量和占总人口的比例是逐步下降的，工业化初期，农民占50%～70%；工业化中期阶段，农民占30%～50%；工业化后期，进入现代化社会，农民则在30%以下，有的降到5%以下。由于各种历史原因，我国一面在工业化，另一面农民的绝对数大量增加，占总人口的相对比例下降很慢。

1952年农业人口为50319万人，占总人口的87.5%；

1958年农业人口为55273万人，占总人口的83.8%；

1978 年农业人口为 79014 万人，占总人口的 82.1% ；[①]

2000 年农业人口为 94244 万人，占总人口的 74.4% ；

2003 年农业人口为 91550 万人，占总人口的 70.8%。[②]

我国在 1952 年大规模工业化开始时，有 5 亿农民，到 2003 年工业化已发展到中期阶段，而农民反而增加至 9 亿多，比 1952 年增加 4.1 亿农业人口，这在大国工业化历史上是绝无仅有的。这种经济结构与社会结构严重背离，是中国目前诸多社会矛盾产生的根本原因。

第二，农民太穷，农民太苦。关于农民的穷苦，我要讲四句话。一是改革开放以来，农民的生活有了很大的改善，收入有了很大提高，绝大多数农民解决了温饱问题，这是历史上从未有过的。二是农民穷，农民收入少，是因为农民人太多，占有生产资料太少。2003 年，在 GDP 的总量中农业创造的部分只占 14.6%，而在第一产业就业的劳力占 49.1%，农业人口占 70.8%，[③] 怎能不穷？三是农民穷苦是相对于我们经济建设成就比较而言的。1978~2003 年 GDP 翻了三番多，年递增 9.4%，[④] 但农民的收入没有相应地增加，还有约 9000 万人年均收入在 825 元以下，连温饱问题还没有解决。四是农民穷苦，是相对于城市居民比较而言的。1978 年城乡居民收入的差距为 2.57：1，改革初期差距有所缩小，1985 年为 1.86：1，但以后就逐渐扩大，1995 年为 2.71：1，2003 年扩大为 3.23：1。[⑤] 2004 年农业大丰收，农产品涨价，国家减免了农业税，还有直接补贴，农民人均年收入增加 6.8%，但城市居民收入增加更多，差距还是继续扩大。国际上有个共识，认为城乡差距为 1.5：1，比较合理。我国现在的城乡差距在 3：1 以上，而且还有继续扩大的趋势，社会怎么能安定？

第三，农民太弱。经济地位弱，政治、社会地位也弱。这是实行计划经济体制形成了二元社会结构的结果。合作化、公社化使农民交出了土地和生产资料的所有权、经营权，1958 年实行城乡分割的户口制度，农民是农业户口，从此被固定在农村，沦为二等公民，失去了国民待遇。农村改革，使农民得到土地的经营使用权，所有权还是"集体"的。农民可以进

---

① 国家统计局编《新中国五十年》，北京：中国统计出版社，1999 年 9 月，第 533 页。

② 国家统计局编《中国统计摘要·2004》，北京：中国统计出版社，2004 年 4 月，第 37 页。

③ 国家统计局编《中国统计摘要·2004》，北京：中国统计出版社，2004 年 4 月，第 19、37、43 页。

④ 国家统计局编《中国统计年鉴·2004》，北京：中国统计出版社，2004 年 4 月，第 56 页。

⑤ 国家统计局编《中国统计年鉴·2004》，北京：中国统计出版社，2004 年 4 月，第 357 页。

城务工经商，但只能当农民工，干了 10 年、20 年，也成不了正式工，转不了户口，仍是城市的边缘人，融不进城市，没有市民待遇，没有社会保障和福利。农民工残了、病了、老了，还是回农村，还是当农民。《第八届全国人民代表大会第五次会议关于第一届全国人民代表大会代表名额和选举问题的决定》规定，每 24 万城市人口选一名全国人大代表，每 96 万农村人口选一名全国人大代表。① 有人说，当今中国农民是最大的弱势群体，农民工是城里最大的弱势群体，农口的部门是弱势部门，管农业的领导是弱势领导，这有一定的道理。

第四，农民日益边缘化。农民在中国社会结构里，不断被边缘化，至今还在继续。农民在政治、经济、社会方面的权利不断被弱化、被侵蚀。弱化到连自己的基本生产资料（土地）和基本生活资料（住房）都保护不了。一部分农民沦为新的贫民群体。世纪之交时，在"加快城镇化""经营城市""以地生财"等口号下，农民的承包地被空前规模地侵夺强占。据国土资源部不完全统计，截至 2004 年，全国开发区多达 6015 个，规划面积3.54 万平方公里，约合 5300 万亩（在中央明确禁止后还出了一部分）。所到之处，毁农民的庄稼，挖农民的祖坟，拆农民的老屋，强占农民的耕地，强迫农民迁移，美其名曰，"成片开发"，"城市化建设的需要"。只给农民极少的补偿，又不做合理的安置。农民是弱势群体，无权、无势、无组织，只好任人驱赶，沦为"种田无地，上班无岗，低保无份"的三无游民。据有关方面调查，这一轮失地的农民，约有 4000 万人，多数在珠江三角洲、长江三角洲、大中城市近郊区，原来是中国最富裕、最有文化、最会经营的农民，失地后约 60% 的人收入下降，约 30% 的人生活发生困难，沦为新的贫民群体。他们在本地求告无门，只好到省、到中央告状。这是近几年农民上访骤增的主要原因。2004 年，农业丰产，农民增收，但农民上访仍然不减，主要是因为这部分农民已经失去土地，农业丰收与他们无关，反而因为粮价上涨，生活更加困难，所以上访者仍不绝于道。

中国 13 亿人口，9 亿多是农民，这是我国的基本国情。农业、农村和农民问题是关系改革开放和现代化建设全局的重大问题。上述农民问题如此严重，这是农业问题屡解不决，周期反复的根本原因，也是目前我国一方面经济形势很好，另一方面诸多社会问题凸显、社会并不安宁的主要原因。党的十六届三中全会明确提出要"建立有利于逐步改变城乡二元经济

① 中国人大网：http://www.npc.gov.cn/wxzl/2002－04/12/content_291699.htm。

结构的体制"①。党中央把做好"三农"工作定为党和政府工作的重中之重。近几年，农业、农村、农民的工作都有很大的进展，做了很多工作，解决了一批又一批的问题，很有成效。从总结历史经验的视角看，农业、农村、农民问题是一个整体，农民问题是核心，是关键，是主要矛盾。要解决"三农"问题，应该把解决农民问题放在第一位。先抓主要矛盾，解决关键问题，农业问题、农村问题的解决就顺畅。党的十六届三中全会提出要树立和落实以人为本、全面协调、可持续发展的科学发展观，在解决"三农"问题的工作中，坚持以人为本，就应坚持以农民为本，首先要解决好农民问题。农民有了积极性，农业问题、农村问题就可迎刃而解。

上述诸多的农民问题，是过去实行计划经济体制的过程中形成了城乡二元经济社会结构，长期实行"城乡分治，一国两策"的结果，对城市、对城镇居民实行一种政策，对乡村、对农民实行另一种政策。改革开放以后，实行农村改革，解决了一部分农民问题，但是，涉及城乡关系等深层次的利益格局，如户口、就业、社会保障等体制性的问题则至今还没有进行根本性的改革，所以实践中产生了诸多的社会问题。现在春节快到了，各地的民工潮正在滚滚涌动，铁路、交通、公安、民政部门的干部职工如临战场，日夜奋战，还免不了要出种种问题。已经 10 多年了，年复一年，民工潮越涌越汹，不见缓解。这是工业化国家必然会有的吗？考察各工业化国家的历史，并没有这种做法，是中国独有的。农民进城当工人转变为市民，这是符合历史规律的。20 世纪 80 年代中期以后，城镇二、三产业大发展，需要劳动力。大批农村劳动力进城打工，但因为户口制度卡着，进了厂做工的农民不能成为正式工人，只好当"农民工"。这本来是不得已而为之的权宜之计，一拖近 20 年了，逐渐成为一种"农民工体制"，现在就农民工来解决农民工问题，是永远解决不完的。只有改变农民工体制，才能把农民工问题解决好。要解决农民问题，唯一的出路是继续深化改革，把计划经济体制下形成的、至今还在束缚农村生产力发展的诸如人口、土地、就业、社会保障等体制，按照社会主义经济体制的要求，加以改革，逐步建立新的体制，才能逐步使农民减少，才能使农民逐渐富裕起来，才能逐步把农民问题解决好。

把 9 亿多中国农民的大部分，乃至绝大部分逐步转变为工人、职员，转

---

① 《中共中央关于完善社会主义市场经济体制若干问题的决定》，北京：人民出版社，2003 年 10 月，第 13 页。

变为城市居民，这是建设社会主义现代化国家必然要实现的历史任务。这是一项非常复杂艰巨的工作，可以称得上是世纪性的难题，但这是必须完成的，也一定是能够实现的。因为一个社会主义现代化国家总不能是一个农民占大多数的国家；一个社会主义市场经济体制的国家总不能只在城市实行市场经济体制，而在农村基本上还是实行计划经济体制，而是应该实行城乡一体化的社会主义市场经济体制。从要实现宏大的历史任务出发，我们现在就应该把解决农民问题放在第一位。

把解决农民问题放在第一位，这是本书的主题。

1998年，我任中国社会科学院社会学研究所所长第二届期满、行将交班的时候，有关领导交给我一个任务，组建一个课题组，研究当代中国社会结构变迁。从此以后，我和课题组的同志们一起，把主要的工作和时间都投入研究当代中国社会结构变迁方面，至今已七个年头。2001年冬，课题组完成了第一个研究报告《当代中国社会阶层研究报告》，社会科学文献出版社于2002年初出版。2004年夏天，课题组完成了第二个研究报告《当代中国社会流动》，社会科学文献出版社于2004年7月出版。现在，课题组正在进行第三项研究"当代中国社会阶层关系研究"。

在这六年多时间里，我的主要工作放在社会结构、社会分层的研究方面，但是我仍然在关注着农业、农村、农民方面的发展和问题。这一方面是习惯使然。我是农民的儿子，几十年了，一直在调查研究农业、农村、农民方面的问题，每天打开电视，翻开报刊，最注意的是有关"三农"方面的信息和论述，为农业、农村的发展和进步而喜悦，也常常为农村遇到天灾、人祸、农业周期反复而忧虑，免不了总想说些话。另一方面则是我在农村发展的工作部门、教学研究单位和各地有一批老朋友，他们一如既往，每次开"三农"问题的研讨会，还是盛情邀我参加，应约了就要写文章、发言、讲话，另外还有些报刊的约稿。所以每年还是要写几篇"三农"问题的文章。

本书定名为《"三农"新论——当前中国农业、农村、农民问题研究》，是2002年出版的《"三农论"——当代中国农业、农村、农民研究》的续集，收集了自2002年初以来关于农业、农村、农民问题的论文和调查研究报告，多数是已经在各类报刊上发表过的，也有一些是内部刊物上刊登过和还未发表过的，还有几篇是2001年前的文稿。全书分编为：深化体制改革，促进农村发展；解决"三农"问题的政策建议；树立和落实科学发展观；社会阶层结构探讨和关于经济社会形势分析等五个部分，共32篇文章。

　　1999 年以后，农村又一次面临比较严峻的形势，农业生产滑坡，农民增收困难。这些年，不是农业问题基本解决、农村进入新阶段了吗？为什么又有这么多问题？为什么"三农"问题屡解不了呢？对此我做过不少分析，也提出过不少对策和建议，本书的多数文章就是这样写出来的。现在看来，有些是有针对性、有价值的，有些则还没有分析到问题的实质。近期我读了很多国内外的文献资料，结合我国农业周期反复的实践，作了进一步的思考。我认为中国要实现社会主义现代化，必定要妥善地解决好"三农"问题，而要解决"三农"问题，关键是先解决农民问题，把解决好中国农民问题放在第一位，而不是把解决农业问题、粮食供给问题放在第一位。1952～1978 年粮食和其他主要农产品十分短缺，要保证国家工业化建设和人民生活的急需，把农业、把粮食生产放在第一位，还有一定的道理。现在情况不同了，特别是有了改革以来农业生产四次周期反复的经验和教训，我们应该重新检讨解决"三农"问题的思路，不能再走就农业问题解决农业问题的老路，而应该执行统筹城乡经济社会发展的方针，把解决农民问题放在第一位。

　　在这本《"三农"新论——当前中国农业、农村、农民问题研究》里，有几篇文章是论及解决农民问题策略的，但还没有提到应把解决农民问题放在第一位，作为解决"三农"问题的战略思路。我认为这是个很重要的问题，专门以此为题写出来，供学界和决策部门参考，也作为本书的序言。

民工潮：卷起千堆雪[*]

　　我国社会主义现代化的重点和难点是农村现代化。农村现代化的实质是：在产业上，由传统农业向现代农业转变，由第一产业向第二、三产业转变；在人口上，由传统农民向现代农民转变，由农民向城市居民转变；在区位上，由传统农村向现代农村转变，由农村向城市转变。因此，农村现代化是产业升级发展的过程，是一个传统农民不断减少、农民自身素质不断提高的过程，是一个城市化的过程。新中国成立后，20 世纪 50～70 年代末，选择了以优先发展重工业为核心的国家工业化发展战略。这种发展战略不仅严重束缚了生产力的发展，而且积累了规模巨大的农业剩余劳动力，造成了工业化与城市化发展的严重脱节，城市化严重滞后。到 20 世纪 70 年代末，中国农业劳动力剩余率达到 60%。传统发展战略到了 20 世纪 80 年代初已经难以为继，具有创造性的我国农民在党的领导下，率先在农村进行了改革，传统发展战略和城乡隔绝的体制因此受到冲击。20 世纪 80 年代中期开始形成的、规模日益增大的"民工潮"，就是农村现代化艰难曲折的一种具体表现。如果说乡镇企业是中国农民创造的有中国特色的农村工业化的实现形式，那么"民工潮"则是中国农民为实现中国城镇化而做出的另一伟大创造。

　　《劳动力外出就业与农村社会变迁》是关注我国农村发展的一部社会学研究著作。作者龚维斌博士是改革开放后成长起来的新一代社会学工作者。

　　作者以安徽省无为县的典型调查资料为基础，从社会结构入手，动态地考察了无为县农村劳动力外出就业对农村社会变迁的影响，以此透视我国农村劳动力外出就业与农村社会变迁的关系，进而探讨欠发达地区农村

---

　　* 本文原载《北京日报》1999 年 7 月 21 日第 12 版。该文系陆学艺为《劳动力外出就业与农村社会变迁》（龚维斌著，北京：文物出版社，1998 年 12 月）一书撰写的书评。——编者注

现代化的发展道路。

作者指出，劳动力外出就业对农村本地既有经济影响又有社会影响，这些影响在个人、家庭与社会三个层面上表现出来。随着人们外出就业的职业层次与经济收入的提高，影响力逐渐扩大。劳动力外出就业对农村社会的影响，是复杂的，既有正面影响，也有负面影响，但是在进行纵向与横向的深入研究后可发现，正面影响占主导地位，而且有一些负面影响在人们外出就业过程中会不断被克服，是一种暂时的现象，有一些负面影响是不可避免的，是在中国现阶段特有的社会背景下农民外出就业的成本。

无论何种影响都会导致社会变迁，那么以正面影响为主的劳动力外出就业促进了农村社会的正向变迁，是农村社会经济发展的动力和基础。从长远看，劳动力外出就业不失为经济欠发达和不发达地区脱贫致富、求得自我发展的一条重要途径，而农村的发展又是农村劳动力转移的出路。

在理论上，本书从整体社会变迁的角度，把农村劳动力外出就业这一具体社会现象放在社会转型与体制转轨所引起的社会结构变迁的大背景下加以考察，运用社会学理论阐述了农村劳动力外出就业与农村社会变迁的关系；从经济与社会的角度，分析了农村劳动力外出就业对农村社会变迁的影响，弥补了以往研究中偏重经济层面而对社会层面关注不够的缺陷。作者在调查研究中采用了现代社会学社区研究的方法，把对农民个人、家庭等微观层次的研究与对农村社区中观层次的研究有机结合起来。

本书作为一本理论与实证研究相结合的著作，对一些具体问题的分析具有一定的深度，比如，关于劳动力外出就业对农业生产、社区管理、教育的正负效应的辩证分析，特别是关于劳动力外出就业对农业长期投入影响的分析，有独到的见解；关于劳动力外出就业的前瞻性分析也有重要的参考价值与现实意义。

中国社会现代化就是中国农民的现代化和中国农村的现代化[*]

  刘应杰同志的博士论文被收入"中国社会科学博士论文文库"出版，这是一件好事。他让我作序，我想借此机会说几句话。

  中国长期是一个农业国，至今仍是一个农民占大多数的国家，农民问题是中国社会的基本问题。社会学研究中国社会，不了解中国的农民，不了解中国的农村，是不可能从根本上认识中国社会的。中国社会正在从农业社会向工业社会转变，从农村社会向城镇社会转变，从封闭型社会向开放型社会转变，从单一型社会向多元化社会转变，从传统社会向现代社会转变。改革开放以来，经济社会的发展，加快了社会结构转型的步伐。在这个社会转型时期，农业产值在国民经济中所占比重不断降低，农民人数逐步减少，与此同时，工业及第三产业产值所占比重不断上升，城市人口不断增加。农业剩余劳动力大规模地由农业向二、三产业流动，由农村向城镇流动，由落后的中西部地区向发达的东部沿海地区流动，出现了波澜壮阔的"民工潮"现象。工业化、城市化时期，农民变为工人、职员，并大量向城镇转移，这是世界各国现代化的共同规律，只不过在中国的特殊国情下采取了更具特色的方式。

  中国农民在大规模流动的同时，也出现了大规模的社会分化。原来的农民阶级分化为不同的阶层，主要有农业劳动者阶层、农民工人阶层、雇佣工人阶层、智力型职业者阶层、个体工商户与个体劳动者阶层、私营企业主阶层、集体企业管理者阶层和农村社会管理者阶层。其中农民工人阶

 ＊ 本文源自《中国城乡关系与中国农民工人》（刘应杰著，北京：中国社会科学出版社，2000年8月），第1~5页。原稿写于2000年4月16日，系陆学艺为该书撰写的序言，现标题为本书编者根据发言内容所拟定。——编者注

层是农民分化出来的人数最多又最具代表性的阶层。但是由于在计划经济
体制下实行城乡分治的户籍制度，形成了中国特殊的城乡二元社会结构，
农民不能直接向工人转变，农村人无法向城市人自由转移。农民分化出来
的各个阶层仍然保留着农民身份，包括在"农民"这个身份概念之中。这
个"农民"仍然属于农村人，虽然可能在城镇经商务工多年，但还是农民
户口，像候鸟一样春来冬去，这是形成"民工潮"的社会根源。就经济结
构来说，我们已经是工业化国家；但从社会结构来说，还是农民社会。城
市化滞后于工业化，社会结构与经济结构不协调，城乡关系失衡，这是目
前很多经济社会问题产生的重要原因。

刘应杰同志的博士论文《中国城乡关系与中国农民工人》，就是在这样
的历史背景下，抓住了中国社会经济发展和现代化过程中的一个特有的关
键问题来进行研究，探讨中国社会转型过程中城乡关系变迁和农民工人问
题，分析中国社会现代化发展所需要的城乡关系格局以及农民转化为工人
的途径。

我认为这篇论文有几个比较突出的特点。

第一个特点是选题比较好。作者抓住了"民工潮"这一社会热点问题，
并进行深入研究，探讨"民工潮"同中国城乡格局演变以及与中国社会现
代化的关系。从"民工潮"这一社会现象出发，对农民工人这一群体进行
系统的阶层分析，从农民工人的总体性质到农民工人的区域差异和不同类
型，直到农民工人的转化和前途，进行了多方面的分析论述，应该说是一
本农民工人阶层研究的专著。

第二个特点是在研究方法上有创新。这篇论文的基本研究方法是把统
计资料研究与实地调查相结合，以宏观研究和定性分析为主，同时辅之以
微观研究和定量分析。这对时行的偏重于定量分析和统计调查的研究方法
来说，无疑是一个冲击，亦不失为一种有益的尝试。作者从新中国成立以
后的历史到现实，收集了大量的文献资料，又先后到福建晋江、江苏无锡
和河南等地进行实地调查，在此基础上写成此文。论文资料丰富，广泛吸
收了国内外已有的多方面研究成果，涉及农村社会学、城市社会学、农村
经济学、发展经济学等多学科的内容。该文作为相关方面的研究具有较高
的学术价值。

第三个特点是理论上的创新。同行专家的评议认为："作者建立的城乡
二元社会结构的分析模型具有一定的创造性，反映了作者对此问题的深入
思考和抽象能力，应该说该模式具有重要的理论意义。"作者运用社会学结

构功能分析方法，来研究中国城乡二元社会结构的演变过程，建立起一个中国城乡二元社会结构的分析模型，并贯穿在全文对城乡关系演变的分析中，体现了理论对现实的解释力。作者认为，中国城乡二元社会结构形成的根本原因，在于中国的工业化优先发展战略和高强度的积累模式。其存在和维持需要四个方面的条件：一是分离条件——户籍管理制度；二是交换条件——统购统销制度；三是农村社会稳定条件——人民公社制度；四是城市社会稳定条件——劳动就业与福利保障制度。正是这四个方面的结合，保证了中国城乡二元社会的分离、交换和稳定。与此同时，它履行了三个方面的功能：一是资本积累功能，通过统购统销制度实现工农业之间和城乡之间的不等价交换，积累起工业化发展所需要的资金；二是工业化优先发展功能，通过户口管理制度，把农民固定在农村并为工业发展提供廉价农产品和劳动力；三是社会稳定功能，通过农村人民公社制度和城市劳动就业与福利保障制度，实现城乡两方面的稳定。作者分析了城乡二元社会结构功能演变的过程，认为它在建立后一段时间发挥积极作用的同时，其消极功能也日益显现，最终造成中国工业化与城市化的脱节，城市化的滞后又制约了工业化的发展，固化了城乡差别和工农差别，形成中国工业与农业、城市与农村之间长期的结构性矛盾。改革开放以来，农村人民公社制度的瓦解、统购统销制度的逐步取消、城市劳动就业与福利制度的改革和户籍管理制度的某些松动，不断动摇和改变着中国旧的城乡二元社会结构格局，农村工业化与小城镇的发展、农民工人的产生与社会结构性流动，正在使城乡关系由固化逐渐走向松动和开放。但要完成城乡二元社会结构的转变，还需要有一个较长的历史过程。

第四个特点是把理论研究和政策研究相结合。作者在美国著名经济学家刘易斯二元经济古典模型的基础上，建立起一个中国城乡人口流动模型——城乡之间劳动力弹性供给理论。作者认为，中国农村剩余劳动力向城市流动，不仅受到城乡收入差距和城市就业机会的影响，而且还受到土地制度、户口制度、城市劳动就业制度和社会保障制度的影响，因此城乡之间劳动力将大体保持一种均衡的流动，"民工潮"在短期内既不会趋于缓和，也不会成为一个爆炸性的问题，而会保持一种持续增长的态势。作者特别分析了中国社会的结构性矛盾，这主要是城乡二元社会结构下城市和农村、工业与农业、工人和农民之间的矛盾。作者认为，中国存在着社会经济总量增长而社会经济结构转换滞后现象，许多社会问题都与此有关。作者提出，中国今后的发展，必须在经济结构调整的前提下，对社会结构做相应的调整，才能使之与经济协调发展。因此，不能再局限于农业的范围来解决中国的农民问题，也不能再局限于农村的范围来解决中国的农民问题，必须从城乡一体的综合性角度来考虑和解决中国的农民问题。通过这些研究，作者提出了许多具体的政策性建议，如重新调整中国的社会经济结构，加快城市化进程，改革城乡户口管理制度，采取多种方式促进农民工人的转化，以及走多元城市化的道路，等等。这些都体现了论文的学术价值和实际应用价值。

总之，这篇论文很值得一读。正如中国人民大学沙莲香教授在评议书中所写："作者旁征博引，充分利用统计数据和实地调查资料，层层剖析，步步深入，有很强的逻辑性和论辩性，有说服力。论文有很高的理论水平，又有相当明确的政策性建议，完好地体现了中国社会学理论与应用相结合的应有品格。看完全文，使人自然地感觉到，社会学者只有对他所研究的对象倾注热情和感情，心心相印，才能写出一篇富有社会生活真情的、有价值的东西。这篇论文不仅抓住了我国社会生活的脉搏，而且在为社会发展呼唤。这是一篇有创见、有深度的好文。"

作者在文章最后部分，探讨了中国社会现代化过程中农民工人的前途与命运，认为在现代化发展过程中农民会不断减少并向着工人和职员转化，社会现代化就是一个实现广大传统农民向城镇居民转化的过程。我赞同这一观点。从一定意义上说，中国社会现代化就是中国农民的现代化和中国农村的现代化。具有中国特色的农村现代化道路在实践中已经形成了比较清晰的轨迹：中国农民将在经历家庭承包经营制、乡镇企业发展、小城镇建设、区域现代化和城乡一体化之后走向社会现代化。不管道路多么曲折漫长，形式如何多种多样，原来作为小生产者的农民将大部分转化为工人、职员、城镇居民和现代农业的经营者。这就是我们所称的"传统农民的终结"，也就是中国农民同时也是中国农民工人的前景。

如何看待农民工进城[*]

一 农民的主要问题是就业

我做过若干年农民工调查。据统计，现在跨省流动的农民工有7800万，现在我们在农业上的劳动力还有3亿多，按现在的生产力水平，有1.5亿就够了，还有上亿的劳动力要转移出来，所以我认为，现在农民的问题主要是就业问题。现在农民干活没有门路，如果能够充分就业，那么农民的收入就能大幅度地提高。各级政府应该帮助农民就业，增加就业就是增加收入。

二 农村不可能都发展为城市

现在有一些农村通过发展乡镇企业，建设小城镇，已经变得跟城市差不多了。例如，江苏的华西村，北京的韩村河都是，但这只能是少部分的，农村不可能都这样。大量的农村劳动力还是要进城，通过城市化来解决他们的就业等问题。城市化是普遍的规律，现在全世界的城市人口已经占到47%，发达国家都在70%以上。因为城市是现代文明的载体，我们要建设社会主义现代化，也会实现城市化。

---

* 本文源自《中国青年报》2002年3月10日第2版《三位代表切脉会诊农民工进城》一文，该文系陆学艺、杜远明、迟秋燕等三位全国人大代表在《中国青年报》举办"两会"论坛上的发言摘要。本文仅收录陆学艺的发言摘要，现标题为本书编者根据发言内容所拟定。——编者注

239

三　户籍制度会改革

户籍制度将来改革了，也还是要登记，起管理、统计的作用，所以不会取消。但是现在这种城乡分割的二元户籍制度要改革，目前上海有一定学历的人，北京有一定投资的人，可以转户口，这也是一种逐步放开的姿态，比原来完全封闭进步了。自由迁徙会逐步实现，但现在还不能完全做到。

四　城市可以容纳更多的农民

有人认为，城市有人下岗找不到工作，农民再进来，不就更不好办了吗？我不这样看，从国际的经验来看，韩国、日本等国家，他们比我们人均资源还少，都实现了城市化。我们国家现在工业化已经到了中期阶段，但由于户籍制度的限制，我们的城市化还处在初级阶段，城市化严重滞后于工业化，带来了一系列社会问题。我们由于片面强调离土不离乡，第三产业发展不起来，如果我们改变原来的做法，将第三产业大力发展起来，可以容纳更多的劳动力。现在世界上第三产业就业的劳动力一般都在 50% 以上，我们 2000 年第三产业就业的劳动力还不到 35%，还有很大的容量。所以农民进城来只要我们的政策对头是可以容纳得下的。

五　改善环境 解决民工犯罪问题

农民文化水平低和犯罪率高没有必然联系，他们到城里来打工，遇到了很多问题，譬如他们干的活最重、最苦，甚至是有危险的，但他们得到的报酬却比较低，不能跟城市里的工人同工同酬，有的在包工头那里干活，到头来还拿不到工资，所以引发了很多矛盾。另外，在城里打工的农民工多数是年轻人，除了干活得不到更多关心，有的人因此走上了不正当的道路。对民工犯罪多的问题要从改变不合理的环境来解决。

六　户口被赋予了额外因素

现行的户籍制度从 1958 年到 2002 年，已经有 40 多年的历史了。当时的户籍制度是为了管理方便，但在 1961 年遇到三年困难以后，户口附加了很多其他的东西，例如粮油及就业、教育、社会保障制度等。到了"文革"时期，城乡间流动的限制更加严格，严格限制农转非，直到逐渐演变成现在的这个制度。这个对农民是不公平的，限制了他们的自由流动。改革开放以后，经济日趋活跃，粮票退出历史舞台，户籍制度到了改革的时候了。改革现行的户籍制度使之能够适应农民的这种流动。

农民工是中国特有的一种社会现象[*]

一

深圳原来只是个名不见经传的边疆小镇，是改革开放的神奇力量使她成为名闻遐迩的大都市。1999 年，特区成立 10 周年时，深圳市在全国主要大中城市经济实力排名中，国内生产总值名列第四，工业总产值排名第四，工业利润总额排名第二，国税对中央财政贡献排名第二，地方财政收入排名第三，进出口总额排名第一，人均国内生产总值排名第一，人均劳动生产率排名第一。1979～1999 年 20 年间深圳共完成固定资产投资 3171.9 亿元。2000 年深圳人均 GDP 为 23761 元（2873 美元），城乡居民人均可支配收入为 21626 元，深圳已是一个名副其实实现了初步现代化的大城市。"致富思源"，深圳的巨大成就是怎么取得的？刘开明博士认为有三种力量："一是政策因素，二是外来投资，三是外来劳动力。"他还指出："其中最重要的原因在于外来工极高的劳动生产率与极低的劳动所得为这个城市创造了大量的剩余价值。""外来工是创造深圳奇迹的主力军。""然而，在讨论这个城市的发展以及评价其经济成就时，外来工被忽略了……不是缺席就是被放置在一个最不显眼的角落。"对此，刘开明博士深感不公，他花了三年多时间，深入实地进行社会调查，搜集了十分丰富的第一手资料，写就了这部题为《边缘人》的著作，要为外来工正名。我赞成他的观点，也深为他的热诚感动。他请人邀我为本书作序，我欣然同意。

---

　　* 本文源自《边缘人》（刘开明著，北京：新华出版社，2003 年 1 月），第 1～14 页。原稿写于 2002 年 8 月 19 日，系陆学艺为该书撰写的序言，现标题为本书编者根据序言内容所拟定。——编者注

外来工，也就是我们通常说的农民工，这是国际工业化历史上一个新概念，是中国特有的一种社会现象。

国际经验表明，一个国家要实现由传统的农业、农村社会向工业化、城市化的现代社会转变，就必须实现工业化、城市化。在工业化过程中，大量的农业劳动力转到工厂成为工人，工厂比较集中，形成城市，所以通常工业化和城市化是同步的，农民进了工厂，也就自然成为工人，成为城市居民。中国在 20 世纪 50 年代进行国家工业化的时期，也是这样的，一面是大规模的工业化建设，一面是大量的农民进城，成为城市居民。那时，城市化率每年提高一个多百分点。但是，自从有了三年困难时期，国家为了应对当时的短缺经济，严格实行城乡分治的户籍制度，严格限制农业人口转变为非农业人口。工业建设仍在继续进行，但城市化却停滞了。直到 1978 年，全国的城市化率只有 19%，81% 的人口是农民。党的十一届三中全会以后，农村率先改革，实行家庭联产承包责任制，农业生产连年大幅增长，粮食和农产品的供给状况大为改善。与此同时，农业剩余劳动力也大量出现，这正是加快工业化、城市化建设的好时机。

20 世纪 60 年代"三年困难时期"饿死人的教训实在太深刻了。所以当 1984 年农业取得特大丰收、第一次出现卖粮难问题的时候，有关方面并没有改变严格限制农业人口转为非农业人口的户籍制度。农民要致富，而农业生产却容纳不了如此多的农村剩余劳动力，进城又不被容许，不得已，农民就地办起了乡镇企业，自发地向二、三产业转移。于是就有了"进厂不进城，离土不离乡"的农民工。

农民工者，农民工人也。他们是农业户口，户籍身份是农民，在家承包集体的耕地，但在乡镇企业里上班，主要从事二、三产业劳动，拿乡镇企业的工资，就职业说，他们已经是工人。"工作三班倒，种田早中晚"是他们的写照。

20 世纪 80 年代中期，经济体制改革扩展到城市，城里的二、三产业快速发展。二、三产业需要劳动力，特别是像深圳一类的地区，工业发展很快，需要大量的劳动力，于是"离土又离乡，进厂又进城"的农民工就大量出现了。按说，这部分劳动力从农村进入工厂，从企业获得工资收入，工资收入成为生活的主要来源，他们理应是工人了，理应是工厂、企业所在地的居民了，但是由于中国特有的户籍制度限制，他们的户口不能迁，农业人口、农民的身份不能变，他们在城市里，在工厂里干了 5 年、10 年、15 年了，但他们还是农民工（人）。

随着中国的经济高速增长，工业化、现代化进程加快，这部分离土又离乡的农民工越来越多，1989 年前有 2000 万～3000 万人。1988～1991 年国家经济调整，有 1000 多万农民工被压缩回农村。1992 年邓小平同志发表"南方谈话"，经济进入了高速增长期，大量的农民工进城，那时每年猛增1000 多万人，到 1995 年，有关方面统计已超过 5000 万人。1995～1997 年，国家宏观经济调控，又有 1000 多万农民工返乡。1997 年以后，农村经济状况欠佳，又有大量农村劳动力涌入城市，据农业部、劳动和社会保障部等有关部门和学者估计，现在离土又离乡的农民工约为 8000 万～9000 万人。

从各地发展的趋势看，一方面是城镇工业化，经济发展需要劳动力，有了强大的拉力；另一方面，农村有数以亿计的农业剩余劳动力，城乡存在巨大差别，农民要增加收入，特别是青年农民要寻找出路，有巨大的推力，农民进城打工是他们最好的选择。所以，农民工还会以每年百万计的规模增加。现阶段，我国正处于计划经济体制向社会主义市场经济体制转变时期，国有企事业单位正在进行改革，产业结构、就业结构正在调整，有大批的工人、职员下岗转业，有关方面并没有接纳如此众多外来劳动力的准备。但许多企事业单位出于经济效益的驱动，又在大批接纳勤劳、肯干、价廉的农民工，而且正在逐渐形成一个企业、两种工人的制度。开始时农民工只是少量的，是补充的，是为辅的，以后逐渐变成农民工是多数，是为主的，正式职工反成了少数。于是社会上就有了种种议论。到底我们应该怎么看待农民工进城的问题？利耶？弊耶？现在正在形成一个工厂、两种工人、两种待遇的格局，而且正在逐渐形成制度，这样长期下去行不行？这些都是涉及我们国家制度性建设的大问题，涉及我们国家社会主义现代化建设前途命运的大问题，需要认真讨论，从长计议。

1. 农民工目前已经成为我国工人阶级队伍的重要组成部分，而且正在逐渐演变为工人阶级的主力军。据国家统计局统计，1999 年，我国城镇共有职工 12336 万人，其中国有单位 8809 万人，集体单位 1899 万人，共计10708 万人。除去各级各类国家机关工作人员 1048 万，科研教育文化事业人员 1451 万，则我国国有和集体所有的二、三产业职工为 8209 万人。据2000 年第五次全国人口普查，离开户籍所在地半年以上的人口为 1.2 亿。其中属于离土离乡进入城镇在二、三产业单位打工的农民工约为 8000 万人。所以人数上已经与有城镇户籍的职工大致相当。而在有些行业、有些地区的二、三产业的职工已经主要是农民工，如建筑、建材、采掘、纺织、服装、玩具等行业，第一线职工中 80% 以上是农民工。例如：深圳市 2000 年第五次全国人口普查的总人口为 700.8 万，其中 500 多万是农民工；东莞市第五次全国人口普查总人口为 600 万，其中 400 多万是农民工。因我们国家至今没有建立对农民工进行统计的指标和体系，所以到底有多少农民工，他们是怎么分布的，他们的状况如何，没有统计，但农民工现在已经成为我国工人阶级队伍的重要组成部分，则是确凿无疑的。

近几年国有企业调整改革，结构优化，减员增效，已有约 3000 万人下岗了。但有关调查表明，有些企业把有城镇户籍的职工精减了，因工作还需要，另外找农民工来替补。刘开明博士指出：深圳一个企业，"在同等的条件下，雇佣一个深圳户籍员工要比雇佣外来工每月多支付 600 多元保险和福利费用"。在价值规律的推动下，这些企业不仅在搞"减员增效"，而且也在搞"换员增效"。这种趋势还在发展，农民工队伍还在继续扩大。

另外，还有一类是"离土不离乡"、在本地乡镇企业里工作的农民工。国家统计局 1998 年统计，1997 年乡镇企业有职工 13050 万人，其中在工业企业工作的有 8563 万，在建筑业的有 1814 万，在交通运输业的有 544 万，三项共计 10921 万人，这些人是亦工亦农的劳动者。如果按《工会法》"以工资收入为主要生活来源的体力劳动者和脑力劳动者"这一可确认为职工身份的条款，那么，上述 1 亿多正在从事工业、建筑业、交通运输业的亦工亦农的劳动者，以半数而论则又有 5000 多万人属于职工范畴。所以说，农民工正在成为我国工人阶级的主力军。

2. 农民工为中国的工业化、城市化和社会主义现代化建设做出了巨大贡献，农民工创造的伟大业绩将永载中国现代化事业的史册，在一定意义上说农民工是新时期我国工人阶级的杰出代表。

农民工从进城的第一天起，就是在极其困难的条件下开始打工的。农民工因其能吃苦、肯出力、勤奋进取、任劳任怨，且又廉价，获得用工单位的青睐，站住了脚跟，以后逐渐扩展，形成了今天这样的庞大队伍。现在全国各地各个城市、各个行业、各条战线，都有农民工在劳动。现在的矿山，真正在井下第一线工作的，80%~90% 是农民工，现在的建筑工地上，80%~90% 是农民工。北京、上海、深圳各大城市的高楼大厦、基础设施、桥梁站台在 90 年代以后，有哪一栋哪一条不是农民工施工、建造的？现在许多行业的工厂、车间在第一线劳动的多数也是农民工，以至于在汽车、家电等产业工厂生产线上操作的，也都是农民工。上至星级宾馆、超级市场，下至饭摊、大排档，街道社区的送煤、送奶站点，也大多是农民工在服务。举凡城市里最累、最苦、最脏、最险的工作大多是农民工在干，在默默地劳动着。现在的农民工已经融进了我国工业化、城市化进程的方方面面，成了各行各业不可缺少的重要力量。每到年关，农民工多数要返乡过节，一些重要工地和要完成订单的工厂就想方设法挽留农民工，不少餐饮、服务行业不得不歇业，许多城市到春节出现了无人送煤、送奶，老年人无人照料，早点铺无人服务的窘境，城市已经离不开农民工了。

十多年来，数千万农民工为中国的工业化、城市化、现代化建设做出了巨大的贡献，创造了难以估量的财富，提供了各种各类的服务。刘开明博士在本书中说："在特区 20 年的发展史中，千百万外来工始终是各种新兴经济部门的主力军，他们为深圳创造了城市经济和社会发展所必需的原始资本积累。因此，我们完全可以说，深圳奇迹与致富之'源'是这个地方充满活力的生产力——丰富而廉价的外来工和新兴经济部门——为追求财富而奋斗拓进的结果。正因为千百万外来工的辛勤劳作才有深圳今天的繁荣与富裕。"早在 1990 年，深圳市委宣传部等六部委的联合调查组在《深圳百万临时工调查报告》中就指出，临时工是深圳"工人阶级的主体，他们不仅是深圳经济建设的主力军，也是深圳市和社会生活的主要组成部分"。他们调查研究的结论是完全正确的，农民工的这种丰功伟绩和他们在社会主义现代化建设中的巨大作用，在全国许多城市、行业中也是这样在实践着。

3. 农民工进城打工，有利于沟通城乡关系，调整城乡社会结构，缓解农村劳动力大量过剩的矛盾，增加农民收入，缩小城乡居民收入差距，有利于整个社会的稳定和发展。

我国人多地少，不少地区人均耕地不到一亩，实行家庭联产承包责任制后，劳动生产率大幅提高，农业劳力大量过剩，许多农村的青壮年农民无事可做，收入极低。农民工进城打工，就业有了出路，也得到了一定的收入。"出外打工一人，脱贫一户。"据四川、安徽、河南、江西、湖南等省的统计，每年从打工地汇回家乡的钱，都在 100 亿～200 亿元以上，相当于甚至超过了全省的财政收入。1997 年以后，农村经济进入新的发展阶段，粮食和其他农产品由卖方市场转为买方市场，市场疲软，销售困难，价格下降，农民农业生产收入连年下降，这五年农民收入仍能维持低速增长，靠的是非农收入的增加，其中农民进城打工收入是主要的。许多农户靠进城打工的收入来补贴家用，支付农村的"三提五统"和各种税费，从而缓解了城乡矛盾，保持了农村社会的稳定，这对大局是有利的。

各地都有一部分农民工，通过在城市打工，见了世面，开阔了视野，学习了技术，学到了市场经营的本领，也积累了一点资金，回到家乡，创办了乡镇企业，带动了家乡二、三产业的发展，为农村建设做出了贡献。

二

上面这些，主要论述了农民工这个特殊的社会群体为社会主义现代化事业做出了积极贡献的一面，但是，我们不能不注意到农民的贡献是在工作环境很不正常、各方面条件很不利的情况下做出来的，这就更显得这种贡献的可贵。大家知道，在 20 世纪 50 年代后期，我国实行计划经济体制，实行城乡分治的户籍管理制度，对城市居民实行一种政策，对农村农民实行另一种政策。这种一国两策的格局，因为户籍制度至今并没有进行根本改革，所以，虽然农民进城了，在城里二、三产业的单位里工作了，但农民工的户籍仍是农业户籍，农民的身份没有变，由此带来了一系列的问题。

1. 在政治上，农民工没有得到工人的身份。农民工者，农民工人也，是农民身份的工人，有相当多的农民工，在工厂里，在企业里，在单位里，已经工作 10 年、15 年、20 年了，还是农民工。因为他的户籍是农业户籍，不是市民，不是非农业户籍，所以得不到正式职工的身份。因为是农民工，不是正式职工，即使他工作得最好（农民工是招之即来、挥之则去的，工作得不好则不可能在一个单位里工作 10 年、20 年的），也很能干，有出色的才干，也得不到应有的任用、培训、升迁，更谈不上在这个工厂里有当家作主的地位。通常，决定重大事项的职工大会，他们是无权参加的，他们不能享受应有的民主权利。他们的农民身份，决定了他们永远是临时工（深圳称他们为外来工，也有的称劳务工、轮换工、建勤工、合同工等）。相当一个时期里，他们不能参加工会。现在允许参加了，但也是另外登记的，享受不到正式工人工会会员的同等权利。

2. 在经济上，农民工和正式工人同工不能同酬，同工不能同时。正式工人每周有双休日，有法定的节假日，8 小时工作制，农民工一般不享有这些权利，平时基本没有节假日，常常要加班加点。据刘开明博士的调查，深圳的多数工厂，农民工每月工作在 26 天以上，每天的平均工时在 11 小时左右，有时有连续工作 12 小时以上的，经常有工人在车间里晕倒的事件发生。

农民工付出了如此辛勤的劳动，却得不到应有的经济待遇。因为身份的差别，使一个工厂里，同工不能同酬。据深圳市劳动局企业员工收入分配课题组 1995 年对 114 家国有企业的调查，在相同的岗位上，外来工的月工资是 800 元左右，而有深圳户籍的员工工资则为 2500 元左右。在非国有企业里，这种城市户籍和农业户籍不同身份的员工，每月工资至少要差 600 元以上。更有甚者，这些年来，城市一般职工的工资水平是逐年有所提高的。但由于各种原因（其中重要的原因之一是，各地农民工都涌向深圳，劳动力供大于求，企业主经常更换工人，使工资水平越来越低），深圳农民工这些年的平均工资却是下降的，2001 年深圳农民工的月工资平均是 588 元，低于 20 世纪 80 年代的水平。

农民工付出的劳动很多，而他们的所得很少。工资已经很低了，但还常常被企业主克扣和拖欠。有的农民工干了几个月甚至一年，到头来，企业主、包工头跑了，分文未得。近几年，这种状况越来越多，由此引起的劳资纠纷和事件也越来越多。农民工的劳动所得很少，但还要交各种不合理的规费，农民工外出要交外出务工许可证费，要到务工地交办理城镇劳务许可证费、办理暂住户口证费、进城务工管理服务费，等等……有的还要给用工单位交抵押金。中央下达了取消这些不合理的收费的文件，但不少地方换个名目，还是照样在收。农民工成了"唐僧肉"，不少部门和单位找个借口都争着吃一块。

3. 在社会方面，农民工因为没有城镇居民的户籍，所以在一个城市打工多年，始终是这个城市的边缘群体。农民工是边缘人，融不进这个城市社会，他们为这个城市做出了很大的贡献，却不被承认是这个城市的居民，因而也享受不到应有的选举权和被选举权，得不到这个城市社会的各种福利待遇。例如，失业了，得不到失业救济；生活困难了，得不到最低生活保障；有病了，得不到应有的医疗保障；因工负伤了、致残了，也得不到应有的照顾和抚恤，只好自认倒霉回到农村。因为农民工的劳动条件恶劣，这种悲剧时有发生。就以深圳为例，1993 年，深圳葵涌镇发生过致丽玩具厂大火，87 名打工妹被烧死。近年来，各地煤矿恶性事故频频发生，数以百计的农民工在事故中丧生。

三

农民工这个社会群体，他们为社会主义现代化事业做出了巨大贡献，创造了一个又一个奇迹，但是他们得不到社会承认（例如，有的大城市，20 世纪 90 年代以来是建设和发展得最快、最好的，它们各自有 300 多万农民工在劳动，但到统计成绩的时候，在计算人均 GDP 时，这总人口中，就没有把农民工的人数算进去）。农民工干了最重、最苦、最累、最脏、最险的劳动，付出了血和汗的代价，但他们没有得到应有的报酬，他们至今仍受到社会歧视，他们是城市的边缘群体、弱势群体，这当然是不合理的，也是不公正的。这是就农民工个人而言。就农民工这个群体而言，如果我们站在国家社会的立场上，从国家长远发展历史的视角看，那么，我们就会看到这种在特殊的历史条件下，逐渐形成的农民工制度，对我们国家的社会主义现代化建设事业，对社会长治久安，是十分不利的，将会造成无穷的后患，这种制度安排是必须改革的。

1. 在同一个企业里，城市和乡村两种不同户籍身份的工人，在政治上、经济上的待遇不同，企业对他们的管理方式也不同，前者有各种优待，后者则受到歧视性的对待，实际上形成了同工不同酬、同工不同时、同工不同权的局面。据我们对工业、建筑业、商业、餐饮服务业的调查，现在这些企业有三部分人：第一部分是企业领导层、中层干部等组成的管理者；第二部分是有城市户籍的正式工人；第三部分是农民工。现在多数企业第二部分人的规模正在逐渐缩小，只出不进，而农民工已占多数或占绝大部分。企业的管理层是稳定的，有城市户籍的工人减到一定数量后，也逐渐稳定了，所以这两部分人年龄在老化，而农民工是大量流动的，这部分人的平均年龄常在 23 岁左右。如果这种制度安排不改，10 年、20 年后将是个什么样的队伍呢？

因为农民工的身份是农民，他们在工厂、企业里注定是临时工的地位，同管理者和正式工人之间有一条人为分隔的鸿沟，有体制性的障碍，不能融为一体。在实践劳动过程中常常是"小工干，大工看"的局面，而在政治生活中，在工厂、企业的重大决策面前则是"大工定，小工看"的局面。据我们调查，在相当多的工厂、企业里，党团组织都是分设的，管理者和有城市户籍的正式工人是一个支部，农民工是另一个支部，有的工厂、企业连农民工支部都没有，农民工的党员、团员不过组织生活，他们的党费、团费回农村交纳。因为农民工是临时工，他们在这个工厂、企业里，就永远有临时观念，谈不上有以厂、以企业为家的当家作主的观念。他们白天干活挣钱，晚上想的是农村、家里的事。有的农民工在城里打工十年、十多年了，生活习惯、思想观念还是农民，没有被城市社会化，工业化、现代化对他们的影响甚小，这样的工人阶级主体队伍，怎么能适应社会主义现代化建设的需要？

在大多数的工厂、企业里，把农民工只作为劳动力使用，基本上不管他们的培养和教育，开始上工的时候，只做短期的培训，教会基本操作就派去劳动了，技术培训轮不到农民工。农民自身也有临时观念，多数不好好钻研技术，能干活挣钱就行了。加上正式工人因为有城市户籍，基本上还是铁饭碗，也不好好钻研技术，这样就形成了目前工人队伍中熟练工人严重稀缺的状况，现在多数城市要找熟练工人、高级技工比找一个硕士生还难（最近有些媒体报道，有关方面正在从日本引进高级技工）。工人队伍的这种状况，同我们国家正在成为世界制造业大国的地位和要求是很不相称的。

2. 现行的农民工制度是农村把青壮年劳力输送到城市，而城市却把劳动后伤残病弱者退到农村，把抚育子女、赡养老人等社会负担都抛给农村，这是一种城乡不等价、不合理的交换形式，也是城乡差距日益扩大的重要原因之一。据刘开明博士的调查，仅深圳七家医院的统计，1998 年平均每天有 31 人因工伤致残，平均每 4 天有 1 人工伤死亡。这一年一万多伤残的农民工，多数在出院后不久就都被退回农村去了。有关调查表明，有相当一部分女农民工，35 岁左右就由于劳累过度、中毒等原因而体衰力竭，回农村休养生息。在深圳 500 多万农民工中，女性占大部分，这 300 多万女农民工中，几乎没有 35 岁以上的，过度劳累、中毒等原因使她们体力不支，已经不能胜任工厂的操作是重要因素。

因为是农民工，他们在城市打工 10 年、20 年也还是单身，子女的抚养教育也都放在农村。相对贫穷的农村却承担着对农民工子女进行义务教育的责任，这当然是很不合理的。最近有关部门和领导已经注意到这个问题，教育部、公安部联合制定了《流动儿童少年就学暂行办法》，着手解决进城务工就业的农民工子女接受教育的问题，使他们能"进得来，读得起，学得好"，这当然是很好的。但只是刚起步，实际上还只是少数城市在做。特别是对绝大多数农民工来说，白天在工厂里劳动，晚上挤在十多人、数十人的集体宿舍里休息，能把家属子女接到城市来居住的，还只是少数几个幸运有了住房的。对多数农民工来说，农民身份不解决，临时工的身份不解决，没有居民资格，没有租或买的居所，是谈不上家庭团聚和子女在城里就学的问题的。同样的道理，老人也只好留在农村，由农村养着。

数千万农民工，把最好的青春年华，都贡献给城市了，为城市创造了巨额的财富，哪个城市使用的农民工多，哪个城市就是最繁荣、发展最快的，相比较而言，输出农民工多的农村却并没有相应地富庶起来。城市把劳动中致伤致残的、体衰病弱的农民工都退给了农村，农民工的子女和老人也多数由农村扶养着，这样的城乡关系是不正常、不合理的，需要改革、调整。

3. 农民工制度是在我国由计划经济体制向社会主义经济体制转变过程中产生的，本来只是权宜之计，以后逐渐演变为一种制度性的安排，但这种农民工制度对 2010 年要形成完善的社会主义市场经济体制十分不利，对当前要扩大内需，使国民经济持续、健康、快速增长也是很不利的。

要形成完善的社会主义市场经济体制，不仅商品流通要市场化，而且也要求劳动力、资金、土地、技术等生产要素市场化。农民工制度是建立在计划经济体制下形成的城乡分治的户籍制度基础上的，把人分为城里人和乡下人两种，在一个工厂、企业里实行两种不同待遇的用工制度，使劳动力这个最重要的生产要素不能按市场经济的要求合理配置，造成了诸多经济问题和社会问题，显然，完善的社会主义市场经济体制同这种农民工制度是不相容的。

前面说过，农民工在城市经济建设中，付出了辛勤的劳动和巨大的代价，但是他们的所得甚少。这几年工业生产的生产率提高了，城里的干部和职工工资普遍地提高了，城市居民的生活水平普遍地提高了，但是农民工的工资、福利却没有相应的提高，有的地区和城市反而还逐年下降。农民工的工资少，购买力就低，消费水平就低。据我们在深圳做的各类不同社会群体消费水平的调查，在住房、交通、用水、用电、用气、饮食、服装、电讯、医疗、教育、文娱、休闲、旅游等方面的消费，从综合数据看，一个农民工同有深圳户籍的职工相比，相差 5～6 倍。也就是说，5～6 个农民工的消费支出，才抵得上 1 个有户籍职工的消费支出。这里面当然一方面是因为农民工收入低，另一方面也因为他们是外来工，他们的家在农村，自己节衣缩食，尽量压低自己的消费，省出钱来，捎回乡里养家糊口。所以他们职业上已是工人了，也生活在城市里了，但他们的身份还是农民，他们的观念还是农民，他们的生活消费水平也还是农民的。

如果说农民工只是几千人、几万人，他们有这种消费观念、消费水平，那是无碍大局的，但现在，农民工是 8000 万人，这是个庞大的消费群体。如果我们通过改革、调整，逐步把农民工这个群体转变为城市居民、城市职工，姑且不论其他方面，仅就提高消费水平、提高社会购买力一项，就有很大的潜力，内需就自然扩大了，现在供过于求的农产品、家电、服装、生活用品及各种轻工产品，就会很快改观了。所以，从建立完善的社会主义市场经济体制，扩大内需，使国民经济持续、健康、快速发展，这几个方面说，农民工这项制度也该到要加快改革调整的时候了。

刘开明博士的这本《边缘人》著作，主要讲了两个问题。第一，农民工这个庞大的社会群体，是社会主义现代化经济建设中的主力军，他们含辛茹苦、努力拼搏，为社会创造了巨大财富，深圳奇迹，主要是他们创造的，共和国要记下他们的功勋；第二，农民工的劳动和贡献，没有得到应有的报酬，这不是某个地区，某个城市，某个工厂、企业的问题，而是农民工这种带有计划经济体制痕迹的制度性安排的结果，而这种农民工制度是不正常、不合理的，是不可持续的，必须进行改革。刘开明博士在著作的最后，也提出了改革的设想和建议。我很赞成他的这些观点，写了上面这些话，就作为序言。

农民工问题要从根本上治理[*]

农民工，这是世界工业化历史上的一个新概念，是中国在特殊的历史时期出现的一个特殊的社会群体。20世纪80年代初开始出现的时候，因为适应当时中国社会生产力发展的需要，使本来只许从事农业劳动的农民可以从事非农业生产了，虽然是冲破了计划经济框框的某种束缚，但还是在计划经济体制的大框架里面（如并没有改变户籍身份等），所以得到了政府、部门、基层和农民各方面的认同。在一段时间里，赞誉的声音甚高，有人认为：这是"离土不离乡，进厂不进城"的好形式，是建设有中国特色社会主义的一种创造，是消除工农差别、城乡差别的方式，是解决大城市病的探索等。在20世纪80年代中后期，政界、学界几乎都是这样认识的，包括我自己。进入20世纪90年代以来，农民工问题就逐渐显现出来——因为农民工现象的出现，本来只是在当时的情况下不得已而为之的一种应时措施，国家的经济社会体制都进行了改革，各方面的条件改变了，但农民工的体制因为种种原因反而逐渐固化了，并产生了种种矛盾，形成了诸多的社会问题和经济问题，直接影响工农、城乡关系，影响经济持续健康发展，影响到社会安定的大局。

---

* 本文源自《陆学艺文集》（陆学艺著，上海：上海辞书出版社，2005年5月）第555~571页，原稿写于2003年6月20日。该文第三部分的结构依据《新华文摘》2003年第12期转摘稿进行了调整。《读书》2003年第7期发表了题为《农民工问题要从根上治——访陆学艺》的记者专访。该文还发表于《特区理论与实践》2003年第7期（2003年7月10日），产生了很大的社会影响，是陆学艺发表论文中被引次数最多的论文，人大复印报刊资料《社会学》2003年第10期、《新华文摘》2003年第12期转载了该文。该文还收录于《"三农"新论——当前中国农业、农村、农民问题研究》（陆学艺著，北京：社会科学文献出版社，2005年5月）、《中国社会结构与社会建设》（陆学艺著，北京：中国社会科学出版社，2013年8月）。文中深圳数据取自刘开明著《边缘人》（北京：新华出版社，2003年1月）。——编者注

一　关于农民工的由来

一个国家要实现由传统的农业、农村社会向现代社会转变，必须实现工业化、城市化。在工业化过程中，大量的农业劳动力转到工厂成为工人，工厂的集中形成了城市，所以通常工业化和城市化是同步的，农民进了工厂，也就自然成为城市居民。中国在 20 世纪 50 年代进行国家工业化的时期，也是这样的，一面是大规模的工业化建设，一面是大量的农民进城，成为城市居民。那时，城市化率每年提高一个多百分点。但是，自从 20 世纪 60 年代初出现了三年经济困难，国家为了应对当时的短缺经济，严格实行城乡分治的户口制度，严格限制农业人口转变为非农业人口。当时工业建设仍在继续进行，但城市化却停滞了。直到 1978 年，全国的城市化率只有 17.9%，82.1% 的人口是农民。党的十一届三中全会以后，农村率先改革，实行家庭联产承包责任制，农业生产连年大幅度增长，粮食和农产品的供给状况大有改善。与此同时，农业剩余劳动力也大量出现，这正是加快工业化、城市化建设的好时机。

20 世纪 60 年代的三年经济困难饿死人的教训实在太深刻了，所以当 1984 年农业特大丰收、第一次出现卖粮难的时候，有关方面并没有改革严格限制农业人口转为非农人口的户籍制度。农民要致富，而农业生产容纳不了众多的剩余劳动力，进城又不被容许，不得已，农民就地办起了乡镇企业，自发地向第二、三产业转移。于是，就有了"进厂不进城，离土不离乡"的农民工。

农民工者，农民工人也。他们是农业户口，户籍身份是农民，在家承包有集体的耕地，但他们在乡镇企业里上班，主要从事第二、三产业劳动，拿乡镇企业的工资，就职业说，他们已经是工人。"工作三班倒，种田早中晚"就是他们的写照。

20 世纪 80 年代中期，经济体制改革扩展到城市，城里的第二、三产业大发展，需要劳动力，于是"进厂又进城，离土又离乡"的农民工就大量出现了。按说，这部分劳动力从农村进入工厂，从企业取得的工资收入成为生活的主要来源，理应是工人了，理应是工厂、企业所在地的居民了。但是，由于中国特有的户籍制度限制（全世界只有朝鲜、贝宁等极少数国家实行），他们的户口不能迁，农业户口、农民的身份不能变，他们在城市里、在工厂里干了 5 年、10 年、15 年了，他们还是农民工。

从各地发展的趋势看，一方面是城镇工业化，经济发展需要劳动力，有了强大的拉力；另一方面，农村有数以亿计的农业剩余劳动力，城乡存在巨大差别，农民要增加收入，特别是青年农民要寻找出路，有巨大的推力，农民进城打工是他们最好的选择。现阶段，我国正处于计划经济体制向社会主义市场经济体制转变的阶段，国有企事业单位正在进行改革，产业结构、就业结构正在调整，有大批的工人职员下岗转业。一方面，农民工涌进的城市并没有做好接纳如此众多外来劳动力的准备；另一方面，不少城市的领导想通过限制农民工进城安排下岗职工就业。但许多企事业单位出于经济效益的驱动，还在大批接纳勤劳、肯干、价廉的农民工，而且正在逐渐形成"一个企业两种工人"的制度。开始时，农民工只是少量的，是补充、是为辅的，后来逐渐变成农民工成为多数、是为主的，正式职工反成了少数。大批的农民工还会源源不断地进城来，其势不可挡。于是，社会上就有了种种议论。到底我们应该怎么看待农民工进城的问题？利耶？弊耶？现在不少城市实际上已经形成"一个工厂，两种工人、两种待遇"的格局，而且正在逐渐形成制度，这样长此下去行不行？这涉及我们国家制度性建设的大问题，涉及我们国家社会主义现代化建设的前途命运的大问题，需要认真讨论，从长计议。

二　农民工为社会主义现代化事业做出了巨大贡献

　　1. 农民工目前已经成为我国工人阶级队伍的重要组成部分，而且正在逐渐演变为工人阶级的主力军。据国家统计局统计：2000 年，我国城镇从业人员 23151 万人，其中国有单位 8102 万人，集体单位 1499 万人，共计 9601 万人。除去各级各类国家机关工作人员 1097 万人，则我国国有和集体所有的第二、三产业职工为 8504 万人。据 2000 年第五次人口普查，离开户籍所在地半年以上的人口为 1.2 亿，其中，属于离土离乡进入城镇在第二、三产业单位打工的农民工约为 8000 万人。

　　随着中国的经济高速增长，工业化大步前进，"离土又离乡"的农民工越来越多，据农业部、劳动社会保障部等有关部门估计，2002 年离土离乡的农民工约为 9460 万。从这个估计数字看，农民工在人数上已经超过有城镇户籍的公有制的第二、三产业的职工，而在有些行业、有些地区的第二、三产业的职工已经主要是农民工，如建筑、建材、采掘、纺织、服装、玩具等行业的一线职工 80% 以上是农民工。因我们国家至今没有建立对农民工统计的指标和体系，所以，到底有多少农民工、他们是怎么分布的、他们的状况如何，没有确切的统计，但农民工现在已经成为我国工人阶级队伍的重要组成部分，则是确凿无疑的。

近几年，国有企业调整改革，结构优化，减员增效，大约已有 3000 万人下岗了。据有关调查表明，有些企业把有城镇户籍的职工精简了，因工作还需要，另外找农民工来替补。在市场经济价值规律的推动下，这些企业不仅在搞"减员增效"，而且也在搞"换员增效"。这种趋势还在发展，农民工队伍还在继续扩大。

另外，还有一类是"离土不离乡"、在本地乡镇企业里工作的农民工。据国家统计局 1998 年统计，1997 年有乡镇企业的职工 13050 万人，其中在工业企业工作的有 8563 万人，在建筑业的有 1814 万人，在交通运输的有 544 万人，三项共计 10921 万人。这些人是亦工亦农的劳动者。按《工会法》"以工资收入为主要生活来源的体力劳动者和脑力劳动者"就可确认为职工身份的条款，那么若以半数而论，上述 1 亿多亦工亦农的劳动者中又约有 5000 多万人属于职工范畴。所以说，农民工已经是我国工人阶级的主力军，这已经是客观事实。

2. 农民工为中国的工业化、城市化和社会主义现代化建设作出了功勋卓著的巨大贡献，农民工创造的伟大业绩将永载中国现代化事业的史册，在一定意义上可以说，农民工是新时期我国工人阶级的杰出代表。农民工从进城的第一天起，就是在极其困难的条件下开始打工的。农民工因其能吃苦、肯出力、勤奋进取、任劳任怨，且又廉价，获得用工单位的青睐，站住了脚跟，以后逐渐扩展，形成了今天这样的庞大队伍。现在全国各地各个城市，各个行业，各条战线，都有农民工在劳动。现在的矿山，真正在井下一线工作的 80% ~ 90% 是农民工。现在的建筑工地，80% ~ 90% 是农民工。北京、上海、深圳，各大城市的高楼大厦、楼堂馆所、公路铁路、基础设施、站台码头在 20 世纪 90 年代以后，有哪一栋哪一条不是主要由农民工施工、建造的？现在许多行业的工厂、车间，在一线劳动的多数也是农民工，以至在汽车、家电等产业工厂生产线上操作的，也都是农民工。上至星级宾馆、超级市场，下至饭摊、大排档，街道社区的送煤、送奶站点，也大多是农民工在服务。举凡城市里最累、最苦、最脏、最险的工作大多是农民工在干，在默默地劳动着。现在的农民工已经融进了我国工业化、城市化过程中的方方面面，成了各行各业不可缺少的重要力量。每到年关，农民工多数要返乡过年，不少餐饮、服务行业不得不歇业，许多城市到春节出现了无人送煤、送奶，老年人无人照料，早点铺无人服务的窘境。一些重要工地和要完成订单的工厂就想方设法挽留农民工，城市已经离不开农民工了。

十多年来，数千万农民工为中国的工业化、城市化、现代化建设作出了巨大的贡献，创造了难以估量的财富，提供了各种各类的服务。深圳有一项调查说："在特区 20 年的发展史中，千百万外来工始终是各种新兴经济部门的主力军，他们为深圳创造了城市经济和社会发展所必需的原始资本积累。因此，我们完全可以说，深圳奇迹与致富之'源'是这个地方充满活力的生产力——丰富而廉价的外来工和新兴经济部门为追求财富而奋斗拓进的结果。正因为千百万外来工的辛勤劳作才有深圳今天的繁荣与富裕。"早在 1990 年，深圳市委宣传部等六部委的联合调查组在《深圳百万临时工调查报告》中就指出：农民工是深圳"工人阶级的主体，他们不仅是深圳经济建设的主力军，也是深圳市和社会生活的主要组成部分"。这些调查研究的结论是完全正确的，农民工的这种丰功伟绩和在社会主义现代化建设中的巨大作用，在全国许多城市、许多行业中，也是这样在实践着。

3. 农民工进城打工，有利于沟通城乡关系，调整城乡社会结构，缓解农村劳动力大量过剩的矛盾，增加农民收入，缩小城乡居民收入差距，有利于整个社会的稳定和发展。我国人多地少，不少地区人均耕地不到一亩，实行家庭联产承包责任制后，劳动生产率大幅提高，农业劳力大量过剩，许多农村的青年农民无事可做，收入极低。农民工进城打工，使他们就业有了出路，也得到了一定的收入。"出外打工一人，脱贫一户。"据四川、安徽、河南、江西、湖南等省的统计，每年农民工从打工地汇回家乡的钱，都在 100 亿~200 亿元以上，相当于甚至超过了全省的财政收入。1997 年以后，农村经济进入新的发展阶段，粮食和其他农产品由卖方市场转为买方市场，市场疲软，销售困难，价格下降，农民的农业生产收入连年下降，这五年农民收入仍能维持低速增长，靠的是非农收入的增加，其中农民进城打工收入是主要的。许多农户靠农民工的收入来弥补家用，支付农村的"三提五统"和各种税费，从而缓解了城乡矛盾，保持了农村社会的稳定，这对大局是有利的。各地都有一部分农民工，通过在城市打工，见了世面，开阔了视野，学习了技术，学到了市场经营的本领，也积累了一点资金，回到家乡，创办了乡镇企业，带动了家乡第二、三产业的发展，为农村建设做出了贡献。

三　农民工体制的种种弊端

农民工这个特殊的社会群体，对社会主义现代化事业做出了积极贡献。但是，我们不能不注意到，农民工的贡献是在工作环境很不正常、各方面条件很不利的情况下做出来的，更显得这种贡献的可贵。大家知道，在 20 世纪 50 年代后期，我国实行计划经济体制，实行城乡分治的户籍管理制度，对城市居民实行一种政策，对农村农民实行另一种政策。因为这种"一国两策"的格局，因为户籍制度至今并没有根本改革，所以，虽然农民进城了，在城里的第二、三产业的单位里工作了，但农民工的户籍仍是农业户口，农民的身份没有变，由此带来了一系列的问题。

1. 在政治上，农民工干了工人的活，但没有得到工人的身份。农民工者，农民工人也，是农民身份的工人。有相当多的农民工，在工厂里，在企业里，在单位里，已经工作 10 年、15 年、20 年了，还是农民工。因为他的户籍是农业户口，不是市民，不是非农业户口，所以得不到正式职工的身份。因为是农民工，不是正式职工，即使他工作得最好（农民工是招之即来、挥之则去的，工作得不好就不可能在一个单位里工作 10 年、20 年），有出色的才干，也得不到应有的任用、培训、升迁，更谈不上在这个工厂里有当家作主的地位。通常，决定重大事项的职工大会，他们是无权参加的，他们不能享有应有的民主权利。他们的农民身份，决定了他们永远是临时工（有的称他们为外来工，也有的称劳务工、轮换工、建勤工、合同工，等等）。在相当长的时间里，他们不能参加工会。现在可以参加了，但也是另外登记，享受不到正式工人一样的工会会员的同等权利。

2. 在经济上，农民工和正式工人同工不能同酬，同工不能同时，同工不能同权。正式工人每周有双休日，有法定的节假日，实行八小时工作制，农民工一般不享有这些权利，平时基本没有节假日，常常要加班加点。据调查，深圳的多数工厂，农民工每月工作在 26 天以上，每天的平均工时在 11 小时左右，有的甚至连续工作 12 小时以上。

农民工付出了如此辛勤的劳动，却得不到应有的经济待遇。因为身份的差别，在同一个工厂里，同工不能同酬。据深圳市劳动局企业员工收入分配课题组 1995 年对 114 家国有企业的调查显示，在相同的岗位上，外来工的月工资是 800 元左右，而有深圳户籍的员工工资则高达 2500 元左右。在非国有企业里，这种有城市户籍或农村户籍不同身份的员工，每月工资至少要差 600 元以上。更有甚者，这些年来，城市的一般职工的工资水平是逐年有所提高的。因为各种原因农民工的工资实际是下降的（其中重要原因之一是，进城的农民工越来越多，劳动力供大于求，企业主用经常更换工人的办法，使工资水平越来越低）。如深圳农民工这些年的平均工资是下降的，2001 年深圳农民工的月工资平均是 588 元，低于 20 世纪 80 年代的水平。现在不少工厂里，有父子两代一起打工的。儿子现在挣的工资还不如老子在 20 世纪 80 年代初的数额。

农民工付出的劳动很多，而他们的所得很少。工资已经很低了，但还常常受到企业主的克扣和拖欠。有的农民工干了几个月甚至一年，到头来，企业主、包工头跑了，分文无得。近几年，这种状况越来越多，由此引起的劳资纠纷和事件也越来越多。农民工的劳动所得很少，但还要交各种不合理的规费，农民工外出要交外出务工许可证费，到务工地要交办理城镇劳务许可证费，办理暂住户口证费，进城务工管理服务费，……有的还要给用工单位交抵押金。中央下达了取消这些不合理的对农民工乱收费的文件，但不少地方换个名目，还是照样在收。农民工成了唐僧肉，不少部门和单位找个借口都争着吃一块。这几年，连铁道和交通部门也趁农民工过年大批返乡的机会，趁机把交通费涨价 20%～30%，从中分一杯羹。

3. 在社会方面，农民工因为没有城镇居民的户籍，所以他们在一个城市打工多年，始终是这个城市的边缘群体。农民工是边缘人，融不进这个城市社会，他们对这个城市做出了很大的贡献，却不被承认是这个城市的居民，因而也享受不到应有的选举权和被选举权等民主权利，得不到这个城市社会的各种福利待遇。例如失业了，得不到失业救济；生活困难了，得不到最低生活保障；有病了，得不到应有的医疗保障；因工负伤了、致残了，也得不到应有的照顾和抚恤，只好自认倒霉回到农村，悲惨地度过余生。在一些工矿，农民工去打工，常常被收走身份证，失去人身自由，有的还被迫签下生死合同，一旦罹难了，家属只得到很少的赔偿金，有的连尸骨都找不到。因为农民工的劳动条件恶劣，这种悲剧时有发生。

农民工这个社会群体，他们在社会主义现代化事业中，做出了巨大贡献，创造了一个又一个奇迹般的重大成就，但是他们得不到社会承认（例如上海和北京，20 世纪 90 年代以来是建设和发展得最快、最好的，他们各自有 300 多万农民工在劳动，但到统计成绩的时候，在计算人均 GDP 时，这总人口中，就没有把农民工的人数算进去）。农民工干了最重、最苦、最累、最脏、最险的工作，付出了血和汗的代价，但他们没有得到应有的报酬，他们至今仍受到社会歧视，他们是城市的边缘群体、弱势群体，这当然是不合理的，也是不公正的。这是就农民工个人而言，从农民工这个群体而言，如果我们站在国家社会的立场上，从国家长远发展的历史的视角看，那么，我们就会看到这种在特殊的历史条件下逐渐形成的农民工制度，对我们国家的社会主义现代化建设事业，对社会长治久安，更是十分不利的，将会造成无穷的后患，这种制度安排是必须改革的。

4. 排除农民工的工人阶级队伍是不正常的，甚至可说是畸形的。在同一个企业里，城市和乡村两种户籍身份不同的工人，在政治上、经济上的待遇不同，企业对他们的管理方式也不同，前者有各种优待，后者则受到歧视性的对待，实际上形成了同工不同酬、同工不同时、同工不同权的局面。据我们对工业、建筑业、商业、餐饮服务业单位的调查，现在这些企业有三部分人，一部分是由企业领导层、中层干部等组成的管理者，第二部分是有城市户籍的正式工人，第三部分是农民工。现在多数企业的第二部分人正在逐渐缩小，少进多出，只出不进，而农民工已占多数或占绝大部分。企业的领导和管理层是稳定的，有城市籍的工人减到一定数量后，也逐渐稳定了，所以这两部分人年龄在老化，而农民工是大量流动的，工作几年之后，体力消耗得差不多了，也该涨工资了，就被辞退了，再找年轻的。这部分人的平均年龄常在 23 岁左右摆动。结果我们看到，一部分中老年干部和中老年的正式工人，领着一大帮小青年在劳动、工作，如果这种制度安排不改，十年、二十年后将是一个什么样的队伍呢？

因为农民工的身份是农民，他们在工厂、企业里注定永远是临时工的地位，同干部和正式工之间有一条人为分隔的鸿沟，有体制性的障碍，不能融为一体。在实践劳动过程中常常是"小工干，大工看"的局面，而在政治生活中，在工厂、企业的重大决策面前则是"大工定，小工看"的局面。据我们调查，在相当多的工厂、企业里，党团组织都是分设的，领导和管理干部和有城市户籍的正式工人党员是一个支部，农民工党员是另一个支部，有的工厂、企业连农民工支部也没有，农民工的党员、团员不过组织生活，他们的党费、团费回农村交纳。因为农民工是临时工，他们在这个工厂、企业里，就永远有临时观念，谈不上有以厂、以企业为家的当家作主的观念。他们白天干活挣钱，晚上想的是农村、家里的事。有的农民工在城里打工十年或十多年了，生活习惯、思想观念还是农民，城市社会化、工业化、现代化对他们的影响甚小，这样的工人阶级主体队伍，怎么能适应社会主义现代化建设的需要？

在大多数的工厂、企业里，农民工只作为劳动力使用，基本上不管他们的培养和教育，开始上工的时候，只做短期的培训，教会基本操作就派去劳动了，技术培训轮不到农民工。农民工自身也有临时观念，多数不好好钻研技术，能干活挣钱就行了，而正式工因为有城市户籍，基本上还是"铁饭碗"，也不好好钻研技术，这样就形成了目前工人队伍中熟练工人严重稀缺的状况，现在多数城市要找熟练工人、高级技工比找硕士生还难（最近有些媒体报道，有关方面正在从日本引进高级技工，在深圳，现在每天有大量的香港技师早上从罗湖桥过来，晚上回香港的现象）[①]。工人队伍的这种状况，同我们国家正在成为世界制造业大国的地位和要求是很不相称的。

5. 现行的农民工制度是农村把青壮年劳力输送到城市，而城市却把劳动后伤残病弱者退到农村，把抚育子女、赡养老人等社会负担都抛给农村，这是一种城乡不等价、不合理的交换形式，也是城乡差距日益扩大的重要原因之一。据深圳的一项调查，仅深圳七家医院的统计，1998年平均每天有31人因工伤致残，平均每四天有一人因工伤死亡。这一年一万多伤残的农民工，多数在出院后不久就都退回农村去了。1994年深圳劳动部门在对5920家从事有毒有害作业工厂的调查中发现，无任何防护设施的有3108家，占52.7%，防护设施不合格的有2577家，占43.7%。在个人防护用品方面，99.7%的农民工是在无防护用品，或防护用品不合格的条件下劳动的。长期在这种厂里劳动，必然是中毒受害。1998年深圳卫生防疫部门检查，在9582家企业中发现，共有有毒有害企业4301家，作业工人11.6万人。当年中毒人数371人，死亡23人。这些在有毒有害企业中劳动的农民工多数是慢性中毒，日积月累，以致丧失劳动能力，只好返回农村。有关调查表明，有相当一部分女农民工，35岁左右就因劳累过度、中毒等原因而体衰力竭，回农村养息。在深圳500多万农民工中，女性占大部分，这300多万女农民工中，几乎没有35岁以上的，过度劳累、中毒等原因使体力不支，已经不能胜任工厂的操作是重要因素。

因为是农民工，他们在城市打工10年、20年也还是单身，子女的抚养教育也都放在农村。相对贫穷的农村却承担着为农民工子女进行义务教育的责任，这当然是很不合理的。最近有关部门和领导，已经注意到这个问题，教育部、公安部联合制定了《流动儿童少年就学暂行办法》，着手解决

---

① 参见吕贤如《中国需要大批现代技工》，载《光明日报》2003年6月17日。

进城务工就业的农民子女接受教育的问题，使他们能"进得来，读得起，学得好"，这当然是很好的。但只是刚起步，实际上还只是少数城市在做。对绝大多数农民工来说，白天在工厂里劳动，晚上挤在十多人、数十人的集体宿舍里休息，能把家属子女接到城市来居住的，还只是少数几个幸运的、有了住房的。对多数农民工来说，农民身份不解决，临时工的身份不解决，没有居民资格，没有租或买的居所，是谈不上家庭团聚和子女在城里就学的。同样的道理，老人也只好留在农村，由农村养着。

数千万农民工，把最好的青春年华，都贡献给城市了，为城市创造了巨额的财富，哪个城市使用的农民工多，哪个城市就是最繁荣、发展最快的，相比而言，输出农民工多的农村却并没有相应富庶起来。城市把劳动中致伤、致残的，体衰病弱的都退给了农村，子女和老人也多数由农村扶养着，这样的城乡关系是不正常、不合理的，需要改革、调整。

6. 农民工制度是在我国由计划经济体制向社会主义市场经济体制转变过程中产生的，本来只是权宜之计，以后逐渐演变成一种制度性的安排，但这种农民工制度对 2010 年要形成完善的社会主义市场经济体制十分不利，对当前要扩大内需，使国民经济持续、健康、快速增长也是很不利的。要形成完善的社会主义市场经济体制，不仅商品流通要市场化，而且也要求劳动力、资金、土地、技术等生产要素要实行市场化。农民工制度是建立在计划经济体制下形成的城乡分治的户籍制度基础上的，把人分为城里人和乡下人两种，在一个工厂、企业里实行两种不同待遇的用工制度，使劳动力这个最重要的生产要素不能按市场经济的要求合理配置，造成了诸多经济问题和社会问题，显然，这种农民工制度同完善的社会主义市场经济体制是不相容的。

前面说过，农民工在城市经济建设中，付出了辛勤的劳动和巨大的代价，但是他们的所得甚少。这几年工业生产的生产率提高了，城里的干部和职工工资普遍地提高了，城市居民的生活水平普遍地提高了。但是农民工的工资、福利却没有相应的提高，有的地区和城市反而还逐年下降。农民工的工资少，购买力就低，消费水平就低。据我们在深圳做的各类不同社会群体消费水平的调查，在住房、交通、用水、用电、用气、饮食、服装、电讯、医疗、教育、文娱、休闲、旅游等方面的消费，从综合数据看，一个农民工同有深圳户籍的职工对比，相差五六倍。就是说五六个农民工的消费支出，才抵得上一个有户籍职工的消费支出。当然，这里一方面是因为农民工收入低，另一方面因为他们是外来工，他们的家在农村，自己节衣缩食，尽量压低自己的消费，省出钱来，捎回乡里养家糊口。所以他们职业上已是工人了，也生活在城市里了，但他们的身份还是农民，他们的观念还是农民，他们的生活方式、消费水平也还是农民。

如果说，农民工只是几千人、几万人，他们有这种消费观念、消费水平，那是无碍大局的。但现在，农民工是8000万~9000万人，这是个硕大的消费群体。如果我们通过改革调整，逐步把农民工这个群体转变为城市居民、城市职工，姑且不论其他方面，仅就提高消费水平、提高社会购买力一项，就有很大的潜力，内需就自然扩大了。现在供过于求的农产品、家电、服装、生活用品，各种轻工产品，就会很快卖出去了。所以，从建立完善的社会主义市场经济体制，建设工人阶级队伍，加快城市化步伐，扩大内需，使国民经济持续、健康、快速发展，这几个方面说，农民工这个制度也到要加快改革调整的时候了。

四　解决农民工问题要从根本上治理

农民工问题表面上看是要解决保护农民工的合法权益，消除在就业方面的不合理限制，给予农民工应有的国民待遇等问题，而实质则是我们国家要建设一个什么样的工人阶级队伍，构建一个什么样的社会阶层结构，是建设一个城乡一体的社会主义市场经济体制，还是维持目前城乡分割的二元社会结构的问题。农民工问题解决得好与不好，是关系我国社会主义现代化事业的前途命运的大问题。真到了应该重视和应该解决的时候了，所以，我有以下建议。

1. 要从全面建设小康社会，把我国建成富强民主文明的社会主义现代化国家的高度，来认识和解决农民工问题。现行的农民工的体制和做法，是在计划经济体制向社会主义市场经济体制转变过程中不得已而为之的权宜之计。在成熟的完善的市场经济体制条件下，可以不要也不应该要这一套农民工体制的做法。农民就是农民，工人就是工人。"农村富余劳动力向非农产业和城镇转移，是工业化和现代化的必然趋势"①，所有现代化的国家，都有一个大部分、绝大部分农民转变为工人、市民的过程，并没有搞农民工这一套。我国是在当时的国情条件下，农村容不了这么多劳动力，

---

① 江泽民：《全面建设小康社会，开创中国特色社会主义事业新局面》，载《中国共产党第十六次全国代表大会文件汇编》，北京：人民出版社，2002年11月，第22页。

农民要发展，城市也需要用工，但户籍制度等没有改革，不得已，只好当农民工。应该说，农民进城当工人，这是符合历史规律的，所以这些年做出了这么大的贡献；但搞成农民工这一套，这是计划经济体制后遗症的表现，也是我们改革不及时，不到位的恶果，所以给农民工带来了许多的苦难，给社会给政府造成了这么多的"麻烦"。客观地说：这都是计划经济体制、户籍制度惹的祸，本来可以不是这样的。因此，要解决农民工问题，不能就事论事，就农民工问题解决农民工问题，那是永远也解决不好的，而是应该从根本上改革现在已经形成的农民工这套体制和做法。要釜底抽薪而不能扬汤止沸。当然，现在已经形成了这样的格局，政府和有关部门出面做一些保护农民工的合法权益的工作，也是完全必要的，是好事。

2. 要改革户籍制度。现行的户籍制度是计划经济体制的产物，是为计划经济服务的。把公民分为农业户口和非农业户口两类，实际是两种不同的社会身份，既不科学，也不合理，许多问题由此而来，且同现在实行的社会主义市场经济体制很不适应，是到了非改不可的时候了。要"统筹城乡社会发展"，要解决"三农"问题，要从根本上解决农民工问题，就一定要改革现行的户籍制度。作为主管户籍管理的公安部门，也认为应该改革了，他们在 1985 年就开始起草《户籍法》，数易其稿，但遭到一些部门和部分大城市的反对，只好采取逐步放开的做法。现在江苏、宁波、石家庄等省市已经率先进行户口改革，像江苏省今年就宣布取消农业户口、非农业户口的区别和称谓，废除"农转非"计划指标管理体制，实行居住地户口登记制度。实行以后，效果都比较好，并没有引起不少部门和有些同志担心的那种大量农民涌入城市，造成秩序混乱、社会不稳定的状况。但户口制度是涉及人口流动、迁徙等全局性的问题，必须由国家审时度势，做出决策，在全国实行，才能解决这个问题，这件事已不宜再拖了，迟早要解决的，早解决比迟解决好。改革了户籍制度，消除了农业户口和非农业户口的界限，也就消除了实际上存在的农民非农民的身份制，这就给农民工摘掉了农民的帽子，这就为根本上解决农民工的问题准备了体制性的条件。数以千万计的农民工，早就在盼望户籍制度的改革了。户籍制不改，他们就永远不能转为正式工人，不能成为城市的居民，永远只能当农民工，融不进城市的社会，圆不了他们的梦！

3. 要改革现行的人事劳动制度。原来企事业单位使用民工，是要经过行政审批的。2003 年 1 月 5 日国务院办公厅一号文件指出："各地区、各有关部门要取消对企业使用农民工的行政审批，取消对农民进城务工就业的职业工种限制，不得干涉企业自主合法使用农民工"，"逐步实行暂住证一证管理。各行业和工种尤其是特殊行业和工种要求的技术资格、健康条件，对农民工和城镇居民应一视同仁"。这个问题有了初步的解决。但企事业单位录用农民工以后，在工种分配、工资发放、劳动管理、技术培训、职务升迁等方面，还是实行着对两种户口的工人用两种办法，而不能同工同酬、同工同时、同工同权，不能做到对农民工和城镇居民户口的工人一视同仁。这种"一厂两制"的做法，从近期看，对工厂有利，但从长远看，很不合理，也带来一系列的后遗症，形成一个企业两种工人，不利于管理，更不利于调动农民工的积极性、充分发挥他们的潜力，也不利于形成统一的工人阶级队伍。所以，这套人事劳动就业制度应该及时改革，逐步实行现代企业的一体化管理。

4. 制定规划，采取措施，逐步从根本上解决农民工的问题。农民工问题是在特定的历史条件下逐渐形成的，已经有 20 多年的历史，要从根本上解决农民工的问题，是一项大的系统工程。这不仅涉及上亿农民工的切身利益，而且也关系到用工单位、用工城市有关部门和城市居民的利益，改革的难度很大。农民工是改革的动力，他们早就盼望改了，但他们势单力薄，无能为力，而有的城市、有的单位和企业、有的同志却认为，现行的这一套很好，农民工价廉物美，招之即来、挥之即去，对他们最有利，并不想改革。所以此项改革，要靠党和政府，从国家的长远和根本利益出发来推行。要制定一套解决这个大问题的总体规划，出台若干政策和措施。可选择若干个城市进行试点，取得经验后，再在全国实施，从根本上解决农民工问题。"冰冻三尺，非一日之寒"，解冻和消融也需要一个过程，但这个问题一定要解决。农民工问题的本质是农民问题，农民工是农民中比较先进、比较积极的部分，他们是带头和开路的，解决农民工问题，也就是解决农民问题。用社会主义市场经济的办法，使农民工真正成为第二、三产业的工人和职员，真正成为城市居民并融入城市社会，这就为更多的农民转变为工人、职员，转变为城市居民开通了道路，最终实现工业化、城市化、现代化，实现从根本上解决中国的农民问题的宏大目标。解决农民工问题的重大意义，就在这里。

把"以人为本"的理念具体落实到
"以农民工为本"的工作中[*]

当今之中国，农民仍然占人口的大多数，进城务工的农民也逐渐占到城市制造业劳动者的大多数。于是，"三个代表"当然要代表占中国人口最大多数的农民；"以人为本"也就毫无疑问地要具体落实到"以农民工为本"的各项工作中。

值得人们高度关注的是：中共中央和国务院2004年2月8日重新以历史上著名的"一号文件"名义发布的关于农村政策的指导意见里，有一个过去从来没出现过的提法，就是把进城务工农民的社会身份明确为"产业工人"，这是党中央、国务院下决心突破我国"城乡二元结构"这个基本体制矛盾，试图推进城乡统筹、协调发展的具体表现。随后，为进城务工农民提供培训和就业服务，就成了2004年政府工作的一个重点。

我国农村现有大约5亿能够从事劳动的人口，其中有大约1亿农村劳动力进城务工，连同家属子女，进了城的农村人口大约有1.4亿；当前乃至今后的10～20年里正好是中国城市化加快的时期，进城农民的人口数字还会大幅增加。他们既是社会中最基层的劳动者，也是我国新兴产业工人的主力军。为这一庞大的读者群编写教材，是党中央强调的科学发展观和"以人为本"的指导思想的具体体现，是一项应认真对待的严肃工作。

进城本来就不容易，成为产业工人，更是不简单！有些农村的青年进城以后，不太了解城市的工作环境，缺乏必要的生活常识，因此，原本很简单的事情搞得很复杂，有时不仅跑了冤枉路，还花了冤枉钱。还有一些

---

 * 本文源自《进城务工百事通》（温铁军、邢晖主编，北京：高等教育出版社，2004年10月），第1～2页。原稿写于2004年9月15日，系陆学艺为该书撰写的序言，现标题为本书编者根据序言内容所拟定。——编者注

朋友在工作中碰到经济纠纷,由于不懂法律,不能够使用正确的手段维护自己的权利,致使自己吃了哑巴亏。所以,尽快适应城市的生活和工作,学会保护自己的合法权益,是农村青年进城后的"必修课"。正是基于这样的客观要求,面向打工者编书已经成为教育、劳动部门高度重视的事情。

为进城务工的农民编写的,首先必须是大家愿意看的书。但是,要达到这样的要求却并不是件容易的事情。这种普及读物的编写需要的不是多么高深的理论,而是对打工生活的细心体验和对所遇到问题的切实可行的解决办法。因此,只有了解过打工生活、体验过其中甘苦的作者,编写的内容才可能贴近实际,才可能深入浅出,才会受到读者的欢迎。

《进城务工百事通》基本做到了这一点。主编温铁军博士常年深入乡村研究中国农业、农村、农民问题,是一个"行走在泥土中的学者"。他虽然多次到美国进修,并到过30多个国家进行学术交流,但目光始终关注着我国的"三农"问题,关注着进城务工农民的生存状态,并在这方面有独到的见解,如2003年6月曾携论文《农民工问题和新时期的劳资关系》参加"亚洲五国劳动力流动比较研究国际研讨会"。其他主参编人员不仅在本书倾注了他们的心血和智慧,多方采集信息,精心编写,而且在编写过程中非常注意听取来自打工者的意见,并吸收了第一线的打工者参与本书的编写,其目的,就是尽可能使内容不脱离打工的现实生活。

为了方便、实用,这本书在体例上采取了问答的形式,这就使读者在需要的时候能够随时随地查找到在城市中经常碰到的问题和解决的办法。本书图文并茂,文字浅显易懂,读起来也很有趣。总体来看,是一本比较适合于农村青壮年了解城市生活和工作常识的普及性读物,希望能够给读者朋友带来益处。

一亿农民工上了半个台阶[*]

几年前，一本《当代中国社会阶层研究报告》的学术专著不胫而走，这本书以职业分类为基础，以组织资源、经济资源和文化资源的占有状况为标准，把当代中国社会阶层结构分为十个社会阶层。一时间，人们见面时调侃对方：你属于老几？（哪个阶层？）今年^①，《当代中国社会流动》再次引起了社会各界的关注。这两本专著的主编和这两次大规模社会调查、研究的课题主持者就是中国社科院社会学所原所长、现任中国社会学会会长的陆学艺研究员。

昨日^②，新一期"广州讲坛"主讲嘉宾陆学艺先生，接受了本报的独家专访。

不同阶层利益诉求不一

记者：陆先生，您好，我想首先问您一个学术之外的问题，研究社会阶层，或者说把人们分成不同的社会阶层有何意义呢？

陆学艺：中国自古就有把人分成不同阶层的做法，比如说古代士、农、工、商的划分。进入现代社会后，才有了阶级的划分。改革开放前，我们流行的也是阶级划分法，当时把中国社会划分成工人、农民两个阶级和一个知识分子阶层。这20多年来，中国社会经济结构、所有制结构、分配方式等都发生了非常大的变化。"两个阶级一阶层"的划分已不足以概括今天中国的13亿人。

---

* 本文原载《广州日报》2004 年 10 月 25 日第 A4 版，该文系该报记者专访陆学艺的访谈录。——编者注
① 此处指 2004 年。——编者注
② 此处指 2004 年 10 月 24 日。——编者注

记者：不同阶层有不同的利益诉求，社会应该如何应对这种变化呢？

陆学艺：这就涉及如何制定政策了。改革开放初期，实行放开价格，社会大多数人都高兴。因为当时这能够让大多数人受益。现在，社会分化为不同阶层，出台的政策如果不完善，可能只对这部分人有利，对另一部分人无益，甚至伤害了另一阶层的利益。社会阶层的划分就让我们出台政策时，尽力照顾到社会大多数人的利益。

"中间阶层"不单纯是有车有房

记者：在《当代中国社会阶层研究报告》中，"中间阶层"的概念，曾引起了很大的社会反响。在您看来，到底什么是"中间阶层"呢？

陆学艺：以前有人喜欢采用一个经济标准来限定"社会中间阶层"，比如"拥有一套房、一部车、年收入 8 万元以上的社会群体"等。我认为，经济收入不是"社会中间阶层"的划分标准。"社会中间阶层"不是某一个社会阶层，而是由若干个社会阶层组成的。根据中国的现状，"社会中间阶层"至少应该包括社会的有产阶层，比如中小企业主和个体经商者、专业技术人员等。

记者：您曾经说过，社会"中间阶层"板块的组成大小，决定一个社会的稳定性。这样的社会结构您把它概括为橄榄型社会。为什么"中间阶层"对一个社会这么重要？

陆学艺：在政治上，"中间阶层"谋求政治稳定，这与执政党的立场一致；在经济上，"中间阶层"是国家极为重要的主体力量，是构成一个国家消费能力最稳定的群体；在文化上，"中间阶层"既是一个社会文化的创造主体，又是文化的消费主体。根据统计，现在中国"中间阶层"占总人口的20%左右。到2020年，中国"中间阶层"应该能够达到38%～40%，这已接近发达国家的水平。

农民进城上升式社会流动

记者：《当代中国社会流动》一书中，特别强调了"社会流动"这个概念，这和我们熟悉的人口流动有何区别？

陆学艺：社会流动和人口流动是两个截然不同的概念。比如，一亿农民到城市，这是人口流动；但农民来到城市不是来种地的，他们从事了以前城里人才从事的职业，尽管他们在城市名分和待遇上没有得到合理公正的对待，但收入比以前种地有了不少的增加，在整个社会结构中，社会地位也有了一定的提升；在城里一待就是几年、十几年，成了半个城里人，从社会阶层上说，也算是上了半个台阶。因此，"社会流动"是以职业流动为载体的社会地位的上下流动或水平流动。

记者：强调"社会流动"而非人口流动，对于目前中国社会有什么积极意义？

陆学艺：在目前，很多人只是看到农村人口变成农民工所带来的诸多社会问题，而没有看到这种农民变农民工背后的积极意义，农民变农民工，开始了一种职业上的分化，显示的是一种上升式的社会流动，推动的是中国的城市化进程。只要能够在制度和待遇上保证"农民变农民工"这种上升式的社会流动，未来中国就必将是一个充满希望的社会。

城乡关系与户籍制度改革

走出"城乡分治 一国两策"的困境[*]

几年来，我国经济出现了市场疲软，增长速度下降，物价连续下跌，通货紧缩。虽然已经采取了积极的财政政策，降低存款利息，增发职工工资，提高城镇居民收入，以求扩大内需、启动经济，但效果总不显著，原因当然是多方面的。但 1997 年以来占总人口 70% 的农民的购买力在逐年下降，农村市场不仅没有开拓，反而在逐年萎缩，使城市和工业的发展失去了基础，这是当今经济发展遇到问题的主要症结所在。可以说，我们现在患的是城乡综合症，单就城市论城市，就工业论工业，而且有些措施还损及农村的发展，问题就更难解决。

目前在中国经济社会生活中有两个非良性循环在困扰着我们。一是工农业主要商品普遍过剩，使企业投资积极性下降，不再上新的项目，加上银行惜贷，国内总投资减少；企业不景气，开工率不足，一部分企业不得不裁减职工甚至关厂停业，使大量职工下岗，最终导致居民购买力下降，消费减少，出现了生产与消费之间的非良性循环。二是城市经济不景气，使当地政府排斥外地民工进城，好安排本地下岗者再就业；同时农业增产不增收，乡镇企业滑坡，外出农民工回流，税负加重，使农村经济陷入困境，农民没有钱购买生产资料和生活用品，购买力下降，农村市场萎缩，农民无钱进城购物消费，又使城市经济不景气更加严重，出现了城乡关系的非良性循环。

当然这两个非良性循环是互相联系的，归纳为一个，就是在经济发展新阶段，出现了农业和工业的生产能力大量过剩，而城乡的投资需求和居

---

[*] 本文原载《读书》2000 年第 5 期，原稿于 2000 年 2 月 5 日改定，5 月 10 日发表。该文被《中国社会科学文摘》2000 年第 4 期转摘，还被收录于文集《"三农论"——当代中国农业、农村、农民研究》（陆学艺著，北京：社会科学文献出版社，2002 年 11 月）、《陆学艺文集》（陆学艺著，上海：上海辞书出版社，2005 年 5 月）。——编者注

民消费需求不足，形成了非良性循环。这里要强调的是，我国因为长期实行"城乡分治，一国两策"，农村的剩余劳动力特别多，农村的资金特别短缺，城乡的差别特别大，现阶段三个农民的消费只抵得上一个市民！

20 世纪 50 年代以后，我国逐步建立了一套城乡分割的二元体制。这一体制的理论基础是所有制的不同：城市以全民所有制为主，农村以集体所有制为主。这一体制的运行，在诸多方面是两套政策：对城市、对城市居民是一套政策，对农村、对农民是另一套政策。几十年来逐渐固定化，加上有户籍、身份制作为划分标准，就形成了"城乡分治，一国两策"的格局。

在经济层面，在所有制及其流通、交换、分配、就业、税赋等方面，对城市居民和农民的政策都是不同的。甚至许多公用产品的价格和供应方式都不同，如同样是用电，对城市居民是一种价格、一种供应方式，对农民却是另一种价格、另一种供应方式。在就业方面，改革前政府对城市劳动力完全包下来统一分配和安排工作，而对农村劳动力则认为有地种自然就是就业，政府就不做安排；政府的劳动部门只管城市劳动力的就业，而没有管理和安排农村劳动力就业的职能。

在社会层面，在教育、医疗、劳动保护、社会保障、养老、福利等方面，对城市居民和农民的政策更不同。如教育，同是实行九年制义务教育，城市中小学的教育设施由政府拨款建设，而农村的中小学则要乡村筹集资金来建设，所以教育集资成为农民长期以来的一大负担。有一阶段，考大中专学校时城镇居民子弟和农民子弟的录取分数线都不同，城镇居民子弟的录取分数线低，农民子弟的录取分数线高。现在在校的大学生中，城镇居民的子女约占 70%，农民子弟约占 30%。这同全国总人口中，农民占 70%、城镇居民占 30% 的格局正好倒置。

"城乡分治，一国两策"是在当时的计划经济体制下逐步形成的，当时要集中力量进行国家工业化建设，是不得已而为之，适应当时的短缺经济，前提是牺牲了农民的利益，把农民限制在农村，后果是压抑、打击了农民的积极性，使农业生产长期徘徊，"8 亿农民搞饭吃，饭还不够吃"，使短缺经济更加短缺，越短缺就越加强"城乡分治，一国两策"的体制，形成恶性循环。

改革开放以后，农村率先改革实行家庭联产承包责任制，解散人民公社，把土地的使用权和经营权还给农民，使农民得到了自主和实惠，调动了农民生产的积极性，农业连年丰收，粮食等主要农产品已经由长期短缺转变为丰年有余，解决了农产品的供给问题。乡镇企业的发展，改变了农村的经济结构,农民生活有了极大改善。

但是近几年,农产品销售不畅,市场疲软,价格下跌,乡镇企业滑坡。虽然 1996 年以来,农业连年丰收,但农民收入下降,农村市场难以启动。自 1996 年冬季以后,粮、棉等农产品就出现卖难,价格下降,到 1999 年夏季以后,不仅是粮、棉,几乎所有的主要农产品都出现了销售困难,市场疲软,由短缺变为过剩,由卖方市场变为买方市场,农民的收入成了问题。农民的年人均纯收入中的粮食收入部分在 1999 年要比 1996 年下降 300 多元。1996 年农民人均从棉花得到的收入为 68.07 元,1999 年只有 36.68 元。当今中国农民的收入结构中,农业收入还是主要来源。1996 年,农民人均纯收入中来自农牧业的收入占 55%。在农牧业的收入中,粮棉收入又占绝对多数,特别在中西部地区,粮棉的收入更是主要的收入,有相当多地区粮棉收入要占农民人均纯收入的 60% 以上。这 3 年,粮食棉花的价格下降30% ~ 40%,农民的实际收入下降很多。

1996 ~ 1999 年这几年,乡镇企业也不景气。国内市场竞争压力加大,又受到亚洲金融风暴的冲击,使乡镇企业发展相当困难,并出现了吸纳劳动力能力减弱、发展速度回落、效益下降的情况,约 40% 的乡镇企业处于停产或半停产状态。乡镇企业困难,使整个农村经济发展受到阻碍,农民的经营性收入和工资性收入大量减少。

在国家机构改革、国有企业改革的同时,城市里大量辞退外地民工,有些城市还制定了不少限制外地民工就业的规定。农民在城里打工越来越困难,许多已在城里工作多年的农民也不得不又返回农村。据有关部门测算,城市里民工最多的年份为 1995 年,达 8000 多万人,近几年逐年减少,1999 年估算只有约 6000 万人。以平均每个农民工一年在城里净赚 2000 元计,农村就要减少 400 多亿元的现金收入。

从这几个方面看,农民,特别是以农业收入为主的中西部地区的农民,这三年实际收入不是增加,而是逐年减少。改革以来,这样的状况还是第一次。政府从 1997 年就提出要开拓农村市场,两年过去了,农村市场并没有扩大。据各部门多方调查,最重要的原因就是广大农民没有钱,而不是农民不需要这些商品。

农村发展遇到障碍,是农村第二步改革没有能进一步冲破计划经济体制、城乡二元社会结构束缚的结果。20 世纪 90 年代以来,城乡差别扩大,农村问题日益严重。本来农村率先改革,实行家庭联产承包责任制,解散了人民公社,促进了生产力大发展。农产品大量增产的同时,大量农业剩余劳动力涌现出来。迫于城乡分隔户口制度的限制，农民创办了乡镇企业，"离土不离乡"。但中国的农民数量太大，农村实在容纳不了这么多劳动力。到 80 年代后期，就有大量的农民工进城打工，城市也需要他们。到 90 年代中期农民工数量达到高峰，但因户籍制度的限制，他们的职业改变了，农民身份未改。所以，这许多民工有的已在城里工作了十多年，还是农民户口，众多的农民工像候鸟一样，春来冬去，形成了所谓"民工潮"。实质的问题在于，计划经济体制下形成的城乡二元社会结构格局及其户籍制度，至今没有改革。于是出现了这样的怪现象：20 年来，我国进行了大规模的工业化建设，经济突飞猛进，要换了别的国家，在工业化高速发展阶段，必然是农民大量进城，农民身份的人大量减少；我国则不然，1978 年我国有农业人口 79014 万人，而到了 1998 年，农业人口反而增为 86868 万人，20 年增加了 7854 万人[①]，据国家统计局的数字显示，1994 年的城市化率是 28.6%，1998 年的城市化率为 30.4%，四年才增长了 1.8 个百分点！就工业产值在国民生产总值中的比例来说，我国已是工业化国家，而从农业人口——劳动力的比重看，却还是以农民为主体的社会。以至于出现了城市化严重滞后于工业化、社会结构与经济结构不协调的城乡失衡局面，这是目前产生很多经济社会问题的重要原因。

20 世纪 80 年代中期以来，乡（镇）村两级党政机构日益庞大，干部队伍恶性膨胀，权力越来越大，但又没有财政支撑，官多扰民，这是农民负担越减越重、农村社会冲突频发的主要原因。人民公社时期，"政社合一"，一个公社党委和管委会只有 20 多个干部，大一点的有 30 多人。每个大队干部只管 4~5 个人。实行家庭联产承包责任制后，解散了人民公社，成立了乡（镇）政府，大队改为村委会，干部的名称改了，人数并未变。农村实行大包干以后，在大约 5~6 年的时间里，乡村两级干部（特别是村干部）原来组织集体生产经营的职能没有了，一时无所适从，村干部也多数回家种承包田去了。"土地包到户，还要什么村干部"是这一阶段的写照。上面县（市）的干部下乡，很难找到村干部，农村出现了所谓瘫痪、半瘫痪的问题。但恰恰是这段时间，农民负担是最轻的，农民负担并没有成为农村的社会问题。

到了 20 世纪 80 年代中期以后，再次强调在农村要加强领导，强调要做好农业生产的社会化服务。特别是在 1985 年取消统购、实行合同定购之后，

---

①　国家统计局编《中国统计年鉴·1999》，北京：中国统计出版社，1999 年 9 月，第 111 页。

市场粮价猛涨,定购价低于市场价很多,政府通过乡村干部动员农民完成定购任务。农村基层组织、乡村两级干部,又在新的形势下逐步加强,逐步增多。在这一段时间,县(市)及以上的领导注意力都主要集中在发展工业化、发展城市经济、解决城市问题上,对农村实行家庭联产承包责任制之后,农村基层政权应该怎么建设,机构需怎样配置,人员编制多大规模,编制外可以容纳多少名额,等等,都没有明确的安排和规定。在这样的状况下,就在10多年间,农村乡(镇)村两级干部队伍迅速膨胀起来,机构越来越大,达到了空前的规模。这几年乡(镇)级干部大量增加,党委书记、乡(镇)长外,又增加了若干副书记、副乡(镇)长,增设人大主席(还有人大办公室)。现在一个乡(镇)仅副乡级及以上干部就有十来个。在一些经济比较发达的乡(镇),因为乡镇企业赚了钱,有了财力支撑,机构越设越多,例如设置了经济委员会、工业办公室,还把原来乡政府里的八个助理,逐个升格为七所八站,如财政助理升为财政所,公安助理升为派出所,水利助理升为水管站,文教助理升为文教办公室,计划生育助理升为计生办,还新增了土地管理所、交通管理站、电力管理所,等等。由于任用农民身份的干部和工作人员没有编制限制,乡(镇)主要负责人可以任意安排和调用,所以这些年,乡(镇)政府里的各种办公室人员、办事人员以及司机、服务员、炊事员大量增加。现在一个乡(镇)政府,这类人员少则数十人,多则百余人,甚至有二三百人的,超过正式编制几倍乃至十多倍,比50年代一个县政府的机构还大。在村级组织,行政村里有党支部、村委会,除几个主要负责人外,还设有第一副村长、工业副村长、牧业副村长等,还有人数不等的支委、村委、民兵连长、团支部书记、妇联主任、治保主任、调解主任,此外,还有计划生育员、电工、水管员等,一个村里,这类人员少则十多人,多则数十人,而凡是有个头衔的,都要拿补贴,都比农民有权,都要比农民生活得好。乡(镇)村两级有这么多官,有这么多管事的人,有这么多人拿钱,国家又没有对这些人的财政开支,只能从农民那里用各种名目收取,农民负担又怎么能减轻呢?

20世纪90年代以后,各地陆续建起乡(镇)级财政,普遍建立财政所。乡(镇)财政所统管乡(镇)干部、中小学教员、卫生院医务人员,以及大批不在编人员的工资、医疗、旅差、福利和日常经费等开支。这类财政支出是刚性的,但财政收入却无固定来源和固定金额。特别是1994年财税改革之后,实行分税制,较稳定和较好的税收都由地(市)级及以上逐个收上去了，所以，这些年地（市）级及以上的财政状况一般都较好。但县及以下多数不行，因为好的财源、税源，到县（市）及以下就所剩无几，县（市）再留下一些，到乡（镇）一级就多数财政困难，几乎没有什么税源和稳定的收入。在这样的条件下，乡（镇）长们要维持政府运转的功能，日常开支，一是举债度日，向各方面、各渠道去借钱，有的是借银行、信用社的，有的是挪用的，有的则是借高利贷；二是用各种方式向农民和乡镇企业摊派，乱收费、乱罚款、乱集资就这样逼出来了。

在计划经济体制下形成的城乡二元结构、户籍制度，保留的时间太长了，几乎很少改革。由此带来两个问题：一是阻碍了社会流动，使城市化严重滞后于工业化，经济结构和社会结构不协调；二是阻碍了社会主义市场经济体制的孕育和成长。20 年来的实践表明，把 8 亿多农民限制在农村，农民富不起来，农村也现代化不了。农业容纳不了 5 亿多劳动力，也不需要这么多劳动力，按我国现有的农业生产水平，有 1.5 亿劳动力就可以保证农产品的生产和供给，满足国民经济发展和全社会的需求。办乡镇企业是成功的，转移了 1 亿多劳动力，但完全靠"离土不离乡"不行，长期搞亦工亦农并不好，不利于专业化，不利于工人队伍素质的提高。乡镇企业主要是第二、三产业，发展到一定阶段要向小城镇乃至城市集中。

打开镇门、城门，放心大胆又有步骤地让农民进来，这是经济发展到今天的必然要求，现在的农村不仅是农产品全面过剩，主要是农业劳动力大量过剩，在农村范围内调整经济结构、产品结构，怎么调整也不行。要跳出农村、农业的领域，进行战略性的社会结构调整，让相当多的农民转变为城镇居民，转变为第二、三产业的职工，改变目前我国"工业化国家＋农民社会"的现状。

20 世纪 80 年代后期，特别是在 1992 年以后，在经济大发展的潮流下，为适应城市经济发展的需要，同时农村剩余劳动力寻找出路，有大批农民工涌进城里来打工（特别是搞建筑）、拾荒（捡破烂）、经商（主要是摆地摊、卖蔬菜），他们干的是最重最累最危险的活，而工资和劳保福利是很低的。他们为输入地创造了大量的财富，为当地的繁荣做出了很大贡献，但因为户籍制度的限制，在城里打了十多年工的民工，工作再努力，表现再好，也还是民工。他们得不到输入地政府的认同，打工多年也融入不了当地的社会，付出了极高的代价。有些用工单位对他们进行了超经济的剥夺，待遇非常苛刻。就许多城市来说，只要有什么风吹草动，首先裁减的是外地民工。这几年经济调整，全国的民工已降到 5000 万人以下。这样大的民工队伍,因为是这种用工方式,招之即来、挥之即去,培养不出训练有素、有技术、有纪律的工人队伍来,产生不出相应的干部和管理人员来,而且由于民工过着候鸟式的生活,无序、无规则、无组织的流动,难免产生种种社会问题,给交通运输、公安、民政卫生等部门造成很大的压力,付出了极高的社会成本。从民工潮的涌动这个侧面,也说明户籍制度非改不可。

现在,农村发展到了一个新阶段,需要深化改革,进一步把农民从计划经济体制的束缚中解放出来,改革城乡二元社会结构,大力推进城镇化,特别是中小城镇建设,形成城乡一体的社会主义市场经济体制,促进第二、三产业发展,使更多的农业剩余劳动力到城镇就业,使农民富裕起来。有学者提出,现在的农业问题,在农业以外;现在的农村问题,在农村以外。要解决目前的农村、农业问题,必须跳出农村、农业的圈子;同样,研究城市、工业发展,不能就城市论城市、就工业论工业,而要考虑农村、农业的发展和问题。

我们已经到了必须考虑如何走出"城乡分治,一国两策"的格局的时候了。

农业问题答案在农业之外[*]

最近两年，"三农"问题成为一时的显学和传媒眼中的宠儿，一些农经问题专家也因此成为众所瞩目的焦点。著名学者温铁军反复称"三农"问题为中国的"世纪难题"，而更多的学者则称之为"结"，对此有人视为危言耸听；但是谁也不能否认，"三农"问题是中国近百年革命和建设的基本问题。而处于"十五"计划的开局之年、改革开放向纵深推进的攻坚阶段，目前"三农"存在的问题确实已到了一个相对比较严重、亟须解决的关口。本刊记者于近期拜访了农经界知名学者温铁军、张晓山、陆学艺，试解这一百年中国"结"。

记者：您最近在发表的论文中以及在香港等地的讲学中，有一个新的提法：农业问题答案在农业之外。您为什么这么讲？您所指的农业之外，指的是什么领域？

陆学艺（中国社会科学院社会学研究所研究员）：农业问题不在农业本身，根本的问题是城市化滞后，容纳不了也不需要那么多人。农民连续几年收入增长减缓乃至减少，这是改革开放以来仅有的，而农民负担却有增无减，农民的日常开支也是增加的，这就必然要引起社会矛盾。近几年政府把增加农民收入，减轻农民负担作为农村工作的头等大事，也开了许多药方，但是效果不明显。这两年，许多学者和领导人逐渐明白了这个道理。

记者：您能讲具体一些吗？农业或"三农"问题的现状怎样？

陆学艺：有两个论据可以支撑这一理论。一是城乡差别。目前我们的城市已经建设得相当现代化了，有一部分城市居民也已相当富裕，过上了

---

[*] 本文源自《中国经济快讯》2001 年第 15 期刊发的《"三农"问题三人论坛：试解百年中国"结"》，发表时间：2001 年 4 月 20 日。本文仅收录有关陆学艺的访谈内容。——编者注

现代化的生活。但是,我们的农村,特别是中西部的农村,与城市相比要落后十几年、几十年。1978 年城镇居民和农民的收入差距比是 2.37∶1,1984 年缩小到 1.71∶1,1999 年扩大到 2.65∶1。① 加上城市居民有住房、医疗、社会保障等隐性收入,农民则基本没有,所以实际差距还要大一些。二是城市化率,1999 年,我国的 GDP 中,第一产业占 17.7%,第二产业占 49.3%,第三产业占 33.0%,我国已经是一个工业化发展到中等水平的国家,但当年的城市化率为 30.9%。② 城市化严重滞后于工业化(1996 年世界的城市化率为 46%)。由此引发了一系列经济、社会问题,阻滞了经济、社会的健康、协调发展,这是国内学者和实际工作部门管理层的共识。城市化滞后严重地阻碍了第三产业的发展。

记者:到了 21 世纪,"三农"问题的发展面临又一次机遇,我们解决该问题的基本思路是什么呢?

陆学艺:解决的一个基本思路是大量转移农村剩余劳动力,城镇化战略同时推进。

现在的中国,一方面经济发展很快,各方面成就巨大,另一方面各种矛盾很多,困难很大,比如城乡矛盾、地区差距扩大的矛盾、贫富差距扩大的矛盾、改革发展与社会稳定的矛盾等。但城乡结构不合理,城市化严重滞后于工业化则是当前经济社会发展失衡的主要问题。如果我们能因势利导,抓住时机,下决心改革已经在束缚经济社会协调发展、已经阻碍生产力发展、已经很不得人心(特别是占人口 70% 的农民的心)的户籍制度,打开城门、镇门,让农民进来,加快城市化的步伐,解决这个主要矛盾,那么,许多矛盾就可以得到解决或缓解了。

记者:农民进城,很多人,尤其是一些政府官员普遍存在忧虑:粮食问题、农民抢城市人的饭碗并危及城市治安以及会不会出现拉美沼泽式的贫民窟等,对此您怎么看?

陆学艺:这都不是问题。粮食问题不会存在。从 1952 年土改结束到现在,半个世纪过去了,我们的农业机械化、现代化水平已经提高很多,但户均耕地面积反而下降 44%,劳均耕地面积下降 32%。这表明我们农村剩余的劳动力实在太多了。所以加速城市化步伐,让农业剩余劳动力转移出

---

① 国家统计局编《中国统计年鉴·1985》,北京:中国统计出版社,1985 年,第 551 页;国家统计局编《中国统计年鉴·2000》,北京:中国统计出版社,2000 年,第 312 页。

② 国家统计局编《中国统计年鉴·2000》,北京:中国统计出版社,2000 年,第 54、95 页。

去，是不会减少农业生产产量的。有人担心农民进城的就业问题，事实上这是欧洲某些人的观点。深、京、沪、穗外来人口都超过 300 万人，中国台湾、韩国、日本根本就没有那么多耕地，也没有那么多限制，有问题吗？农民进城，取消城乡二元格局，恰恰可以解决第三产业不发达的问题。拉美的沼泽式贫民窟不会存在。一来中国人安土重迁，二来中国农民有土地，在城市比在农村生活得好才会出来。

记者：您怎么评价现在农村的经济结构调整及税费改革等项改革措施？

陆学艺：对现在的改革可以讲两句话：（1）改比不改好；（2）解决不了根本问题。因为根在社会结构这儿。在已经出现问题无法再运转的情况下，唯一的出路在于社会结构调整。

调整城乡结构扩大内需
促进经济健康发展[*]

　　我们这一代人，自从 20 世纪 50 年代末开始的三年困难时期以后，一直生活在工农业产品供不应求的环境下，吃饭要粮票，穿衣要布票，买自行车要车票。改革开放以后，情况逐年好转，到 1996 年农业特大丰收，自此以后粮食和主要农产品就达到了供求平衡，丰年有余。与此同时，20 世纪 90 年代中期，工业产品也到了供求关系的转折临界点。1997 年，国家经贸委有个统计，全国 610 种主要商品，2/3 是供过于求，1/3 是供求平衡。到 2001 年秋，供过于求的商品已超过 82%。几乎什么都卖不出去了，市场疲软，销售困难，价格下跌。

　　短缺经济时代结束了，这本来是我们为之奋斗了几十年的目标，终于实现了。应该说：这是大成绩、大好事。但工农业产品卖不出去，生产就成问题了。首先是广大农民，谷贱伤农，收入就上不去，农民收入成了问题。工业品卖不出去，工厂就开工不足，有的就被迫关门歇业，工人下岗、失业，经济发展就遇到了极大困难。

　　政府在 1996~1997 年就提出要扩大内需，开拓市场，5 年过去了，农村市场（占人口 70%）就是拓展不开。城市也想了不少办法，不断地给公务员涨工资，去年就涨了两次，搞假日经济，一年搞三个 7 天的假日，商业部门的同志想尽了办法，大拍卖、大甩卖，费了好大力气，见效甚微。

　　按说，我们这点工农业商品还到不了、称不上物质极大丰富的阶段。

---

* 本文源自《"三农"新论——当前中国农业、农村、农民问题研究》（陆学艺著，北京：社会科学文献出版社，2005 年），第 24~28 页。该文系陆学艺 2002 年 3 月在第九届全国人民代表大会第五次会议期间江苏代表团全体会议上的发言。该文还被收录于《陆学艺文集》（陆学艺著，上海：上海辞书出版社，2005 年）、《中国社会结构与社会建设》（陆学艺著，北京：中国社会科学出版社，2013 年）。——编者注

农产品以粮食来说，就是特大丰收的 1996 年人均也只有 412 公斤，棉花人均 3.4 公斤；工业品如彩电 2001 年生产 3967 万部、电冰箱 1349 万台、空调 2313 万台，这对于有 3.4 亿多个家庭的大国来说，还远远不够，不应该销不出去，但就是卖不了。

从国际经验看，一般要到人均 GDP 3000 美元才会出现买方市场，供过于求，而我国直到 2001 年人均 GDP 才 7518 元，折 909 美元，所以说，我国的买方市场是早熟了。一个国家的商品靠三个方面消费，一是投资搞建设，二是外贸出口，三是内需。2001 年国家搞积极的财政政策，靠发行国债等方式搞基建，全年总投资 3698 亿元，占 GDP 的 38.5%，积累率是很高了。2001 年出口 2662 亿美元，折合人民币 22014 亿元，占 GDP 的 23%，外贸依存度也很高了，超过了美国等发达国家。内需只占 GDP 的 38.5%，可见我国的内需很小，潜力巨大。发达国家的内需一般都在 60% 以上。

为什么？根本原因是我国城乡关系失调，患了城乡综合征，表现在两个方面。一是城市化严重落后于工业化。1999 年二、三产业占 83%，但城市人口只占 30.4%；2000 年二、三产业占 84%，但城市人口只占 36.2%；2001 年二、三产业占 84.8%，但城市人口只占 37.7%[①]，世界的城市化率 1996 年平均为 46.4%，我们差了 10 多个百分点。二是城乡居民收入差距很大。因为农产品收入减少，农民 1997 年以后购买力是下降的。县及县以下的消费品市场所占份额：1984 年农村市场占 45% 以上，1996 年占了 39.65%，1997 年占了 39.01%，1998 年占了 38.86%，1999 年占了 38.68%，2000 年占了 38.18%。70% 的农民只购买 38% 的东西（消费品），所以内需扩大不了，农村市场拓而不开。现在 3 个农民买的商品，只顶 1 个市民，现在中西部农民的消费水平比城市要晚 10 ~ 15 年。城市居民购买的商品，是彩电、冰箱、空调、微波炉、住房、汽车。农民购买的商品，是黑白电视机、电扇、收音机、自行车（少部分买摩托车）。

要扩大市场，就要增加农民收入，就要减轻农民负担。总书记说，"农业兴，事业兴，农民富，国家富，农村稳，天下稳"。这是完全正确的。但是千方百计增加农民收入，千方百计减轻农民负担，保证社会稳定，已经讲了好多年了，农民收入就是上不去，负担就是下不来，社会也就安定不了。不是中央不下决心，不是干部不努力，而是没有在体制改革上下功夫。如果不改革，已经不适应社会主义市场经济的体制了，问题会越来越严重。

① 《新中国六十年统计资料汇编》，北京：中国统计出版社，2010 年，第 6 页。

去年 8 月,我在上海参加了一个小会。安徽有位县委副书记在会上说:整个中西部农村的改革和发展 20 世纪 90 年代不如 80 年代,就农民的生活来说,1997 年以后一年不如一年;上海有位同志接着说,20 世纪 90 年代的上海比 80 年代是大大地好了,1995 年以后一年比一年好。我是研究农村问题的,可以证明上述安徽省那位同志讲的是事实。我是上海的女婿,并且在上海工作过,近几年常去上海,可以证明,上海那位同志讲的也是事实。两句话都是真的,问题就严重了。

城乡差距是扩大了。东部和中西部差距是扩大了。这不利于社会稳定,不利于经济健康稳定快速发展。西部地区有的乡镇因为财政困难,不能按月足额发工资,无力运转办公,处于瘫痪半瘫痪状态。国务院发展研究中心有个调查组去宁夏一个乡调查。去了两次,乡政府都锁着门,第三次去,还是找不到干部,在路边遇到一个放着羊的老汉,北京去的干部问,乡干部哪儿去了?老汉说,好几天不见人影了。看样子,共产党好像要撤了!

农村的状况不能不重视,不能不采取重大改革来解决农村问题。有不少人认为,我也这样认为,现在农业的问题不在农业,农村的问题不在农村。要从体制上改革,才能解决三农问题。国家实行社会主义市场经济体制,但农村还是存在着不少计划经济体制下形成的条条框框,在阻碍农村生产力的发展。要按社会主义市场经济的原则,改革这些体制。如户口制度、干部体制、就业体制、社会保障体制、教育体制、财政体制、信贷体制、医疗卫生体制,等等。

去年我提了两条建议:改革户籍制度;改革财政体制。今年再提:要给农民以国民待遇;实行真正的城镇化;改变“城乡分治,一国两策”(对城镇居民实行一种政策,对农民实行另一种政策),建立城乡一体的社会主义市场经济体制。例如教育,改变城市的教育国家办,乡镇的教育农村办、农民办的格局。国家教育经费很大部分用在高教上。基础教育地方办,一级一级下放、下推,推到乡里,中西部的乡镇,多数财政困难,教师发不出工资,连粉笔都买不起,这样下去,农村没有希望。去年国家开了基础教育工作会议,专门讲了教师工资要统一由县财政发,结果还是没有解决问题,因为不少县级财政也是困难的。农村义务教育的经费,应该由中央政府和省市政府统筹解决,这样农村中小学教育的工资才能从根本上解决,农民 60% 的负担才好解决。

要实行真正的城镇化而不是统计上的城镇化。城镇化的内涵主要有三条:第一,城镇人口要增加,要超过 50%;第二,就业劳动力要逐步转移到二、三产业上，能达到 70%；第三，城市文明要普及，城市是现代文明的载体，生产方式、生活方式和观念要现代化。

这几年，从统计报表看，城镇化发展很快，1999 年的城镇化率是 30.9%，2000 年达到 36.4%，2001 年已达到 37.7%。但统计上的城市化并不解决问题。这几年城市化发展快的原因，是改变了统计指数的界定，把 8000 多万～1 亿农民工统计为城镇人口了。事实上，他们并不是城市居民。从某种意义上说，这样统计出来的城市化，是把城乡矛盾转移到城市里来了。农民工在打工的城市里，在就业（同工不同酬）、就学、医疗、住房等方面同城镇居民都是不同的，一个城市实行两种政策，一个城市实际是两个社会，这样下去，后患无穷。如果农民工真正转出来了，他们本身要消费。同时，他们留下了农业生产资料，留下来的农民经营规模就扩大了，收入也就提高了。

我们江苏省各方面的工作都走在前头，在下一步调整城乡关系、改革"一国两策"、扩大内需方面，也一定能做出好的成绩来。

应该重新确立中国城市化的方针[*]

目前总的形势很好，经济发展很快，社会进步很大，但也存在很多社会矛盾。在诸多矛盾中，最重要的是城乡关系失衡，城市化严重滞后于工业化，2001 年中国的城市化率为 37.7%[①]，低于世界平均水平 49% 11.3 个百分点，低于我国工业化水平 12.7 个百分点。这是经济社会结构失衡的主要表现，由此引发了一系列经济社会问题。（1）阻碍了大量农村劳动力和农村人口向城镇转移。（2）阻碍了第三产业的发展。（3）阻碍了城乡劳动力的就业。（4）阻碍了消费市场的扩大，使买方市场早熟，82% 的主要商品供过于求，也就影响了国民经济的健康发展，特别是工业品的生产。（5）制约着农业自身的发展，农民的收入上不去。（6）阻碍了教育、科技、医疗、卫生、文化体制等社会事业的改革和发展。

"十五"规划把加快城镇化作为战略重点提出来了，这是正确的。但因为相应的配套措施没有跟上，所以虽然提出了"小城镇大战略"一类的口号，城镇户口也放开了，但城镇化实际的步伐并不快。37.7% 的数据只是统计口径变了的缘故（把居住半年以上的外来人口统计为城市人口了），实际上非农业人口与农业人口 3∶7 的格局并没有变，这几年真正农转非的人口并不多。

有必要提出加快城镇化步伐的方针，并辅以若干个配套政策，主要是两条。（1）重新确立中国城市化的方针，改变原来的"严格限制大城市规模，合理发展中小城市"的方针。现在历史条件已经变了，应当适时改变，可否考虑经过充分酝酿，在此次城市工作会议上确定。1980 年 12 月，国务

---

[*] 本文源自作者手稿，系陆学艺于 2002 年 4 月 16 日在建设部城市工作座谈会上的发言提纲。原稿无题，现标题为本书编者根据发言内容所拟定。——编者注

[①] 国家统计局编《中国统计摘要·2002》，北京：中国统计出版社，2002 年，第 35 页。

院批转《全国城市规划工作会议纪要》，明确提出控制大城市规模，合理发展中等城市，积极发展小城市。1989 年 12 月，全国人大常委会通过并颁布《中华人民共和国城市规划法》，发展方针是严格控制大城市规模，合理发展中等城市和小城市。（2）造成城市化滞后的重要原因之一是至今仍在实行着的、为了适应计划经济体制需要而制定的城乡分割的户籍制度，不恰当地把公民分成农业户口和非农业户口，形成二元社会结构，现在条件已改变了，应该加以改革。

20 世纪 90 年代以来，城市发展很快，变化很大，成绩很大，但也存在几个大的问题。（1）在"同国际接轨""要有形象工程""标志性建筑""做大、做强、做优、做美"的口号下，大兴土木，追求虚名，不顾本国、本地的实际情况，不按市场经济规律，贪大求洋。济南普遍搞大市场、大草坪，一些小城镇也搞大马路。更有甚者，一些领导搞形象工程，要政绩，好升迁。一个领导一个规划，上海原来是一城九镇，要搞浦江两岸。徐一走，就推翻了。（2）重建设，轻管理。基础设施、高楼大厦建了不少，但管理混乱，社会秩序一塌糊涂，大马路修了，但车仍然是堵得厉害，硬件建设可以，软件还不行。（3）重经济建设，轻社会事业的建设。经济发展了，社会事业发展跟不上，教育、科研、医疗、文体，特别是社会管理体制基本未改，引起了矛盾。贫富差距、行业差距、企业差距、单位差距扩大。（4）"以人为本"的口号提出来了，但社会政策、社会投入还未到位。（5）城市中的二元社会结构。农民工、外来人口得不到应有的同等待遇，是二等公民，社会保障、子女就学都成问题，形成本地人、外地人两套生活方式。城中村即都市里的村庄，由此引发了诸多社会问题，犯罪率居高不下，这在广东、深圳、广州比较突出。

一个建议。新的城市怎么管理？新的社区怎么管理？有一系列普遍性的社会政策要出台，所以建议建设部建一个软科学研究委员会或城市科学研究会。这可以学一学农业部，刘江从 1996 年起，每年拿 100 万元，由政策法规司提出若干问题，请部内外的专家来做，作为政策储备，效果不错。

城乡分治之弊[*]

我国的改革是从农村开始的，但从 20 世纪 80 年代中期起，农业、农村、农民问题此起彼伏，1996 年农业特大丰收以后，农产品销售困难，农民收入增长缓慢，农民负担屡降不下，农村社会不安。问题的根源主要不在农业、农村本身，而在农业农村之外。我们不应就农业论农业，而应深化改革，调整城乡经济、社会结构。

二元社会结构根深蒂固，至今还没有得到根本性改革，由此引发新的经济、社会问题。

1996 年农业获得特大丰收，我国的农业生产进入了一个新阶段，主要农产品由长期供给不足转变为"总量大体平衡，丰年有余"，由卖方市场转变为买方市场。1996 年冬以来农村出现下述值得注意的问题。

——农民收入上不去。从 1996 年 11 月到 2000 年 4 月，据国家统计局统计，1997 年农民人均纯收入增长 6.4%，1998 年为 4.7%，1999 年为 3.3%，2000 年 2.1%。其中包括了非农业收入，而占 62% 的纯农户这 4 年实际是持续减收的。

——农民负担下不来。1996 年，农业各税为 369.46 亿元，2000 年增到 465.31 亿元，增加 21%，平均年递增 7.1%，超过农业生产和农民收入的增幅。

——乡村两级债务严重。据农业部等 6 部委 1998 年对 14 个省区的调查，每个乡镇平均负债 400 万元，村平均负债 20 万元。2000 年财政部财政研究所调查，全国乡镇负债 1740 亿元，村级负债 1420 亿元。有些学者通过典型调查推算，估计乡村两级负债 5000 亿元以上。

——农村基础设施毁坏严重。

---

* 本文原载《社会科学报》2002 年 6 月 6 日第 A04 版。——编者注

——农村有的中小学不能坚持正常教学。

——农村基层政权不能正常运转，基层干部工作困难。

——农村社会不安宁。2000 年农民上访告状和集体行动事件超过了城市居民，这是新中国成立以来的第一次。

靠着市场化变革，农业问题基本解决了，但农民问题、农村问题还没解决。

在新的发展阶段，农业问题解决了，或者说已基本解决了，但是农民问题、农村问题还没有解决。根本原因在于至今仍然在二元社会结构束缚之中，仍然实行着"城乡分治、一国两策"，由此引发一系列问题。

一是阻碍了社会主义市场经济健康发展要求的社会流动，使城镇化严重滞后于工业化。

二是城乡差别不是缩小，而是扩大了。1978 年我国城乡居民收入的差距为 2.34：1，1984 年缩小到 1.7：1，1986 年以后反弹，到 1999 年扩大到 2.79：1。如果加上城市还有社会保障和隐性收入等方面的因素，城乡差距应在 3.5：1。城乡差别扩大如此之快，这是诸多社会问题的根源。

三是阻碍了经济的持续、健康发展。中国买方市场早熟是因为农民太多，而且太穷，占总人口 64％ 的农民，现在只购买 38％ 的商品。

四是阻碍了社会主义市场经济体制的发展和成熟。

因此，当前有以下几个问题先要解决。

第一，改革早已不合时宜的户籍管理制度。

第二，加快城镇化步伐，调整城乡社会结构，这已是社会共识。

第三，进行教育体制改革，实现城乡一体的教育制度。

第四，改革财政体制，现行的财政体制财权和事权不相称。

第五，应该建立中央农村政策研究机构。

中国要实现现代化，最后要
实现城乡一体化*

感谢大会的邀请，让我来参加西安城市发展战略规划国际研讨会。我是研究社会结构和社会发展的。这几年，在邹院长和夏院长的帮助下，参加了几次城市规划会议，学到了很多东西。城市发展战略规划是很重要的，城市是现代化的载体，把城市规划好、建设好非常重要。昨天李晓江、张兵等专家讲的城市发展战略规划都很好，做战略规划研究是功德无量的。城市规划我是外行，我在这里讲一下当前我国经济社会发展的宏观背景，也许对规划部门做战略规划研究有些用处。

我国目前正处在社会主义初级阶段，我们的目标是要建设社会主义现代化国家，改革开放以后，中国发展得很快，各方面变化得很快，用社会学语言来说中国正在发生两个转变：一是中国正在由传统的农业、农村社会向工业化的城市社会转变；二是中国正在由计划经济向社会主义市场经济体制转变。中国的一切成绩都可以由这两个转变来说明，一切问题也都可以从这两个转变来说明。就总体而言，这两个转变都还没有实现，大约都在60%左右（用现代化指标来衡量）。一个地区也是这样，发展得好是这两个转变转得好；发展有问题，是这两个转变没有转好。中国今后还将有数十年的转变期，具体说来今后数十年有这样几个趋势。

一　城市化高速发展的趋势

从国际发达国家的经验看，工业化、城市化、现代化是三位一体的。

---

*　本文源自作者手稿。该文稿系陆学艺于 2002 年 10 月 24 日在"西安城市发展战略规划国际研讨会"上的发言纲要，现根据该纲要整理成文。原稿无题，现标题为本书编者根据发言内容所拟定。——编者注

开始都是从农业、农村搞原始积累，大量的农村资金、土地、农产品进城，办工业、办工厂，而同时农村劳动力也进城，所以工业化完成了，城市化也实现了，美、欧、日、韩都是如此。中国不同，因为中国的特有状况，实行了计划经济，又遇上了三年困难时期，中国在大量农村资金、农产品进城的时候，农民不许农转非。所以，到 1996 年工业化进程已经到了工业化中期阶段，但城市化率只有 28%。即使到了 2001 年，也只有 37.3%，①低于世界平均水平 48%10 个百分点。城市化严重滞后于工业化，出现了种种矛盾。今后 20～30 年是中国城市化高速发展阶段。国际的经验 30% 是高速发展时期，而且还要补 10% 的课，所以今后 20～30 年中国城市化是超高速发展时期，每年将以 1% 的速度发展，估计 2025～2030 年期间，中国城市化率将达到 65%，实现城市化。

现在西安 694.8 万人，其中非农业人口 292.6 万，只占 42.8%，农业人口 402.2 万。如果城市化率达到 65%（或许更高），城市人口将达到近 500 万，将每年新增 10 万～12 万人，这一点西安的规划要有所安排。世界人口转移的规律是，农村向城市转移，小城镇向大中城市转移，贫困地区向富裕地区转移，不发达地区向发达地区转移，山区向平原转移。世界一些国家出现了城市带、城市群，美国 80% 在东西两条带上，日本 70% 在东京、大阪、名古屋这条线上。西安将形成城市群，所以西安不仅要考虑这 700 万人口的问题，还要考虑陕西和其他地区的人向这边来。

二　城乡关系的调整和城乡一体化的趋势

国际上发达国家走过的道路，开始都是农村支援城市，农业支援工业。待工业化、城市化起来，有了积累，首先是反哺农业，用机械化、自动化、化肥农药、科技武装农业，使农业现代化；另外提高农产品的价格（农民本来就少了，只占 20%～30%，甚至到 10%），使农民收入提高，同城市职工基本平衡；再进一步对农村大量投资修建道路、水利、上下水道、电气、电讯等基础设施，逐步消除城乡、工农的差别，逐步实现城乡一体化。

中国不同，我们在土改以后，20 世纪 50 年代开始实行计划经济体制，实行合作化、公社化，又实行城乡分割的户口制度，以户口为杠杆，对城市、对城镇居民实行一种政策，对农民、农村实行另一种政策，如教育、

---

① 参见国家统计局编《中国统计年鉴·2002》，北京：中国统计出版社，2002 年，第 93 页。

就业、医疗、社会保障等，都实行一国两策。

改革开放以后，实行包产到户，农民有了生产自主权，得到了实惠，农民生产积极性有了，所以农业产量年年增长。这 22 年，粮食总量增长了 60%，棉花增产一倍，水果、水产、肉类、蔬菜等都增加了 10 倍。所以农业问题解决了，10% 的耕地养活了 21% 的人口，每年农产品出口还有 50 亿美元的收入，这是巨大的成绩。

但是户口制度等基本政策未变，至今还基本上是一国两策，所以农村至今仍有 63% 的农民，50% 的劳力从事农业生产，而 GDP 中农业增加值只有 15.9%。① 农民占有生产资料少，就业不足，是农民穷的原因。特别是 1997 年以后，城乡差距急剧扩大了。1978 年城乡居民收入差距是 1∶2.5，1984 年缩小为 1∶1.7，1985 年以后差距逐年扩大，到 2001 年扩大为 1∶2.9，② 如果加上城市人口的隐形收入（如教育、医疗、社会保障等），实际差别在 1∶4。这在世界上是少有的，国际上一般是 1∶1.5，有的还要小。城乡差距是政策原因造成的，还是"一国两策"，还是农村支援城市。工业不反哺农业，至今还未调整。

城乡差距还会扩大。现在，特别是 20 世纪 90 年代以来，这个矛盾太严重了。一个直接的后果是，农村市场萎缩，三个农民才抵得上一个城镇居民的购买力，相差 10~15 年，所以工业品就卖不出去。现在得的病都不一样，城市人得的是高血压、糖尿病、心脏病，都是富贵病，而农村人得的是肺结核、肝炎……，地方病，都是贫穷病。这次卫生部门做了一个营养普查，6~16 岁的孩子，城市和农村的孩子，平均身高差 3 厘米。连大树都在往城里运（城市绿化用），这个政策是不可持续的。这几年城市一年比一年好，而 1994 年以后，农村、中西部却一年不如一年。这个状况是不可持续的，引出了一系列社会经济问题，好在中央和有关领导，已经注意到这个问题，正在采取大的措施来解决这个问题，如进行税费改革、各地都在出台户口制度改革方案、加大扶贫的力度等，正在酝酿农村的第二步大改革。

中国要实现现代化，必然要缩小城乡差距，必然最后要实现城乡一体化，实现城乡统一的一个市场，对我们搞战略规划来说，有几条要注意。

（1）必须减少农民才能富裕农民，你西安还有 400 万农民，将来大多

---

① 参见国家统计局编《中国统计年鉴·2002》，北京：中国统计出版社，2002 年，第 52、93、118 页。

② 国家统计局编《中国统计年鉴·2002》，北京：中国统计出版社，2002 年，第 320 页；国家统计局编《中国统计年鉴·1985》，北京：中国统计出版社，1985 年，第 551 页。

数要变为市民，这一定要规划进去。

（2）现在已经有相当多的农民工已经进来了，西安可能有近 100 万人，看来这部分人的户口将来不要多久就会解决，有的城市已经解决一部分了。他们一有了户口就要住房，就要有学校、医院、水电气的资源，社会大量增加交通，这都要规划进去。

（3）对政府来说，要从体制上、政策上加快农村的发展。只有让周围农村富了，你的城市才能繁荣起来，费孝通的"乡脚"理论就是这个意思。上海同北京比，北京的政治、经济、文化、科技、国际条件都比上海好，为什么上海总比北京繁荣？一个重要的原因，上海周围是苏州、无锡、常州、杭州、嘉兴、湖州、宁波和绍兴，都是最富的农村，而北京周围是河北保定、廊坊、承德、张家口，出了北京就是穷的。农民进北京，只在天桥、西直门地摊上买东西，你就繁荣不起来。所以你城市想富、想繁荣，就要把农村也搞得富起来。

（4）建设部把城市规划和村镇规划分开，但作为一个区域，西安是一个整体，山、水、田、林、路、城、镇、村是一个整体，应该对 9983 平方公里、700 万人做总体规划，而不能只做 265 万人、215 平方公里的规划。如果一时做不了整体规划，对那些近郊的、已经富起来的村镇做出规划来，做一些示范性的村镇规划也好。建议中规院对全国 5 万个乡镇、70 多万个行政村的一部分做出规划。全国有 2.3 亿户农民，5% 是已经富起来的，那就是 1150 万户（如果是 10%，那就是 2300 万户），他们要盖楼房、要盖别墅，你们做些各地适合的示范设计，是一个巨大的节约，也是一个巨大的市场，能容纳多少建筑师啊！

（5）所谓"逆城市化"的说法不对。

三　产业结构调整与经济发展的趋势

改革开放以来，中国的经济突飞猛进，平均以 9.5% 的速度前进，今年的 GDP 将超过 10 万亿元，人均 1000 美元，跃居世界第六。据我们中国社会科学院测算，今后 10～20 年，还会按 7%～8% 的速度前进，还有很大的发展余地。西安近十年来每年平均以 13% 的速度前进，2001 年已达到 734 亿元，人均超过 1200 美元。一产占 6.1%，二产占 45%，三产占 48.9%，产业结构优于全国，已经是"三、二、一"的现代化结构，但财政收入只有 800 多亿元（上海是 5000 多亿元），在全国省级城市是排后的。

要改变西安这种财政收入的状况，只有靠发展经济。西安的工业不算少了，但主要是效益不好，大企业不赚钱。在这方面我有个想法，有几点建议。第一是城市要做大，要通过户口改革。第二是企业要做小。有些大厂与其长期亏损，除了军工等大企业是国家管的，如纺织等行业要通过改制改革，使之做小，不少可以民营化，不要再背这个包袱了。这方面要向浙江学习。另外，大企业把地皮让出来进行开发，北京朝阳区建 CBD 就是几个大厂的地皮。

要大抓第三产业。就全国来说，大城市特别是特大城市，都会调整产业结构，发展高新技术产业，发展金融业、房地产企业和各种高科技的第三产业。北京等地已经是退二进三，退三进四，把一些工业企业迁出中心区。这是趋势，也是城市进步的表现。西安是历史文化名城，是旅游热点城市，旅游业将来还会继续大发展，这是可以预见的。要抓精致的旅游产品，现在还是太粗糙、太廉价，假东西太多。要搞精致的、高档的、花几千元才能买到的产品，有人买得起。

还有一个产业，西安有特殊条件发展，这就是教育产业。西安现在有37 所大学，有 50 多所民办高校，有若干所军事大学，还有众多的研究机构。交通大学、西北大学、西军电、西北航大、军医大，都是全国著名大学；西安民办大学，有西安翻译学院等。全国 4 所万人的民办大学都在西安。西安的教育，高校排名全国第三，民办是第一。现在已经有了大学城，要作为一种产业来办，围绕大学发展一大批产业。国外一所大学就是一个小城市，饭店、咖啡店、电子商店、服装店等，规划部门要做一个特殊项目来办。西安是历史文化名城，有这么多文化古迹、文化积淀，这本来就是一种教育资源，是发展教育的好地方，省市要大力办，国家也要重点投入来办，建成一个教育大市。有一个具体建议，要利用已有的资源大办高中教育，办好几所全国著名的重点中学，吸引外省、外地的初中生高中择校来就学。不要小看每个学生一年在西安花 1 万元，有几万学生就是几亿元。北京择校生一年学费以外的收入就是 10 亿元。要留住人才，多留一些大学生、海归大学生，办大学生创业园。

四　社会结构分化，也就是阶层化趋势

改革开放前我们国家是两个阶级一个阶层，随着经济体制改革，所有制结构的改变，经济结构的调整，经济的大发展，社会结构已经变化了。

工人阶级分化了，特别是占人口 80% 的农民阶级分化了，知识分子阶层也分化了，这是大家都体会到了的。2001 年，在中国共产党建党 80 周年纪念大会上，江泽民同志讲："改革开放以来，我国的社会阶层构成发生了新的变化，出现了民营科技企业的创业人员和技术人员、受聘于外资企业的管理技术人员、个体户、私营企业主、中介组织的从业人员、自由职业人员等社会阶层。而且，许多人在不同所有制、不同行业、不同地域之间流动频繁，人们的职业、身份经常变动，这种变化还会继续下去。"①

　　我们课题组经过三年的调查研究，调查了 10 个典型县市，对全国 12 个省市，70 多个县市区进行抽样调查，共获得 17000 份问卷。2001 年 12 月，我们发表了第一个报告，把全国 12 亿多人，根据职业和占有政治、经济、文化资源的不同，划分为十个阶层（见表 1）。

表 1　十大阶层及其所占比例

十大阶层	比例（%）
国家与社会管理者阶层	1
经理人员阶层	2
私营企业主阶层	1.5
专业技术人员阶层	6
办事人员阶层	6
个体工商户和个体劳动者阶层	5
商业服务业人员阶层	12
产业工人阶层	22
农业劳动者阶层	42
城乡失业半失业阶层	2.5

　　这本书出版之后，反应强烈，争论很大。有人说很符合事实，可以知道自己处在什么位置上。也有人很反对：你搞阶层分析是西方的，阶级还有没有？阶级斗争还有没有？阶级分析还要不要？还有的人说：你们把工人阶级列为第八，共产党是工人阶级的先锋队，工人阶级是领导阶级，为什么放在老八？争论很大，现在还在争。

　　我在这里讲，分化是事实，而且还会分化下去。我们只是把分化的实

---

① 《新世纪党的建设的伟大纲领——学习江泽民同志七一讲话对"三个代表"重要思想科学内涵的论述》，北京：新华出版社，2001 年，第 25 页。

际通过调查反映出来。我们的研究结论是：这是改革开放的伟大成果。只搞经济发展不行也不够，还必须看社会结构的变化。分化是社会进步的表现，而且还分化得不够，该小的还没有小下去，农民还占 42%，农民工占 12%；该大的没有大起来，如城市人口应到 60%，现在只有 37%，中等收入阶层才 20% 左右。如果社会发展得快，每年要增加 1 个百分点，那么 30 年后，中等收入阶层达到 50% 左右，现代化就成了不可逆转的了。我想，这个研究对于做城市发展战略规划是有用的。将来农民、工人会越来越少，农民占 5%～10%，工人占 20%～30%，第三产业从业人员、白领会越来越多，"小资"很时髦，是这样的。现在私营企业投资者已接近 1000 万人，三资企业的中高层管理人员 500 多万人，中等收入阶层 5000 万人（人口约 1.5 亿），100 万元户约为 1000 万户。2002 年 5～7 月，国家统计局对河北、天津、山东、江苏、广东、四川、甘肃、辽宁 8 省市进行城市居民调查，大城市的居民家庭资产总值平均为 28.0662 万元，最高 10% 人口为 122.41 万元；中等城市平均为 20.6 万元，最高为 96.7 万元；小城市平均为 15.8 万元，最高为 60.8 万元。全国平均每户资产为 22.8 万元（其中房产占 30%～40%）。

这种社会阶层化的趋势主要影响政府制定社会政策，但对制定城市发展战略规划也是有用的。如现在已经有高收入住宅区，经济适用房住宅区，慢慢地在分化。是混居好，还是分居好（物以类聚，人以群分）？国际上是有争议的，我们则可以研究。还有其他的问题，如行政区设计在哪里？在省会城市，不少设在市中心，一有活动就瘫痪。这些也许都是战略规划问题。

今天讲了不少外行话，请多包涵。我很愿意同城市规划部门的同志们合作，多联系。

统筹城乡经济社会发展，
推进城乡一体化[*]

    成都有"天府之国"的美誉，本来就是非常发达的地方，是我们西部最好的地方之一，是人杰地灵、人才辈出的地方，这几年发展得也很快。这几天我去了锦江、双流和新都等区县进行实地考察，很有收获，也很有感受，因为锦江、双流我以前没有去过，20世纪80年代我去过新都，变化特别大。改革以来的变化太大了，很有感触。几天来，李书记跟我谈"三农"问题，他讲得很好，我在他讲话的基础上，今天为大家讲一次课。时间太仓促了，要回答这么大的问题，我恐怕讲不好，我尽力而为。报告的题目是"统筹城乡经济社会发展，推进城乡一体化"，主要讲四个方面的问题：第一，统筹城乡经济社会发展是实施全面、协调和可持续发展的新发展观的重要组成部分；第二，统筹城乡经济社会发展是解决"三农"问题的根本出路；第三，统筹城乡经济社会发展的目标是改变二元经济社会结构，实现城乡一体化；第四，结合成都的实际，谈谈关于成都市实施统筹城乡发展的几点意见。下面就四个方面的问题分别谈谈。

一 统筹城乡经济社会发展是实施全面、协调和可持续发展的新发展观的重要组成部分

    现在大家都在学习党的十六届三中全会文件，这次全会是继党的十四届三中全会以来的又一次重要会议，这个文件是全面建设小康社会的纲领

---

    * 本文源自《"三农"新论——当前中国农业、农村、农民问题研究》（陆学艺著，北京：社会科学文献出版社，2005年），第171~188页。该文系陆学艺在成都市委、市政府关于"全面推进城乡一体化工作"报告会上的讲话稿，原稿写于2003年11月14日。——编者注

性文件。内容当然很多，但就我的理解，最重要的就是提出了树立以人为本，实施全面、协调和可持续发展的新发展观，这对建设社会主义现代化、全面建设小康社会有不可估量的作用。实现发展观的转变是党的十六届三中全会文件的精髓之一。党的十六大总结了改革开放以来的经验，对农村问题很重视，提出了统筹城乡经济社会发展的观念，这一观念凝结了改革开放以来的经验。大家都知道，新的一届领导班子成立之后，在 2002 年底召开了中央政治局会议，在今年①年初又召开了农村工作会议，都把"三农"问题视为全面建设小康社会的重中之重。这次会议与以往不同的是，总书记、总理和大部分常委都参加会议并且做了讲话，把"三农"问题提高到了一个特殊的地位，列为当代经济发展的重中之重，重点解决城乡问题、农村问题。今年春天，"非典"突然袭击。抗击"非典"取得胜利后不久，在一次国务院召开的会议上，温家宝总理就提出今后要统筹城乡发展，统筹区域发展，统筹经济社会，统筹人与自然的和谐。9 月初，胡锦涛总书记在江西视察后对当地干部讲话时，提出了全面、协调和可持续的新发展观。到了这次党的十六届三中全会，正式地写入文件，提出了树立以人为本，实施全面、协调和可持续发展的新发展观。这是我们今后几十年全面建设小康社会的重大指导思想。

（一）新发展观的提出是对 20 多年发展的经验和教训的总结

这个发展观的提出既是总结经验，又是吸取教训；既是对过去 25 年工作经验的总结，又是对过去 25 年工作失误的反思。全世界都知道，在过去的 20 多年中，我国取得了翻天覆地的历史性的伟大胜利。党的十六大报告指出，我们已经达到了小康社会，但是它还是低水平的、不全面的、很不平衡的。全面的、协调的、可持续的新发展观是建立在原有的基础上的，一方面要继承积极的、好的方面，另一方面要对低水平的、不全面的、很不平衡的方面进行反思。我和我的学生在讨论问题时讲，不论看文件也好，还是看书也好，不仅要看字面上的意思和书上圈圈点点的地方，还要看到没有写字的地方，就是要看字里行间，这样学文件就能学通学懂，学明白了。为什么要提出全面的、协调的、可持续的发展？因为从实质上讲，就是这 25 年来除了成绩以外，我们还没有做到全面、协调、可持续的发展，现在提出来就是要解决统筹城乡经济社会协调发展的问题。换言之，就是

---

① 本文中指 2003 年。——编者注

在相当一段时间内，我们有一些地方没有做到全面和协调，存在着比较严重的不平衡、不协调的问题，我们注重了城市的发展，没有同时兼顾农村的发展。正如大家所知，这几年城市发展得很好、很快，农村发展却很缓慢。

所谓统筹，就是兼顾，提出统筹城乡经济社会发展，就是要在一定的时期内在统筹方面做大量的工作。这几年城乡差距拉大，这一问题后面还要讲。在毛泽东时期，他就教导我们要两点论，但是在一定的时期、在相当普遍的地方只注重了经济的发展，社会的发展滞后了；注重了城市的发展，忽视了农村的发展。党的十六大以来，经过若干年的实践，提出这一新的发展观非常重要，很有针对性，要求我们发扬原来好的方面，注意改正不足和有缺点的方面。

（二）新发展观符合世界发展的潮流和全球化发展的趋势

这个新的发展观，不仅是国内 20 多年发展经验和教训的总结，而且符合世界发展的潮流和全球化发展的趋势。第二次世界大战之后，一些殖民地纷纷独立，就是我们所说的发展中国家，这些国家在 20 世纪六七十年代以前，都大力发展经济，以经济为主，以 GDP 挂帅。尽管经济发展上去了，但是忽略了社会的发展，忽略了环境资源的保护，忽略了城乡兼顾同时发展。有些国家经济本身没有搞上去，有的搞上去了，但贫富差距拉大，城乡差距扩大，社会矛盾增加，环境遭到污染，社会经济结构畸形化，矛盾重重，社会并没有进步。一有风吹草动，经济就下来了。所以并不是经济翻两番，再翻两番，人均收入达到 3000 美元或 8000 美元，我们的现代化就实现了，世界的经验不是这样的。

社会发展到今天，除了几个社会主义国家，都是发展资本主义的，发展私有化的，但是真正实现发达的、现代化的而且经济社会常年发展的国家不超过 25 个。印度独立的时间跟我国解放的时间差不多，美国、苏联甚至全世界都支持它，它怎么样呢？特别是拉美国家，就在美国的后院，从电视上看，他们城市的发展相当繁华，是发展中国家的明星，他们的人均收入都是 7000 美元、8000 美元，但是一个金融危机经济就滑下去了，GDP下降一半，人均负债 2000 美元。经济搞上去了，现代化就实现了吗？特别是社会主义国家的现代化，如果城乡关系不变，社会经济结构不调整，贫富差距拉大，城乡差距拉大，现代化并不能实现。所以 20 世纪 70 年代以后，一些政界人士及一些专家学者普遍认为这样的发展是行不通的，要改变单纯追求 GDP 的增长，提出经济社会要全面发展。到 20 世纪 70 年代、80 年代，一些环境学者也提出要建立一个可持续发展的社会。美国观察研究所所长，就是 1995 年提出今后中国的粮食靠谁的那个学者，他早在 1986 年就提出建立可持续发展的社会。现在我们这个社会对世界来说，资源这么浪费，环境这么污染，是不可能持续地发展的。从 20 世纪 80 年代后期、90 年代以来，全世界都在讨论并提出经济要繁荣，社会要全面进步，人类与环境要和谐，实现可持续发展的问题。所以中央提出建立全面、协调和可持续发展的新发展观，符合世界发展的潮流和全球化发展的趋势。

（三）树立以人为本的新发展观是战胜"非典"疫情给我们的重要启示

"非典"疫情在我国西部的成都没有影响，在北京却很厉害，我们是身临其境的。到 4 月以后，在昔日相当繁华的北京王府井，服务员都戴着大口罩，顾客寥寥无几。我是作为社会学家去观察和了解社会的，商场没人，宾馆没人，到处没有人，几乎瘫痪了，这样一个小小的虫子——病毒，我们都应付不了，损失不小。痛定思痛，这件事情暴露出我们医疗、防疫及应对风险事件的无能。本来是坏事，我们中央领导对这件事情处理得很好，采取了断然措施，在全国实行了群防群控的办法。如果"非典"传到农村去，我们农村的医疗防御体系相当匮乏，后果不堪设想。这次我们战胜"非典"，是依靠传统的办法，并不是依靠科学技术和科学的防御办法。我们实行村自为战、人自为战，不许打工人员回家，不许大学生回家，农村是依靠这样的办法战胜"非典"的。"非典"在北京爆发，北京的钱最多，医生最多、设备最好、人们的受教育水平最高，死的人也最多，但是到今天还没有弄清楚"非典"究竟是怎么一回事。所以痛定思痛，坏事变好事，总结出了今后单纯发展经济，不发展社会，只搞大建设，教育、医疗、防疫投入不足，社会是不会协调发展的。"非典"疫情的暴发促成了发展观的改变，所以这也是战胜"非典"疫情给我们的重要启示。

（四）树立以人为本的新发展观是推进全面建设小康社会的迫切要求

我们这 20 多年建设小康社会所取得的成绩很多，但是我们建设的小康社会是低水平的、不全面的、很不平衡的小康，所以提出了要建设全面的、协调的、可持续发展的小康社会。一次福建省委党校邀请我去讲课时，我谈到了如下四个问题。

第一个问题，我们国家从改革开放到现在 25 年，GDP 的年平均增长速度为 9.3% ~9.4%。这在世界上的大国中是从来没有过的事情，20 多年应该说现代化建设得差不多了。第二次世界大战后发展得比较快的，如日本、韩国和我国的台湾也没有年年保持这样的发展速度。尽管经济发展很快，可是到了基层却没有钱。县、乡的基层干部和中小学的教员不能按时发放工资。经济发展所带来的利益，哪里去了呢？即使在"文化大革命"时期，每年的财政收入只有 200 多亿元的情况下，小学教员都可以发上工资，现在财政收入翻了这么多，可是很多基层的人都发不上工资，到底是什么原因？现在，中西部的很多地区，还是不能按时足额发放工资。最近的第 44 期《瞭望》杂志说，我国农村义务教育经费欠债 3259 亿元人民币。GDP 到哪里去了呢？GDP 是财富、是价值啊！

第二个问题是一个需要我们社会学家来回答的问题。改革开放以来，可以说 95% 以上的人生活都得到了改善，生活质量普遍提高。尽管生活水平提高了，可是社会各个阶层的意见、牢骚和不满也从来没有这么多过。这个阶层有意见，那个阶层也有意见；公务员有意见，企业职工也有意见；老干部有意见，年轻干部也有意见；有钱的有意见，没有钱的也有意见等。正是"生活从来没有现在这么好过，牢骚和意见从来没有现在这么多过"。在我主持的社会分层的研究中，十个阶层没有一个阶层没有意见的。

第三个问题是一个法律的问题。过去有人说，中国社会的主要问题是穷。现在我们的国内生产总值翻了两番，比过去有钱多了。但是，随之犯罪率也上升了。为什么？经济越发展犯罪率越高吗？这个问题很难回答。

第四个问题，在研究国外社会的时候，我们就发现这样一个问题，西方大国在搞工业化、现代化的时候，没有一个国家把农业放在第一位的。在中国社会，政府的第一个任务就是要把农业搞好。长期以来一直把农业放在第一位，可是"三农"问题还是没有得到解决。

简言之，过去我们走的是旧发展观的道路，片面地追求经济增长、重工业增长和城市的发展，遗留了这么多的问题。所以中央提出要树立全面的、协调的和可持续发展的新发展观，是解决问题的根本出路，从而实现在 21 世纪中叶最终达到中等发达的社会主义大国的目标，立足于世界大国强国之林。另外，要避免重蹈拉美国家的覆辙，防止经济上去了，城市发展了，农村依旧，社会结构依旧，社会问题依旧。

二　统筹城乡经济社会发展是解决"三农"问题的根本出路

中国的改革是从农村开始的，农村的前六年就是 1978～1984 年发展得最好。一方面逐渐实现了家庭联产承包责任制，废止了人民公社。新中国成立以来，农村发展最好的两个六年，一个是 1949～1955 年，就是"土改"以后、合作化以前；第二个就是 1978～1984 年。这两个六年是农村发展的黄金时期。1985 年以后，改革发展的重点转向城市以后，农村虽然提出了第二步改革，实际上不了了之。

农村改革发展的 20 多年，实际上是实现"两个转变"的 20 多年，第一个是农业社会向工业社会转变，第二个是计划经济向市场经济转变。这 20 多年如果在这两个方面都做得好的那个省、地区、县、行业、企业甚至个人，那么那个省、地区、县、行业、企业甚至个人就发展得好。这 20 多年发展是很不平衡的，拿 1978 年 GDP 的排行和 2000 年 GDP 的排行比较，有些省下去了，有些省上来了。如浙江和广东，我认为浙江的前景比广东还要好，差别在哪里？差别就在从计划经济向市场经济转变过程中步子迈得怎么样？改革怎么样？个人也如此。但是从 1985 年开始，改革就停滞了，1985～1988 年还讲农村第二步改革，实际上农村第二步改革就没有实行，土地问题、流通问题、信贷问题和户口问题基本上保留下来了。

为什么这几年"三农"问题越来越突出，越讲问题越严重？这里我们谈一下"三农"问题的由来。"三农"问题连起来讲就是"三农"论或"三农"工作，这应该是我们社会学工作者多年研究的一个社会科学成果。国际上没有把农业、农村、农民三个方面联系起来，国外是就农业、农村、农民分别解决的。

（一）农业问题

国外的大致情况是这样，从英国开始，到欧洲、美国、日本基本上走的是这样一条道路。首先，从农业、农村、农民那里得到原始积累，或者通过税收，或者通过"剪刀差"把农村的钱聚拢起来。然后，圈地来建工厂，工厂建设好以后，从农村吸收了大量的劳动力。因此，在工业化完成的时候，城市化也完成了，也就是说，他们的工业化、城市化和现代化是同步的。等到工业有了积累后，工业反哺农业、反哺农村，使得农村、农业现代化，最后实现城乡一体化发展，英国、法国、美国、日本还有韩国，都是如此。

而中国的情况则不是这样的。在 1958 年以前，我们也是走的这条路。一方面大量的粮食、工业原料进入城市，另一方面大量的农民进城变成了工人。当时，城市化每年大约提高 1 个百分点。1958 年以后，特别是三年困难时期，全国粮食紧缺，政府大量遣散工人回家。城市中，大量吸收农村的粮食和原料，同时拒绝农民进城，接着建立了城乡隔离的户口制度。这个制度从 1958 年开始制定，到 1960 年正式施行，不许"农转非"。在国外讲"农转非"必须解释大半天，什么叫"农转非"？英文里没有这个词，更要讲什么是农村户口、什么是非农户口？中国的户口值钱，一个户口可卖 3000 元人民币，北京的户口两万元都买不上。中国的什么都能改，就是农民的身份不能改，所以农民问题就出现了。一个国家现代化、工业化达到这个程度了，一面在工业化，一面农民却在增加，这不是中国的特色。因此，就提出了"三农"理论。

前几年，日本早稻田大学邀请我去讲课，谈到"三农"问题。如果拿中国的农业、农村、农民与日本的农业、农村、农民问题做比较，问题就很明显了。日本在 1945 年以后，就是 1945～1950 年，他们的生活没有我们成都天府之国的温江平原这么好，而且战后农业人口达到了 75%～80%。20 世纪 50 年代以后，他们大力发展工业化、城市化，工业有了积累以后，就提高农产品的价格。然后政府投入资金支持农业，从政策上支持农业。日本农民的收入基本上和城里的工人持平，有的甚至还高一些，所以日本把农民问题解决了。到了 20 世纪 80 年代的后期，日本的工业更有钱了，大量地进行农村基础设施建设，修高速公路、修煤气管道、修排水系统，等等。由于他们的工业反哺农业，城市反哺农村，所以在很多地方，城乡都一体化了，因而农村问题也基本解决了。我国的台湾也是如此。

进一步讲，日本在 20 世纪 60 年代，工业发展起来以后，也大量地出口工业产品。但是迫于大国的压力，开始进口农产品。日本的气候，很多地区一年完全可以两季甚至三季，但是为了进口国外的农产品，除了水稻，其他的农产品基本上都不种了。因此，用我们的"三农"理论来描述日本：农村问题解决了，农民问题解决了，但是农业问题远远没有解决。

中国的情况恰恰相反。农业问题在 1996 年大丰收后基本解决了，但是农村和农民问题都没有解决。用一句话来概括"三农"问题：农业问题基本解决，农民和农村问题还相当的严重。过去我们经常说，中国用全世界

7%的土地养活了世界22%的人口。这个数字不是很准确，我给大家纠正一下。应该说是全世界10%的土地，说7%是按照14.3亿亩计算的。通过原国家土地管理局近十年来的详查，我国的耕地面积是19.5亿亩。22%的数字也不是很准确，现在中国的人口占世界总人口大概是21.3%，这是2001年的数据。再过几年，就会降到21%。现在中国的农业完全可以满足全国人民的供给，可以满足经济发展的需要，还可以出口一部分。1998年以后，我们出口的农产品总额要比进口的总额多50亿美元。从以上可以看出，农业问题基本解决了。最近粮食涨价，中南海召开会议问我们有何看法，我们一致认为不要过分反应，涨价是好事，对农业有好处，对增加农民收入有好处，对扩大内需有好处。不要平抑粮价，涨20%～30%没关系，就是涨到现在的价格，也低于1996年的粮食价格，这是恢复性增长。但是如果我们的农业继续减产，到2005年可能会受制。所以我们农业问题基本解决了，但是农村问题、农民问题远远没有解决。

（二）农民问题

接下来讲农民问题，第一句话是中国农民人多。农民多的意思是什么呢？不是说中国的人口多，而是农民相对的多。凡是现代化国家，在工业化过程中，农民大量地进城，农民的数量在逐渐地减少。而中国在1958年以后，不是这样的。我们一方面搞工业化和城市化，另一方面农民却越来越多。在过去我们大约是5亿农民，现在大约有9亿农民。工业化越发展，农民越多。1949年农民是48400万，占总人口的89.4%；到1958年，农民人口54704万，占总人口的82.8%；到1978年，农业人口79014万，占总人口的80.08%；到1998年，农民人口86868万，占总人口的69.6%；到2001年，农村人口76500万，占总人口的62.3%。[①]

2001年，中国的城市化率为37.7%，到2002年接近39%。现在大家都说中国的城市化严重滞后于工业化，这几年中国的城市化速度大大加快，而且我们在统计标准上也做了很大的调整。1999年，中国的城市化率大约是30.8%，到了2000年，中国的城市化率变成了36.4%。对于这个数字，国外很多研究中国问题的专家都迷惑了。按照世界的规律，城市化率增长最快的至多也就是一年1%。中国在一年之内，怎么会突然增长5%？原因是我们的统计口径发生了变化。按照国际惯例，凡是在城市中居住超过半

---

① 数据参见《新中国六十年统计资料汇编》，北京：中国统计出版社，2010年1月，第6页。

年的人口就被列为城市人口，因此，中国的城市化率就迅速提高了。但是，实际上他们的身份还是农民，他们还只拥有农业户口。因此，中国农民的总数应该在 9 亿左右，占总人数的 74%，而不是 62.3%。中国的真正城市化率也没有统计的那么高，大约也就是 25%。所以中国的工业化越发展，农民的数量越多。

后面的两句话是农民太穷，农民太苦。现在农民的人口这么多，可是在 GDP 中，农业产值的比重不到 15%，75% 的人口在分享 15% 的产值，收入自然就会不高。如果农民的人口减不下来，提高农民的收入是非常困难的。尽管农民的生活的确比过去提高了，但是与我们的经济发展相比，与我们建设小康社会的要求相比，他们的水平还是差得很远。最近，我做了一个计算，如果不扣除物价因素，单纯从数量上来说，2001 年与 1978 年相比较，城市人口的可支配收入增长了 23 倍；如果扣除物价因素，大概增长了 5~6 倍。但农民的可支配收入大约增长了 16 倍，扣除物价因素大约增长 4 倍。所以，相对于城市来说，农民生活的提高还是比较慢的，水平还是比较低的。特别是中西部地区的农村，情况更为糟糕。因此现在提出了"只有减少农民，才能富裕农民"的口号。1997 年以后城乡差距每年都在拉大。2000 年是 2.79：1；2001 年是 2.9：1；2002 年是 3.1：1，今年是 3.2：1，每年以 0.1 个百分点的速度在扩大。事实上除去各种因素，城乡差距大致为 5~6：1，国际上认为可接受的比例是 1.5：1。我们已经到了不可接受的地步了。我们文件的语言与实际情况不同，1997 年以后，文件指出农民收入增长缓慢，实质上是在下降、减少。农村这几年只要是种粮食、棉花的农民，特别是种粮食的农民，收入都在下降、减少。

（三）农村问题

下面讲农村问题。"三农"问题中，农民问题是核心，农业是农民的职业，农村是农民生活和生产的居住地。农村问题的范围比较大。在过去，中国社会的管理只是到县一级，县以下主要靠乡绅，或者也可以说是自治。这种状况一直延续到 1910 年。北洋政府在一些省份，在县以下设立区，县长可以任命区长，而且工作人员的人数也是非常少的。中华人民共和国刚成立的时候，情况大概如此。一个乡政府也就是大约 30 多个人，一个县政府大约 70~80 人。到 1978 年还是如此，一个乡镇有八大员，也就是八个助理，到现在每个助理都变成了一个站或者一个所，工作人员急剧上升。

在东部经济发达地区，基层政府的开支可以自我支付。可是，在西部一些地区，他们的开支就成了一个非常大的问题。1994 年财税体制改革，分税制以后，乡镇这一级财政就面临着很大的问题，很多乡镇都是负债的。现在主要的问题，就是收入不够支出，他们的收入与责任不相符，他们承担了更多的责任。以义务教育为例，2001 年以前，农村义务教育的费用，中央只负担 2%，省地两级承担 11%，县一级负担 9%，乡镇财政要负担 78%，这样做是不合理的。在世界上大多数的国家，义务教育费用至少应该由省一级的政府承担。2001 年以后，小学教员的工资由县里来负担。根据我们的观察，大约有一半的问题解决了，但是到了中西部的很多地区还是没有解决。由于现在基层政府的事权和财权不统一，他们根本不能负担那么多的开支。中西部地区的乡镇平均负债 400 万元。很多乡镇的财政都非常的困难，这些问题，不是哪个乡镇干部的事情，它是一个制度性的问题。

目前农村存在很多问题，其中一个很严重的问题就是学者们谈论的新的"圈地运动"，当前被圈占的土地，其中 43% 是被闲置的。中国 100 个首富中有 43% 是搞房地产的，他们赚了钱将来就走了，外商也走了，开发商拿着营业执照也走了，但人民政府走得了吗？共产党走得了吗？我们跟农民是这种关系，农村社会能安定吗？目前有 3000 多个开发区，已经占了 3.6 万平方公里的土地，相当于 5400 万亩地，大约涉及 4000 万人，主要分布在珠江三角洲、长江三角洲和大中城市的郊区，是土地比较肥沃的地方，当地的农民也都是中国最富裕地区的农民。大量圈占农民的地，农民失去了土地也就等于失业，失业意味着失去了生活的来源。我们搞现代化千万不能牺牲农民的利益。

在所有的现代化国家，城市化必然要占用一些土地。但是他们占地遵循这样两个原则：一是自愿，二是按照市场等价交换的原则。而中国社会的情况则不是这样的。在买农民土地的时候，还是按照计划经济方式来办理。对农民的补偿还是政府行为，政府根据相关规定给农民一些补偿而不是按照市场价格。现在的叫法不是"买地"而是"征地"。"征地"在国外也有，如果要建立一些公共的设施需要征地，因为是服务于公众，所以价格可以低一些，不过也要按照市场的价格来购买。如果是商业的用途，那就要按照市场的价格等价交换。

在中国很多地方甚至提出"经营城市"的说法。如何经营？很大程度上就是在占用农民的土地。"以地生财，以财建市，以市招商，以商发财。"这句话的意思就是说，用买地拿来的钱，来建设城市。通过建设城市，来吸引资金，因此达到发财的目的。《人民日报》报道说，今年上半年，根据几个部委的统计，24 个省市共有 3000 多个开发区。省里搞开发区，县里搞开发区，甚至在一些乡镇也有开发区。《人民日报》的评论说，开发区多如牛毛。大量占用农民的土地，农民非常不满意，他们总结了这样几句话："毁我们的庄稼，拆我们的房子，挖我们的祖坟，占农民的田。"农民成了"三无"人员，即"种田无地，就业无岗，低保无费"。如果他们的问题处理不好，会是一个很严重的问题。

总结起来讲，农村问题主要表现在基层机构庞大，债务严重，干群矛盾紧张，土地圈占问题突出。用李昌平的话说就是："农民真苦，农村真穷，农业真危险。"总之，关于"三农"问题，就是农业问题基本解决了，农民和农村问题远远没有解决。

三 统筹城乡经济社会发展的目标是改变 二元经济社会结构，实现城乡一体化

成都市 1000 多万人、12000 平方公里土地，在全国 35 个省会、直辖市和副省级城市中处第八或第九位，所以成都在第三世界里是第一世界，无论在哪个方面在全国都是第一世界。你们原来的基础很好，今后 5 ~ 10 年是一个大飞跃的时候。成都市委、市政府提出"三个最"的目标，即创业投资环境最优、人居环境最佳、综合实力最强，这个提法很好。在当前能够统一认识，统一到全面的、协调的、可持续的新发展观的高度上，这个目标一定能够实现。

现在我结合成都的实际，谈谈怎样改变城乡二元社会结构，实现城乡一体化。首先我要强调的是，必须以经济为中心，必须把经济搞上去。经济不发展，社会发展不了。发展到一定程度，经济社会一定要协调发展。就城乡来说，城市还是重点，城市化还是关键，只有把城市化搞上去，才能发展农村。减少的农民到哪里去？就是到城市里去。我强调"三农"问题的重要，农村问题重要，但就农村解决农村问题，就农业解决农业问题，就农民解决农民问题，是解决不了的。农业问题在农业之外，不是农业生产。就农村发展农村不行，还是要搞城市化，搞大城市化。把成都市发展起来，1000 多万人的问题才好解决。

四 关于成都市实施统筹城乡发展的几点意见

统筹城乡经济社会发展，逐步建立有利于改变城乡二元社会结构的体制，有几个体制必须改革。

（一）改革现在的户籍制度，建立城乡一体化的户籍登记制度

现行的制度是为当时计划经济服务建立起来的，全世界只有中国、朝鲜和贝宁等几个国家有这样的制度，别的国家都没有，所以一定要下定决心去改。不放开户口，农民的身份低人一等。好多地方讲，要给农民国民待遇，我说不是给，是恢复农民的国民待遇。搞市场经济，必须是起点公平，他们是农民户口，如何跟你竞争？什么时候都戴农民帽子，当工人叫农民工，当教员叫民办教师，当医生叫赤脚医生，当企业家叫农民企业家。现在江苏、湖南等地取消了农民户口制度，也没有出现什么问题。以深圳为例，2000 年人口普查，深圳的总人口为 700.8 万，实际上的人口比这还要多。有一位博士这样写道，深圳的繁荣实际上是 500 万农民工用自己的血汗建立起来的。农民工进城以后，他们从事了工人的工作，但是没有得到工人的身份，政治上、经济上和文化上都没有得到认同。很多城市的人均 GDP 都非常高，但是很大一部分是靠农民工的贡献才完成的。尽管农民工做了很大的贡献，但是在城市计算人均 GDP 的时候，他们又被排除在外。四川 8000 万人，将来就要到你们川西平原发展。人往高处走，水往低处流，就要到适宜人生存的地方去，建设这样一个平台，成都就发展起来了。

（二）进行土地制度改革，明晰产权，建立城乡一体的土地制度

家庭联产承包责任制是当前农村的基本经济制度，这是中国人民的伟大创造，因为它是突破人民公社体制的，突破计划经济体制的，这是要肯定的。但是，这个制度搞现代化是不行的，也不是中国特色。现在农村好多问题是出在这个上面的。集体所有，集体是谁？现在好多 30 多岁的县委书记，不知道集体是谁。集体就是生产小队，不是村民委员会，这是两回事，集体经济才有所有权，村民委员会没有所有权，但是现在村支部书记可以卖地、可以动地，只有中国的村干部才有这么大的权力。现在许多地方的村支部书记把地卖了，村民还不知道，因为土地不是他的。从逻辑上讲，这个土地究竟是谁的？土地从"土改"起，共产党把土地分给农民，

土地所有权就是农民的，所谓集体所有，只是加入集体，难道现在就不是他的了吗？集体所有就是若干农民所有，怎么能随便把它卖了呢？特别是宅基地，世世代代住在那里，突然就变成集体所有了，现在抵押、出卖都不行，农民贷款靠什么？就是靠抵押，就抵押几间房子，但不行，因为法律上规定不是他的。把最宝贵的土地交给最不自觉的干部在那里掌管着，能保护好土地吗？因为村干部不是国家公务员。所以要把土地还给农民，土地权国有，田面权、使用权归农民所有。土地定，人心才定。如果是现在这样的情形，社会怎能安定呢？所以成都提出"失地不失业"和"失地不失利"，有文章可作。作好这篇文章，是对国家的贡献。好多经验都是基层来的，如包产到户，乡镇企业都是从下面产生的。如果能在全国推广开来，对全国 8 亿农民来说是福音、是好事。

（三）在就业制度上实现城乡一体化

在实践中，我们的就业制度目前还是具有歧视性的，我们说要改变二元社会结构，但是我们实行的这套人事就业制度把二元社会结构引进城市了。据我调查，一个工厂，两种制度，对农民工一种制度，对城市工是另一种制度。从国家利益上来讲，这种农民工制度也不好，在第二产业里的工人，57% 是农民工。现在中国工人阶级的队伍，存在着一个很大的问题，那就是缺乏高级技术工人。在国际上，发达国家，工人的结构构成是这样的：高级工（6~8 级工）大约占总人数的 35%；中级工（3~5 级工）大约占到 50%；初级工（1~2 级工）大约占 15%。而中国的工人阶级高级工（6~8 级工）大约占不到总人数的 5%；中级工（3~5 级工）大约占到 35%；初级工（1~2 级工）大约占 60%。中国要想成为制造大国，如果工人结构构成是这样的，那就很成问题。所以，就业制度要实现城乡一体化。就业面前人人平等，不能歧视他人。就业制度不改革，就限制了人才的流动，不利于市场经济的发展。

（四）改革国民经济分配制度

改革国民经济分配制度是关系整个国家和全局的大事。现行的国民经济分配制度对教育、科研、文化等的分配都是向城市倾斜的，城市人口占不到 40%，却占据了国民经济分配的 85%，农村仅占 15%。这是不合理的，因此必须改革国民经济分配制度。

（五）改变现行财政体制

改革现行财政制度也是关系整个国家和全局的大事。现行财政制度对县、乡两级特别不利，因为转移支付实际上没有到位。向中央倾斜、向城市倾斜、向发达地区倾斜的财政制度必须改革，才能使财政变得比较均衡，才能实现全面的、协调的和可持续的发展。

（六）重建农村工作委员会

我建议恢复或重建农工委，要解决8亿农民的问题，在成都有600万农民的问题，要减少农民，将他们逐渐转移到城市，逐步解决"三农"问题，靠农民自己的力量是不够的。党和政府的农工委的队伍要扩大，解决这么大的问题，要有一个参谋机关，研究机构要调查研究，协调各方面的工作，还要制定一些政策，有好多具体工作需要去做，如社会保障制度、土地制度、户口制度等。

总之，"三农"问题涉及近9亿的人口，不是一日之功，需要漫长的过程。既然中央提出了要从体制上进行改革，提出了要统筹城乡经济社会发展，提出了全面、协调、可持续的发展，只要按照这个思路走下去，我相信"三农"问题会得到很好的解决。

统筹城乡发展　破解"三农"难题[*]

新的发展观提出"统筹城乡经济社会发展"，要求把解决农村和农民问题作为一切工作的重中之重。这为下一步解决"三农"问题指明了方向。

破解"三农"问题，或者说当前农村工作的任务有三条：保证有效供给，增加农民收入，保持社会稳定。现在，我国的农业问题基本解决了，但农民问题、农村问题还没有解决。农民问题是"三农"问题的核心。那么现在的农民问题表现在哪些方面呢？

一是农民人口众多，至今还有9亿多农民。一个工业化、现代化的国家不应是一个农民占总人口75%的国家。因此，如何减少农民，这是我们今后要完成的重大任务之一。

二是农民较穷。农民穷是与城市居民相较而言的，是与我们的经济成就相较而言的。党的十六大报告说，我们要建设惠及十几亿人的"全面的小康社会"。从1978年到2001年，我国的GDP翻了三番多，年递增9.35%，农民的收入却没有很大的增加。这几年农民的收入略有增加，主要是靠打工和非农经营收入。事实上，中国现在还有62%的农民单靠农业收入生活，而这部分农民的收入这些年是在减少的。1995年城乡人均收入差距是2.72∶1，2001年为2.92∶1，2002年为3.1∶1，2003年扩大为3.2∶1。

三是农民内部的分化。这主要表现在收入上。前面讲的农民收入是平均数，在平均数下面掩盖了很多问题。以2001年为例，当年农民人均纯收入为2366元，其中在平均数以下的占58%，有13.22%的农民收入在1000元以下，也就是还有1亿多为贫困农民，其中2000多万为绝对贫困的农民。

四是当前农民失地带来的问题。有不少地区在"加快城镇化""经营城市"等口号下，空前规模地侵夺和强占农民的土地，其所到之处，毁农民

＊　本文原载《半月谈》2004年第4期，发表时间：2004年2月25日。——编者注

312

的庄稼，拆农民的老屋，强占农民的耕地，逼迫农民迁移，却只按计划经济时期规定的标准给予极少的土地补偿费。一方面，这种不平等、不等价的交换使数以千万计的农民失地；另一方面有些地区的政府、官员、不法房地产商也从中渔利。这些年这数万亿元资金成了不少地方政府的第二财政，并主要用于城市建设，这对农村和农民来说则是莫大的损失。有人推算，这笔资金如果大部分能被用到农村的公共设施和基础设施建设上，那么农村的发展将大为改观，城乡差距就不会像现在这样悬殊。

这种计划经济体制模式的征地办法，现在看是多快好省的，实际上是后患无穷，既对农民和农村发展不利，也对国家和城市发展不利。

我国的农民问题和农村问题依然很严重，因此，我们需要进行认真反思，找准原因，科学地制定出相应的方针和政策。

首先，从根本上说，农村问题和农民问题的主要根源在于计划经济体制下形成的一套农村、农业政策还没有改变。我国一开始学习苏联，搞计划经济，实行合作化，使农民丧失了生产经营自主权。当时，农业的任务就是保障供给，保证满足国家对农产品的需要。农民向国家交售的粮食的价格是由国家来定的，农民卖粮给国家叫作为国家做贡献，是卖"爱国粮"，根本不是等价交换。因此，农村问题和农民问题从根本上说还是一个深化改革的问题。

其次，计划经济体制下长期实行城乡分治的户口制度，形成了我国"城乡分治，一国两策"的二元社会结构。在经济上，农业人口和城市人口在税赋、就业等方面享有的国民待遇不同。而这种不同在政治上表现得尤为明显。选举全国人大代表时，城市人口是 24 万人选举产生一个代表，而农村人口却是 96 万人选举产生一个代表。在社会上，农村人口在教育、医疗、社会保障等方面与城市人口享有的国民待遇也是不同的。有人统计过，农村人口和城市人口在国民待遇方面有 14 个不一样。

再次，国民收入分配的格局不利于农村和农民。为什么农村的义务教育问题长期解决不好？其根源就在于现有的义务教育经费分配格局严重不利于农民和农村。据国务院发展研究中心调查可知，现在农村的义务教育经费中央只负担 2%，省地两级负担 11%，县级负担 9%，其余 78% 的经费都要由乡镇这一级来负担。既然是实行义务教育，就应该城乡一体，即教育经费都应该由国家来承担，或主要由省级财政来承担，不能往下推压。

另外，国家卫生经费的分配格局也不利于农村和农民。国家每年的卫生经费支出是几千个亿，但是 85% 给城市，只有 15% 给农村。现在农村的合作医疗体系基本上已经不存在了，很多农村地区缺医少药。

最后，认识上的严重滞后。一个重要问题是：我国是否已经到了该反哺农业的时候了。第二次世界大战以后发展起来的工业化国家和地区，一般是 20 多年以后就开始反哺农业，日本、韩国都是这样。而我们现在已经过了 50 多年了，城市还在大量地向农村索取。这些年我国城乡之间的剪刀差不仅没有逐步缩小，反而通过以下两个渠道越来越大。

一个渠道是通过农民工。据农业部统计的数字显示，2002 年我国有农民工 9460 万人，按当年第二、三产业的劳动生产率，平均每个农民工为城市创造了 2.5 万元的价值，但他们的平均工资却只有 8000 元，即每个农民工为打工的城市做了 1.7 万元的贡献。这样，9460 万农民工共给国家和城市做了 1.6 万亿元的贡献。农民工老了，病了，残疾了，送回农村；农民工的老人在农村养着，农民工的孩子在农村接受义务教育。城市只用农民工的劳动，农民工的一切社会保障、社会福利则全推给农村。这样的不平等、不等价交换，农村焉能不穷，农民焉能不苦？

另一个渠道是通过征地。全国征地所得一年好几千个亿，哪个地区征地越多，富得也越快。这就使城乡之间本来就很大的差距变得更大了。

从以上分析可知，不从根本上解决体制性的束缚问题，我国的农民问题和农村问题就远不能得到解决。我们要深化农村体制改革，进一步把农民从计划经济体制的束缚中解脱出来；要下决心改革户籍制度；国民收入分配格局要向农村和农民倾斜，特别是文教、卫生等公共服务方面；要改革乡镇现有的行政体制，包括财政体制，逐步缓解乡镇一级负债累累、干群关系紧张的局面。

特别是，要改革现有的土地承包制度。农民问题和农村问题的核心是土地问题。土地定，天下定。虽然我国政府一再重申现有土地承包制度不变，但事实上农村的土地一直处于变动之中。这是因为现有的土地承包制度没有从根本上解决土地的所有权和使用权问题。有人建议实行土地国有制，把土地的所有权收归国有，使用权归农民，再不变更。农民可以转让自己承包的土地给别人耕种，以实现农村土地的合理流动。另外，还有人建议把宅基地还给农民。现在农民的宅基地属于集体，农民既不能出售，也不能抵押。

中国这样一个大国要解决"三农"问题，只靠发文件并不能从根本上解决问题。中央还应该有一个专门而明确的机构来具体领导和指挥。为此，有人建议不妨恢复农村工作部。

统筹城乡经济社会协调发展具有重大的理论和现实意义[*]

各位领导、各位理事：

经过半年多的筹备，由江西省委党校和中国农村社会学专业委员会联合主办的"统筹城乡经济社会协调发展理论研讨会"今天开幕了。

这次学术会议，江西省委党校十分重视，校委多次研究，精心组织，精心安排，投入了很多的人力、物力。会议还得到了江西省党政领导同志和学术界很多同仁的支持。大家准备了论文，不辞辛苦远道而来，与会代表超过了我们的预计。我们要特别感谢石山老、相重扬部长、王立诚教授、辛秋水教授，在百忙中前来参加会议，令人感动。各位领导、各位理事也都千里迢迢前来赴会，在此我代表学会向大家表示衷心的感谢。江西省委党校的领导和同志们为本次会议做了这样好的安排、创造了这样好的学术环境，在此我也代表学会向龚校长、王校长以及党校的同志们表示感谢。

统筹城乡经济社会发展，是党的十六大提出来解决"三农"问题的新思路、新方针。"三农"问题从20世纪90年代中期以后，逐渐成为国家社会主义城乡建设要解决的一个重大问题。开始是农民负担日益加重，收入上不去，负担下不来，城乡差距越来越大，政界、学界都在探讨这个亟须解决的问题。有人提出，农业问题不在农业，农村问题不在农村，"三农"问题不在"三农"，而在"三农"之外，是现在的体制不合理。怎么解决众说纷纭。党的十六大提出要"统筹城乡社会经济发展"，为解决"三农"问题指明了方向，是很正确的。但是如何实施"统筹城乡社会经济发展"仍

---

[*] 本文原载中国社会学会秘书处编《中国社会学会通讯》2004年第6期（总第37期），2004年10月刊印。该文系陆学艺于2004年4月8日在江西南昌召开的"统筹城乡经济社会协调发展理论研讨会"（农村社会学专业委员会2004年学术年会）开幕式上的致辞。原稿无题，现标题为本书编者根据发言内容所拟定。——编者注

是一个问题。2003 年秋，在一次学术会议上，中央政策研究室的一位领导说：十六大提出"统筹城乡社会经济发展"的问题已近 1 年了，但至今还没有破题。当时是 2003 年秋天，农业减产已成定局，粮食连续第 5 年减产，粮价开始上涨。农民的收入还是提高不了，城乡差距还是有继续扩大的趋势。

江西党校王晓春校长和孙主任，就在这个时候来到北京，同我们谈要开一次学术会议的问题，具体讨论到会议主题的问题时，我就说了，这是有关领导点的题，我们 3 人一致认为这是个好题目。王、孙两位领导回江西向校党委汇报，校领导经过研究，同意研讨这个问题，于是就着手筹备这次会议。

2003 年 10 月中央召开了十六届三中全会，会上作出了贯彻落实社会主义市场经济体制的决议，提出了新的科学发展观，提出了要实施"五个统筹"。把统筹城乡经济社会协调发展列为五个统筹之首。会后中央采取了一系列解决"三农"问题的举措。今年 3 月召开的两会，温家宝总理在政府工作报告中指出，"三农"工作是政府一切工作的重中之重。解决中国的"三农"问题任重道远，可以称得上是个世纪性的难题。是有关全面建设小康社会、实现社会主义现代化事业命运的大问题。如何解决"三农"问题、如何统筹城乡经济社会协调发展问题，是党和国家、政府要解决好的重大问题。

我们这次会议，提到如何实施统筹城乡经济社会协调发展这个主题，既具有重大的理论意义，又有重大的现实意义。各位领导、各位代表、各位理事都是关心"三农"问题、研究"三农"问题的同志，围绕统筹城乡经济社会协调发展问题，准备论文，讲述意见。希望大家在这次研讨会上畅所欲言、各抒己见，本着百花齐放、百家争鸣的方针，研讨好这个大问题。希望通过这次研讨，大家能对统筹城乡经济社会协调发展有所深化、有所提高，为解决"三农"问题贡献一份力量。这对于我们的农村社会学的学术研究是一个推进，对于农村的教学和科研工作也是一个推进。这是我们召开这次会议的宗旨。谢谢大家！

实现城乡协调发展必须进行体制改革[*]

社会主义现代化事业，是一个完整的整体，既要方方面面齐全，又要各个方面有机结合，有的要平衡均匀、相对称，有的要有长有短，有大有小，要按比例。像人体一样，有头脑，有躯干，有双脚，有双手，长短结合，大小相称，才能健康协调。人的身长与体重也要成一定的比例。美人要五官端正（就是协调、比例适当）：脸大一点不好，小一点也不好；眉毛长一点不好，短一点也不好。

协调是相对于原来的不平衡、不协调而言。发展不全面就一定不协调，而发展全面了还不一定就协调了。协调要内容比例都协调。以往我们的发展还很不全面，改革开放以后实行让一部分地区先富起来，让一部分人先富起来的不均衡发展战略，取得了很好效果。但是一段时间之后，城乡之间、东西区域之间、社会阶层之间差距扩大，引发了一系列社会矛盾。现在的不平衡、不协调已经发展到相当严重的地步了，是应该转到均衡、协调发展上来了。

当前，我国很多方面如一二三产业之间、积累与消费之间、工业与农业之间、经济与社会之间以及农村与城市之间等都存在着比例不协调的问题。根据国际经验，工业与农业增长的速度应该是 1∶3，积累与消费的比例应该是 32∶68，而近几年我国的积累率已超过 40%。

现在我国最大的不平衡是城乡不平衡。城乡发展很不协调：有些城市已经相当现代化了，很多农村却很落后，发展很不平衡。由于原来的城乡关系是"重城轻乡"，因此城市发展快，农村发展慢，形成了"一条腿长、

---

* 本文原载《大连大学学报》2004 年第 3 期，发表时间：2004 年 6 月 25 日。该文系《大连大学学报》主办的"社会学视野中的'三农'问题（笔谈）"之一，人大复印报刊资料《社会学》2004 年第 10 期转载。——编者注

一条腿短"的不协调局面。改革开放以来，城乡差距仍在扩大。虽然党和政府把"三农"工作列为一切工作的重中之重，采取了诸如税费改革、改善农民工的外出打工环境、增加粮食补贴等一系列措施，但是城乡关系仍然没有调整过来，现在的状况还是城市发展快，农村发展慢。2001 年，我国城乡差距是 2.9：1，2002 年是 3.1：1，2003 年扩大到 3.2：1，再加上城市居民享受的各种福利，城乡差距实际是 6：1，即城市居民的人均收入是农村居民的人均收入的 6 倍，还是一条腿继续长、一条腿继续短的状况。目前，我国是世界上城乡差距最大的国家。

那么，问题到底出在了哪里呢？城乡关系不协调，经济社会发展不协调，区域发展不协调，人与自然关系不协调，说到底，这些还是在社会运转中表现出来的问题。这些不协调的根本原因则是体制、机制方面的问题，是计划经济体制的很多东西还没有改革好造成的。所以，党的十六届三中全会决议明确提出，要通过"建立有利于逐步改变城乡二元经济结构的体制，形成促进区域经济协调发展的机制……建立促进经济社会可持续发展的机制"①，也就是说，要通过完善社会主义市场经济体制来解决问题。

我国目前正由传统的农业社会向工业化、城市化、现代化社会转变，由计划经济体制向社会主义市场经济体制转变。可以说，上述几个不协调都是因这种转变还没有完成而表现出来的问题，例如，城乡关系不协调的原因就是，在计划经济体制条件下，我国通过户籍制度实行"城乡分治，一国两策"，形成了二元社会结构。农民被束缚在人民公社"三级所有，队为基础"的框架里，只能从事集体的农业劳动。当时的经济组织、生产方式、分配方式决定了农民要做出牺牲和贡献。农民把农产品生产出来，先要交公粮，完成统购以后剩下的才能按工分分配。现在虽然人民公社解散了，土地承包到户了，农民有了生产的自主权，农民生活也有了一定的改善，但是人民公社的行政框架却保留下来了。公社改为乡镇、大队改为村民委员会以后，生产队为村民小组。但是乡村两级权力还很大，经济上土地还是集体的，村民委员会是发包方，是土地集体所有权实际的实现者，在东部地区乡村两级的乡镇企业也是集体的。乡、村两级集体在政治上、社会上有些功能比公社时期扩大了，干部人数普遍增加了 3 到 5 倍，加上以户口制度为特征的城乡分治的格局基本没有改变，国家仍然对农村、农民

---

① 《中共中央关于完善社会主义市场经济体制若干问题的决定》，北京：人民出版社，2003 年 10 月，第 13 页。

实行一种政策，对城市、市民实行另一种政策，如财政、税收、土地、金融、信贷、住房、就业、教育、医疗、社会保障等各个方面，现在还是城乡二元社会分割的局面。

计划经济体制的影响在农村仍然无处不在。可以说，当前的很多问题主要还是计划经济体制遗留下来的问题，是由于对计划经济体制改革不彻底而产生的问题。不从体制上改变这种"城乡分治，一国两策"的体制格局，我们要统筹城乡经济社会发展就很难奏效。

现在回过头来总结，改革开放以来，中国的发展取得了一个又一个的伟大成就，其中，有许多方面的成就都是因为实施了对计划经济体制的改革，并实施了从计划经济体制向社会主义市场经济体制的转变。各地各部门的实践说明，无论哪个地区，哪个部门、哪个单位、哪个企业，以至哪个个人，谁能率先冲破原来的计划经济体制的束缚，这个地区、这个部门、这个单位、这个企业乃至这个个人就先发展起来，先富起来，先好起来。广东、浙江、深圳等经济比较发达的地区是这样；农业生产中的水产、水果生产最早实行市场化改革，这些产品很快就结束了供应短缺的局面，25年来一直长盛不衰；许多较早走向市场的个体工商户和私营企业主先富起来也是这样。

但是，计划经济体制自上而下实行了几十年，已经渗透到政治、经济、社会、文化、思想等各个方面，可谓盘根错节，根深蒂固，要转变、要改革的难度是很大的。一定要通过改革、调整体制以及调整政策才能解决。邓小平同志就曾经说过，制度比人更重要。他指出："我们过去发生的各种错误，固然与某些领导人的思想、作风有关，但是组织制度、工作制度方面的问题更重要。这些方面的制度好可以使坏人无法任意横行，制度不好可以使好人无法充分做好事，甚至会走向反面。"① 例如，提高农民收入、减轻农民负担等问题，我们已经讲了多年，1997年以后，几乎年年讲，同时每年也出台了一些新的措施，但这些并没有解决根本问题。这是因为我们还没有找到病根，对症下药。

当前，影响经济社会健康发展的主要矛盾有两个：一个是城乡矛盾，一个是经济社会不协调的矛盾（地区矛盾实质是城乡矛盾的反映）。这两个矛盾的解决，要靠体制性的改革。其中具体包括以下几点。

（一）户口制度。这是阻碍统筹城乡经济社会协调发展的主要障碍。要

---

① 《邓小平文选》第二卷，北京：人民出版社，1994年10月第2版，第333页。

建立社会主义市场经济体制，就必须实行城乡一体的统一市场。我们长期实行的"城乡分治，一国两策"的体制，实际上是两个市场，两个体制，两个政策，通过户口区隔，把人分为农业户口和非农业户口，把劳动力分为农村劳动力和城镇劳动力。现在的城乡关系，说到底是城市剥夺农村、城市发展要农村和农民做贡献和牺牲的体制。不改变户口制度，城乡居民是两种身份，城乡就统筹不起来。

（二）土地制度。土地家庭承包制度是农村基本经济制度的核心，因此我们要稳定和完善这一制度。当前，农村土地制度存在很多问题，特别是近几年，在加速城市化的推动下，在东部沿海地区和大中城市，一些地方政府官员和不法商人以各种名目侵占农民承包的耕地，造成大量农民失地、失业、失去生活来源，使农民的合法权益受到严重侵害。我们要完善农村土地承包制度，保障农民对土地的权利，杜绝非法占地或者越权批地现象，保护耕地、保证粮食安全、保持农村经济社会稳定。

（三）就业制度。我国的劳动就业存在着城乡分割、一二三产就业人员结构不合理等问题。当前，我们要建立城乡统一的劳动力市场，取消农民进城就业的限制性规定，促进农村劳动力向城市流动，并向二、三产业转移。

（四）财税制度。当前我国财税制度仍然"重城轻乡"，农民税收负担重，国家对农业、农村投入少。统筹城乡区域经济社会协调发展，我们就要调整国民收入分配格局，加强对农村基础设施和科教文卫等社会事业的财政投入，进一步完善转移支付制度，加大对中西部和民族地区的财政支持。

对这些重要制度进行改革就可以改革计划经济遗留下来的体制障碍，把经济、社会、政治领域的体制按照社会主义市场经济体制的要求改革、调整过来，才能实现城乡经济社会协调发展。

调整城乡关系，解决好农村、农民问题[*]

中共十六大明确指出："统筹城乡经济社会发展，建设现代农业，发展农村经济，增加农民收入，是全面建设小康社会的重大任务。"[①] 这为解决"三农"问题指明了方向。实践证明，在工业化、城市化、市场化条件下，就农业解决农业问题，就农村解决农村问题，就农民解决农民问题是不行的。我们必须在建立和完善社会主义市场经济体制的总目标下，实行统筹城乡发展，统筹经济社会协调发展，才能解决好"三农"问题。

"三农"问题长期解决不好的根本原因是，在计划经济体制条件下已经形成的城乡体制、城乡格局、城乡关系至今还在束缚着农村生产力的发展，限制着农民生产积极性的发挥，所以，我们必须继续深化改革，改革既有的城乡体制，调整城乡关系，才能逐步把农业、农村、农民问题解决好。通过改革，调整解决好城乡关系，这是九亿农民盼望的迫切要求，同时也是国民经济协调、持续、健康发展和社会全面进步的需要。

以下是目前城乡关系中存在的几个主要问题和必须改革的几个方面。

一　城乡关系中存在的几个主要问题

第一，农民收入连续七年增长缓慢，2004 年虽有大幅增长，但城乡差

---

*　本文源自《2005 年：中国社会形势分析与预测》（北京：社科文献出版社，2004 年 12 月）第 175 ~ 186 页。该文收录于《陆学艺文集》（陆学艺著，上海：上海辞书出版社，2005 年 5 月）。该文手稿写于 2004 年 8 月 10 日，题为《关于城乡统筹经济社会发展和城乡一体化》，并以该题收录于《中国社会科学院学术委员会集刊2004》（第 1 辑）（北京：社会科学文献出版社，2005 年 3 月）。——编者注

①　《中国共产党第十六次全国代表大会文件汇编》，北京：人民出版社，2002 年 11 月，第 17 ~ 19、22 页。

距还在持续扩大。社会主义现代化建设，应该惠及十几亿人民，特别是应该惠及比较贫困的占人口大多数的农民群众，但这几年经济高速发展的结果是，农民人均年收入虽有所增加，但与城镇居民收入相比，其增加的速度要慢得多，二者之间的差距逐年扩大了。与 1998 年相比，2003 年农民人均纯收入增加 460 元，年均增加 92 元，同期城镇居民人均可支配收入增加 3047 元，年均增加 609 元。城乡居民收入差距从 2.51∶1 扩大到 3.23∶1，年均扩大 0.16 个百分点。这种差距扩大的速度，是历史上从未有过的（见表 1）。

表 1   1978～2003 年城乡居民收入与消费状况

单位：元

	1978	1985	1990	1995	1997	1998	2000	2003
①城镇居民人均可支配收入	343.4	739.1	1510.2	4283.0	5160.3	5425.1	6280.0	8472.2
②农民人均年纯收入	133.6	397.6	686.3	1577.7	2090.1	2162.0	2253.4	2622.2
②∶①	1∶2.57	1∶1.8	1∶2.2	1∶2.72	1∶2.41	1∶2.51	1∶2.79	1∶3.23
③城市居民人均生活消费支出	311.2	673.2	1278.9	3537.6	4185.6	4331.6	4998.0	6511
④农民人均生活消费支出	116.1	317.4	584.6	1310.4	1617.2	1590.3	1670.1	1943.3
④∶③	1∶2.68	1∶2.12	1∶2.19	1∶2.7	1∶2.59	1∶2.72	1∶2.99	1∶3.35

资料来源：国家统计局编《中国统计摘要·2004》，北京：中国统计出版社，2004 年 4 月，第 99～100 页。

需要指出的是，这是全国农民收入的平均数，其中有相当一部分是靠打工和非农经营收入而增加的。中国目前有 60% 主要靠农业收入为生的纯农户，他们没有非农经营收入，所以，大多数农户这五年的实际收入并没有增加，有的甚至是下降的。

问题的严重之处还在于，这种城乡差距扩大的趋势还在继续。2004 年风调雨顺，政府从开春就出台了减免农业税和给粮食直接补贴等惠农政策，加上市场上粮食和农产品涨价，农业大幅度增产，农民收入将增加 8% 以上，但城市居民收入增长的幅度还是超过农民，城乡差距还在继续扩大。

第二，农民没有得到与经济高速增长相应的实惠，消费份额逐年下降。农民在国家工业化、现代化过程中做出巨大贡献，虽然大多数农民收入有所增加，生活水平有所提高，但他们并没有得到与经济高速发展相应的利益。其中一个重要方面表现为，在社会消费品零售总额中，反映农民生活消费水平的"县及县以下社会消费品零售总额"占全国社会消费品零售总额的比重是逐年下降的（见表2）。

表2　1978～2003年农业农村人口的消费状况

年份	农业人口（万人）	占总人口比例（%）	农村人口（万人）	占总人口比例（%）	社会消费品零售总额（亿元）	县及县以下社会消费品零售总额（亿元）	占全国社会消费品零售总额的比例（%）
1978	83815	87.0	79014	82.1	1558.6	1053.4	67.6
1982	83320	82.0	80174	78.9	2570.0	1649.5	64.2
1985	—	—	80757	76.3	4305.0	2420.5	56.5
1990	90446	79.1	84138	73.6	8300.1	4411.5	53.2
1995	92558	76.4	85947	71.0	20620.0	8243.3	40.0
2000	94244	74.4	80837	63.8	34152.6	13042.3	38.2
2003	91550	70.8	76851	59.5	45842.0	16064.3	35.1

资料来源：国家统计局编《中国统计年鉴1983》，北京：中国统计出版社，1983年，第103～104页；国家统计局编《中国统计摘要·2004》，北京：中国统计出版社，2004年，第37、152～153页；中华人民共和国年鉴编辑部编《中华人民共和国年鉴2003》，北京：人民出版社，2003年，第1044页。

1978年，我国农业人口占总人口的87%，而当年的社会消费品零售总额中，农民购买的社会消费品占总额的67.6%。1990年，农业人口占总人口的79.1%，其购买社会消费品占总额的53.2%。2003年，农业人口占总人口的70.8%，却只购买了35.1%的社会消费品。三个多农民得到的社会消费品只与一个城市居民相当。农民的消费水平大致比城市居民落后10～15年。农村的购买力如此低下，这也是国内市场难以开拓，许多消费品积压，销售不出去的重要原因。

第三，各地出现了新一轮的"圈地运动"，约有4000多万农民被征用了承包的耕地，很多失地农民陷入无地、无业、无保的境况。

2002年以来，中国各地，特别是珠三角、长三角和大中城市郊区，都掀起了圈占农民耕地的狂潮。在"加快城市化步伐""办工业园区""建高新技术开发区""建大学城"等名义下，农民的土地以各种手段被侵占。据国务院五部委查验，截至2004年6月17日，全国30个省市自治区（内蒙除外）共清理出各类开发区6741个，规划用地3.75万平方公里（合5625万亩）。经查处，政府已撤销各类开发区 4735 个，退出开发区土地 2617 平方公里。①

这些被侵占耕地的农民约有 4000 多万人。他们只得到了很少的补偿，又得不到合理的安置，这使他们沦为"种田无地，上班无岗，低保无份，上告无门"的"无产者"。而这些农民本来是中国最富裕、最有文化、最会经营的农民。据调查，其中只有约三分之一失地的农民重新找到了生产、生活的出路，多数则沦为无业游民，挣扎在贫困线上。

在城市化发展的过程中，某些城市把本属于农村、农民的资源无偿、少偿地转移到城市。例如，水资源是中国的稀缺资源，许多由农村集体出钱、农民出力修建的水库，长期以来是为农业生产、农民生活供水的。但因为城市要用水，有关政府一纸行政通告，就将其收归城市专用了，这就直接影响到农民的生产生活，也会由此引发冲突和矛盾。

有一个时期，大中城市为了搞"形象工程"，绿化美化，种花种草种大树，把农村的许多大树都搬到城市里来了。城市真是绿了、美了，农村却荒凉了。

第四，乡镇干部队伍空前扩大，乡村两级负债接近万亿元，成为拖累农村发展、恶化政府与农民关系、影响农村社会稳定的严重问题。

1983 年，人民公社改为乡镇人民政府的时候，每个乡镇的干部只有 30 人左右，这是国家额定的正式编制，至今并没有多少变化。但自 20 世纪 80 年代中期以来，非编制定额的干部和工作人员，七所八站的职工规模急剧扩大，恶性膨胀，有的乡镇多达 300 人，少的也有百人上下。这些乡镇干部虽然没有公务员待遇，但他们多以各种名目领工资并享有多种福利，这些均为乡镇财政开支，也成为农民负担加重的原因之一。近几年来，党和政府多次明文要精简机构人员，而实际上这一大群准干部，并没有精减下来，反而成了挥之不去的大累赘。客观上，乡镇党和政府的职能大量增加，上级政府交办的事情又很多，同原来人民公社时是不同了。乡镇一级政府到底应管哪些事，应该用多少人，由谁来承担这笔开支？这些问题都应该有一个合理的界定。

1994 年以前，乡镇的财政实际是由县实行统收统支的，基本上没有什么债务。但自 1994 年以后，乡镇财政普遍成为一级财政，上级政府把好的税源、财政收支（如增值税、所得税等）都收上去了，而各种硬性开支，如农村义务教育、中小学教员工资、农村卫生防疫开支、干部工资和办公费用等都推给乡镇财政，同时上级部门还把举办各种事业建设的费用都派

① 见《让"最严格的措施"落实再落实》，《人民日报》2004 年 6 月 21 日第 6 版。

到乡镇，这些都使事权和财权极不相符。这些也导致全国的乡镇债务普遍化，特别是在中西部地区，以农业为主的乡镇，几乎没有不欠债的。1998年，据农业部调查统计，全国乡村两级债务为3259亿元，平均每个乡镇欠298万元，每个村欠20万元。如今，六年过去了，乡村两级的债务多数有增无减。国务院发展研究中心的调查显示，湖北省襄阳县2001年乡镇级负债4.1亿元，平均每个乡镇欠2411万元，村级负债10亿元，平均每个村负债160万元。现在全国乡村两级到底欠多少债，有关部门没有切实统计过。据有的专家推算，全国乡村两级负债应在6000亿～9000亿元。也有专家估计，乡村两级债务已经在万亿元以上。1万亿元的债务，是个大数目。以中位数8000亿元计，2003年全国38028个乡镇，678589个行政村[①]，假定其中50%是乡镇债务，则每个乡镇平均欠债1051万元，50%为村级债务，则每个行政村平均欠债59万元。事实上，东部沿海诸省市的乡（镇）村和中西部地区以第二、三产业为主的乡和村情况要好一些，所以，以农业为主的税源少的乡村实际负债比平均数还要多。

这样大量的债务背在乡村两级干部身上，其困难和窘况是可以想见的。有相当一部分乡镇的主要干部常常陷在借新债还旧债或躲债的泥坑里。税费改革前，有的乡镇就把负担转向农民，加重了农民的负担，引起了严重的冲突。税费改革后，这条路被堵住了。2004年有七个省市宣布免除农业税，农民拍手称好。但这些背着债务的乡镇干部，又面临着新的问题。乡镇日常运转需要的经费从哪里来，欠债怎么偿还？他们在等待上级政府的新政策。

第五，农村的科技、教育、卫生、文化、体育、环境等社会事业的发展严重落后，既滞后于经济的发展，使经济社会发展很不协调，更落后于城市的社会事业发展，使城乡间的经济差距扩大，而城乡在社会发展方面的差距则更大。

现在不少城市已在普及高中教育，而在中西部农村，还有很多的乡镇连九年制义务教育还未能普及，特别是初中教育，辍学的学生很多。这是因为现行的教育资源、教育投入在城乡间的分配极不合理。城市比农村富裕，城市基本上能够实施免费的义务教育，而农村的义务教育实际上是由农民自己承担的。近几年来，农村义务教育的经费以及中小学教员的工资改为以县为主，但不少中西部的县财政也很困难，实际还是负担不起来。所以，问题并未从根本上得到解决。2002年，全社会的各项教育投资为

① 国家统计局编《中国统计摘要·2004》，北京：中国统计出版社，2004年，第112页。

5800 亿元①，其中用在城市的占 77%，用在农村的只有 23%，而农业人口占全国总人口的 70% 以上。

20 世纪 80 年代以前，农村各乡镇普遍设有科技推广站、文化站和卫生院等。这些年因县乡财政拮据，其中多数已经撤了，偏远乡村的农民多年看不到一场电影。最令人担忧的是，农村医疗卫生条件恶化：90% 的农村合作医疗已经垮了，很多乡镇卫生院是勉强维持，有些已人去房空，有些甚至连房子也卖了。农村缺医少药的状况比改革前还严重。农民家庭一旦有人得病就要到城里治病，往往由此陷入贫困。所以许多农民只能小病扛，大病拖，听天由命。现在农村地区和城市地区的常见病都不同。城市居民易患疾病一般是高血压、高血脂、糖尿病等，多数是 "富贵病"；农民易患疾病是肝炎、肺结核、痢疾、地方病（血吸虫、克山病等）、营养不良，多数是 "贫穷病"。第三次全国营养普查显示，6 岁儿童的平均身高，农村是 110 公分，城市是 113 公分，相差 3 公分；16 岁青年的平均身高，农村是 158 公分，城市是 164 公分，相差 6 公分。城乡差别带来的恶果已经影响到下一代身上。农村的青年和儿童占 70%，直接关系到中华民族的未来。我们不能再坐视这样不合理的状况继续下去了！

第六，地区差距很大，而且有继续扩大的趋势。

中国的地区差距本来就很大，发展很不平衡，但自 20 世纪 90 年代以后，地区之间的差距更加扩大了，特别是在东部、中部、西部之间。以人均 GDP 最高的上海和最低的贵州相比，1985 年，上海市和贵州省的人均 GDP 之比为 9.18：1，1990 年为 7.33：1，1998 年为 12.06：1，2003 年为 12.97：1，相差近 13 倍。上海市与中部的河南省相比，2003 年为 6.2：1（见表 3）。这样的地区差距在国际上是很少见的。2002 年，欧盟 15 国的 24 个地区之间，人均 GDP 最高的地区和最低的相比只差 2.4 倍。即使是这样的差距，欧盟还专门制定经济、社会政策，采取措施来缩小这个差距。

表 3　1985～2003 年各地区之间人均 GDP 的变化状况

单位：元

地区	1985 年	1990 年	1998 年	2003 年
上海	3855	5818	28253	46718
北京	2704	4881	18482	31613

---

① 国家统计局编《中国统计摘要·2004》，北京：中国统计出版社，2004 年，第 174 页。

地区	1985 年	1990 年	1998 年	2003 年
浙江	1029	1978	11247	19730
广东	979	2395	11143	16990
福建	708	1551	10369	15006
江苏	1053	1953	10021	16796
河南	580	1045	4712	7530
湖南	626	1159	4953	7546
甘肃	486	1059	3456	4984
贵州	420	794	2324	3601
上海：贵州	9.18：1	7.33：1	12.06：1	12.97：1
上海：河南	6.65：1	5.49：1	6：1	6.2：1
浙江：贵州	2.45：1	2.49：1	4.8：1	5.48：1
浙江：河南	1.77：1	1.89：1	2.39：1	2.62：1

资料来源：国家统计局编《中国统计摘要·2004》，北京：中国统计出版社，2004 年，第 25 页；国家统计局国民经济综合统计司编《新中国五十年统计资料汇编》，北京：中国统计出版社，1999 年，第 142、342、367、392、442、517、567、592、700、794 页。

　　东西部地区差距这样大，一方面是因为原来的经济基础不同，另一方面也是因为经济发展速度不同。东西部地区差距扩大，实际上也是反映了城乡差距的扩大。上海市主要是城区发展快，贵州省主要是农村发展慢。如果以贵州省的贵阳市同上海市相比，差距并没有这样大。1998 年，贵阳市的人均 GDP 为 9551 元，同上海相比是 1：2.96，2002 年也只扩大到 1：3.06。贵阳市 2001 年城镇居民的人均可支配收入为 6909 元，同年贵州省农民的人均纯收入为 2229 元。贵州省城乡居民收入之比为 3.1：1，同年全国城乡居民收入之比为 2.9：1，即贵州省的城乡差距超过了全国的城乡差距。据我们调查，这种城乡差距在西部地区具有普遍性。所以，东西部差距过大，主要不是东西部城市间的差距过大，而实质上还是城乡差距过大。因此，西部农村地区的困难程度是可想而知的。

　　从今后的发展趋势来看，东西部地区之间的差距还会继续扩大，而且扩大的速度还会加快。这从各地区的财政收支和固定资产投资的差距就可以看得很清楚。

　　1998 年，上海地区财政收入是 380.7 亿元，人均 2600 元。2003 年，上海地区财政收入为 886.2 亿元，人均 5179 元；1998 年，贵州省财政收入为

65.3 亿元，人均 178.5 元（只有上海人均的 6.8%）；2003 年，贵州省财政
收入为 124.6 亿元，人均 322 元（只有上海人均的 6.3%）。1998 年，上海
地区的财政支出 470 亿元，人均 3210 元；2003 年，上海地区财政支出为
1088.4 亿元，人均 6361 元；1998 年，贵州省财政支出为 133.1 亿元，人均
364 元（是上海人均支出的 11%）；2003 年，贵州省财政支出 332.4 亿元，
人均 859 元（是上海人均支出的 13.5%）。二者之间差距有所缩小，这是近
年来国家对贵州省转移支付有所增加的结果。财政是各项事业发展的基础，
两地的财政收入差距如此悬殊，这既是两地不平衡发展的结果，也是未来
发展将更不平衡的原因（见表 4）。

表 4　各地区财政收支的状况

地区	1998 年				2003 年			
	财政收入（亿元）	人均财政收入（元）	财政支出（亿元）	人均财政支出（元）	财政收入（亿元）	人均财政收入（元）	财政支出（亿元）	人均财政支出（元）
上海	380.7	2600	470	3210	886.2	5179	1088.4	6361
北京	229.9	1841	280.7	2253	592.5	4069	734.8	5647
浙江	198.1	444	286.8	644	706.6	1510	896.8	1916
广东	640.8	897	825.6	1156	1315.5	1654	1695.6	2132
河南	208.2	224	323.6	347	338.1	350	716.6	741
湖南	156.8	241	273.6	421	268.6	403	573.7	861
甘肃	54	214	125.3	497	87.7	337	300	1153
贵州	65.3	179	133.1	364	124.6	322	332.4	859
上海：贵州	—	14.5：1	—	8.8：1	—	16.1：1	—	7.4：1
上海：河南	—	11.6：1	—	9.25：1	—	14.8：1	—	8.6：1
浙江：贵州	—	2.5：1	—	1.8：1	—	4.7：1	—	2.2：1
浙江：河南	—	2：1	—	1.9：1	—	4.3：1	—	2.6：1

资料来源：国家统计局编《中国统计摘要·2004》，北京：中国统计出版社，2004 年，第 40、
70~71 页；国家统计局编《中国统计摘要·1999》，北京：中国统计出版社，1999 年，第 32 页。

　　从这些年各地区的固定资产投资的差距，我们更可以看到，未来地区
差距和城乡差距还将有继续扩大的趋势。上海 2003 年各种来源的固定资产
投资为 2213.2 亿元。当年上海有 1711 万人，6341 平方公里的土地。平均
每人的固定投资为 12935 元，平均每平方公里投资 3490.3 万元。同年贵州
省各种来源的固定资产投资为 653.6 亿元，而贵州的总人口为 3870 万人，

有 17 万平方公里土地。平均每人的固定资产投资为 1689 元，只有上海的 13%；每平方公里投入为 38.4 万元，只有上海的 1.1%。现在的投入决定未来的产出。现在投入的差距如此悬殊，将来贵州省与上海市的差距将继续扩大也是必然的。

二　城乡关系中必须改革的几个方面

前面讲到的六个方面的问题已经存在多年了，政府也采取过一些解决问题的政策，但问题总是解决不了，有的还越来越严重了。2002 年召开的党的十六大指出："现在达到的小康，还是低水平的、不全面的、发展很不平衡的……城乡二元经济结构还没有改变，地区差距扩大的趋势尚未扭转，贫困人口还为数不少。"[1] 党的十六届三中全会提出，"坚持以人为本，树立全面、协调、可持续的发展观，促进经济社会和人的全面发展"[2]，同时还提出要实施"五个统筹发展"，并把统筹城乡发展放在第一位。2004 年年初，中共中央颁发了 2004 年一号文件，即《中共中央、国务院关于促进农民增加收入若干政策的意见》，主题是促进农民增收。文件分析了当前农业、农村形势，提出了一系列保证粮食安全，促进农民增收，推进农村改革的政策和措施。这是一个好文件，18 年后又以"中央一号文件"的形式公布，表明了中央重视解决"三农"问题的决心，也使广大干部和农民感到亲切和鼓舞。而且随后国家还有诸如对种粮农民的补贴、减免农业税等一系列具体政策实施，从而调动了广大农民种粮和从事农业生产的积极性，再加上 2004 年气候宜农，我们将迎来 1996 年以来又一个特大丰收年。年初计划粮食总产 4550 亿公斤，农民收入增加 5% 的指标都能超额完成。

从全国总体形势分析，农业形势是比较好的，粮食问题已得到缓解，但农民问题、农村问题依然严重。虽然农民收入 2004 年将增加 8%，这是 1997 年以后增幅最大的一年，但仍比城镇居民增收的 9% ~ 10% 要低，所以城乡差距仍在扩大。

最近，一位长期在农口工作的同志深有感触地说，2004 年市场农产品涨价，政府对"三农"工作投入了这样大的力量，加上老天帮忙，三管齐

① 《中国共产党第十六次全国代表大会文件汇编》，北京：人民出版社，2002 年 11 月，第 17 ~ 18 页。

② 《中共中央关于完善社会主义市场经济体制若干问题的决定》，北京：人民出版社，2003 年 10 月，第 13 页。

下，才产生了这样好的结果。那么 2005 年呢？以后呢？还能保证有这样持续的投入吗？老天能年年风调雨顺吗？其实，他还只讲了一半，因为即使政府进行了如此大的投入，农村问题、农民问题依然严峻。从多年的实践来看，"三农"问题之所以长期解决不好，不是重视不重视的问题，也不是一般工作问题，而是结构和体制问题，是原来束缚农村生产力发展的计划经济体制还没有从根本上得到改革，还在继续起着捆绑农民，阻碍农村生产力发展的作用。所以要解决中国的农业、农村、农民问题，我们必须要继续深化改革，从体制上改革原来在计划经济时代形成的城乡关系、城乡结构，改革原来计划经济体制渗透农村经济、政治、社会等方面形成的体制，建立全国城乡统一的大市场，真正实现从计划经济向社会主义市场经济体制的转变。只有这样才能从根本上解决好"三农"问题。当然，这场改革是一项宏大的社会工程，因此我们需要从长计议，还要做很多的工作。但是，有几个方面直接影响实施统筹城乡发展，而且条件也趋于成熟，那么我们就可以先改。

第一，要下决心改革户籍制度。这是实施统筹城乡经济社会发展的体制性障碍。现行的户籍制度把公民人为地分成农业户口和非农业户口，是实行"城乡分治，一国两策"的体制性依据，是形成目前二元经济社会结构的条件，其本身为计划经济体制服务的。我们要建立社会主义市场经济体制，建立全国统一的大市场，农民背着"农业户口"的身份，怎么参加市场竞争？这种落后过时的户籍制度，是造成城市化滞后于工业化的主要原因，也是亿万农村劳动力进城后只能成为农民工，进而引出诸多社会问题的原因。我们要从根本上解决农民工问题，也必须先改革户籍制度。现在有些省市已经在改革这种不合理的户籍制度，效果是好的，并没有引起想象中的严重问题。但户籍制度不是一省一市可以改了的，国家必须统一地改。

第二，农村土地制度要进一步改革。现行的家庭承包集体所有的耕地制度是从"三级所有，队为基础"的基础上演变过来的，其好处是使农民有了自主经营权，适合目前生产力水平。但有两个问题。一是土地经常调整、不稳定。国家已明令公布第二轮承包后，30 年不变，但实际上由于种种原因，土地还是在调整和变动。这对农民爱护土地、改良土地是不利的。二是土地是集体所有的，农民自己保护不了自己耕种的土地。这一轮圈地运动只经历了一年多时间，全国就有数千万农民成为失地、失业的游民。虽然他们竭力想保护自己赖以生存的"命根子"，但因为他们得不到法律的保护，只好眼睁睁地被人从土地上赶出来。失去土地当然对农民不利，其实对国家也不利。中国是一个耕地资源稀缺的国家，"一阵风"就能圈掉5600多万亩土地（占总耕地的3%）。这样的土地制度肯定是有问题的。

农民家庭承包的耕地既是生产资料，也是社会保障，政府应该制定相应法律，赋予农民长期使用的权利。在中国这种特殊的历史背景下，农民的承包权应该是物权、是财产权。新宪法规定"公民的合法的私有财产不受侵犯"，这不仅是要保护个体工商户、私营企业主等阶层人员的合法私有财产不受侵犯，当然也是要保护农民的承包耕地不受侵犯。只有把保护基本农田、保护耕地的权利和责任赋予农民，基本农田耕地才能保护得住。

由于中国各地农村的情况千差万别，因此我们应该允许各地试行适合各地实际情况和当地农民自己愿望的多种形式的土地制度，例如，有的可以实行"土地国有，农民永包"，可以实行土地股份合作制，也可以实行个人所有、合作所有、社区所有、国家所有等形式，待试行一段，视实践结果再作选择。

第三，应从根本上改革现行的农民工体制。农业劳动者、农村人口向城市转移，成为工人、职员，成为城市居民，这是工业化、城市化、现代化发展的必然规律。改革开放以来，我国工业化发展迅速。从20世纪80年代中期开始，大量的农村劳动力进城务工。因为城乡分治的户籍制度限制，他们没有得到工人的政治经济地位，被定为农民工。2000年人口普查的农民工已有近亿人。在第二产业中农民工已占职工总数的57.5%，在第三产业中占职工总数的37%。近几年来，情况又有新的发展。2003年，全国农村外出务工的农村劳动力达11390万人，占农村总劳动力的23.2%[①]，约占城市第二、第三产业职工的50%，其中有些行业，如建筑、建材、纺织、服装等行业中，农民工已占70%~80%以上。

农民工者，农民身份的工人也。他们干的是工人的活，但同工不能同酬，同工不能同时，同工不能同权，经济上得不到工人的福利、劳保待遇，政治上没有地位，沦为"二等工人"。农民工已经生活在城市里八年、十年了，也融不进当地的社会，沦为二等公民，受到种种歧视和不合理、不公正的对待。农民工因为在城里不能落户，只能春来冬去，形成所谓的"民工潮"。潮来潮去，这是中国特有的奇观。10多年了，虽然交通、公安、民政等多个部门在想方设法改善这种状况，但惨案和悲剧年年仍在发生。

---

① 陈锡文：《当前我国的农村经济和农村改革》，《改革》2004年第3期，第6页。

从城乡关系的视角来看，农民工这种体制是农村为城市做贡献和牺牲的一种形式。这既不公平，也不合理，并且是造成目前城乡差距越来越大的原因之一，也是"三农"问题屡屡解决不了的重要原因。

2001 年，全国共有 36512 万第二、第三产业职工，第二、第三产业共创造 81903 亿元 GDP，平均每个职工创造的 GDP 为 22431 元。农民工约有 60% 在第二产业工作，40% 在第三产业工作。以平均数计，每个农民工在城市创造了 22431 元的 GDP。他们得到了什么呢？农民工的工资，全国没有统计。据 2001 年深圳市劳动局统计，该市农民工的月工资为 588 元，一年就是 7056 元，加上一些额外的奖金、福利等的收入，农民工的平均年收入约为 8000 元，那么一个农民工就为城市创造了 22431 − 8000 = 14431 元的财富。2001 年，全国有 9460 万农民工，也就是说，农民工为城市创造了 13652 亿元财富，相当于当年第一产业增加值 15411 亿元的 89%。[①] 这些财富都留在了城市，这就是深圳、上海、北京、广州等用农民工多的城市发展得快的一个重要原因。农民工病了、残了、老了回农村，农民工的父母老人，由农村养着，农民工的子女在农村养育并接受农村的义务教育。

这样的农民工体制和城乡关系，能长此以往吗？现在还只经历了十多年，再过十年、二十年又会怎么样？这几千万耗尽了体力和智慧的老农民工回到农村，谁来赡养他们？

农民工体制必须从根本上改革。如前所述，我们首先要改革户籍制度，使农民工在身份上得到应有的市民待遇；再分别情况，分期分批地把农民工逐渐转变为第二、第三产业一视同仁的职工，使他们转变为城镇居民，逐步填平这条在城乡之间已经形成的社会鸿沟。

另外，从城市角度来讲，农民工这套体制实际上是把城乡二元结构引进城市里了。一个企业或单位两种体制，一城两制，是造成目前城市管理混乱，社会不安的重要原因。对国家来说，农民工这套体制是工人队伍政治、技术素质提高的障碍。中国要成为制造业大国，这样的两种工人岗位同时存在是不行的。这也不是能使国家长治久安的办法。

第四，改革国民收入分配格局和调整财政体制。现在的国民收入分配格局是多年沿袭下来的：重积累、轻消费，重城轻乡，重东轻西，重上层、轻基层，重经济建设、轻社会发展。这是形成城乡关系、地区关系不协调，经济与社会发展不协调的体制性原因。要实施"五个统筹发展"，我们就必

---

① 国家统计局编《中国统计摘要·2003》，北京：中国统计出版社，2003 年，第 17～18、44 页。

须按照完善社会主义经济体制的原则，改变目前仍在沿用执行的国民收入分配格局。

现行的财政体制是在 1993～1994 年财税金融体制改革调整之后形成的。当时这场改革是必要的，增加了财税收入，扩大了中央在财政收入中的比重，对后来抵御亚洲金融风暴，进行经济宏观调控是有成效的。但这次改革没有调整处理好省以下财力的合理安排，造成事权和财权脱节。总的情况是：财力向上、向城市、向东部、向发达地区倾斜，苦乐不均，差距悬殊，中西部地区、农业地区县乡两级的财政十分困难，其中约有 50% 的县、60% 的乡入不敷出，债台高筑，已经影响了县以下政权的正常运转。这种不公平、不合理的财政体制已经实行了十年，该到调整和改革的时候了。

农业、农村、农民问题已经积聚得相当多了，因此我们需要像党的十一届三中全会那样专门集中对其加以讨论，提出一个总体的解决方案。目标是要在完善社会主义市场经济体制的前提下，对农村的政治、经济社会等各方面进行改革，实现从计划经济体制向社会主义市场经济体制的转变，统筹城乡协调发展，统筹经济社会协调发展，建立城乡统一的大市场，实现城乡一体化。这样才能从根本上解决农业、农村、农民这个世纪性的大问题。

加快改革现行的户籍管理制度[*]

现行的户籍管理制度是在 20 世纪 50 年代中后期为适应计划经济体制的要求而建立和完备起来的。它是城乡二元结构的产物，也是城乡二元结构的凝固剂。可以说，在当时的经济社会条件下，是不得已而为之的，在短缺经济时代，对保证"一要吃饭，二要建设"方针①的实施是起过重要作用的。问题是后来逐步使这种户籍制度附加了许多特殊的社会功能，如在经济困难时期，生活资料短缺，通过户籍制度区分城乡人口，采取完全不同的标准，发放粮票、布票、糖票等十几种票证，后来又把孩子上学、青年就业、复员军人安置、住房分配、有病就医、养老保障等都同户籍联系起来，使城镇非农业户口和农村农业户口各自成为一种身份，前者享有特殊的优惠，后者则基本不能享有这些实惠。

20 世纪 60 年代以后，通过各种条例和文件，严格限制农业户口转为非农业户口。如 1961 年，为了核实全国城镇人口及粮食定量供应的需要，规定对农业人口和非农业人口分别进行统计，把非农业人口列入人口年报。后来《公安部关于处理户口迁移的规定》，提出要严加控制农业户口转为非农业户口，每年农转非的指标，控制在现有城市人口的 1.5%。实行计划管理，农转非的审批权归省辖市一级以上的人民政府（含地区行署），县和县级市人民政府无权审批。

---

* 本文源自《"三农论"——当代中国农业、农村、农民研究》（陆学艺著，北京：社会科学文献出版社，2002 年 11 月），第 476~479 页。该文系作者 2001 年 3 月在第九届全国人民代表大会第四次会议上提交的提案，收录文集时有少量文字修订。该文首次发表于《农村工作通讯》2002 年第 9 期（2002 年 9 月 1 日）。该文还被收录于《陆学艺文集》（陆学艺著，上海：上海辞书出版社，2005 年 5 月）、《中国社会结构与社会建设》（陆学艺著，北京：中国社会科学出版社，2013 年 8 月）等文集。——编者注

① 陈云：《加强和改进经济计划工作》（1982 年 1 月 25 日）。参见《陈云文选》第三卷，北京：人民出版社，1995 年 5 月第 2 版，第 309 页。

现行的中国特有的户籍管理制度，严格区分了城镇非农业户口和农村农业户口，泾渭分明，逐步形成了"城乡分割，一国两策"的格局，即对城市对居民实行一种政策，对农村对农民实行另一种政策。

1978 年以后，实行了一系列经济社会体制方面的改革，整个经济、社会发生了历史性的伟大变化。党的十四大以后，明确提出了要由计划经济体制向社会主义市场经济体制转变，至今已经初步建立起了社会主义市场经济体系。原来为适应计划经济体制要求而建立起来的户籍管理制度，虽然这些年来也做了一些改革，如已经允许在小城镇就业、居住并符合一定条件的农村人口在小城镇办理城镇常住户口，在小城镇落户的成员与当地原有居民在入学、就业、粮油供应、社会保障等方面享受同等待遇等。但这种城乡分割的户籍管理制度并没有根本性的改革，还严重束缚着社会主义市场经济建设必然要求的社会流动，阻碍了生产力的健康发展，引出了一系列社会矛盾和社会问题。

第一，现行的户籍制度，不能适应社会主义市场经济体制发展和完善的要求。农村众多的剩余劳动力被户口制度限制束缚在农村里，市场配置资源的重要作用不能充分发挥。2000 年全国 GDP 中，第一产业只占 15.9%，但从事第一产业的劳动力占 50%[①]，这是农民收入不能提高的根本原因。

第二，现行的户籍制度阻碍城镇化的发展。我国的工业化已达到中等发展水平，但 2000 年城市化率还只有 31%（1996 年世界城市化率为 46%[②]），城镇化严重滞后于工业化，使城乡关系失衡，这是我国当前经济社会关系不协调的主要根源。城市是第三产业的载体，城市不发展，第三产业发展不了。2000 年 GDP 中，第三产业只占 33.2%[③]，低于发展中国家 40% 的平均水平，发达国家已达 70% 以上。第三产业不发达，使数以亿计的劳动力不能充分就业，阻碍了我国经济的健康协调快速发展，给人民的生产生活造成困难。

第三，现行的户籍管理制度，使城乡二元社会结构凝固化，城乡间的人流、物流、信息流不能按社会主义市场经济发展的要求顺畅交流，实际上形成了一个国家两个社会、两个市场。城乡关系不协调，城乡差别不断扩大。

① 国家统计局编《中国统计年鉴·2001》，北京：中国统计出版社，2001 年 9 月，第 50、108 页。

② 朱之鑫主编《国际统计年鉴 2000 年》，北京：中国统计出版社，2000 年 12 月，第 65 页。

③ 国家统计局编《中国统计年鉴·2001》，北京：中国统计出版社，2001 年 9 月，第 50 页。

1978 年农民和居民收入之比为 1：2.37，2000 年已扩大为 1：2.79①。现在占全国总人口 70% 的农民，只购买 39% 的消费品。这是目前内需不旺，绝大多数工业品销售不出去的主要原因。

第四，现行的户籍管理制度，是造成诸如"民工潮"一类社会问题的根源。"民工潮"涌动已经十多年了，潮来潮去，给交通、公安、民政等部门造成了巨大的压力，形成了许多社会问题和社会矛盾，总不能年年这样涌动下去。要想从根本上解决这个问题，必须改革现行的户籍制度。

所以，我们建议国务院责成公安、民政、劳动保障等有关部门着手进行对现行户籍制度的改革，制定新的户籍管理制度，以适应社会主义市场经济发展的要求，加快社会主义现代化经济社会各项事业的建设。

具体建议如下。

（1）取消城镇户口背后附着利益的功能，取消中国特有的农业户口和非农业户口的规定，使城乡人民在户口面前人人平等。

（2）建立统一的、可流动的户籍管理制度，任何个人和家庭只要在一地有稳定收入的生活来源或正当的职业，就有资格在那里办理户口登记，取得居住证或暂住证，并依法拥有当地居民应有的权利和义务，逐步实现 1954 年宪法中曾提出的公民迁徙自由。使劳动力和人才能够自由地流动，这是社会主义市场经济发展完善的要求。

（3）新的户籍管理制度，要加速证件化管理，用居民身份证、出生证取代户口簿管理。

现行的户籍管理制度已实行了几十年，涉及方方面面的利益和管理关系，改革的难度很大，需要有领导、有步骤、分地区、分阶段地逐步进行。可选择 1~2 个有条件的省或地区先做试验，取得经验后，再逐步全面推进。但现行的户籍制度一定要改革，因为它已成为社会主义现代化各项事业发展的瓶颈，越早改越好。

---

① 参见国家统计局编《中国统计年鉴·2001》，北京：中国统计出版社，2001 年 9 月，第 304 页。

陆学艺谈改革户籍制度：
让部分农民进城来[*]

全国人大代表、中国社科院社会学所研究员、博士生导师陆学艺在两会期间接受记者采访时表示，他将向有关部门提出建议：改革现有的户籍制度，逐步放宽政策，让部分农民进城来。

为什么要提出这样的建议？陆学艺代表说基于三点理由。

第一，为了增加农民收入，让农民尽快富起来。陆学艺认为，现在农民富裕问题的关键不是土地问题，而是就业问题，对于很多农民来说，几亩土地只能解决温饱，不能让人致富。因为户口问题，现在农民进城打工存在很多障碍，每年的民工潮给治安、交通带来巨大压力，不如逐步放宽户籍限制，打开城门镇门，让一部分农民进城来，使农民顺畅有序地流动。

第二，为推动城市工业发展。由于农民收入增长相对较慢，现在形成了城、乡两个市场，一方面是农民买不起工业品，另一方面是大量工业品积压卖不出去。有统计资料表明，中国洗衣机目前库存量是 1000 万台。农民一是没钱，二是即使有钱也往往因缺少配套设施无法购买使用。所以只有扩大城市人口，才能进一步打开工业品市场。

第三，1996 年世界平均城市化率是 46%，而我国现在[①]城市化率只有31%，[②] 相比之下还远远不够。世界其他国家的经验也证明，户口制度的限制，会大大影响工业化发展和国家的现代化进程。

---

* 本文原载《人民法院报》2001 年 3 月 7 日第 4 版，系该报记者专访陆学艺的访谈稿。——编者注

① 指 1999 年。——编者注

② 参见刘洪主编《国际统计年鉴·1998》，北京：中国统计出版社，1998 年 12 月，第 72 页；国家统计局编《中国统计年鉴·2001》，北京：中国统计出版社，2004 年，第 91 页。

应加快户籍制度改革[*]

加快户籍制度改革，一是要在"十五"期间打破城乡分割的农业、非农业二元户口管理结构，建立城乡统一的户口登记制度；二是要以具有合法固定住所、稳定职业或生活来源为基本落户条件，由各地人民政府根据当地经济和社会发展的实际需要及综合承受能力制定城市发展总体规划和人口发展规划；三是要严格户口登记制度，加强户籍管理现代化、法制化建设。

---

* 本文原载《北京日报》2001 年 4 月 16 日第 15 版，"学者新观点"摘编栏目，系陆学艺观点摘编。——编者注

真把户口放开了会怎么样？[*]

我国现行的城乡分割的户籍管理制度是 20 世纪 50 年代为适应计划经济体制的需要而逐步建立起来的，在短缺经济时代，对保证"一要吃饭，二要建设"方针[①]的实施，对维护那个时期的社会稳定起到过重要的作用。但是，随着我国改革开放的不断深入、社会主义市场经济体制的不断完善以及经济发展和城市化进程的加速，现行的户籍管理制度已经不能适应经济发展和社会全面进步的要求。各界群众特别是广大农民要求改革户籍制度的呼声日益迫切。有关部门根据客观形势要求，正在拟定户籍管理制度整体改革的方案。由于此项改革涉及方方面面的关系，涉及城乡、工农两大社会群体利益的调整，现行城乡分隔的户籍制度虽然已经实行了 40 多年，有关领导和部门还有这样那样的顾虑，至今没有下定决心实施改革，有关改革的文件迟迟出不了台。但是，事关加快城市化步伐，事关扩大内需，事关国民经济健康持续快速发展，事关长治久安的大局，因此，此项制度改革是顺应历史潮流，适应社会主义市场经济发展的要求，早改为好。已经拖这么久了，迟早要改的，而迟改不如早改。

真把户籍制度改革了，户口放开了，会怎么样呢？

---

[*]　本文源自作者手稿，手稿写于 2001 年 7 月 19 日。该文曾摘要发表于中国社会科学院《要报》2001 年第 48 期，题为《下决心及早改革现行户籍制度》；《中国经贸导刊》2001 年第 18 期，题为《要下决心及早改革现行户籍制度》；《市长参考》2001 年第 10 期，题为《真把户口放开了会怎么样?》；《中国改革》2001 年第 10 期，题为《放开户口何妨?》；《北京日报》2001 年 12 月 17 日第 15 版，题为《开放户口会导致三大问题吗?》。该文还被收录于文集《"三农"新论——当前中国农业、农村、农民问题研究》（陆学艺著，北京：社会科学文献出版社，2005 年 5 月）。发表文献均有不同程度的删改，现根据作者完整手稿刊印。——编者注

[①]　陈云：《加强和改进经济计划工作》（1982 年 1 月 25 日）。参见《陈云文选》第三卷，北京：人民出版社，1986 年，第 309 页。

第一，真把户口放开了，会放出一个完整统一的社会主义市场经济体制来。

现在因为有城乡分隔的户籍制度卡着，实际上一个国家分割为两个市场。城市一个市场，农村一个市场。生产最重要的两个要素，劳动力和土地，不能按市场经济规律在城乡间自由流动，怎么能够形成统一的市场经济呢？我们已经规划要在 2010 年建立完善的社会主义市场经济体制，但如不改革户籍制度，劳动力和土地不能自由流动，社会主义市场经济体制就不可能完善和成熟。

2000 年，我国人均 GDP 刚超过 800 美元[①]，而在 1998 年我国就成为买方市场。610 种主要商品，2/3 供过于求，1/3 供求平衡，只有一种商品求大于供[②]。从国际经验看来，市场经济国家都要在进入中等收入水平以后，才出现买方市场。我国买方市场为什么早熟？一个最主要的原因是现行户籍制度把农民卡在农村，不仅是收入低的农民购买力低，就是收入高的农民也因基础设施差（如缺电、缺水）等原因而限制了购买。1999 年农村人均消费支出为 1577 元，只有城镇居民消费支出 4616 元的 34.2%，[③] 也就是三个农民的消费抵一个市民。农民占总人口的 69%，在全国社会商品零售额中只占 38%。[④] 这就从根本上限制了消费市场的启动。所以要发展市场经济，要扩大内需，必须抓紧改革现行的户籍制度。

第二，真把户口放开了，会放出一个与经济发展相协调的、健康的、可持续发展的城市化来。

城市化是现代化的载体。要实现现代化，必须搞城市化，这是历史已经证明了的普遍规律。我国目前城市化的主要问题有三个。一是严重滞后于工业化。我国的经济发展水平已达到了工业化中期阶段，但我国 2000 年的城市化率只有 31%，而全世界的平均城市化率已接近 50%。这种滞后严重阻碍了经济的健康发展，特别是阻碍了第三产业的发展。二是城市化发展是畸形的。一个城市，多种户口，几种身份。有在册的，有另册的，有不在册的。北京、

---

①　按当年汇率计算，2000 年人均 GDP 为 855 美元。参见国家统计局编《中国统计年鉴·2001》，北京：中国统计出版社，2001 年 9 月，第 49、586 页。

②　根据 1997 年国家经贸委统计数据整理。

③　国家统计局编《中国统计年鉴·2000》，北京：中国统计出版社，2000 年 9 月，第 314、334 页。

④　参见国家统计局编《中国统计年鉴·2000》，北京：中国统计出版社，2000 年 9 月，第 95、554 页。

上海都有 300 万左右的外来民工，深圳更特殊，450 万人了。深圳在籍的本地户籍人口不足 200 万，不在籍人口中有外来的城市人口，有农民身份的打工仔。同一个城市，都是居民，但实行不同的政治、经济和社会福利待遇。有管的，有半管不管的，有根本不管的，有自发组织管理的（如北京的浙江村）。三是城市分治、各自封闭，难以实现可持续发展。现在的城市，特别是大城市和特大城市是封闭的，城乡之间、城市与城市之间，居民不能自由迁徙，甚至连本市居民在区与区之间搬迁，户口迁移也要层层批准。农村向城市迁移，则壁垒森严，难上加难。这样做，实际上是"城乡分治，一国两策"，即对城市居民实行一种政策，对农村农民实行另一种政策，形成中国特有的二元社会结构。20 世纪 90 年代以来，城乡差距逐年扩大。据 2000 年国家统计局的数据，城乡居民收入差距已达 2.79∶1①，如加上其他因素，城乡差距当在 3.5∶1 以上，而且这种差距，还有继续扩大的趋势。

以上几个方面的问题，如不进行户籍制度改革，都是不能解决的。不解决这些问题，城市化就推行不起来。1998 年党的十五届三中全会提出，发展小城镇，加快城镇化步伐。三年已经过去了，城市化却少有进展，就是现行户籍制度弊端的证明。

第三，真把户口放开了，会得到 9 亿农民的衷心拥护，他们会三呼万岁，能进一步调动他们建设社会主义现代化的积极性。

这套城乡分隔的户籍制度，对我国最大的社会群体——农民最不利。农民盼改革已经盼了两代人了。改革开放 23 年，许多方面都改了，计划经济体制本身也改了，正在转变为社会主义市场经济体制，这个户籍制度不改怎么能行呢？

各现代化国家的历史证明，工业化、现代化过程，是农民无论是绝对量还是相对量都是逐年减少的过程。我国因为有这套户籍制度，农民的绝对量却在逐年增多。1965 年我国农业人口为 60416 万人，占总人口的 83.3%，1978 年农业人口为 81029 万人，占总人口的 84.2%，② 1999 年农业人口为 94347 万人，占总人口的 74.93%。③ 改革开放 21 年，农民净增

---

① 国家统计局编《中国统计年鉴·2001》，北京：中国统计出版社，2001 年 9 月，第 304 页。

② 国家统计局国民经济综合统计司编《新中国五十年统计资料汇编》，北京：中国统计出版社，1999 年，第 1 页。

③ 国家统计局编《中国统计摘要·2000》，北京：中国统计出版社，2000 年 5 月，第 33 页。

13318 万人，平均每年净增 634 万人（见《中国统计年鉴》）①。一方面向现代化迈进，另一方面农民在大量增加，这同现代化的规律是相悖的。

1997 年以来，我们年年讲要千方百计增加农民收入，减轻农民负担，但收入就是上不去，负担就是下不来。原因是多方面的，但农村农民太多，资源太少，农业劳动力有太多的剩余，则是主要的原因。所以，只有减少农民，才能使农民致富，而要减少农民就必须改革户籍制度，让农民有更多的就业机会，使上亿农业剩余劳力，按照市场经济的规律，到各个地方去创业、去就业，既为国家创造财富，也为自身带来收入。这样一来，内需就扩大了，过剩的产品就有市场了，这是一举数得的好棋，何乐而不为？

第四，真把户口放开了，会促进社会稳定，推动社会全面进步，确保国家长治久安。

现代化不仅是经济建设、经济发展，实现经济现代化，还必须是经济社会协调发展，实现社会现代化。要使社会全面进步，就必须提高国民的整体素质，实现人的现代化。现行的户籍制度把占人口 3/4 的农民锁定在农村，从事小农经济的生产和经营，分散居住在 345 万个自然村里，这种落后的生产生活方式，不管办多少个学校，也是难以改变的。城市是现代化的载体，也是提高国民素质的大学校。打开城门、镇门，让农民逐步到城镇里去，接受现代化生产、生活方式的熏陶，这是提高国民素质的重要形式。

有人说，不是已经容许农民进城打工了吗？是的，20 世纪 90 年代以后，农民已经可以离土又离乡，进城打工了。这一方面适应了城市经济发展的需求，使城市得到了廉价的劳动力，另一方面农民由此获得了劳务收入，学了技术、见了世面、受了教育，现在，这部分民工大约有 8000 万人。

这是在现行户籍制度下的权宜之计。从国家长远根本利益的层面来看，这种"民工"形式，所花的成本太高，对国家不利，对农民不利。因为农民进城打工，职业变了，居住地也变了，但农民的户籍和身份没有变。在一个城市辛辛苦苦打工几年、十几年，农民还是农民，还是"二等"市民，没有得到国民待遇，融不进当地社会，春来冬回，过的还是候鸟式的生活。身在曹营心在汉，农民的心理没有变，挣了钱也主要不在城里消费，要带回家养家、造房，他们的生产方式变了，但生活方式、价值观念并没有多少变化。再说，年年春节前后，民工潮来潮去，给公安、民政、运输等机构造

---

① "农业人口"是指有农业户口身份的人，比"农村人口"多，因为有部分农业人口被统计进城镇人口中了。——作者注

成特别大的压力。更为严重的是，这种"民工"形式对社会治安极为不利。

20世纪90年代以来，城市的社会治安状况日益严重，犯罪案件逐年上升，其中一个重要因素，就是流动人口作案。广州市，1990年抓获的流窜犯罪分子占全部刑事案件成员总数的44.8%，1999年上升到78.1%。北京市1993年，抓获的违法犯罪成员中，外来人口占43%，1999年占62%。北京市丰台区法院2001年4月共审结各类公诉刑事案件131件，涉及190人，其中属于流动人口犯罪的共计88件（占67.2%），128人（占67.4%）。这些外来犯罪分子中，农民占94.5%，25岁以下青年占64.1%。[①]

流动人口犯罪已成为一个严重的社会问题。解决这个问题的思路有两个：一是壮大政法、公安队伍，加强防范，加大打击力度，重判严打，镇压威慑，这是治标的办法；二是治本的办法，从制度的层面来解决这个问题。据调查，现在广州市有外来人口180万人，北京市约有300万人（其中绝大多数是民工）。这么多外来人员同本地人生活在同一个城市里，享受着完全不同的政治、经济待遇，加上文化心理不同，冲突在所难免。青年民工在城里打工，雇用单位只顾使用他们干活，劳动之外无人管束，日久变坏，也是常有的。许多外来农民，到城里打工并没有正常的就业渠道，一时找不到工作，无钱无食，其中一些人就被迫走上犯罪道路。

我们如果采用20世纪50年代初期搞156项建设、招收农民青年进城打工的办法，来了，就同城市青年一样，一年之后，转为正式工人，就在本地落户，登记户口，表现好的还要吸收入团、入党，有才干的还要提为干部。试想，真的这样做了，在这十几年，在这几千万民工中，已经培养了多少技术工人，发展了多少团员党员，培养了多少劳动模范，提拔了多少干部。这真正是一支雄壮的人力资源大军啊！可惜，我们就因为这个户籍制度，人为地实行"一国两策""一厂两制"，却产生了每年成千上万的犯罪分子。从这一条讲，我们也该抓紧进行户籍制度的改革了。所以有学者说，真把户口放开了，胜过每年搞三次严打！这才是解决城市社会治安问题的治本措施，是国家长治久安之良策。

现行的户籍管理制度已经实行了40多年，改革的难度很大。但这只是工作问题，真要做了，许多问题是能够逐个解决的，因为这是顺乎历史潮流、顺应大多数民心的工程，会改得比较顺当。现在的问题还是在认识上，总还是有这样那样的顾虑。这需要认真展开讨论，使认识逐渐一致，上下

---

① 参见《严打流动人口犯罪》，《人民法院报》2001年5月19日。

齐心来进行这场重要的改革。

——有人认为，真把户口放开了，农民都涌到城里来，不搞农业了，田地撂荒，农业基础动摇，出现农业危机，怎么得了？

我们已经实行了社会主义市场经济体制，农业是一个产业，对农民来说是一种职业，从事农业劳动和经营同样能得到正常的收入，得到平均利润。只要我们坚持农业的方针，真正把农业放在首位，坚持"一靠政策，二靠科学，三靠投入"的既定方针不动摇，那么，农业的持续发展是可以有保证的。真把户口放开了，城乡统一了，相当一部分的农民，仍会积极从事农业生产。按经济规律办事，农民离农进城，将是一个渐进的历史过程。许多市场经济国家，都没有我们这种户口制度限制，它们的农民都没有发生抛弃农业、一下子涌进城里来的情况，而是随着经济的发展、产业结构的升级逐步减少。

由于特殊的历史原因，中国实行了特有的城乡分隔的户口管理制度。一面大搞工业化，一面却严格限制农业劳动力进城。所以出现了一面工业化、现代化快速发展，一面农民越来越多的反常现象。这是世界现代化历史上仅有的。1952 年，土改结束，我国有 1.1 亿个农户，49191 万农民，25438 万农业劳力，16.188 亿亩耕地，户均 14.5 亩，劳均 5.7 亩，人均 3.29 亩。1983 年全国实行大包干，当年有 1.85 亿个农户，84206 万农民，3.4 亿个农业劳动力，有 14.9 亿亩耕地，户均 8.05 亩，劳均 4.4 亩，人均 1.77 亩。1999 年，我国有 2.4 亿个农户，94347 万农民，46897 万劳力，有耕地 19.5 亿亩[①]，户均 8.1 亩，劳均 4.2 亩，人均 2.07 亩。1952 ~ 1999 年，47 年，正是我国的农业现代化逐步实现的过程，应该是农民、农业劳力逐渐减少过程，但却在这 47 年里增加 45156 万人，劳力增加 2.1459 亿人，户均耕地下降 44%，劳均耕地减少 26%，人均耕地下降 37%，这表明，我国农业剩余劳动力实在太多了。真把户口放开，让这新增加、也是农业剩余的 2 亿多劳力到二、三产业，到城里去就业，是不会影响农业发展的。

——有人担心，真把户口放开了，相当多的农民转成了城市居民户口，再来个 1960 年那样的粮食危机，没有粮食供应，岂不要酿成大灾难吗？

1960 年的大饥荒，是"大跃进""人民公社"瞎指挥搞出来的。我们按社会主义市场经济规律办事，用经济的方法办农业，就再也不会出现这种灾难了。实践已经证明，靠政策、靠科学、靠中国农民、靠中国的耕地，是

---

①　这是原国家土地局公布的详查数，比国家统计局公布的多 5.3 亿亩。——作者注

可以保证全国人民丰衣足食，可以保证农产品原料对国民经济发展的供应的。改革开放以后，农村实行了家庭联产承包责任制，农民得到了自主和实惠，农民有了生产积极性，农业生产持续增长，特别是在 1996 年特大丰收之后，我国农产品的供求关系发生了根本性的变化，已经从卖方市场转变为买方市场。我国虽然是人多地少的国家，但自 1997 年以后，已经成为农产品的纯出口国家，每年农产品的进出口相抵，有 50 多亿美元的顺差。如果我国的外贸体制和国际贸易环境进一步改善，还可以多出口一些农产品，多一些外汇收入。现在我国的粮食棉花等主要农产品，库存过大，销售困难，价格低迷，而且农民家中也积存了很多粮食和其他农产品。现在卖粮难、卖棉难、卖农产品难，已经成了农民和有关领导的一块心病。所以，担心 1960 年的困难再现，是不必要的。

——有人认为：现在城市里下岗失业的人已经很多，就业很困难。真把户口放开了，还进来这么多农民，城市的就业问题，不就难上加难、更不好解决了吗？

中国人多，劳动力多，就业是个极大的问题。现在一部分城市就业问题严重，这是我国经济结构性调整过程中出现的矛盾。现代化国家发展的历史表明，在工业化、城市化、现代化过程中，是可以解决就业总问题的。总的趋向是两个：一是劳动力由乡村向城市转移；二是劳动力由第一产业向第二产业转移，再向第三产业转移。美国在 1870 年，农业劳动力占总劳力的 51.5%，城市化率为 25.7%，1920 年城市化率达 51.2%，1956 年在第三产业就业劳力超过 50%。1997 年美国在第一产业就业的劳力为 3%，第二产业为 24%，第三产业为 73%，城市化率为 76.5%。日本在 1950 年，农业就业劳力为 45%，城市化率为 40%，但随后经济高速增长，工业化、城市化发展很快，到 1975 年，第三产业劳力就达 51.7%。1997 年，日本第一产业劳力为 5.4%，第二产业为 33.1%，第三产业为 61.5%，城市化率为 78.4%。

美国是个人多、资源也多的国家，而日本却是人多、资源贫乏的国家。但战后日本只用了 30 多年的时间，就实现了工业化、城市化、现代化，劳动力就业一直很充分。我国的就业问题，主要是结构性矛盾突出。由于体制性的原因，特别是户籍制度的桎梏，城市化严重滞后于工业化，限制了第二、三产业特别是第三产业的健康发展，限制了劳动力在非农领域的就业。真的把户口放开了，城市化快速发展起来，第三产业有了城市这个载体，就会蓬勃发展起来，就能容纳数以亿计的劳动力。1953 年，我国国内生产总值中第三产业已占 30.8%，以后曲曲折折，直到 1998 年，才达到

32.9%，从业人员 18679 万人，占全部从业人员的 26.7%。[①] 如果第三产业的就业人数能达到 40%，则可增加 1 亿劳力就业，如第三产业就业人数达到 50%，则可增加 1.6 亿劳力就业。所以只要我们继续深化改革，不仅调整经济结构、产业结构，而且调整城乡结构，调整社会结构，使工业化、城市化、现代化同步发展，那么，不仅城市就业问题能解决，农民劳动力进城来就业也是可以解决的。改革开放以来，东部沿海的广东、浙江、江苏等省，这些都是人多地少的地区，但因为经济发展得好，城镇化发展得好，第二、三产业发展得好，不仅使本地劳动力得到了充分就业，还吸纳了数以百万计的外省地劳动力就业，就是有力的证明。

——有人担心，真把户口放开了让这么多农民进城，将来出现像墨西哥、孟买、加尔各答那样大片大片的贫民窟，不就成了大的社会问题？

中国农民的传统是安土重迁，是十分爱家恋乡的。"金窝银窝不如自家的草窝"。万不得已，中国农民是不肯轻易离开家乡的。现在农村，靠人均 1.5 亩地，年均 3 个月的劳动时间，达到温饱是可以的，但致富是不可能的。实在不能施展了，他们到城里来，就是为了改善自己和家庭的状况，有个发展的机会。如果他们到了城市，找不到好的工作，生产、生活条件比农村还不如，他们是不会到城镇去的。印度大批贫民窟的人，大多数确是流入城市的农民。但这些人因为制度的原因在农村是没有土地的，贫无立锥之地，所以就不如流浪到城里去讨生活，要饭也比农村好要。中国的农民在农村有足以维持温饱的承包地（所以我们政策上要规定，迁出户口不要交地），这是他们的根，也是他们的社会保障。所以，前几年，国家进行宏观经济调整，不少城市清退了许多农民工，前后约有 1000 万～2000 万农民工被辞退，他们都有序地退回农村去了，并没有发生什么问题，并没有因此就滞留在城市而形成贫民窟。真的把户口放开了，即使农民有了城里的户口，但由于以后城乡之间户口是开放的，能进能出，一旦城市经济有问题，工作不好找，他们在农村有老家，有承包地，还是可以回去的（在计划经济体制前的城乡之间就是这样流动的）。另外，我们也应该有信心，党和政府有条件、有能力会办好城市化这件大事，也会管好大城市和特大城市。

——有人提出，现在城里搞的社会保障，筹集的社会保障基金已经保

---

① 国家统计局编《中国统计年鉴·1999》，北京：中国统计出版社，1999 年 9 月，第 56、134 页。

不起、不够用了，真把户口放开了，农民进来，就更保不起了。

应该指出，现在搞的社会保障，只保城里的干部、职工，农民养老等方面的保障，不在社会保障体系之内，这还是实行"一国两策"。老年农民在过去的岁月里，同样参加了社会主义建设，投入了劳动，交农业税，按低价卖爱国粮，等等，同样做了贡献，社会保障体系里，一点不安排他们的份是不公正的（国际上，许多国家的社会保障体系，对农民是一视同仁的）。当然，这是历史遗留下来的问题，只好随着经济发展起来以后逐渐解决。

真把户口放开了，从目前的情况判断，开始进城来的，首先是农村已经先富起来的那一部分人和青年农民，他们是能者、富者和有劳动能力的。他们进城来是求发展、来劳动的，是来创造财富、来纳税、来工作、来发展经济的。他们不仅不会增加社会保障的负担，反而在相当一段时间里会增加社会保障资金。在一定时间里，我们可以制定相应的政策，实行一段老人老办法、新人新办法作为过渡。现在有些地区，对那些工作和收入已经相对稳定、有固定的住所、转了户口的农民，实行土地换社会保障的方式，即交了土地承包权，就把他们完全纳入城市社会保障体系。这是一种方法，值得研究试行。

——有人认为，现在城市的基础设施普遍不足，缺水、少绿、少路、交通拥挤，环境也不好，真把户口放开了，大量的农民进城来不是问题更严重吗？

城市公用事业基础设施不足，这是过去长期实行计划经济体制造成的历史欠账，其实不仅硬件不够，而且软件（管理方式）也差。现在实行了社会主义市场经济体制，正在大规模地进行基本建设，管理方式也在进行改革，有的城市已建得较好，管得也不差了。

城市要有良好的基础设施，要有为市民提供优质服务的公用事业，这是现代化建设的题中之义。城市化不只是城市人口的大量增加，同时也要有相应的城市基础设施建设，要有不断完善的城市管理。大量的农村劳动力进城来，正好为城市基础设施建设提供了廉价、肯干、能吃苦、不怕累、不怕脏的建设大军（现在北京、上海等城市建设基础设施工程的工人，80%是农民工）。只是以后对这支基建队伍，不能采取过去那样只使用不培养，只使用不管理的方式了，而是应该在经过一定时间的试用以后，给他们转户口，转为职工，从中培养出一批技术熟练的骨干，从中培养出养护、管理这些基础设施的干部和职工来。

　　按社会主义市场经济的办法搞城市基础设施、公用事业的建设，用市场经济的办法使用、管理这些设施，前面提到的那些困难和问题，都会得到很好的解决。

　　——有人说，现在城市的社会治安状况已经不太好，犯罪率持续上升，各种事件频发。真把户口放开了，让大批农民进来，社会不是更乱了吗？

　　在农业、乡村社会向工业化、城市化转型的时期，因为生产、生活方式、思想观念有很大的变化，会产生种种社会问题，社会治安也会出现问题，这是现代化国家在社会转型过程中都有过的。前面说过，在中国特有的户籍制度下，二元社会结构形成，大量的进城民工和其他人员，多年得不到当地居民的认同，得不到应有的政治、经济和文化待遇，不能融进本地社会，所以才使我国目前的社会问题多发，社会治安状况不好。如果我们继续深化改革，真的把户口放开了，使进城务工经商的农民在身份上得到认同，纳入当地政府统一有效的管理，至少是清除了产生诸多社会问题的一个重要的制度性根源，社会治安不会更坏，而将会更好。社会秩序的根本好转，要靠各方面的工作来综合治理，综合解决。

　　尽管有这样那样的问题，但这些问题都是可以解决的。中国要现代化，就必须实现城市化，没有城市化就没有现代化的载体。农民的大多数要成为工人，要成为职员，要成为市民，这是历史潮流，是阻挡不住的。40 多年来，我们在农民进城、城市化问题上，试过几种方案，花了很多学费。可以总结出一条经验教训，就是：城市化也要按市场经济的规律办事，改革已经不合时宜的户籍制度，把户籍放开，会放出一个统一的社会主义市场经济体制，会放出一个健康的城市化，会得到 9 亿农民的衷心拥护，这是扩大内需，开拓农村市场的关键，从而也会推动我国经济健康、快速、可持续发展，解决诸多已经产生和正在产生的经济、社会矛盾，使我国的社会主义现代化事业上一个新的台阶。

户籍制度改革为城市化提速[*]

记者: 最近, 中央农村工作会议指出, 没有农民的小康就没有全国人民的小康, 没有农村的现代化就没有国家的现代化。你认为在全面建设小康社会的进程中, 加速提高农民的小康生活水平所面临的主要问题是什么?

陆学艺: 由于中国的农村人口与农业就业人口比重过大, 因而农业难以实现产业化发展, 并导致农业劳动者收入得不到较快增长, 同时制约了农业劳动者以及农村人口的消费需求, 从而直接影响了国民经济的发展, 出现了生产相对过剩而有效需求不足的局面。中国农村的现代化仅仅局限在农村是难以解决的, 需要与整个社会进行有机的结合, 只有城乡综合发展才能使之得到有效的解决。

当前提高农民小康生活水平的主要问题是使农村人口充分就业, 让农村的富余劳动力到第二、三产业中去就业, 这是增加其收入的重要途径。与此同时, 随着农村人口向非农产业和城镇转移, 农业就业人口的减少, 农业生产也会逐步形成规模经营和规模效益。这是工业化和现代化的必然趋势。

记者: 你是否认为使农村人口充分就业的有效途径是加快城市化发展?

陆学艺: 没有城市化的发展, 农村、农业、农民的问题就不能得到有效解决, 城市化对农村与农民的影响是全方位的, 是改变农民生活状况和农村面貌的最重要引擎。

中国已经处在城市化加速发展的时期, 目前中国的城市化水平接近38%[①], 但仍然低于48%的世界平均水平, 仍然滞后于中国的工业化水平,

---

* 本文原载《光明日报》2003年2月18日第2版。该文系该报记者专访陆学艺访谈稿。——编者注

① 参见国家统计局编《中国统计年鉴·2002》, 北京: 中国统计出版社, 2002年9月, 第93页。

因而也阻碍了经济、社会的健康与协调发展。加快城市化步伐不应仅仅是改善现有城市的功能和提高城市居民的生活质量，而当务之急是调整城乡社会结构，改变城市化严重滞后于工业化的状况。

农村人口拥有巨大的劳动力资源，进城做农民工成为农村人口最实际的选择。从 20 世纪 80 年代末开始，全国出现"民工潮"现象，据第五次全国人口普查数据，全国有近 9000 万流动人口，其中大部分是农民工。中国的农村劳动力进城务工经商，已经形成了世界上最大的农民工群体，并成为城市发展的重要力量。

记者：你认为目前制约城市化发展的主要瓶颈是什么？

陆学艺：加快城市化的关键是要对农民开放城市，如果不彻底改变城乡二元结构，农村面貌及社会结构也就不能实现现代化变迁。最近几年，国家把推进城市化作为拉动经济发展的一个重要战略，出台了户籍制度的改革措施，一些省份都不同程度地开放了户籍制度。户籍制度及相关制度的改革将为农村人口迁移城市创造机会，城市化将由市场自行调节，也将会迅速提速。如果城市化水平每年提高 1 个百分点，到 2020 年，中国的城市化率就能达到 60%，农业就业人口占全国就业人口的比例将会不到 40%。

但目前进入城市的农民工仍处在城市的边缘位置，仍然没有真正融入城市体系，这是中国城市化滞后的结果。近年来，愈演愈烈的恶意拖欠农民工工资现象就证明了这个问题的严重性，它说明在城市里工作的农民工并未享有城市市民或职工的平等待遇，否则怎么可能不实行月薪制而到年底才结算工资呢？农民应当仅仅是一种从事农业劳动的职业，在城市里取得稳定职业的农村人口都应成为城市居民，并享受市民待遇，在户籍制度改革过程中还有待于相应改革用工制度、教育制度、社会保障制度等。

改革开放以来，中国的经济发展举世瞩目，与此同时，其社会结构也发生了深刻的变化，这种变化显然也是在经济变革和现代化进程的推动下产生的。近年来，人们对于经济结构的变化和调整比较重视，而对于社会结构的变化和调整则关注不够。目前，国家这只"有形的手"运用适当的社会制度和社会政策来引导、协调社会结构的演变，已显得日益重要。

"公安30条"未触及户籍根基[*]

学者指出，公安部日前[①]出台的有关户籍管理放开的措施表明，新一轮户籍改革运动正在酝酿之中，实现人口自由流动的登记制户籍管已经指日可待。

像大多数社会学家一样，陆学艺对公安部最近推出的30项便民措施反应平淡："不可否认户籍改革是往前走了一步，但意义并不是很大。"陆学艺是中国社会科学院社会学所前所长、研究员，我国著名社会学家。

8月7日上午，国务院新闻办公室在北京举行了一场有关公安部推出30项便民利民措施[②]的记者招待会，受到社会各界的广泛关注和称道。其中关于户籍管理的几项改革成为大家关注的焦点，其主要内容是：大学新生户口是否迁移全凭自愿，出国1年以上人员将不再注销户口（在国外、境外定居的除外），婴儿随父落户不再有年龄限制，到西部投资办厂可不迁户口，高中级专门人才到小城镇或农村工作可不迁户口，大学生到西部工作户口迁移与否自己说了算，被判处徒刑、被决定劳动教养人员不再注销户口等。

"公安30条"没有触及根本制度

陆学艺认为，中国现行的户籍管理制度是计划经济时代的产物，曾经作为一种特殊的工具为行政管理服务，不可否认它曾经的积极作用，而现在侧

---

[*] 本文源自《中国商报》2003年8月26日，系该报记者对陆学艺、段成荣、夏学銮等专家就公安部推出的30项便民利民措施进行的访谈，本文仅收录其中陆学艺的发言摘要。陆学艺的发言摘要部分原无标题，现标题为本书编者根据发言内容所拟定。——编者注

[①] 此处指2003年。——编者注

[②] 简称"公安30条"。——编者注

重点已经不同，计划经济已经过渡到市场经济，"户籍管理却没有跟进"。

"公安部拿出了'30条'，从某种意义上讲消除了一些歧视，比如新生婴儿落户可以自由选择，被判处徒刑或劳动教养人员不再注销户口等。"陆学艺表示，但这并没有触及户籍管理制度的根本，人口的流动是有条件的、有限的，"这明显滞后于实际的需要。生产过程中最活跃的因素——人，还是被束缚了，而不能自由流动，反而成为阻碍社会主义市场经济和社会发展的力量"。

户籍放开的时机已经成熟

陆学艺分析，目前高层之所以没有大的动作，还涉及既得利益者的利益问题，还有教育资源、社会保障等，"单就一名民工每年缴暂住费200元而言，8000万民工一年就可收入160亿元，这也是一笔数目不菲的收入"。

最先解决谁的户口

"放开户籍登记，主要是给那些已经在城市生活了数年、数十年的人一个合理的身份或方便。"陆学艺认为，这些人虽然不是"城里人"，但事实上他们是这个城市的一分子，城市的繁荣与进步都有他们的汗水和努力，他们同样有付出，为什么不能给他们以合理的身份？"可以肯定地说，如果这部分人得到了城市的认可，单就管理而言绝对方便得多。"

陆学艺说："现在的户籍管理制度无形中把人分为了两类，这是不公平的，比如农民工吧，他们对城市或者社会经济发展的推动作用往往被'忽略'了。"他这样算了一笔账：以每个民工年均创造价值25000元计算，目前外出务工的农民工的保有量是8000万，一年创造的总价值为2万亿元，"2万亿元是个什么概念？相当于我国一年的财政税收总额。如果再按人均年工资8000元计算，每年有13600亿元留给了城市，对城市的贡献有多大不言而喻"。

户籍制度改革越早越好[*]

户籍制度已成经济社会协调发展的障碍

记者：您提出应尽早改革户籍制度以解决"三农"问题，但是，有的专家则认为改革户籍制度并不能解决"三农"问题。那么，改革户籍制度是解决"三农"问题的基础还是条件呢？

陆学艺：你自己是反对户籍制度改革还是赞成户籍制度改革？

记者：我是一个农村户口的孩子，通过考大学才转为城市户口，当然是赞同户籍制度改革了。我向您问刚才那个问题，只是想请您解答现在改革户籍制度是否有利于解决"三农"问题？如果有利于"三农"问题的解决，又在多大程度上有助于解决"三农"问题？

陆学艺：要回答这个问题，我们就要考虑这套户籍制度是否还适应时代的需要。这套户籍制度是适应当时的计划经济条件，特别是适应三年困难时期的背景而形成的，只是个权宜之计。当时，我们在许多方面都照搬苏联的模式，但是，苏联并没有我国的这种户籍制度。1958 年时，这把锁越来越紧，后来才搞成这个状况。我认为，1958 年出台的这个规定还是有一定道理的，但是，后来的一些规定，如每年不能超过 1.5‰的人转为城市户口，就极大地延缓了中国城市化的进程。当时，中国的粮食还够吃，还出口呢。此后，其他的内容，如就业、住房、教育、福利都附加到户口上。

现行的户籍管理制度是在 20 世纪 50 年代中后期为适应计划经济体制的

---

[*] 本文原载于《中国之重——32 位权威人士解读"三农"问题》（田永胜著，北京：光明日报出版社，2005 年 3 月），第 77～86 页。该文系《光明日报》记者对陆学艺的专访稿，其中部分内容摘要曾刊载于《光明日报》2004 年 8 月 10 日第 2 版。本文现根据书中相对完整的访谈稿刊印。——编者注

要求而建立和完备起来的。可以说，在当时的经济社会条件下，是不得已而为之的，在短缺经济时代，对保证"一要吃饭，二要建设"方针的实施是起过重要作用的。问题是后来逐步使这种户籍制度附加了许多特殊的社会功能，如在经济困难时期，生活资料短缺，通过户籍制度区分城乡人口，采取完全不同的标准发放粮票、布票、糖票等十几种票证。后来又把孩子上学、青年就业、复员军人安置、住房分配、治病就医、养老保障等都同户籍联系起来，使城镇非农业户口和农村农业户口各自成为一种身份，前者享有特殊的优惠，后者则基本不能享有这些实惠。

记者：苏联的集体农庄也没有户口问题吗？

陆学艺：没有像我们国家的这种不允许农转非的状况。在外面找到对象可以出去，到外面打工可以出去。我国除了考学、参军、提干之外，几乎没有其他办法实现农转非。现在，世界上实行这种户籍制度的国家屈指可数。人家是因为粮食不够吃才实行这种制度，我们的粮食都卖不出去了，为什么还在实行这种制度？

记者：我们当时设计户籍制度主要是由于粮食问题而制定的吗？

陆学艺：最初是为了适应计划经济而制定的。后来才附加上粮食、就业、住房等内容。真正下达1.5‰的农转非指标还是在1980年。我们算算这笔账：1.5‰，中国要实现现代化，城市人口得超过50%，1980年才有20%的城市人口，需要多少年才能实现现代化？

记者：这么看来，这套户籍制度已经成为阻碍我国经济社会协调发展的主要障碍。

陆学艺：是啊！城市工业要发展、第三产业要发展，城市劳动力不够，就出现一个中国特有的现象——农民工。这些年，我们已经有1亿多的农民工。世界上达到1亿人口的国家都不多，我们却有1亿多的农民工！开始叫他们"盲流"，后来叫他们"民工"，近来叫他们"农民工"，都包含着歧视的意味。现在，中央已经承认农民工是工人阶级的一部分。什么地方能够体现出他们是工人阶级的一部分呢？我们给他们工人阶级的待遇了没有？他们除了干二、三产业之外，政治上并没有享受到什么权利。这不就是"一国两策"吗？

以前，我讲"一国两策"是指城市和乡村。现在，这种"一国两策"出现在我们社科院、出现在你们《光明日报》、出现在首钢，出现在许许多多的城市企事业单位甚至国家机关。本来农民工是由于户籍制度没有改革的权宜之计，现在却产生了许多问题，比如，农民工的就业、住房、子女教育、社会保障等，根子就是户籍制度。农民工临时解决了最脏、最累、最廉价的活没有人干的问题，但是，再过20年怎么办？农民工老了怎么办？受伤了怎么办？这没有道理啊！我们是社会主义国家！

当时，我们是物资短缺、商品短缺的国家，城市人的很多供应品，农村都没有。现在，我们的东西多得卖不出去了。按照我们的产量，13亿人口消费不应该卖不出去。中央讲要开拓农村市场，但是，这话讲了8年了，越开拓越收缩。

记者：农民没有钱啊！可是，改革户籍制度就能够开拓农村的市场吗？

陆学艺：我认为解决的办法还在户籍制度上。如果这1亿农民工进城了，给他们城市人的待遇，他们把家属也接进城市。你要不是考上大学、考上博士，你的家属能够到北京吗？你的生活水平能够上来吗？

记者：是的。我是1988年考上大学才把农村户口转为城市户口的。

陆学艺：1988年出来打工的农村子弟还有至今是光棍一个的呢。他们白天干的是城里面的活，晚上还得考虑回去后买砖、买瓦、盖房子、娶媳妇的事情，他们敢在城市消费吗？发达国家给我们投资、修路、扶贫，他们这么好啊？道理很简单：只有帮助我们发展起来了，他们的东西才能在我国卖掉。我这次去泰国，发现日本的丰田公司在帮助泰国修路。日本人这么好啊？它是为了卖丰田车给泰国。我看到路上跑着很多丰田车，它这是在开拓市场啊！我们国家连这些外国公司的做法都不去学，连自己的农村都不去干。农村这么穷，工业品卖给谁？如果农村发展了，13亿人都买得起了，我们还用发愁市场小吗？

记者：这么说，您认为户籍制度人为地把我国的国内市场分割为农村市场和城市市场？

陆学艺：是啊！我们是社会主义国家，要搞社会主义市场经济，不是搞农村一个市场、城市一个市场，两个市场是不同的。这行吗？党的十六届三中全会讲要完善社会主义市场经济，但我们搞来搞去，只搞了5亿人的市场经济，另外8亿人被扔在一边了，其中的鸿沟就是户籍制度。如果户籍制度不改革，怎么统筹都统筹不了。我特别注意到，"统筹城乡经济社会协调发展"不是十六届三中全会提出，而是十六大提出的。我们充分肯定新一届中央政府对农业的高度重视。"统筹"的目标是即使不能马上缩小也应该是不能扩大啊，但是，即使是在2004年，城乡差别仍然是扩大的趋势。你别看粮食增产了、粮价提高了！要统筹城乡经济社会协调发展，就必须解决体制性的问题，户籍制度是其中的一项根本的体制问题。户籍制度一

定要改，迟改不如早改！它已经束缚了城乡经济社会的协调发展。

真把户口放开，不会出现什么大问题

记者：有人担心如果真把城市户口的限制放开了，会出现许多意想不到的问题。因此，有关部门对户籍制度改革才一直议而未决。

陆学艺：我记得在《三家村札记》中有个故事，讲的是一个瞎子失足掉下去了，他碰巧抓住路旁的一棵小树，然后大喊救命。有人告诉他放开抓的树就可以了，他怎么也不敢。后来，实在坚持不住了，松开手才发现脚下就是地面。

与此类似，在现实生活中，我们也有好多不必要的顾虑和担心。实际上，真把户籍制度放开了，什么事情都没有。1983 年取消布票的时候，本来是 3 月 31 日取消布票，但是到了 3 月 27 日、28 日才宣布这一消息，只提前几天发布，就是怕人们抢购布匹。我记得取消布票的那天，把厂里的布全部搬出来。结果，人们根本就没有去抢购。粮票也是如此，取消粮票之后，什么事情也没有。

记者：取消粮票的时候，我已经上研究生了，记得比较清楚。您的意思是户籍制度改革也不会出什么大问题？

陆学艺：是的。前些年，石家庄市准备拿出 30 万个石家庄市户口指标，结果，两年的时间中，实际上只有 44.8 万人办理城市户口；除了郊区农转非的 30 万人外，真正进来的才 14.2 万人。多数人把户口转为石家庄市户口是为了孩子上学。进来的人员主要是老板、包工头，真正的农民工很少，其中，68.3% 是成建制进来的。中国农民有土地，只有在城市的生活水平比在家乡高，农民才会到城市来。

记者：是啊！今年①提高粮食价格后，许多农民就返乡种田。

陆学艺：此外，城市的许多老年人想到农村或者回家乡安度晚年、享受生活，但是，现在的户籍制度就限制了他们，既不让人进来，也不让人出去。

记者：现在，城市中已经有许多下岗的工人。户籍制度改革后，如果大量的农民涌入城市，就业问题怎么解决？

陆学艺：就业，不是政府去帮着找，而是自己找到就业机会后才留下

---

① 此处指 2004 年。——编者注

来。北京的外来人口超过 300 万人，相当于新加坡的人口。这 300 万人的就业是谁解决的？政府起了多大作用？我看 98% 的人是通过老乡、亲戚找到就业的，真正的盲目流动是不多的。经济学家讲了，"就业是靠就业创造的"。一个人就业就会带动其他的人就业。引进一个城市居民户口，第二产业可以增加 1 个人的就业，第三产业会增加 1.5 个人的就业。我国的第三产业这几年才超过第二产业，而国外的第三产业已经相当发达了。为什么？如果改革了户籍制度，城市的教育资源就可以得到充分的利用。现在，许多城市的小学生源不够而导致学校合并，如果有许多移民的孩子入学，就不需要合并了。

退一步说，你把他放在农村，不管他的就业，他不是我们的公民吗？实际上，真把户口放开了，第三产业有了城市这个载体，就会蓬勃发展起来，就能容纳数以亿计的劳动力。广东、浙江、江苏都是人多地少的地区，经济发展得好，城镇化发展得好，第二、第三产业发展得好，不仅使本地劳动力得到了充分就业，还吸纳了数以百万计的外省劳动力就业，就是证明。

记者： 大量的农民进城是否会出现像墨西哥、孟买、加尔各答那样的大片的贫民窟？

陆学艺： 首先，不要害怕 8 亿人全涌入城市，不会的。北京、上海这样的大城市生活费用很高，人们只有在创造了一定的财富之后才会来。其他的国家没有户籍制度，马尼拉、曼谷等城市也没有撑破天啊！印度贫民窟的人大多数确是流入城市的农民，那是因为这些人在农村没有土地，只好流浪到城里去讨生活。中国农民是安土重迁的，他们在农村有足以维持温饱的承包地，这是他们的根。所以，前几年国家进行宏观经济调整，前后有 1000 万 ~2000 万农民工被辞退，他们都有序地回农村去了，并没有发生什么问题，他们并没有因此就滞留在城市而形成贫民窟。

记者： 现在城市的基础设施普遍不足，真把户口放开了，大量的农民进城来不是问题更严重吗？

陆学艺： 城市公用事业基础设施不足，这是过去长期实行计划经济体制造成的历史欠账，其实不仅是硬件不够，而且软件如管理方式也差。城市化不只是城市人口的大量增加，也要有相应的城市基础设施建设，要有不断完善的城市管理。大量的农村劳动力进城来，正好为城市基础设施建设提供了廉价、能吃苦、不怕累、不怕脏的建设大军。

记者： 这些年，流动人口的犯罪率都比较高。有人担心大批农民进入城市会影响到城市的社会治安。

陆学艺：我认为，把户口放开，比一年搞三个"严打"还好。你制造的矛盾嘛，你制造的不平等嘛！为什么许多发达国家是一周发一次工资，我们一月发一次工资，而农民工，一年还不给人家发工资，怎么会不出问题？如果我们使进城务工经商的农民在身份上得到认同，纳入当地政府的统一有效管理，至少是消除了产生诸多社会问题的一个重要的制度性的根源。

记者：那么，改革户籍制度还是可以加快我国城市化的进程，有利于"三农"问题的解决的？

陆学艺：我在劳动和社会保障部开会，发现政府帮助农民就业是一个难题。我并不是说像北京、上海这样的大城市一下子放开。福建、江苏已经放开了，没有什么问题。前些天，我在广播中听说，北京光捡垃圾的都有 10 万人，他们不仅创造了就业，还美化了城市，节约了资源。政府只要把社会发展管好就行了。

以前，我接待过一个外国人。他问我，北京的外来人口超过 300 万人，是真的吗？这 300 万人的就业是谁解决的？政府起了多大作用？300 万人都住在哪里？我回答说：我们没有看见马路上住着人。这 300 万外来人口中的七八十万是建筑工人，只要楼房出了地基，他们就有地方住了。还有很多人住在郊区。国外的生活比我们方便得多，因为服务的人员比我们多得多。因此，就业的问题不用怕。"三农"问题的根本矛盾是人多地少，只有减少农民才能使农民富裕。就业一个人，扶贫一户，带动一个村。

记者：改革户籍制度之后，解决进城农民的社会保障，是否有足够的财力？

陆学艺：不是没有财力。实际上，给农民工搞社会保障还可以集聚一大笔资金。比如，广州市为农民工上了社会保险后，积累起好几个亿的资金。

记者：那么，您认为我们改革城乡分割的户籍制度还需要具备些什么条件，还是说条件已经成熟只要想改革就能够改革呢？

陆学艺：主要是观念的问题。我们比别的国家条件好得多，不是条件不具备，而是早就具备了。如果在改革开放初期就改革户籍制度的话，就不会出现农民工的问题。农民工本来是个权宜之计，结果，由于迟迟没有解决，现在，一个多亿的农民工，已经引起了一些社会问题。但是，这些问题是可以解决的。

改革户籍制度有利于经济发展、有利于社会流动、有利于增加社会公平。公平之后,矛盾就会减少。我认为,正因为对待农民不公平,农村才出现这么多的问题。如果取消了城乡户口的差别,对农村肯定有利,减少了农村人口,可以肯定,粮食也不会减产。所以说,社会公平、公正不是条件问题,是有些人的观念问题,可能与有些部门的利益有关,这是既得利益的调整。我们不能听信某些部门的意见而不敢尽快改革户籍制度。看起来,好像这个利益调整会产生问题,我认为不会产生问题。

改革户籍制度会损害某些利益阶层的不当得利

记者:即使取消城乡分割的户籍制度,也不会损害既得利益阶层的利益吧?

陆学艺:正因为有户籍制度的限制,才使得有些人有了寻租的机会。因此,改革户籍制度当然会损害一些人的不正当利益。比如,孙志刚事件使得中央取消了收容遣送制度,一些地方的暂住证就没用了。对一些地方来说,取消暂住证损失了很大的财源。别的花费还不说,光办暂住证每人收 300 元,500 万人就可以收 15 亿元,15 亿元可以养活一大批人。有些人是不痛快的!

记者:上户口应该不会有这些情况吧?

陆学艺:哪里?上户口对有些人来说可是很难的。不是你,不是我。但对于掌握上户口权力的人来说可是有利啊!

记者:上户口只要符合条件就可以,还会需要什么其他的费用吗?

陆学艺:你是博士,可以把老婆孩子的户口调进北京,别的人想把户口落到北京,试试看?

记者:这么说,户籍制度改革还是会触动一部分人的利益?

陆学艺:那当然。会触动一部分有权、有利益的人和部门。所以,他们是不干的。计划经济搞了这么些年,人们的观念也受到局限。户口改革讲了多少年了,就是动不了,与此有直接的关系。

记者:从您刚才讲的石家庄市放开城市户口的例子,只有约 14 万人申请加入石家庄市的户口,其中大部分是老板、包工头等人,我发现,即使现在取消了城乡户口的差别,真正的农民还是享受不到户籍制度改革的利益。

陆学艺:首先,不要害怕8亿人全涌入城市,不会的,有条件的才来。

不用担心他们会成为北京、上海这样大城市的负担。人们在创造了一定的财富之后才会来，这是主要的。即使你改革了户籍制度，农民工要入户也是会自己考虑的。

打工者在家里还有地，只有在具备一定的收入和经济基础之后，才会考虑户口的问题。不能说农民工享受不到，而是只要有单位用他，他就具有了可以加入城市户籍的条件，如果有单位用他，他就可以站住脚了。实际上，准入的条件是自己创造的。现在则不行。比如说，我看见一位临时工干得还不错，想留他到社会学所。但是，户口制度限制住了，因为他不是北京户口。

记者：您的意思是说，改革户籍制度就为解决城乡二元结构创造了条件和基础，而不是改革户籍制度需要什么条件。

陆学艺：对啊！放开条件后，大城市的生活成本提高，也会促使一部分人更加重视知识，好好读书。现在，表现好不行，有能力也不行，因为没有户口。如果够一定的条件就可以转为城市户口的话，是可以促进人的进步的。就像北京大学面向全国招生但不是全国的学生全部都能入北京大学读书一样。只要你分数够，北京大学就录取你。这样，要想考上北京大学，就要更加用功学习。户籍制度则不是这样，现在是"分数"够也不行。

记者：您的意思是说，还是要设定一定的条件？

陆学艺：这个条件不用你说，北京就是住房贵嘛。为什么人口没有膨胀？原因就在这里。

记者：有些地方规定买了房子、投资多少钱就可以入户。

陆学艺：这对于有钱的人来说，是可以的。现在不平等嘛。

记者：那么，您认为取消户籍差别是解决"三农"问题的基础，而不是像其他人讲的取消了户籍制度不可能在多大程度上解决"三农"问题。

陆学艺：这是两个问题。不是老说要减少农民，只有放开户籍制度才能减少农民嘛。

记者：现在，我们的统计说城市人口已经占到全国人口总数的40%左右。

陆学艺：我告诉你，我们一直到2000年，农业户口仍然是越来越多。到2001年后，农业户口的绝对量才开始减少。但是，统计局把这个统计的条件改变了。讲城市人口、农村人口是没有用的，应该讲城市户口与农业户口才对。

记者：这么说，我们把到城市打工的农村人都算进去了？

陆学艺：严格讲，我国的城市户口与农村户口的比例是 25：75。这些年，《中国统计年鉴》不讲农业户口、非农业户口了。你去查查看，有的学者发现，1999 年，中国的城市人口占总人口的 30.89%，2000 年，中国的城市人口就占到总人口的 36.22%，一年就增加了 5.33 个百分比的城市人口。国外的学者就感到奇怪。上次，我到东京去，有的学者就问道：中国发生了什么事情，一年就增加了这么多个百分点？世界上其他国家的城市化率一年最多也就增加 1.0～1.2 个百分点，不会超过 1.5 个百分点。我说，这是由于第五次人口普查把条件改变了，你在城市居住，就算城市户口了，这样，就差了 8000 万人口。

记者：但是，他们的户口还是农业户口啊！标准变了，户口没有变。

陆学艺：是的。实际上城市人口并没有增加那么多。

记者：国家有多大的动力和财政去进行户口制度改革？

陆学艺：户籍制度改革是能够增加财政收入的！现在政府认为农村人口进城是负担，肯定不是负担。我去过那么多国家，没有哪个国家认为劳动力是负担。这些人增加消费、交财产税、创造财富。

记者：这么说，您认为取消城乡户籍差别会促进农村的发展，而不会产生所谓的犯罪、贫民窟？

陆学艺：那当然！

县域经济与乡村治理

晋江的实践证明了：群众是创造
历史的英雄[*]

  《从贫穷到富裕：晋江的现代化之路》这本书，是我们和中共福建省委党校、福建省社会科学院和晋江市委、市政府同志的集体创作，经过共同努力，终于付梓。从开始筹划到成稿，历时一年多，但我们对晋江的研究，最早可以追溯到"百县市经济社会调查"，从那时开始，我们目睹了晋江的历史性巨变，正是这种巨变激励我们在党的十一届三中全会召开20周年之际写一本记录和探讨晋江成功之路的著作。

  晋江籍作家许谋清写过一部小说，设想一位中国农民去问上帝，中国富起来需要多长时间，上帝摇摇头说，他这一辈子是看不到了。凡是从20世纪70年代走过来的人，回过头想想当时的情形，我们相信，谁也不会想到仅仅20年，晋江就摆脱了贫困，走向了富裕。这对很多西方学者来说是个疑问。我们虽然和这种生活比较贴近，并从全国的变化中感受到了这种变化，但一直不能把它解释得清楚。通过这次的进一步调查研究，我们不仅把晋江从贫穷走向富裕的过程基本搞清了，而且在这本书中把它记录下来，做了一些分析，基本的结论就是：晋江20年的变化，是"大传统与小传统"共同作用的结果。用通俗的话讲就是：晋江的发展一方面得益于中央政策的变化，得益于中国有改革开放政策；另一方面又离不开晋江的地方传统，离不开地方政府和百万人民的创造性劳动。晋江的实践证明了一条马克思主义的基本原理：群众是创造历史的英雄。

  这本书在写作过程中得到了晋江市委和市政府的大力支持，在此我们

---

* 本文源自《从贫穷到富裕：晋江的现代化之路》（陆学艺、朱明主编，北京：社会科学文献出版社，2000年1月），第1~2页。该文系陆学艺为该书撰写的序言，现标题为本书编者根据序言内容所拟定。——编者注

深表感谢。我们特别要感谢朱明书记和龚清概市长，他们在百忙之中，对这次调查给予高度的重视，并做出了恰当的安排。我们还要感谢原办公室主任许仲谋先生、现任办公室副主任吴明哲先生、政策研究室副主任庄祖奇先生和他的同事们，他们具体安排了这次调查工作，并对书稿的写作提出过很好的建议。

　　本书是集体创作的成果。福建省委党校的魏子熹、傅家栋、陈文亮、程丽香分别撰写了第三章、第四章、第二章和第一章，福建省社会科学院的黎昕撰写了第五章，国家行政学院的龚维宾撰写了导论，中国社会科学院的张其仔撰写了附录一，附录二、三分别由晋江市委书记朱明和市长龚清概撰写。中国社会科学院研究生院的张大伟撰写了第六章。我负责全书的统稿工作。

　　最后，我们还要感谢社会科学文献出版社社长谢曙光和编辑范广伟、张力之先生，这本书同样凝聚了他们的辛勤劳动与智慧，没有他们的支持，这本书得以付梓是不可想象的。

当前县乡财政体制需要重新调整[*]

20 世纪 90 年代以来，关于农民负担成了老大难问题，中央三令五申要减轻农民负担，领导同志讲话常常提及，有时一年发几次文件，但问题总得不到比较满意的解决。1997 年以后，农民收入增长减缓，在中西部一些以农业收入为主的地区，农民实际收入近几年是减少或增幅降低的。

在中西部地区，县乡两级财政相当困难，约半数的县和 2/3 的乡镇不能按时给干部和中小学教员发工资，有拖欠 4～5 个月的，也有成年发不出工资的。这些县乡多数负债累累，靠贷款、借高利贷维持必需的开支。安徽省有 1900 个乡镇，1999 年底总负债 80 亿元，平均每个乡镇负债 400 多万元。这种状况已经有好几年了，严重影响了县乡两级政府正常地开展工作，对农村社会的稳定和发展很不利。

造成这些问题的原因是多方面的。据我们研究，其中一个重要原因，是当前的地方财政体制不合理，县乡两级政府的事权和财权不相称，上级政府下达的任务多，任务重，而没有给予相应的财政支持，要的多，给的少。近些年把收入好的财源都收上来了，但不少包袱却放下去了，如要乡镇财政发中小学教员的工资等，造成中西部地区的县乡两级（特别是乡镇）财政的普遍困难。县乡财政困难，入不敷出，不能正常开展工作，影响了对当地经济发展的领导，使工农业生产受损失，直接间接地影响了农民收入的提高；同时，在没有资金或资金不足的情况下，也要保证基层政权事业的运转，因而必然要向农民转嫁负担，收取各种费用，加重了农民负担。

我们认为继续深化地方财政体制改革，是解决当前农村诸多问题的一

＊ 本文源自《"三农"新论——当前中国农业、农村、农民问题研究》（陆学艺著，北京：社会科学文献出版社，2005 年 5 月），第 80～81 页。该文系 2001 年 3 月陆学艺执笔给中国社会科学院领导写的建议信。——编者注

个关键。但要做出这方面的既反映客观实际又具有科学依据的政策建议，还需要进一步掌握详实可靠的第一手资料。所以，我们建议组成"当前县乡财政体制调查研究"课题组，在全国范围内选 3~4 个具有典型意义的县，进行系统、具体、深入的调查，摸清这些县和若干个乡镇的财政收支的实际状况，弄清造成困难的原因，并在听取广大群众和干部意见的基础上，提出相应的政策建议，供有关决策部门参考。

为农村乡镇干部说几句话[*]

　　中国最基层的政权组织是乡镇政府。乡镇一级是党和国家同农民联系的桥梁，是城市和农村的结合点，是国家政权的基础。乡镇一级政府在我们党和国家的工作中处于承上启下的重要地位，是国家经济发展、社会稳定和政权巩固的重要基础。近 5 年来，我国农村进入了新的发展阶段，总体形势是好的，但有相当一部分乡镇的工作遇到了前所未有的困难，农业增产不增收，农民负担屡减不降，乡镇企业下滑，乡级财政困难，债务沉重，不能按时向干部发工资，不能正常开展公务活动，农村社会治安形势恶化，农村干群矛盾尖锐化，群体事件增加，上告上访不断，也殃及城市的安定。

　　农村问题频出，已经引起社会的普遍关注。中央和有关方面已经高度重视和开始调查研究这些问题，正在采取和准备采取相应的政策来解决这些问题。但目前社会上有种舆论，认为农村之所以出现这些问题，主要是乡镇干部搞出来的。"上面的政策是好的，经是好的，被乡镇干部念歪了"，"乡镇干部瞎指挥，建这造那，没有经济效益，欠一屁股债"，"乡镇干部胡吃乱喝，挥霍浪费，加重农民负担"，"乡镇干部工作粗暴，动不动对农民发横，引发社会矛盾"……类似的议论很多，一些新闻媒体这样讲，有些领导干部也这样讲。好像农村出现的问题，主要是因为乡镇干部不好。作者这几年对十多个省区的农村做了多方面调查，我们认为这样的舆论有失公道，不符合基层的实际情况，在这里为乡镇基层干部说几句话。

---

*　本文原载于《中国党政干部论坛》2001 年第 10 期，发表时间为 2001 年 10 月 6 日，作者为陆学艺、王春光。该文原稿写于 2001 年 7 月 7 日，原稿题为《为农村乡镇基层干部说几句话》。该文还曾刊发于《江南论坛》2001 年第 9 期（2001 年 9 月 15 日），并以《为农村基层行政干部说几句话》为题收录于《"三农"新论——当前中国农业、农村、农民问题研究》（陆学艺著，北京：社会科学文献出版社，2005 年 5 月）、《陆学艺文集》（陆学艺著，上海：上海辞书出版社，2005 年 5 月）。——编者注

第一，当前农村的严峻形势是我国经济社会发展进入了新阶段、出现了新问题还未得到解决的表现。

改革开放以来，我国农业生产持续丰收，乡镇企业异军突起，农民收入逐年增长，农村形势一直很好。但自1996年农业取得了第三个特大丰收年之后，农产品的供求形势发生了根本性的变化，由长期供给不足变为供过于求，农产品价格持续低迷，农民收入就成了大问题。1997～2000年，农民收入增幅逐年下降，1996年为9%，1997年为6.4%，1998年为4.3%，1999年为3.3%，2000年为2%。2000年全国农民纯收入2253元，比1999年增加43元，其中乡镇企业和劳务收入增加90元，所以农业收入减收47元，也就是从农业得的收入负增长2%，这是就全国统计而言的。这里有个问题，就是平均数掩盖了大多数。据江苏省统计，2000年，全省农民纯收入增长2.9%，这个增长并不是靠大多数农民收入增长拉动的。当年减收户达60%多，平收、增收的只占1/3。江苏省的农业和乡镇企业是发展得很好的，尚且如此，中西部地区以农业收入为主要收入的农村情况就更为严重了。农民收入连续四年停滞徘徊、下降，这是改革开放以来第一次，由此引发了一系列经济社会问题。

党中央自1997年以后，就提出要千方百计增加农民收入，要千方百计减轻农民负担，实现农村社会稳定。这几年是年年讲，月月讲，开会，发文件，三令五申，但以农业收入为主的农民收入就是上不去，而负担是刚性的，就是下不来，农村社会也就安定不了，这是我国经济发展到了一个新阶段出现的新问题。长期以来，我国农产品普遍供给不足。但自1996年特大丰收之后，农产品的供求关系发生了根本性的变化，由卖方市场变为买方市场。据计委①统计，全国118种农产品，除棕榈油外都不同程度存在着"卖难"。农产品供过于求，价格就下跌，农民收入就下降，这是必然的。

经济发展到新的阶段，出现了农产品过剩，价格下跌，农民收入下降，导致一系列矛盾的产生。这是新阶段出现的新问题，需要从宏观、从全局调整经济社会结构，调整工农关系，调整城乡关系等方面和采取大的战略措施来解决。这显然不是乡镇基层干部能够担当的，当然，他们也不能对当前农村出现的这些问题负责。事实上，近几年乡镇干部在农村第一线工作，农村这种严峻形势，他们是首当其冲，深有体会，深受其苦。近几年我们同许多乡镇干部深谈过，他们反映，这几年乡镇干部实在难当，工作

---

① 指"国家计划委员会"，2003年3月更名为"国家发展和改革委员会"。——编者注

从来没有像这几年这样艰难的。有副对联是这样说的："急事、难事、窝囊事，事事缠身；怨声、骂声、责难声，声声在耳。"乡镇干部对当前的农村形势早已忧心如焚，他们也希望早日好转啊！乡镇干部的代表，湖北省监利县棋盘乡党委书记李昌平同志经过反复思想斗争，在 2000 年春节给国务院领导同志写信，开头几句话说："我怀着对党的无限忠诚，对农民的深切同情，含着泪水给您写信。我要对您说的是，现在农民真苦，农村真穷，农业真危险！"他在最后说："90 年代初期，总书记亲自下乡调查研究，'三农'问题得到了又快又好的解决。现在亿万农民再一次呼唤党中央国务院关注农村、农业、农民问题，为农村的发展拨开云雾，指明航向。"① 李昌平同志的信，经过国务院领导派员暗访核实，他实事求是地反映了现在农村、农业和农民存在的问题。李昌平的信也反映了绝大多数乡镇干部的心声。

第二，农村正处在社会大变革过程中，新旧事物正在交替，有的还在摸索、试验，要靠深化改革、持续发展来解决，乡镇干部处在国家和农民的中间，对上顶不住，对下管不住，两头为难。

我国目前人均 GDP 已达到 800 美元，农业增加值在 GDP 中只占 16%，在农业中就业的劳动力下降到 50% 以下，城市化率已达到 31%。从这四个指标说明我国的经济发展已到了工业化中期阶段。从国际上发达国家的历史过程看，到了这个阶段，应该是工业反哺农业、城市反哺农村的阶段。但因为现在我国的计划经济体制还在向社会主义市场经济体制转轨，特别是由于国有大中型企业经济效率仍然很低，至今不但不能反哺农业、农村，还仍然需要国家大量投入。所以，只能维持二元社会结构，继续实行"城乡分治，一国两策"，即对城市、对城市居民实行一种政策，对农村、对农民实行另一种政策。据统计，1998 年，农村通过农业税、农林特产税和乡镇企业的各种税项共向国家上缴 1998 亿元，而当年国家用于农村农业的各项支出为 1147 亿元，农村净贡献 851 亿元。1998 年农村各项存款为 16909 亿元，而农村各项贷款为 13824 亿元，存贷差为 3085 亿元。农村本来资金短缺，现行的财政金融体制还使资金向城市倾斜，农村经济发展和各项工作就更困难了。

若干年来，各地都在大干快上，要为全国实现小康目标，为实现社会主义现代化而奋斗，形势是很好的。但也有一些省区，过高估计农村经济的发展水平，过高估计农民的富裕程度。一些部门向乡镇下达各种"达标"

---

① 见《南方周末》2000 年 8 月 24 日。

升级任务、钓饵工程，迫使乡镇上项目、铺摊子，乡镇干部穷于应付，疲于奔命，有不少乡镇还为此背了很多债。近几年，宏观经济处于整顿、调整时期，对农村银根收得很紧，乡镇干部陷于借债、还债、躲债的怪圈里，无暇顾及日常工作。为了维持乡镇的正常运转，有些乡镇只好向农民摊派，加重了农民的负担。这几年农民收入又不好，于是引起干群矛盾冲突，影响了农村社会的安定。农村实行家庭联产承包责任制以后，农民已经成为独立的市场主体，有了自主生产和自主经营的权利。村委会也成为自治组织，乡镇政府理应要从直接指挥生产、直接抓生产经营项目，转到落实政策、行政管理和做好公共服务的工作上来。但由于乡镇以上的机构和体制正在改革，政府职能还未相应改变过来，所以，乡镇干部自主权是很少的。"上面千条线，下面一根针"，大大小小的各种事务都要通过乡镇基层干部去执行。上面下达的都是任务，都是一把手工程，都有"一票否决"的尚方宝剑，都得照办。某项工作做不好，某一项任务完成不好，上级责怪，农民埋怨。现在的乡镇干部就处于这样矛盾、惶恐两难的境地。

第三，农村基层工作千头万绪，要靠乡镇干部执行完成，但任务下达了，却没有相应配套的完成任务的手段，特别是事权财权不相称，这是当前农村工作难做的症结。

前面讲到农村基层工作中的问题，现在具有相当的普遍性，不仅在中西部各省区存在，而且在东部沿海诸省区中以农业为主的市县也存在。农村基层工作量大、面广、具体、复杂、难做，这是历来如此的。但为什么这几年愈来愈难，而且如此普遍呢？近两年我们带着这些问题，到十多个省区的农村做了调查，同数十位县乡两级的干部深谈过，也开过多次各种类型的座谈会。我们了解到，这些年来，县以上的各级党委、政府、各个部门都向乡镇下达各种各样的任务。诸如水利建设、村镇改造、植树绿化、农田保护、道路建设、教育达标、扫除文盲、民兵训练、拥军优抚、计划生育、妇幼保健、卫生防疫、殡葬改革、农村养老保险、社会治安、农（电）网改造、环境保护、改水改厕、普法教育、报刊订阅，等等，这些名目繁多的任务，层出不穷。有的乡镇有时一天就接到好几个下达任务的文件，接待好几拨来交待任务的"上级领导"。凡是这些"上级领导"、红头文件下达的任务，绝大多数是没有经费支持的，有的就是直接来敛钱的。乡镇干部要完成这些任务，不仅要费心费力组织，要动员群众出人出力出钱，乡镇政府本身还要出大笔经费。

乡镇政府要承担这么多任务，要办这么多事（上面列举的只是其中一部分），也就是说有这么多的"事权"，但乡镇政府的"财权"，却非常有限。特别是实行分税制以后，许多收入都由上级收走了，而要开支的都一样样放到乡镇来。再加上近几年，农村经济发展停滞、徘徊，农民收入下降，很多乡级财政收入是减少的。一方面要完成的任务是在不断增加，完成任务的要求（标准）在不断提高；另一方面财政收入在缩小、在减少。事权和财权极不相称。有人说，现在农村又出现了个"剪刀差"，这是事实。近几年乡镇的财政每况愈下，真是到了难以为继的地步。我们常说，"一要吃饭，二要建设"，现在多数乡镇连吃饭的钱都不够了。全国约有2/3的乡镇不能正常发工资，有的欠几个月，有的欠一年，有相当多的乡镇还在发1992年标准的工资。财政财政，有财才有政，有钱才能办事。乡镇财政拮据，就办不了事，办不好事，上级就会责怪，有的还会摘乌纱帽。硬要办，就只能向农民伸手，加重农民的负担。这又会引起农民群众不满，社会责骂！

上级政府给乡镇任务，不给相应的经费，乡镇干部迫不得已只好借债。向银行借，向信用社借，向企业借，向私人借，现在乡镇政府欠债是相当普遍的。有好几个省，每个乡镇政府平均借债400万元，有欠几千万元的，真不知道他们将来拿什么还。乡镇政府的事权财权不相称，已经积累了很多问题，再也撑不下去了，这是当前农村形势严峻的一个重要方面。乡镇政府无财理政，怎能不出问题？乡镇政府是最基层的政权组织，撑不住了，国家社会能稳定吗？江泽民同志说："基础不牢，地动山摇。"现在相当多的乡镇有了问题，基础正在动摇，这事不能再等闲视之了，需要从宏观体制的改革，特别是要通过财政体制的改革来解决。身陷其中，深受其苦，还挨了骂的乡镇干部早就在盼这种体制的改革了。

第四，农村发展新阶段出现的新问题，亟须党和国家采取新的战略和政策去解决。新战略、新政策要依靠广大乡镇干部去执行落实。实践证明，这支队伍是好的，是可以信赖依靠的。要从政治上爱护提高他们，从工作上理解支持他们，从生活上关心帮助他们，进一步调动他们的积极性、创造性，把农村工作做好。

农村出现的新问题，有几年了，已经对全局产生了不利的影响，应该提到重要的议事日程上来，到了该解决的时候了。其中包括全面正确估量认识农村基层工作的状况和乡镇干部队伍的状况。要教育、帮助乡镇干部，为他们创造好的工作环境，让他们安心积极地开展工作，因为解决农村问题的新战略、新政策都要靠他们去落实和实施。

农村乡镇干部约有 500 多万人（其中有 200 多万是脱产在编的公务员，约有 300 多万是不在编的、农民身份的半脱产干部），这支队伍改革开放以来，风里来，雨里去，做了大量工作，奋斗在第一线，农村取得的伟大成就，有他们的一份功劳。当然，在这么大的队伍中，难免有人违法乱纪，张狂称霸，贪污腐败，鱼肉百姓，但这是极少数。绝大多数乡镇干部是好的，他们勤勤恳恳地在工作，执行党的政策，完成国家交给的各项任务。近几年，农村形势变化，工作难度增大，他们还是任劳任怨地在工作。有人评论过近几年要不是有几百万乡镇干部在农村顶着，社会不可能有这样安定，城市也不可能有这样太平，这是事实。当然，在新的历史条件下，乡镇干部队伍也遇到新的问题，需要党和政府帮助他们解决。

首先要从政治上关心、爱护、教育乡镇干部。现任的农村乡镇干部多数是改革开放以来参加工作的，人民公社时期的干部已经不多了，有相当一部分是军队转业复员回来的，大中专毕业生下乡工作的也有一些。总体来说，这支队伍年轻，有干劲，有闯劲，有开拓精神，工作已有一定经验，但文化素质并不高，还不能适应社会主义市场经济发展的新形势，老办法不行了，新办法还不会。他们在政治上还不如老干部成熟、老练，群众观点、工作作风也不如老干部那样踏实。因此，对这支队伍，在政治上要严格要求他们，上级组织部门要严格管理，从实际工作中锻炼培养他们。对少数腐败变坏的干部，要按党纪国法，加以惩治，并清除出去，不能让少数腐败分子坏了乡镇干部队伍的名声。对绝大多数乡镇干部要教育提高他们在新时期做好农村工作的理论和方法。现在中央党校已经办了县委书记班，培训县（市）委主要领导，效果很好。省委党校、地（市）委党校，也应该办乡（镇）党委书记班，培训乡镇主要领导。这有利于乡镇党委的领导班子和领导干部整体素质的提高，从而把农村基层工作做好。

其次，要从工作上支持乡镇干部，理解他们，帮助他们。这几年农村形势严峻，实际困难多，工作难度大，乡镇干部两头为难，两头受气，他们有许多难言的苦衷，社会要理解他们，特别是上级领导、组织部门要理解他们，要为他们担些担子，要为他们创造一些好的环境，改善工作条件。最近，中央开了基础教育工作会议，明确宣布，今后乡镇中小学教师的工资，改由县里统一发放。这就为乡镇减轻了一大负担，乡镇干部无不拍手称好。前面讲到的不少"任务"，县市一级党和政府，要替乡镇把把关，有的可以缓办，有的可以少办，有的可以不办。给乡镇干部也减轻点负担，使他们能把农村的主要工作做好。在调查中，我们听到乡镇干部说："我们多数是共产党员，谁都愿意把工作做好，完成好上级交给的任务，我们都是当地人（脱产干部一般是本县本市的，不脱产干部都是本乡镇的），谁愿意同父老乡亲的关系搞僵，挨群众的骂？""我们是不得已啊！"

最后从生活上关心、照顾乡镇干部，帮助他们解决困难。乡镇干部在农村工作，现在城乡差别很大，除了东部沿海经济发达地区外，大多数乡镇的工作环境和条件都比较艰苦，他们常年在基层第一线工作，直接面对群众，要解决大量难办的实际问题。"眼睛一睁，忙到天黑"，"一上班就是一年"，很多乡镇干部是没有节假日的。他们家属的工作安排，子女的上学问题，都有困难。与他们一起毕业、一起参加工作的同学、同事，在市里工作的，工资待遇一般都比乡镇干部要好。尤其是这几年实行分税制后，许多乡镇财政困难不能正常发工资，乡镇干部也常常是几个月领不到工资，他们同样要生活、要养一家老小。这些问题，我们的领导部门要为他们着想，帮他们解决，使他们无后顾之忧，全心全意在基层工作。

农村是广阔的天地，现在正在发生历史性的变化，需要大量的优秀干部到基层去工作，推进农村经济社会的健康发展，这对整个社会主义现代化事业非常重要。农村工作条件艰苦、困难，但却是锻炼培养干部的大熔炉。我们应该制定相应的政策，改善农村基层工作的条件，改善乡镇干部的政治、经济待遇，使他们能安心在基层工作，并且鼓励年轻干部到基层第一线去工作。既要把农村工作做好，又要能培养一大批熟悉农村基层情况、有实际工作经验的优秀干部，并将其充实到各级领导部门去工作，这是我们在新时期要做好的一项很重要的工作。

从调整社会结构角度来促进县域经济的发展[*]

今天横店在开会，我慕名而来。看了很高兴，名不虚传。全国有 1/10 的农村像横店这样，我们农村就好了，我们的"三农"问题就解决了。一个县有一个横店，县域经济就搞好了。横店从 1975 年开始，26 年光景，成为有 70 亿资产、7 万人的大镇。这个会在横店召开很有意义。

最近在上海开了一个农村问题的座谈会。会上，中西部来的几位市、县委书记对学者说："20 世纪 90 年代的中西部农村，形势总的不如 80 年代，特别是 1997 年以后，可以说一年比一年严峻。"参加会的上海同志说："20 世纪 90 年代的上海，比 80 年代好，特别是 1995 年以后，一年比一年好。"这两句话，都是真的。这确实反映了这些年城乡差距在扩大，也反映了农村的问题是相当严峻的，到了该解决的时候了。

为什么说农村形势 1997 年以后一年比一年严峻？

第一，农民的收入已经连续四年增幅减缓。1996 年为 9%，1997 年为 4.6%，1998 年为 4.3%，1999 年为 3.8%，2000 年为 2.1%。1998～2000 年平均为 3.4%，而同期城镇居民为 7.2%。东西部差距也在扩大，2000 年上海人均 GDP 是贵州的 14 倍。就全国而言，真正以农业收入为主的农民，这 4 年实际收入是减少的。1996 年粮食总产量超过 1 万亿斤，今年[①]也有 9300 亿斤，但粮食和农产品价格，这 4 年下降了 30%～40%。我计算过，2000 年与 1996 年相比，农民年收入要减少 4000 亿元。所以占 60% 的以农业收入为主的农民的收入，这 4 年不仅没有增加，反而是减少的。统计局讲

---

[*] 本文源自作者手稿。该文稿系陆学艺于 2001 年 11 月 11 日在浙江横店县域经济论坛上的发言稿。原稿无题，现标题为本书编者根据发言内容所拟定。——编者注

[①] 本文中指 2000 年。——编者注

的是包括非农收入的平均收入（包括横店农民的非农收入也是统计在内的），这个平均数掩盖了大多数农户农业收入的实际情况。这几年，年年讲千方百计增加农民收入，收入就是上不去。但负担并没有减下来，年年讲减少农民负担，负担就是降不下来。连续 4 年农村的收入上不去，这是改革以来的第一次，一切问题就是从这里出来的。

第二，乡、村两级的债务负担越背越重。1994 年以后乡、村出现了财政赤字。好的税源都收上去了，但负担都加到了乡镇头上。全国约有 70% 的乡镇政府背债，村也相应背债。到 2000 年，乡、村级负债 3259 亿元，每个乡镇负债 400 亿元，村负债 20 亿元。实际超过此数，约在 5000 亿元以上。看不到解决好转的出路，而且是越背越重。一是这些债相当部分是高利贷，年利率 20% ~ 30%，利滚利，越滚越大；二是乡镇政府还要运转，入不敷出，只好再借债。全国的乡政府普遍背债，背这么多债，这是新中国成立以后从来没有过的。这么多债怎么还呢？

第三，乡镇财政窘迫，干部和教员的工资发不出，农业基本建设、水利设施、农机站，有的垮了，有的就卖了。辽宁铁岭的 200 多个农机站 80% 处于解体状态。机车卖光了，连农机站的房子也变卖了，叫车光、配件光、人全跑光。有的乡镇把学校、卫生院的房产也卖了。更有甚者，有的乡镇政府的大院因乡镇欠债不还，被法院封门。农村许多事业陷于瘫痪之中，有的中小学教员散了，半年一年发不出工资。山东菏泽只发了 1992 年水平的工资。有人说，这样的教育能办好吗？日本、韩国、德国、美国的义务教育经费州、县以上政府要负担 70%。我们的义务教育则是乡以下的学校由当地政府负责。全国在大搞基建，几千亿元几千亿元地投，而农村这两项是国家最基本建设，却陷于如此窘境。

第四，在乡镇这种普遍负债、无法正常运转的情况下，干部只能向农民摊派，自己组织小分队去收提留、收统筹款、收摊派款。农民也没有钱，于是产生了到农民家扒粮、牵牛、搬家具的，干部和农民直接冲突，发生恶性事件，造成农村干群关系空前紧张。农民上访，群体事件数量普遍上升，2000 年第一次超过了城市工人上访的数目。2000 年春节，湖北的一位乡党委书记上书朱镕基总理说："现在农民真苦，农村真穷，农业真危险！"这是真实写照，也是乡镇干部的肺腑之言。但至今还没有找到解决"三农"问题的好办法。

县是城乡接合部，处于矛盾焦点。在这里，我要为乡村两级基层干部说几句话。现在基层干部两头为难，两头受气，他们在这种状态下还在坚持工作。造成目前这种状况并不怪他们，是在新形势下不得已的。一种问题，普遍了，长期了，那就是体制问题、政策问题，而不是某个干部的问题，要从体制上解决。从国际国内的历史经验看，中国的农村发展已到了一个新的阶段，现在的这些问题，靠老的办法、老经验是解决不了的，要有新的理论、新的思路、新的举措来解决。农业问题要靠非农产业的发展来解决，农村问题要靠城市发展来解决，要靠发展市场经济来解决。

所以今年人代会期间，我讲了两个意见。一是改革现行的财政体制。1994 年以后，财政体制是向上倾斜、向城市倾斜、向东部地区倾斜。已经倾斜几年了，好的方面要肯定下来，但这种倾斜至今有增无减，城乡差距扩大，大中城市的建设超过了人们的预料。城市有几个样子是可以的（北京、上海……），但全国城市都这样，农村行不行？中西部行不行？把农村掏空了，掏空了农村的基层。国家的资金无处投，过剩了，但农村的中小学是危房，水利设施大的小的都失修了，塘坝全干了，小集镇凋敝了。这样下去，后果很严重。把城市繁荣建筑在广大农村贫困的基础上是很危险的。

我做过研究，1994 年的财政体制改革，大方向是对的。可以说，没有那场改革，就没有今天，躲不过亚洲金融风暴，功劳要肯定。财政收入在 GDP 中比重已经从 1995 年的 10.7% 提高到 13.9%，提高了 3.2 个百分点，中央在财政收入中的比重从 1993 年的 22% 提高到 1999 年的 51%。但后续的改革没有跟上。如主要税种，增值税，中央占 75%，省、地、县、乡 4 级才占 25%；在后者中，省占大头，为 12.5%，市占 4%～6%，县乡只占 6.5%～8.5%。而开支都在下面，公务员工资，约有 70% 在县以下发。执行的结果：中央财政很好过，蒸蒸日上；省级财政，搭伴增长；地级财政，只够喝汤；县级财政，两手空空；乡级财政，都是窟窿。

地级以上没有发不出工资的。越是困难的地方，越是没有收入，越发不出工资来。这种体制不改是不行了。

我说这些并不是说农村已经都不行了，东部沿海、大中城市郊区农村大约 2 亿多农民，以及非农经济的农民，这几年还是在改善，像横店这些地方，中西部农村也解决了温饱问题，但发展滞缓，农民相当困难。

我们在这样的背景下，来探讨县域经济，十分有意义。县是城乡接合部，是宏观和微观经济的接合部，是农业和工业的接合部。县是一个活动余地相对独立的经济单元，有很大的回旋余地。东部搞得很好的县很多，百强县 80% 以上在那里。中西部也有搞得好的。

总的来说，中国农业的问题在农业外，农村的问题在城市。应通过发展壮大产业，发展农业，通过发展城镇化来解决农村问题。在当今这样的背景下，怎么搞好县域经济？即使短期大的体制改革进行不了，也大有余地。除了刚才锡文同志讲的如何发展以外，我补充几点。主要是从调整社会结构的角度来促进县域经济的发展。

就全国来说，我们已经进入了工业化的中期阶段，但我们的城乡结构、城镇化水平还停留在工业化初期阶段。1996年，全世界的城市化率是46%，这几年已超过48%，我们还只有35%（把农民工也统计进去了），低于发达国家、同类的发展中国家。大部分的县，农业人口与非农人口的比为8∶2或9∶1。现在国家把小城镇户口放开了，县可以通过多种方式，加快城镇化进程。让一部分先富起来的农民先进城，创造条件（如子女就学、老年人医疗等），让他们进城来务工、经商，他们有了积极性，这不会造成失业问题。

搞城镇化，不是先修马路、修广场、造大楼，而是办好各种经济组织。办好学校，办好医院，办好文化设施。这方面还是大有可为的，东阳是出人才的地方，是教授县。有许多县连像样的高中都没有，一年考大学考不出去几个人。把学校办好（不仅办中学，有条件的地方也可以办大学），把医院办好（办好的医院、养老院），把环境搞好，使得一部分城里的老人真正告老还乡来消费，城乡交流，户籍制也就消除了。

发展旅游业。县是有独特文化的地方。出口山水，出口自然环境，县是有自己的优势的。

大的体制问题，总是要改革的，会改好的。因为国家经过改革开放，总体是蒸蒸日上的。在当前的国际环境下，我们的经济、政治、社会环境是好的，风景这边独好。我们在发展县域经济的时候，要在暂时困难的情况下，采取各种办法，从当地的实际出发，把工作做好，迎接更大的发展，还是有很多工作可以做的。要用市场经济的办法办经济、办社会事业，把各项工作做好，前途是很好的。

还有一条，最近我们在研究社会分层。要调整我们的工作思路，农民已经分化了，农村的分化实际比城市分化大。有的农民先富起来了，同1978年大不一样了。但我们的政策还是只有一个办法，增加农民收入、减轻农民负担，这都是针对8亿农民的。我们要通过调研，搞清楚要增加哪部分农民的收入，要减轻哪部分农民的负担。对有些农民要增加负担，对有些农民要减轻所有的负担。我们现在的农民负担是平摊的，按人头、按田亩收的，表面上是平等的，实际上不平等。应当让负担落在负担得起的农民身上。这样，国家没有少收，经济却发展了。

乡村民主的作用及其有限性[*]

"当代中国乡村治理与选举观察研究丛书"
第三辑出版座谈会

西北大学出版社的"当代中国乡村治理与选举观察研究丛书"从 2002 年起，已经出版三辑（共 16 种）。前两辑的重点在于对乡村治理过程的描述和对乡村选举的田野观察的研究，第三辑是对村民自治和在村民自治基础上发展起来的乡村民主政治的研究。自 21 世纪 90 年代《村民委员会组织法》正式颁布以来，村民自治这一民主实践在农村地区产生的影响有目共睹。但"三农"问题依然严重，乡村治理的合法性危机时隐时现，这使我们看到村民自治在现有社会格局中其作用的有限性。因此，丛书出版后，出版社邀请相关专家就该问题展开进一步讨论。以下是座谈会的主要内容。——编者

根据我所研究"三农"问题的体会：现在中国的农民是中国最大的弱势群体，管农业的职能部门是弱势部门，分管农业的领导是弱势领导。有的农业大学不是都想改名字了吗？可见弱势。你怎么喊农业重要，但就是没有钱，怎么喊问题都解决不了。西北大学出版社支持弱势群体这点很值得称赞。

我特别看重的是刚才徐勇介绍的湖北、四川的两本关于乡镇直选的书。

---

* 本文源自《博览群书》2004 年第 9 期（发表日期：2004 年 9 月）。该文系西北大学出版社组织的"'当代中国乡村治理与选举观察研究丛书'第三辑出版座谈会"上专家发言的摘要，本文仅收录其中陆学艺的发言摘要，沿用《博览群书》原文标题，校订了个别文字。——编者注

我在这里给大家说一点：村民自治的改革也非常艰难，乡镇的选举改革更艰难。1998 年我参与党的十五届三中全会文件的起草，我们这些起草的人认识基本上一致，因为那时候有位领导讲村民自治是农民的第三次伟大创造，我们在送审稿里加了一句：在条件许可的地方可以搞乡镇长选举的试点。这个稿子起草小组都通过了，然后送政治局领导。但有位领导看了说，现在村民自治都还有不少问题要解决，搞乡镇长选举还不成熟。所以有些事艰难呀。

最近我们在江西开了个会，李昌平在会上说，如果五年以后不收农业税，那么村民自治就可以是真的了。他说，我当过乡党委书记，真的村民自治了，我这个钱向谁要？上面要收这个费，收那个税呀，谁给我收税？你真选举了，他不听话怎么办呀，不是有这个问题嘛？如果真要把农业税免了，农业税以外的税也不收了，那村民选举可能真的是自治了。现在的村民自治，乡镇还是在后面起作用的。所以我想这套书里面杨集的选举和步云的选举在全国是比较新的，西北大学出版社抓的这两本书很好，是比较前沿的。

在座的跟弱势群体都有点关系。搞村民选举也好，搞乡镇改革也好，当然要解决问题，但是整个体制方面的问题，国民收入的分配体制、财政体制、户口体制、就业和人事制度等方面的问题不解决，恐怕选举艰难，另外也解决不了问题。说到底，村民选举也好，乡镇选举也好，还是个党政建设的问题。现在有 70% 的农民，而 GDP 中第一产业只占 14% 多，农民毕竟是很穷的。党的十六大提出来要统筹城乡经济社会发展，十六届三中全会提出"五个统筹"，把城乡统筹放在第一位。统筹两年了，城乡差别还在扩大，而且今年①虽然粮食等涨价了，但城乡差别可以肯定还是在扩大。光讲统筹，不从体制问题上解决恐怕是不行的。现在中国农业户口还是72%，从 1952 年开始，农民的绝对数都是每年增加的，一直到 2000 年农业人口达到 9.4 亿人，2001 年农业人口的绝对量开始减，现在减到 9.2 亿人。

总体来说，对于中国未来发展的前景，"三农"问题解决的前景，还可以说谨慎地乐观。我们研究那个社会分层的第二本书《当代中国社会流动》研究了这么个问题：虽然整个体制还没有改过来，户口制度也还没有改，但是社会流动还是压不住的，农民走出来了，整体地说社会流动在加快。1995 年以后，中国社会的高级白领、科研人员在大量增加，农业社会向工

---

① 此处指 2004 年。——编者注

业社会转变的速度越来越快，职业的等级就越来越高。已经开放了，你想把农民压在农村是压不住的。中国的城乡差别可能是中国乃至全世界最大的。那么差别这么大，意见这么大的地方，为什么没有发生大规模的群体性事件，城乡还能基本上相安无事呢？社会流动说为这个问题做了一种解释。我国的工业化、市场化、城市化潮流在发展，制造了很多高一等级的社会岗位使人们能半步一步地往上走，往上走给全民带来一个希望，所以社会矛盾就这样缓和了。所以我想，农村问题的最后解决还是我们前几年讲的，要在农村、农业之外，以总体的体制的改革进行下去为基准，才可以逐步解决这个问题。徐勇他们长期在研究农村，我觉得他们的研究做得非常好。从以往农村发展的经验看，无论是包产到户也罢，村民自治也罢，乡镇改革也罢，甚至将来的农民工的问题解决也罢，一般都是先在下面创造经验，然后总结，再由上层形成决策向全国推广，这样一步一步地解决问题。好在我们现在总体上还是上升的势头，在这个条件下，"三农"问题的解决，我想还是有希望的。

乡镇企业与小城镇建设

调整社会结构，推进农村发展[*]

朱镕基总理的政府工作报告，讲得非常实在、非常深刻、非常简练、非常高屋建瓴，改变了原来老三段的格式，为各省市地区县做政府工作报告树立了一个好的榜样。报告受到了代表们的普遍欢迎，全场掌声有 18 次之多，仅第八部分就鼓了 6 次，可见代表的拥护心情。我完全拥护朱总理的报告。

现在就报告第三部分，促进农业和农村经济全面发展问题谈几点意见。朱总理说："农业连续几年丰收，不少农产品供过于求，价格下跌，农民收入增长缓慢。这是在农业生产发展、人民生活水平提高基础上产生的新问题。经过二十年的农村改革，我们农业进入了一个新的阶段。"[①] 我完全赞成朱总理的判断。

现在农村的主要问题，一是农村经济社会要稳定，二是要增加农民收入。稳定了才能促生产，收入提高了才能促稳定。现在农民收入增长缓慢，或者说收入增长停滞，甚至有些地区出现农民收入减少的问题。我们讲要启动经济发展，扩大内需，开拓农村市场，但开拓了一年多了，就是开拓不了。原因是多方面的，但最主要的是农民没有钱。1997 年，全国农民占70%，但在全国的商品零售总额中只占 43.4%，而在 1984 年，农民份额占52.5%。[②] 现在城乡居民 5 万多亿存款中，农民储蓄只占 19.7%。城乡居民

———————————

* 本文源自作者手稿。该文稿系陆学艺于 1999 年 3 月 7 日在第九届全国人民代表大会第二次会议江苏代表团分组会议上的发言稿。——编者注

① 《中华人民共和国第九届全国人民代表大会第二次会议文件汇编》，北京：人民出版社，1999 年，第 12 ~ 13 页。

② 国家统计局编《中国统计年鉴·1998》，北京：中国统计出版社，1998 年 9 月，第 594 页；国家统计局编《中国统计摘要·1998》，北京：中国统计出版社，1998 年 4 月，第 230 页。

差距在扩大，1978 年是 1：2.36，1984 年是 1：1.7，1998 年是 1：2.5。①
这充分反映了农民收入的状况。增加农民收入是当前农村工作的重中之重，
也是扩大内需、拉动国民经济的重要环节。要增加农民收入，在现阶段单
靠调整产业结构，调整产品结构，在农业农村内部调整，已经不够了，只
有通过调整城乡社会结构，改变目前七个人养三个人的城乡结构，才能达
到增加农民收入、扩大内需、拉动经济的目标。

　　为什么这样说？1996 年我国农业特大丰收以后，1997 年、1998 年又连
续丰收，从此根本改变了主要农产品的供求关系。以往我们讨论农业问题，
是如何增加农产品的产量，解决米袋子、菜篮子的问题，现在不同了。去
年秋天，我到一个省去调查，一位副省长接待我，我问今年的年景，他第
一句话就说："弄不好，今年粮食又增产了！"过去我们是千方百计要增产，
现在反而是怕增产。现在是粮食多了，卖不出去。蔬菜水果多了，猪肉鲜
鱼也多了，物价就下来了。今年春节有的地方猪肉只卖了 4 元一斤，白菜几
分钱一斤。好处是城里人高兴，有利于城乡的稳定，但农民收入就上不去。
农产品增产了，收入反而减少了。

　　与此同时，城里的市场也疲软，工业品销不出去。皮鞋服装大量积压，
家电、电视机、电冰箱、电风扇也卖不出去，互相杀价竞争，还是卖不出
去。皮鞋积压 10 多亿双，衬衫积压几十亿件。北京地摊上只卖 15 元钱一件
还没有人买。生活消费品卖不出去，生产资料也卖不出去，钢材积压，水
泥、玻璃积压，电也用不了。按说，1998 年我们只生产每人 800 斤粮食、7
斤棉花、70 斤肉、19 米布，② 只达到了世界人均水平。我们有 12.5 亿居
民，1998 年只生产电视机 3500 万台、1060 万台电冰箱、1200 万台洗衣
机，③ 对于 3.5 亿家庭来说，不至于说多。家电普及率城市 70%，农村只有
20%，不应该卖不出去，但就是卖不出去，这是事实。据 1998 年 6 月国
家国内贸易局统计，610 种主要商品 66% 是供求平衡，33.5% 供过于求，
只有一种商品供不应求。这到底是怎么回事呢？这个经济问题单从经济中

---

①　国家统计局编《中国统计年鉴·1985》，北京：中国统计出版社，1985 年，第 551 页；《中
　　华人民共和国 1998 年国民经济和社会发展统计公报》，http://www.stats.gov.cn/tjsj/tjgb/
　　ndtjgb/qgndtjgb/200203/t20020331_30012.html。
②　参见国家统计局编《中国统计年鉴·1999》，北京：中国统计出版社，1999 年，第 35 ~ 36
　　页。——编者注
③　参见国家统计局编《中国统计年鉴·1999》，北京：中国统计出版社，1999 年，第 111、
　　441 页。——编者注

去找原因已经不够了。据我们的研究，问题主要出在我们城乡社会结构不合理上。

我们正在建设社会主义现代化国家，而要实现现代化，基本是两条，一是要实现工业化，二是要实现城市化。关于现代化，国际有个起码的标准，就是二三产业增加值要超过80%，从事二、三产业的劳动力要超过70%，城镇人口要超过50%，人均GDP要达到3000美元以上。当然还有别的，这四条是基本的。在现代化标准上不能有本国特色，否则就不是现代化国家。在如何达到这个目标上可以有各国特色，如大部分国家是城市工业化；我们的工业化是城市工业化，后来又加了乡镇企业的发展实现工业化。如城市化，许多国家可以走以大城市为主的道路，有些国家是走以中小城市为主的路，我们可以走以小城镇为主的道路，但是一定要使农民居民化，要农转非。

由于计划经济，由于从20世纪60年代形成了城乡分割的二元社会户籍制度，20年来我们许多方面都改了，唯有这个户籍制度没有动，没有改革，致使我国的城镇化严重落后了。直到1997年，我国城镇人口只有30%，农村人口还占70%。① 世界公认，国内学术界也公认，我国的工业化已达到中期阶段，我国的经济发展水平已达到世界平均水平。而1996年全世界的城镇化率是45.5%。从世界各发达国家的经历看，工业化和城市化是同步的，有的还是城市化超前于工业化。我国严重滞后了，我国与世界平均水平相差15.5个百分点，问题就在这里。

去年②九月，江泽民同志视察上海江苏浙江时指出："发展乡镇企业是一个重大战略，是一个长期的根本方针。在大力发展乡镇企业的同时，积极推进小城镇建设，也是一个大战略。认真总结经验，进一步发展乡镇企业，进一步发展小城镇，应当作为农村经济社会发展的一个重点。"③ 江泽民同志的讲话写进了党的十五届三中全会的决议中。我们按照江泽民的讲话和十五届三中全会文件的精神，如果在3～5年里，有领导有步骤地使1.9亿农民进入小城镇，使我国城镇化率达到45.5%的世界平均水平，那么，当前许多经济问题就可得到很大的缓解，国内市场就增加了很大的内需。这是最大的经济增长点、增长极。内需扩大了，国民经济就活了。正

---

① 国家统计局编《中国统计年鉴·1998》，北京：中国统计出版社，1998年，第105页。

② 此处指1998年。——编者注

③ 《江泽民在江苏上海浙江考察时强调沿海发达地区要率先基本实现农业现代化》，《人民日报》1998年10月8日，第1版。

如有的同志所说，可以让各地先富起来，农民先进城，这样不仅不会形成就业压力，还会创造许多就业机会。

农民一进城镇，生产生活方式改变了，许多购买力就形成了。首先是住房，每人 10 平方米，就是 19 亿平方米，500 元一平方米，也是近万亿元的建筑量的需求；农民进了城，生活方式变了，就会穿皮鞋，穿西装、衬衫，打领带，许多日用消费品就卖出去了；农民进了城，得到了城镇设施就会买家电，家电市场就大了。另外，这 1.9 亿农民约占现在农民总数的 22%。[1] 实践说明，这部分人走了，农业产量不会减少，这就等于使留下的 78% 的农民增加了 22% 的收入。更不要说，这些人进了城，由农产品生产者变为农产品消费者，扩大了农产品市场的效果。

当然，如何建设小城镇，如何进城，还有一系列问题要解决（例如，先让什么人进城？怎么进城？农村的土地交不交？进城后实行蓝印户口还是一视同仁？子女上学怎么办？城市怎么规划交通？等等），在这里没有时间说了。

但我认为，调查社会结构，加快小城镇建设，敞开大门欢迎农民进城来，这是解决目前经济疲软，增加农民收入的一着活棋。

江泽民于 2008 年 9 月 25 日在安徽考察时说："我们研究农村改革发展问题，不能脱离全国宏观经济的发展，不能离开世界经济的潮流，不能就农业说农业。这也是解放思想、实事求是。比如研究农村问题，就要考虑合理调整城乡经济结构、建立城乡统一的大市场问题，因为农村改革发展走到今天，已经超出了农村的范围。"[2]

所以，各级政府在抓农业结构调整、农业产业化的同时，抓一下小城镇的建设，抓一下农民进城的问题，这是既得人心，也能促进农村发展的一项战略措施。

---

[1]　国家统计局编《中国统计年鉴·1998》，北京：中国统计出版社，1998 年，第 105 页。

[2]　江泽民：《全面推进农村改革，开创我国农业和农村工作新局面——在安徽考察工作时的讲话》，《人民日报》1998 年 10 月 5 日，第 1~2 版。

农村发展新阶段的新形势和新任务[*]

——关于开展以发展小城镇为中心的 建设社会主义新农村运动的建议

近几年，农产品销售不畅，市场疲软，价格下跌，乡镇企业滑坡，农民收入增长减缓。这些问题是农业和农村经济发展阶段性变化的反映。现在的问题是，如何认识农村发展的新阶段，这个新阶段的目标和任务是什么？当前面临的这些问题，用什么政策和方法来解决？如何实现农村发展新阶段提出的新使命、新任务？这需要从理论和实践两个层面来回答。

一 农村发展新阶段面临的新问题

（一）1996 年以来，农业连年丰收，但农民收入下降，农村市场难以启动

1996 年是农业获得改革开放以来第三个特大丰收年份，粮食的总产破记录，超过 1 万亿斤（10090 亿斤）。1997 年全国大旱，1998 年又大涝，但农业仍继续增产，其中，1998 年与 1996 年相比，粮食总产量增长为 1.5%，棉花增长 7.1%，油料增长 4.7%，糖料增长 17.1%，水果增长 17.2%，肉

---

* 本文原载《中国农村经济》2000 年第 6 期，发表时间：2000 年 6 月 20 日，原稿写于 1999 年 12 月 8 日。该文首次发表于中国社会科学院《要报·信息专报》2000 年第 28、29、30 期（连载），发表日期：2000 年 2 月 26、27、28 日。该文还收录于《"三农论"——当代中国农业、农村、农民研究》（陆学艺著，北京：社会科学文献出版社，2002 年 11 月）、《陆学艺文集》（陆学艺著，上海：上海辞书出版社，2005 年 5 月）、《中国社会结构与社会建设》（陆学艺著，北京：社会科学文献出版社，2013 年 8 月）。——编者注

类增长 24.6% ，水产品增长 18.8% 。① 1999 年农业仍是丰收，粮食总产量将再度超过 1 万亿斤，与 1996 年持平。应该说，这几年农业生产形势很好，保证了供给。但是，自 1996 年冬季以后，粮、棉等农产品出现了"卖难"，价格下降。到 1999 年夏季以后，主要农产品都出现了销售困难、市场疲软、价格连续下跌的问题，农产品由短缺变为过剩，农产品市场由卖方市场变为买方市场。农产品价格全面连续地大幅度下跌，使农民收入成了问题。1996 年 11 月，全国城乡集市的玉米、小麦、大米 3 种商品的平均价格为 1.0355 元/斤。1999 年 11 月 30 日，全国粮食市场这 3 种粮食的平均价格为 0.7075 元/斤，比 1996 年每斤下跌 0.328 元，降幅为 31.68% 。

按 1996 年全国粮食总产量 1 万亿斤（不计小数）、市场价格为 1.0355 元/斤计，全国农民从粮食中取得的收入是 10355 亿元。当年有农民 86439 万人②，人均粮食收入为 1198 元。1999 年，全国粮食总产量还将是 1 万亿斤（预计），11 月份市场的粮价是 0.7075 元/斤，农民从粮食中取得的收入降为 7075 亿元，比 1996 年减少 3280 亿元，减收 31.68% 。当年有农民 87083 万人（预计），人均粮食收入为 812.7 元，比 1996 年减少 385.3 元，下降 32.16% 。因为粮食的商品率低，约为 30% ，所以农民的现金收入没有减少这么多。就农民的现金收入来说，因粮价下跌，每个农民的现金收入要减少 100 多元，但农民的年人均纯收入中的粮食收入部分在 1999 年要比 1996 年下降 300 多元，则是事实。

棉花在物价最高时，国家规定的每斤标准皮棉收购价是 7 元，这几年连年降价，现在只有 3.8 元/斤。1996 年全国棉花总产 420.3 万吨，即 840600 万斤，农民从棉花中得到的收入为 588.42 亿元，人均 68.07 元。1999 年棉花总产量与 1996 年持平，农民从棉花中得到的收入只有 319.428 亿元，比 1996 年减少 268.99 亿元。人均 36.68 元，比 1996 年人均减少 31.39 元，下降 46.1% 。

在当前农民的收入结构中，农业收入还是主要来源。1996 年，农民人均纯收入为 1926 元③，来自农牧业的收入为 1065 元，占 55% 。在农牧业的收入中，粮棉收入又占绝对多数，有相当多的地区，要占到农民人均纯收入的 60% 以上。这 3 年，粮食、棉花的价格下降 30% ~ 40% ，农民的实际

① 国家统计局编《中国统计年鉴·1999》，北京：中国统计出版社，1999 年 9 月，第 395 ~ 403 页。

② 国家统计局编《中国统计年鉴·1999》，北京：中国统计出版社，1999 年 9 月，第 111 页。

③ 国家统计局编《中国统计摘要·1998》，北京：中国统计出版社，1998 年 5 月，第 83 页。

收入下降是很多的。就连经济发达的广东省也是这样。1998年全省粮食增产1.2%，生猪、水产品、水果、蔬菜等也有不同程度的增产，但因农产品价格下降，农民人均现金收入比1997年下降3.6%。

这几年，乡镇企业不景气。受国内市场竞争的压力和亚洲金融危机的冲击，乡镇企业出口下滑，产品销售困难，贷款难度加大，发展相当困难，吸纳劳动力能力减弱；速度回落，效益下降，亏损面已超过15%，约40%的乡镇企业处于停产半停产状态。乡镇企业不景气，使整个农村经济发展受到阻碍，导致农民的经营性收入和工资性收入大量减少。受诸多因素的影响，如国家机构改革、国有企业改革、减员增效等，城市企业大量辞退外地民工，有些城市还制定了不少限制外地民工就业的规定等，农民在城里打工越来越困难，许多已在城里工作多年的农民也不得不又回到农村。据有关部门测算，农民工最多的年份为1995年，达8000多万人，近几年逐年减少，1999年估算仅约为5000万人。以平均每个农民工一年在城里净赚2000元计，农村就要减少600多亿元的收入。

从这几个方面看，农民特别是以农业收入为主的中西部地区的农民，这3年实际收入不是增加了，而是减少了。改革以来，这样的状况还是第一次出现。所以，政府从1997年就提出要开拓农村市场，两年过去了，农村市场并没有扩大。据各部门多方调查，最重要的原因就是广大农民没有钱，不是农民不需要这些商品。

（二）农村发展遇到障碍

这主要是农村第二步改革没能进一步冲破计划经济体制、城乡二元社会结构束缚的结果。20世纪90年代以来，计划经济体制在诸多方面又在回潮，使城乡差别扩大，城乡分割固化，农村问题日益严重。

1978年农村率先改革，实行家庭联产承包责任制，解散了人民公社，促进了生产力的大发展。与农产品大量增产的同时，大量农业剩余劳动力涌现。迫于城乡分隔户口制度的限制，农民创办了乡镇企业，"离土不离乡"。但是，中国的农民数量巨大，农村实在容纳不了这么多劳动力。20世纪80年代后期，就有大量农民进城打工，城市也需要他们，到20世纪90年代中期，达到高峰。但因户籍制度的限制，他们的职业改变了，农民身份未改。许多民工已在城里工作了10多年，还是农民户口，像候鸟一样春来冬去，形成了"民工潮"。产生这一现象的一个重要原因是，计划经济体制下形成的城乡二元社会结构格局及户籍制度至今没有得到根本的改革。

近 20 年来，我国进行了大规模的工业化建设，工业进入快速发展阶段，本应伴有大量农民进城，农民人数大量减少，结果却不然。1978 年我国有农业人口 79014 万人，到了 1998 年，反而增加为 86868 万人。[①] 20 年增加 7854 万人，平均每年纯增 392.7 万人。就经济结构说，我国已是工业化国家，而从就业结构说，还是农民社会。城市化严重滞后于工业化，社会结构与经济结构不协调，城乡失衡，这是目前很多经济社会问题产生的重要原因。

农村实行家庭联产承包责任制，农业生产一直是很好的。但农产品流通体制，除水产品、水果等几大类农产品放开较早、运行较好外，粮、棉、油等主要农产品的流通体制，自 1985 年改革以后，放了收，收了放，几经反复，至今仍不能形成与社会主义市场经济体制相适应的格局。国家每年要投入大量的财政补贴，粮、棉等流通部门大量亏损，而农民并没有得到实惠。20 世纪 90 年代初以来，山东创造了农业产业化经营的经验，各地纷纷响应。近几年，农业产业化问题受到中央领导和学术界的重视，大力向各地推广，但进展迟缓，推而不广。为什么？问题在于原来在计划经济体制下形成的农产品的生产和流通是由各部门分割管理的，至今仍没有彻底按市场经济要求改革好。以粮食的生产、流通为例，粮食生产的计划安排、技术推广由农业部管；粮食的购、销、调、存由粮食局管；粮食加工由轻工业部管；粮食进出口则由外贸部管。这么多部门，各有各的利益关系，农产品要搞产供销一条龙、农工商一体化、产业化经营，谈何容易。所以，农业产业化推而不广，是不难理解的。

农产品流通体制改革，反反复复，不是构建与社会主义市场经济体制相适应的农产品流通新体制有多么困难，而是原来计划经济体制下形成的一些部门利益死顶着不肯放弃。前些年，有些产品又恢复了专营和垄断收购，这实际就是保护这些部门的局部利益，而牺牲了广大农民的利益。这样维护计划经济的传统做法，对社会主义市场经济的形成和发展是不利的。

（三）20 世纪 80 年代中期以来，乡（镇）村两级党政机构日益庞大，干部队伍恶性膨胀，但又没有财政支撑，这是农民负担越减越重，农村社会冲突频发的主要原因

人民公社时期，政社合一，一个公社党委和管委会只有 20 多个干部，大一点的有 30 多人。每个大队的干部只有 4 ~ 5 人。实行家庭联产承包责任

[①]　国家统计局编《中国统计年鉴·1999》，北京：中国统计出版社，1999 年 9 月，第 111 页。

制后，解散人民公社，成立乡（镇）政府，大队改为村委会，干部的名称改了，但人数未变。农村实行大包干以后，有相当一段时间（约5～6年），乡村两级干部特别是村干部，由于原来组织集体生产经营的职能没有了，一时无所适从，多数回家种承包田去了。上面县（市）的干部下乡，很难找到村干部，农村出现了所谓瘫痪、半瘫痪的问题。而恰恰是这时，农民负担是最轻的，并没有成为农村的社会问题。20世纪80年代中期以后，党和政府再次强调在农村要加强领导，强调农村要做好农业社会化服务。特别是1985年取消统购实行合同定购后，市场粮价猛涨，定购价低于市场价很多，政府强调定购也是任务，通过乡村干部动员农民完成定购任务。农村基层组织、乡村两级干部，又在新的经济基础上逐步加强，逐步发展。这一时期，县（市）以上的领导，注意力大都集中于发展工业，发展城市经济，解决城市问题。农村实行家庭联产承包责任制后，农村基层政权应该怎么建设？机构怎样配置？人员编制多大规模？编制外可以容纳多少名额？这些问题，都没有明确的安排和规定。在这样的状况下，10多年间，农村乡（镇）村两级干部队伍迅速膨胀，机构越来越大，达到了空前的规模。

第一，乡镇级干部大量增加。在乡（镇）里，除乡（镇）党委书记、乡（镇）长外，又增加了很多副书记、副镇长，增设人大主席（还有人大办公室）。现在一个乡（镇）仅副乡级以上干部就有近10个或10多个。第二，机构膨胀。在一些经济比较发达的乡（镇），设置经济委员会、工业办公室等，机构越设越多，还把原来乡政府里的8个助理，逐个升格为"七所八站"，如财政助理升为财政所，公安助理升为派出所，水利助理升为水管站，文教助理升为文教办公室，计划生育助理升为计生办，还新增了土地管理所、交通管理站、电力管理所，等等。一些欠发达、不发达地区也逐步仿效。第三，过度超编用人。因为任用农民身份的干部和工作人员没有编制限制，乡（镇）主要负责人可以任意安排和调用。所以，这些年，乡（镇）政府里的各种办公室人员、办事人员以及司机、服务员、炊事员大量增加。现在一个乡（镇）政府，少则数十人，多则百余人，甚至有200～300人的，超过正式编制几倍乃至10多倍，比20世纪50年代一个县政府的机构还要大。

对于村级组织，国家规定享受固定补贴的3～5人，大村也只有5～7人。但现在行政村里有党支部、村委会，除几个主要负责人外，还设有第一村副主任、工业副主任、牧业副主任……还有人数不等的支委、村委、民兵连长、团支部书记、妇联主任、治保主任、调解主任，此外，还有计划生育员、电工、水管员，等等，一个村里，少则十多人，多则数十人。乡（镇）村两级有这么多"官"，有这么多管事的人，有这么多人拿钱，国家又没有对这些人支付财政开支，只能从农民那里用各种名目收取，农民负担又怎么能减轻呢？

前几年，国家明令禁止乡村干部直接从粮站、棉站在农民交售的粮棉款中扣收向农民摊派的各种费用，要求粮站、棉站对农民实行户交户结。乡村干部为了向农民收取"三提五统"和各种费用，就得挨家挨户去收要，交不出来的就派人去催要，有的甚至是干部带着公安、民兵上门要款，由此产生了种种矛盾。有的收不到提留款，就到农民家扒粮、拉牛、赶猪，严重的还逼出了人命案，造成了农村干群关系紧张。这几年农民上访告状的增多，多数起源于此。

（四）20 世纪 90 年代以后，各地陆续建起乡（镇）级财政，普遍建立财政所，但在实践中，出现了很多问题

乡（镇）财政所统管乡（镇）干部、中小学教员、卫生院医务人员，以及大批不在编人员的工资、医疗、旅差、福利和日常经费等的开支。这类财政支出是刚性的，但财政收入却无固定来源和固定数量。特别是 1994年财税改革之后，实行分税制，较稳定和较好的税源都由地（市）级以上收上去了，所以，这些年地（市）以上的财政状况，一般都是很好或较好的。但县以下多数不行，因为好的财源、税源，到县（市）以下就所剩无几，县（市）再留下一些，到乡（镇）一级几乎就没有什么税源和稳定的收入了，多数财政困难。这就是这几年乡（镇）干部和中小学教员常常几个月领不到工资的原因。

据有关方面调查，现在约有 50% ~ 60% 的乡（镇）入不敷出，经济拮据。在这样的条件下，乡（镇）长们要维持政府运转和日常开支，一是举债度日。据有关部门 1998 年夏天对中西部地区的 7 个省（区）调查，当时平均每个乡镇政府负债 200 万元，相当多的村级组织也欠债，平均每个村20 万元；有的是欠银行、信用社的，有的是挪用的，有的则是借的高利贷。二是用各种方式向农民、企业摊派。乱收费、乱罚款、乱集资就这样逼出来了。一个政府如果没有正常、稳定的财政收入做支撑，要维持正常的运转，行使公正的政府职能是很难想象的。

1994 年金融体制改革之后，银行、信用社的存贷等业务收归金融系统垂直管理。现在农业银行、信用合作社基本上只在农村收存款，它们的贷

款，不仅农民有困难贷不出来，县、乡政府也无条件贷了。现在在农村，由于缺乏融资渠道，乡镇企业和个体、私营企业很难发展。

二　农村发展新阶段的任务

（一）改变城乡二元社会结构，大力推进城镇化

20 年来，我国实行改革开放，取得了巨大成功，但在计划经济体制下形成的城乡二元社会结构、户籍制度，保留的时间太长了，几乎很少改革。由此带来两个问题：一是阻碍了社会资源的流动，使城市化严重滞后于工业化，造成经济结构和社会结构不协调；二是阻碍了社会主义市场经济体制的形成。现有的城乡分割的二元社会结构，使城乡间的生产要素，如劳动力、土地、资金和多种资源不能按市场经济的要求流动，妨碍了资源的合理配置，不利于生产力的发展。

近 20 年来的实践表明，把 8 亿多农民限制在农村，农民是富不起来的，农村也现代化不了，也影响了城市现代化的进程。农业容纳不了 5 亿多劳动力，按我国现有的农业生产水平，有 1.5 亿劳动力就可以保证农产品的生产和供给，满足国民经济发展和全社会的需求。办乡镇企业是成功的，转移了 1 亿多劳动力，但"离土不离乡"不对，长期搞"亦工亦农"并不好，不利于专业化，不利于工人队伍素质的提高。

乡镇企业主要是从事第二、第三产业，发展到一定阶段要向小城镇乃至城市集中。因此，打开镇门、城门，放心大胆地让农民进来，这是经济发展到今天的必然要求。在农村范围里调整经济结构、产品结构，怎么调整也不行。要跳出农业、农村领域，进行战略性的社会结构调整，让相当多的农民转变为城镇居民，转变为第二、第三产业的职工，改变目前我国的既为工业化国家又是农民（占绝对多数）社会的现状。这样的调整已经为各国的实践所证明，是符合历史规律的。人少地多的国家是如此（如美国、加拿大等），人多地少的国家也是如此（如日本、韩国和西欧诸国）。美国英格尔斯教授提出的国际社会学界公认的关于现代化国家 10 项指标之一是，一个现代化国家农业劳动力不能超过全国总劳动力的 30％。

（二）户籍制度到了非改不可的地步

城乡分隔的户籍制度是把农民束缚在农村的主要障碍。改革开放以来，

要求改革这种僵化的户籍制度的呼声日渐高涨。20 世纪 90 年代以来，公安、体改、民政等部门也多次会商起草改革现行不合理的户籍制度的方案，但总因涉及城区、各部门、各阶层的利益和由此派生的认识问题而迟迟没有出台。

20 世纪 80 年代后期，特别是在 1992 年以后的经济大发展的潮流下，为适应城市经济发展的需要，大批农民工涌进城里来打工、经商，为输入地创造了大量的财富。他们干的是最重、最累、最危险的活，但工资和劳保福利却很低。各地的实践证明，一个地区的经济繁荣程度是同雇佣农民工的人数成正比的。但由于户籍制度的限制，在城里打工 10 多年的农民工，工作再努力，表现再好，也还是农民工。只要有政治上、经济上的风吹草动，首先裁减的就是外地农民工。这几年经济调整，全国的农民工已降到 5000 万人以下。最近北京市仿效上海出台了在 103 个职业中限用外地农民工的规定。北京使用的外地农民工最多时达到 330 万人，现在已不到 200 万人。近几年，我国已明确对外国和境外来华的务工经商人员，给予国民待遇，为什么对自己的同胞却经常采取厚此薄彼的政策呢？这显然是不符合市场经济发展要求的。10 余年来，这几千万农民工已经为社会主义现代化事业做出了巨大贡献，也付出了极高的代价。有些雇佣农民工的单位，对他们进行超经济的剥夺，待遇非常苛刻。就整个国家来说，对这样庞大的工人队伍，采取招之即来、挥之即去的用工方式，既培养不出训练有素的、有技术、有纪律的工人队伍，产生不出相应的干部，又因农民工过着候鸟式的生活，进行无序、无规则、无组织的流动，必然产生种种难免的社会问题，给交通运输、公安、民政等部门造成很大的压力，使其付出了极高的社会成本。"民工潮"说明，户籍制度是到了非改不可的时候了。

（三）改变"城乡分治，一国两策"的局面，建立全国统一的社会主义市场经济体系

20 世纪 50 年代以来，我国逐步建立了计划经济体制，实行"城乡分治，一国两策"。在诸多方面，对城市是一种政策，对农村又是另一种政策。几十年来，逐渐固化，加上有户籍、身份制度做划分标准，就形成了"一国两策"的格局。

在经济层面，在所有制及流通交换方式、分配方式、就业方式、税赋等方面，对城市居民和农民的政策是不同的。如就业，在改革前，政府对城市劳动力是采取完全包下来的政策；对农村劳动力则认为有地种就是自

然就业，政府就不做安排。政府的劳动部门只管城市劳动力的就业，没有管理和安排农村劳动力就业的职能。

在社会层面，在教育、医疗、劳动保护、社会保障、养老、福利等方面，对城乡居民的政策也是不同的。如教育，同是实行九年制义务教育，城市中小学的教育设施，是由政府拨款建设的；而农村中小学的教育设施，则要乡村筹集资金来建设，所以，教育集资成为农民的一大负担。

电力、公路、供水、邮电、电话、通讯等都属全民所有制性质，由国家有关部门直接管理，但也是实行城乡两种政策。如电力，行政村以下的供电线路、设施要由村里集资架设，把电引到农民家，农民还要自己出钱。城市和农村是两种管理方式，同电不同价，农民花钱引来了电，电价却比城里贵好几倍。电价问题已引起了有关领导的重视，近几年国家正进行大规模农村电网改造，为解决这个问题创造条件。又如在用水、公路交通、邮政、电话等方面，都是实行城乡不同的"一国两策"。一方面农民多花钱，吃了苦头；另一方面也限制了这些事业的发展。

"城乡分治，一国两策"，是在实行集权的计划经济体制下逐步形成的。当时，国家要集中力量进行工业化建设，不得已而为之。这一做法适应了当时的短缺经济，却牺牲了农民的利益。这种"城乡分治"的体制把农民限制在农村，压抑了农民的积极性，使农业生产长期徘徊，使短缺经济更加短缺，其结果是，越短缺就越加强"城乡两策"的体制，从而形成恶性循环。改革开放之后，农村率先改革，调动了农民的生产积极性，促进了农业生产大发展，解决了农产品的供给问题。但后来，当改革触及城乡利益关系时，改革的深入就困难重重了。有学者提出，现在的农业问题，在农业以外；现在的农村问题，在城市。要解决目前的农业、农村问题，必须跳出农业、农村的圈子，必须改革"城乡分治，一国两策"的体制。

党的十四届三中全会提出要建立社会主义市场经济体制，从近年来的实践看，从计划经济体制向社会主义市场经济体制转变的大趋势已经形成。各国的实践证明，要建立市场经济体制，必须破除城乡分隔、部门分割、地域封锁的格局，只有这样才能建立全国统一的大市场。

但目前我国仍存在"城乡分治，一国两策"的问题，显然不利于社会主义市场经济体制的建设，不利于城乡统一的大市场的建立。要下决心排除各种认识上和利益格局上的障碍，继续深化改革。要逐步消除城乡之间的各种壁垒，实现城乡在产业结构方面的一体化，形成既有合理分工又能互相协调的产业结构体系；要逐步实现在就业方面的一体化，使城乡劳动力能够打破身份界限，顺畅流动，使人力资源得到最合理的配置，产生最大的经济效益，造就新一代的高素质的劳动者队伍；要逐步实现全国城乡一体的教育体系，办好基础教育，使城乡优秀青少年都能一视同仁地受到好的教育和训练；要逐步形成电力、交通、邮政、通讯、电话、供水等方面的城乡一体的网络和体系，使全国城乡之间的人流、物流、信息流畅通；要逐步建立城乡一体的社会保障体系，逐步改变目前城乡截然不同的社会保障方式。当然，"一国两策"的社会保障体系是几十年来逐步形成的，改革的难度很大，但城乡一体的社会保障的目标必须明确，要逐步衔接和靠拢，再不能按城乡两种体系各自建设了。因为全国统一的社会保障体系，不仅是国家长治久安的保证，也是农村现代化的保证和动力。

（四）要克服目前存在的商品供需关系不平衡和城乡关系不顺这两个非良性循环，仍可借鉴20世纪80年代初首先启动农村市场、走出经济困境的成功经验

近年来，我国经济出现了市场疲软、经济增长速度下降、物价连续下跌、通货紧缩的问题，虽然政府已经采取了积极的财政政策，但效果仍不显著，原因当然是多方面的。但笔者认为，1997年以来，占总人口70%的农民的购买力在逐年下降，农村市场不仅没有开拓，反而在逐年萎缩，使城市和工业的发展失去了基础，这是当今经济发展遇到问题的主要症结所在。可以说，我们现在患的是"城乡综合症"，所以，单就城市论城市发展、就工业论工业发展，且有些措施还损及农村的发展，问题就难以解决了。

目前，在中国经济社会生活中有两个非良性循环在困扰着我们。一是商品供需关系不平衡。目前，工农业主要商品普遍过剩，销售困难，市场疲软，企业投资积极性下降，加上银行惜贷，使国内总投资减少。企业不景气，开工率不足，工资性支出减少，一部分企业不得不裁减职工甚至关厂停业，使大量职工下岗，最终导致居民购买力下降，消费减少。在我国的总产品中，有85%是靠投资和居民消费来购买的。现在这两大项都有问题，就使得总产品有很大一个百分比卖不出去，形成了非良性循环。二是城乡关系不顺。目前，城乡互动出现了非良性循环。先是城市经济不景气，商品积压，企业压缩生产，工人下岗，当地政府排斥外地农民工。由于若干商品生产能力过剩，政府部门提出15种小工业关停并转，首当其冲的是农村的小工业。据农业部乡镇企业局统计，1999年上半年，在11个省

（市）用行政手段强行关闭了 5.5 万家此类企业，有数百万农民工返回农业。这几年财税体制改革，权力和财政上收，加强和增加了中央和省地级以上城市的财力和收入，而县（市）以下特别是乡（镇）的财政状况普遍困难，使农民和农村企业的负担加重。所以，这几年在农村，农业增产不增收，乡镇企业滑坡，外出农民工回流，税负加重，使农村经济陷入困境。农村不景气，农民没有钱购买生产资料和生活用品，购买力下降，农村市场萎缩。农民也无钱进城购物消费，使城市经济不景气更加严重，出现了城乡关系的非良性循环。

当然，这两个非良性循环是互相联系的，从本质上分析也可归纳为一个，就是在经济发展的新阶段，出现了农业和工业的生产能力相对过剩，而城乡的投资需求和居民消费需求不足，形成了恶性循环的状况。笔者要强调的是，在现阶段的中国，因为长期实行"城乡分治，一国两策"，使农村的剩余劳动力特别多，使农村的资金特别短缺，使城乡差别特别大。近几年不当的城乡政策，又使这三个方面的问题更加严重。那么，如何打破这两个非良性循环，走出目前的经济困境？20 世纪 80 年代初期，我们解决经济困难、打开新局面的经验，值得借鉴。不过，那时面临的问题，是如何加快发展生产力，解决农业、工业产品全面短缺的问题，现在则是要如何启动需求，解决工农产品过剩的问题。

20 世纪 80 年代初，我们采取的基本政策和措施是，在诸多矛盾中，先解决农村问题，率先在农村进行改革。在财政困难的条件下，大幅提高农产品收购价格，把占人口 80% 的农民的生产积极性调动起来，农业连年丰收，几年就解决了吃饭问题。农民先富起来，购买力大增，农村经济活跃，带动了城市经济的繁荣，推动了整个国民经济的大发展。

现在我们又遇到了城乡市场都不景气的问题，比较而言，还是可以运用先启动农村市场的经验。通过适当的政策把占人口 70% 的农民的积极性调动起来，大大提高广大农民的消费和投资能力，让农村市场先活跃和繁荣起来，这样做，投入的启动成本并不大。农村是个潜力极大的市场，但需要潜心培养和开发，一要有适当的政策，二要有启动性的投入。前几年，有关方面已经提出了要启动农村市场、扩大内需的建议，但只是口头上、纸面上的议论，并没有适当的政策跟上来，结果是启而未动，收效甚微。前不久，北京大学的林毅夫教授提出："政府应该动用财政力量，在全国范围内发起一场以实现农村自来水、电气化、道路网为核心的新农村运动，加快农村基础设施建设"，由此来进一步刺激内需，走出经济困境。林教授的建议很有价值，他指出了问题的实质以及解决问题的路径。

三　在全国开展以发展小城镇为中心的建设社会主义新农村运动

（一）在新阶段、新形势下，要采取新的方式解决已经出现的新问题

通过 20 年的改革和发展，我国的经济已进入了一个新阶段，已经从短缺经济进入了多数工农业产品相对过剩的时期；已经从计划经济转向市场经济，逐步形成了社会主义市场经济的基本框架；人民生活有了极大的改善，已经从温饱进入了小康阶段；国民经济正在由工业化向工业化、城市化并举的方向发展，城市化水平已经从 1978 年的 17.9% 提高到 1998 年的 30.4%①；经济的高速发展，带动了社会结构的变化，并正在走向经济和社会协调发展的道路。但在进入新阶段的时期，出现了生产过剩、需求不足，城乡关系不顺这样两个非良性循环问题。为了走出这个困境，通过适当的政策，在全国开展以发展小城镇为中心的建设社会主义新农村运动，很有必要。这是扩大内需，使过剩的产品、过剩的劳动力找到用武之地，走出当前经济困境的一步活棋。

有了 20 年经济建设的积累，无论在物质财富方面，还是在组织经验方面，都有了开展全国性的大规模以发展小城镇为中心的建设社会主义新农村运动的可能。20 年来，我们已具备了相当的实力，也有了靠各类小城镇吸纳安排农村人口的经验，各地区特别是经济发达地区都有一批能带动周边农业和农村发展的小城镇的成功典型。只要我们的政策正确，引导得法，开展这样一场全国性的新农村建设运动是有条件的。

从现代化国家解决城乡关系的成功实践看，我们也应该开展这项活动。日本、韩国以及我国的台湾地区，在工业化、城市化达到一定水平以后，都开展过全国（地区）规模的新农村建设运动。国家（地区）从人力、物力和政策上向农村倾斜，城市支持农村进行农村的基础设施建设，缩小城乡差距，协调城乡关系，取得了很大的成功。例如韩国，经过 10 多年的工业高速增长，在 20 世纪 70 年代由中央政府发动，投入大量财力，开展了新

---

① 国家统计局编《中国统计年鉴·1999》，北京：中国统计出版社，1999 年 9 月，第 111 页。

农村建设运动，每个村（里）由政府无偿拨给330袋水泥等物资，进行水利、道路、供水、公共建筑等基础设施建设，起到了推动农村经济文化事业发展，促进社会安定、城乡共同繁荣的效果。我国进行工业化建设已近50年，改革开放后加速工业化建设也已20年，鉴于目前我国城乡二元社会结构，"城乡分治，一国两策"的状况依然存在，且城乡差别仍在扩大，可以确信，过几年农村积累的经济社会问题，比城市还要严重。因此，在近期开展全国规模的以发展小城镇为中心的社会主义新农村建设运动是应该的，也是及时的。有组织、有领导、有步骤地把这项运动开展起来，对8亿农民是个福音，这可以再一次把广大农民的积极性调动起来，使目前农村经济社会问题得到解决；同时，对形成全国统一的大市场，推动城市经济的发展，促进城乡共同繁荣，将会产生积极的作用。

当然，要开展这样全国规模的新农村建设运动，根据中国现时的国情，一要改革，二要投入，三要精心组织。仅仅提出个口号，发个文件，是不能奏效的。

（二）开展新农村运动的目标

在现阶段，开展全国性的建设社会主义新农村运动的首要目标是，调整已经阻碍生产力发展的二元社会结构，改变目前"城乡分治，一国两策"的格局，建立城乡一体的全国统一的社会主义大市场。为实现上述目标，必须先进行改革，对城乡关系进行战略性的调整，以改革的精神来统率和开展社会主义新农村建设运动。

第一，要改革户籍管理制度，逐步放开，逐渐改为国际通行的户口登记制度，最终实现公民在城乡间、城市之间、乡村之间自由迁徙的权利，实现人才顺畅流动，使劳动力资源按市场经济的要求得到合理有效的配置。当然，现行的户籍制度是几十年来逐渐形成的，要改变也要一个相当的过程。可以按照党的十五届三中全会的决定，先改革小城镇（包括县城）户籍管理制度，让一部分农民先进入小城镇，以后再逐步放开小城市的户口。改革的方式方法，可以由各省、市、自治区根据本地的实情自行决定，办法可以多种多样，步骤可以有快有慢，最终达到目标一致。

第二，要按照社会主义市场经济的要求，通过改革，使农民成为独立的商品生产者，真正拥有生产、经营、交换、流通等方面的自主权。要继续深化改革农产品流通体制，使粮食、棉麻等系统的行政职能和经营职能分开，鼓励和支持农民及其合作组织进入流通领域，加快城乡交流，形成城乡统一的大市场。

第三，逐步改革目前在电力、公路、邮电、通讯、自来水等方面实际存在的"一国两策"的问题，实现城乡同等待遇，城乡同价，达到城乡一体化管理。这方面电力部门已走在前面，通过全国性的电网改造，实行城乡统一管理，同电同价。1999 年，全国农村电价平均每度降低 0.1 元，使全国农民减少 230 亿元的支出，受到农民普遍欢迎，农民认为这是一项富民的德政。

第四，通过改革，逐步建立城乡统一的教育、卫生、文化、图书等社会事业体制。例如教育，现在事实上是城乡的教育差别很大，实现九年制义务教育的难点在农村，原因不在于我国的国力达不到，而在于现行的城乡分治的教育体制不合理。农村穷，但农村教育的校舍建设、设备购置、教职员工资、日常开支等都要由乡镇和村里负担，这显然是不合理的。

第五，现在全国已普遍建立的乡（镇）级财政体制值得商榷。这对经济比较发达的地区，第二、第三产业发展已有相当基础，有了从第二、第三产业取得比较稳定税源、财源的乡（镇），扩大本乡（镇）的自主权，发展本地的经济、社会、文化事业是有利的。但对中西部广大农村地区，对那些以农为主，第二、第三产业很不发达或刚开始发展的乡（镇），建立乡（镇）级财政是不具备条件的。如前所述，一个乡（镇）财政，支出是刚性的，如果没有比较稳定的第二、第三产业的税利收入，靠农业方面的财税收入是远远不够的。自这一财政体制实行以来，仅仅几年工夫，中西部省（区）的多数乡（镇）已是负债累累，发不出或经常不能按时发工资，各种乱收费、乱集资屡禁不止，农民负担加重。这种财政体制是很不合理的，实际上是县以上政府的财政甩包袱，把负担转嫁到基层。这对于农村经济的发展，特别是农村第二、第三产业的发展，对农村教育文化事业的发展，对于改善农村干群、党群关系，实现农村社会的稳定，都是很不利的。所以，这种财政体制很值得研究和改革。

（三）开展全国范围的以小城镇建设为中心的社会主义新农村运动要有一定的人力、物力和财力的投入

改革开放以来，我国城乡建设有了根本性的变化。1992 年以后，北京、上海、广州、深圳、大连等东部沿海城市，真正做到了"一年一小变，五年一大变"，争相创建国际大都市。此外，还有许多省会城市、地级城市也都在相互仿效，攀大求洋。相比较而言，在乡（镇）以下，特别是在中西

部省（区）的乡（镇），近几年因经济不景气，财政困难，很多乡（镇）在负债运转。党的十五届三中全会决定，发展小城镇，改革户口制度，吸引农民进城镇。一年多过去了，在中西部省（区），小城镇发展并不理想，农民进镇并不踊跃。这里的原因是多方面的，其中一个原因是，这些地区的城镇经济不景气，基础设施落后，文化教育等事业薄弱，对农民失去了吸引力。

党的十五届三中全会提出"小城镇、大战略"的方针，目的之一是要"更大规模地转移农业富余劳动力"。只有减少农民，才能富裕农民，这已是上下一致的共识。现在第一步是要把小城镇建设起来，吸引广大农民到小城镇来办企业，务工经商，转变为城镇居民。我国现有45462个乡镇，其中有建制镇19060个；在建制镇中有2126个是县或县级市的城关镇。① 如果我们经过5～10年的改革和发展，使现有的2126个县（市）城，平均达到5万人的规模，使16934个建制镇平均达到1万人的规模，使26402个乡政府所在地的人口集聚平均达到0.5万人的规模，那么加上全国231个省地级城市的城市人口，则将有6亿多城镇居民，约占2010年总人口的45%，相当于1995年世界城市化的平均水平。现在我国的城镇人口是3.8亿人，今后每年如能增加2200万城镇人口，比20世纪90年代每年增加969万城镇人口，要快1倍多。这只有通过执行"小城镇，大战略"的方针才能变为现实。

社会主义新农村运动要以小城镇建设为中心的原因盖出于此。我们先通过改革和规划把小城镇发展起来，把1.5亿～2亿农民转移到镇上来从事第二、第三产业，仅此一项，就能使留在农村的农民的收入增加20%～30%，这盘棋就活了。当然，同时还要把农村建设好，使农民的生产、生活条件逐步得到彻底的改善。

开展以小城镇建设为中心的新农村运动，主要依靠改革和政策调动广大农民的积极性，依靠农民自身的力量来进行小城镇和新农村的建设。当然，政府也应给予必要的启动资金，从财政和信贷方面加以支持，这对于那些经济欠发达和不发达地区的乡镇，尤其必要。进行小城镇和新农村建设，需要进行一定规模的基础设施建设，如道路、下水道、自来水、桥梁、码头以及水利设施、公共建筑等等，这些建设都需要水泥、钢材、玻璃和其他建筑材料。现在这些工业品大量积压，政府可以依照韩国等国家的经

---

① 国家统计局编《中国统计年鉴·1999》，北京：中国统计出版社，1999年9月，第3、377页。

验，通过无偿、少偿或赊销等形式调拨给乡镇、农村使用，这样可以启动小城镇和新农村的建设，也使积压的商品有了出路，从多方面扩大内需，是一举多得的好措施。这样做，只用少量的资金信贷，启动国内的大市场，起的是"四两拨千斤"的作用。

政府已经确定西部大开发战略，将会有很大的投入。西部地区的小城镇建设和新农村建设应该纳入大开发战略的规划之中，因为繁荣的小城镇和兴旺的新农村既是大开发战略的目标之一，也是实现西部大开发战略的支撑。国家正在着手制订"十五"计划和2010年规划。有关调整城乡关系，逐步改变二元社会结构的格局，改革城乡分割的户籍制度，开展以发展小城镇为中心的建设社会主义新农村运动等内容，应该纳入计划和规划中去。

（四）加强以发展小城镇为中心的建设社会主义新农村运动的组织和领导

这项运动涉及调整城乡关系、改革户籍制度和农产品流通体制，改革电力、交通、邮电、通讯的管理体制和教育、卫生、文化等事业体制以及财政体制等方方面面，既是一场重大的改革运动，又是大规模的建设运动，事关改革、发展和稳定的大局，需要自上而下和自下而上相结合，有组织、有领导、有步骤地进行，需要精心策划、精心组织。可以依据我国以往组织实施大规模改革和建设的经验，借鉴国外实施类似建设运动的经验，建立一个全国性的有权威的指导小组，在党中央、国务院的领导下，进行全面规划，宣传动员，组织实施。可以先在不同的经济地区选择若干个县（市），进行试点，取得经验后再逐渐推开，用5~10年的时间，实现这一改革和建设运动的目标。

加快小城镇建设是农村发展
新阶段重要任务[*]

20 年来，农村的改革取得了巨大成功，但在计划经济体制下形成的城乡二元社会结构、户籍制度几乎很少改革。由此带来了两个问题，一是阻碍了社会流动，使城镇化严重滞后于工业化，经济结构和社会结构不协调；二是阻碍了社会主义市场经济体制的形成。因此，农村发展新阶段的任务就是要深化改革，进一步把农民从计划经济体制的束缚中解放出来。

一　改革城乡二元社会结构，大力推进城镇化，
形成城乡一体的社会主义市场经济体制

现有的城乡分割的二元社会结构，使城乡间的生产要素不能按市场经济的要求流动，妨碍了资源的合理配置，不利于生产力的发展。20 年来的实践表明，把 8 亿多农民限制在农村，农民富不起来，农村现代化就难以实现，也影响了城市现代化的进程。按我国现有的农业生产水平，农业容纳不了 5 亿多劳动力，也不需要这么多劳动力，有 1.5 亿劳动力就可以保证农产品的生产和供给，就能满足国民经济发展和全社会的需求。创办乡镇企业成功地转移了 1 亿多劳动力，但"离土不离乡"，长期搞亦工亦农，不利于专业化，不利于工人队伍素质的提高。乡镇企业主要是发展二、三产业，到一定阶段就要向小城镇乃至城市集中。

打开镇门、城门，放心大胆地让农民进来，这是经济发展到今天的必然要求。现在的农村不仅是农产品全面过剩，更是农业劳动力大量过剩，在农村范围内调整经济结构、产品结构，怎么调整也不行。要跳出农村、

　　*　本文原载《江南论坛》2000 年第 7 期，发表时间：2000 年 7 月 15 日。——编者注

农业的领域，进行战略性的社会结构调整，让相当多的农民转变为城镇居民，转变为二、三产业的职工，改变目前我国工业化国家、农民（占绝对多数）社会的现状。这样的调整已经为各国的实践所证明，是符合历史规律的。国际社会学界公认的关于现代化国家 10 项指标之一，是一个现代化国家农业劳动力不能超过全国总劳力的 30%。

二　城乡分隔的户籍制度，是把农民束缚在农村的主要绳索

改革开放以来，要求改革僵化的户籍制度的呼声日渐高涨，呼声最高的是农民，在实践第一线的农村基层领导也不断提出加快户籍制度改革步伐的迫切要求。20 世纪 90 年代以来公安、体改、民政等部门多次会商起草改革现行不合理的户籍制度的方案，总因涉及城区各部门、各阶层的利益和由此派生的认识问题而迟迟没能出台。

在 1992 年之后经济大发展的潮流下，为适应城市经济发展的需要，大批农民工涌进城里打工，他们干的是最重、最累、最危险的活，为输入地创造了大量的财富，而他们的工资和劳保福利却很低。实践证明，一个地区的经济繁荣程度是同雇佣民工的人数成正比的。但由于户籍制度的限制，在城里打工 10 多年的民工，工作再努力，始终也改变不了民工的身份。

这支数以千万计的民工队伍，是我国特有的二元社会结构历史环境下的产物，是改革开放后城市经济发展的需求与农村剩余劳力寻找出路而形成的有"供""需"市场的必然结果。这样大的工人队伍，却采用招之即来、挥之即去的用工方式，培养不出训练有素、有技术、有纪律的工人队伍来，而且民工过着候鸟式的生活，无序、无规则、无组织的流动，产生种种社会问题，也给交通运输、公安、民政等部门造成很大的压力，国家为此付出了极高的社会成本。民工潮说明，户籍制度到了不改不行的时候了。

三　要改变"城乡分治，一国两策"的局面

20 世纪 50 年代，我国逐步建立的计划经济体制采用"城乡分治，一国两策"的政策，即城市以全民所有制为主，农村以集体所有制为主，在诸多方面，对城市是一种政策，对农村又是另一种政策。几十年来，政策逐

渐固定化，加上有户籍、身份制作划分标准，就形成了"一国两策"的格局。

在经济层面，所有制及其流通交换方式、分配方式、就业方式、税赋等方面，对城市居民和农民的政策是不同的，如就业，政府对城市劳动力，在改革前是采取完全包下来统一分配和安排工作，而对农村劳动力则认为有地种就是自然就业，政府就不作安排，政府的劳动部门只管城市劳动力的就业，没有管理和安排农村劳动力就业的职能。

在社会层面，教育、医疗、劳动保护、社会保障、养老、福利等方面，对城市居民和农民的政策也是不同的。如教育，同是实行九年制义务教育，城市中小学的教育设施是由政府拨款建设的，而农村的中小学则要乡村筹集资金来建设，所以教育集资成为农民的一大负担。现在在校的大学生中，城镇居民的子女约占70%，农民子弟约占30%。这同全国总人口中，农民占70%、城镇居民占30%的格局正好倒置。

电力、公路、供水、邮政、电信等都是全民所有制性质，由国家有关部门直接管理，但也是实行城乡两种政策。如电力，行政村及以下的供电线路、设施要由村里集资架设，若想把电引到农民家，农民还要自己出钱。城市和农村是两种管理方式，同电不同价，农民花钱引来了电，电价却比城里的贵好几倍，有的农民用不起，只好再点油灯。

"一国两策"的社会保障体系是几十年来逐步形成的，改革的难度很大，但城乡一体的社会保障的目标必须明确，要逐步衔接和靠拢，再不能按城乡两种体系各自建设了。全国统一的社会保障体系不仅是国家长治久安的保证，也是农村现代化发展的保证和动力。

必须解决两个非良性循环的困扰。一是工农业主要商品普遍过剩，销售困难；市场疲软，企业投资积极性下降，不敢再上新的项目，而银行借贷使国内总投资减少；企业不景气，开工率不足，为了使工资性支出减少，一部分企业不得不裁减职工甚至关厂停业，大量职工下岗，最终导致居民购买力下降，消费减少。我国的总产品有85%是靠投资和居民消费来购买的。

二是城乡互动出现了非良性循环。先是城市经济不景气，商品积压，企业压缩生产，工人下岗。若干商品生产能力过剩，政府部门提出15种小工业关停并转，首当其冲的是农村的小工业，据农业部乡镇企业局统计，1999年上半年11个省市用行政手段强行关闭了5.5万家此类企业，有数百万农民工返回农村；这几年财税改革，权力和财政上收，加强和增加了中央和省地以上城市的财力和收入，而县（市）及以下特别是乡（镇）的财政状况普遍困难，农民和农村企业的负担加重。所以，这几年的农村，农业增产不增收，乡镇企业滑坡，外出农民工回流，税负加重，农村经济陷入困境。农村不景气，农民没有钱购买生产资料和生活用品，购买力下降，农村市场萎缩，农民已无钱进城购物消费，使城市经济不景气更加严重，出现了城乡关系的非良性循环。

如何打破这两个非良性循环，走出目前的经济困境，80 年代初期，我们解决经济困难、打开新局面的经验值得借鉴。那时面临的问题，是如何加快发展生产力，解决农业、工业产品全面短缺的问题，现在则是要如何启动需求，解决工农产品过剩的问题。

可以运用先启动农村市场的经验。通过适当的政策把占人口 70% 的农民的积极性调动起来，大大提高广大农民的消费和投资能力，让农村市场先活跃和繁荣起来。这样做投入的启动成本并不大。农村是个潜力极大的市场，但需要潜心培养和开发，一要有适当的政策，二要有启动性的投入。

四　在全国开展以发展小城镇为中心的建设社会主义新农村运动

对城乡关系进行战略性的调整。改革户籍管理制度，逐步放开，逐渐改为国际通行的户口登记制度，最终实现公民可以在城乡之间、城市之间、乡村之间自由迁徙，实现人才顺畅流动，使劳动力资源按市场经济的要求得到合理有效的配置。按照党的十五届三中全会的决定，先改革小城镇（包括县城）户籍管理制度，让一部分农民先进入小城镇，以后再逐步放开小城市的户口。改革的方式方法可以由各省、市、自治区根据本地的实情自行决定，办法可以多种多样，步骤可以有快有慢，最终达到目标。

按照社会主义市场经济的要求，通过改革，使农民成为独立的商品生产者，真正拥有生产、经营、交换、流通等方面的自主权。要继续深化改革农村的流通体制，使粮食、棉麻等系统的行政和经营职能分开，鼓励和支持农民及其合作组织进入流通领域，加快城乡交流，形成城乡统一的大市场。

通过改革，逐步改变目前在电力、公路、邮政、电信、自来水等方面实际存在的"一国两策"的格局，实现城乡同等待遇、城乡同价，目标是最终实现城乡一体化管理。

通过改革，逐步建立城乡统一的教育、卫生、文化等社会事业体制。

例如教育，现在事实上是城乡的教育差别很大，实现九年制义务教育的难点在农村，原因是现行的城乡分治的教育体制不合理。农村穷，但农村教育的校舍建设、设备购置、教职员工资、日常开支等都要由乡镇和村里负担，这显然是不合理的。

要有一定的人力、物力和财力的投入。党的十五届三中全会提出"小城镇、大战略"的方针，目的之一是要"更大规模地转移农业富余劳动力"。只有减少农民，才能富裕农民，这已是上下一致的共识。现在第一步是要把小城镇建设起来，吸引广大农民到小城镇来办企业、做工经商，转变为城镇居民。我国现有4.5万多个乡镇，其中建制镇1.9万多个，在建制镇中有2126个是县或县市的城关镇。如果我们经过5~10年的改革和发展，能使现有的2126个县（市）城平均达到5万人的规模，使16934个建制镇平均达到1万人的规模，使26402个乡政府所在地平均达到5000人的规模，那么加上全国231个地级市人口，则将有6亿多城镇居民，约占2010年总人口的45%，相当于1995年世界城市化的平均水平。现在我国的城镇人口是3.8亿人，今后每年如能增加2200万城镇人口，比90年代每年增加969万城镇人口要快一倍多。这只有通过执行"小城镇，大战略"的方针才能变为现实。

建设社会主义新农村运动要以小城镇建设为中心。我们可先通过改革和规划把小城镇发展起来，把1.5亿~2亿农民转移到城镇上来从事二、三产业，仅此一项，就能使留在农村的农民增加20%~30%的收入。这盘棋就活了。

建设以小城镇为中心的社会主义新农村，主要依靠改革和政策调动广大农民的积极性，依靠农民自身的力量来进行小城镇和新农村的建设。当然，政府也应给予必要的启动资金，从财政和信贷方面加以支持，对于那些经济欠发达和不发达地区的乡镇尤其必要。进行小城镇和新农村建设，需要进行一定规模的基础设施建设，如道路、下水道、自来水、桥梁、码头以及水利设施、公共建筑等，都需要水泥、钢材、玻璃和其他建筑材料。现在这些工业品大量积压，政府可以仿照韩国等国家的经验，通过无偿、少偿或赊销等形式调拨给乡镇、农村使用，这样可以启动小城镇和新农村的建设，也使积压的商品有了出路，从多方面扩大内需，是一举多得的好措施，从而只用少量的资金和信贷启动国内的大市场。

政府已经确定西部大开发战略，将会有很大的投入。西部地区的小城镇建设和新农村建设应纳入大开发战略的规划之中，繁荣的小城镇和兴旺的新农村既是大开发战略的目标之一，也是实现西部大开发战略的支撑。

　　建设以小城镇为中心的社会主义新农村是大规模的建设运动，事关改革、发展和稳定的大局，需要将自上而下和自下而上相结合，有组织、有领导、有步骤地进行，需要精心策划、精心组织。可以借鉴国外实施类似建设运动的经验，建立一个全国性的有权威的指导小组，在党中央、国务院的领导下，进行全面规划、宣传动员、组织实施。可以先在不同的经济地区选择若干个县市，进行试点，取得经验后再逐渐推开，用 5～10 年的时间实现这一改革和建设的目标。

中小企业情况的分析[*]

中国的中小企业量大面广，在国民经济中发挥着极其重要的作用，是国民经济中最重要的一个组成部分。但在 1978 年前的计划经济体制下，中小企业一直未受到应有的重视。随着市场经济体制的建立和发展，各类中小企业蓬勃发展，在经济社会发展中的重要性，日益凸显出来，受到各方面的关注。

一

1998 年，中国有各类工商企业 3920.5 万个，其中国有企业 183.6 万个，占 4.67%；集体所有制企业 373.6 万个，占 9.53%；各类股份制企业 100.4 万个，占 2.56%；私营企业 120.1 万个，占 3.06%；个体工商户 3120.2 万个，占 79.6%。

中国政府至今没有一个关于划分大、中、小企业的标准和规定，所以在国家的统计中，很难划出中小企业的确切数量。如果参照国际上一些国家的划法，把就业人数在 50 人以下、营业额在 100 万元以下的列为小企业，把就业人员在 51～499 人、营业额为 101 万～4999 万元的列为中等企业，那么，中国现有的中小企业约有 3800 多万个，分布在工业、建筑业、交通运输业、商业、饮食服务业、金融保险业等各类行业之中。

近几年，中国的经济体制正在加速改革。1997 年，政府对国有小企业的改革提出了改组、联合、兼并、股份合作制、租赁、承包经营和出售等七种形式，经过这三年，大部分国有小企业已经转制为股份合作制企业或

---

*　本文源自《"三农"新论——当前中国农业、农村、农民问题研究》（陆学艺著，北京：社会科学文献出版社，2005 年，第 29～35 页），原文写于 2000 年 8 月 14 日。——编者注

私营企业。

中国农村的乡镇企业,1997 年共有 2014.9 万个(这个数同上述个体工商户的统计数有交叉,有重复计算的部分)。其中乡村两级集体所有制的有 129.2 万个,占总数的 6%,职工人数共有 5326.5 万人,占乡镇企业职工 13050.4 万人的 40.8%,占总资产和总营业额也都在 40% 以上。但近几年,乡镇企业在进行体制改革,大部分已通过股份制、租赁、承包经营、拍卖等形式转变为股份制企业和私营企业。据我们在苏南的调查,已有 93% 的集体所有的乡镇企业转变为股份制企业和私营企业了。

<h1 style="text-align:center">二</h1>

中国目前正在由一个传统的农业社会向工业化、城市化的现代化社会转变,正在由社会主义的计划经济体制向市场经济体制转变。在这两个历史性转变过程中,中小企业这个市场经济中最活跃的成分是维护经济和社会稳定的基础力量,也是技术创新的最重要的源泉。中国的中小企业现在已成为国民经济的重要组成部分,在经济社会事业发展中发挥着越来越重要的作用。

第一,中小企业生产了大量的工业产品,满足了社会市场的需要。中国原来在计划经济体制下,搞成了短缺经济,许多工业品特别是生活日用工业品长期匮乏,如居民买布买衣服要凭布票,买自行车凭车票,等等。改革开放 20 年来,工业生产高速发展,工业产值平均以 14.5% 的速度增长,各种工业品大量生产出来,已能满足 12 亿人口的生产生活需要。1997 年以后,多数工业品供过于求,由卖方市场转变为买方市场。其中中小企业的贡献最大,如乡镇企业 1997 年生产原煤 63376 万吨,占全国总量的 46.7%;生产水泥 20457 万吨,占全国总量的 41.5%;生产机制纸 2166 万吨,占全国总量的 63%;生产的服装占全国的 65%。

第二,由于中小商业、餐饮服务企业的发展,商业及服务网点大量增加,满足了人民改善生活的需要,方便了群众,也繁荣了经济,促进了商品的生产与消费。1978 年全国只有商业网点 173.9 万个,从业人员 990 万人,商品销售的零售额为 1558.6 亿元,到 1998 年末,全国商业网点扩大到 2000 万个,从业人员 5800 万人,社会消费品零售总额达到 29152 亿。其中 90% 是由中小企业来实现的。例如北京市的饮食业,1978 年只有各类饭馆 890 家,许多旅客到了北京吃饭很不方便,常常有排队等着吃饭的现象,

1998 年已发展到 2 万多家。

第三，中小企业的发展扩大了就业，不仅解决了城镇劳动力的就业问题，而且还通过乡镇企业的发展，使一亿多农业剩余劳动力，在乡镇企业中从事第二、三产业劳动。1978 年全国从事第二、三产业劳动的共 11834 万人，1998 年扩大到 35119 万人，平均每年增加 1164 万人。他们主要是在中小企业里就业。

第四，改革开放后，中小企业大发展，为我国从计划经济体制转向社会主义市场经济体制准备了载体。计划经济的核心是国有大型工商企业，改变比较困难。我们在改革初期实行增量改革。这就是在国有企业外边，大量发展乡镇企业，个体、私营企业，外商的独资、合资企业，这些绝大多数都是中小型工商企业。直到 20 世纪 90 年代中期，才在较大范围里，进行国有企业的体制改革，使其中的一部分国有企业改革为私营企业和股份制企业。如 1978 年全国工业总产值中，国有企业占 77.6%，到 1998 年只占 28.2%。1978 年全国社会消费品零售总额中，国有企业占 54.6%，到 1998 年只占 20.7%。

第五，中小企业的发展，不仅为国家创造了大量财富，积累了大量财富，而且也是大型企业的孵化器。例如乡镇企业，1997 年，实现增加值 20740 亿元，占全国 GDP 的 27.7%，占农村社会总产值的 67%；1997 年，全国乡镇企业上缴国家税金 1526 亿元，占全国税收的 20.4%。1997 年乡镇企业出口商品交货值达 6947 亿元，占全国出口的 30%。如江苏省的红豆集团，1985 年时这个厂生产针织内衣，年产值不到 100 万元，自周耀庭担任厂长后，生产迅猛发展，每 5 年就增加 10 倍，1990 年生产总值达 1000 万元，1995 年达 1 亿元，2000 年销售收入达 10 亿元，已成为全国著名的大企业。如联想集团，1983 年由柳传志等几个科技人员，凑了 20 万元，借了几间房开办的小公司，只 10 多年工夫，现已成为闻名遐迩的大电脑公司了。

三

中国的中小企业 93% 都是 1979 年以后建立起来的，而且其中多数又是 1992 年以后发展起来的（1979 年全国工商企业只有 209.4 万个）。好处是这众多的新企业朝气蓬勃，发展潜力很大，前途无量，但许多问题也出在绝大多数都是新办企业上。

第一，新办的中小企业，无论是雇主还是雇员，大多数是新手，普遍存在资金少、技术力量薄弱、经营管理能力差、经验少、劳动生产率低、标准化程度低、规模效益低等问题，还都处在创业阶段。

第二，大多数中小企业的技术装备差、设施简陋，如大量乡镇企业的工业设备，开办时，多数是从外面购进的二手、三手货，有的还是自己制造的土设备，所以产品质量差，缺乏竞争力。多数商业、饮食服务业也是新办的，从业人员多数是新手，缺少培训，所以服务质量也有待改进。

第三，中小企业目前最大的问题之一是普遍缺乏资金，改善产品和服务质量，发展经营都有困难。这一方面大多是新办，没有积累，另一方面中国的银行系统都还是国有的，他们的贷款对象主要是国有大企业，中小企业贷款非常困难。所以改善信贷系统，对发展中小企业、提高和稳定中小企业非常重要。

第四，对这样面大、量广、在经济发展中越来越重要的中小企业，中国至今还没有一个专门管理和协调、促进发展的机构，也没有相应的法律法规。特别是还没有在相应的大中城市建立起各行业的行业协会，以互相支持、协作、互助、避免恶性竞争等。多数地区的中小企业还处于各自为战、自生自灭的初始阶段，据有些城市统计，每年因各种原因破产、停业、倒闭的约有 10%。

四

1999 年，中国 12.6 亿人口中，城镇人口只占 30.9%。城市化严重滞后于工业化。中国政府已经注意到这种城乡结构不利于经济社会的协调发展，提出了要加快城市化步伐的改革和发展的设想。可以预料，在未来 5～10 年，将有大量的农村人口向城镇转移，有 1 亿多农村劳动力要转移到城镇第二、三产业的行列里，这又是一个中小企业大发展的新时期。为了把现有的 3000 多万个中小企业办好，并且使将要新办的上千万个中小企业从一开始就有一个好的创业和发展的环境，我们需要做好以下几方面的工作。

第一，中国的中小企业，所有制结构很复杂，有国有、集体所有、股份合作、股份制、合伙制、外国独资、中外合资、中外合作以及个体和私营等，但作为中小企业有共性，所以国家应该及早制定大、中、小企业的划分标准，进行分类，并在此基础上，根据中国的国情，制定《中小企业振兴法》，规范中小企业的成长和发展，也规范政府和社会对中小企业的扶持、服务和管理。条件成熟时，也可成立中小企业振兴局，或指定有关部门来专门实施对中小企业的扶持、管理，并提供各种服务。

第二，应在省、地区（或市）的范围内，分行业建立行业协会或同业会，开展行业内和行业间的互助与合作，例如可建立合作性的共用设施，提供诸如技术、信息、咨询等公共服务，以弥补中小企业在资金和规模等方面的不足，合作研制和设计新的产品，提高本行业的生产力和竞争力，提升本地区的行业管理和服务质量。

第三，设立政策性和商业性的中小企业银行，专门对中小企业提供资金信贷和金融服务。这在目前多数中小企业刚刚创办时尤为需要，据1999年5月对北京市1424家中小企业的问卷调查，当问到"目前不利于企业发展的最主要的问题"时，有613家企业把"资金不足"列为第一位，占总数的43%（占工业企业的52.2%，商业企业的45.6%，服务业企业的34.2%）。目前中小企业对贷款的需求有如下几个特点：一是流动资金缺乏，所以贷款要得急；二是贷款频率高，约为大型企业的五倍；三是贷款数量少；四是贷款的管理成本高。所以可考虑建立中小企业信用担保基金，或中小企业互助基金，鼓励中小企业加入互助基金会，这样借贷方便些，成本也可以降低。建立中小企业的金融支持体系，是促进中小企业发展的重中之重。

第四，建立中小企业的社会化服务体系。众多中小企业在市场经济的大潮中，好像是大海中航行的小船，优点是船小好掉头，适应市场需求，比较灵活，但稳定性差，难以抗衡大的风浪。政府应为他们创造好的发展环境，应大力发展社会中介组织，加速建设中小企业的社会化服务体系，为中小企业提供各种服务。目前，分行业建立各种培训教育中心，如可以对企业主、经理进行经营管理的培训，可以对专业人员，进行技术培训，可以对一般雇主进行各种业务培训，以提高经营管理能力、提高技术创新能力、提高服务质量。

中小企业是我国经济发展的主力军。据1999年的统计，中小企业占全部工商业企业的98%，占全国工业产值的60%，在已实现的税收中占40%，占就业劳动力的75%，在新增就业岗位中占80%，增长速度约是大型企业的四倍。把中小企业的事情办好，这是中国的经济社会持续稳定健康发展的基础。

小城镇战略与城乡关系*

一　城市是现代文明的载体

历史的经验表明，从传统的农业社会向现代社会转变，必然要经过工业化、城市化阶段。从经济发达国家的经验看，工业化、城市化、现代化三者是同步的。在实现工业化的同时，大量的农业劳动力转变为工业劳动力，向城市集聚，农业人口也就转变为城市人口，实现城市化，同时，也就逐步实现现代化。

我国在 20 世纪 50 年代中期以后，实行了计划经济体制，在三年经济困难以后的特有的历史条件下，建立了特有的农业户口与非农业户口有严格区别和限制转移的户籍制度，逐步形成了"城乡分治，一国两策"的二元社会结构。当大量积累的资金、农产品、工业原材料向工业、城市转移的时候，农民却被排斥在城镇之外。改革开放以后，农业发展了，农产品供给充裕了，农村出现了大量的剩余劳动力。但因为城乡分治的户籍制度没有根本性的改革，一部分地区的农民在农村创办了乡镇企业，搞农村工业化，另外，还有一部分农民则以到城镇打工的形式成为中国特有的"农民工"，形成"民工潮"。由此，产生了诸多的经济和社会问题。

由于城乡分割的户籍制度没有改革，二元社会结构没有根本的改变，这就严重阻滞了我国城市化的发展。我们现在工业化已达到中期阶段，但城市化却只达到工业化初期的水平。1999 年我国的城镇化率只有 30.4%[1]，

　　＊　本文源于作者手稿，手稿写于 2000 年 10 月 12 日，系作者某次讲课的提纲。第二节小标题
　　　　为本书编者根据该节内容所添加。——编者注

　　①　国家统计局编《中国统计年鉴·2000》，北京：中国统计出版社，2000 年 9 月，第 95 页。

大大低于经济发达国家的水平（一般都在 70% 以上），也低于多数发展中国家的城市化水平（如印度等）。1996 年，全世界城市化平均为 46%。我国因为城镇化严重滞后于工业化，既阻滞了社会的全面进步，也阻碍了经济的发展。1996 年以后，我国的工农业主要产品有 2/3 供过于求，从卖方市场转为买方市场，物价下跌，销售困难，市场疲软，企业陷入困境。其实，从许多工业产品的产量看，人均还是很低的，如我国有 3.4 亿个家庭，而电冰箱和洗衣机只年产 1000 多万台，按理是不应该销不出去的，但因为 70% 是农户，限于购买力和农村基础设施不完备（没有自来水和电力供应不正常），销售就困难了。

城市化滞后，已经严重影响经济健康稳定协调地发展，也影响教育科研等社会事业的发展，阻滞社会的全面进步。

二　中国的城市化将怎样实现

调整社会结构，调整城乡关系，加快城镇化步伐，是我国经济社会全面协调发展的必然选择，这也是世界现代化发展的必然趋势。从国际上发达国家走过的历史看，城市化达到 30% 以后，将是城市化加速发展的阶段，未来 20～30 年则是中国城市化快速发展的时期，现在上下已有了这个共识，预期到 2030 年，中国的城市化率将达到 60% 左右。

中国的城市化将怎样实现？现在主要有四种观点。

1. 主张中国城市化应以发展大城市为主，城市规模越大，有积累作用，经济社会的效益越好，也最节省土地，而且有较强的辐射作用，要形成都市圈、都市带，日本、韩国等都是走的以发展大城市为主的城市化道路，符合人多地少国家的国情。

2. 主张中国应该走以发展中等城市为主的城市化道路。他们认为大城市容易产生大城市病，交通堵塞，环境污染，生态恶化，生活质量不高，社会治安也难以管好。30 万人以下的小城镇则形不成规模效益，基础设施投入产出不符合经济学原理。小了形不成完善的网络，大了不能充分利用，所以发展 30 万～50 万人的中等城市最好。

3. 主张中国城镇化应以发展小城镇为主，其中首先要加快建设县政府所在地的城关镇和各县的建制镇，然后把各乡镇建设起来。他们认为走这条路最便捷，农民可以比较顺利地转变为城镇居民，又可避免城市病，基础设施也可简单一些，不会引起环境问题，管理也比较容易。

4. 还有一种注重大城市、中小城市、小城镇共同发展，走多元城镇化的道路。中国地域广大，发展很不平衡，要根据各地区的区情地情，随着市场经济发展的要求，不拘泥于某一种模式，适合哪种形式就发展哪种形式，逐步形成都市圈、城市带、中小城市和小城镇相互结合的城市化体系。

三　小城镇发展战略

1998 年 10 月，中共十五届三中全会，提出了"小城镇，大战略"的方针。这是根据当前我国国情有针对性地实现城镇化的战略设想。一方面，我们要调整社会结构，要调整城乡关系，要让更多的农民尽快从土地上转移出来，"只有减少农民，才能富裕农民"，这是推动经济发展的一个大战略。另一方面，我们的国有大中型企业正在深化改革，经济效益还不是很好。我国已有的大中城市本身的基础设施等方面的欠账很多，城市体制也在一步步改革，大中城市本身的就业压力还很大，一时还难以吸收和容纳大量的农业剩余劳力和农业人口，而且已经实行了多年的城乡分治的户籍制度和社会保障等制度，还不可能一下子改革好。这方面的改革，将是一个逐步实现的较长过程。

所以，在当前，比较现实的途径是先开放县城关镇和县以下的建制镇及乡镇，让农民第一步先进小城镇，创造条件，使一部分农民到小城镇务工经商，办各种企业和事业，使这部分农民在小城镇安居乐业。随着经济的发展，市场经济体制的完善和成熟，有些小城镇就可能发展成中小城市，以致有少量的还会继续发展成大城市［现在东部沿海有些县（市）的城镇已经发展成 20 万~30 万人的城市了］。当然，有些小城镇由于各种原因会衰落，这里的居民将迁移到大中城市或其他小城镇里去。经过 20~30 年的发展，每个区域将会逐步形成以某个或几个大城市为中心，以若干中小城市为纽带，并以众多的小城镇为基点，逐步形成大中小城市有机结合，城乡一体化的城镇化网络。

就当前的国内形势看，发展小城镇是比较现实的选择，发展小城镇是改变"城乡分治、一国两策"的二元社会结构，促进经济社会协调发展，加快城镇化步伐的关键性措施，也是推动社会主义市场经济体制建设，在全国形成统一的社会主义大市场的重要步骤。

小城镇：新的经济增长点[*]

一　工业化已进入中期，城镇化只达到
工业化初期水平

从现代化国家已经走过的历史看，工业化与城市化是同步发展的，有些国家城市化还略快于工业化。我国的计划经济体制和特有的历史背景下形成的城乡分割的户籍制度，使城市化严重滞后于工业化，1997 年，我国 GDP 中第一产业占 18.7%，第二产业占 49.2%，第三产业占 32.1%，而全国城镇人口只占总人口的 29.9%。[①] 12 亿多人口，农民仍占 9 亿。占人口总数 70% 的农民消费不到 40% 的商品，三个农民消费的商品还不如一个市民，这也是目前市场疲软的社会背景。

学术界普遍认为，目前我国已进入工业化中期阶段，但我国的城镇化水平却只达到工业化初期的水平。即使按照目前世界人口城镇化的平均水平 45.5% 计，我国 1997 年的城镇化率也落后 15.6 个百分点。如果使城镇化率提高 15.6 个百分点，意味着可以增加 1.9 亿城镇人口。

调整社会结构已成了当务之急，如果我们采取适当的政策和措施，加快小城镇建设，用 3～5 年工夫，让 1.9 亿或更多的农业人口到小城镇安家落户，那么当前的许多经济问题就可以得到解决，至少可以得到缓解。

---

* 本文源自《南方日报》2003 年 1 月 29 日第 A7 版。该文系该报专栏文章《城镇化：下一轮发展的突破口》中的陆学艺的观点摘要。——编者注

① 国家统计局编《中国统计年鉴·1998》，北京：中国统计出版社，1998 年 9 月，第 56、105 页。

二 加快小城镇建设一石数鸟

调整社会结构，积极发展小城镇，是对原有计划经济体制的又一次大的冲击。改革原来与计划经济体制相适应的城乡分隔的二元社会结构，使城乡融合形成城乡一体的大市场，是建立完善的社会主义市场经济体制的重要步骤，意义十分重大，必定会产生巨大的社会影响。

第一，可以使过于分散的乡镇企业，适当向小城镇集中，让小城镇成为乡镇企业的重要载体，使正处在结构调整、体制创新过程中的乡镇企业，得到小城镇各种"硬件"的支持。公路、水、电、通信以及相关的公用设施可以公用，一些先进适用技术可以在企业间互相传播和共同开发。既节省了投资也增加了效益，对于乡镇企业新一轮发展和提高是非常有利的。

第二，让1.9亿农民（其中多数是先富起来的农民）进入小城镇，他们必然要建房、买房或租房，住宅业就会兴旺，加上相应的基础设施建设，建筑业也繁荣了，以平均每人1万元住房消费计算，几年工夫就有1.5万亿元的需求，这会大大推动建筑业和相关产业的发展。

第三，农民进了城镇，生产方式、生活方式就会改变，传统的消费观念也会改变，加上有了小城镇的电力、自来水、通信等基础条件的支持，农民购买彩电、冰箱、洗衣机等家电产品和服装、皮鞋等日用消费品的需求就会大量增加。

第四，1.9亿人向上万个小城镇集中，使城镇人口有了相当的规模，商业、交通、邮电、文化、教育、医疗、科技以及其他各种第三产业，就会相应发展起来，形成生产和消费的良性循环。我国的第三产业发展严重滞后，原因是没有城镇的发展作为依托，城镇发展起来了，第三产业就会迅速发展，整个社会的现代化水平就能上一个台阶。另外，就农村来说，转移出了1.9亿农业人口，按现在农业已达到的生产水平，农业产量和农村经济收入不会受到影响，那么留下的7亿多农业人口就等于增加了20%多的收入，这实际上也等于增加了农村的购买力。上述种种都说明调整社会结构，加快小城镇建设，是当前培育新的经济增长点，扩大内需，促进经济协调发展的重要环节，可以有一石数鸟的妙用。

农村调查

从中观层次的百县市调查到微观层次的百村调查[*]

中国百村经济社会调查，是继全国百县市经济社会调查之后，又一项由中国社会科学院组织协调的大型社会调查研究项目。进行这项大规模调查研究，同样是为了加深对我国国情的认识，特别是为了对我国现阶段农民仍占总人口 70% 的农村社会有一个更加深刻、科学的认识。

1988 年初，中央宣传思想工作领导小组提出，为了拓宽、拓深对社会主义初级阶段理论的认识，要进行国情调查。中国社会科学院接受、承担了这项工作，指派专业人员进行策划、拟订开展国情调查的方案，并于 1988 年 4 月在全国社会科学院院长联席会议上，向全国社会科学界发出了"开展县情市情调查"的倡议，得到了各省区市社会科学院、党校、高校和政策研究机构的响应与支持，并得到国家社会科学基金的资助，被列为全国哲学社会科学 "七五" 规划重点课题（以后又被列为全国哲学社会科学 "八五" 国家重点课题）。从此，此项大规模的国情调查就在全国 31 个省区市开展起来。

1988 年 8 月，课题组在全国范围内选定了 41 个县市作为国情调查的第一批调查点，并在郑州召开了首次国情调查协调会议，会议主要讨论如何开展此项调查，怎样选点，怎样调查及调查的内容、调查方法，调查专著写什么、如何写等问题。经过与会代表的热烈讨论，最后确定，国情丛书

---

* 本文源自《内发的村庄》（陆学艺主编，北京：社会科学文献出版社，2001 年 5 月），第 1～8 页。作者：《中国百村经济社会调查》总编辑委员会，执笔：陆学艺。原稿写于 2000 年 12 月，系《中国百村经济社会调查丛书》的总序，现标题为本书编者根据序言内容所拟定。该序言还收录于《"三农"新论——当前中国农业、农村、农民问题研究》（陆学艺著，北京：社会科学文献出版社，2005 年 5 月）、《陆学艺文集》（陆学艺著，上海：上海辞书出版社，2005 年 5 月）。——编者注

的编写方针是，丛书中的每一本书都是一部以描述一个县（市）自 1949 年以来，特别是改革开放以来的政治、经济、社会、文化的发展状况为主的学术资料性专著。实事求是，以描述为主，要具有科学研究价值、实用价值。会议还讨论制定了统一的县、市情调查提纲和调查问卷，并正式确定了 41 个县（市）作为第一批调查点。自此，这项全国规模的国情调查在各地正式开展起来。

1989 年 5 月 24～25 日，在南京召开了第二次国情调查协调会议。会议是在南京师范大学校园里开的，由当时中国社科院分管政法社会学片的副院长郑必坚同志主持，这项重点课题也由他来牵头主持。这次会议集中讨论了本次国情调查成果的整理、写作问题，与会者结合先期调查的"定州卷"等初稿，展开了热烈的讨论。会议还决定，本丛书正式定名为"中国国情丛书——百县市经济社会调查"。

1990 年 8 月，在北京西部青龙桥军事科学院招待所召开了第三次国情调查协调会议。出席这次会议的有总编委会的主要成员和各地分课题组的负责人共 80 余人。会前中国社科院党组决定了总编委会的组成人员，主编丁伟志，副主编陆学艺、石磊、何秉孟、李兰亭，何秉孟和谢曙光为正副秘书长。经过多方协商，丛书由中国大百科全书出版社出版，出版社总编辑梅益等领导同志给予了极大的支持，并于 1991 年成立以谢曙光同志为主任的中国国情丛书编辑部，专门从事这套丛书的编辑出版工作。该编辑部后来成为总编委会事实上的日常办事机构。

这次会议的主题是研讨如何定稿。丁伟志同志在会上提出了这套丛书要在坚持正确的政治方向的同时，坚持严肃认真的科学态度，从实地调查到写作、定稿都要贯彻真实、准确、全面、深刻的方针，并为此做了详细的阐述。经过讨论，大家一致通过这个方针，认为这是实现这项大型经济社会调查既定目标的保证，也是检验每项调查、每本书稿的标准。为了保证丛书的质量，会议还确定，各地的书稿定稿后，先送总编委会，由总编委会指定专家进行审阅，通过后再交出版社编辑出版。本次会议还就第二批调查点的布点问题做了认真部署。

青龙桥会议以后，各课题组按总编委会的要求对初稿进行了认真的修改，第一批书稿陆续送到北京。经以何秉孟同志为首的专家审稿组的认真审阅，丛书编辑部编辑加工，第一本《中国国情丛书——百县市经济社会调查·定州卷》在 1991 年 4 月正式出版。20 世纪 30 年代，社会学家李景汉教授曾写过《定县社会概况调查》，定州卷则描述了 20 世纪 30 年代以后，特别是 1949 年以后 40 多年定州的经济社会的变迁状况。

1991 年 4 月，总编委会在河北省香河县中国科学院大气物理所的工作站召开了第四次国情调查协调会议（其时，国情调查的第二批调查点 21 个县市的调查已在各地展开）。会上总结了国情调查三年来的经验和教训，对第一批调查点还未定稿的几个县市做了如何扫尾的安排，对第二批调查点的调查和写作提出了规范化的要求，特别强调从第二批点的调查开始，都要求对城乡居民进行 500~700 户的问卷调查，今后问卷由总编委会统一印制，抽样、调查方法由总编委会数据组统一规定。经过大家讨论，认为强调县市调查要有居民家庭问卷调查，这是使本项调查更加科学规范，并能获得更深层第一手资料的保证。大家一致同意，从第二批调查点起，没有城乡居民家庭问卷调查及其数据分析的，不能通过评审和出版。

1991 年 9 月总编委会在中国社科院报告厅举行了"中国国情丛书——百县市经济社会调查"定州卷、兴山卷、诸城卷、海林卷、常熟卷首批 5 卷成果发布会。丛书总编委会顾问邓力群、中国社科院副院长刘国光、著名学者陈翰笙等专家学者与上述 5 卷的主编和调查点的党政负责同志共百余人出席了会议。著名经济学家董辅礽、文献专家孙越生等学者对丛书首批成果做了评述。专家们对这项大型社会调查首批出版的成果都表示了充分的肯定和赞赏。从此，这套丛书就在国内外公开发行。

1993 年 7 月，总编委会在中央党校召开了第六次国情调查协调会议。在会前，考虑到此项国情调查已经进行了 6 年，各地涌现了一批从事此项调查的专业骨干，他们都有继续进行国情调查，并做进一步研究的希望和要求，也为了便于交流和研讨问题，经过酝酿并得到中国社会科学院的批准，决定成立中国社会科学院国情调查研究中心，由陆学艺任主任，何秉孟、谢曙光为副主任，北京和各地的一部分专家（多数是从事此项调查的）为研究员，聘请丁伟志、邢贲思为顾问。在协调会议期间，国情调研中心举行了成立大会。此次协调会主要是研究讨论并解决调查点的调研、写作中的问题。考虑到前两批点的调查已经完成，但由于研究分析和写作、统稿等方面的原因，有些卷的质量达不到要求（有连续三次退回修改的），而调查的材料已有三四年了，所以会议要求，第一、二批调查点未完成写作任务的，都要求再做新的调查，要把近几年的变化写进去。会议还布置了第四批调查点的调查。

到 1994 年，有约 50 个县市完成了调研和写作，出版了 30 余卷。就全国范围说，布点工作已经结束，但各地的课题组仍在继续进行调研和写稿工作。开始时总编委会商定，每个省区市根据人口区划的不同，部署 2 ~ 5 个调查点，要求选取不同经济发展程度、不同类型（山区、丘陵、平原等）和有各种代表性的县市，以求全面、准确地反映整体国情。1995 年以后，总编委会根据各地调研的实际情况，又陆续批准布了一些新的调查点，以求填平补齐，使布点尽可能做到合理。另外，还有一些是由于丛书出版以后，社会反响很好，有些市、县的领导主动要求列为调查点，如新疆的吐鲁番市、广东的珠海市等。总编委会根据总的布局平衡原则，也批准了一些新点，所以到最后全国一共布点 108 个。

1994 年以后，总编委会的几位同志先后到湖北、新疆、广西、辽宁、山东、广东、江苏、云南、江西、海南、黑龙江等省区，同当地社会科学院、党校的同志一起走访了这些省区被调查点的领导和群众，听取他们对丛书的意见，也参加了一部分书稿的评审会或出版后的发布会。各地对本丛书调研和写作、出版都很重视，给予了很高的评价，有不少卷被当地评为社会科学优秀著作，得了奖。

从 1988 年 2 月中国社会科学院开始酝酿组织这项大型国情调查时起，直到 1998 年 10 月最后一卷出版，历时 10 年零 8 个月，终于完成了这项国情调查任务，这是中国自 1949 年以来进行的少数几次大规模经济社会调查之一。先后共出版了 104 卷 4000 多万字。后来，经过总编委会的国情丛书编辑部的同志开会评议、协商，从中减去了四本。所以，最后送交全国社会科学基金会作为最终成果的是 100 本。当时预定的目标，是希望通过对 100 个县市经济、社会、政治、文化等方面的调查，对 1949 年以后特别是改革开放以来所取得的成就以及现代化建设中面临的各种矛盾、问题进行全面系统的调查研究，从多个角度、各个层面来提供第一手真实准确的资料和数据，以便进一步摸准摸清我国的基本国情，加深对社会主义初级阶段理论的认识。现在可以说，这个目标基本实现了。这套国情丛书，每一本都是以描述一个县（或市）的历史和现实发展状况为主的学术资料性专著。它既可以作为制定政策、发展战略的依据，也可以作为全面研究基本国情或研究社会科学某一方面专题的资料，亦可作为进行国情教育的基础参考书，所以这套丛书既具有实用价值，又有科学研究价值。因为这套丛书是在 20 世纪 80 ~ 90 年代真实记录了分布在全国 31 个省区市的各种类型、各种发展水平的 100 个县市的实际状况和发展轨迹，这些资料来之不易，十分珍贵，所以又具有保存价值，历史越悠久，其价值越可贵。

国情丛书出版以后，就受到国内外学术界的欢迎，认为这是社会科学界的一项很重要的学术资料基本建设项目，具有十分重要的学术价值。广东省社科院的一位领导说，将来用这套丛书的资料和数据能培养一大批博士、硕士出来。实际工作部门的同志也很欣赏，诸城市委的领导，在读了《国情丛书——百县市经济社会调查：诸城卷》之后，认为这部书是诸城的百科全书，应该是诸城干部特别是市委、市政府领导干部必读的书，对熟悉市情做好工作，以及对外交流都很有意义。中国社会科学院在建院 20 周年评选建院以来的优秀成果时，给"国情丛书——百县市经济社会调查"颁发了特别荣誉奖。

国情丛书总编委会原来有个设想，在 100 个县市调查告一段落以后，要组织相应的课题组，将这 100 个县市调查提供的资料和数据，分门别类，进行纵向的专题研究，写出如农业、工业、社会、文化、教育、科技等专题研究专著，最后进行综合研究，写出集大成的国情分析报告。20 世纪 90 年代中期曾经启动过几项专题研究，但由于人力、财力等各方面的原因，此项研究计划并没有付诸实施，这是美中不足的一个方面，有待以后来弥补。

1996 年当百县市调查基本告一段落的时候，课题组内外的一部分专家提出，"国情丛书——百县市经济社会调查"是一项重大的学术成果，对认识国情有很重要的价值。但一个县市，上千平方公里，几十万、上百万人口，对县市经济社会的调查，总体上属于中观层次的调查，对农村基层情况的调查还是比较少。而中国是一个农民占绝大多数的大国，改革开放以后，农村率先改革，这 20 年，农民变化最大，农村基层社会变化最深刻，这是决定中国社会主义现代化命运的基础，是弄清国情必不可少的。如能在百县市调查的基础上，再做 100 个村的调查，从微观层次上对这些村乃至村里的每个农户在改革开放以来的状况加以调查，经过分析，全面系统地加以描述，形成村户调查的著作，这就更有意义了。百村调查是百县市经济社会调查的姊妹篇，两者结合起来研究，将相得益彰，加深对中国基本国情的认识，就更加完整了。对这个建议，总编委会的几位同志经过几次研究，认为这个意见很好，而且很及时。于是做了两项工作：一是组织一个课题组，到河北省三河市行仁庄进行试点调查，形成村的调查提纲、调查问卷和写作方案，为将来开展此项调查做准备；二是在 1997 年 7 月写出了"中国国情丛书——百村经济社会调查"的课题报告，向国家社科基金申请立项。全国哲学社会科学规划办公室的领导同志认为这个创意很好，很有价值。但因为此时全国哲学社会科学"九五"规划重点课题的评审已在 1996 年结束，立项时间已过，不好再单独立项。后来经过总编委会同全国哲学社会科学规划办公室反复协商，全国哲学社会科学规划办公室考虑到百县市经济社会调查课题组很好地完成了任务，再做一次百村调查是百县市国情调查的继续，很有必要，所以于1998年10月特殊批准了"中国百村经济社会调查"这个课题，补列为国家社科基金"九五"重点项目，并专门下批文确认，批文号为98ASH001。

"中国百村经济社会调查"立项后，受到各地社会科学界，特别是原来进行百县市经济社会调查的单位和专业工作者们的欢迎。至今已经有30多个单位组织了课题组，并陆续选点、进点，开展了村情调查。

"中国百村经济社会调查"的目的，同样还是为了加深对我国基本国情的认识，特别是要对我国农村、农民、农业的现状和发展有一个科学的认识。"不了解中国农民，就不了解中国社会"至今仍不失为至理名言。现阶段农民的境况到底怎样？他们在做什么？想什么？特别是他们将来会怎样变化？中国的农村将怎样实现社会主义现代化？不同地区的情况是不同的，我们要通过对不同地区、不同类型、不同发展程度的农村进行调查研究，来描述反映新中国成立50年来农村、农业、农民的变化。

行政村是中国农民世世代代繁衍生息的最基本的地域单元，也是构成中国农村社会最基础层次的政治单元。20世纪80年代中期以后，农村实行村民自治。由全体村民直接选举村民委员会主任和委员，组成村民委员会，实行民主选举、民主决策、民主管理、民主监督。十多年来，中国的村民自治已经做出了很大的成绩，积累了很多经验，造就了农村社会安定有序的政治局面，所以，党的十五届三中全会称赞村民自治是中国农民的又一伟大创造。

行政村还是一个事实上的经济实体。它的前身是人民公社下属的生产大队。原来在政社合一体制下，既有组织生产经营的经济功能，又有行政功能。改革以后，农村实行家庭联产承包责任制，在生产大队一级组织村民委员会。法律规定，村委会是土地集体所有的承担者，土地的发包单位。这些年实践的结果有多种情况，一种是有些集体经济比较雄厚的村，在村民委员会以外，还组建了农工商公司或（合作）经济委员会，同受村党支部（或党委）领导，村是一个比较完整的经济实体。但这类村是少数，现在全国绝大多数村的状况是，村已不是完整的集体经济、生产经营单位，村作为集体所有土地的发包单位，把土地（包括山林等）分包给农户，农民家庭成为自主生产经营的实体。其中的一部分行政村，还有一部分经济职能，为全村农业生产提供统一灌水排水、统一机耕、统一供种、统一植保等社会服务。而在经济不发达的地区和边远山区，行政村连这类社会化服务也做不到，只是一个基层的行政单位和土地发包单位。

农村实行家庭联产承包责任制已经20多年了，总的发展是好的，农村有了很大的变化，但各地区村的发展过程和发展状况千差万别，农户分化的状况也是千差万别。我们这项"百村经济社会调查"，就是要通过对这100个村及其农户的调查，将这些村在新中国成立以来，特别是改革开放以来的政治、经济、社会、文化的变化过程、变化状况"摸准、摸清"，经过综合分析，通过文字、数据、图表把这些村过去和现在的状况如实地加以描述，既能通过这些村的发展展示新中国成立50年、改革开放20年来农村发展的一般规律，也能展示这些村特有的发展轨迹。

现在呈现在大家面前的是一套与"中国国情丛书——百县市经济社会调查"有着天然联系的关于现实中国农村的调查研究成果，经与出版者反复商量，最后定名为"中国百村调查丛书"，后缀所调查的村名，每本书有一个能概括该村庄内在特质的书名，如行仁庄是以内发型为基本特质的村落类型，我们就将之定名为《内发的村庄》。

"中国国情丛书——百村经济社会调查"同样是一项集体创作的集体成果。参加这项大型国情社会调查的，是国家和各省区市的社会科学院、大学、党校以及党政研究机构的社会科学工作者，他们同被调查地区的党政领导干部相结合，得到后者的支持和帮助，并且还要有被调查行政村的干部和群众的积极配合，实行专业工作者、党政部门的实际工作者和农民群众三结合，才能共同完成这项科学系统的调查任务。

写好"中国百县市经济社会调查"的续篇[*]

1978 年实行改革开放以来，中国的经济社会结构发生了巨大而深刻的历史性演变。中国正在由一个传统的农业、农村社会转变为工业化、城市化的现代社会，正在由一个封闭的、自成一体的国家转变为逐渐融入全球化浪潮的开放国家，正在由一个落后的、一百多年来饱受侵略和欺凌的国家，转变为跻身于世界现代化强国之林的国家。改革开放大业，是一场占世界人口五分之一强的 13 亿人民的进步运动。她已经改变了中国的面貌，还在进一步发展变化之中，影响及于世界。她是 20 世纪后期世界发生的最重要、意义最深远的大事。

伟大的变革，一定会有科学的总结。对于改革开放以来的这场大变革，应该做深入的研究和总结。她是怎样发生的？是怎样发展变化的？经历了哪些中间环节和中间过程？她从计划经济体制向社会主义市场经济体制转变是怎样一步一步走过来的？有哪些基本经验？有哪些要汲取的教训？未来要怎样演变和发展？还有哪些重大的问题要解决？所有这些，不仅是中国人民普遍关注的大问题，而且也是世界各国人民关注的大问题。这样的总结，当然首先应该由当代中国人自己来做，因为这是发生在自己身边的事情，有亲身的经历和体会。

一场伟大而深刻的历史变革，影响范围广大且时间久远，对之会有各种各样的总结，既有当代人从不同的立场、观点和不同的学术视角的总结，也有后代人的各种总结。中国人有总结历史的好传统，"温故而知新"是我

---

* 本文源自陆学艺手稿，系作者于 2005 年 8 月 28 日为《中国国情丛书·百县市经济社会追踪调查》写的总序，现标题为本书编者根据序言内容所拟定。参见黄陵东主编《内发的变迁——百县市经济社会跟踪调查（晋江卷）》，北京：社会科学文献出版社，2007 年 11 月，第 1～4 页。——编者注

们的格言。所以，后代人的总结，虽然比较简约，但常会有更加全面、更加深刻的佳作，给人们新的启迪和警示。

中国的改革开放大业，还在继续，中国经济社会结构的大变迁还在继续。原有的社会矛盾解决了或基本解决了，新的社会矛盾产生了或正在产生。中国的新的历史长卷正在按照规律一步一步的展出。1980 年代以来，国内、国外的人们对中国这场巨变已经做了很多的总结，有的是很有见地的，有的是浮光掠影的描述，或者只是个人的臆测和猜想。这是难免的，因为变革本身还在演变之中，有许多不确定因素，加上体制等方面的原因，一些变革的真正原因、重大改革和重大事件决策的真相，还没有公示。所以，真实的、全面深刻的总结还有待于未来去做。

伟大的变革，亿万群众亲身参加的变革，总结本身也应该是群众的事业。人们可以从不同的方面、不同的角度、不同的时段，用不同的形式做出各种不同的总结。一旦条件和时机成熟，集腋成裘，集其大成，真实、全面、深刻的总结就诞生了。当前，我们应该为中国这场伟大的变革做各方面的准备，其中一项工作是很重要的，那就是通过实地调查研究，采用各种形式，把改革开放以来中国的政治、经济、社会、文化等各个方面的变化情况、变化过程，如实地记载下来。中国的这场巨变，可以说是自周秦以来，经济社会结构发生最巨大、最深刻变化的一次演变，不仅是经济基础、社会结构变了，上层建筑也变了；城市变了，农村也变了；生产方式变了，生活方式也变了；家庭婚姻变了，社会心理、价值观念也变了。而且这种变化非常迅速，转瞬即逝。有的农村，几个月工夫，整村、整屯地不见了。有的地方，几年工夫就冒出来一个很大的城市。就是住在北京，几个月不出门，再到原来很熟悉的社区去看，旧有的四合院不见了，十几幢大楼矗立起来了，连路也不认识了。我们这一代人，有责任通过各种调查方法和形式，把这一巨大变化从各个侧面记载下来，越具体、越详细、越真实越好。这些调查记录，不仅对研究中国的经济学、社会学有意义，对政治学、历史学、哲学等也有意义。这些调查资料，不仅当代有价值，而且对后代也有用。时代越久，越珍贵。可以说，这是对中国这场巨大变迁做出科学总结的学术准备，也是最重要的基础工作。

1988 年，为了贯彻落实邓小平同志关于"摸准摸清"中国国情的指示，加深对于社会主义初级阶段理论的认识，在国家社会科学基金会的大力支持下，中国社会科学院开始组织实施"中国百县市经济社会调查"，这是一项全面系统的综合性调查。从全国 31 个省区市选定了 104 个不同地域类型、

不同发展程度、具有代表性的县或（市）作为调查对象。调查的内容是自
1949 年以来，特别是改革开放以来，这个县（市）的政治、经济、社会、
文化等方面的演变过程和状况。调查的形式和方法，组织专业调查研究人
员到这个县（市）蹲点，同当地的干部群众相结合，广泛收集大量的文献
资料，召开各种座谈会，听取各部门干部群众的介绍，并且坚持下厂下乡，
走村串户，做抽样问卷调查，对各个阶层、各类人员深入访谈，下大功夫
掌握第一手资料，按照"真实、准确、全面、深刻"的方针，进行分析研
究，写出反映这个县（市）全貌和历史演变过程的调查研究成果。本项大
规模国情调查，是中华人民共和国成立以来进行的少数几次大规模经济社
会调查之一，是一项浩大的调查系统工程，先后有近 3000 名社会科学专业
工作者和实际工作者参加，动员了数以万计的干部群众来协助，取得的数据
资料以亿计。最终成果由中国大百科全书出版社以"中国国情丛书——百县
市经济社会调查"为丛书名，自 1991 年起陆续出版，到 1998 年 10 月出齐，
共 104 卷 4000 多万字。经总编委会和国情丛书编辑部开会评议和协商，从
中减去 4 本，最后送交国家社会科学基金会作为最终成果的是 100 卷。前后
历时 10 年又 8 个月，完成了预定的计划。

这 100 卷国情丛书，每一本都是以描述一个县（市）的历史和现实发
展状况为主的学术资料性专著。它们既是各级政府制定经济社会政策和发
展战略的依据，也是进行基本国情研究或社会科学专题研究的基础资料，
具有重要的现实应用价值和较高的学术价值。这套国情丛书，真实地记录
了分布在全国 31 个省区市的各种类型、各种发展水平的县（市）的历史演
变轨迹。这些资料和数据（每卷在 2 万个以上）来之不易，十分珍贵。所以
这套国情丛书又具有重要的保存价值，历时愈久远，其价值愈珍贵。因为它
是对 20 世纪 80 ~ 90 年代中国改革开放以来中国发生伟大变革的真实记录，是
对这场伟大变革做出科学总结的基础性学术工作。所以，这套国情丛书一出
版，就受到国内、国际学术界的欢迎，认为这是社会科学界的一项很重要的
学术资料基本建设的成果。这套国情丛书是国际国内各大学、各学术单位的
图书馆的藏书。全国哲学社会科学规划办公室对本项成果给予了高度评价，
公开表彰。中国社会科学院为本丛书颁发了科研成果特别荣誉奖。

从 1991 年出版第一批国情丛书（调查内容是 1988 ~ 1989 年前的），距
今已十多年。这十多年，恰是中国经济社会变化最大的时期，小平同志
"南方谈话"、党的十四大明确指出要建立社会主义市场经济体制，国有企
业改革、乡镇企业改制、科教兴国战略和可持续发展战略的实施，第八、

第九、第十个十五年计划的顺利完成,综合国力有了极大的增强,胜利实施了现代化建设"三步"战略的第一步、第二步目标,总体上达到了小康水平。这十多年是中国政治、经济、社会、文化等各个方面改革和发展最快的时期,是人民群众得到实惠最多的时期,也是城市、农村面貌发生了根本性变化的时期。有鉴于此,国情丛书总编委会认为有必要在第一次百县(市)情调查的基础上,选择部分县(市)(40个左右),做一次追踪调查,做深入翔实的比较研究,这有利于我们准确把握 21 世纪初期的中国国情。为此,总编委会向国家社会科学基金会和中国社会科学院提交了申请报告。2003 年春,国家社科规划办正式批准"中国百县市经济社会追踪调查"课题,定为规划"十五"全国哲学社会科学重点项目。中国社会科学院也批准本课题的立项,给予了重点资助。"中国百县市经济社会追踪调查"课题立项后,第一批五个点已于 2004 年启动,初定分 3~4 批进行,2007 年完成。本次追踪调查的内容,强调以科学发展观为指导,着重反映这十多年在改革开放、建立和完善社会主义市场经济体制过程中,经济社会发展所取得的成就和面临的问题。既要重视同上次调查内容的衔接,做出相应的比较,探讨发展变化的内在规律,也要有新的拓展,对改革发展中出现的新事物、新领域、新问题,充分予以反映。

本次追踪调查的方针,仍始终坚持贯彻"真实、准确、全面、深刻"的八字方针。实践证明,这个方针是正确的,保证了"中国百县市经济社会追踪调查"这项大规模调查众多人员的认识和步调一致,保证了最终成果的质量。

本次追踪调查的成果,定位为资料性和研究性相结合的学术专著。在全面深入调查、掌握大量第一手资料和数据的基础上,进行综合分析,并与上次成果做比较研究,得出一些规律性认识,写出有一定科学研究价值、实用价值和保存价值的专著。最终形成的成果,将由社会科学文献出版社从 2005 年起陆续出版。

本次追踪调查,是继"中国百县市经济社会调查"后的又一次大规模的社会调查,意义重大,难度也很大。既要参与此项工作的社会科学工作者敬业贡献、尽心尽力,又一定要有被调查县(市)的领导和各级干部、广大群众的大力支持和参与,群策群力,才能完成。我们虽然有了组织实施上次调查的实践,但是在新的历史环境、新的条件下要更好地完成这项新的任务,还是要解决好一系列新的难题。我们竭诚欢迎社会各界及广大读者不吝赐教,提出各种批评和意见,帮助我们把这项具有重要现实意义和学术价值的事情办得更好。

"三农" 问题总论

关于中国农民、农业、农村现状的
几点思考[*]

  2000 年 8 月 24 日，《南方周末》头版发表了湖北省监利县棋盘乡党委书记李昌平写给国务院领导的信。据报道，当地人称这是"新中国成立以来，监利县影响最大的信"。依我看，这是一篇真实描述农村现实状况的好文章。第一，文章开门见山，点出了当前农村存在的问题。全文只有1595 个字（含标点符号），通过七个方面的事实，把问题说透了。第二，这是一位在农村基层工作了 17 年的青年共产党员、经济学硕士，经过几个月的前思后想，犹豫反复，最后出于对农民的深切同情、对党的无限忠诚、对党中央国务院领导同志的信任，写了，寄了。经调查核实，他说的完全是真话，反映的是实情，也道出了几十万农村乡镇干部的心声。第三，文章画龙点睛，说了三句话，"现在农民真苦、农村真穷、农业真危险！"[①] 15 个字，把当前农村的问题说明白了！字字千钧，振聋发聩，很值得我们深思！

---

  * 本文源自《"三农论"——当代中国农业、农村、农民研究》（陆学艺著，北京：社会科学文献出版社，2002 年 11 月），第 92 ~ 108 页。该文初稿写于 2000 年 9 月 6 日，原题为《读报点评》。2000 年 10 月 6 日定稿，首次以《"农民真苦，农村真穷"？》为题摘要发表于《读书》杂志 2001 年第 1 期（2001 年 1 月 10 日），发表时有较大删节和个别文字校订。该文为《中国经济快讯》《雨花》和《领导文萃》等多家报刊转载和转摘。该文还收录于《陆学艺文集》（陆学艺著，上海：上海辞书出版社，2005 年 5 月）。本文主要根据文集《"三农论"——当代中国农业、农村、农民研究》收录的完整论文《关于中国农民、农业、农村现状的几点思考》刊印，个别文字依据《"农民真苦，农村真穷"？》一文增改。——编者注

  ① 黄广明、李恩德：《乡党委书记含泪上书 国务院领导动情批复》，《南方周末》2000 年 8 月24 日，第 1 版。参见李昌平《我向总理说实话》，北京：光明日报出版社，2002 年 1 月，第 149 ~ 152 页。以下引用李昌平文皆出自此处。——编者注

一　农民、农业、农村的现状

不是农村率先改革，农民首先得益，有一部分地区已经富起来了，有一部分农民已经富起来了吗？怎么说"现在农民真苦"呢？不错，20 世纪 80 年代初，农村实行家庭联产承包责任制，农民得到了生产自主经营权，农业连年丰收，解决了农民的温饱问题。自 20 世纪 80 年代中期以后，一部分地区发展了乡镇企业，农民收入继续提高，有的也真的富起来了。然而，在大部分仍以农业生产为主特别是以粮棉生产为主的地区，农民收入增长却减缓、停滞了。1979～1984 年，农民人均纯收入平均每年提高 15.1%；1985～1988年，增长幅度下降为 5.1%；1989～1991 年，只有 1.7%；1992～1996 年，因国家大幅度提高了农产品的收购价格，收入增长又有提高；但自 1997 年以后，农产品总量基本稳定，而市场价格这四年下降了 30% 以上，以务农为主的中西部农民实际收入是下降的。

1985 年以后，农民负担逐渐加重，虽然中央三令五申要减轻农民负担，从报表上看，各地农民的负担也都在纯收入的 5% 以下，而实际上，农民负担远远超过这个比例。李昌平在信中说："我们这儿的田亩负担有 200 元/亩，另外还有人头负担 100～400 元/人不等。两项相加 350 元/人亩左右。"现在农民的实际负担约占纯收入的 15%～20%。这决非监利一个县是这样，全国相当多的县乡都是这样。越是贫困地区，负担越重；越是以农业为主的地区，农民负担越重。

1997 年以后，农民纯收入非但未增，反而减少，而负担却不是减轻，真是越"减"越重。所以，这几年农村干群矛盾紧张，社会摩擦加剧，上访、集体上访、越级上访大量增加。有些地方农民私下办起了上访培训班，有的地区农民广为传抄《上访须知》《上访手册》。从农村消费方面也反映了农民困苦的状况。1997 年以后，国家一再提出要扩大内需，开拓农村市场，实际是扩而不动。70% 的农民，只购买了 39% 的商品；在城乡居民存款中，70% 的农民，只占 19% 的份额，农村市场怎么开拓？① 今年 8 月份以来，不断有新闻媒体报道，许多农家子弟好不容易考上了大学，却无钱入学，呼吁社会救助。这些消息，听了令人心酸。农民苦，农民的子女苦。李昌平说，"我经常碰到老人拉着我的手痛哭流泪盼早死，小孩跪在我面前

---

① 以上 8 字根据《读书》刊发文《"农民真苦，农村真穷"?》增补。——编者注

要上学的悲伤场面",这决非是棋盘乡仅有的。

"农村真穷"。首先是农民真穷,监利县棋盘乡就在长江边上,那里原是个鱼米之乡,尚且如此贫穷,更遑论自然条件、生存条件恶劣的边远山区了。李昌平在这里说的"农村真穷",包括乡镇政府穷,集体穷。棋盘乡85%的村有亏空,90%有负债,平均负债60万元以上;90%的乡镇财政有赤字,平均赤字不少于400万元,平均负债不少于800万元,靠借高利贷维持。乡镇干部的工资不能按时发,乡镇中小学教师的工资也不能按月发,一欠就是几个月、几年。一个连公务员工资都发不了的政府,日常工作靠什么运转?怎么能指望他执政公平,为公众服务?

"农业真危险",这是一个在农村基层工作了17年的共产党员出于对社会主义现代化事业前途忧心忡忡的呼喊!农村的主要劳动力不愿种田,死也要死在城市,纷纷外流,组织生产的干部们无心管事,水利失修,土地撂荒,种了也不好好管理。种田要赔本,谁还种田?今年①夏收粮食减产9%,秋季又大旱,秋粮大幅度减产已成定局。好在前几年还有粮食库存,今年还能稳得住,明年②、后年③呢?真要是粮库空了,粮价飞涨,城市社会怎么能稳得住?农业真危险啊!

二 不要把李昌平反映的问题看成只是一个乡、一个县的问题

据《南方周末》记者报道,李昌平的信,国务院领导动情批复,引起了湖北省委主要领导的重视,省领导亲自到监利县调研并召开办公会议,"认为监利县棋盘乡等一些乡镇存在的问题具有一定的代表性"。接着派了以省委副书记为首的工作组,在监利县开展了"一场暴风骤雨般的改革",减轻农民负担,消化村级不良债务,精简乡村两级的机构和人员,敞开收购农民余粮,厉行节约,调整农业结构,加强财政建设。经过两个多月的工作,农民负担减轻了,干部作风转变了,干群关系缓和了,一部分农民回乡重新种田了。这当然是很好的事情。监利县的工作经过这场"痛苦而又尖锐的改革",一定会变得好一些,这是可以预计的。

---

① 本文中指 2000 年。——编者注
② 本文中指 2001 年。——编者注
③ 本文中指 2002 年。——编者注

但是，李昌平反映的问题，绝不是一个乡、一个县的问题。就我自己两年来在 14 个省、区农村调查的所见所闻，可以证实李昌平反映的问题在全国有相当的普遍性。在我国的中西部地区，在以农业生产为主的县、乡、村，李昌平讲到的六个问题，可以说比比皆是，有的县、乡存在的问题，比棋盘乡还要严重得多！棋盘乡还有这样一个对自己的父老乡亲怀着深切同情的"一把手"在庇护着。他是身不由己，爱莫能助。监利县的县委书记调回去工作了一段，监利的情况有所好转，但真能就此把监利的农村、农民、农业问题解决好了吗？《南方周末》记者说，"'冰冻三尺非一日之寒'，监利县为解决'三农'问题积弊采取的'破冰'行动，也断非一日之功。监利当前的改革还远没有到攻坚期，人们对这场改革的前景拭目以待"。①

　　但是，如果一个相当大地区的民众普遍得了瘟疫，靠一两个医生救治好一个又一个病人，却没有把得这些疫病的病源找出来，根治掉，就改变不了产生这种疫病的大环境。②

50 年来的实践证明，凡是一种经济问题或是社会问题，不是局限于某一乡、某一县、某一省，而是普遍化了，不是一年、两年，而是较长时间解决不了，这就不是一般的工作问题，也不是某个领导的问题，而是某方面的政策有问题，体制有问题。农村自实行人民公社化以后，年年抓生产，生产就是上不去，"8 亿人搞饭吃，饭还不够吃"，开始认为是阶级斗争，于是搞社会主义教育运动，整风整社，反"五风"，搞"四清"，揪"走资本主义道路当权派"，"农业学大寨"，"割资本主义尾巴"，堵资本主义的路，以致提出要把无产阶级专政落实到基层。毛泽东同志还指出，大寨能做到的，为什么别的地方做不到？一年不行，二年不行，三年、四年总可以了吧！什么办法都用了，就是没有想到要改人民公社这套体制。结果一个包产到户，把土地的生产经营权交还给农民，农业就上去了，温饱问题就解决了。20 世纪 80 年代中期以后，提出减轻农民负担，十年了，天天讲，月月讲，年年讲，就是减不下来，而且是越"减"越重。这不是哪个人的问题，也不是干部问题，而是体制问题，整个城乡政策的问题，不从体制上

---

① 黄广明、李恩德：《乡党委书记含泪上书 国务院领导动情批复》，《南方周末》2000 年 8 月 24 日，第 1 版。
② 本段根据《读书》刊发文《"农民真苦，农村真穷"？》增补。——编者注

改革，这个问题是解决不了的。邓小平同志早说过了，体制比人更重要。①

三 现在"农民真苦，农村真穷，农业真危险"的主要根源，是在计划经济条件下形成的二元社会结构体制还在束缚着农村生产力的发展，束缚农民致富，阻碍社会主义市场经济体制的形成

改革开放以后，实行家庭联产承包责任制、创办乡镇企业、发展集市贸易等方面，都是对计划经济的冲击。但是20世纪50年代后期开始逐步形成的"城乡分割，一国两策"的基本格局并没有改变，直到如今在诸多方面仍是如此，对城市、对居民是一种政策，对农村、对农民是另一种政策，同是公民，政治、经济、社会、文化方面待遇却不一样。20世纪90年代中期以后，计划经济的不少做法在诸多方面又在回潮，致使城乡差别扩大，"城乡分割，一国两策"的做法继续强化，致使农民、农业、农村问题日益严重。

1979年以后实行农村家庭联产承包责任制，调动了农民的生产积极性，农业生产大发展，解决了农产品的供给问题，也扩大了农村市场，推动了国民经济的发展。与此同时，农业生产中长期存在的劳动力过密化现象由于家庭联产承包责任制而凸显出来。② 按照经济发展的一般规律，接着就可以大力加快工业化的建设。但由于城乡分割的二元社会结构体制的存在，户籍制度没有动，农民不能进城，而农业已经不能容纳这么多劳动力和其他生产要素了。于是就只好大办乡镇企业，搞出了个"离土不离乡，进厂不进城"的农村工业化模式。实践证明，乡镇企业是中国农民又一个伟大创造，在中国社会主义现代化的历史上是有伟大功绩的，这首先要肯定。但实事求是地说，农民办乡镇企业是在不能改革二元社会结构条件下一种不得已而为之的做法。当然，乡镇企业创造了大量财富，促进了工业化，但农民付出了很大的代价，国家和社会付出了很大的代价，环境和资源也付出了很大的代价。这方面的问题，我们过去说过，但很少有人深入研究过。假如20世纪80年代中期我们能因势利导，改革二元社会结构体制，改

---

① 参见《邓小平文选》第二卷，北京：人民出版社，1983年，第333页。

② 本句根据《读书》刊发文《"农民真苦，农村真穷"？》增补。——编者注

革城乡分治的户籍制度，在城乡一体的条件下发展工业化，同时发展城镇化，那么，今天我们存在的经济社会结构失调、城市化严重滞后于工业化、农村市场开拓不了、内需不足等问题，虽然不能说都能迎刃而解，但至少可以少许多。

1992~1993 年，在新一轮经济增长的时候，还是由于农村容纳不下农业剩余劳动力和其他生产要素的发展，一方面有数千万农民工进城打工，形成民工潮，一方面有相当一部分农民花钱买户口，不惜代价要求进入城镇，改变身份。这是发展城镇化的大好机遇。如果这个时候能够顺应民意，改革二元社会结构，改革城乡分隔的户籍制度，打开城门镇门，欢迎农民走进来、待下去，使他们实现非农化，① 事情就会大不一样。但可惜我们没有这样做，而是严令禁止各地卖户口，关紧城门镇门、拒农民于城镇之外，又一次强化固化"城乡分割，一国两策"的做法，丧失了顺利推进城镇化的好机遇（关于卖户口是否妥当，尚有争论，这是个具体做法问题，但因为一个具体做法欠妥就延迟城镇化进程，却使我们又一次错过了②改革二元社会结构、推进城镇化的好时机，则是无疑的）。

1993 年 6 月，国家进行新一轮经济调整，控制经济过热，1994 年政府出台金融、财政、税收、外汇和外贸体制的改革政策，1996 年全国经济实现软着陆，经济过热、通货膨胀控制住了，经济仍保持 9.6% 的增长速度。亚洲金融危机爆发后，为保证国家的经济安全，继续实行了"双紧"政策。1998 年进行粮食流通体制改革，实行粮食敞开收购，顺价销售，封闭运行和粮食企业改革。这项改革难度很大，执行中遇到很多问题，出现了李昌平所说的一些情况，粮食部门并"没有按保护价收购定购粮，相反，国家收粮还要农民出钱做仓容。国家不收粮食，农民自己消化还要罚款，甚至还要没收"。

1998 年出现全国性的通货紧缩，2/3 的工农业产品供过于求，由卖方市场转为买方市场，物价下跌，销售困难，经济疲软。许多城市跟着出台了限制用农民工的政策，清退农民工回乡，1998~1999 年两年间约有 2000 万农民工转回农村。与此同时，乡镇企业也受到了很大冲击，产品销售困难，效益下降，有相当多的集体企业倒闭了，大批"离土不离乡"的农民工被迫返回农业。1997 年全国在第一产业就业的劳动力首次降到占总劳动力

---

① 以上 14 字根据《读书》刊发文《"农民真苦，农村真穷"》增改。——编者注
② 以上 38 字根据《读书》刊发文《"农民真苦，农村真穷"》增改。——编者注

50%以下，为49.9%，1999年因劳动力向农业回流又恢复到占50.1%。[①]

20世纪90年代中期以后，在整个经济波动中，农民受到双重的压力：一是农产品价格大幅度下降，农业收入大幅减少；二是在非农产业中就业的农民工受到排斥，打工收入和非农经营收入减少。然而就在这些年，农业的税收是逐年增加的，1993年全国农业各税为125.74亿元，1998年增加到398.8亿元，平均每年增加54.6亿元。[②] 正税之外，农村的各项收费负担增加更多。这"两减两增"，就是造成现在农民真苦、农村真穷的经济原因。

四 在计划经济条件下形成的二元社会结构，实行 "城乡分治，一国两策"，是造成农村问题 严重的重要原因

在计划经济体制下，对城市是一种政策，对农村是另一种政策；对城镇居民是一种政策，对农民是另一种政策。在政治上，是城市领导农村，在经济上，各种资源和利益向城市倾斜，重城市，轻农村，农村的利益服从、服务于城市。最典型的实例是统购统销制度，明文规定，农民留足口粮、饲料、种子粮后的余粮，按国家规定的价格，全数卖给国家。到了公社化时期，政府直接向公社下达统购数量，定为任务，就按数量指标卖粮，有些年份，即使口粮不够，也要完成统购任务，然后再买返销粮。粮食系统的行话把这叫做"桥归桥，路归路"。长期以来，这种做法还被称为农民卖"爱国粮"，为国家社会主义建设做贡献。综观实行"城乡分治，一国两策"以来的40多年的历史，在国民经济正常运行条件下，农民、农村要向城市做出像统购一类的常规贡献，当国民经济运行出现波动、遇到经济困难时，国家还要通过政治和经济的办法，实行财政、税收、价格、金融、信贷等的政策倾斜，以保证城市和国家工业的发展。农民、农村在这种条件下，就要做出更大的贡献。1959～1961年，三年经济困难时期，农业生产、粮食生产大幅下降，农民照样要如数交售国家的统购任务，这三年全国农民共交售粮食3178亿斤，平均每年交售1060亿斤，占总产量的34.47%，

① 国家统计局编《中国统计摘要·2000》，北京：中国统计出版社，2000年5月，第38页。

② 国家统计局编《中国统计年鉴·1999》，北京：中国统计出版社，1999年9月，第268页。

比前三年农业丰收时还多。① 农民饿着肚子交售粮食，用以保证城市居民的低价定量供应。1962 年，国家进行经济调整，使 2000 万城市职工和居民下乡，到农村就业、就食。"文革"期间，城市乱了，工厂企业停工、停产，青年就业成了问题，政府又把 2000 多万知青和城镇居民动员到农村就业，使本来人多地少、劳力过剩的农村，增加了就业的压力。1988 年，国家进行宏观经济调整，经济天平还是向城市倾斜，使 1989 年的农民人均纯收入减少，第一次出现改革开放以来农民纯收入实际增长为负数（－1.6%）的情况。20 世纪 90 年代中期以来，实行国家宏观经济调整，现在经济是调整过来了，社会也保持了安定的状态，但农民却为此付出很大的代价，做出了比前几次大得多的贡献。

社会指标体系中有一个指标名为痛苦指数，它包括两项内容，指一个国家或地区的失业率和通货膨胀率。各国的实践表明：这两项指数相加，超过 18%（也就是说痛苦指数超过 18%），这个国家或地区的社会安定就会出问题，就很难稳定。20 世纪 90 年代中期，国家实行宏观经济调控，国有企业改革，先后约有 1000 多万国有企业职工下岗、失业，登记失业率每年上升，有些老工业基地下岗失业人员超过 10%，就业形势相当严峻。但由于物价特别是粮食等农产品价格自 1996 年以后是逐年下降的（大米每斤从 2 元降到 1 元左右，鸡蛋从 3.5 元/斤降到 2 元/斤，蔬菜瓜果等的价格也是下跌的），虽然职工下岗后发的津贴费很少，因为物价下降，城镇居民的基本生活还能过得去，所以城市还是保持了基本的稳定。② 这是一个方面；而从农村方面来看，由于这几年粮食等农产品价格大幅下跌，农民为此付出了很大的代价。我做过一个计算：1996 年，粮食总产 10090 亿斤，1997 年为 9883 亿斤，1998 年为 10246 亿斤，1999 年为 10167 亿斤。平均以 10000 亿斤计，1996 年 11 月，大米、小麦、玉米三种粮食的平均市场价格为 1.0355 元/斤，当年农民粮食销售所得为 10355 亿元。1999 年 11 月，这三种粮食的平均市场价格为每斤 0.7075 元，农民粮食销售所得为 7075 亿元，比 1996 年减少 3280 亿元。因为粮食的商品率只有 30% 左右，农民自食自用部分占大头，所以，农民的现金收入没有减少这么多。但八亿多农民的年收入中，粮食收入部分减少了 3280 亿元，却是事实。③

---

① 国家统计局编《中国统计年鉴·1983》，北京：中国统计出版社，1983 年 10 月，第 393 页。

② 以上 48 字根据《读书》刊发文《"农民真苦，农村真穷"》增改。——编者注

③ 陆学艺：《农村发展新阶段的新形势和新任务——关于开展以发展小城镇为中心的建设社会主义新农村运动的建议》，《中国农村经济》2000 年第 6 期，第 4 页。

其他农副产品的价格，这四年也是大幅下跌的。初步估算，1999 年与 1996 年相比，农民从农业生产获得的收入，要减少约 4000 亿元。今年农业减产又减收，农民从农业获得的收入将比 1996 年减少 4000 亿元以上。从 1997 年到 2000 年的 4 年中，农民减收约在 16000 亿元以上。这就是农民在这次国家宏观调整中所做出的牺牲和贡献，主要来自于中西部地区以农业生产为主要收入地区的农民。这个巨大的贡献，保证了国家宏观经济调整顺利地实现，保证了这一阶段全国社会的基本稳定。

五 现在农民穷、乡镇和村也穷的又一个重要原因

李昌平说，"现在 90% 的乡镇财政有赤字，平均负债不少于 800 万元"，"90% 的村有负债，平均负债 60 万元以上"。1995 年乡、村两级还都是有积累的，那为什么几年工夫就穷成这样了呢？他还说，这要从 1994 年国家财政体制改革说起，因为近几年乡镇、村两级负债，是全国比较普遍存在的问题。1994 年，国家进行财政、税收体制的重大改革，把地方财政包干制改为在合理划分中央与地方事权基础上的分税制。实践证明，这项改革卓有成效，提高了财政收入在国民生产总值中的比重，提高了中央财政收入在财政收入中的比例，有利于增强中央对宏观经济调控的能力，在抗御亚洲金融危机中发挥了重大作用。在这项改革过程中，中央同各省、市、自治区经过谈判、协商，分清了中央同各省、市、自治区各自的事权和开支范围，并使中央财政收入在总收入中的比重提高，逐步达到 60% 左右。各省市自治区同地（市）谈判，地（市）同县（市）、县（市）同乡镇谈判分税时，也都仿效中央同省分税时的做法。财政收入尽力向上级政府集中，上级政府占大头，而开支范围则尽力往下推，由下级政府来负担。实行 6 年了，全国财政收入大幅增加，1993 年为 4348.95 亿元，1999 年达到 11377 亿元，平均每年增加 1171 亿元。中央财政 1993 年只有 938.25 亿元，占总财政收入的 21.57%。1999 年中央财政收入为 5798 亿元，占总财政收入的 50.96%（当然，财政支出也相应增加了）。[①] 执行的结果，各省、市、自治区和地（市）两级的本级财政收入的比重也是增加的，困难的是县、乡（镇）两级，特别是中西部以农业生产为主的地区，第二、三产业不发达的地区，税基税源很少，财政收入很难增加，而开支却大都落到县、乡这两

---

① 国家统计局编《中国统计摘要·2000》，北京：中国统计出版社，2000 年 5 月，第 60 页。

级身上。如实施九年制义务教育是地方政府的事权，义务教育开支落到地方政府开支，最后是在乡（镇）的初中和小学的教师工资和相应的教育开支由乡、镇财政负担。

对于分税制执行 6 年的结果，地方的干部总结了四句话：现在财政体制是"中央财政很好过，省级财政也好过，地（市）级财政可以过，县乡两级真难过"。地方干部还反映，这几年凡是收入较好、较稳定的企业、部门都一级一级收上去了，而凡是困难的企业、要开支的事业单位都放下来了（如中小学、卫生院等）。李昌平说，"1995 年约有 85% 的村有积累，现在有 85% 的村有亏空"；"1995 年约有 70% 的乡镇财政有积累，现在 70% 的乡镇财政有赤字"。1998 年，农业部对 10 个省、区调查，乡、村两级高额负债是普遍的，乡级平均负债 400 万元，村级平均负债 20 万元。这同上述财税制度改革的过程是一致的。我这几年在各省、区调查，看到省会城市建设得都非常好，高楼林立，玻璃幕墙，豪华超豪华的宾馆和办公大楼、写字楼，都在向国际大都市看齐，都在同国际接轨。地（市）级城市建设得也很漂亮，也都建了四星级宾馆、旋转餐厅、高级娱乐场馆。好像都在搞建筑竞赛。然而在中西部地区的县城以下就差，特别是乡（镇），有的还依然如故，不少乡政府在平房办公，还负债累累，有的乡政府因欠债还不起，办公房被法院封门抵债。这种财税体制把农村掏空了，是不可持续的，必须深化改革解决这一问题。

六　农民贫苦的原因，还来自农村内部的压力

实行家庭联产承包责任制，把原来人民公社制的土地使用权交给农民，原来在"三级所有，队为基础"条件下集体劳动、统一经营的农业，转变为农民一家一户生产经营。这是农村生产关系的调整，也是农村经济基础的变化，上层建筑也有了相应的改变。1984 年，中央决定摘去人民公社牌子。各地把人民公社改为乡（镇），生产大队改为村民自治委员会，生产队变为村民小组。这场改革，很顺利地实现了。

改为乡、村、组以后，原来人民公社的一大职能——组织集体经济生产经营的职能基本没有了，乡、村、组的任务少了，人员也要减少，在最初的几年里也确实如此。"土地分到户，还要什么村干部"，村组以下的干部也有一份承包田，各忙自家生产去了，所以那几年农民和干部相安无事，并没有什么农民负担问题。1985 年取消粮食统购，不久又出现粮食供给问

题，合同定额购粮再次定为一定要完成的国家任务，乡村干部的作用又突出了。与此同时，发达地区的农村发展乡镇企业，乡（镇）村干部又有了用武之地。一方面是乡镇企业的发展也需要增加干部管理；另一方面发展了乡镇企业，经济实力大为增强，也有条件支付增加人员的开支。于是农村中各种新的机构增多了，原有的机构人员增加了。例如，乡镇经济委员会、工业办公室、交通管理站、工商管理所、土地管理所等，都是新增的。有的是扩大机构增了人，如财政助理扩为财政所，公安助理扩为派出所，文教助理扩为文教办公室，……仅十多年工夫，乡镇干部几倍、几十倍地增加。在人民公社时期乡镇一般只有二三十个干部。现在的乡镇，国家规定的正式编制只有二三十人，而实际上各类工作人员已经有二三百人，还有更多的。与此相应，村一级的干部也大量增加，原来生产大队只有几个干部，现在有的村委会、党支部就有几十人。

经济发达地区的乡镇这样做了，经济欠发达、不发达地区仍以农业为主的乡（镇）、村也竞相仿效，于是农村干部队伍极大地膨胀了。他们凭借对土地、山林和水利等资源基础设施拥有的支配权力以及行政职能，形成了农村的一种势力。前面说过，只有正式编制的干部和工作人员，才由财政列支他们的工资和其他福利待遇，而绝大多数的乡镇干部和工作人员，以及村以下的干部工资福利开支，都要乡村两级自己筹措，这就是农民负担屡减不下的另一个重要原因。李昌平说："1990 年棋盘乡吃税费的干部，不过 120 人，现在超过 340 人，并且这种增长势头无法得到控制。新上任的领导无法顶住内外压力，不得不滥用权力安排一帮子人吃'皇款'，年年有新官，干部增长何时休？……农民怎么受得了！"讲的就是这种情况。

七　要从巩固工农联盟的战略高度来认识
和解决农业、农村、农民问题

"农民真苦，农村真穷，农业真危险"的问题，已经直接影响农村的发展，影响农村社会的安定，阻碍社会主义市场经济体制的形成，影响整个国民经济协调、健康、稳定地发展，到了非解决不行的时候了。

第一，要从战略上调整城乡关系，改变"城乡分治，一国两策"的格局。过去我们主要从发展国民经济的大局出发要求农村保证农产品的供给，因而十分重视农业，这是对的。靠几十年的奋斗，靠科学技术，现在农产品供给问题基本解决了，但还有九亿农民怎么办的问题。农民不富，农村

市场开拓不了，国民经济也发展不好。我们要建设的是12.7亿人口的统一的大市场，就不能继续搞城乡分割的两个市场，把九亿农民堵在城外。有学者指出，在人民公社体制下是把农民一个个束缚起来受穷，现在则是把农民圈起来，还是穷。"中国的问题仍然是农民问题，但农民问题主要不再是土地问题，而是就业问题。"这是很有见地的。所以改革现行的户籍制度，打开城门、镇门，广开农民的就业门路，再一次解放农民，改变"城乡分治，一国两策"的格局，已到时候了。当然，这样的大改变，需要一系列配套政策出台，要逐步推行。

第二，要深化1994年以来的财政体制的改革，改变目前省、地（市）、县、乡四级财权和事权不相称的状况。1994年财政体制改革以后，中央调控经济的宏观目标是实现了，但有两个问题要进一步解决好。一是省、地（市）、县、乡（镇）这四级之间的财权和事权关系要处理好，改变目前财政收入向上倾斜、支出向下推卸的不合理状况。据《中国财政年鉴》统计，1993年，全国县乡两级财政收支赤字为42.21亿元，1994年扩大为726.28亿元，1995年扩大为827.7亿元。这几年县乡两级的赤字更大。1995年，山西、河南、广西、四川、贵州、西藏六省区的赤字县超过60%，云南、新疆、青海的赤字县超过80%。1997年，陕西省的赤字县为79%，新疆为93%。现在全国约有60%的县不能按时给干部发工资，约有2/3的乡镇不能给干部和中小学教师发工资。二是东部发达地区和中西部地区财政收支差距越来越大，已定的转移支付制度还没有得到具体实现。

表1是从《新中国五十年统计资料汇编》中推算出的数据。从1994年财政体制改革到1998年，仅五年，以上海和贵州相比，人均地方财政收入从原来的11.3倍扩大到14.5倍，人均地方财政支出从原来的5倍扩大到8.8倍。上海主要是城市经济，贵州主要是农村经济，虽然这是两个极端的例子，但也可以反映出目前城乡之间和地区之间差距太大的问题。现行的财政体制过于向上倾斜，过于向城市倾斜，过于向富裕地区倾斜，需要做进一步的改革和完善。不改革"头重脚轻"的现行的财政体制，不改变县乡两级财政普遍困难的状况，那么多公务员和教育、卫生等事业单位的人员要县、乡两级财政开支，又不实行应有的转移支付，农民负担重的问题是解决不了的。

表 1　年人均地方财政收入支出

单位：元

年份 \ 类别	上海		北京		甘肃		贵州		上海/贵州		北京/甘肃	
	收入	支出	收入	支出	收入	支出	收入	支出	收入	支出	收入	支出
1993	1872	998	740	712	222	269	166	198	11.3 倍	5 倍	3.3 倍	2.6 倍
1998	2600	3211	1841	2253	214	498	179	364	14.5 倍	8.8 倍	8.6 倍	4.5 倍
1998/1993	139%	322%	249%	316%	96%	185%	108%	184%	—	—	—	—

资料来源：国家统计局国民经济综合统计司编《新中国五十年统计资料汇编》，北京：中国统计出版社，1999 年 11 月，第 112、117、140、147、340、347、698、705、792、799 页。

　　第三，坚定积极推进农村税费改革，这是从体制上解决农民负担重的治本举措，是建立社会主义市场经济体制的一个重要方面，也是理顺农村干部和农民的关系，促进农村经济社会协调、稳定、可持续发展的大政策。现行的"三提五统"① 以及名目繁多的各种摊派和收费，是人民公社时代遗留下来的弊政。十多年的实践已经证明，这种做法不适应目前农村生产方式的变化，对农民不利，对农业生产不利，对社会安定不利，对发展社会主义市场经济不利。李昌平说："一家 5 口种田 8 亩，全年经济负担 2500 ~ 3000 元。""农民不论种不种田都必须缴纳人头费、宅基费、自留地费，丧失劳动力的 80 岁的老爷爷、老奶奶和刚刚出生的婴儿也一视同仁交几百元的人头负担。由于种田亏本，田无人种，负担只有往人头上加，有的村人头负担高过 500 元/年。"这就不是国家规定的"农民上缴的提留统筹费不得超过上年人均纯收入 5%"了，而是大大超过了。

　　费改税的问题已经酝酿多年。今年安徽省带头试点，工作进展比较顺利，已取得了初步成效，农民负担明显减轻。据安徽省实施方案初步统计，改革后全省农民负担比改革前将减少 13.93 亿元，减轻负担约 1/4 左右。据调查，对这项改革，农民的满意度高达 98%，当然是非常拥护的。问题是费改税后，这 10 多亿财政缺口由谁来补？东部沿海诸省市，经济发达，财力较强，补缺口理应不成问题。问题是中西部诸省区，特别是以农业为主的诸地（市）、县、乡镇费改税后，留下的财政缺口怎么办？要有个妥善的解决办法。否则就可能出现费改成税了，税是法定的，农民必须交，但县

---

　　① "三提五统"，指"村级三项提留"（公积金、公益金、管理费）和"五项乡统筹"（农村教育事业费附加、计划生育费、民兵训练费、民政优抚费、民办交通费），它随着 2006 年农业税的取消而取消。——编者注

乡财政还是困难，有些开支是刚性的，在不得已的情况下，又会重新向农民伸手，这就成双重负担了。所以，关键的问题还是财政体制要深化改革，对困难的县、乡（镇）要实行恰当的转移支付，这样才能顺利推进费改税这项重大的改革。推行农村费改税，事关改善国家同农民的关系、调整干部同农民的关系、稳定农村社会的大局，财政上花一点代价也是值得的，不能再犹豫不决了。

第四，还是要强调农业的重要性，把加强农业放在国民经济发展的首位，这是中国的特殊国情决定的。不能因为这几年农产品供给好了，就忽视农业。李昌平说"农业真危险"，并不是危言耸听！他生活在农业生产第一线，这是他的亲身感受、肺腑之言。我国的农业生产还是很脆弱的。今年粮食大减产，夏粮减产 230 亿斤，秋粮估计要减 600 亿~700 亿斤，全年将减产 800 亿~900 亿斤，从绝对数讲，这是新中国成立以来减产粮食最多的一年。这固然是因为干旱，有 20 个省、市、区受到严重干旱，但这并不是唯一原因，之所以减这么多，也与近几年粮价低迷，农民卖粮难，种粮亏本，因而种粮积极性下降，疏于生产管理，放松抗旱抗灾，有关部门干部也并不积极领导、支持等有直接关系。好在前几年我国粮食库存充盈，农民家中也有存粮。减这么多粮，市场粮价至今还是基本稳定的。如果明年再旱，粮食继续减产，我们的库存还顶得住吗？历史上连续几年大旱是屡见不鲜的，我们应有所准备。今年受旱的灾区面比较大，华北和西北有不少地区是绝收的，这些灾区农民的生活受到严重影响。今冬明春，要采取必要的救济和扶助措施，安排好他们的生产生活，否则将影响这些地区明年农业生产的恢复和发展。

"三农理论"是中国学术界的
一项理论创新[*]

　　20世纪80年代后期，中国的学者在总结社会主义现代化建设经验和教训的过程中，依据中国特有的国情，把农村问题分解为农业、农村、农民问题，分别进行研究，既分析这三者的关系，也研究这三者各自要解决的问题，提出了"三农"问题的理论，作为认识实践、分析现实问题的理论框架。经过十多年的实践，现在已成为中国政界、学界的共识。在世界各国的工业化、现代化进程中，关于农业、农村、农民问题，都只有分别的论述，而没有把这三者联系起来的"三农"问题的论述，所以也就没有"三农"这个概念。应该说，"三农理论"是中国学术界的一项理论创新，是从有中国特色的社会主义现代化实践过程中总结出来的，是一项重要的社会科学研究成果。

　　1998年，我应早稻田大学的邀请，到日本访问，在一次学术会议上，我用"三农"理论对中日的农村问题进行了比较分析。日本的现代化道路同欧美发达国家基本相似，先是通过高额农业税等方式从农业和农村中取得积累，使大量的农产品和大量资金进城，搞工业化；与此同时，大量农村劳动力也进城，转变为第二、第三产业的职工，转变为城市居民，所以日本的工业化、城市化、现代化是同步的，是三位一体的。在工业化搞起来之后，积累了资金，有了钱，就反哺农业，用农业机械等现代生产资料武装农业，使农业现代化。给予农业生产各种补贴，大幅提高农产品的价格，使农民富裕起来，基本上达到城市职工的收入水平，也就解决了农民

---

　　*　本文源自《"三农论"——当代中国农业、农村、农民研究》（陆学艺著，北京：社会科学文献出版社，2002年11月），第1~7页。原文写于2002年1月，系作者自序，现标题为本书编者根据序言内容所拟定。——编者注

问题。待工业化、城市化达到一定水平后，国家财政就向农村投资，进行大规模农村基础设施建设，修筑道路，建设农村的水利、电力、通信、电视、环境，使农村也"现代化"起来，逐步消除城乡间的差别，使城乡一体化，这样农村问题也解决了。但是，客观上说，日本是人多地少、自然资源贫乏的国家；从主观上说，日本在 20 世纪 60 年代以后，实行的是大规模出口工业产品的经济战略，为了获得工业品市场，不惜牺牲本国的农业，大规模进口粮食和农产品，以至于 20 世纪 70 年代以后，日本的食品和棉花等农产品工业原料，大部分或全部要依靠进口。现在日本的食品有 40% 以上要依赖进口。所以日本的粮食和农产品的价格，是全世界最高的，这不能不使人民的生活质量受到一定的影响。作为一个经济大国，日本的农业总是一个问题。可以这样说，日本的农民问题解决了，农村问题解决了，但农业问题还没有解决好。

中国的工业化、现代化，走了一条具有中国特色的独特道路。从 20 世纪 50 年代末中国遭受了农业大减产、全国大饥荒经济大倒退的挫折之后，政府提出了农业是国民经济的基础、把农业发展列为经济建设的首位的方针，50 年来，一直坚持这个方针。特别是 1982 年，邓小平同志提出了"一靠政策，二靠科学"发展农业的方针。[①] 农村率先实行家庭联产承包责任制，调动了全国亿万农民的生产积极性，农业连续以较高的速度发展。1996年，获得特大丰收，粮食总产超过 1 万亿斤、棉花 8400 万担[②]，自此，中国的粮食和农产品的供给实现了由长期短缺到总量基本平衡、丰年有余的转变。中国的耕地，只占世界总量的 7%，却供养了占世界 21% 的人口，1997 年以后，中国是农产品的纯出口国，每年顺差在 50 亿美元左右。

中国的农业问题基本解决了，但是农村问题、农民问题还没有解决。改革开放以后，工业化、现代化发展得很快，由于原来的户口制度至今没有彻底改革，所以，一方面经济持续高速发展，另一方面农民数量却逐年增加。1978 年，中国农民有 79014 万人，占总人口的 82.2%；到 1999 年，农民增加到 87017 万人，占总人口的 69.1%，21 年增加 8003 万人，平均每年增加 381 万人。[③] 这在世界工业化、现代化历史上是绝无仅有的。由于在计划经济时期实行的"城乡分治，一国两策"至今未改，对城市、对城镇

---

① 《邓小平文选》第三卷，北京：人民出版社，1993 年 10 月，第 17 页。
② 国家统计局编《中国统计年鉴·1997》，北京：中国统计出版社，1997 年，第 383～384 页。
③ 国家统计局编《中国统计年鉴·2000》，北京：中国统计出版社，2000 年，第 95 页。

居民实行一种政策，对农村、对农民实行另一种政策。现在的中国，有很多城市，特别是北京、上海、深圳等特大城市，是相当现代化了，有一部分城市居民也相当富裕了。但是，我国的农村，特别是中西部农村，还相当落后，在交通、邮电通信、医疗卫生、科技教育、文化娱乐、生活环境、生活质量等方面，与城市相差很远，要落后十几年、几十年。城乡居民收入差距也很大，而且还在继续扩大。1978年城乡居民收入之比是2.3：1，到了1984年缩小到1.7：1，1985年以后，又继续扩大，2000年扩大到2.79：1（6473元：2320元），加上城市居民有住房、医疗、社会保障等补贴性收入，农民享受不到这些补贴，所以城乡居民的实际差距还要大一些。中国的农业问题基本解决了，农村问题和农民问题还没有解决。

8亿农民的问题，广大农村的问题，这正是今后中国社会主义现代化事业必须要解决的最大的经济社会问题。

本书定名为"三农论"，是我继《农业发展的黄金时代》《当代中国农村与当代中国农民》之后的第三本论文集，收集了自1989年以来，一直到2001年期间，关于农业、农村、农民问题的论文和调查研究报告。全书分农业发展和粮食问题、农村的改革和发展、农村现代化道路、农民分化与农村社会阶层、社会结构与经济发展五个部分，共45篇文章。1987年初，组织上调我到社会学研究所工作之后，我的主要任务是在前任费孝通所长、何建章所长工作的基础上，继续就社会学研究的建设，继续就社会学这门学科进行补课、重建和发展。而我对农村的改革和发展仍然比较关注，我尽可能地使这两项任务结合起来。我到任不久，就在社会学研究所组建了农村社会学研究室，聘请张厚义教授担任研究室主任，调集了一批研究人员，每年招收硕士和博士研究生，共同进行农村社会发展的研究。我自己也经常找机会到各地农村去，进行调查研究，但毕竟不能专一进行研究了。好处是自我从事社会学的研究工作以后，增加了一个观察和思考农村问题的视角，就是运用社会学的理论和方法来研究农村问题，使我对"三农"问题的研究进入了新的阶段，这本文集的后两部分内容，反映了这方面的成果。

中国自1978年实行改革开放以来，20多年经济持续高速增长，使社会主义现代化事业在各个领域都取得了显著的成就，正在从计划经济体制转变为社会主义市场经济体制，正在从传统的农业、农村社会转变为工业化、城市化、现代化社会，发生了自1840年以来最深刻的社会大变迁。但是，我们的目标是通过"三步走"的战略建成社会主义现代化国家，跻身于世界发达国家之林，现在还只走了两步，还有一系列重大问题需要解决。上述农村、农民问题就是必须解决的重大问题。

中国的改革是从农村开始的。亿万农民响应党中央的号召，率先投身于改革，起到了带头、创新、突破、兴业的重要作用，农民自身也首先得到了改革的实惠，在起始阶段，农业有了很大的发展，农民收入水平有了很大的提高，农村面貌有了很大的改变，确实有一部分农民先富裕起来了，有一部分地区（东部沿海地区和大中城市郊区）先富起来了。自 20 世纪 80 年代中期以后，改革的重心转向城市，特别是 90 年代初以后，农业、农村、农民问题频发，问题此起彼伏、时晴时阴。1996 年农业特大丰收以后，解决了我们数十年来为之奋斗、梦寐以求要解决的粮食和农产品的供给不足问题，中国农村进入了一个新的发展阶段，理应迎来农村发展的大好形势，但事实不然，这几年农村问题、农民问题反而凸显了。

1997 年以后，粮食和农产品由卖方市场转变为买方市场，销售困难，价格下跌。农民的农业收入减少，与此同时，乡镇企业利润滑坡，失去了以前大发展的势头，在吸纳劳动力和经济效益等指标上徘徊不前，有不少乡镇企业已关门歇业；受城市工商业限制、减员增效等的影响，农民进城打工受阻，有的干了活，到年终也拿不到工资。四年多来，农民收入增不上去（多数纯农户的收入是减少的），负担下不来，农村干群矛盾紧张，治安形势严峻，农村社会不安定。这些都是农村进入新的发展阶段出现的新问题。

农村的这些问题，已经影响整个宏观经济的健康发展。国际、国内的经济形势，要求大力扩大内需，以推动国民经济持续、健康、快速发展。国家早在 1996 年就提出要开拓农村市场，但几年过去了，农村市场就是拓而不开。农村市场潜力很大，农民的消费水平和城市大致相差 10～15 年，需要很多工业品，但因为农民没有钱，无力购买这些商品。现在农民人口占总人口的 64%，只购买了 38% 的商品，三个农民才抵得上一个城市居民的购买力。农村市场开拓不出来，占人口大多数的农民的购买力提不高，经济持续、健康、快速地发展就十分困难。

当前的"三农"问题，特别是农村、农民问题已经成为社会主义现代化事业发展的瓶颈，到了该采取战略性决策去解决的时候了。我在 2000 年前后写的关于现在"农民真苦、农村真穷"和"走出'城乡分治，一国两策'的困境"等几篇文章，是试图提出这个问题、解决这个问题的建议。我认为，要解决当前农村、农民问题，就应该按照建立和完善社会主义市场经济体制的方向，继续深化改革，改变在计划经济体制条件下形成的"城乡分治，一国两策"的格局，改革目前的户籍制度，给予农民国民待遇，加快城市化的步伐，调整城乡社会结构，改变二元社会结构，建立城乡统一的社会主义市场经济体系。诚能如是，则中国的农村、农民问题才能逐步得到解决。

当然，目前城乡分治的二元社会结构，是在 50 年代以来实行计划经济体制过程中逐渐形成的，已经有 40 多年的历史，盘根错节，相当坚固，已经形成各种制度，还有各种法律法规，要改革它，不仅有认识问题、意识形态的问题，还涉及各种现实的利益关系，也有一些从这些不合理的规章制度获得利益的群体，自觉不自觉地在维护这些体制，形成了相当大的习惯势力。改革是十分困难的。但不改革这些实际已经成为现代化发展障碍的体制，"三农"问题就解决不了。而能否解决好"三农"问题，关系到社会主义现代化建设全局。1998 年冬，中共十五届三中全会通过的《中共中央关于农业和农村工作若干重大问题的决定》中说："农业、农村和农民问题是关系改革开放和现代化建设全局的重大问题。没有农村的稳定就没有全国的稳定，没有农民的小康，就没有全国人民的小康，没有农业的现代化就没有整个国民经济的现代化。"① 三年多来的实践证明，十五届三中全会的这个判断是完全正确的。"三农"问题已经成为当前社会主义现代化建设需要及时妥善解决好的重大问题。

我把这 10 多年写的关于农业、农村和农民问题的调查研究、探索和思考的文章结集出版，一方面是作为一个社会科学工作者，亲身参与农村改革开放实践的记录，反映这场农村社会结构变迁的过程；另一方面也希望通过这些文章让更多的人了解当代中国的农业、农村和当代中国的农民，希望有更多的同志和同行来参与"三农"问题的调查和研究，共同为解决好这个重大问题尽一分力量。在多年的实践中，我深感解决"三农"问题的重要和艰难，但现在，从事这方面调查和研究的队伍太小，力量太单薄，声音太低弱，两者很不相称。"嘤其鸣兮，求其友声"！

在本书出版之际，我要感谢在调查研究过程中，给予我帮助的各地的领导、群众和朋友们，是他们把自己在实践中的经验和教训、喜悦和心得，难处和焦虑，很坦诚地告诉我，指教我，有些文章的题目就是他们出的。

---

① 《中共中央关于农业和农村工作若干重大问题的决定学习辅导讲座》，北京：人民出版社、经济科学出版社，1998 年 10 月，第 1 页。

我也要感谢社会科学文献出版社社长兼总编谢寿光同志，他是我的老朋友了，力促我出这本文集，本书的书名就是他提议定的，像上本文集一样，他还专门写了跋。责任编辑张大伟同志为本书的出版出了大力。最后还要感谢我的夫人吴孟怡同志，我这十多年比前十年更忙了，不仅家务她全担了，有多篇文稿是她帮我整理付印的，本书的文章是她收集排列的，出校样后，她还校了两遍。

关于召开一次中央全会讨论"三农"问题的建议*

江泽民同志在今年①5月视察重庆时指出："在任何时候和任何情况下，我们都不能放松农业、农村和农民工作。对农业、农村和农民问题可能带来的全局性影响不能低估，对农业、农村和农民工作中的一些突出矛盾和问题不能低估，对做好新阶段农业、农村和农民工作的难度不能低估。"②党的十六大对农业、农村和农民工作做了全面部署。全面建设小康社会的重点和难点在农村。改革开放以来，农村发生了巨大变化，取得了举世瞩目的成就。在农业和农村经济进入结构调整的新阶段以后，出现了许多令人关注的新问题。最突出的是城乡二元结构的矛盾在一度有所缓解之后，出现了反弹、回潮和加剧的失衡态势，"三农"问题的形势是相当严峻的，具体表现在"八个下降"和"四个上升"方面。

八个下降如下。

（1）农业收入下降。自1997年以来，在农民收入增长幅度逐年下降（2001年有所回升）的同时，农业收入的绝对数也在逐年下降，而且下降幅度逐年升高。1998年比上年下降2.3%，1999年下降4.5%，2000年下降4.7%，2001年有所回升。尽管农民出售粮食等农产品的实物量在上升，但出售农产品的现金收入在减少，从1013元减为637元，据此估计，全国农民累计现金收入减少4000多亿元。在现阶段，农业收入仍是农民收入的主

---

* 本文源自《"三农"新论——当前中国农业、农村、农民问题研究》（陆学艺著，北京：社会科学文献出版社，2005年5月），第96~104页。该文系2002年12月5日陆学艺与农业部原政策法规司司长郭书田联名给中央写的建议信。——编者注

① 本文中指2002年。——编者注

② 参见王振川主编《中国改革开放新时期年鉴（2002年）》，北京：中国民主法制出版社，2014年12月，第409页。——编者注

要来源，约占55%；在农业收入中，70%来自种植业；在种植业中，60%来自粮食，每亩粮食的收入从1996年的360元，到2001年下降为160元，减幅为55.5%。

（2）粮食单位面积产量下降。粮食总产量1996年、1998年达到5亿吨，这是在播种面积减少1亿多亩的情况下，主要依靠种子技术（良种）和物质（化肥）投入，从而提高单位面积产量取得的。1998年每亩产量达到300公斤。但是近几年来在调整结构中，在播种面积继续减少的同时，每亩产量1999年下降为299公斤，2000年下降为277公斤，2001年回升为284公斤，尚未达到1998年的水平。亩产量下降是由种粮效益低而投入减少所致，这是影响粮食安全的重要因素。

（3）乡镇企业劳动力下降。改革开放以来，乡镇企业每年吸纳农业劳动力数百万人，1996年乡镇企业的劳动力达到1.35亿人。近几年由于企业关停并转致使劳动力回流，1998年下降为1.25亿人，2001年回升到1.3亿人，尚未达到1996年的人数。由于农村自然劳动力的增长，尽管外出打工、经商的人数在增加（9200万人），但农村剩余劳动力继续增加，这不仅影响农民的收入，而且成为农村不稳定的因素。

（4）财政支农的比重下降。党的十一届三中全会决定，国家对农业的投资在整个基本建设中所占的比重要提高到18%左右，农业事业费和支援社队的支出在财政总支出中占的比重要提高8%左右，但一直没有实现。20世纪90年代以来，财政用于支援农业（包括农、林、水、气）支出的比重逐年下降，1990年为7.1%，1995年下降为6.3%，2000年下降为4.7%。2000年财政总支出为15879亿元，比上年增长20.4%，用于支援农业的支出为745亿元，比上年增长10%，占财政总支出的4.69%；而用于行政管理费的支出为1782亿元，比上年增长16.8%，占财政总支出的11.2%。作为国民经济基础的农业的财政支出与作为上层建筑的行政管理费支出之间的反差如此之大，是很惊人的。2001年由于政府机构改革，行政管理费的支出减为1214亿元，占财政总支出的比重下降为6.5%，而用于农业的支出为905亿元，占财政总支出的比重为4.8%，绝对数和所占比重都仍低于行政管理费的支出。2001年农民缴纳的农业税、农业特产税以及企业税约2000多亿元，在财政上仍处于"取大于予"的局面，农民净为国家财政积累1000多亿元。

（5）农村经济在国内生产总值（GDP）中的比重下降。农业比重的下降是现代化的必然趋势。改革开放以来，由于乡镇企业的快速发展，农村第二、三产业在整个农村经济中的比重上升为75%，农业下降为25%。农村第一、二、三产业在整个国民经济中的比重逐步上升为50%以上，1993年达到52.2%，近几年来逐年下降，2001年降为49.9%，即从一半以上降为一半以下。

（6）农村经济在国内生产总值（GDP）增长率中的贡献额比重下降。1993年国内生产总值（GDP）比上年增长13.5%，其中农村贡献额占75.4%（第一产业为8%，第二产业为57.4%，第三产业为10%），而城市贡献额只占24.6%，农村高于城市。那几年国民经济的高速发展农村作出了很大的贡献，农村扛大头。但自1997年以来逐年下降，1997年为57.3%，1998年为57.2%，1999年为48.8%，2000年为42.3%，2001年为41.9%。

（7）农村商品销售额在全国商品零售总额中的比重下降。1985年，农村商品销售额占全国商品零售总额的比重达到56.5%，以后就逐年下降，1990年为53.2%，1992年为50.2%，1993年为42%，1997年为39%，2000年为38%，2001年下降为37%，8亿农村人口的消费比重低，直接影响了消费市场的扩大。20世纪90年代中期以来，国内市场疲软，绝大多数商品供大于求，买方市场早熟。国际上一般情况是要人均GDP 2000美元以上，才会形成买方市场，我们不到1000美元，就无法形成买方市场了。主要原因是占人口大多数的农民购买力太低。这也是目前影响国民经济健康发展的主要原因。

（8）农民储蓄比重下降。20世纪80年代中期，农民储蓄占城乡居民储蓄总额的一半以上，1996年下降为20%，1997年下降为18%，1998年为13.6%，1999年又下降为10.4%。尽管农民和农村企业存款的绝对额还在增加，而贷款仍小于存款，2000年的存贷差达3000多亿元，大部分信贷资金流入城市，也就是说，在信贷上农民和农村仍处于"取大于予"的状态。

四个上升如下。

（1）成灾率上升。由于历史的欠账太多，农业一直处于"基础脆弱、后劲不足、抗灾能力下降"的状态。最突出的表现为每年受灾面积中的成灾面积所占的比重上升，成灾率1978年为42%，1993年上升为47%，2001年上升为62%，这是一个非常不好的信号。

（2）城乡居民收入差距上升。1978年城乡居民收入差距为2.4∶1；1984年下降为1.7∶1，是历史上最好的一年，被人们誉为农村的"黄金时代"；以后逐年拉大，1997年为2.47∶1，1998年为2.51∶1，1999年为2.65∶1，2000年为2.79∶1，2001年为2.9∶1，今年还是继续扩大的趋势，将超过

3：1，这是一个很不好的信号，是影响社会稳定的重要因素。

（3）农民上访人数上升。在上访人员中，农民占 80%，反映的主要问题是土地承包权问题、负担问题、基层干部作风问题。农村中的恶性事件在增加，在恶性事件中暴力行为在增加。不少地区采取"指标控制"的办法阻止农民上告上访，这不能治本。

（4）乡村债务上升。据 2000 年的统计，全国乡镇负债 1740 亿元，村级负债 1420 亿元，全国合计 3160 亿元，实际超过此数。安徽省金寨县有 29 个乡镇全部负债，438 个行政村负债面达 95%，乡村共负债 1.4 亿元。2000 年全国农民人均收入 2253 元，以乡镇为单位计算，收入在 2000 元以下的占 52.3%，2001～3000 元的占 29.4%，3001～4000 元的占 11.9%，4000 元以上的占 6.4%。低于平均收入的农民占绝大多数，而各种开支又很大，负债问题难以解决。

以上情况说明，中央强调的"加强农业的基础地位""增加农民收入，减轻农民负担，保持农村稳定"和"少取、多予、放活"的要求都未能落实，实际挂在空挡上。在农产品出现阶段性、低水平、相对供大于求以及粮食库存很多的情况下，这些问题容易被掩盖和忽视，有的甚至产生了盲目乐观和麻痹思想。

党的十六大后新的中共中央政治局第一次会议决定指出："引导党员干部自觉地把思想认识从那些不合时宜的观念、做法和体制的束缚中解放出来，从对马克思主义的错误的和教条式的理解中解放出来，从主观主义和形而上学的桎梏中解放出来。"[1] 它具有极强的针对性，是解放思想、实事求是、与时俱进、开拓前进的思想路线的具体化。农村中出现的上述情况，说明在观念、做法和体制上还有许多不合时宜的东西需要革新。在一部分高级领导干部的观念上存在以下几种障碍：一是认为改革开放以来，农民得益很多，农民为国家继续多做贡献是理所当然的；二是认为历史上农业实行的是"什一税"，我们也应该实行"什一税"；三是认为只能是多数人保护少数人，不能是少数人保护多数人，城市保护不了农村；四是认为国家财政用于修铁路、高速公路、机场等基础设施，农民也是受益者，农民低偿供给土地、作出劳务工作贡献是应该的；五是认为国家用钱的地方很多，财政赤字，用于农业的支出已经不少；六是认为各级领导是国家的公

---

① 参见王振川主编《中国改革开放新时期年鉴（2002 年）》，北京：中国民主法制出版社，2014 年 12 月，第 969 页。——编者注

务员，不应成为农民的代表。不从这些观念中解放出来，上述局面就难以根本扭转。"三农"问题已成为全局性的问题，不能就"三农"问题研究"三农"问题，需要从国民经济和城乡关系以及国际化的全局作重大调整，动大手术，采取治本之策。

我们认为，我国长期以来实行的城乡两种不同的政策（"一国两策"）是计划经济体制的产物，也是"三农"问题长期不能解决的根本问题。根据国际工业化的规律，工业化过程也是减少农民的城市化过程；是由农业提供原始积累支持工业化，待工业化起来之后，工业要转而反哺农业，从而实现农业现代化的过程；是由城乡分割的二元结构转为城乡一体化的过程。当前，我国正处于两个转型时期，一是由计划经济转向社会主义市场经济；二是由农业社会转向工业社会。在农业占国内生产总值（GDP）比重已下降到15%的情况下，现在城乡失衡问题已到了非解决不可的时候。为此，建议中央召开一次全会专门讨论"三农"问题，就上述问题统一认识，以落实党的十六大的任务。党的十一届三中全会、党的十一届八中全会、党的十五届三中全会都是专门讨论"三农"问题的，尽管全会的决定后来未能全部贯彻执行，但毕竟对调整农村和农业政策、推动农村改革、促进农村经济发展，起了极重要的作用。为使"三个代表"重要思想和党的十六大确定的全面建设小康社会目标和农村各项任务真正落到实处，目前农村有以下十个方面的问题需要研究和解决，建议中央全会能就有关问题进行讨论并作出决定。

（1）加大农业投入在财政总支出中的比重。加强农业基础设施建设，改善生态环境和生产条件，从根本上改变基础脆弱、后劲不足、抗灾能力下降的局面。全面推行生态农业建设，实现经济与生态的良性循环。为此应根据世界贸易组织（WTO）的"绿箱政策"和"黄箱政策"，把财政用于农业支出的比重调整到占财政总支出的10%以上。尽快结束"取大于予"，逐步实现工业反哺农业。改进对粮食等关系国计民生的大宗农产品的补贴方式，由补贴流通领域改为直接补贴农民。

（2）免除农业税、农业特产税和乡镇的统筹等费。历史上农民是不直接纳税的，地主纳税也不都是"什一税"，国外工业国家多数不收农业税。因此，应在目前实施的"费改税"中，把农业税和农业特产税免掉，和城市居民一样收个人所得税。属于公益性的支出，包括义务教育以及乡镇行政管理支出等，均应列入政府预算开支之内。

（3）放开城市就业。允许农民进城务工经商，取消城市限制农民进城的一切歧视性政策，在取得城市户口以后，他们应与原城市居民一样，尽相应的义务，享受同等的权利。同时，从财政、信贷以及税收方面支持以农民为主体、吸纳农业劳动力就业为主要目标的多种所有制的乡镇企业，加快农村工业化和城镇化进程，大幅度减少农业人口和农业劳动力。

（4）完善土地制度。在保持土地为乡村农民集体所有和稳定家庭承包经营权长期不变的前提下，在具备条件的地方，坚持农民自愿的原则，实行土地使用权的转让，促进土地的适度规模经营，提高农业的劳动生产率和现代化水平。严格控制土地的非农化，农村工业化、城市化过程中严格控制占用农地，着重提高城镇容积率。据推算，20 世纪 90 年代以来，每年农民因被买断承包土地损失千亿元以上，现在全国约有 3000 万农民因各种原因承包地被征用、买断而成为无地农民。为稳定土地承包权，在土地转为工业建设时，实行土地承包权的股份化，使农民免除后顾之忧，分享收益，行使当家作主的权利。

（5）放开农产品市场和农村金融市场。各类农产品都应实行生产商品化和经营市场化，建立规范的包括初级市场－批发市场－期货市场在内的市场体系，实行开放的有序的竞争。允许农民建立互助合作性质的金融组织——合作银行，承办农民的信贷业务，根据国家的金融政策，建立规范的管理制度。

（6）建立农民的合作经济组织——农民协会。除了在基层村级建立社区性的农民协会，代表会员行使对土地和所属企业的管理权外，建立乡镇以上的农民协会，为农民服务；同时鼓励和支持各种专业合作性质的农民协会，与各种所有制的公司形成"公司＋协会＋农户"的利益共同体，促进农业产业化经营，提高市场竞争能力，并使农民从农产品的加工与流通领域的增值收益中获益。为适应国际市场竞争，按产业建立有农民参加的行业协会。

（7）改革乡镇政府机构，实行乡镇自治。在继续完善村民自治（民主选举、民主决策、民主管理、民主监督）的基础上，推进乡镇民主政治建设，实行乡镇自治。县在乡镇设派出机构，行使政府职能，四川省遂宁县步云乡试验由农民直接选举乡长，经过两轮的实践，取得了很好的经验，应加以总结。实行乡镇自治可在一部分省选择一些乡镇先行试点，在获得经验之后，通过法律程序逐渐普遍推广。这是"拆庙搬菩萨"的做法，能够从根本上精兵简政，减轻农民负担，改善党和政府同农民的关系，实现政治文明。加大法制建设的执法力度，实现依法兴农、依法治农（村）、依法护农。

（8）恢复农民的国民待遇。除了依据宪法，在公民的权利与义务上农民与城市居民应一律平等外，在教育、医疗、就业、社会保障、市场化以及其他公共财政支出等方面也应逐步实行城乡统一的政策，最终实现城乡一体化。

（9）加强农村教育体系建设。继续普及九年义务教育。义务教育的经费，应由省、地（市）县统筹解决，改变目前由农民和乡镇、县承担的状况。实现了这一条，现在的农民负担可减轻一半。此外，还要发展农村的职业教育和成人教育，并把农村教育与精神文明建设结合起来，从根本上提高农民素质以适应农村社会主义现代化建设的需要。

（10）加强农业科研和技术推广体系建设，把农业和农村经济真正转入依靠科学技术进步的轨道上来。鼓励各类大专院校毕业生走向农村，在这个广阔的天地里发挥才智、创造业绩。在农村的第一、二、三产企业中充实研究与开发的技术力量，并与国内外的高等院校和科研单位建立合作关系，提高科研成果的转化率和产业的科技贡献率，提高市场竞争能力。国家应加大支持农业科技的力度，加强农业的基础科学研究，在新的科技革命中率先达到国际水平。提高政府投入农业科技的资金占农业总产值的比重，由目前的 0.2%（发达国家为 2.37%）提高到 0.65%（30 个低收入国家的平均水平）。

加强党对农村工作的领导，最重要的是把党的路线、方针、政策落实到基层。农村党的基层组织——村级党支部是领导核心，党支部要充分发挥战斗堡垒作用和党员先锋模范作用，保证党的路线、方针、政策的贯彻执行。在县级和县级以上的政府，为与国际接轨，减少管理环节，降低管理成本，提高管理效率，在调整职能的同时，应实行生产、加工、贸易（包括外贸）、金融的一体化管理。为加强对农村政策的综合研究，建议在书记处成立农村政策研究室。

江泽民同志在今年 3 月的人代会（全国人民代表大会）期间曾经指出："农业兴百业兴，农民富国家富，农村稳天下稳。"① 召开一次中央全会讨论"三农"问题，通过有针对性的决定，必将对实现全面建设小康社会的目标

① 转引自李克强《努力做好河南省农村税费改革工作》，参见国务院农村税费改革工作小组办公室编《领导同志谈农村税费改革》，北京：中国财政经济出版社，2006 年 1 月，第 433 页。——编者注

产生重大影响，将是农村继土地改革和家庭承包经营之后的第三次解放农民的行动，也是农村进入第二步改革的重要标志。这不仅对农业、农村的发展有利，而且会对国民经济的持续快速健康发展，产生极其深远的重大影响。

全面建设小康社会　优先解决"三农"问题[*]

根据目前我国的基本国情，从我国未来发展看，今后 20 年要实现全面建设小康社会的宏伟目标，最繁重、最艰巨的任务是解决农业、农村、农民问题。

一　时机

邓小平同志指出："没有农民的小康，就没有全国的小康。"江泽民同志多次说过："没有农村的稳定和全面进步，就不可能有整个社会的稳定和全面进步；没有农民的小康，就不可能有全国人民的小康。"[①] 为什么这样说？道理是很明白的。直到现在中国农民仍占总人口的绝大多数。2002 年的《中国统计摘要》公布：2001 年中国的总人口是 127627 万人，其中乡村人口 79563 万人，占 62.3%。同一摘要又指出，2001 年中国有 40161 个乡镇，70925 个行政村，24432.2 万户，乡村总人口为 93383 万人，占总人口的 73.2%，相差 13820 万人。原因是前者把人口分为城镇人口和乡村人口，在城镇人口中，按 2000 年统计指标方法调整，把在城镇居住超过半年以上的农业人口（其中绝大部分是农民工）也统计为城镇人口了。实际上这部分农业人口，他们的家在农村，有承包土地，房产在农村，税费负担也主要在农村，生活方式也还基本是农民的生活方式，本质上还是农民。所以说目前还有 9 亿多农民，占全国人口的绝大部分，这仍是我国的基本国情。

当前农业、农村、农民的基本形势是，农业问题解决得比较好，农产

---

[*] 本文原载《人民论坛》2003 年第 2 期，发表时间：2003 年 2 月 15 日。《理论参考》2003 年第 9 期转摘。——编者注

[①] 《江泽民就农业问题发表重要讲话》，《人民日报》1992 年 12 月 28 日，第 1、4 版。

品供给充裕，满足了城乡人民对于农产品的需求和国民经济发展的需要，但是农村问题、农民问题仍未解决。

一是农民多。我们的工业化已到了中期阶段，在三次产业结构中，2001年第一产业只占 15.3%，第二产业占 51.1%，第三产业占 33.6%，但从事第一产业的劳动力占全国从业人员的 50%，农村人口占 62.3%（农民占73.2%）。这显然是不合理的。

二是农民穷。2001 年，农民人均纯收入 2366.4 元，比 1990 年的 686.3元增长 3.45 倍，扣除物价因素，年均增长 4.1%。应该说，总的情况还是好的，但与整个经济增长的成果相比，特别是与城镇居民的收入相比较，就有问题了。2001 年城镇居民人均可支配收入 6859.6 元，比 1990 年的1510.2 元增长 4.54 倍，扣除物价因素年均增长 5.4%，平均每年增长速度比农民高 1.3 个百分点。特别是在 1997 年以后，城镇居民的可支配收入平均年增长 7.4%，而农民人均纯收入平均年增长 3.1%，增幅差 4.3 个百分点。而且，1997 年以后，约 62% 的以务农为主的农民纯收入不是增加而是减少的。所以这几年农村产生了购买力萎缩等经济和社会问题。

三是城乡差距扩大。改革开放以来，从 1979 年到 1984 年，城乡差距是缩小的，但自 1985 年以后出现反弹，1997 年以后扩大的速度加快，现在这个趋势还未得到遏止。城乡差距扩大，不仅表现在城乡居民收入的差距扩大，而且在经济、社会、文化、教育、科技、卫生、社会保障、环境等各个方面的差距都在扩大。有学者指出：现在是繁荣的城市与落后的农村并存，一方面城市是越来越好，另一方面是农村工作发展滞后，这不符合可持续发展的要求。

年初，中央农村工作会议召开。会议指出，"全面建设小康社会，必须统筹城乡经济社会发展，更多地关注农村，关心农民，支持农业，把解决好农业、农村和农民问题作为全党工作的重中之重，放在更加突出的位置，努力开创农业和农村工作的新局面"[①]。这是一个落实贯彻党的十六大精神的决定，十分重要，也十分及时。是到了要优先解决"三农"问题的时机了，不仅因为农村已积累了一些重大问题亟需解决，而且因为农村、农民问题解决好了，占绝大多数人口的农民真的增收了，农村市场就会活跃起来，有利于推动整个国民经济持续、快速、健康发展。

---

① 参见《中共中央政治局召开会议研究农业和农村工作》，《人民日报》2002 年 12 月 27 日第1 版。

二 思路

统筹城乡经济社会发展。这是个新提法、新思路,很有针对性。20 世纪 50 年代中期以后,在计划经济体制条件下,我国对城市、城镇居民实行一种政策,对农村、农民实行另一种政策。长期实行这种"一国两策"的结果,形成了中国特有的二元经济结构、二元社会结构,城乡不能交融,城乡差距很大,实际形成了两个市场、两个社会,由此引发了一系列的经济社会问题。改革开放以来,由于户籍制度等体制性障碍没有改革,所以城乡差别扩大的趋势还在继续。最近四五年来,东部沿海的大中城市发展很快,一年比一年繁荣,真是日新月异;但农村,尤其是中西部农村还相当落后,依然故我,形成了鲜明的对比。要统筹城乡经济社会发展,通过深化改革,逐步消除计划经济体制下形成的体制和政策障碍,打破城乡二元结构,按照社会主义市场经济发展的规律,加快对户口、住房、就业、教育、医疗和社会保障等方面的改革,促进农村经济社会的全面发展,实现城乡一体化。

"加快城镇化进程"。这是解决"三农"问题的一项战略性决策。江泽民同志在十六大政治报告中讲如何解决"三农"问题有三段话,一共有 540 个字。其中 200 多字是讲加快城镇化问题的,可见分量之重。中国社会现在面临的一个主要矛盾是城乡失衡,城市化滞后于工业化。2001 年我国的 GDP 中,第二、三产业创造的价值占 85%,工业发展已到了中期阶段,但城市化率还处在初级阶段。要通过改革,使城市向农民开放,农村富余劳动力向非农业和城镇转移。这是增加农民收入,解决农村问题的根本出路。目前,我国经济持续发展,工农业商品供应充足,市场经济体制已经基本建立,城镇的基础设施也有了很大进展,各方面的条件都逐渐具备,是到了加快城镇化步伐的时机了。应该深化户籍制度等方面的改革,敞开城门镇门,让农民进来。

全面繁荣农村经济,增加农民收入。1997 年以后,从国家统计数字看,农民人均年纯收入的增长速度减缓了,而实际上有 62% 依靠农业为主要收入来源的农民收入是减少的,这种状况需要通过政策性的改革,加以遏止和扭转。党的十六大报告指出,要"加大对农业的投入和支持,加快农业科技进步和农村基础设施建设。改善农村金融服务。继续推进农村税费改革，减轻农民负担，保护农民利益"①。计划经济体制下，总的偏向是（或者说多数年份）经济社会政策是向城市倾斜的，造成了城乡关系的不协调。今后要按社会主义市场经济规律运作，形成全国统一的社会主义市场经济体系，使城乡一体。在今后一个时期里，应该在财政、税收、金融、教育、科技、医疗、社会保障等各方面，适度地向农村倾斜，以弥补以前长期向城市倾斜造成的不足。诚能如此，则可以极大地调动农民政治和经济方面的积极性，农村经济的全面繁荣是指日可待的，农村全面建设小康社会的重大任务也是能够实现的。

三　展望

我们可以作这样的预计：

2001 年，全国有 73025 万劳动力就业，其中从事农业劳动的占 50%。今后 20 年，每年平均减少一个百分点，到 2020 年，从事农业的劳动力降到 30%。

2001 年全国城市化率为 37.7%，今后 20 年，平均每年能增加一个百分点，到 2020 年，使我国的城市化率达到 58% 左右，农村人口从现在的62.3% 降到 42% 左右。2001 年农民人均纯收入为 2366.4 元，城镇居民可支配收入为 6856.6 元，城乡居民收入差距为 2.9∶1，今年仍是扩大的趋势。如能通过加快农村劳动力转移和政策性的改革，使这种城乡差距扩大的趋势得以扭转，并从现在起到 2010 年，使每年的城乡居民收入差距平均缩小0.1 个百分点，2011～2020 年，每年平均缩小 0.05 个百分点，到 2020 年使城乡居民收入差距控制在 1.5∶1 左右，则就比较平衡。

农业、农村、农民问题，所以如此久治不愈，年年讲，年年解决不好，说到底是个体制问题，是原来计划经济体制形成的。因而我们必须继续深化改革，实现从计划经济体制向社会主义市场经济体制转变，只有这样才能把"三农"问题解决得更快更好。

---

① 《中国共产党第十六次全国代表大会文件汇编》，北京：人民出版社，2002 年 11 月，第23 页。

解决 "三农" 问题的十条建议[*]

我们认为，在我国长期以来实行城乡两种不同的政策（"一国两策"）是计划经济体制的产物，也是"三农"问题长期不能解决的根本问题。根据国际工业化的规律，工业化过程也是减少农民的城市化过程；是由农业提供原始积累支持工业化，待工业化起来之后，工业要转为反哺农业，从而实现农业现代化的过程；是由城乡分割的二元结构转为城乡一体化的过程。当前，我国正处于两个转型时期，一是由计划经济体制转向社会主义市场经济体制；二是由农业社会转向工业社会。在农业占国内生产总值（GDP）比重已下降到15%的情况下，现在城乡失衡问题已到了非解决不可的时候了。我们认为，目前农村有以下十个方面的问题需要研究和解决。

一、加大对农业投入在财政总支出中的比重。加强农业基础设施建设，改善生态环境和生产条件，从根本上改变基础脆弱、后劲不足、抗灾能力下降的局面。全面推行生态农业建设，实现经济与生态的良性循环。为此应根据世界贸易组织（WTO）的"绿箱政策"和"黄箱政策"，把财政用于农业支出的比重调整到占财政总支出的10%以上。尽快结束"取大于予"，逐步实现工业反哺农业。改进对粮食等关系国计民生的大宗农产品的补贴方式，由补贴流通领域改为直接补贴给农民。

二、免除农业税、农业特产税和乡镇的统筹等费。历史上农民是不直接纳税的，田主纳税也不都是"什一税"，国外工业国家多数不收农业税。因此，应在目前实施的"费改税"中，把农业税和农业特产税免掉，和城市居民一样收个人所得税。属于公益性的支出，包括义务教育以及乡镇行政管理支出等，均应列入政府预算开支之内。

---

[*] 本文原载《中国经济时报》2003 年 3 月 25 日第 5 版，作者：郭书田、陆学艺。《新华文摘》2003 年第 6 期进行了论点摘编。——编者注

三、放开城市就业。允许农民进城务工经商，取消城市限制农民进城的一切歧视性政策，在取得城市户口以后，进城农民应与原城市居民一样，尽相应的义务，享受同等的权利。同时，从财政、信贷以及税收方面支持以农民为主体、吸纳农业劳动力就业为主要目标的各种所有制的乡镇企业，加速农村工业化和城镇化进程，大幅度减少农业人口和农业劳动力。

四、完善土地制度。在保持土地为乡村农民集体所有和稳定家庭承包经营权长期不变的前提下，在具备条件的地方，坚持农民自愿的原则，实行土地使用权的转让，促进土地的适度规模经营，提高农业的劳动生产率和现代化水平。严格控制土地的非农化，农村工业化、城市化过程中严格控制占用农地，着重提高城镇容积率。据推算，20 世纪 90 年代以来，每年农民因被买断承包土地损失在千亿元以上。现在全国约有 3000 万农民因各种原因承包地被征用、买断而成为无地农民。为稳定土地承包权，在土地转为工业建设用地时，实行土地承包权的股份化，使农民免除后顾之忧，分享收益，行使当家作主的权利。

五、放开农产品市场和农村金融市场。各类农产品都应实行生产商品化和经营市场化，建立规范的包括初级市场 – 批发市场 – 期货市场在内的市场体系，实行开放的有序的竞争。允许农民建立互助合作性质的金融组织 – 合作银行，承办农民的信贷业务，根据国家的金融政策，建立规范的管理制度。

六、建立农民的合作经济组织 – 农民协会。除了在基层村级建立社区性的农民协会，代表会员行使对土地和所属企业的管理权外，建立乡镇以上的农民协会，为农民服务；同时鼓励和支持各种专业合作性质的农民协会，与各种所有制的公司形成公司 + 协会 + 农户的利益共同体，促进农业产业化经营，提高市场竞争能力，并使农民从农产品的加工与流通领域的增值效益中获益。为适应国际市场竞争，按产业建立有农民参加的行业协会。

七、改革乡镇政府机构，实行乡镇自治。在继续完善村民自治（民主选举、民主决策、民主管理、民主监督）的基础上，推进乡镇民主政治建设，实行乡镇自治。县在乡镇设派出机构，行使政府职能。四川省遂宁县步云乡试验由农民直接选举乡长，经过两轮的实践，取得了很好的经验，应加以总结。实行乡镇自治可在一部分省选择一些乡镇先行试点，在取得经验之后，通过法律程序逐渐普遍推广。这是"拆庙搬菩萨"的做法，能够从根本上精兵简政，减轻农民负担，改善党和政府同农民的关系，实现政治文明。加强法制建设的执法力度，实现依法兴农、依法治农、依法护农。

八、恢复农民的国民待遇。除了依据宪法在公民的权利与义务上农民与城市居民应一律平等外，在教育、医疗、就业、社会保障、市场准入以及其他公共财政支出等方面也应逐步实行城乡统一的政策，最终实现城乡一体化。

九、加强农村教育体系建设，继续普及九年义务教育。义务教育的经费，应由省、地市、县统筹解决，改变目前由农民和乡镇、县主要承担的状况。实现了这一条，现在的农民负担可减轻一半。此外，还要发展农村的职业教育和成人教育，并把农村教育与精神文明建设结合起来，从根本上提高农民素质，以适应农村社会主义现代化建设的需要。

十、加强农业科研和技术推广体系建设，把农业和农村经济真正转入依靠科学技术进步的轨道上来。鼓励各类大专院校毕业生走向农村，在这个广阔的田地里发挥才智，创造业绩。在农村的第一、二、三产业企业中充实研究与开发的技术力量，并与国内外的高等院校、科研单位建立合作关系，提高科研成果的转化率和产业的科技贡献率，提高市场竞争能力。国家应加强支持农业科技的力度，加强农业的基础科学研究，在新的科技革命中率先达到国际水平。提高政府投入农业科技的资金占农业总产值的比重，由目前的0.2%（发达国家为2.37%）提高到0.65%（30个低收入国家的平均水平）。

加强党对农村工作的领导，最重要的是把党的路线、方针、政策落实到基层。农村党的基层组织——村级党支部是领导核心，党支部要充分发挥战斗堡垒作用和党员先锋模范作用，保证党的路线、方针、政策的贯彻执行。在县级和县级以上的政府，为与国际接轨，减少管理环节，降低管理成本，提高管理效率，在调整职能的同时，应实行生产、加工、贸易（包括外贸）、金融的一体化管理。为加强对农村政策的综合研究，建议在书记处成立农村政策研究室。

中国"三农"问题的由来、发展和前景[*]

一 "三农"理论的由来

一个国家要实现现代化,从传统的农业国家农村社会转变为一个现代化国家,都要有一个实现工业化、城市化的过程。

中国的工业化、城市化、现代化真正走上快速发展的道路是在党的十一届三中全会实行改革开放以后。25 年来,在马克思主义、毛泽东思想和邓小平理论的指导下,在党中央的正确领导下,我们取得了一个又一个伟大胜利。1978~2001 年,我国的国民生产总值由 3624 亿元增长到 94346 亿元,按可比价格计算,平均每年递增 9.3%,人均 GDP 从 379 元(折合 253 美元)增长到 7543 元(折合 912 美元)。综合国力已经从第 14 位上升到第 6 位。

众所周知,我国的改革是从农村开始的,农村率先实行家庭联产承包

* 本文源自《陆学艺文集》(陆学艺著,上海:上海辞书出版社,2005 年 5 月),第 469~496 页。该文原稿写于 2003 年 9 月 8 日,题为《中国"三农"问题的由来和发展前景》,并以该题发表于云南省社会科学院社会学研究所主办的内部刊物《云南社会学》2003 年第 1、2 期合刊。2003 年 9 月 16 日,作者在"当代中国研究所第三届国史学术年会"上作了题为《中国"三农"问题的由来和发展》的学术报告,报告录音稿刊载于《当代中国史研究》2004 年第 3 期(2004 年 5 月 25 日),发表时内容略有删节。该文为《新华文摘》2004 年第 14 期转摘,题为《新形势下如何解决农民问题和农村问题?》。该文还以《中国"三农"问题的由来和发展》为题收录于《怎样看待中国新一届政府面对的若干重大发展问题(党政干部讲座·第一辑)》(凌海主编,北京:中国方正出版社,2004 年 4 月),第 153~181 页,并以《"三农"问题的由来和发展前景》为题收录于《"三农"新论——当前中国农业、农村、农民问题研究》(陆学艺著,北京:社会科学文献出版社,2005 年 5 月)。越南社会科学院经济学研究所主办的刊物《经济学研究》2007 年第 11 期刊载了该文的越南文版,题目是《中国农业、农民和农村问题的由来与发展》。——编者注

责任制,实际是第一个冲破计划经济的束缚,接着解散人民公社,农业生产力得到了大解放,农业生产连年大丰收,到1984年粮食登上8000亿斤的高峰,初步解决了温饱问题。那几年农民得到了自主实惠,农民生活有了极大的改善,城乡差距有了很大的缩小。那时就提出了农村要进行第二步改革。

但从1985年起,我国的城乡战略有所改变,国民经济收入分配的格局又开始向城市倾斜,工作重心又向城市转移。农村改革的力度削弱了。1985年农业减产,粮食减产7%。从此农村形势的发展,时好时坏,时晴时阴,农村又走上了曲折发展的道路。20世纪80年代后期,中国的一些学者在总结社会主义现代化建设的经验和教训的过程中,依据中国的特有国情,把农村问题分解为农业、农村、农民问题,分别进行研究。既分析三者的关系,也研究三者各自要解决的问题,提出了"三农"问题的理论,作为认识中国实践分析现实问题的理论框架,经过十多年的实践和宣传,现在已成为中国政界、学界的共识。

"三农"理论,这是中国特有的,是中国改革开放以来的产物。在国外是没有的,在改革开放以前也是没有的。从已经实现现代化国家的发展轨迹看,一个国家一个地区实现现代化,首先是从农业农村取得资金、取得原始积累,取得农产品,农产工业原料,然后大办工厂、企业发展工业,而与此同时,农村的劳动力,就大批进入工厂,工厂一般都建在交通要道,工厂聚集起来商业、服务业发展起来,城市也就兴起了,大批农业人口转变为城市人口,所以工业化、城市化是同步的。等到工业化、城市化发展到一定程度,就反哺农业,用现代化的农业生产资料(农机、化肥、农药)武装农业,使农业现代化。与此同时,一方面农村的农民已经成为少数了,通过市场的作用(有些是政府干预),农产品价格提高,农民的收入也逐步提高,接近城市居民收入的水平(有的还高于居民)。待城市工业发展了,国家财政积累大了,再反哺农村,对农村进行道路、水利、电力、电讯等方面的基础设施建设,使农村也现代化起来,实现城乡一体化。所以这些发达国家在发展过程中,并没有把"三农"问题联系起来,他们是只就农业问题、农村问题、农民问题,分别地研究,至多也只把农村、农民或农村、农业问题联系起来研究。

中国在改革开放过程中出现的特有的城乡关系和特有的城乡发展过程,产生了中国特有的"三农"问题的理论。

关于"三农"问题的理论,是中国改革开放过程中形成的理论,可以说是中国社会科学理论界的一个重要成果。这个理论的形成、运用这个成果的理论框架对于深入认识我国的基本国情，用以指导社会主义现代化建设的实践，很有意义。一个比较长的时间以来，我们特别重视解决我国的农业问题，要着力解决粮食和主要农产品的生产问题，以保证有效供给。但是当 1984 年取得改革以来的第一个特大丰收以后，农村出现了卖粮难、卖棉难等问题，随后又出现了"打白条"，农民负担重，干群矛盾冲突增加，农村社会不安定和城乡差距扩大等的问题。这诸多问题的出现，使一部分学者和实际工作部门的同志，意识到农村工作，不仅要解决农业问题，与此同时，还要解决农民问题、农村问题，并且对农业、农民、农村这三个方面的问题，联系起来作了分析和研究。

1998 年 10 月，在党的十五届三中全会上，江泽民同志指出："农业、农村和农民问题，是关系改革开放和现代化建设全局的重大问题。没有农村的稳定就没有全国的稳定，没有农村的小康就没有全国人民的小康，没有农业现代化就没有整个国民经济的现代化。稳住农村这个大头，就有了把握全局的主动权。"[①]

所以在 20 世纪 90 年代中期以后，一部分学者和中央领导已经把农业、农村、农民问题联系起来作了研究和分析论述。"三农"问题的理论就在全国形成了共识，被引用到文件、媒体和各种论著里。运用"三农"理论，对其他国家问题进行研究也很有意义。

1998 年，我应日本早稻田大学的邀请，到日本访问。在一次学术会议上，我用"三农"理论对中日两国的农村问题进行了比较分析，确实能说明很多问题。

日本的现代化道路，同欧美等发达国家是基本相似的。日本先通过高额农业税等方式，从农业、农村取得积累，使大量的资金和农产品进城办工业，搞工业化。与此同时，大量农民也进城了，转变为第二、三产业职工，同时也成为城市居民。所以日本的工业化、城市化、现代化是同步的。当工业化搞起来之后，积累了资金、有了钱，工业化就反哺农业，用农机、化肥等现代生产资料武装农业，使农业现代化，大幅度提高农产品价格，给农业补贴，使农民富裕起来，基本达到同城市居民一样的收入水平，也就解决了农民的问题。20 世纪 70、80 年代以后，国家运用第二、三产业积累的资金，对农村进行大规模的基本建设，修道路、修水利、通电、通电

---

① 《中共中央关于农业和农村工作若干重大问题的决定》，载《十五大以来重要文献选编》，北京：人民出版社，2000 年 6 月，第 554 页。

话，整治环境，使农村也现代化起来，逐步消除城乡差别，使城乡一体化，把农村问题也解决了。

但是，日本是个人多地少的国家，加上 20 世纪 60 年代后，日本政府为了要大规模出口工业产品，开拓工业品市场，不惜牺牲本国农业，大规模进口农产品。所以 20 世纪 70 年代以后，日本的食品和棉花等工业原料，大部分或全部要进口。现在日本 50% 以上的食品和农产工业原料都是进口的，所以日本的食品是全世界最贵的，这使人民的生活质量不能不受到一定的影响。日本作为一个经济大国，日本的农业是一个问题。用"三农"理论来分析，日本今天，农民问题解决了，农村问题也基本解决了，但农业问题还没有解决。

中国正好相反。改革开放以来，我国的农业执行邓小平"一靠政策，二靠科学"的方针，通过改革和发展，我国的农业连年获得大丰收，1996年粮食超过 1 万亿斤，棉花超过 8400 万担，自此，中国的粮食和其他主要农产品的供给已经由长期短缺，转变为总量基本平衡，丰年有余。中国用近 10% 的世界总耕地，供养了 21% 多的世界人口，并且自 1997 年以后，每年农产品纯出口 50 亿美元左右，所以用"三农"理论来分析，当今中国，农业问题基本解决了，但农民问题、农村问题还没有解决。

二 当今中国的"三农"问题

为什么说中国的农业问题已经基本解决了，农村问题、农民问题还没有解决？下面来分析一下这几个问题。

（一）农业问题

当前农村工作的任务有三条："保证有效供给，增加农民收入，保持社会稳定。"保证有效供给是指农业要能提供足够的粮食棉花和其他各种农产品，以满足人民群众生活和国民经济建设的需要。从历史上说，自从苏联实行社会主义计划经济体制以后，农村实行集体经济体制以后，粮食和农产品的供给一直未能很好地解决，是长期困扰社会主义国家的一根软肋。

中国在实行合作化以前和合作化初期（1958 年以前）曾经是粮食和农产品的纯出口国。但从 1961 年以后，我国就开始吃进口粮，成为粮食、棉花等主要农产品的进口国。从 1959 年，我们国家就提出了农业是国民经济的基础，粮食是基础的基础。以后，就一直把发展农业放在国民经济工作的首位，投入了巨大的人力、物力和财力。但是，一直到人民公社解体，粮食和农产品短缺的问题始终没有解决好。第一代领导人，从毛主席到管经济的陈云，到李先念，老百姓的吃饭问题，一直是压在他们心头的大包袱。在毛主席的晚年，在经济上可说是个重农主义者，"农业八字宪法"，"农业是国民经济的基础"，"以粮为纲"，"农业学大寨"，"要实现农业机械化"，等等，都是他第一个提出来的。陈云同志甚至说过："手中有粮，心中不慌。"有个时期，李先念同志曾亲自指挥粮食列车的调运。

实践证明，不是我们的党和政府不重视农业，也不是我们的地不够，更不是我们的农民不会种田，而是人民公社集体劳动，统一经营，平均分配这套体制不行。党的十一届三中全会以后，改革开放，在党的领导下，农村率先改革，实行家庭联产承包责任制，农民得到了经营自主权，得到了实惠，农业生产的积极性调动起来了，农业生产连年大丰收，到20世纪80年代中期就基本解决了粮食和棉花等主要农产品的供给问题，初步解决了温饱问题。

当然，这二十多年来，农业发展也并不是一帆风顺，也是有波折的，但总的趋势是不断前进，不断发展，到1996年，中国的农业问题，或者说农业在保证有效供给的问题上就基本解决了。

下面是粮、棉、油主要农产品的情况（见表1）。

表1　1978～2002年主要农产品情况

年份	粮食（万吨）	人均（公斤）	棉花（万吨）	人均（公斤）	油料（万吨）	人均（公斤）
1978	30477	317	216.7	2.25	521.8	5.42
1980	32056	327	270.7	2.8	769.1	7.8
1985	37911	361	414.7	3.9	1578.4	15
1990	44624	393	450.8	4	1613.2	14.2
1991	43529		567.5		1638.3	
1992	44266		450.8		1641.2	
1993	45649		373.9		1803.9	
1994	44510		434.1		1989.6	
1995	46662	378	476.8	3.8	2250.3	17.6
1996	50454	412	420.3	3.43	2210.6	18.1
1997	49417		460.3		2157.4	
1998	51230		450.1		2313.9	
1999	50839		382.9		2601.2	

年份	粮食 (万吨)	人均 (公斤)	棉花 (万吨)	人均 (公斤)	油料 (万吨)	人均 (公斤)
2000	46218	366	441.7	3.5	2954.8	23.4
2001	45264	356	532.4	4.17	2864.9	22.5
2002	45711	355	492	3.83	2900	22.6

从改革开放到1996年我国农业的发展轨迹来看,大致是6年一个特大丰收,上一个大的台阶。1978年粮食总产是6095亿斤,人均317公斤。农村实行包产到户后,连年丰收,1984年粮食总产突破8146亿斤,第一次出现卖粮难。1985年取消统购,实行粮食合同定购,实际是降低粮价,打击了农民的生产积极性,当年粮食减产7%,出现了新的徘徊。1986年后又调整政策,到1990年农业获得第二次特大丰收,粮食总产8925亿斤,接近9000亿斤。这年粮食丰收,出乎许多人的意外,北京有很多人不相信,国务院发言人开始报8400亿斤,后来又报8500亿斤,但统计局年终报了8925亿斤。有关领导怕虚报了,开常务会议定,报8700亿斤(统计局有意见,在1991年统计年鉴上报8700亿斤,既没有尾数,也没有稻谷、玉米等分类数。虽然1991年安徽和华东大水灾,全世界赈灾搞得轰轰烈烈,但到秋后一统计,粮食总产仍是8706亿斤,并没有减产,这样才在1992年统计年鉴上更正了过来)。

1991年粮食减产,1992年、1993年略增,但自1992年小平同志南巡讲话后,各地经济建设掀起了新高潮,各地大搞开发区,农民工大量进城,城市居住人口增加,对粮食和农产品的需求增加,粮食和农产品市场价格从1993年秋后开始猛涨,有的省区已经取消了粮票的又开始重用。国家不得已从1994年又大规模进口粮食。同时又大幅度提高收购粮价,1995年增产430亿斤,农业形势已经开始回升。有关领导还怕靠不住。1995年还决定1996年再大幅度提高粮食收购价格,并且预先发布了,由此进一步调动农民的种粮积极性。有些农民工返乡种田了,再加上1996年,风调雨顺,取得农业的第三个特大丰收。当年粮食总产5045万吨,也就是突破了1万亿斤。据推算这个1万亿斤就是20世纪50年代毛泽东同志领导制定的农业发展40条纲要,要求各地分别达到亩产400斤、500斤、800斤的总产量。这个目标到1996年终于达到了。

1996年,是中国农业发展史上的一个里程碑。从此,改变了中国农产品的供求格局，由长期短缺，供不应求转变为供求平衡，丰年有余的格局；从此，中国的主要农产品由卖方市场转变为买方市场；从此，中国的农产品由追求数量转变为数量质量并重，主要追求质量的阶段；从此，中国的农业生产进入不仅受资源约束，而且也受到市场约束的阶段。所以说，1996年特大丰收以后，中国农业发展进入了一个新阶段，中国的农村发展也进入了一个新的阶段。

中国农业、农村进入了新阶段之后，我们的认识，我们的政策，却没有发生与这个新阶段、新形势相适应的改变，以致现在的农业、现在的农村又出现了一系列新的问题。对于粮食和主要农产品的供求关系已经变了，已经由长期短缺，从此变为供求平衡、供过于求的形势，缺乏充分的认识，因而也就没有相应的政策改变。我们被长期短缺害苦了，害怕了，所以总怕不够，总怕再短缺怎么办。

至今，学术界、有关部门还没有说明白，为什么1996年粮食超过1万亿斤以后，至今已经7年了，除了1998、1999两年超过1万亿斤以外，每年都在9000亿到9800亿斤徘徊，2003年有可能减到9000亿斤以下。这7年人口增长了7000多万，城市化率提高了10个百分点，对粮食、农产工业原料和其他农产品的需求显然是大幅度增加了，但为什么粮食等主要农产品还是供过于求，粮食库存仍然有4000亿斤，粮价不涨反降（大米、玉米、小麦的价格比1996年降了30%），这是为什么呢？

就粮食问题来说，有一种解释，就是1996年的大丰收，不仅是粮食的大丰收，而且是农产品的全面大丰收。1996年粮食的形势变了之后，畜牧业、水产、蔬菜、水果都是大幅度增产，从数据可以有一个说明（见表2）。

表 2　1978～2001 年副食品情况

年份	肉类总产量（万吨）吨（人均公斤）	水产品总产量（万吨）吨（人均公斤）	水果总产量（万吨）吨（人均公斤）	蔬菜（万吨）每个农民出售（公斤）
1978	856.3（8.9）	465（4.7）	657（7.3）	
1980		449	679	
1985		705	1163	53.7
1990	2857	1237	1874	65
1995		2517	4214	80
1996	4584	3288	4652	97

续表

年份	肉类总产量（万吨）吨（人均公斤）	水产品总产量（万吨）吨（人均公斤）	水果总产量（万吨）吨（人均公斤）	蔬菜（万吨）每个农民出售（公斤）
1997	5269	3601	5089	106
1998	5724	3906	5452	108
1999	5821	4122	6237	111.6
2000	6125（38.3）	4278（33.9）	6225（49.3）	132
2001	6334（39.5）	4381（34.4）	6658（52.2）	132.9

2001 年粮食总量比 1978 年增长 48.5%，人均增长 12.3%。但是油料总产量增长 449%，人均增长 315%。

肉类总产量比 1978 年增长 640%，人均由 8.9 公斤增加到 39.5 公斤，增长 3.44 倍。

水产品总产量比 1978 年增长 842%，人均由 4.7 公斤增加到 34.4 公斤，增长 6.32 倍。

水果总产量比 1978 年增长 913%，人均由 7.3 公斤增加到 52.2 公斤，增长 6.15 倍。

中国人的传统，把粮食称作主食，其他食品称作副食。这些副食品都是成倍、几倍地增长，现在大多数城市居民和农村的富裕农民已经反副为主，主要吃的是鸡鸭鱼肉、蔬菜水果，粮食的直接消费大大降低了。说明中国的食品消费结构，主要是城镇居民的食品消费结构已经发生了根本性的变化。所以 1996 年以后粮食产量虽然有所下降，但仍然销售不畅，价格低迷。

总体说来，1996 年以后，我国的农业进入了一个新的阶段，就保证有效供给这个主要任务，已经基本上实现了。或者说，中国的农业问题已经基本解决了。所以说基本实现、基本解决，是因为农业问题并没有一劳永逸地从根本上解决，还潜伏着不稳定的因素，如土地、水等资源短缺，农业生态环境恶化，水利等基础设施建设还不理想，抗大灾能力不强，农业科技推广系统不健全，农业的产前产后服务体系也未能较好地建立起来等，主要是靠千家万户的小农经济在生产，劳动生产率、农产品的商品率都很低，离现代化农业的目标还有很大距离，我们还有很多工作要做。

（二）农民问题

农业问题基本解决了，但农民问题、农村问题还没有解决。农民问题是"三农"问题的核心问题。农业是农民从事的产业，也可说是职业，农民是从事农业的劳动者，农村是农民生产生活和居住的社区。

农民问题在中国这样一个传统的农业大国有特殊重要性，毛泽东同志在 1950 年就说过，"中国的主要人口是农民，革命靠了农民的援助才取得了胜利，国家工业化又要靠农民的援助才能成功"[1]。实践证明，这个说法是完全正确的。50 年来，我们的社会主义现代化建设经历了多个阶段，有晴有阴，风风雨雨，有顺畅，也有曲折。有一条经验是很鲜明的，凡是党和国家的政策符合大多数农民群众的愿望和利益，这个阶段的社会主义事业就顺利发展（如土地改革，改革开放，实行家庭联产承包责任制，发展乡镇企业等等），而当这个时期党和政府的政策不符合实际，乃至有损于农民群众的利益，那这个阶段的工作就困难，经济建设等事业就停滞，缓慢，社会问题就增多。实践还证明，与农民顶牛是顶不过的。

党的十一届三中全会总结了一条很重要的基本经验：在经济上要充分关心他们的物质利益，在政治上要切实保障他们的民主权利，这样才能调动农民群众的积极性，这是"确定农业政策和农村政策的首要出发点"。

现在的农民问题表现在哪些方面呢？

1. 农民人口众多，至今还有 9 亿多农民

中国本来是农业大国，农民多是客观存在。我这里说的农民多，是指在工业化过程中，农民是理应减少的，但我们一面是工业化、城市化，一面是农民大量增加，这是同工业化发展规律不相符的。由此引起了种种社会问题。

1949 年，总人口是 54167 万人，农业人口 48402 万人，占 89.4%。

1952 年，总人口是 57482 万人，农业人口 50139 万人，占 87.2%。

1958 年，总人口是 65994 万人，农业人口 54704 万人，占 82.8%。

1978 年，总人口是 96259 万人，农业人口 79014 万人，占 80.08%。

1958~1978 年，这 20 年农民增加 24310 万人，平均每年增加 1215.5 万人。

1998 年，总人口是 124810 万人，农业人口 86868 万人，占 69.6%。

这 20 年农村绝对人口又增加 7854 万人，平均每年增加 392 万人。

1999 年，总人口 125786 万人，农村人口 82038 万人，占 65.2%。

2000 年，总人口 126743 万人，农村人口 80837 万人，占 63.8%。

---

[1] 《毛泽东选集》第五卷，北京：人民出版社，1977 年 4 月，第 26 页。

2001年，总人口127627万人，农村人口79563万人，占62.3%。

1999年以后，从公布的城乡人口数据看，农村人口下降得很快。三年里减少农民789万人，每年减263万人。但这是按城乡分，如果按农业户口和非农业户口分，中国的农业人口一直到1999年都是逐年增加的，2000年农民的绝对量才开始减少。所以说现在的农民仍有9亿多。

一个工业化迅速发展的国家，一面是大规模的工业建设，一面农民大量增加（1952年是5亿农民，2001年是9亿农民，50年增加4亿多）①，而耕地等主要生产资料增加不多，这是当今农民问题严重的根源。一个工业化现代化国家，总不能是一个农民占75%的绝对多数的国家。如何减少农民这是我们今后面临的、必须解决的重大任务之一。

2. 农民太穷，农民太苦

关于农民的穷苦要说两句话，第一是改革开放以来，农民的生活有了极大的改善，收入有了很大的提高，绝大多数人解决了温饱问题，这是历史上从未有过的。1978年农民人均纯收入134元，2001年，农民人均纯收入2366元，扣除物价因素，每年递增4.6%。应该说，这是很大的成就，很大的进步。

第二，农民穷、苦是相对于城市居民而言的，相对于我们的经济成就而言的。党的十六大说我们要建设惠及十几亿人的全面的小康社会，从1978年到2001年，我国的DGP翻了三番多，年递增9.35%，但占人口75%的农民的收入却没有得到应有的增加。

特别是1997年以后，由于农业发展进入了新阶段，农业产品供过于求，农产品销售不畅，价格低迷，农民的收入增幅逐年下降，1996年9%，1997年4.6%，1998年4.3%，1999年3.8%，2000年2.1%，2001年为4.2%，2002年为4.6%。这几年之所以还略增，主要是靠打工和非农经营收入增加来弥补的。事实上中国现在还有62%的农民单靠农业收入，这部分农民的收入，这些年是减少的。已经连续7年了，大部分农民的收入是停滞和减少的。相比较而言，2002年与1995年相比，城镇居民的可支配收入增加3415元，平均每年增加487元。同期农民人均纯收入从1995年的1577元增加到2002年的2476元，只增加899元，平均每年增加128元，于是差距扩大了。城乡差

---

① 2001年农村人口79563万，是按城乡人口分布说的。根据2000年第五次全国人口普查资料，农业人口占75.21%，非农业人口占24.79%。所以说，农民仍有9亿多。见第五次全国人口普查资料。

距 1995 年是 2.72∶1，2001 年扩大为 2.92∶1，2002 年又扩大为 3.1∶1。

我们从 20 世纪 90 年代中期开始就说要千方百计增加农民收入，千方百计减轻农民负担，保持社会稳定。后来又说要"少取、多予、放开"。好几年过去了，政府也想了好多法子，采取了不少措施，但收入就是上不去，负担实际上也是下不来，城乡差别在继续扩大，社会稳定怎么能稳得住？2001 年，我在上海参加一个小的研讨会，会上中西部的一位县委领导说，总的说来，20 世纪 90 年代的农村无论是改革和发展，都不如 80 年代，而1997 年以后，中西部的农村是一年不如一年。上海的同志说，相比而言，20 世纪 90 年代的上海大大好于 80 年代，尤其是 1995 年以后，上海一年比一年好。我是研究农村问题的，我在上海工作过，经常去上海，这两方面的情况我都熟悉，可以证明，这两句话都是真的。问题就出在这里，一个一年比一年好，一个一年比一年差，而且这种差距扩大的趋势还在继续。

3. 农民内部分化了

农民的分化从 20 世纪 80 年代实行家庭联产承包责任制以后就开始了。首先是职业分化了，已经不是单一的农民了。1989 年我以职业为标准把农民划分为 8 个阶层：农业劳动者，农民工，雇工，个体工商户，农村知识分子，乡企管理者，私营企业主和农村管理者。这些年农民分化更加迅速了。

其次表现在收入上。前面讲的农民收入是平均数，在平均数下面掩盖了很多问题。以 2001 年为例，当年农民人均纯收入为 2366 元，其中在平均数以下的占 58%，有 13.22% 的人收入在 1000 元以下，也就是还有 11950万人为贫困农民，其中 2268 万年均收入在 500 元以下的为绝对贫困的农民。国家现在定的贫困标准是 625 元/年收入，按此计算则贫困农民为 3000 万人。另外还有约 9000 万农民徘徊在温饱线上。

这些年有一部分地区先富起来了，有一部分人先富起来了。从全国来看，2001 年农民人均纯收入超过平均数的只有 10 个省市，依次是上海（5871 元），北京（5026 元），浙江（4582 元），天津（3947 元），江苏（3784 元），广东（3770 元），福建（3381 元）。在平均线以下的有 21 个省市区，最低是西藏（1404 元），贵州（1412 元），陕西（1491 元），甘肃（1509 元），云南（1534 元），青海（1557 元）。最低的西藏和最高的上海相差 4.18 倍。

在一个县内，一个乡内，一个村内，农民与农民之间的收入差距也很大。在农村，特别在东部的农村和在大中城市郊区，有少数农民由于经营非农业，确实富起来了，有些则是暴富了，而这些地方还仍有贫困户，相差的悬殊就更严重。20 世纪 90 年代就曾有过一个说法，说最富的人在农村，最穷的人也在农村，这是有根据的。

4. 农民太弱

当前农民正遇到一个极大的问题。有不少地区在 "加快城镇化" "经营城市" "以地生财" 等口号下，空前规模地侵夺强占农民的承包地，只按计划经济时期规定的标准给极少的土地补偿费，并且对失地农民不做适当的安置。这种不平等不等价的交换，一方面造成失地农民数以千万计（有人估计在 4000 万左右），另一方面有些地区的政府、官员、不法房地产商则从中渔利，客观上形成了 "土地征占越多，政府利益越大，部门福利越好" 的现实。这就是为什么这些年中央三令五申要保护耕地这个基本国策得不到落实贯彻的根本原因。

据国土资源部主办的《中国土地》杂志 2001 年第 9 期刘田的文章说："近 20 年内，国家向农民征用的土地约 1 亿亩。……国家……利用垄断一级市场的制度和征地价格剪刀差（征地价和市场价之差），总共拿走农民土地资产达 2 万亿元以上（这显然是一个保守的估计数）。"[①] 这 2 万亿元以上的资金，成了这些年不少政府的第二财政，主要用于城市建设、城市扩张上，对农村、对农民则是莫大的损失。有人推算，这笔资金如果大部分能用到农村的公共产品和基础设施建设上，那么，农村的发展将大为改观，城乡差距就不会像现在这样悬殊。

值得严重注意的是，如今新一轮的圈地运动正在各地、特别是东部地区疯狂地展开。据 24 个省（区、市）不完全统计，目前已经圈地的各种开发区有 3500 多个，占地 3.6 万平方公里（5400 万亩）。大家都看好土地价格未来会飚升，大利所在，一些没有国家责任心的官员和不法商人（包括外商）内外勾结，以各种名目侵占农民的耕地。所到之处，毁农民的庄稼，拆农民的老屋，挖农民的祖坟，强占农民的耕地，逼迫农民迁移。美其名曰 "成片开发" "国家建设" "城市化需要"。现在的农民是弱势群体，无权无势，无组织，只好任人驱赶。在地方求告无门，只好到省、到中央告状，近几年农民上访中，土地问题已居首位。

农民承包的土地，具有生产资料、家庭财产、生活保障三种功能，侵占农民的土地，也就剥夺了农民生产生活的来源，又不做合理的安置，这

---

① 刘田：《想想农民利益……——关于农民土地财产权的历史思考》，《中国土地》2001 年第 9 期，第 21 页。

几千万人怎么生存，怎么发展？据调查，这次圈地占的5400万亩土地主要集中在长江三角洲、珠江三角洲等东南沿海和大中城市城郊等经济发达地区，这些地上是好的膏腴之田，这里人多地少，涉及4000万以上人口的利益。这里的农民原来因为靠近城市，一般都比较富裕。一旦失去土地，有相当一部分农民将会由富裕农民变为贫民，成为无地、无业、无收入的三无游民。这么大的一个群体，会产生诸多的社会问题，国家能安宁吗？近几年，还多少有些原来的积蓄和少量的土地补偿金，一旦这些钱用完了，他们唯一的出路，就是涌向政府。这几千万人的冲击，社会忍受得了吗？近代以来，一个国家或地区要实现现代化、工业化、城市化，城市规模必然要扩大，都要占用农民的农田。但是，占用的方式，政府或者企业都是通过等价交换的方式，用地一方以市场价格买得土地，农民一方卖出土地，得到相应的资金。农民用得到的资金或投资于第二、三产业，或到另外的农村购置土地，有安身立命之所，双方平等自愿，一般都没有以后的纠纷。

我们现在已经实行社会主义市场经济体制，但是占用农民的土地问题上仍在沿用计划经济体制那一套办法（有些变化，实质未变），用不平等、不等价和行政命令的办法侵占农民的土地。从近期看，这种办法既省事（不用平等协商），省钱（低偿），又快捷（一纸命令就可以了），就可从农民那里得到土地，但是，失地的农民将来会怎么样？他没有职业要找你，生活困难要找你，生老病死要找你，子孙后代有了问题也会找你。因为土地是农民的命根子，你把他的生产生活之源无偿少偿地拿去了，他当然要找你（20世纪50年代建大水库，无偿少偿占了农民的土地，直到现在水利部还在接待上访的农民）。房地产商人，外国商人赚了钱走了，不管了，我们是人民政府，能脱得了干系，不管吗？这种计划经济体制模式的征地办法，现在看是多快好省的，实际上是后患无穷。既对农民不利，对农村发展不利，对国家对城市发展也是不利的。因为这是不符合经济规律的，是违背大多数农民利益的。另一方面，一些地方干部已经总结出了"以地生财，以财建市，以市引商，以商发财，以财升官"的道路，因为这已成为一种风潮，财富数以千亿万亿计，会有多少干部堕落，是可以想见的。君不见成克杰、胡长清、慕绥新、马向东、于飞（广东）、李嘉廷，哪一个不是以地生财的？这两方面的问题最后都会冲到我们的党和政府面前来，我们能坐视不管吗？

今年以来，温家宝总理已经多次就当前严重的土地问题做过多次批示。仅6、7两个月长篇批示就做过四次。暴利所在，仅靠说话是不够了，看来，不采取更严厉的措施断然是刹不住了。

（三）农村问题

清代以前，中央政府只管到县，向县派出行政长官。乡镇以下不派官吏，靠乡绅和类似今天的自治组织管理。民国以后，还是提倡乡村自治，但在一部分省，在县以下设区公所、乡公所，由县政府任命区长或乡长。新中国成立之后，开始也是承前制，在县以下设区、设乡，1954 年《宪法》实施后，乡一级是政权组织，建立乡人民委员会。1958 年公社化之后，实行政社合一，行政也由公社委员会施行。人民公社实行"三级所有，队为基础"，在公社下设生产大队，大队下设生产队，也是政社合一的，既是集体经济组织，也是行政组织。

1983 年撤消人民公社，政社分开，公社改为乡镇人民政府，生产大队改为村民委员会，生产小队改为村民小组。20 年来，乡镇和村都有合并或变动的，2001 年全国有乡镇 40161 个，村民委员会 709257 个，村民小组有500 多万个，自然村 365 万多个，农户 24432.2 万个，有农民（农业户籍）94175 万人。行政机构的基本框架还是人民公社时期留下来的。

现在应该研究的问题是，这个农村基层政权的架构，适合不适合已经改变成了一家一户小农生产的格局，也就是这个上层建筑同经济基础是否适应，以及和将来农业现代化生产是否适应。

农村实行家庭联产承包责任制之后，曾有过一段平静的阶段，干部和群众互相相安无事，"土地到了户，何必要干部"。1984 年大丰收以后，农村出现了卖粮难。1985 年粮食由统购统销改为合同定购。当年粮食减产，市场粮价涨了，比合同定购的定价高出不少，于是就有基层干部催农民交粮的任务。乡村两级干部的任务量又加重了，权力也就大了。20 世纪 80 年代中期以后，随着城乡经济建设的发展，农村的各项建设各项事业发展起来，例如修路，水利建设，义务教育，扫除文盲，绿化村镇建设等等，各种任务一项项布置下来，干部们又忙碌起来。在东部沿海和大中城市郊区，乡镇企业兴起了，那时多半是乡办村办的集体经济。随着乡镇企业的发展，乡、村两级有可观的经济收入，乡镇领导干部有了经济作后盾，可以自主增加乡镇政府的办事人员，于是经济委员会，工交办公室，交通管理站，电管站等等，自设的机构陆续增加，由原来的乡镇助理，如计生、民政、文教、林业、土地管理等助理升格为七所八站，乡镇不脱产干部大大增加，致使有的乡镇由 30 多个干部膨胀到上百人，一百多人，几百人。20 世纪 80

年代后期，有些发达地区的乡镇建的办公大楼有八层的，有十几层的办公楼。这些乡镇机构，在发达的乡镇办了，就逐渐传播到中西部地区，这些地区经济并没有发达起来，但七所八站也建起来了，乡镇干部成倍，几倍地增加，这些地方的乡镇并没有经济来源，上级对编制外的人员，没有财政拨款，于是就只好向农民摊派，农民的负担就一年一年加重。

到 1992 年，各地关于农民负担沉重，干群矛盾紧张，冲突不断的状况反映到中央。1992 年冬，刚开完十四大，江泽民同志就亲自到湖北召开干部会议，研究解决农民负担重，农村社会不稳定的问题。随后有一批关于减轻农民负担和农村增收减员的政策出台，解决了一部分这方面的问题。

1993 年，国家实行宏观经济调整，实行财政、税收、外汇、外贸等方面的重大改革。以提高财税收入在 GDP 中的比重，提高中央级财政在中央和地方财政总收入中的比重。实践证明，这项改革是必要和正确的。从此国家财政收入大量增加，中央级财政收入大量增加，这对加强中央的宏观调控能力，保证经济健康发展，抵御后来的亚洲金融风暴起到了积极作用。

这项改革的问题是虽然解决了中央和省级财政的划分问题，但并没有完全解决好省级同地级，地级同县（市）级，县同乡镇的财政和事权的划分问题。总的情况是凡是好的稳定的财源、税源都向上交了，而困难和包袱都放到下面去了。

乡镇是最基层的政权，国税所、地税所设立了，财政所也设立了，但中西部地区的乡镇多数没有什么第二、三产业的税源，几百人的工资要发，哪里来？一是向农民摊派，二是借债，农民负担又加重了。这个问题已经七年了，现在仍有相当多的乡镇不能按时足额发工资，多数乡镇背着沉重的债务。

现在农村的问题主要有以下几个。

1. 机构庞大，大量的半脱产、不脱产人员。中央 1998 年开始的机构改革，这两年贯彻到乡里了，一再申明要精简这些人（一个乡镇正式编制平均只有 30 人左右，实际平均有 100 多人，不包括乡村教师），全国超编在 300 万人以上。要裁减这些人很困难，一是现在各级布置下去的如此多的工作，客观上没有完全减掉，要减，首先要减事，减任务，二是这些人在乡镇工作，也是种谋生的手段，是就业，减掉这些人，这几百万人的就业也是问题。

2. 乡镇债务沉重。据 1998 年农业部等 6 部委调查，中西部的乡镇平均负债是 400 万元，村级负债是 20 万元。财政部财政所的统计是乡村两级

2000 年的债务是 3200 亿元,有学者估算,现在实际已超过 5000 亿元以上。

现在的财政体制不改,不仅老债还不掉,实际也无财政保证乡镇的正常运转,因为乡镇干部要自己去收钱给自己发工资。现在许多乡镇长、书记在借债、还债、躲债中过日子,他们是风箱中的老鼠,两头受气。有一部分乡镇收不到钱,无力运转,只好放假自谋生路,实际是瘫痪了。国务院发展中心有几个干部到宁夏一个偏僻乡镇去调查,去了三次,乡政府大门锁着,第四次去,还是锁着。门外不远有个老汉在放羊,上前询问乡干部到哪去了。老汉说好久不见他们了。后来又补了一句:"看样子共产党好像要撤了。"

3. 农村干群关系紧张,农村社会矛盾冲突严重,群体事件时有发生。前面说过,在发达地区,不少乡村干部,为了搞政绩,以地生财,要率先实现现代化,搞开发区、工业园区,乱占滥用农民的耕地,有些地方为了成片开发,不惜拆农民的老屋,挖农民的祖坟,由此引起了严重的社会矛盾,正在酝酿着更大的矛盾。有人说这几千万无地的农民,是一颗不定时的经济炸弹!在中西部地区,乡镇财政拮据,债务沉重,只好向农民摊派,政府搞了费改税改革,农民减了负担,中央政府有 300 亿投入,从实际运作看,是不够的,不少地方不久就出现反弹。

在上述地区,农村干群关系紧张,冲突屡有发生,现在民告官的案件日益增多。2000 年农民上访上告的总数第一次超过了城镇。国土资源部上半年群众反映征地纠纷,占信访总量的 73%,其中 40% 的上访人是诉说征地纠纷问题,而这其中又有 87% 是反映补偿安置不当的问题。国家信访局2002 年受理土地征用的初信初访 4116 件,都是农民反映失地失业的问题,其中浙、苏、闽、鲁、粤五省占 41%。农业部的来信来访中,2001～2002年这两年有关土地征用的流转问题的都在 50% 以上。

三　原因分析

对新中国成立 50 多年以来,特别是改革开放 20 多年以来的农村工作要作两方面的评价。一方面,我们的农村工作成绩巨大,可以说是取得了历史性的进步。我国的农业问题已经基本上得到了解决,而且我们是在一家一户小农经济的基础上解决的。广大农村发生了翻天覆地的变化,广大农民的生活有了普遍提高,一部分农民已经富裕起来。这方面的成就怎样评价都不过分,这方面的成功经验需要进行全面深刻的总结。但是另一方面,面对我们要在本世纪中叶建成中等发达的社会主义现代化国家，面对今后20年要全面建设惠及十多亿人民的小康社会的要求，我国的农民问题和农村问题还很严重，需要进行深刻检讨，找准存在这些问题的原因，制定出相应的方针和政策。

为解决农民问题和农村问题，首先必须分析产生这些问题的原因。这些原因归结起来大体上有以下几个方面。

（一）我国目前正处于由计划经济体制向社会主义市场经济体制转变的时期

现在的这些农民问题和农村问题，都是计划经济惹的祸，都是计划经济遗留下来的问题。25 年的实践表明，不管是地区也好，单位也好，还是个人也好，谁在改革开放中率先成功地突破了原来计划经济体制的束缚，成功地实行了社会主义市场经济体制，哪个地区、哪个单位就发展得快，哪个个人就富得快。比如深圳，就是由于它在改革开放中率先实行了市场经济体制，大力发展个体经济、私营经济和三资企业，因此才在不长的时间内迅速地发展了起来。农村的发展也是这样。1978 ~ 1984 年这几年，由于实行了家庭联产承包责任制，摆脱了计划经济的束缚，农民的积极性得到了极大的提高，农业经济就得到了迅速的发展。

我国从党的十四大以后，明确提出要建立社会主义市场经济体制。但农村自 1985 年以后，这种制度层面的改革基本上就中断了。1985 年以后，农村进入第二次改革时期，但实践表明农村的第二次改革没有成功。农村第二次改革究竟应该改什么，是发展乡镇企业，是搞产业化，还是发展小城镇，直到现在也没有个说法。可以说农村的第二次改革就没有改，因为农村的户籍制度没有改，流通制度没有改，土地制度也没有改。计划经济体制下的人口问题、土地问题、粮食流通问题、农村借贷体制问题等都保留了下来，而计划经济本身对农民是不利的。在计划经济体制下，农民被斯大林定义为是专给国家做特殊纳贡的对象，是为工业化做原始积累的。苏联一开始是实行余粮收集制，农民要义务交售余粮。虽然后来是国家定价收购，但粮价一直压得很低，农民被剥夺得很苦。我国一开始学习苏联，搞计划经济，实行合作化，农民丧失了生产自主经营权，农业的任务就是保障供给，保证满足国家对农产品的需要。农民向国家交售的粮食和农产品的价格是由国家来定的，农民卖粮给国家叫做给国家做贡献，是卖爱国粮，根本不是等价交换。因此，从根本上说，农村问题和农民问题的主要根源还在于计划经济体制下所形成的一套农村、农业政策还没有得到转变。农村问题和农民问题从根本上说还是个深化改革的问题。

(二) 计划经济体制下长期实行城乡分治的户口制度，形成了我国城乡二元的社会结构。这种社会结构至今没有改变，是造成目前城乡差距越来越大的重要原因

我国长期实行城乡分治的户籍管理制度，农业人口被集中在农村，非农业人口大部分集中在城市，形成"城乡分治、一国两策"的局面，而这种局面对城市人口有利，对农业户口的人是不利的。在经济上，农业人口和城市人口在税赋、所有制、就业等方面所享有的国民待遇不同，而这种不同在政治上表现得尤为明显。选举全国人大代表时，城市人口是 24 万人选举产生一个代表，而农村人口却是 96 万人产生一个，是城市人口的四倍。在社会上，农村人口在教育、医疗、社会保障等方面与城市人口所享有的国民待遇也是不一样的。有人统计过，农村人口和城市人口在国民待遇方面有 14 个不一样。长期实行的结果，就形成城乡二元社会结构，城乡差距越来越大。

(三) 国民收入分配的格局不利于农村和农民

为什么农村的义务教育问题长期解决不好，原因在什么地方？其根源就在于现有的义务教育经费分配格局严重不利于农民和农村。义务教育法规定农村的义务教育实行中央领导地方负责，至于地方具体由哪一级来负责却没有明确的规定。据国务院发展研究中心调查，现在农村的义务教育经费中央只负担 2%，省地两级负担 11%，县级负担 9%，78% 的经费要由乡镇这一级来负担。现在有些社会团体在搞"希望工程"，这是做好事，应该赞扬，但义务教育不能这样办。有人说这样搞"希望工程"本身就没有希望。这样说是有道理的。因为既然是实行义务教育，就应该是城乡一体的，都应该由国家来承担，至少由省级财政主要来承担，不能往下推。靠 30 元、40 元的从社会上募集怎么能解决义务教育问题？

义务教育经费的分配格局是这样，国家卫生经费的分配格局也是这样，都不利于农民。国家每年的卫生经费支出是几千亿元，但是 85% 给城市，只有 15% 给农村。现在农村的合作医疗防治体系基本上已经垮掉了，很多地区的农村缺医少药，有的乡镇连卫生院都卖掉了。这次"非典"疫情爆发，中央命令禁止大学生和农民工返乡，是十分英明的。如果"非典"疫

情传到农村去，凭农村现有的医疗条件，这个后果是不堪设想的。我们经常说 1978 年以后经过改革开放许多方面都好了，但事实上有些事情是不如 1978 年以前的，比如农村的医疗卫生。人民公社期间，农村还有个合作医疗，还有个卫生站，现在没有了。

（四）近几年我国经济基础和上层建筑的改革有许多方面是成功的，但也有一些是不成功的

近几年农村进入第二次改革，但究竟应该改什么并没有搞清楚。乡镇这一级究竟应该怎样改，乡镇财政应该从哪里来？乡镇这一级究竟应该管些什么？这些都没有搞清楚。我们这些年的改革，有许多是成功的，但也有一些是不成功的，反而加强了计划经济，对农村的发展特别不利。

前些年兴起了一股县改市、地改市的热潮。比如昌平县改昌平区，江阴县改江阴市，形成了我国省级、副省级、地级、副地级、县级五级市长同时并存的特有格局。这样做的结果，一是使得原来的干部级别提高了，干部队伍也大大地增加了，二是改为市或区以后，便利了征用农民的土地搞开发区。这种做法对城市是有利的，而对农民本身是不利的。对农村发展和农民更加不利的是地改市。在地改市之前，地区管辖着所属的县，同时负责为这些所属县保障一定数额的财政经费。地改市之后，中央拨付的文教、卫生等方面的资金大部分乃至全部被该地级市留用，不再下拨所属的县。大家可以看到，几乎所有的地级市都建设得很好，很气派，有现代化的设施，有高级宾馆等等，也从未听说过哪个地级市的干部和教师发不出工资，道理就在这里。这样做的结果，就是进一步拉大了城市和乡村的距离。

（五）认识上的严重滞后

1996 年以后，我国的农业，已经从单纯的增加生产、提高产量、保障供给这一阶段发展到了一个新的阶段，而我们有些干部并不能适应这种新的变化，认识上严重滞后。1999 年我去参加一个农业口的会议，遇见东北一个省主管农业的负责人。我向他问起当地的年成如何，你们猜他如何回答我？他说："弄不好今年又增产了。"这说明他的认识还没有跟上来。他是抓农业生产的，应该为农业增产而高兴，但现在不同，农业增产对他反而是个压力，因为收购这些农产品需要资金，还要牵扯到运输、农产品价格等一系列问题。他是负责这一方面的，他为这些事情发愁，因为他还没

找到农产品加工增值和建立农产品流通体系这方面的实践经验。他不知道增产了怎么办,这是认识滞后的一个表现。

另一个问题是,我国是否已经到了该反哺农业的时候了?从新中国成立到现在已经有50多年的时间了。这些年里,我们一直是从农业和农村获取工业化建设所需要的资金和原料。那么现在50多年过去了,我们已经搞了10个五年计划,工业化也基本上建成了,是不是应该反哺农业了?所谓反哺就像鸟儿一样,一开始是老鸟给小鸟觅食,等小鸟长大以后再给老鸟觅食,以回报老鸟的养育之恩。第二次世界大战以后发展起来的工业化国家和地区,一般是20多年以后就开始反哺农业,日本、韩国是这样,我国的台湾也是这样。台湾从1973、1974年就开始反哺农业。然而现在已经过了50多年的时间了,我们还在大量地向农民索取。我国的城乡差距这些年不仅没有逐步缩小,反而是通过下列两个渠道,使得城乡之间的剪刀差越来越大。

一个是通过农民工。据农业部统计的数字,2002年我国有农民工9460万,这些农民工在城市里从事着第二、三产业。他们虽然也是工人阶级的一部分,但他们的政治地位和经济地位与城市工人相比,相去甚远。农民工即使是和城市工人干一样的活,也是同工不同酬的。按当年的第二、三产业的劳动生产率,平均每个农民工为城市创造了2.5万元的价值,但他们的平均工资却只有8000元。每个农民工为打工的城市做了1.7万元的贡献。2002年,9460万农民工共给国家和城市做了16082亿元的贡献。农民工老了,病了,残疾了,送回农村,农民工的老人在农村养着,农民工的孩子在农村接受义务教育。城市只用农民工的劳动,农民工的一切社会保障、社会福利全推给农村。这样的不平等不等价交换,农村焉得不穷,农民焉得不苦?实践证明,这样的一种农民工体制,哪个城市用农民工越多,哪个城市发展就越快。深圳是这样,上海、北京也是这样。深圳是几百万个农民工创造出来的。

另一个渠道是通过征地。据国土资源部统计,2002年全国各种名目的征地共计295万亩。实际上还远不止这个数。这些土地按计划经济时代定的办法,低价格从农民那里征来,然后再以高价出售,每亩地平均赚几万元到数十万元,全国就是几千亿元。当然这些钱一部分是上缴给国家的,但是各级地方政府通过征地所获得的利润是很大的,所以许多地方有以地生财的说法。哪个地区征地越多,富得也越快,干部的福利也越大。这就使得城乡之间本来就很大的差距变得更大了。

四 前景和对策

我国"三农"问题总的情况是农业问题已经基本上得到了解决，但由于没有从根本上解决体制性的束缚问题，我国的农民问题和农村问题还远没有得到解决。而且由于这几年农业的继续增产，供过于求的矛盾日益增加，农产品的价格持续低迷，主业务农的农民的收入减少，致使农民问题和农村问题反而变得更加复杂。党的十六大报告指出，我国城乡二元经济的结构还没有从根本上发生改变，城乡差距、地区差距逐年扩大的趋势还没有从根本上得到扭转，农村贫困人口依然为数不少。因此，千方百计增加农民收入，千方百计减轻农民负担，千方百计保持农村稳定的任务依然十分艰巨。

党的十六大提出了新的发展目标和解决"三农"问题的新的思路。一是提出了要全面建设惠及十几亿人口的小康社会的发展目标，并且强调指出，如果农村没有实现小康，就没有全面小康目标的实现。二是提出了解决"三农"问题的新思路，主要有"统筹城乡经济社会发展"、"加快城镇化步伐"以及"加快农村劳动力向城镇第二三产业转移"等等。三是提出了做好"三农"工作的新要求，强调要"更多地关注农村，更多地关心农民，更多地支持农业"，要求把解决农村和农民问题作为一切工作的重中之重。这些新思路和新方针的提出，为下一步解决"三农"问题指明了方向。我相信，有党中央的坚强领导，只要我们实事求是，审时度势，把党中央提出的这些新的方针政策具体地贯彻落实下去，我国的农村问题和农民问题也会像农业问题一样得到解决。但同时我们也应该看到，由于我国的农民占全国总人口的四分之三，占世界农民总数的四分之一，要解决我国的农民问题，实现农村的现代化，这是一个伟大的实践。这一艰巨任务的完成需要经历一个长期奋斗的过程。

下面，我就在新形势下如何解决农民问题和农村问题谈几点建议。

（一）要继续深化农村体制改革

农村的第二次改革应该继续进行。要通过深化农村体制改革，实现农村的经济和社会体制由计划经济体制向社会主义市场经济体制的转变，进一步把农民从计划经济体制的束缚中解脱出来。只有这样，才能逐步破除城乡二元经济的结构，实现城乡一体化。城市率先实现现代化不能以牺牲农民为代价。如果只在城市实行市场经济体制，而农村还基本上是计划经济体制，只是城市繁荣，而农村贫困，或者说城市的繁荣是建立在农村的贫困基础之上的，那我们的社会主义市场经济体制就建立不起来，即使建立起来也不是一个完善的社会主义市场经济体制。

（二）要下决心改革户籍制度

我们现在的户籍管理制度是计划经济体制下的产物，它把人口人为地划分为农业人口和非农业人口，限制人口的自由流动。这种体制是形成城乡二元结构的主要原因，已经不再适应现在变化了的新形势，成了实现城乡一体化的严重障碍，必须下决心对现行的户口制度进行彻底改革。

（三）要改革现有的土地承包制度

农民问题和农村问题的核心是土地问题。土地定，天下定。虽然我国政府一再重申保持现有土地承包制度不变，1998 年再次重申 30 年不变，但实践证明，我国的农村土地制度一直处于不断的变动之中。因为现有的土地承包制度没有从根本上解决土地的所有权和使用权问题。我建议实行土地国有制，把土地的所有权收归国有，使用权归农民，再不变更。农民可以转让自己承包的土地给别人耕种，以实现农村土地的合理流动。另外，我还建议把宅基地还给农民。现在农民的宅基地属于集体，农民既不能出售，也不能抵押。这种情况应该得到改变。

（四）改革现有的国民收入分配格局

我国现有的国民收入分配格局是对城市倾斜，对农村和农民不利。这种分配格局应该进行改革。要缩小城乡之间的差距，从根本上解决农民和农村问题，必须使国民收入分配格局向农村和农民倾斜，特别是教育、卫生、文化等公共服务方面。

（五）改革乡镇现有的政权体制包括财政体制，建议恢复农村工作部

现在乡镇一级负债累累，干群矛盾尖锐，这不是哪一个干部的问题，而是我们的基层政权体制包括财政体制方面的问题，应下决心进行改革。另外，在中国这样一个大国里解决"三农"问题，只靠发文件不能从根本上解决问题，中央应该有一个专门的机构来具体领导和指挥。因此，我建议恢复农村工作部。

关于解决当前农业、农村、农民
问题的几点意见[*]

一 对"三农"问题的总体判断

1996 年我国获得了改革开放以来的第三个特大丰收年，粮食总产超过 10000 亿斤[①]，其他主要农产品也大丰收。从此，中国农业和农村经济进入了一个新的发展阶段。这个新阶段的基本特征是：农业问题基本解决了，但农民问题、农村问题还远没有解决。农业可以保证 10 多亿人民和国民经济发展所需粮食和主要农产品的有效供给，但农业户口的农民仍占 70% 多，农民年人均收入只有城市居民可支配收入的 1/3，甚至更少，城乡差距很大。

1997 年以后，粮食生产徘徊，1999 年后逐年减产，今年[②]将降到 9000 亿斤以下。前几年粮食销售不畅，粮价低迷，农民种粮收入减少，积极性下降，不少地方政府放松了对粮食生产的重视和保护，乱占滥用耕地，在"调整结构、增加收入"的口号指导下，大量减少粮食的种植面积，减少对于农业特别是粮食生产的投入，形成粮食生产继续减产的趋势。最近粮油价格大涨，这是一个信号，需要重视。要弄清原因，采取恰当措施，予以

---

　　[*]　本文源自《"三农"新论——当前中国农业、农村、农民问题研究》（陆学艺著，北京：社会科学文献出版社，2005 年 5 月）第 105 ~ 113 页。该文系作者 2003 年 11 月 3 日在原国务院副总理回良玉同志召开的粮食问题座谈会上的发言，曾发表于《市场经济研究》2004 年第 2 期（2004 年 4 月 20 日）。该文还收录于《陆学艺文集》（陆学艺著，上海：上海辞书出版社，2005 年 5 月）。本文小标题根据《市场经济研究》所发文章设置。——编者注

　　①　国家统计局编《中国统计年鉴·1997》，北京：中国统计出版社，1997 年 9 月，第 383 页。

　　②　此处指 2003 年。——编者注

引导。但也不必反应过分，因为粮食库存仍然过大（只要 4000 亿斤粮食库存是真的），粮食 10000 万亿斤的生产能力能够保持住，就不会出大的问题。粮油涨点价，对增产粮食有利，对增加农民收入有利，可以提高农村购买力、扩大内需、推进农村经济发展，对稳定农村也是有利的。何况粮食价格还只是恢复性地涨点价，还没有达到 1996 年的粮价水平。

二　城乡差距的扩大是造成诸多社会问题的主要根源

1997 年以后，农民收入增长迟缓，其中占 62% 的、以务农为主的农民收入实际是下降的，而城市居民收入则逐年增加，城乡差距越来越大，这是造成诸多社会问题的主要根源。

1978 年，农民人均纯收入 134 元，城市居民可支配收入为 343 元，城乡居民收入之比为 2.6：1，1984 年缩小为 1.8：1，1985 年以后反弹，到 2002 年，城市居民人均可支配收入 7703 元，农民人均纯收入为 2476 元，差距扩大为 3.1：1。[1]

1978~2002 年，农民人均纯收入增长 17.5 倍，而城市居民可支配收入增长 21.4 倍。这 24 年粮食价格涨 6 倍，猪肉涨 5 倍，鸡蛋只涨了 1.5 倍。1998 年的城镇居民恩格尔系数为 44.7%，2002 年下降到 37.7%；农民为 46.2%。[2]

从国际的经验看，城乡居民差距一般是 1.5：1，这比较合理。我国现在是 3.1：1，加上城镇居民还有社会保障、医疗、住房等的补贴，而农民的纯收入并不纯，还要扣去一部分生产费用等，所以现在城乡的实际差距在 5 倍以上，而且还在继续扩大，这在世界上是绝无仅有的。

三　新一轮的"圈地运动"成为当前社会
不安定的因素，后患无穷

当前，农村最突出的社会问题是各地刮起了新一轮的"圈地运动"。主要是在东部发达地区和大中城市郊区，大片农民承包的耕地被剥夺、强占。据 24 个省、市、自治区的不完全统计，各种名目的开发区有 3500 多个，占

---

① 国家统计局编《中国统计摘要·2003》，北京：中国统计出版社，2003 年 5 月，第 99 页。
② 国家统计局编《中国统计年鉴·2003》，北京：中国统计出版社，2003 年 9 月，第 344 页。

地 3.6 万平方公里,有 5400 万亩。市场都看好土地价格将飙升,大利所在,一部分地方官员和不法商人(包括外商)勾结,用各种手段侵夺农民的耕地。所到之处,毁农民的庄稼,拆农民的老屋,挖农民的祖坟,强占农民的耕地,逼迫农民迁移。美其名曰"为了国家建设""加快城市化步伐""吸引外资""成片开发",不惜撕毁与农民签订的土地承包合同。不顾国家明文规定"承包耕地 30 年不变"的法令,也不同农民商量,只作少量的补偿,又不做安置,使广大农民失地(有关部门估计这一轮失地农民约有4000 万),失去了赖以生产生活的依靠。失地也就失业,又无最低生活保障,成为游民。这几千万亩耕地,是中国最好的高产稳产田,有很多是吨粮田。这几千万农民,也是中国最富裕、最有文化的农民,一旦失地失田,成为生活无着的游民,就会成为社会不安定的因素,后患无穷啊!

四　应积极推进农村第二步改革,进一步摆脱计划经济体制的束缚

农民收入长期徘徊停滞,城乡差距扩大,现在一部分农民又被剥夺耕地,成为无业游民,这都是计划经济体制下形成的城乡二元经济社会结构还没有得到改革而酿成的恶果。

我国目前正处在由农业社会向工业社会转变,由计划经济体制向社会主义市场经济体制转变的过程之中。改革开放 25 年来的实践表明,不论是哪个地区、哪个部门,还是哪个单位、哪个个人,谁在改革中率先突破计划经济体制的束缚,成功地实行了社会主义市场经济体制,那个地区、部门、单位就发展得好、发展得快,个人也就富得快。深圳、温州等地是这样,大量成功的民营企业也是这样,一部分专业农民也是这样,做到了一部分地区和一部分人先富起来了。农村率先改革,突破了人民公社体制,所以农业首先发展起来,农民开始也得到了实惠。到 1984 年,城乡差距曾一度缩小到 1.8:1。但 1985 年以后城市改革起动了,而农村的改革却停滞了,曾经提出农村要进行第二步改革,后来不提了。原来计划经济体制下形成的户口制度、就业制度、流通制度、土地制度等都基本上保留下来了,有些则改了又反弹,甚至有的变本加厉。如粮食、棉花的购销制度,一度取消"统购",后来改为合同定购,又一度改为统一都要卖给国家粮站。1994 年财税改革后,乡镇成立国税所、地税所和财政所,不仅乡镇干部的工资等要本乡发,连中小学教员的工资和义务教育的经费也要乡镇承担。

从此，在那些第二、三产业并不发达，税源不好的乡镇，财政状况就很困难了，大多在负债运行，有些就只好向农民伸手，农民负担就重了。

总的说来，农民、农村的问题是计划经济体制在很多方面还在束缚着农民，束缚着农村的许多资源和生产要素，还不能按社会主义市场经济体制的规律得到合理的配置。所以解决"三农"问题的根本出路，是要深化经济和社会体制的改革，农村应该进行 20 世纪 80 年代中期就该进行的第二步改革。

五 向城市倾斜的国民收入分配格局是造成 "农村真穷，农民真苦"的根源

党的"十六大"指出，"统筹城乡经济社会发展，建设现代农业，发展农村经济，增加农民收入，是全面建设小康社会的重大任务"。[①] 党的十六届三中全会的决定指出，要"建立有利于逐步改变城乡二元经济结构的体制；……建设统一开放竞争有序的现代市场体系"。[②] 这是解决"三农"问题的基本方针，是完全正确的，问题是要真正地贯彻和落实。

就农业问题解决农业问题，就农民问题解决农民问题，就农村问题解决农村问题，是解决不好也解决不了的。必须统筹城乡经济社会发展来解决。现在的问题是，在计划经济体制下，通过中国特有的户口制度，把国民分为农业人口和非农业人口，实行"城乡分治，一国两策"，对城市、对城市居民实行一种政策，对农村、对农民实行另一种政策。几十年下来，形成了相当牢固的二元经济社会结构。在这种二元结构下，总的格局是"以农养工""以乡补城"，这种格局，工业化国家初期都是实行过的。远的不说，从"二战"以后兴起的日本、韩国和我国的台湾地区都是这样过来的。问题是，在实行了"以农养工""以乡补城"20 ～ 30 年之后，工业化实现了，城市建起来了，就应反哺农业，就应反哺农村，使农业现代化，使农民也富起来，把农村建设好，实行城乡一体，这个过程一般是 20 ～ 30 年。台湾是 1974 年就开始反哺农业和农村了。

我国搞工业化，从 1952 年算起，50 多年了，改革开放 25 年了，现在

---

① 《中国共产党第十六次全国代表大会文件汇编》，北京：人民出版社，2002 年 11 月，第 22 页。

② 《中共中央关于完善社会主义市场经济体制若干问题的决定》，北京：人民出版社，2003 年 10 月，第 13 页。

到了工业化的中期阶段，但仍未改变"以农养工""以乡补城"的格局，国民收入的分配格局仍然是向城市倾斜。据农业部等有关部门的调查研究表明，目前工农业产品价格的"剪刀差"仍然很大。通过"剪刀差"，农民每年要向国家作 1000 多亿元的贡献。

2001 年农民交纳农业税、农业特产税、耕地占用税和契税共 481.7 亿元，全国乡镇企业实缴税金 2308 亿元，两项合计共为 2789.7 亿元。同年，财政用于支援农村生产和各项事业费为 917.96 亿元，财政用于农业基建、农业科技和农村救济三项费用共 538.77 亿元，两项合计为 1456.73 亿元[1]（农业基建经费中的 70% 以上是用于水利、林业和环境建设，这是城乡共同受益的）。所以，国家对农村仍是取大于予。

现行的《土地管理法》《土地承包法》规定的征用农民土地的办法，没有起到保护农民利益的作用。据国土资源部主办的《中国土地》杂志 2001 年第 9 期的一篇文章说："近 20 年内，国家向农民征用土地约为 1 亿亩……国家利用垄断一级市场的制度和征地费价剪刀差（土地市场价和征地补偿费之差），总共从农民手里取走土地资产达 20000 亿元以上。"这位作者说："这虽然是一个保守的估计数"，[2] 但仅此计算，农民每年向国家和城市建设贡献在 1000 亿元以上。

其实，农民向国家和城市做的最大贡献是现行的农民工制度。据农业部统计，2002 年全国有 9460 万农民工离乡离土，在城市从事第二、三产业的劳动，他们是工人阶级的一部分，但他们并没有得到工人的经济、政治待遇，也没有得到城市居民的身份和应有的社会保障等待遇，他们是二等公民。农民工在年轻力壮时为城市第二、三产业劳动，干最重、最累、最危险的活，为社会主义现代化作出了巨大贡献，但农民工所得甚少。我算过一笔账：2001 年，全国第二、三产业的劳动生产率平均为 2.5 万元/人。9460 万农民工总共创造 23650 亿元的价值。据深圳调查，2001 年深圳农民工的平均月工资为 588 元，年所得为 7056 元，加上还有一些奖金和福利收入，平均年所得为 8000 元。一个农民工一年为国家和城市作了 1.7 万元的贡献，9460 万人共作了 16082 亿元的贡献。这就是为什么"哪个城市用的农民工多，哪个城市就富得快，就繁荣发展得快"的原因。农民工自身病

[1] 国家统计局编《中国统计年鉴·2003》，北京：中国统计出版社，2003 年 9 月，第 282、285、450 页。
[2] 参见刘田《想想农民利益……——关于农民土地财产权的历史思考》，《中国土地》2001 年第 9 期，第 21 页。

了、残废了、老了，城市是不管的，只好回农村养着。农民工的老人由农村养着，农民工的子女由农村养着，在农村接受义务教育。应该说这种农民工的制度安排，是很不合理的，是城乡不平等的最重要的一种形式，也是造成城乡失衡、不协调的一个重要原因。

仅从上述几项"以农养工""以乡养城"的制度性安排，9亿农民每年向国家向城市作了约为20000亿元的贡献，农村怎能不穷，农民怎能不苦！

六　应适时改革城乡二元体制和"以农养工" "以乡补城"的国民收入分配格局

解决"三农"问题的根本出路，在于改革现行的城乡二元经济社会结构的体制，改革"以农养工""以乡补城"的国民收入分配格局。

几十年的实践证明，凡是一种经济、社会问题，不是某一个县、某一个市、某一个省的，而是普遍化的，不是一年、两年，而是较长时间解决不了，这就不是一般的工作问题，也不是靠加强领导等方式能解决的问题，而是这方面的政策有问题，这方面的体制有问题，必须通过改革，通过制定新的政策、建立新的体制，才能得到解决。邓小平同志20世纪80年代就讲过，体制比人重要，说的就是这个道理。①

前面说过，"三农"问题屡屡解决不了，就是因为存在体制性的障碍，必须改革现在实际还在实行的"城乡分治，一国两策"的体制，"建立有利于逐步改变城乡二元经济结构的体制"，才能把农业、农村、农民的事情办好。

现在有个认识问题要解决，就是我们国家搞了50多年工业化，改革开放以后，工业化已经有了历史性的进展，我国的综合国力已经有了极大的提高，是不是到了"工业反哺农业，城市反哺农村"的阶段？从我国的国情看，从国外成功的经验看，我认为是已到这个阶段。我国已经到了要改变"以农养工""以乡养城"格局的时候了。我们的社会主义现代化不能建立在牺牲农业发展、牺牲农村建设、牺牲农民利益的基础上，必须改变目前工业、农业"一条腿长、一条腿短"的状况，必须改变目前城乡关系"一条腿长、一条腿短"的格局，要统筹城乡经济社会协调发展。可以分两步走，第一步先做到停止"以工养农、以乡补城"的分配格局；第二步再

---

① 参见《邓小平文选》第二卷，北京：人民出版社，1983年，第333页。

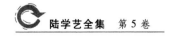

实行"工业反哺农业，城市反哺农村"的政策。

七　统筹城乡经济社会协调发展，深化体制
改革的若干对策建议

要实行统筹城乡经济社会协调发展，以下几个重要体制和政策必须进行改革。

1. 要改革户口制度。这是形成城乡二元结构的重要原因。计划经济体制下形成的户口制度，把公民人为地分成农业户口、非农业户口，现在已成为限制劳动力流动、人才流动、人口流动的一种制度性障碍，对建设统一完善的社会主义市场经济体制十分不利，对城市化发展特别不利，早该改革了。广大农民群众早已盼望改革了，特别是已经离土离乡的几千万农民工已经望眼欲穿地盼着改革。要早下决断，及时改革现行的户口制度。

2. 要改革现行的土地制度。农村、农民问题的核心是土地问题，市场经济制度要求产权明晰，而现行的土地承包制度，是 20 世纪 80 年代初期农民冲破人民公社束缚而创造的一种形式，起了很大的作用，故称之为农民的伟大创造。20 年来的实践证明，随着农村生产力的发展，这种集体所有制的土地承包制度，已经越来越不适应了。这个集体是"三级所有，队为基础"的体制时的生产小队，现在绝大多数改为村民小组，实际上已不是集体经济组织了。后来把这个集体所有权改由村民委员会行使，村民委员会成为土地的发包者。但村民委员会几年一改选，所以这个集体所有者是变动不居的。国家 80 年代提出过"土地承包制 15 年不变"，1993 年、1998 年又提出"再延长 30 年不变"。实际上，农村的承包土地制经常在变，这对保护耕地、保护农民利益是不利的。建议实行土地国有制，把土地使用权按现行的承包状况，交给农民，承包到户，从此不再变动；农民的土地使用权可以继承、可以出让，实现土地使用权的合理流动，使土地使用权稳定下来。土地定则人心定，天下大局就安定。

3. 现行的财政体制要做适当的调整。1994 年的财税改革是正确的，对国家实行宏观调控、抵抗金融风暴、进行大的基本建设是起了好作用的。但实行八年了，有些问题需要做些应有的调整。现行的财政体制是向上倾斜，向东部经济发达地区倾斜，向大中城市倾斜，县、乡两级特别是中西部的县、乡两级财政都十分困难，有的是"吃财政"，有的连正常的工资发放都成问题。

至今仍有大约 50% 的乡镇在负债运行。县、乡两级财政困难，对农村不利，对农业更不利。这也是造成城乡不平衡、地区不平衡的体制性原因。再不能拖了，要及时做调整，改变这种头重脚轻不合理的财政格局。

　　4. 加强对"三农"工作的领导，重建中央农村工作部。农民是中国最大最穷的弱势群体，农民最穷、最苦，这是现行的国民收入分配格局不合理造成的。为什么是这种分配格局？有学者认为这种利益失衡，是权利失衡造成的。农民是弱势群体，没有谈判地位。农业部门、涉农部门在党政部门单位中也是弱势部门，有谈判条件，但谈判地位不强，谈判不过强势部门。所以，他们想保护农民利益，往往是力不从心。

　　解决好农民问题、农村问题，事关能否实现全面建设小康社会伟大目标的大局，一定解决好。这是一个世纪性的大难题，是一项巨大的系统工程，需要统筹各方面的力量，把这个大难题分解，一个一个具体解决。谁来统筹？现在涉农部门很多，但群龙无首，所以许多问题一而再、再而三地提出来了，但总是久拖不决，解决不好，以致积重难返。建议党中央、国务院重建农村工作部或者建立农村工作委员会，统筹城乡经济社会改革和发展的各项工作，把农业、农村的问题解决好。

文学要积极关注"三农"问题[*]

一个恰逢其时的社会课题

陆学艺： 这是一部近几年少见的关于农村的佳作，以至于忙于研究课题的我在拿到书后一直在翻阅，这本书在研究农业问题的学术圈里已经流传开来。首先，这本书中的"事实"是靠得住的，并不是夸张的文学语言，都是真实的。其次，作为一个农村问题的研究者，我认为这本书是关于税费改革的来龙去脉的研究成果，因为书中有很多材料是我也无法取得和不知晓的。最后，这本书是 20 世纪末、21 世纪初关于中国农村问题、农民问题，也就是关于"三农"问题的比较全面的记载。这本书是会流传下去的。它不完全是文学的描写，还有很多历史的记载，是关于中国农村改革历史的呈现。这本书能够在当下时代的关键时刻得以出版，也与党中央关注"三农"问题的时代"大气候"紧密相关。因此，这本书"得风气之先"，具有十分重大的社会意义，能够起到振聋发聩的社会效果。

缺憾和不足

陆学艺： 把农村不公平事情简单归于"干部"头上，是欠妥的。因为"三农"问题的根源是"计划经济"产生的"二元结构"，要从体制上解决。

---

[*] 本文源自《文艺报》2004 年 2 月 24 日第 2 版《文学要积极关注"三农"问题》（整理者：王山、张文红）一文。该文系 2004 年 2 月 10 日文艺报召开的长篇报告文学《中国农民调查》研讨会上各位专家的发言摘编，本文仅收录陆学艺的发言摘要。陆学艺发言原无标题，现采用文艺报原文标题。——编者注

"三农"问题说到底是个体制问题[*]

这次会议今天就要结束了。

会议原定的两项议程：研讨了统筹城乡经济社会协调发展这样一个大的问题，经过民主协商选举产生了第二届农村社会学研究会理事会。可以说圆满完成了。这次会议开得好，有以下几个标志。

1. 会议主题选得好。这是大家都关注的研究，有学术价值，有现实意义。

2. 会议收到了 46 篇论文，省外 25 篇，省内 21 篇。都写得比较好，有一定的学术水平。

3. 会议进行了充分的讨论，发表了各种意见，贯彻了百花齐放、百家争鸣的方针，大家受益匪浅。

4. 会风很好，特别是几位老同志认真准备、认真发言，虚心听取大家的意见，自始至终参加会议。大家都很认真，坚持下来。今天闭幕会，各位代表都到了，这在现在是很难得的。

5. 选举产生了新的农村社会学理事会，吸收了新的成员，组成了老、中、青三结合的理事会。

会议选的主题好，统筹城乡经济社会协调发展受到了大家的关注。这是中国各项工作的重中之重。这个问题解决不好，中国的现代化是实现不了的，对此大家的认识一致。怎么解决？同志们提出了多种方案。下面我讲几点意见。

第一，"三农"问题说到底是个体制问题。计划经济遗留下来的不少体

---

    * 本文原载中国社会学会秘书处编 2004 年 10 月刊印的《中国社会学会通讯》2004 年第 6 期（总第 37 期），2004 年 10 月刊印。该文系陆学艺于 2004 年 4 月 10 日在江西南昌召开的"统筹城乡经济社会协调发展理论研讨会"（2004 年农村社会学专业委员会年会）上所做的会议总结。原稿无题，现标题为本书编者根据发言内容所拟定。——编者注

制性障碍还在束缚农村的发展，所以农业、农村、农民的问题要靠改革和发展来解决。

形成如此多的难题，是多年积累下来的。改革开放以来，开始解决了包产到户问题，以后又发展乡镇企业，进行村民自治选举，迎来了农村生产力的大解放，农业大发展，农民生活大提高。但 20 世纪 90 年代以后，农村的改革相对滞后了，许多体制的改革停步了，而且有反复，致使问题越积越多。但如果解决不好"三农"这个大难题，社会主义现代化的各项事业就发展不好，所以还要继续深化改革，来解决"三农"问题。

1981 年，改革开放初期，我到山东菏泽地区调查，地委书记周振兴对我说过："农民为什么连饭都吃不饱，这么穷？是人民公社这套体制把农民绑穷的，改革就是给农民松绑。"原来是五花大绑，包产到户只是把农民的手解放了，身子和脚还绑着，所以农村还是发展不好，还要继续深化改革，继续给农民松绑，才能逐步解决好"三农"问题。

第二，农业和工业、城市和农村的关系。从国际上工业化国家的发展历史看，大体经过三个阶段。

（1）以农支工阶段。工业化初期，一般都是从农村取得资金、原材料，开始办工业。

（2）城乡平衡阶段。工业化发展到一定阶段，工业和农业、城市和农村平衡了，实现等价交换。

（3）以工补农阶段。工业化发展了，有钱了，就开始反哺农业，支持农村和农业的发展。

中国现在应该说改革到了第二阶段了（日本 1956 年人均 GDP 为 800 美元时，就城乡平衡。到 1964 年后就以工支农了，那时人均 GDP 为 1200 美元），但我们现在还是以农支工、以乡援城。北京的学者算过一笔账，现在的中国每年通过：（1）剪刀差，从农业取走约 1000 亿元；（2）税费，通过向农民征收的各种税费取走约 1000 亿元；（3）土地，通过征地平均每年从农村取走 1000 亿~2000 亿元；（4）农民工，最大的一笔是通过农民工这种形式，每个农民工为城市创造约 2.5 万元，但他只得 8000 元，1.7 万元就留在城市了，1 亿农民工就有 1.7 万亿元。这 4 项一共从农村拿走了 2 万亿元，如果是平等交换，农民收入就可以增加 1 倍。中央今年决定减免农业税，增加对农业的投入，还要把今年新增的社会事业支出的大部分都给农村，这就是在调整分配的格局。这有利于"三农"问题的解决，下一步我希望从根本上解决农民工问题。

第三，关于中国农村社会学的任务。在现阶段，我想主要有三项。

（1）调查研究积累资料，把正在发生的农村大变迁的事实通过多种形式记录下来。这是千载难逢的好机遇，这样巨大深刻的社会变迁是历史上难得遇到的。我们这代人幸逢盛世，要记录这场变化，许多事很快就变过去了。我前些年主持了百县市调查，近年来主持百村调查，就是这个目的。这些记述，越到以后越珍贵、越有价值。

（2）出谋划策。要研究改革发展中的重大问题，分析产生的原因，提出解决的方案。这是党和政府需要的，我们的研究应该为现实服务。

（3）学科建设和队伍建设。中国是个农民大国，怎么解决好中国的"三农"问题，需要有庞大的学术队伍进行探索、进行研究，把中国的三农问题解决好了。中国的农村社会学的学科也要趁这个机会建设起来，现在正是中国的农村社会学家大显身手的时代。希望有更多的同志来从事这项事业。

用体制改革解决"三农"问题[*]

在近日于北大中国经济研究中心举行的"中国经济展望——机遇和挑战"国际研讨会上,中国社会科学院社会学所研究员陆学艺谈起了他对解决"三农"问题的最新见解。

陆学艺首先对"三农"问题做了一个总体的判断。他认为,"三农"问题是中国改革开放以后产生的新问题,将农业、农民、农村联系起来考察是20世纪80年代后期中国社会科学界研究的一个产物。1996年以后,中国的农业形势发生了根本的变化,到了一个新的发展阶段,解决了中国长期短缺的问题,保持了国家基本的供给。到此时,中国的农业问题可以说是基本解决了,但是农村问题、农民问题,却是非常严峻,远远没有解决。

农村问题是重中之重

陆学艺着重谈到了粮食问题。他说,中国的粮食产量在1998年达到了1.02万亿斤,1998～2003年连续3年减产,2002年略有回升,2003年再次大幅产527亿斤,[①] 中国的粮食出现了短缺。不仅是粮食总产下降,粮食库存这几年也下降很快,我国的粮食库存最高时达到4800亿斤,现在则不到3000亿斤。2004年第一季度、第二季度,粮食开始涨价,涨幅在30%～40%,由于粮食价格以及主要农产品的价格恢复到1996年的水平,加上去

---

[*] 本文源自《中国经济导报》2004年9月21日第A02版。该文系该报记者对陆学艺在"中国经济展望——机遇和挑战"国际研讨会上的发言摘编,原标题为《用体制改革解决"三农"》,现标题为本书编者根据发言内容所修改。——编者注

[①] 国家统计局编《中国统计年鉴·2004》,北京:中国统计出版社,2004年,第491页。

年①粮食减产到 8600 多亿斤②，比实际需要短缺 1000 多亿斤，所以，政府仍然把农业问题放在重中之重，为此出台了相应的措施给予粮食补贴。由于这些政策措施的落实，加上粮食涨价，此外，由于今年③全国风调雨顺，三管齐下，陆学艺预计，政府今年"粮食增加 500 亿斤"的计划将会实现。

即使这样，陆学艺担心的是，秋后粮价可能下降。另外，由于农民收入增长不如城镇居民收入增长快，城乡差距还是会继续扩大。陆学艺将现在的农村问题和农民问题概括为两个问题：一个是农民数量太多，另一个是城乡差距在加大。中国现行的户口制度，"农民"的概念就是"农业户口"的概念。如果依然将拥有农业户口的人定义为农民的话，那么中国的农民 1978~1998 年一直在增加，达到 9 亿多人，占全国人口的 75.3%。④这两年虽然有所下降，但 2003 年仍占 70.8%。⑤

解决农村问题需要解决农民问题，这需要从体制上加以改革

谈到"城乡差距"，陆学艺表示，从人均收入来讲，1996 年城乡差距是 1:2.51，2002 年是 1:3.11，2003 年 1:3.23。⑥特别是 20 世纪 90 年代后半期，城市发展以后，大量的资源都集聚到城市，城乡差距拉大，从表面就能一目了然。北京、上海、广州这样的大城市非常繁华。但是，北京 100 公里以外就是农村。总体来讲，农业问题已经基本上解决，但农村、农民问题还远没有解决。正因为农民问题没有解决，9 亿农民还在农村，而且跟城市是不等价交换的。所以要解决农村问题，就必须解决农民问题。

陆学艺表示，当前束缚农民手脚的体制性问题没有解决。陆学艺赞同林毅夫的观点，即由于中国过去经济战略的选择，计划经济时期形成的土地制度、户口制度并没有实现改革，所以农村问题还相当严峻。讲到这里，陆学艺感慨道："农民问题不解决，农业问题是不好解决的。"解决农村问

① 此处指 2003 年。——编者注
② 国家统计局《中国统计年鉴·2004》，北京：中国统计出版社，2004 年 9 月，第 491 页。
③ 此处指 2004 年。——编者注
④ 参见国家统计局国民经济综合统计司编《新中国五十年统计资料汇编》，北京：中国统计出版社，1999 年 11 月，第 1 页。
⑤ 国家统计局编《中国统计摘要·2004》，北京：中国统计出版社，2004 年 5 月，第 37 页。
⑥ 国家统计局编《中国统计年鉴·2004》，北京：中国统计出版社，2004 年 9 月，第 357 页。

题需要解决农民问题，这需要从体制上加以改革。2002 年，中央提出"统筹城乡经济协调发展"。2003 年又提出要实现"科学的发展观，以人为本，全面协调的可持续发展"。在"五个统筹"中，第一条就是"统筹城乡协调发展"。陆学艺认为，如果计划经济时期束缚农村和束缚农民的包袱不解决，那么农民、农村问题就不会解决，农业问题也不会得到真正彻底解决。

改革要从户口入手

陆学艺表示，要解决农村和农民问题，现在就必须对如下几个制度进行改革，其中最重要的是户口制度。

户口实际上是现在城乡二元结构的基本出发点。现在社会上有人说户口没有用了，改不改无所谓，陆学艺认为这种观点是错误的。他认为，"户口问题"是国家的体制问题，只进行局部性的改革还不行，一定要全面改革。例如，现在的农民工，如果不解决他们的身份和户口的问题，那么与农民工相关的诸多问题是不会解决的。城市化也不能得到很好的发展，更不要说城乡一体化了。

除了户口问题，陆学艺认为，我们还要使农民的土地财产得到法律保护，要解决农民工身上的诸多体制难题，要提高公共财政中农村的分配比例，等等。由此可见，体制改革才是解决"三农"问题的根本途径。

"三农"问题是影响社会稳定的关键[*]

记者： 近一段时间来，您对农业、农村、农民问题有较深入的关注。作为一个社会学家，您是从哪一种角度来看待这些问题的？

陆学艺： 我认为，在社会转型期，我们应当密切注意当前中国的所谓"三农"问题。应该说，"三农"问题是影响社会稳定的重要问题。

近一段时间来，中央政府对"三农"问题有了高度的重视，有很多具体的政策措施。通过政府各个方面的努力，包括各项对农民种粮积极性的保护措施，加上今年^①的风调雨顺，我们今年的农业形势还是很好的。但我认为，"三农"中的另两"农"——农村与农民的问题还是我们必须面对的一个严峻的现实。而农民、农村问题近来更多地表现在土地问题上。从社会学的角度看，我想可以说，土地问题是影响社会稳定的重要问题。我有一个数据：就拿农民的群体上访来看，2001年以来，每年增幅都有17%，几乎比咱们经济发展的速度快了一倍。而其中最主要的基本都是土地问题引发的。我想，就当前的社会稳定现实状况来说，这是个很大的社会问题，如果政府在解决农业问题的同时，能把这件事管下来，那么我们的社会问题就解决了70%多。

今年中央出台了很多好政策，一是停止征地了，二是给农民补贴，一亩地补二三十元钱。在我们江浙那边，因为那边的地少，一户农民一年得不到多少。东北人少地多，人均5~6亩。如果一亩地补30元，一公顷就能补到450元，一个5口之家一年就能得到近1000元，农民能增收5%。粮食增产的数据最近也快出来了。应该说，农业问题的解决取得很大的突破。

---

* 本文原载《中国工商时报》2004年11月5日第2版。该文系该报记者专访陆学艺的访谈录。——编者注

① 此处指2004年。——编者注

但我想，现在我们重视"三农"问题，实际上更重视的是农业问题，粮食以及农副产品的供应问题。但事实上，"三农"问题是一个整体性、系统性的问题，"三农"问题都解决了，经济总量就会较为顺利地快速增长。反过来，农民问题不解决，农村问题不解决，农业就不能良好发展，农业问题也可能得不到根本性解决。

但现在的问题是，农民的失地得不到有效的控制。尽管中央提出说，这半年不许征地，但是下面的许多干部出于一些考虑，对此并不积极。农民不愿意土地被征，但是干部说，我上项目怎么办？我们的地方经济要发展，怎么办？仍然拿农民的土地开刀，实际上，以地生财，就是夺农民的地。在有些地方，我们的有些官员出于各种目的，和开发商联合起来，剥夺农民土地的现象还是很严重的。

记者：土地是中国农民的根。这一点我们党其实是认识得很清楚的。但是农民问题、农村问题依然没有得到解决。目前，我国正处于经济大发展的时期，用地和发展无疑成为一对尖锐的矛盾。您又怎么看这一点？

陆学艺：这的确是一个矛盾。"三农"问题是影响现在社会稳定的很重要的问题，土地问题又是解决农民问题的重要方面。我们应该从土地制度方面来考虑这一点，这个问题是非常重要的，这是我们保持长治久安的办法。

有一句老话，我看还有用。当年都说，农民得到了土地，共产党得到了农民。土改把土地还给了农民，咱们土改立了法，给农民分了地，无地、少地的农民得到土地，农民喊毛泽东万岁。但后来又通过农村土地合作化、人民公社等收归集体。但这个"集体所有"是谁（所有）？问题是国家没有得到好处。所有权在一些干部手里，实际上现在的土地制度对一部分人有利，对国家和集体没有利。

所以从根本上来说，土地应该还给农民，耕者有其田。当然，从政策上可以过渡一下，采取多种形式的土地所有制。如果可能，我想首先应该考虑的，是能不能把宅基地先还给老百姓？总之，最宝贵的土地，不能交给一些靠不住的干部去管。现在有人说，最痛快的事是什么？就是卖人家的地。现在农民的地，干部把它卖了，干部得好处。大片的土地，几年的工夫耽搁撂荒，这样对农民不利，对国家不利。耕地的占用，要严格控制，而且要提倡增加耕地，建设耕地，改造耕地，制造新的耕地，争取平衡。占用土地，土地的收入，利益的分配，必须公平合理，征地之后必须给合理的补偿，不能够利用土地来发财，地方政府把土地作为财政收入的一个重要来源，这个必须制止。一定要保护农民的财产权利，城市化过程的实惠，农民也应该得到一点，如果现在的城市化是建立在剥削农民的基础上，农民越来越苦，那就有悖于我们共同富裕的方针，有悖于可持续发展的科学发展观。解决农民问题要靠社会流动制度健全化，要靠土地制度健全化。